U0085348

大雅叢刊

親屬法論文集

戴東雄著

／三民書局印行

國立中央圖書館出版品預行編目資料

親屬法論文集／戴東雄. --初版. --臺北市
：三民，民77
〔10〕, 650面；21公分
ISBN 957-14-1827-7（平裝）

1.親屬法- [illegible] I.戴東雄著
584.407/8374

© 親屬法論文集

著者 戴東雄
劉振强
三民書局股份有限公司
三民書局股份有限公司
復興店／臺北市復興北路三八六號五樓
重慶店／臺北市重慶南路一段六十一號
郵撥／〇〇九九九八－五號
中華民國七十七年十二月
中華民國八十二年十二月
號 S 58394
基本定價 玖元柒角捌分
行政院新聞局登記證局版臺業字第〇二〇〇號
著作權執照臺內著字第六七九七九號

ISBN 957-14-1827-7（平裝）

自 序

親屬法乃規律人類身分上之關係，此包括一定身分關係的發生、變更或消滅以及基於此關係所發生的權利義務。其中以結婚、離婚、父母子女及收養之諸問題爲核心。此身分關係影響人民家庭生活的美滿幸福，社會秩序的安定祥和，甚至國家的興盛，民族的綿延至爲重大。

親屬法與一國歷史傳統與社會習俗息息相關。我國於民國十九年十二月公布之親屬編，一方繼受歐陸近代法思想，尤其獨立人格及男女平等的觀念；他方仍受傳統家族主義與男權優越的思想，表現新舊思想的妥協。

自民國二十年十二月施行親屬編後，迄今經歷五十年，内容從未受修正。但這五十年來的社會變遷有目共睹，尤其政府遷臺以來，經濟發展，社會繁榮，使婚姻觀念與家庭組織均發生很大的改變，致使原規定的親屬法呈現不少窒礙難行。有鑑於此，前司法行政部自民國六十三年七月起，邀請學者專家組成一民法研究修正委員會，全面修正民法各編。目前修正完成之民法有總則編、親屬編與繼承編。

本人一向在臺灣大學法律學系擔任親屬法與中國法制史課程及在法律研究所擔任身分法專題迄今。爲因應這次民法親屬編之修正，在上課之餘，從事親屬法專題之探討，不遺餘力，以期對親屬編之修正，提出個人淺見，以盡棉薄之力。

本人自民國六十五年起在臺大法學論叢、政大法學評論、法務部法學叢刊陸續發表親屬法之諸基本問題。玆將集成本書，取名「親屬法論文集」加以出版，以就教法學先進。本書內容包括西德、瑞士、日本親屬法立法之新趨勢，我國婚姻法、離婚法、收養法及家制之現代化，夫妻財產制之檢討，人工生殖在法律上身分問題之探討以及我國婦女在法律上之保障等。

民法親屬編及其施行法之修正，經立法院審愼討論後，於民國七十四年六月五日公布實施。此次修正之幅度甚大，且有不少之改進。在本書中所提出之修正意見，不少已成爲新法內容，頗覺欣慰。例如聯合財產制採盈餘分配請求權，使妻在婚姻生活中之地位提高不少。又如收養上採國家監督主義，卽收養契約非經法院之認可，不能生效等。惟無可否認，親屬編之修正，仍有甚多缺點，有待改進。如結婚之形式要件仍採儀式婚主義，但離婚之形式要件改採戶籍登記主義，使二者無法配合，漏洞百出。又如離婚後子女之監護及贍養費之請求；未能改進，而與社會需要不能配合。

有鑑於此，本人仍一本初衷，願繼續以所學，爲改善我國親屬法而努力。惟本人學殖淺薄，謬誤之處，在所難免，至祈大方指正。

戴東雄　謹識於臺大法學院研究室

民國七十七年十一月二十日

親屬法論文集　目次

肆、論我國民法上結婚之形式要件

——從修正草案談起——

伍、論夫妻財產制之立法準則

陸、夫妻財產制之研究

柒、從西德、瑞士普通法定財產制檢討我國聯合財產制之修正草案

捌、論聯合財產制財產所有權之歸屬

玖、德國新親屬法上之別居制度與我國民法需要別居之規定

拾、我國離婚法之現代化

拾壹、從西德新離婚法之規定檢討我國現行裁判離婚原因

拾貳、論我國收養法之現代化

拾參、非婚生子女之認領

拾肆、論父母對於未成年子女財產之權限

拾伍、論中國家制的現代化

拾陸、孩子，你的父母是誰？

——論人工生殖之子女，
尤其試管嬰兒在法律上之身分——

拾柒、我國婦女在現代生活中的法律保障

壹、西德新婚姻法的立法趨勢與立法精神

要　目

第一章 前 言

我國司法行政部於民國六十四年開始修改現行民法。此次修改是我國自公佈民法後約半世紀以來的第一次，也是我國繼受歐陸法以來，第一次檢討其社會的有效性。民法總則的修改草案已初步完成，目前正積極進行的是民法親屬編的修改。

本人去秋從西德進修一年半歸來。當時正遇西德「婚姻法暨親屬法第一次法案」(das Erste Gesetz zur Reform des Ehe-und Familienrechts)的公佈實施。本人乘地利之便，特別留意他們修改的討論內容，並收集他們有關的文獻。

自從二次大戰以來，西歐社會發展的趨勢是工商業的發達，交通的快速，物質生活的提高，婦女就業率的增加。社會結構的如此變化，婚姻關係、家庭結構、夫妻生活都受到很大的影響，尤其是離婚率的顯著增加，更是普遍的現象。因此，瑞士、英國、義大利、法國等均在檢討或修正他們的婚姻法，期能因應社會的實際需要。其中最值得留意的是西德最新的婚姻法修改。

西德鑑於舊有的婚姻法已不能適應當前西德社會的實際需要，早在一九六一年着手修改其婚姻法與親屬法。十幾年來經聯邦政府、參議院、衆議院、教會團體、學術界、實務界以及民間各種團體廣泛的討論再討論，修正再修正，終於時機成熟，於一九七六年六月十四日制定了婚姻法暨親屬法第一次修正法案，並於一九七七年七月一日正式公佈實施。爲了通盤瞭解這次德國修改法案的特色，先說明德國婚姻法的發展情形，然後將這次修改的內容，分爲家庭關係、離婚及養老津貼平衡等提出討論，並加以批判。

第二章　德國婚姻法的發展

一、一九〇〇年的德國民法

一如德國其他民法，德國婚姻法的統一是相當緩慢的，直到一九〇〇年德國民法典（BGB）纔將全國的婚姻法與離婚法完成統一，所以德國民法典與法國拿破崙民法典相比，足足落後了一世紀。

德國民法典上的婚姻法是基於下列各原則所構成：

(一)民事婚

德國自十二世紀以來，婚姻事項是由教皇或教會管轄，並適用寺院法❶的規定。男女當事人因而須在自己所隸屬教會的神父面前，舉行結婚的儀式（Konsenerklärung），始能發生夫妻的身分關係❷。自德國民法典公佈後，不再承認宗教儀式的婚姻效力，祇有依照民法上之儀式，即在戶籍官吏（Standesbeamte）面前舉行的婚禮（舊德民一三一七條），始能承認合法的婚姻❸。

(二)家父長型（Patriarchalismus）的家庭構造

依德國舊民法第一三五四條規定，丈夫決定一切日常家務，祇有

---

❶ 德國自一一四〇年因教皇敕令（Decretum Gratiani）的頒佈，取代日耳曼習慣法，而成為德國有效的成文法。參閱 Mitteis-Lieberich, *Deutsches Privatrecht*, München, 1976, S.57.

❷ Mitteis-Lieberich 前揭五七頁。

❸ Hans Dölle, *Familienrecht*, Bd.1, Karlsruhe, 1964, S.183, 184；參照德國婚姻法第十三、十四條。

夫濫用此決定權時，妻和子女纔受法律的保護❹。依德國舊民法第一三五六條第一項，妻有家務管理之責任，同時也能從事就業賺錢。但妻之家務管理須聽從丈夫的指揮，又妻的從事就業，不得與其婚姻與家庭義務相牴觸。德國民法上的婚姻有如此的特性，難怪被稱爲「主婦婚姻」(Hausfrauenehe)❺。

(三)管理共同制的夫妻財產制(Verwaltungsgemeinschaft)

民法上之家庭構造卽採夫主外，妻主內的型態，丈夫出外工作，謀取生活所需的收入，妻子則留在家中，從事家務管理。因此，德國民法上的法定夫妻財產制，配合此婚姻生活，採用了管理共同制❻。此管理共同制類似我國的聯合財產制。除妻的法定特有財產外，夫妻所有財產由丈夫管理、使用收益，甚至爲管理上所必要之處分。至於婚姻存續中丈夫盈餘的財產，妻並無補償或分配的請求權；換言之，妻的家務管理及育幼的代價沒有報酬。此制一面倒的有利於丈夫，無怪有人批評此制爲夫專權主義❼。

(四)有責主義的原則(Verschuldungsprinzip)

德國民法上的離婚原因、離婚的贍養費及子女的監護均採有責主義或過失主義。德國民法沒有像我國離婚法上的兩願離婚，而祇有裁判離婚。在裁判離婚上，法律列舉離婚的事由，以便配偶之一方對他方向法院請求離婚。惟離婚的事由，除精神病爲無責的事由外，均爲一方對他方的冒犯行爲，例如通姦、猥褻、惡意遺棄等❽。又此有責的原則也被援用爲決定離婚後有關配偶的贍養費與子女的監護權。因

---

❹ Bruno Bergerfurth, *Das Eherecht*. Freiburg,1974, S.55.

❺ H. Dölle 前揭 Bd.1,四一一頁以下。

❻ 參照德國舊民法第一三六三條以下。

❼ Peter Tuor, *Das Schweizerische Zivilgesetzbuch*, Zürich, 1968, S.181.

❽ H.Dölle 前揭 Bd.1,四七九頁。德國舊民法第一五六五條以下。

冒犯行爲而裁判離婚時，有責的配偶需支付贍養費給無責而無生活能力的配偶❾。又法院決定離婚後子女的監護權時，須斟酌離婚應由丈夫或妻子負責任（德舊民一六七一條第三項）。原則上無過失之配偶一方，纔有監護子女的權利❿。

二、一九三八年的德國婚姻法

一九三八年六月六日德國另外公佈了單行的婚姻法。該婚姻法取代了民法有關婚姻的一切規定。該婚姻法對舊民法的特色是在離婚原因上採用概括的客觀主義，同時爲配合國策，除原有的離婚事由外，增加拒絕生育、惡疾、不育等事由⓫。該婚姻法第四八條的原則是婚姻破裂即可請求離婚，而與配偶一方之有責或過失行爲無關。換言之，夫妻別居滿三年，且無法再期待他們破鏡重圓時，法律推定婚姻已破裂，而得請求離婚。惟此無責的新離婚原則，在實務上的效用不大。因爲該婚姻法在基本上仍維持有責主義，而客觀主義的新離婚原則，祇附加於有責的離婚事由，而成爲其中的一種而已。何況無責的離婚原因，需具備別居三年的要件，始能提出離婚請求；反之，有責的離婚原因，祇要過失行爲一發生，就可請求離婚。因此，急於想離婚之夫妻，對三年的別居期間常常迫不及待，不惜私下虛構一重大的婚姻過錯，由配偶之一方在法庭上主張事實，而由他方加以承認。他們通常所提出的婚姻過錯，如拒絕性行爲、侮辱等，法官極不易調查其證據，故祇好以配偶一方之承認爲裁判離婚的依據。此種離婚訴訟有如演戲，前後不到五分鐘，而判決內所指出的離婚原因，又非眞正

---

❾ H.Dölle 前揭 Bd.1,五九七頁以下。

❿ H.Dölle 前揭 Bd.2,二八一頁。

⓫ Günther Beitzke, *Familienrecht*, München, 1976,S.120.

的離婚原因，此對法院莊嚴的裁判，不啻一大諷刺。

其次，提出離婚之一方配偶，須對婚姻破裂負主要責任時，依婚姻法第四八條第二項，反對離婚的他方配偶，得主張維持婚姻。此在學理上稱爲「離婚異議權」。此異議權實爲婚姻破裂主義的重大限制，所以當時德國大部分的離婚訴訟仍受有責主義的支配。

至於婚姻法增加拒絕生育、不育、遺傳性疾病等離婚事由，是在配合民族政策，而置夫妻的幸福於不顧，頗爲不智⓬。

三、一九四六年盟軍監管委員會的婚姻法

第二次世界大戰德國戰敗後，一九四六年盟軍監管委員會將一九三八年之婚姻法有關民族政策，例如禁止遺傳性疾病人、拒絕生育或不生育之人結婚等規定，加以刪除，但其餘仍繼續有效。

四、一九五七年之男女平等法

一九五七年六月十八日公佈男女平等法後，親屬法與婚姻法有關男女或夫妻或父母不平等的規定均受影響，其中值得一提者：

(一)廢除舊民法第一三五四條丈夫對家務的決定權

德國舊民法第一三五四條刪除以後，丈夫已不再是家務唯一的決定權人，此表示：新法實施後，家務須由夫妻雙方協議來處理。換言之，配偶之一方在決定家務以前，應依民法第一三五三條的規定，時時斟酌對方的意見，以表示夫妻的平等⓭。

政府原先的立法草案，非單純的刪除第一三五四條，却是將家務最後的決定權授給夫，即夫妻雙方對家務之決定先經協議，如協議不

⓬ H.Dölle 前揭 Bd.1,四七九頁。

⓭ H.Dölle 前揭 Bd.1,四〇三頁。

成時，始由夫決定；但夫之決定有違家庭幸福時，妻不必受該決定的拘束。政府的修正意旨認爲夫妻就家務之處理爭執不下，需要一人做最後的決定，以免家的機能受到妨害⑭。

惟國會對於政府的立法意旨持不同的見解。依國會的理由，婚姻本質目的在創立夫妻的共同家庭生活，共同家務最後由夫決定的論據，在表面上，似乎在維持家庭的和睦；究其實，在加深夫妻彼此的裂痕。家務爲夫妻共同之事，故其決定處處應由夫妻妥協或折衷而成立，不應由夫擁有最後的決定權，也不宜交由監護法院或第三人去決定。如最後的決定權屬於夫，則夫妻協議的原則難於成立，因爲丈夫可以貫徹其最初的決定權。如法律明文規定夫無權一人決定家務時，他自始就顧慮妻的意見，而提出可能爲妻所接受的建議。有鑑於此，國會認爲政府的修改條文，將最後家務的決定權授給夫，而夫之決定有無違背家庭之幸福，由妻來舉證，仍然有違背夫妻平等的原則，故不予以通過⑮。

(二)淨益共同制(Zugewinngemeinschaft)爲普通法定財產制

德國民法本來採用管理共同制爲普通的法定財產制。嗣後，鑑於此制度嚴重違反了男女平等，故於一九五三年四月一日以分別財產制取代管理共同制。分別財產制對職業婦女或許能達到保護目的，因爲職業婦女之收入得由自己管理、使用、收益與處分，毫不受夫之干涉；但對家庭主婦則仍有不公平之處，因爲依分別財產制，夫妻之財產自始自終加以分開，妻之家務管理及育幼工作沒有得到補償。有鑑於此，德國於一九五七年又以淨益共同制取代分別財產制爲普通的法定財產制。依此夫妻財產制的理論，婚姻存續期間夫妻所取得之財產

⑭ 參閱 H.Dölle 前揭 Bd.1,四〇三頁。
⑮ H.Dölle 前揭 Bd.1, 四〇四頁。

淨益，應歸屬於夫妻雙方。因爲男女結婚後，創立夫妻家庭共同生活，而夫妻爲共同生活的美滿，依各人的專長分工合作。夫擅長於出外就業，妻對家務管理較有心得，他們有如商業上的合夥關係，經營合夥事業而所獲得的淨益，應由合夥人平分。同理，因結婚而取得的財產淨益，原則上也應由夫妻分享。卽婚姻因死亡而解消時，使生存的配偶，除原法定應繼分外，再增加遺產的四分之一⑯。配偶的法定應繼分依與其共同繼承之繼承人身分而不同。依德國民法第一九三一條的規定，配偶與第一順序的直系血親卑親屬共同繼承時，獨得遺產的四分之一，連同淨益共同制的四分之一遺產，生存配偶獨得死亡配偶的二分之一遺產。配偶如與第二順序的父母或其直系血親卑親屬共同繼承時，獨得遺產的二分之一，連同淨益共同制的四分之一，其得死亡配偶遺產的四分之三。第一或第二順序之血親及祖父母全不存在時，由生存配偶取得全部遺產，故此時淨益共同制的遺產額不必予以考慮。

婚姻非因死亡而消滅，尤其離婚時，則需將雙方在婚姻存續中所獲得的財產淨益加以確定，然後平均分配於夫妻（德民一三六三條以下）。例如夫在結婚時有財產十萬元，妻有五萬元，此稱爲開始財產（Anfangsvermögen）⑰。於離婚時，夫妻各自償還債務後，夫有九十萬，妻有二十五萬，此稱爲終結財產（Endvermögen）⑱。夫妻各以終結財產減去開始財產爲夫妻在婚姻關係中所獲之淨益（Zugewinn）⑲。夫之淨益額爲八十萬，妻之淨益額爲二十萬。此時淨益額較少之一方對較多之一方得請求淨益差額的一半，以爲平衡債權

⑯ 參閱德民第一三七一條。
⑰ 參閱德民第一三七四條。
⑱ 參閱德民第一三七五條。
⑲ 參閱德民第一三七三條。

額[20]。因此，夫妻淨益差額的一半爲三十萬元，妻得向夫請求三十萬元的平衡債權額。結果夫妻在離婚時，夫或妻在婚姻存續中所獲得的淨益是相等的。

第三章 一九七六年婚姻法暨親屬法第一次修正法的重要內容

一九七六年的新修正法的特色，在形式上，將一九三八年的婚姻法有關離婚部分[21]，又編入民法親屬編的體系[22]。因此，婚姻法有效的法條，祇剩結婚的部分，自第一條至三十九條。在內容上，新修正法繼續貫徹男女平等的原則，同時採用了無過失主義[23]。

一、家庭關係

(一)婚姓 (**Ehenahme, Familiennahme**)

一如舊法，新修正法仍保留家庭共同姓氏的原則，所有家屬（包括子女）共用一姓（德新民第一三五五條第一項），此在表現婚姻合夥的原則(Ubi tu Gaius, et ego Gaia)[24]，家庭共同生活是分工合作，同時維持家屬全體的一致性，以促進其和諧團體。惟新法與舊法不同之處有二：⑴依舊法，夫姓當然成爲婚姓與家姓：「婚姓及家姓均從夫姓」（德舊民第一三五五條第一段）。反之，依新法，夫姓不再依法律的規定，當然成爲婚姓，夫妻雙方得約定，以一方之本姓爲

---

[20] 參閱德民第一三七八條。
[21] 德國婚姻法第四一條至七六條因新修正法的公布而失效。
[22] 參閱親屬編第七節離婚，自民法第一五六四條至一五八七條之P。
[23] 在程序上，新修正法尙採統一審理主義，本論文不予討論。
[24] *Münchener Kommentar, Bürgerliches Gesetzbuch, Familienrecht* München, 1978, S.102.

婚姓，無約定時，始以夫姓為婚姓（德新民第一三五五條第二項）。此種修正在於貫徹男女平等的原則。(2)依舊法，妻得對戶籍官員聲明，以其本姓冠以夫姓（德舊民第一三五五條第二段）。反之，依新法，未被約定為婚姓之一方配偶的本姓，得加冠於婚姓而為第二姓，不過第二姓祇能由該配偶使用，而不及於其子女（德新民第一三五五條第三項），例如有一姓 Engelhaupt 的男人與一姓 Maier 的女人結婚，他們約定以 Engelhaupt 為婚姓，則妻得將其本姓冠在婚姓之上，而稱為Maier-Engelhaupt 之姓。

德國新修正法的婚姓與我國現行法的規定略有不同。我國民法第一〇〇〇條規定：「妻以其本姓冠以夫姓，贅夫以其本姓冠以妻姓，但當事人另有訂定者，不在此限」。依此規定，嫁娶婚之婚姓為夫姓，招贅婚之婚姓為妻姓。惟在嫁娶婚上，妻得依約定不加冠夫姓而祇用本姓；同理在招贅婚上，贅夫得依約定不加冠妻姓而祇用本姓。

我國現行民法雖以嫁娶婚與招贅婚來襯托夫妻的平等，但招贅婚為社會所輕視，以此結婚之男女非常少。我國十之八九的婚姻為嫁娶婚，依法律規定，嫁娶婚的婚姓是夫姓。招贅婚本是我國傳統社會為解決傳宗接代而設立。「贅」字一說肉瘤，表示不中用之物；一說質押，表示家貧無力出聘金，祇好以自身質押服勞役，以代聘金㉕。鑑於招贅婚為現代社會所詬病，其名稱應加以廢除，而祇保留其精神。又我國的職業婦女愛用婚前的姓名逐漸增多，而不慣加冠夫姓。因此，現行民法第一〇〇〇條改為：「夫妻於結婚時，得約定以其本姓冠以配偶之姓」，或許較為妥當。如此一來，此內容含有招贅婚的優點，並兼顧夫妻平等的精神。

㉕ 戴炎輝著《中國法制史》，三民書局，民國六〇年，二四四頁。

(二)家務管理

自戰後德國婦女之就業率直線上升。一九五〇年德國已婚婦女的就業率少於25%，一九七一年已升到39.5%，一九七四年再增到 42.5%㉖。鑑於婦女就業的急速增加，新修正法就家庭內部的組織不能再墨守「主婦婚姻」的形態，同時爲嚴格實現男女平等，夫妻得以協議的方法爲家務管理必要的約定。新法第一三五六條第一項規定：「夫妻得約定由一方管理家務，管理家務之配偶應以自己的責任管理之」。第二項：「夫妻均得就業賺錢，夫妻之一方在選擇職業或就業時，應斟酌他方與家庭的利益」。依此，妻不再依法律的規定當然管理家務。管理家務之配偶因而可能是夫，而由妻出外就業，賺取家用。出外就業或管理家務是分工合作的形態，故管理家務的配偶在決定家務時，應注意全家利益（德新民第一三五三條）。同理，出外就業的配偶也對工作的選擇與職業的活動應以家庭爲重。夫妻在婚姻生活之新家庭關係，有如商業上之合夥關係，此觀念不是「主婦婚姻」已不存在，却是「主婦婚姻」由夫妻經約定而成立，此約定的代價在表示管理家務的價值提高，而與出外賺錢相等。

二、離婚

(一)請求裁判離婚之新體系

1.婚姻破裂主義（Zerrüttungsprinzip）：新修正法只承認一種離婚原因，卽婚姻的破裂（Scheitern）。立法者用語之原意爲坐礁，其目的在表明離婚原因不再受過失或有責行爲之影響，而以客觀的破裂狀態爲離婚的要件。因爲婚姻的失敗有時不能歸罪於雙方或一方配偶的有責行爲或特定的重大事由，有時個性不合，積日累月的反目而

㉖ *Münchener Kommentar* 前揭一二一頁。

造成的。德國新民法第一五六五條規定:「婚姻破裂者，得爲離婚。夫妻共同生活已不存在，而該雙方共同生活之恢復已無從期待者，爲婚姻破裂」。依此規定，要認定婚姻破裂，須具備兩個實質要件。其一，法院依據婚姻情況，認定夫妻共同的婚姻生活是否已廢止。其二，如其共同生活已不存在，則根據當時廢止的共同生活，預測將來該怨偶是否還能破鏡重圓㉗。前者爲客觀的要件，後者仍含有主觀的因素，因爲預測該廢止的共同生活能否破鏡重圓，法院需先瞭解婚姻的個別情況，尤其夫妻的社會地位、經濟狀況、道德修養、年齡的大小以及健康狀態等㉘。

2.婚姻破裂之推定(Zerrüttungsvermutungen):法院對個別婚姻悉心調查，而後判斷已廢止的共同生活能否破鏡重圓，此工作極爲吃力而不易做成。何況婚姻當事人也不歡迎法院的調查，以避免暴露他們的私生活。爲解決此難題，立法者進一步提出兩種婚姻破裂的推定方法，而此推定不准擧證推翻㉙。

第一種爲夫妻別居已滿一年，且夫妻雙方均提出離婚請求，或一方提出離婚的請求，而他方對其同意(einverständliche Scheidung)(德新民一五六六條第一項)。第二種爲夫妻別居已滿三年，也推定婚姻已破裂。此時不必夫妻同意離婚，即使一方反對離婚，也能推定婚姻破裂(德新民第一五六六條第二項)。

㉗ Dieter Schwab, *Das Recht der Ehescheidung nach dem 1. Ehe RG:* Die Scheidungsgründe, in: *Zeitschrift für das gesamte Familienrecht*, Sept./Okt. 1976, S.494.

㉘ Uwe Diederichsen, *Das Recht der Ehescheidung nach dem 1. Ehe RG* (Scheidungsgründe), in: Neue *juristische Wochenschrift*, Feb.1977,S.273.

㉙ *Münchener Kommentar* 前揭六六〇頁以下。

婚姻當然推定破裂，需要別居一年的最短期間。因此，夫妻結婚未滿一年而請求離婚時，法官須調查婚姻有無破裂，而做主觀的判斷，此為婚姻破裂主義客觀原則的限制㉚。在此情形，法院調查已確認導致婚姻破裂的責任，如婚姻破裂非由提出離婚之配偶，而是由他方所造成，且不離婚對於提出人有無法忍受的痛苦時，才准於離婚。因此，根據新修正法，夫妻別居如未滿一年而想獲得離婚也相當不容易。此立法意旨在於避免夫妻離婚過於草率。

婚姻破裂的推定以別居期間的長短來決定，故新法對別居的概念特予規定。第一五六七條第一項：「夫妻家庭共同生活已廢止，且夫妻之一方，因拒絕婚姻共同生活，顯然不欲回復其家庭共同生活者，係夫妻別居。夫妻在同一婚姻居所內別居者，家庭共同生活亦已廢止」。第二項：「第一五六六條所定期間，不因為期望回復夫妻間的和諧所履行之短期共同生活而中斷或不完成」。

3.緩和條款（Harteklausel）：我國離婚法不認識緩和條款，因為我國裁判離婚原因是絕對離婚原因，而非相對離婚原因。德國婚姻法的緩和條款，新法第一五六八條仍予保留。該條規定：「婚姻雖已破裂，但基於特殊理由，對未成年婚生子女的利益，有維持婚姻之必要；或反對離婚之配偶，由於特別情事，離婚對其過於苛刻者，並斟酌離婚申請人之利益，也以維持婚姻為適當者，不得離婚」。由此可知，新法將反對離婚之異議權嚴格限制其要件。因此，事實上，祇有在必要、特殊情況、斟酌例外情形下，婚姻雖破裂仍能繼續維持。要符合該條件已經非常困難，何況夫妻如別居滿五年以上者，無論如何，不能再對他方之離婚加以反對（德新民第一五六八條第二項）。

㉚ *Münchener Kommentar* 前揭六五五頁。

總之，我們清楚瞭解立法者在新修正法上暗示：拒絕離婚事實上變成非常困難。

(二)離婚配偶的贍養費

修改前的德國婚姻法有關離婚請求是採過失主義爲原則，故決定離婚後的贍養費也應依婚姻破裂之責任來決定。依舊法，祇有離婚時無過失或過失較少之一方，得請求他方因生活必要的贍養費（婚姻法五八條）。如離婚的夫妻之過失相等，無力維生的一方，基於公平正義的原則，請求他方贍養（婚姻法六〇條）。因無過失的事由而請求離婚的一方配偶，基於公平正義的原則，對無力維生的他方應給予贍養費（婚姻法六〇條但書）。

新修正法的請求贍養費之理論基礎與舊法之原則似有所不同。依新法，先假設所有男人與女人均爲工作者，每人應爲其生計負責任。卽認定所有人都是工作者，所以他必能維持自己的生活。新法第一五六九條規定：「離婚後無力生活的配偶，始能依法律之規定，請求他方贍養」。此表示離婚之任何一方配偶，在獲得他方之贍養前，應當先用自己之收入或財產維持生活。無法以自己之收入或財產維持生活是新法扶養的先決要件。此立法意旨與我國民法第一〇五七條所稱「因判決離婚而生活陷於困難者」，同其意義。

何謂法律上之無力維生？此不能不有一適用標準，立法者以列舉的方式規定於法條。第一五七〇條是配偶之一方爲保護敎養未成年之共同子女，而不能期待就業。第一五七一條是因年老而無謀生能力。第一五七二條是因疾病、殘弱而無謀生能力。第一五七三條是失業期間的生活費。第一五七五條是敎育、轉業期間的訓練與生活費。

其次，新修正法的原則，祇問離婚後之配偶有無維生的能力，而不若德國舊婚姻法或我國贍養費之請求，追究離婚的責任是否爲權利人。因此，依新法的規定，婚姻之破裂須負責之一方配偶，如於離婚後陷於生活困難時，得請求他方贍養；反之，婚姻破裂無過失一方配偶，如於離婚後，能維持生活者，不得請求有過失之他方贍養。此爲離婚贍養的客觀主義，與請求權人之過失無關㉛。然過於貫徹無過失主義，有時會違反公平原則，因而也需要有緩和條款以資救濟㉜。有鑑於此，立法者利用迂廻的立法技巧，以例示的方法，將過於苛刻的贍養費請求權，加以排除或減輕（德新民第一五七九條）：

1.夫妻結婚期間過短：結婚期間如何認定長短？依德國平均結婚期間推算，結婚二年就勞雁分飛之怨偶，根本不予考慮贍養費。如結婚五年纔分離者，依其情況，祇能請求有限的贍養費㉝。惟此處所稱結婚期間，夫妻有實際共同生活爲限。如結婚而未實際同居生活或短暫的同居而分居者，原則上亦不能請求贍養費㉞。

2.有贍養權利人之一方配偶對他方或其近親有犯罪行爲者：有如此情形，如尚得請求贍養費，實有違反公平之原則。故依其情況，法院得酌減或排除權利人之贍養費。此處所稱的近親是指配偶的直系血親一親等的親屬而言㉟。

3.因自己故意或重大過失而陷於生活困難之權利人：依通常情形，離婚之一方配偶，離婚後有生活能力，但他預知即將離婚，故將原有的財產故意浪費或職業訓練期間尚未屆滿而故意放棄等，致造成離婚後的生活困難，以便向他方請求贍養費㊱。在此情形，如允許權

㉛ *Münchener Kommentar* 前揭七二四頁以下。
㉜ *Münchener Kommentar* 前揭七七一頁以下。
㉝ *Münchener Kommentar* 前揭七七三頁。
㉞ *Münchener Kommentar* 前揭七七三頁。
㉟ 其他德國刑法第十一條第一項所稱的親屬，如與自己有密切關係（例如家屬關係）也應包括在內（參閱 *Münchener Kommentar* 前揭七七三頁）。
㊱ *Münchener Kommentar* 前揭七七三頁以下。

利人請求贍養費時，顯然也違背公平原則，故法院得酌減或排除其請求權。

4.其他與上面同等之重大事由發生者：此立法意旨是以概括的規定來緩和無過失主義的贍養費請求權，此規定在實務上發生很大的作用。例如贍養權利人在婚姻存續中，故意違反工作義務，不負擔生活費用或怠忽家務之管理等，此時法院得認定此與上述事由同等重要，而對權利人之贍養費，考慮酌減或排除㊲。

至於贍養費之範圍如何？如無稍具體之規定，則解釋上頗費周章，且易引起當事人的爭執。有鑑於此，德國新法第一五七八條較我國第一〇五七條較有具體的規定。依其第一項，贍養之程度依婚姻生活之情況而定，而贍養費包括生活全部需要。由此可知，離婚後之贍養與離婚前之扶養，同等看待，均爲生活全部需要㊳。立法者有意保護離婚配偶的贍養權利，使其離婚後，對生活無後顧之憂。

此處所稱生活全部需要，應包括身心兩方面。因此，房屋之租金、修繕、清潔費用、食品、衣物、交通費等日常之開支固爲生活需要；看畫展、聽歌劇、郊遊等休閒活動費用也應包括在內㊴。換言之，生活的全部需要不是人類生存的起碼需要，却是要達到人類尊嚴的生活程度㊵。

至於一時的特別需要（Sonderbedarf），例如疾病的開刀，突然搬家所花的費用，也應屬於離婚配偶的生活需要㊶。

西德一般學說認爲生活需要之標準，宜依個別的實際需要來計算。

㊲ *Münchener Kommentar* 前揭七七四頁。

㊳ 婚姻存續中配偶之扶養義務參照德國民法第一六一〇條。

㊴ *Münchener Kommentar* 前揭七六六頁。

㊵ *Münchener Kommentar* 前揭七六六頁。

㊶ *Münchener Kommentar* 前揭七六七頁。

惟實務上採取與此不同的見解。因爲個別計算有實際上的困難，他們寧願採用三分比例分配法（Drittelungsprinzip）㊷。此分配法是將贍養義務人（通常爲夫）的總收入，依一定的比例分配給贍養義務人自己、贍養權利人（通常爲妻）及共同子女，但不斟酌贍養權利人的實際需要與共同子女的年齡㊸。其中較有名的分配法是 der Zwickauer Schlüssel（4:2:1之比例分配），der Schlüssel von Rassow（4:3:1之比例分配）及 der Schlüssel des Landkreises von Baden-Württenberg（8:5:3 之比例分配）㊹。目前最爲德國地方法院受重視的分配法是 die Düsseldorfer Tabelle。此法與上述分配法不同之處在於：此表依贍養義務人之職業與收入及受扶養子女之年齡大小，分成不同種類之標準，然後分別計算出贍養義務人、贍養權利人及子女的分配比例。簡言之，此法之計算較前法複雜，但較能符合實際情形與公平原則㊺。

又依德國新民法第一五七八條第二項及第三項的規定，生活需要擴及離婚配偶之教育、進修、轉業之費用及有關疾病、失業與年老的保險費在內。

總之，新離婚法已摒棄有責主義而改採破裂主義的離婚原則，當事人請求離婚較過去容易。有鑑於此，另一方面，立法者需加強保護離婚後無力維生的一方配偶。

（三）離婚後子女的監護

爲貫徹男女平等的精神，德國民法就裁判離婚之子女監護，不像我國民法之規定，由夫當然擔任（中民第一〇五五條、一〇五一條），

㊷ *Münchener Kommentar* 前揭七六九頁。

㊸ *Münchener Kommentar* 前揭七六八頁以下。

㊹ *Münchener Kommentar* 前揭七六八頁。

㊺ *Münchener Kommentar* 前揭一二六二頁以下。

却由法院決定由夫或妻擔任（德民一六七一條第一項）。又依德國民法，無論新法與舊法，法院決定監護權之歸屬前，應尊重夫妻對監護權的共同聲明，除非該聲明牴觸了子女的幸福與利益（德民第一六七一條第二項）。由此可知，法院決定子女交由夫、妻或第三人監護時，以子女的利益最爲優先㊻。

惟新法與舊法仍有不同之處。新法在決定子女監護時，祇需斟酌子女之幸福，而不必考慮應由夫或妻應負婚姻破裂的責任，一如離婚配偶之贍養原則（新法第一六七一條第三項）；反之，依舊法，法院應注意子女不得交給對婚姻破裂須負責任之配偶去監護（舊法第一六七一條第三項）。

三、養老津貼的平衡（Versorgungsausgleich）

養老津貼平衡的規定可以說德國這次修改婚姻法的最大特色。此在立法上史無前例，而創始於這次之修改法㊼。新法爲何規定養老津貼平衡？其立法理由與德國實行淨益共同財產制相同。德國現階段的婚姻型態，仍是夫主外妻主內的分工合作。夫在婚姻關係存續中，因就業關係而有各種不同的養老津貼的期待權。妻因留在家內管理家務與育幼，無法或祇得部分的養老津貼的期待權。夫所得之該期待權，妻因盡家務之管理也有貢獻，離婚時妻如不能享有該期待權之分配，實有違公平的原則。尤其德國在公佈該法以前，離婚之妻享有寡婦年金者，祇占4％而已㊽。有鑑於此，新法特規定養老的津貼平衡，使妻於離婚時能獲得該期待權的分配。

㊻ Günter Beitzke 前揭二一二頁。

㊼ *Münchener Kommentar* 前揭八一九頁。

㊽ *Münchener Kommentar* 前揭八二〇頁。

一般來說，除高級官吏與公司行號的高級主管外，德國每一位官吏、勞工或雇員在服公職或工作期間，均有權利獲得退休金或年金，或其他類似的津貼。其方法是先由他們向公家有關機構或公共養老基金會定期支付定額的保險費。由於他們的支付保險費，因而從該公家機構或基金會獲得一帳戶。通常婦女年滿六十歲，男士年滿六十五歲時，即能從該機構或基金會，按月領取退休金或年金或其他類似的津貼㊾。至於其數額則依其繳納的保險費率多寡來決定。

養老的津貼平衡是將淨益共同制的基本理論用於退休金、養老年金或其他類似的津貼。換言之，夫妻離婚時，夫妻在婚姻關係存續中所獲得的財產淨益要平均分配；同時所獲得的退休金等的期待利益也要平均分配。

此制度的基本理論，一如上述，需認定大多數人從事就業或工作，且以不同的方式獲得養老津貼的期待權。另一方面，配偶之一方，尤其妻，因管理家務與育幼，不得不放棄職業。放棄職業無異於喪失養老津貼的期待權。

依新法的規定，凡是婚姻存續中所能獲得之年老、失業或就業無能力的年金等期待權，均爲平衡適用的對象（新法第一五八七條）。何種具體的期待權應予適用，規定於新法第一五八七條之a第二項的特別條款。此包括社會安全的法定年金保險，公法上服務關係或公務員的退休金、私人企業或公司付給工人或受雇人之養老金與年老、失業之保險金以及夫妻以個人名義投保的人壽保險金。至於意外事故或戰爭傷殘的保險金，因帶有損害賠償的性質，而不能包括在此範圍內㊿。

㊾ 實際計算的程序參閱 *Münchener Kommentar* 前揭八二四頁以下。

㊿ *Münchener Kommentar* 前揭八四二頁以下。

至於平衡補償的技巧採用類似淨益共同制的方法。先由法院調查能適用養老津貼之所有期待權之種類。其次將各期待權的種類估定其價值，以便決定平衡的數額與方法。最後由法院實現判決的內容[51]。

在實務上，於夫妻離婚時，法院需先確定夫妻雙方在婚姻存續中所能獲得的全部養老與同性質的期待權價額。該期待權之價額是支付保險費而按月所能得到的養老金、保險金來計算。其次比較夫與妻所獲期待權估價的淨益差額，以其一半爲補償的平衡額。由期待權較多的一方配偶，補償給較少的一方。例如妻每月在婚姻存續中獲得之養老金期待權爲 450 馬克，夫爲 750 馬克。夫妻雙方的淨益差額爲 300 馬克，其補償的平衡額爲 300 馬克之一半，卽 150 馬克。丈夫需補償妻 150 馬克，以平衡其養老金之期待權[52]。

此制在財產的分配上與淨益共同制的方法完全相同。至於平衡的實現，由法院以判決爲之，卽法院應爲妻開設多出 150 馬克的養老金帳戶，使妻將來達到退休年齡時，每月得領 600 馬克的退休金。至於細節規定頗具技術性。例如夫與妻均從事於同一性質的職業，而其養老金之支領也屬於同一公共養老基金會時，法院祇簡單的把必要的平衡金額從夫的帳戶移入妻的帳戶內。惟丈夫爲一公務員時，夫與妻因不屬於同一公共養老基金會之緣故，法院須判決命令支付丈夫退休金的公家機構，將必要之平衡金額轉撥給妻之公共養老基金會之帳戶，同時丈夫的將來退休金也因而相對的減少。又如妻根本未就業而無任何養老金之帳戶時，法院需在一公共養老基金會爲妻創設一戶頭，而移入必要之平衡金額。總之，無論那一種情形，均由法院以判決的效力移入舊帳戶或創設新帳戶的方法，以達到平衡之目的，此在學理上

---

[51] *Münchener Kommentar* 前揭八二四頁。
[52] *Münchener Kommentar* 前揭八二二頁。

稱爲「價額平衡」(Wertausgleich) [53]。

價額平衡在法律上或事實上不能達到平衡之目的時，應採用另一種債權的平衡 (Schuldrechtliche Versorgungsausgleich)。例如個人從其工作之收入繳納公共養老基金會的保險費，因法律的特別規定，有其最高額的限制，而不能適用價額的平衡。又如法院判決應向公共養老基金會支付一定金額之一方配偶，而未依照判決支付該金額。又如法院因特殊理由或夫妻另以契約改用債權的平衡等（新法第一五八七條之 f 以下）。此債權的平衡法是使有平衡權的一方配偶，於其達到退休年齡時，對他方取得年金的請求權。

養老之津貼平衡需等待至離婚時，始將期待權的平衡金額移入或創設一帳戶給受益之配偶。惟受益之配偶必須於達到退休年齡時，該平衡金額始發生實際的效力。因此根據法院之判決，妻在四十歲離婚時，衹在她的公共養老基金會取得一平衡金額之帳戶而已。她必須年滿六十歲的退休年齡時，始能實際支領平衡金額。因此，她在二十年前所取得之帳戶，是日後退休時獲得養老金多寡的根據。

依養老津貼的性質觀察，該期待權屬於夫妻離婚前扶養費用的一部分，而該部分依然基於合夥的關係爲夫妻存在，故與離婚後夫或妻的生活情況無關。又夫妻得以財產制契約排除養老金之平衡（德新民第一四〇八條第二項）。夫妻也能在離婚前或離婚程序中之別居協議，約定彼此的津貼平衡（德新民第一五八七條之 o）。

第四章 結論

[53] *Münchener Kommentar* 前揭八二二頁。

德國婚姻法暨親屬法第一次修改法，以客觀的婚姻破裂主義取代原來的有責主義爲其特色之一。依立法者的見解，婚姻破裂是一心理過程，實際上有的婚姻之破裂很難判斷由夫妻的那一方應負責。此時要求法官調查糾纏不清的婚姻生活，非常不容易。我國俗諺說：「清官難斷家務事」，何況以感情爲基礎的婚姻，更是難上加難。有鑑於此，立法者更進一步提出以別居之長短推定婚姻之破裂，此規定不失爲一良法。惟非所有之婚姻破裂均屬於心理之過程，仍有不少能判斷婚姻破裂應由妻或夫負責任之離婚。此爲一方配偶之冒犯而引起的婚姻破裂。此時如不斟酌配偶一方的冒犯責任，勢必造成不公平之苛刻情形。因此，卽使採用客觀的婚姻破裂主義，不宜使就勞雁分飛應負責之配偶，可以任意棄絕其婚姻伴侶。

又離婚之異議權不宜限制過嚴，以免反對離婚事實上成爲不可能，尤其夫妻別居已滿五年者，不能再以任何理由反對離婚。此擧豈不是對離婚已泛濫的德國社會，火上加油？這樣的離婚政策是否妥當，值得懷疑。

新法上的養老之津貼平衡是淨益共同制有關淨益分配的延長。淨益共同制之淨益分配正與新法廢除「主婦婚姻」之立法精神相吻合。依新法的精神，一方面將夫妻視爲獨立人格的主體。夫妻對其各自財產享有所有權，並有管理、使用收益之權。財產權上夫妻完全各自獨立。他方面，夫妻的婚姻生活視爲協同的合夥關係。夫妻爲達到共同生活的幸福，分工合作。丈夫之專長爲出外工作，妻之專長爲育幼與家務管理。有鑑於此，德國立法者之用意在使出外工作與家務管理有同等價值，期能一改過去家務管理爲微賤的工作。德國提倡夫妻平等的實質精神，其用心良苦，值得我們借鑑。

其次，德國實行養老的津貼平衡，有其時代的意義與社會的需要。

在高度工業化的德國社會，其社會安全制度非常健全。德國人民的收入大部分以各種保險之方法繳納給國家或其他公共團體，而自己實際所得的祇够維持生活。換言之，現代德國人之財富不在於銀行存摺的金額，却是國家或其他公共團體代為儲蓄的養老或其他年金的期待權。因此決定夫妻財產制的淨益分配理論，擴張到這些期待權，頗為公平合理。此再度證明德國法貫徹夫妻平等的立法精神。

總之，於我國現行民法親屬編修改之際，德國這次婚姻法與親屬法之修改精神，尤其貫徹男女平等的原則，當能提供我們正確修改的途徑。

臺大《法學論叢》，第七卷第二期，民國六十七年六月。

貳、論我國結婚要件之現代化

要　　目

第一章 前 言

本人一向在臺灣大學法律學系與法律研究所講授身分法之課程，深知我國現行婚姻法係近代歐陸法個人主義與我國傳統家族主義相激相盪所形成的。

我國近十年來，工商業發達，社會結構變遷，家庭組織亦發生改變。因此司法行政部自民國六十三年來組成民法修改委員會做全面修改民法典。這一次之修正是民國十八年制定各編以來，首次檢討我國繼受歐陸民法體系在中國社會的有效性，極受朝野人士的重視。

婚姻法爲民法重要的一環，亦與社會之安定息息相關。從傳統至現代之婚姻法中，婚姻之要件，尤其形式要件發生甚大之變化。本文探討之重要課題乃傳統優良的婚姻精神在現代婚姻生活上應如何加以表現。

本文擬從法制史之觀點，分三章，卽概說、結婚之實質要件、結婚之形式要件，用以說明固有法、過渡時期（大理院判例、解釋例及民律草案）、現行法及修正草案所表現之特色及其利弊。

第二章 概 說

一、傳統社會之婚姻法

我國舊制結婚之目的，在於宗族的延續與祖先的祭祀，男女的共處反而不受重視。《禮記・昏儀》說:「昏儀者, 將合二姓之好, 上以事宗廟, 而下繼後世, 故君子重之」。婚姻不以個人爲本位, 而具有超越個人的團體性。祭祀祖先乃子孫最大的任務。孟子說:「不孝有三, 無後爲大」❶。惟子孫之中, 能祭祀祖先者, 僅限於男子孫, 女子孫則被排除其外。韓非因而說:「產男相賀, 產女相殺」❷。爲使祇有女子孫之家亦能傳宗, 以免絕嗣, 舊社會除嫁娶婚外, 另創立招贅婚, 令贅夫所生之子女, 亦能從母姓。

就夫妻生活關係而言, 妻以夫爲天, 妻之人格爲夫所吸收, 而受夫之監護。妻服從夫權而無行爲能力與財產能力。夫對妻有懲戒、命令之權。妻對夫單方負同居之義務, 貞操之義務則妻重於夫。夫可納妾, 妻不得與夫以外之男人發生性關係, 否則受重罰。

二、過渡時期思想之轉變

清末之民律草案❸及民初大理院之判例❹對婚姻法之觀點頗有轉變。婚姻之目的開始兼顧家族生活與個人幸福。第一次民律草案立法意旨說:「……然婚姻男女終身大事, 若重拂其意, 強爲結合, 將易生夫妻及身之憂, 難望家室和平之福……是以本法既認聘娶婚後, 兼採允諾婚主義。於父母之命, 媒妁之言外, 尚須男女兩造之同意, 以崇禮教而順人情」❺。大理院判例亦說:「父母之主婚權非可濫用,

---

❶ 《孟子・離婁》上篇。

❷ 《韓非子・六反篇》。

❸ 清末民初擬定民律草案前後共五次, 其中對大理院的解釋及判決具有影響力者乃清宣統三年之第一次民律草案。

❹ 大理院於民國十六年因改制而被最高法院所取代。在此十六年間該院的解釋及判決, 爲民商事法主要來源。

❺ 第一次民律草案, 第三章婚姻前言。

如父母對於成年子女之婚嫁，並無正當理由不爲主婚，審判衙門得審核事實，以裁判代之」❻。

在夫妻關係上，夫雖仍保有其優越地位，但妻取得日常家務代理夫一般之權限❼。又承認妻之特有財產得由自己管理、收益及處分，不必歸入公產❽。至於同居及貞操之義務，妻之地位亦改善不少。

三、現行婚姻法之立法基礎

現行婚姻法繼受歐陸近代獨立人格之觀念後，婚姻之目的，在於促進夫妻共同生活之幸福，如何選擇終身伴侶，由自己衡量最爲恰當。故結婚務必由男女當事人自行合意，不得由父母代爲決定，而確立婚姻意思自治之原則。又繼受歐陸男女平等之思想後，夫妻之地位力求平等，夫妻於日常家務互爲代理人（民一〇〇三條）。承認妻之財產能力而適用夫妻財產制（民一〇〇四條以下）。夫妻互負同居之義務（民一〇〇一條）。貞操之義務亦相互的，夫妻之一方祇要與他人通姦或重婚，他方均可訴請離婚（民一〇五二條）。

四、修正草案之修正重點

司法行政部最近提出之親屬編修正草案初稿（六十八年四月十五日），提出三點重大的修正內容供立法院參考。其一，結婚之形式要件從禮俗婚主義改爲法律婚主義，由國家之戶政機構介入，使身分之變動有確實性與公示性。其二，重婚從可得撤銷改爲無效，期以貫徹一夫一妻之制度。其三，改善現行法定財產制之聯合財產制對妻不利之

❻ 大理院解釋例九年統字第一二〇七號。
❼ 大理院判例五年上字第三六四號。
❽ 大理院判例七年上字第六六五號。

處，期以貫徹男女平等之精神。

第三章　結婚之實質要件

結婚之要件通常分爲實質的要件與形式要件。實質要件者，依法律規定，於婚姻當事人不可不具備之要件；形式要件者，依法律規定，婚姻成立必須具備之一定方式。結婚之實質要件有以下諸點:

一、結婚須兩造合意

固有社會的結婚，由雙方家長、父母或祖父母作主，結婚之男女僅爲被撮合之人。男女當事人祇在期親以外之尊長爲主婚時，始得自己作主❾。迨至民律草案之規定，削弱父母之主婚權，其對子女之婚姻，僅有同意權，而無決定權❿。大理院判例亦同見解，且尊長行使同意權僅限於父母，而不及於其他尊長⓫。

現在婚姻法確立人格獨立與意思自治之原則，故須由男女當事人雙方合意始能成立。祇有未成年人之結婚，爲保護其利益，應得法定代理人之同意（民九八一條）。

二、結婚須達法定結婚年齡

固有法上無法定結婚年齡之規定。《禮記・昏儀》說：「男三十而有室，女子二十而嫁，有故，二十三而嫁」。此年齡非法定結婚

❾ 參照清律戶律婚姻門男女婚姻條附例。
❿ 第一次民律草案第四編第二二條。
⓫ 參照大理院判例十五年上字第九六二號。

年齡，卻是適婚年齡。≪朱子家禮≫及≪大清通禮≫定男子十六歲爲丁，女子十四歲爲口。此雖未明示爲成婚年齡，然直接爲成年之規定。民間習慣常以男子十六歲、女子十四歲爲結婚最低之年齡⑫。

民律草案鑑於早婚之弊病，規定結婚最低年齡，以維民族衞生：男未滿十八歲，女未滿十六歲，不得成婚⑬。惟大理院判例及民間習慣，盛行早婚制，十四歲、十五歲卽告結婚⑭，甚至有小丈夫之陋習。

現行民法鑑於早婚不僅有害於男女本人的身體健康，且其所生子女，體格多羸弱。何況教養子女乃父母責任，父母如年幼無知，經濟薄弱，則治家育幼，均難勝任。因此現行法從民律草案之規定，男未滿十八歲，女未滿十六歲，不得結婚（民九八〇條）。

三、結婚須非禁婚親

固有法與現行法均禁止一定親屬結婚。該禁止結婚之理由有二，其一，避免婦女之不殖、不繁；其二，避免違背人倫，防止淫泆，而恥與禽獸同。惟固有法較重視倫常禮教，而禁婚親之範圍較大；反之，現行法較注重生理遺傳，而禁婚親之範圍較狹。

(一)固有法與過渡時期法

1.同宗親：舊律例對於同宗親，不論親等之遠近，均禁止通婚，甚至同姓亦包括在內。唐律（戶婚律同姓爲婚條）：「諸同姓爲婚者，各徒二年，緦麻以上，以姦論」。清律亦同⑮。惟清律同宗與同姓範

---

⑫ 參閱陳宗蕃著≪親屬法通論≫，世界書局，民國三六年，八八頁。

⑬ 第一次民律草案第四編第十六條。

⑭ ≪中國農村慣行調查≫（中國農村慣行調查刊行會編，岩波書店，共六卷）第四卷，六七頁中段；七九頁下段。

⑮ 清律（戶律婚姻門同姓爲婚條）：「凡同姓爲婚者，各杖六十，離異」。又娶親屬妻妾條：「凡娶同宗無服之親者（男女）各杖一百」。

圍不同，依其輯註，同宗者，係指同宗共姓而言，不論支派之遠近，籍貫之異同，均爲同宗；同姓係宗傳雖不同，但始祖之淵源或相同。惟同姓如不爲婚，禁婚將失之過嚴，故乾隆五四年之刑案放任同姓爲婚。大理院判例從之⑯，民律草案上血親之禁婚仍以同宗爲範圍⑰。

2.姻親：舊律例對姻親之概念與現行法不同。現行民法不分父系與母系，而血親之配偶均列入姻親之範圍，視其親等與輩分，決定應否結婚。舊律例則視父系宗親之妻妾仍爲同宗範圍，而同宗之妻妾一概禁止結婚⑱。

大理院判例亦認同宗無服親之妻妾，仍不得結婚⑲，而民律草案亦規定四親等內之同宗妻妾不得結婚，其曾否離婚或歸宗，並非所問⑳。

至於舊律例外姻禁婚範圍，依唐律（戶婚律同姓爲婚條）規定:「外姻有服屬而尊卑共爲婚姻者，以姦論。其父母姑舅兩姨姊妹,及姨、若堂姨、母之姑、已之堂姨及再從姨、堂外甥，並不得爲婚姻，違者杖一百，並離之」。清律規定亦同㉑。

大理院解釋例爲限制外姻禁婚之範圍，認爲現行律將外姻之禁婚既以列舉規定其範圍，故娶舅甥妻之禁婚不能推及再從㉒。依民律草

---

⑯ 大理院判例三年上字第五九六號、四年上字第一一七四號、七年上字第三八七號。

⑰ 第一次民律草案第四編第十七條。

⑱ 唐律（戶婚律爲袒免妻嫁娶條）：「諸嘗爲袒免親之妻而嫁娶者，各杖一百，緦麻及舅甥妻，徒一年；小功以上，以姦論。妾各減二等，並離之」。清律（戶律婚姻門娶親屬妻妾條）之規定大同小異。

⑲ 大理院判例三年上字第五九六號。

⑳ 第一次民律草案第四編第十八條。

㉑ 清律戶律婚姻門尊卑爲婚條。

㉒ 大理院解釋例十一年統字第一六七八號。

案規定，外親之禁婚限於三親等，妻親二親等，且以輩分不相同爲限。至於姑舅兩姨姊妹（表兄弟姊妹），在舊律上屬於姻親，在現行民法上則爲血親。表兄弟姊妹在唐律上不禁止結婚，在清律改處杖八十㉓。自惟雍正八年以來，鑑於民間習俗常有表兄弟姊妹結婚。如禁止其結婚，既然不易發生效力，故改以條例聽從民便。

(二)現行民法與修正草案

1.血親：現行民法禁止近親結婚，首重親系，其次爲親屬種類。直系親不問其爲血親或姻親，絕對禁止結婚（民九八三條一款）。旁系親則分爲血親與姻親。旁系血親單以親等爲標準，凡在八親等以內，除表兄弟姊妹外，不問輩分是否相同，一律禁止結婚（民九八三條二款、三款）。現代各國立法例之血親禁婚，德、瑞、日雖仍禁止直系親屬間之禁婚，但旁系血親祇禁二或三親等㉔。

在親屬編之修正草案，本擬將旁系血親之禁婚範圍縮小至六親等，但因顧慮我國傳統之倫常禮教，而未予以修正，甚爲遺憾。至於表兄弟姊妹之結婚在修正草案加以禁止。蓋現行法既採父母兩系主義，父系之堂兄妹與母系之表兄妹宜一視同仁；其次，舊律以同姓同居爲堂兄弟姊妹，反之，現行民法第一〇五九條修正爲：「子女從父姓。但父母約定其子女從母姓者，從其約定」。如此修正，將使表兄妹與堂兄妹之區分不明。蓋究竟區分表兄妹與堂兄妹應以血統、同姓或同居爲標準？從現行法之家制、親系及修正草案上子女之稱姓，擬區分堂兄妹與表兄妹，實屬不易。

依舊律例，堂兄妹之結婚，無論在唐律或清律均認爲同宗相姦，

㉓ 清律戶律婚姻門尊卑爲婚條。

㉔ 德國婚姻法第四條禁止二親等之兄弟姊妹；日本民法第七三四條與瑞士民法第一〇〇條第一項禁止三親等之旁系血親結婚，故四親等之堂兄弟姊妹或表兄弟姊妹均不禁止結婚。

並入十惡之不孝，故應處以流三千里或絞刑㉕。反之，表兄妹之結婚，在唐律因不牴觸同姓不婚之鐵則，又不同居一處，故不予禁止。自明代開始，表兄妹以律禁止結婚。惟明律就堂兄妹之結婚處以絞刑，而表兄妹之結婚祇處杖刑六十，二者在刑名處罰上相差甚大。表兄妹之禁婚至清朝雍正八年始以條例開禁。由此可見修正草案之不允許表兄妹結婚，有其時代之背景及適應社會之需要。

2.姻親：姻親之禁婚範圍，以親屬法審查意見書第五點爲基礎，於第九八三條規定直系姻親不得相互結婚。旁系姻親五親等以內輩分不同者，不得結婚；但輩分相同者，不在禁止之列。現行法與舊例不同之點在於「兄收弟媳」之結婚。舊律例將其列爲宗親之結婚，嚴格禁止。反之，現行法則視爲姻親，且因輩分相同之故，不禁止結婚。

四、結婚須非重婚

(一)固有法與過渡時期之規定

禮制上本於一陰一陽之義而承認一夫一妻之制，即一晝一夜成一日，一男一女成一室，故舊律均以一夫一妻爲天經地義。唐律（戶婚律有妻更娶妻條）規定：「諸有妻更娶妻者徒一年；女家減一等。若欺妄而娶者，徒一年半；女家不坐，各離之」。疏議（問答)說：「一夫一妻不刊之制，有妻更娶，本不成妻」。清律亦同㉖。惟依唐律，重婚爲自始無效；反之，依清律，由審判衙門強制撤銷。從現代保護子女之婚生性及利害關係人權益起見，似以清律之規定較優。

惟我國舊社會過於重視傳宗接代，同時有重男輕女之思想，故夫

㉕ 參閱唐律雜律姦從父姐妹條；清律刑律犯姦門親屬相姦條。

㉖ 清律（戶律婚姻門妻妾失序條）：「有妻更娶妻者，杖九十。（後娶之妻）離異（歸宗）」。

除娶正妻外，尙得納妾。納妾行為，明律限於四十歲以上而無子者；清律則不加年齡之限制。因此舊社會有妻而納妾，或有妾而娶妻者，不發生重婚之問題。除扶正外，禁止以妾為妻，或以妻為妾㉗。

大理院之判例因受傳統社會之影響，不得重婚，但允許納妾㉘。民律草案之規定受歐陸一夫一妻之影響，不許重婚，亦不准納妾。如重婚者，民律草案認為可得撤銷之婚姻，而非無效。惟撤銷權人有當事人、其直系尊屬、同居最近親屬及代表公益之檢察官在內㉙。

(二)現行法及修正草案

現在民法有鑑於納妾之弊，又基於男女平等之原則，廢除納妾之陋習，而確立一夫一妻之婚姻。民法第九八五條規定：「有配偶者，不得重婚」。在刑法上，重婚為犯罪（刑二三七條）。在民法上，重婚僅為婚姻撤銷之原因，非當然無效。重婚之撤銷權人，隨時得行使撤銷權，而無期間之限制，期使重婚不易存續。惟此制仍有二缺點。其一，婚姻生活不安定，影響第三人之利益甚大。其二，撤銷權人為利害關係人，利害關係人不行使撤銷權時，重婚仍能繼續存在。尤其檢察官不列入利害關係人，無法依職權行使撤銷重婚。

修正草案鑑於現行法之弊端，故將民法第九八八條之重婚自可得撤銷改為無效。該條之立法意旨在於貫徹一夫一妻之制。本人以為重婚改為無效，固能保障一夫一妻之婚姻生活，但其所生之子女將淪為非婚生子女。此不若重婚仍維持撤銷婚，但援民律草案之規定，將檢察官列為利害關係人，令其依職權行使撤銷權，期能兼顧一夫一妻之制及子女之婚生性。

㉗ 清律戶律婚姻門妻妾失序條。

㉘ 參閱大理院判例四年上字第七六六號。

㉙ 第一次民律草案第四編第二七條。

五、結婚須非相姦人

(一)固有法與過渡時期

爲維持善良風俗，舊律自唐至清代禁止先姦後娶。例如清律（刑律犯姦門犯姦條）：「其和姦、刁姦者，男女同罪。姦生男女，責付姦夫收養。姦婦從夫嫁賣，其夫願留者聽。若嫁賣與姦夫者，姦夫、本夫各杖八十；婦人離異歸宗，財物入官」。

依第一次民律草案第四編第二一條，因姦被離婚者，不得與相姦者結婚。此處所謂相姦者，係指已婚之姦婦、姦夫而言。姦婦因與人通姦，致被離婚者，改嫁原在所不禁；但仍許其與姦夫結婚，是助長淫邪之風， 故以法律特加禁止。依大理院判例， 現行律所稱嫁與姦夫者，婦人仍離異等語，係專指因姦而被離婚之婦而言。至於因姦成婚，法律雖無認許明文，而若經有主婚權人之許可，則仍無礙於婚姻之有效㉚。

(二)現行民法及修正草案

我國現行民法第九八六條規定：「因姦經判決離婚或受刑之宣告者，不得與相姦者結婚」。此與民律草案之內容相似。各國立法例對此結婚要件之觀點不一致，且不乏刪除之國家。蓋夫妻既已離婚，而一方不能與相姦者結婚，則姦夫與姦婦祇好維持同居之生活，則對於其所生子女亦有不利。這次修正民法親屬編時，雖詳加討論該條存廢之利弊，但仍以不修正爲宜而加以保留。

六、結婚須非被詐欺

㉚ 大理院判例七年上字第四九一號。

詐欺爲婚，舊律稱爲妄冒，予以刑事處罰㉛。如關於殘疾、老幼、庶出、過房及乞養欺罔對方，或將奴婢盲冒爲良人，而與良人爲夫妻，均予以禁止㉜。

民律草案承認詐欺爲婚姻撤銷之原因，當事人得撤銷之㉝。依大理院解釋例，天閹係殘疾之一種，定婚之初，如未通知對方，係屬詐欺，自應離異㉞。至於僅違背婚約，將女另嫁，雖志在得財，但不得謂爲詐欺㉟。

現行民法上之結婚，如基於「當事人之同一性」詐欺而成立者，即舊律所稱妄冒，因欠缺結婚之意思，該結婚無效；如基於「當事人之人的性質」而受詐欺，即舊律有關身分、年齡、社會地位、健康等受詐欺者，並非當然要素之錯誤，故有時僅得撤銷而已（民九九七條）。修正草案對此無修正。

七、結婚須非被脅迫

明、清律禁止強占良家妻女，即因脅迫成婚者，可訴請離異：「凡豪勢之人，強奪良家妻女，姦占爲妻妾者，絞，婦女給親。配與子孫、弟姪、家人者，罪亦如之，男女不坐」㊱。民律草案亦明定因脅迫而爲婚姻者，惟當事人得撤銷之㊲。依現民法第九九七條，結婚受脅迫而成立者，亦爲可得撤銷。

㉛ 唐律戶婚律爲婚女家妄冒條。
㉜ 清律戶律婚姻門男女婚姻條。
㉝ 第一次民律草案第四編第二九條。
㉞ 大理院解釋例四年統字第二三二號。
㉟ 大理院解釋例八年統字第九八六號。
㊱ 清律戶律婚姻門強占良家妻女條。
㊲ 第一次民律草案第四編第二九條。

八、固有法結婚之特別要件

(一)結婚須非逃亡之婦女

唐、明、清律均禁止娶因犯罪逃亡之婦女。其立法意旨在於舊社會婦女有三從之義，無專用之道；故婦女如欲維持其生計，須嫁夫生活。今禁止娶犯罪逃亡之婦女，婦女自知逃亡再嫁之難，則會打消逃亡之念[38]。

民律草案與現行法嚴格區分民事法與刑事法。犯罪逃亡之婦女為通緝的刑事案件；反之，娶犯罪逃亡之婦女為民事案件，二者無直接關係。因此只要犯罪逃亡之婦女係未婚者，自可與他人結婚。該婦女已結婚者，如再與他人結婚，則為重婚，其利害關係人得依法請求撤銷後婚。

(二)結婚須非買休

我國傳統社會有六禮之儀式，其中納徵，俗稱聘財，即男方送財禮給女家。惟該財禮非結婚契約之對價，財禮之多寡不得討價還價。如以對價買休人妻而與之結婚者，舊律認為違背公序良俗，而離異歸宗[39]。

依大理院判例，買賣為婚，無婚書或財禮者，不生婚姻之效力。現行民法雖無明文禁止買賣為婚之效，但依法理，其行為顯然違背公序良俗，而自始無效。

(三)結婚須非居喪期間

唐、明、清律均認為男女居父母、祖父母及期親尊長之喪，不得

---

[38] 例如參閱唐律戶婚律娶逃亡婦女條。

[39] 清律刑律犯姦門縱容妻妾犯姦條：「若用財買休、賣休，（因而）和（同）娶人妻者，本婦及買休人，各杖一百，婦人離異歸宗，財禮入官」。

嫁娶；妻妾居夫喪，亦不得出嫁。違者，處罰；有時並離異[40]。大理院時期鑑於喪服制尚未廢止，故舊律例居喪嫁娶條之規定，仍然有效[41]。該條立法意旨係基於倫常觀念，以為人子或妻妾在憂戚期間，不應有喜樂之事，尤其再婚過早，有失節負義之感。

現行民法對妻有六個月之待婚期間，即女子自前婚關係消滅後，非逾六個月，不得再婚（民九八七條）。該條乃防止血統之紊亂；故凡血統已分明者，不須遵守此待婚期間。

（四）結婚須非祖父母、父母被囚禁

凡祖父母、父母被囚禁，唐律不問其所犯罪如何，均禁止結婚；至明、清律以祖父母、父母犯死罪為限，始予禁止，但奉祖父母、父母之命者，即不坐罪[42]。舊社會基於倫常孝道，不得以直系尊親屬囚禁遭遇困難時，嫁娶作樂。

（五）結婚須不違背身分的限制

舊社會因重視血統及社會身分關係，故有特定身分之人結婚受限制，如良賤不婚[43]、僧尼道冠禁婚[44]。

九、現行法結婚之特別要件

（一）女子再婚應逾六個月之期限

現行法第九八七條援各國立法例設有女子六個月之待婚期限。其立法意旨在於防止血統之紊亂，以保護胎兒之人格，避免將來出生後，發生確認父子身分而涉訟。

---

[40] 唐律戶婚律居父母夫喪嫁娶條、清律戶律婚姻門居喪嫁娶條。
[41] 大理院判例九年上字第四九二號。
[42] 唐律戶婚律父母囚禁嫁娶條、清律戶律婚姻門父母囚禁嫁娶條。
[43] 清律戶律婚姻門良賤為婚條。
[44] 清律戶律婚姻門僧道娶妻條。

(二)結婚非在監護關係存續中者

舊社會之結婚均由家長、父母或祖父母主婚，男女當事人並無決定權，故保護受監護人之結婚意思，毫無意義。現行法設立監護制度，監護人於監護關係中，須受監護人之監督與教導，其意思不能自主，若許其相互結婚，有悖婚姻自由之原則，故不許結婚；但經父母同意者，不受此限（民九八四條）。惟本條要件，無多大實益。蓋我國民法對未成年人監護之設置，在於父母均不能行使其親權之情形。故有父母行使親權時，則無監護人。至於學者所稱「委託監護」（民一〇九七條但書），其實係委任職務而已，受託人只能就委任之事務有行使之權限，而結婚同意權之行使乃一身專屬權之親權，不能委任他人行使。

第四章　結婚之形式要件

一、我國舊社會之規定

我國舊社會結婚之形式要件，係分為定婚與成婚之階段。即舉行六禮之儀式，始能完成：納采、問名、納吉、納徵、請期、親迎。前四者乃定婚，後二者為成婚之要件。惟舊律例之結婚非履踐定婚不可，故結婚之完成乃六禮之完備。

依禮之程序先由男方家長央請媒人帶雁禮至女方提親，此稱納采。提親時女方如應允，則媒人詢問女方年庚，俗稱八字，此為問名。有年庚後，男方問卜婚姻之吉兇，卜得吉兆時，通知女方，交換婚書，以示迎娶為媳之意，此稱納吉。男方備聘財至女家，以為定婚之明證，並交換婚書，此爲納徵。女方收下聘財後，徵求成婚之日期，此稱爲請期。婚期之日，男方以紅轎至女方迎媳，途中鑼鼓喧天，甚至燃放鞭炮，以示公開與公示，此爲親迎。定婚女至男家後，相互交拜，並舉行合卺之禮。親迎之翌日，卽行「婦見舅姑」。三月後舉行「廟見之禮」，廟見後，妻始成婦。

我國舊社會納妾爲合法之行爲。惟納妾不得親迎，以示名分之區別。《禮記》說：「聘者爲妻，奔者爲妾」。依舊律，納妾舉行親迎者，觸犯刑章，構成重婚罪。在唐律，該重婚爲無效，在淸律爲強制撤銷㊺。

二、過渡時期之規定

民律草案受近代歐陸法律思想之影響，放棄傳統六禮而仿效日本立法例採法律婚主義：「婚姻呈報於戶籍吏而生效」㊻。至於呈報方式，則依戶籍法之規定。此爲登記婚主義。戶籍吏在受理婚姻之呈報而有欠缺結婚之實質要件時，得拒絕受理。此形式要件對人民婚姻之成立有充分的監督權與公示性。至於納妾行爲，民律草案未再允許。

該登記婚主義在大理院之判例、解釋例未發生拘束力，人民仍沿襲傳統之禮俗婚，納妾行爲亦仍普徧。

三、現行法之規定

㈠我國現行民法仍斟酌國情及大理院判例，採用無公權力介入之儀式婚。依民法第九八二條規定，結婚之成立只要公開儀式與二人以上證人卽可。至於寫立結婚證書或戶籍申報僅爲證據問題而已，與結

㊺ 唐律戶婚律有妻更娶妻條；淸律戶律婚姻門妻妾失序條。

㊻ 第一次民律草案第四編第二三條。

婚之效力無關。

㈡結婚之證人在證明結婚當事人有結婚之眞意，所以須親自到場。依司法院解釋例，證人不必載明於婚事，但須在場親見，而願負責證明爲已足㊼。惟證明人之資格，我民法無明文規定，實務上極易引起爭執，頗爲不當㊽。

至於公開儀式，在解釋上亦易引起爭議。蓋何謂公開，何謂儀式，尚無一定之客觀標準。結婚儀式之進行，又無公權力之介入，故未由法院於結婚後訴訟審理前，誰也無法說出儀式與非儀式及公開與非公開之界線，應如何判斷。

㈢違反形式要件之婚姻，依民法第九八八條第一款之規定，係無效之婚姻。該無效性質乃自始、絕對且當然無效。有鑑於此，現行民法之結婚形式要件，對當事人身分保障及利害關係人權益之維護，似嫌不足。

四、修正草案之改進

㈠有鑑於現行法規定之缺失，修正草案對民法第九八二條之形式要件，略加修正㊾。卽除保留原條文而列爲第一項外，增訂第二項：「經依戶籍法爲結婚之登記者，推定其已結婚」。

㈡該修正草案之優點在於克服當事人擧證責任之困難，而以法律推定之方法，使登記之婚姻具備公開與儀式之要件。詳言之，結婚當

㊼ 司法院二二年院字第八五九號解釋。

㊽ 參閱戴炎輝著≪中國親屬法≫，民國七〇年，八六頁；羅鼎著≪親屬法綱要≫，大東書局，民國三五年，一五頁；胡長清著≪中國民法親屬論≫，商務印書館，民國三五年，一六頁。

㊾ 民法親屬編修正草案初稿，司法行政部民法研究修正委員會，民國六八年四月十五日，三六頁。

事人對於結婚曾否舉行公開儀式有爭議者，舉證頗爲不易，而該舉證責任由結婚當事人提出者，有欠公允。故只要依戶籍法第二十五條第一項爲結婚登記者，倘無反證以前，不容再爭執該結婚之效力㊿。

㈢該修正草案增加第二項，使登記結婚具備公開儀式及二人以上證人之推定效力。惟所謂推定者，可以舉反證加以推翻，而使該結婚自始無效。男女當事人要成立有效之婚姻，仍非有公開儀式及二人以上之證人不可。結婚之登記無法彌補公開儀式之不足。總之，修正後之結婚形式要件仍爲儀式婚主義，修正前所具之弊端仍無法避免。

修正後之第二項以推定方法決定夫妻之身分關係，頗爲不當。我國現行民法第一〇六三條將婚生子女以推定方法產生，但該條之推定乃涉及生理之變化，從外觀不易確認受胎之確實時間，只好以推定之方法規定受胎期間（民一〇六二條）。又爲維護婚姻關係中夫妻共同生活之安定，受胎期間有婚姻關係者，均推定爲婚生子女。

至於夫妻身分關係之成立，完全以有無公開儀式及二人以上之證人爲斷。此要件純爲外在客觀的事實，原極易認定。只因結婚之際，無公權力介入而監督該形式要件之合法性，又公開與儀式之概念亦不確定，致結婚是否有效，易發生爭執。解決此困難，應以公權力直接介入，期能當場監督形式要件是否具備，而藉此爲結婚有無效力之憑據。如此一來，結婚之效力不但有充分之確實性，而且有權威的公示性。否則被法律推定之夫妻身分，非終局之確定。配偶任何一方或利害關係人，甚至第三人得隨時提出反證而推翻結婚之效力。一旦被推翻，該婚姻不得不溯及結婚時無效。如此結果，豈不讓結婚處於不安定之狀態?

㈣有鑑於該第一次修正草案仍有弊端，經廣徵各方之反應意見，

㊿ 民法親屬編修正草案初稿，三六頁。

將現行民法第九八二條再次作重大之修正。其第一項:「結婚應由雙方當事人偕同二人以上成年證人,至任何一方之該管戶政機關爲結婚之登記」。其第二項:「戶政人員爲結婚之登記時,應先詢問雙方當事人是否願意結婚。經雙方表示願意後,應即爲結婚之登記,並發給結婚證書」。其第三項:「當事人因疾病生命垂危或其他重大障碍,不能親至戶政機關辦理結婚之登記者,得申請該管戶政機關派戶政人員至其所在地,依前二項之規定爲之」。

此修正意旨在說明夫妻身分之確立,需有公權力之監督,結婚不但在戶政機關爲結婚意願之表示,而且必須依職權爲結婚之登記,並發給結婚證書。此充分確保身分之確實性與公示性。此結婚形式要件之修正草案送到行政院法規委員會審查時,未蒙採納,而仍維持第一次之修正草案內容,甚爲遺憾。

第五章 結 論

因時代背景與社會環境之變化,婚姻要件之立法意旨亦不同。在此演變過程中,不合時代需要之要件,自受淘汰,但優良之傳統,則仍能繼續保持該精神,而受現代人士之尊重。

就實質要件上,舊社會之特色有三。其一,爲顧及家族、宗族利益,既無法定結婚年齡之規定,又不重視男女當事人之意願,概由家長主婚。其二,爲重視倫常禮教觀念,居父母或夫喪不得嫁娶,又堂兄妹嚴格禁止結婚,表兄妹則聽從民便。其三,爲重視身分階層,良賤、僧尼道冠不得爲婚。反之,現行婚姻要件之特色有三。其一,爲確立獨立人格之觀念,規定法定結婚年齡,並確立結婚意思自治之原則，男女結婚不受他人之干涉。其二，爲重視結婚血統之因素，女子受待婚期間之限制。表兄妹及堂兄妹均爲四親等之旁系血親，而均不得結婚。其三，爲力求人格身分之平等，不因身分階層關係而禁止結婚。

惟舊社會優良之結婚要件，仍繼續維持至現代婚姻生活。例如近親間不得結婚、結婚人不得重婚、結婚不得詐欺、脅迫或買休等。

就形式要件上，我國傳統社會所舉行之六禮結婚儀式，係由家族、宗族主持。傳統社會之家族、宗族具有公權力之特性，故由其主持婚禮，具有相當之權威性。又六禮之儀式，尤其親迎與合巹，在保守之農村社會，具備甚大之公示性，期以保障結婚之有效性。反之，在現代工商社會，現行法結婚之形式要件，權威性與公示性，仍嫌不足。因此應改採國家公權力介入之法律婚主義，由戶政機關主持結婚儀式，並依職權登記該結婚於婚姻登記簿上，期以保障夫妻之身分關係及利害關係人之權益，較爲理想。

《中華文化復興月刊》，第十五卷第十一期，民國七十一年十一月。

參、論表兄弟姊妹之結婚

要　目

第一章　問題的由來

最近司法行政部公佈了民法親屬編的修正草案，其中有關旁系血親的禁婚範圍，提出了兩點修正。第一點，民法第九八三條第二款與第三款原規定：旁系血親無論輩份是否相同，八親等內均不得結婚；現在修正案改爲六親等內不得結婚。換言之，從八親等之禁婚放寬爲六親等。第二點，第九八三條第三款原允許表兄妹結婚，現在修正案改爲四親等之表兄妹與同親等之堂兄妹一視同仁，而列入禁婚親之範圍；換句話說，將第九八三條第三款的但書加以刪除❶。

該修正草案一經公開之後，各方反應頗爲熱烈，有人贊成，也有人反對，見仁見智，莫衷一是。本人在國內大學講授中國法制史與民法親屬編與繼承編。因此，對此問題之討論倍覺關懷。

第二章　舊社會內親與外親的概念

我國舊社會禁止近親結婚的理由有二點：第一點是基於種族的優生學，第二點是維護倫常的名分。前者爲避免婦女不殖、不繁或不繼的因素❷。後者爲違背人倫，防止淫泆而恥與禽獸同❸。我國舊社會深受儒家思想的影響，在兩種禁婚理由中，比較重視倫常名分之觀

---

❶ 民法親屬編修正案初稿，民國六八年四月十五日（司法行政部民法修正研究委員會）三七頁。

❷ 如≪左傳・僖公二三年≫、<昭公元年>；≪國語・晉語≫與<鄭語>等。

❸ 如≪禮記・郊特牲≫，<坊記>；≪白虎通・嫁娶≫。

念。

固有社會是父系的宗族社會。宗族生活主要目的是祭祀祖先與傳宗接代。由此喚起同祖或兄弟的意識而緊密的生活在一起。所以同宗共姓之人自稱內親、本親、本宗或一家子，而與不同姓的外親、外姻嚴加區別❹。舊社會所稱的外親與現行法的姻親範圍不同。舊習俗的外親有三種。第一種是因婚姻關係而成立的親屬，例如岳父母、女婿。第二種是母系的血族，例如外祖父母、母之兄弟姊妹、舅姨之子女。第三種是女系血親，例如姑表兄弟姊妹、外孫等。總之，舊社會區分內親與外親並不以血統的有無連繫，却是以有無同宗共姓爲標準。同姓之親屬爲內親；異姓之親屬爲外親。

內親與外親在舊習俗及舊律例上有極不同的效果。例如服制上，內親的祖父母爲期服，堂兄妹爲大功服；反之，外親之外祖父母爲小功服，表兄妹爲緦麻服。在刑名上，祖父母比同父母，外祖父母比同期尊。堂兄妹爲大功親，表兄妹爲緦麻親。此刑名上之差異尤表現在侵身犯的罪名。

第三章　舊律例的規定

我國舊律以禁止父系之堂兄妹，而不禁止母系之表兄妹結婚爲原則。

一、唐律

---

❹ 現行法區分血親與姻親的親屬概念與傳統社會區分同姓與異姓的親屬概念不相同。

內親與外親最顯著的差別，莫過於禁婚的規定。舊社會對於同宗共姓之親屬，基於倫常的名分，嚴格約束其相互的性行為，尤其有同居關係的親屬為然，期能避免破壞家屬間的和睦和團結。因此，唐律提出同姓不婚的廣大禁婚範圍，至於外親祇規定尊卑失序的人始禁止結婚。唐、戶婚律、同姓為婚條：「諸同姓為婚者，各徒二年，緦麻以上，以姦論」。至於外親，放寬其限制，唐、戶婚律、同姓為婚條：「……若外姻有服屬而尊卑共為婚姻者……亦各以姦論」。該條疏議說：「其外姻雖有服，非尊卑者為婚不禁」。

由此可知，唐律採絕對父系主義，內親與外親之禁婚範圍採截然不同之標準。內親之禁婚採無限血親主義，同時不分輩份是否相同，均不得結婚。反之，外親之禁婚不但採列舉主義，而且祇限於輩份不同者❺。

從違律為婚條之處罰，可以反應當時社會對於堂兄妹與表兄妹為婚之態度。堂兄妹為同宗共姓的親屬，二者之親等屬於大功親，故堂兄妹之結婚視為姦小功以上親，當入十惡之罪名❻。其主刑依唐、雜律、姦從父姐妹條，處罰流二千里；從刑依十惡之特別處罰規定❼。至於表兄妹屬外親而輩份相同，故其結婚是法律所允許的，不受任何制裁。宋律從唐律之規定。

---

❺ 唐戶婚律同姓為婚條：「其父母之姑舅兩姨姐妹及姨若堂姨，母之姑、堂姑，己之堂姨及再從姨，堂外甥、女婿姐妹並不得為婚姻，違者各杖一百，並離之」。

❻ 唐名例律十惡條：「內亂，謂姦小功以上親、父祖妾，及與和者」。

❼ 參閱唐名例律十惡條。十惡在從刑上之處罰：㈠十惡者不准議、請及減。㈡有官爵者犯十惡雖會赦猶除名。㈢犯十惡死罪之人不得以父祖老疾而上請等（參閱戴炎輝著《唐律通論》，正中書局，民國五九年十月，二〇九頁）。

二、明律

自明代以來，禁婚親之理由除遵從唐宋的倫常名分外，也兼顧優生的血統因素。因此，明律除繼續維持唐宋的禁婚親外，增加外親同輩份也禁止結婚。明、戶律、婚姻門、尊卑爲婚條規定：「若娶己之姑舅兩姨姐妹者，杖八十並離異」。其纂註云：「若娶己之姑舅姐妹與兩姨姐妹爲妻，是與同輩者，雖服緦麻，不干名分，故男女各杖八十，而視父母之姑舅等親，則又有間矣」。可見明律開始禁止外親同輩份之姑舅兩姨的表兄弟姊妹間之結婚。

惟明律仍受父系主義的影響，法律制裁堂兄妹之結婚，遠甚於表兄妹之結婚。依明、戶律、婚姻門、同姓爲婚條規定，同姓爲婚者，各杖六十，離異。又依娶親屬妻妾條規定，凡是娶小功以上親屬及妻妾，各以姦論，同時入十惡之罪名。所以堂兄妹之結婚視爲相姦罪而不承認夫妻的身分關係，並依明、雜律、親屬相姦條應處罰絞刑，從刑則依十惡之特別規定。至於表兄妹之結婚，祇杖一百並離異而已❽。

三、清律

明律禁止表兄妹結婚的規定，維持到清代雍正八年而解禁。清、戶律、婚姻門、尊卑爲婚條規定：「若娶己之姑舅兩姨姐妹者（雖尊卑之分，尚有緦麻之服）杖八十」。又說：「並離異（婦女）歸宗，財禮入官」。惟同條附例說：「男女親屬尊卑相犯重情或干有律應離異之人，俱照親屬已定名分，各從本律科斷，不得妄生異議，致罪有出入，其間情犯稍有可疑，揆於法制似爲太重或於名分不甚有礙者，聽

---

❽ 明律上之離異爲強制撤銷，由審判衙門以公力撤銷夫妻身分關係。

各該原問衙門，臨時斟酌擬奏。其姑舅兩姨姐妹為婚者，聽從民便」❾。由此可知，清代禁止表兄妹結婚以律維持約九十年。雍正八年始以條例聽從民便。

依清、戶律、婚姻門、娶親屬妻妾條，娶同宗無服（姑姪姐妹）之親屬，男女各杖一百❿。如娶同宗緦麻以上姑姪姐妹者，以姦論。違律者除應處死外並離異⓫。因此，堂兄妹之結婚清律較唐律為嚴重，絲毫不能相犯。至於與姑舅兩姨姊妹結婚已不再處罰。

總之，我國舊律例堂兄娶堂妹是流二千里或死刑，以致無人敢於以身試法；反之，表兄娶表妹，唐、清時代採放任態度，而明代雖禁止，但其處罰極輕，祇杖一百而已，故不易為人民所遵守。

第四章　舊社會的生活習俗

由於唐、明、清律將子孫之別籍或異財列入十惡之罪名，並受徒罪之處罰，故堂兄妹為「同煙」或「同爨」的家屬。他們朝夕相處，祇能有手足之情，不能有半點兒女之私情，否則受嚴厲的刑罰制裁。

至於表兄妹，無論是姑表或姨表，屬於外親。他們既不同居共財，又不共姓同宗，故平日生活不覺有手足之情，相戀也不牴觸同姓為婚之禁條。其次，父系的宗族生活，婦女出嫁後，必入夫家共同生活。基於人性的作祟與計較家務的負擔，媳婦難免與婆婆或小姑發生

❾ 此例原係二條，上層係前明律問刑條例，下層係雍正八年定例，乾隆五三年修併（參閱≪讀例存疑重刑本≫，薛允升著述，黃靜嘉編校，一九七〇年，第二冊，二九八頁）。

❿ 清戶律婚姻門娶親屬妻妾條。

⓫ 例如唐戶婚律別籍異財條規定二年徒刑。

摩擦而受敵視，以致媳婦在夫家顯得孤立無援。於是媳婦認爲如其子女與其兄弟姊妹之子女結婚，則親上加親，此不但「肥水不落外人田」，使娘家財產不致爲外人所奪，而且娘家變成親家，她回娘家變成名正言順，而次數也必然增多。總之，表兄妹之結婚在舊社會是受到鼓勵的，難怪俗稱：「表姊妹老婆配」。

我國農村生活每年均有歸寧之習俗，即母親携帶幼子回娘家省親。此時表兄妹間在母親之父母家有一段歡樂時光。他們從青梅竹馬之兒時情趣，逐漸培養成兒女之情感。舊時之宗族社會不許青年男女自由交友而擇偶，結婚全憑「父母之命，媒妁之言」。加上農村生活是閉關自守，人際關係極爲單純，難得認識異性朋友。鑑於如此環境，年青男女在成長過程中，最能接近之異性恐怕是表兄妹，以便結婚成夫妻。因此他們心目中，自以表兄或表妹爲婚嫁衡量之標準。嗣後媒妁提親之對象往往很難有如表兄或表妹中意，因爲其所提親的陌生人毫無感情之基礎。一旦子女堅持非表兄不嫁或非表妹不娶時，父母會拗不過子女之意而允許其結婚。至於血統接近而後代不健康之憂慮，由於舊社會的醫學不發達，且其弊害是間接的，故他們往往會忽略。

第五章　外國立法例之規定

贊成表兄妹結婚之人或許會提出外國立法例已不再禁止表兄妹結婚來支持其論調。筆者以爲此種見解似有討論之餘地。

古代羅馬法已承認親屬之禁婚範圍，血親（cognatio）較姻親（affines）之禁婚範圍廣。如違反禁婚而結婚，該婚姻不但無效，而且以相姦罪（incestum）受刑罰制裁⑫。依羅馬法，直系血親間不論親等遠近，均不得結婚，與現代歐陸各國立法例並無不同。至於旁系血親之禁婚，古老的羅馬法以六親等內爲限⑬。古典時期祇禁到三親等內，因爲羅馬皇帝 Claudius 於公元一世紀爲達到自己與其姪女 Agrippina 結婚之目的⑭而改變的。自羅馬皇帝 Theodosius 一世又禁止旁系血親四親等（consobrini）以內結婚，即堂、表兄弟姊妹均不得結婚，至 Justinian 皇帝時期又祇限制三親等內之旁系血親結婚。由此可知，羅馬法原則上是禁止四親等之堂、表兄妹結婚。

寺院法的禁婚親頗爲廣泛，限制七親等內之旁系血親不得結婚⑮。寺院法親等計算法，有如我國五服親等制，可推算現行民法第七親等至十四親等。因此堂、表兄妹在寺院法也是禁止結婚的。

至於現代各國立法例雖保留禁婚親之規定，但有關旁系血親之禁婚均加以放寬，有的祇限制到三親等，有的祇限制到二親等，至於禁止四親等內結婚的立法例已很少。惟多數外國立法例雖不禁止表兄弟姊妹結婚，但同時也不禁止堂兄弟姊妹結婚。換言之，西方與日本的親屬概念，一向採父母兩系主義與男女平等原則，因此他們不像中國分堂兄妹與表兄妹，一律稱爲 cousin 或いとこ。他們又不分伯叔舅父，一律稱爲 uncle 或おじ，也不分姑、姨，一律稱爲 aunt 或おば。總之，他們禁婚親之範圍祇以親等爲標準。

日本民法第七三四條規定旁系血親三親等內不得結婚，即禁止我

---

⑫ Max Kaser, *Römisches Privatrecht*, München und Berlin, 1962, S.220.

⑬ 羅馬法親等計算法與我國現行法相同。

⑭ Max Kaser 前揭二二〇頁。

⑮ Mitteis-Lieberich, *Deutsches Privatrecht*, 7 Aufl. München, 1976, S.58.

國伯叔與姪女、姑與子姪、母舅與外甥女、姨與外甥男以及全血緣與半血緣的兄弟姊妹結婚，至於四親等的堂、表兄弟姊妹不在禁婚的範圍。

瑞士民法第一〇〇條第一項的旁系血親禁婚之範圍與日本的立法例相同，以三親等內爲限。惟瑞士民法更強調優生之血統關係，故三親等的禁婚不問出於婚生或非婚生。意大利一九七三年之修正法第八七條之旁系血親之禁婚亦與日本立法例同。

德國一九七七年修正之婚姻法第四條的旁系血親之禁婚範圍較日本立法例更寬，祇禁止二親等內結婚，即禁止同父同母、同母異父或同父異母之兄弟姊妹結婚，惟此限制之親等出於婚生或非婚生均能適用。蘇俄親屬法第十六條禁婚親之規定與德國立法例相同。

總之，日本及歐陸禁婚親之立法例無不強調男女平等與優生學的血統關係。因此，堂兄妹與表兄妹屬於旁系血親四親等而均能結婚，又親等之計算不一定基於婚生，即使非婚生關係也受禁婚之限制。

我國旁系血親之禁婚範圍如欲與外國多數立法例看齊，勢必從現行法的八親等縮小到三親等，期能使堂兄妹與表兄妹均能合法的結婚。如此放寬是否能爲相當重視親屬觀念的國人所接受？

第六章　現代法律生活堂兄弟姊妹與表兄弟姊妹無嚴格區分之必要

現代親屬法之立法原則是以中央執行委員會政治會議之親屬法先決各點審查意見書爲基礎。舊社會以宗法的祭祀祖先爲前提，故身分關係表現重視倫常名分，同時產生重男輕女的觀念。該審查意見書針對此問題，毅然提出廢除宗祧繼承，以便無論親屬之分類、親等計算等力求男女平等。民法以此爲基礎，在親屬分類上放棄同宗主義而採父母兩系主義。所以親屬分爲以血統連繫的血親與婚姻連繫的姻親，而不再以同姓區分內親與外親。至於血親祇論親等，而不再分父系或母系。民法第九八三條第一項(直系血親間之禁婚)、第一一一四條第一款(直系血親間之扶養)所稱之直系血親，不但指父系的祖父母、孫、孫女，而且包括母系的外祖父母、外孫、外孫女。民法第一一三八條第一款所稱之直系血親卑親屬，除指親等較近之子女外，尙有親等較遠之孫、孫女、外孫、外孫女。同條第四款所稱祖父母，包括父系之祖父母與母系之外祖父母在內。第一一三一條第四款(親屬會議會員)所稱四親等之同輩血親，是指堂兄弟姊妹與表兄弟姊妹二者而言。

以上種種規定均在表現男女平等的精神，期能符合我國憲法第七條的規定：「中華民國人民無分男女、宗教……在法律上一律平等」。

惟我們現行民法親屬編制定於民國十九年。當時之社會環境受到傳統父系與宗祧繼承的影響，對於男女平等之原則未能貫徹，所以在親屬編上仍表現父權或夫權之處不少，例如嫁娶婚與招贅婚之並列，姻親關係消滅之原因、重婚之撤銷、親權之行使以及夫妻財產制之規定，尤其法定的聯合財產制。

有鑑於此，這次司法行政部民法修改研究委員會爲貫徹男女平等的原則，對上述之缺點作適當之修正。例如現行法規定夫死妻再婚，姻親關係消滅，妻死夫再婚，姻親關係不消滅（民法第九七一條），現在修正爲不論夫死妻再婚或妻死贅夫再婚，姻親關係均不消滅。現行法重婚爲撤銷之原因（民法第九九二條），現在擬改爲無效的原因。現行法上親權由父母共同行使，但父母之意見不一致時，以父之意見爲意見（民法第一〇八九條），現在擬將該但書删除，使父母共同行使親權。現行法上之統一財產制違反夫妻平等，現在擬將其删除，尤其法定的聯合財產制，現行法祇由夫對聯合財產行使管理、使用、收益之權，且婚姻解消時，夫妻各取回固有財產，並無盈餘之分配（民法第一〇一八條以下、第一〇五八條）。現在修正爲妻得因約定而管理、使用、收益聯合財產，又婚姻解消時，在婚姻關係存續中夫妻所獲得之盈餘財產，應平均分配於雙方。

表兄妹與堂兄妹之禁婚也屬於此次修正男女平等原則之一環。我們有無理由將其視爲男女平等的絕對例外，使表兄妹與堂兄妹嚴格區分爲能結婚與不能結婚的四親等旁系親屬？

舊社會民事刑事化，同姓爲婚觸犯違律爲婚條，應受刑罰的制裁，尤其是大功親的堂兄與堂妹結婚爲然，故不敢以身試法；反之，表兄妹爲外親，不牴觸同姓不婚之原則，故唐代、清代均放任其結婚，明代則處罰極輕。現代法律生活民事與刑事截然分離，違反民事規定僅發生效力問題，而不受刑事制裁，即使堂兄與堂妹之結婚也是如此。又同姓爲婚爲法所不禁止，禁親之範圍以親等來限定。因此堂兄妹與表兄妹之區分已失去其重要性。

其次，由於舊律例嚴格禁止子孫的別籍異財，舊社會之堂兄妹間是同居共財之家屬。同家屬間談情說愛，甚至結婚之性行爲，足以違反倫常禮教，並有礙於家屬的和睦與團結。反之，現代生活不再有別籍異財之禁令。子女如已成年或雖未成年而結婚之人，自可隨時由家分離（民法第一一二七條）。何況現代家庭生活以小家庭佔多數，兄弟成家而仍同居情形愈來愈少，此與姊妹出嫁而不同居相同。因此，自己對堂兄妹與對表兄妹之關係不宜再嚴格區分。此次民法親屬編之修改重點是將招贅婚與嫁娶婚簡化而認爲婚姻是一男一女爲美滿的婚姻生活而結合。爲配合此修正案，子女之稱姓也修正爲：子女從父姓，但父母約定其子女從母姓者從其約定⑯。此修正內容如認為妥當，則將來表兄妹可能成為同姓，而堂兄妹反而異姓。如此一來，區分堂兄妹與表兄妹應以同姓與異姓為標準或應以父系血統與母系血統為標準？

清附例與我國民法第九八三條雖不禁止表兄弟姊妹結婚，但各地尚有表兄妹不結婚之習慣。有的地方將表兄弟姊妹分為姨表與姑表。姨表間得相互結婚，姑表則視其情形而不同。舅之女得與姑之子結婚，俗稱姪女隨姑；但姑之女不得出嫁舅之子，俗稱骨肉還鄉或骨肉倒流⑰。由此可知同為表兄妹有如此之區分，是否妥當，值得懷疑。

第七章　就遺傳學與優生學上不必區分堂兄弟姊妹與表兄弟姊妹

從遺傳學之觀點，堂兄妹與表兄妹同為四親等之旁系血親，其後代遺傳疾病之或然率不因父系或母系而有所不同。榮民總醫院婦產科主任吳香達在華視座談會中表示：在榮總近四年內九千四百六十五次接生中，有七十二名是先天性畸型嬰兒，而近親血緣夫婦所生產畸型嬰兒的比率又較一般夫婦為高。又新生兒、學前兒童的死亡率屬近親血緣的更較一般的高出四至五倍。又依據榮總遺傳學醫師武光東在華視大標題之節目中表示：近親血緣夫婦生產的嬰兒疾病種類甚多，諸如低能的蒙古症、畸型的侏儒症、脫毛症、軟骨症等。這些畸型兒固然不幸，而父母為照顧這些嬰兒，必須付出非常大的代價，所以武醫師告誡不要與近親結婚。

---

⑯ 民法第一〇五九條修正條文（參閱民法親屬編修正草案初稿第八三頁）。

⑰ 例如湖南省竹谿、鄖縣之習慣，參閱≪中國民商事習慣調查報告≫下册，民國五八年司法行政部，一六二四頁。

又依馬偕醫院小兒科主任黃富源醫師在≪中國時報≫表示⑱，他見到一對表兄妹結婚之夫妻生下三個均患有腦硬化症的子女。這種病症屬於隱性遺傳。依黃醫師之解釋，這種人如與正常人結婚，其所生下之子女可能有一半帶有隱性遺傳因子，但不會在身體上表現出來，一切生理現象與平常人相同。但帶有隱性遺傳因子的人與近親結婚，對方帶有相同隱性因子的機會相當高。兩個隱性遺傳因子碰在一起而所生下的子女中，有四分之一的機會能出現疾病的症狀，有二分之一的機會使得所生之子女帶有隱性因子。黃醫師表示：該表兄妹結婚的夫妻是非常不幸，他們所生的三個子女剛好都碰上了四分之一的機會而造成殘廢。黃醫師更指出表兄妹近親結婚，使得隱性遺傳因子顯性的疾病，除腦硬化症外，尙有白化症⑲、陰陽人⑳、重型地中海貧血、聾啞症、小頭畸型症等等。所以黃醫師建議表兄妹應與堂兄妹一樣不要結婚，以盡量避免造成後代的不幸。

台大醫院遺傳研究所副教授莊壽洛也不贊成表兄妹的婚姻㉑：家族中有隱性遺傳病因時，表兄妹結婚後，子女得到疾病的機會就增加，並且愈是罕見的疾病，愈容易發生。

有人或認爲表兄妹之結婚，其子女爲低能或畸型的或然率，顯然較有先天性遺傳疾病人之子女爲低。但爲何禁止表兄妹結婚而不禁止遺傳性疾病人結婚？此問題從純優生學之觀點判斷或許正確，但從禁婚之範圍來說，不啻有天壤之別。禁止表兄妹結婚是屬於外婚制之一

---

⑱ 參閱民國六七年六月十八日≪中國時報≫。

⑲ 此病症是缺乏身體色素，皮膚很白，頭髮呈淺黃色，眼睛的瞳孔附近顏色很淺而畏光怕熱。

⑳ 此病症乃性器官不正常，性荷爾蒙也發生錯亂，學名稱爲腎上腺性症候群。

㉑ 參閱民國六七年五月二十三日之≪聯合報≫。

種[22]。外婚制之概念是與內婚制相對立的[23]，即限制一定團體之人結婚，至於團體以外之人則毫不受限制。我國舊律的同姓不婚與現代各國立法例上之禁婚親屬均屬於外婚制。禁止表兄妹結婚為原禁婚親屬中擴大範圍，使其與同親等之堂兄妹看齊而已。換言之，此一禁止祇是多禁止與數位表兄或表妹結婚而已，但尚有億萬之異姓可供結婚。反之，如不允許先天性遺傳病人結婚是從頭剝奪其結婚權，使其永遠不得結婚，則其違反人性顯而易見。一九三八年希特勒制定的婚姻法即有類似的規定，但此為民主國家所不能採用。何況現代人之生活環境人際關係複雜多變，交際範圍廣濶，不一定非找表兄或表妹培養感情，以成為終身伴侶不可。

至於因收養關係而成立之表兄妹應否結婚？依民法第一〇七七條規定，養子女與養父母之關係原則上與婚生子女相同。養子女與養父母之血親依習慣與通說[24]，亦發生親屬關係，所以在收養關係終止以前，禁婚親內不同輩分之旁系血親似不宜結婚，期維持倫常的名分。至於輩份相同之親屬宜分為二親等的兄妹與四親等或六親等的表兄弟姊妹。二親等的兄弟姊妹通常同居一處，在未終止收養關係前，似不宜結婚，以避免違背倫常。四親等或六親等之表兄弟姊妹，雖有親屬關係，但輩份相同，又無血統的連繫，通常更無同家屬之顧慮，所以此種表兄妹似宜結婚而不必再限制。

第八章　結　論

[22] 戴炎輝著《中國法制史》，三民書局，民國六〇年，二二二頁。
[23] 內婚制通常係身分或階級的內婚，例如我國六朝、唐初士庶不婚，尤其良賤不婚，外國則異教徒之不婚。
[24] 戴炎輝著《中國親屬法》，民國五九年，二六二頁。

司法行政部這次修正民法親屬編，就旁系血親之禁婚範圍，一方不敢冒然仿效外國多數立法例，禁止到三親等，以避免堂兄弟姊妹之結婚成爲合法，却從八親等祇縮小二親等到六親等；他方，將四親等之表兄弟姊妹與同親等的堂兄弟姊妹一視同仁，不得結婚。其刪除之理由係基男女平等的貫徹與遺傳學所造成社會問題的顧慮。

我們知道有些社會舊習俗不合於現代科學之生活，但却能適應舊社會生活之需要。在父母兩系之親屬概念下，現代人之法律生活似無必要將同親等的堂兄弟姊妹與表兄弟姊妹儼然劃分成能結婚與不能結婚之親屬。而表兄妹之禁止結婚受到遺傳學與優生學者的支持，所以刪除第九八三條第三款之但書原則上是正確的。

惟爲顧慮目前少數正在熱戀其表兄妹而不能自拔的年青人不受妨害起見，似可於親屬編施行細則規定：自修正案公佈起一年或二年期間內尙得結婚。在此過渡時期，政府應責無旁貸地加強法律的宣導工作，以使民衆週知表兄妹之禁婚。期間一屆滿，我們就應當在規範內培養感情纔對。目前提出禁止表兄妹結婚的條文，雖然令社會頗難一下子卽於接受，但也不必懷疑其可行性，就如堂兄妹不得結婚之習俗，祇要日久約定成俗，自然不會發生問題而成理所當然。

總之，禁婚親的存在是古今中外的通例，此點不受人懷疑，有爭論的是禁婚範圍之廣狹。外國立法例禁婚親較寬，我國較嚴，但四親等的表兄妹可結婚而同親等的堂兄妹則不可以結婚，完全是傳統社會之父系主義所遺留下的陋規。從現代男女平等與優生學之觀點，堂兄妹與表兄妹實無區分之必要。因此表兄妹似宜與堂兄妹同樣受結婚之禁止始宜情宜理。

臺大《法學論叢》，第八卷第一期，民國六十七年十二月。

肆、論我國民法上結婚之形式要件
——從修正草案談起——

要　目

第一章　問題的由來

㈠我國現行民法親屬編經法務部民法修正委員會歷一年半的檢討，於民國六十八年四月十五日公佈親屬編修正草案初稿，期能以該草案為基礎，再度廣徵各界的反應意見，以為最後定稿的依據。在該草案初稿上，發現民法第九八二條有關結婚的形式要件加以修正。其修正的內容係將原條文「結婚應有公開之儀式及二人以上之證人」，仍舊保留，但改列第一項，並增加第二項：「經依戶籍法為結婚之登記者，推定其已結婚」❶。

㈡筆者一向在臺大法律研究所擔任身分法的課程，因而對於此次親屬編的修正草案特寄與關心，尤其是身分法最核心的問題即結婚的形式要件。因此，原條文有何缺點？修正條文的利弊何在？筆者願在此提供個人的淺見，以便就教諸學者與專家。

第二章　結婚形式要件的立法意旨

一、實現公示作用而區分夫妻身分與男女苟合

㈠結婚是人類為保持種族的綿延，基於男女本能的結合。惟所有男女的結合不能全稱為結婚，因為結婚除男女結合外，尚須該結合具備永久之目的，同時其方法被社會認為正當。詳言之，社會就男女之

❶ 民法親屬編修正草案初稿，法務部民法研修正委員會，民國六八年四月十五日，三六頁。

結合能否稱爲結婚，依法律、宗教、道德或習慣規律出一定之方式，合於該方式，結婚始能成立。這種婚姻的社會性，在人類文化發展之任何過程，均有一定的婚姻規範，卽使在低度文化階段，也有維持男女結合之婚姻秩序。

㈡在舊社會的大家族制度，結婚之目的是爲家，爲宗，結婚之當事人不能自主。反之，現代婚姻法已否認結婚之從屬性，結婚是由男女當事人自主的合意而成立。因此有人認爲由此創立之夫妻共同生活亦屬於他們二人之私事，似與社會性無關。此種看法雖有其眞理之一面，但未必完全正確。因爲一旦因結婚而創立夫妻共同體以後，該共同體不但形成家屬生活之核心，而且也是親屬關係之淵源。由此二種關係所發生之種種問題，非婚姻當事人可得任意支配，卻是法律預爲規定婚姻強制的規範，所以結婚之效力具有很大的社會性，而不僅僅是結婚當事人之私事。有鑑於此，結婚成立之時期必須有確實能讓第三人知悉之公示特性。此特性端賴結婚的形式要件，期能藉此區分夫妻身分與男女苟合的分野。

㈢結婚之社會性可從兩方面獲得明證。在刑法，國家爲維持一夫一妻的婚姻政策，免得違反公序良俗，於刑法第二三七條加以保護：「有配偶而重爲婚姻或同時與二人以上結婚者，處五年以下有期徒刑，其相婚者亦同」。可見結婚如無公示作用之形式要件，用以確定重婚之日期，無法使檢察官行使追訴權。就民法而言，形式要件非僅攸關結婚當事人夫妻身分，而且對其他親屬，尤其第三人亦發生利害關係，所以結婚之公示性顯得也非常重要。就夫妻而言，有無形式要件在區別夫妻之身分關係與男女苟合之性關係。有夫妻身分關係者，將發生民法第一〇〇〇條至一〇〇三條婚姻普通效力之強制規定及第一〇〇四條至一〇四八條夫妻財產制之適用。就親屬關係而言，民法

第一〇六三條規定:「妻之受胎係在婚姻關係存續中者，推定其所生子女爲婚生子女」。又民法第一〇六四條規定：「非婚生子女，其生父與生母結婚者，視爲婚生子女」。可見結婚之日期與子女之婚生性有密切關係，而結婚之日期藉形式要件而確知。其他有無姻親關係，端賴結婚效力而定，同時由此親屬關係，更發生繼承（民法一一三八條以下），扶養之權義（民法一一一四條以下），親屬會議會員的資格（民法一一三一條以下）及禁婚親之適用（民法九八三條）等規定。就第三人而言，結婚當事人以有無夫妻身分，決定對第三人發生財產上之關係與責任。有夫妻身分關係者，自適用民法上之夫妻財產制規定（民法一〇〇四條），或採用聯合財產制（民法一〇一六條）或採用共同財產制（民法一〇三一條）或採用統一財產制（民法一〇四二條以下）或採用分別財產制（民法一〇四四條以下），期以決定對第三人財產上責任之範圍。反之，無夫妻身分關係者，自不能適用夫妻財產制之規定，卻僅以個人財產對第三人負責任而已。可見形式要件在民法上之重要性絕不遜於刑法。

二、我國民法上形式要件之特色

㈠結婚之形式要件在我國婚姻法上顯得頗爲重要，因爲違反該要件時，依我國民法第九八八條之規定，將造成婚姻無效的嚴重後果，而不能發生夫妻之身分關係。

我國無效婚與德、瑞立法例比較，有很大的不同。德、瑞民法上之無效婚，採用裁判無效，在法院未宣告無效以前，仍爲夫妻。德國婚姻法第二三條規定：「法院未爲結婚無效之宣告前，任何人均不得主張其結婚無效」。瑞士民法第一三二條第一項規定：「婚姻經法院爲無效宣告之裁判後，始罹於無效」。其第二項：「在判決前，婚姻縱有無效原因之存在，仍有其正常婚姻之效力」。其次，對婚姻能提出無效之人，德、瑞民法均有限制，並非任何第三人均可提出。德國法祇限於結婚當事人及檢察官（德婚姻法二四條）。瑞士法祇限於州之主管官署，利害關係人及本籍地或住所地之地方自治團體（瑞民一二一條）。至於結婚無效之裁判效力，瑞士民法第一三三條採取不溯及既往，僅向將來發生效力，期能保護子女之婚生性❷。

㈡我國民法上婚姻無效之性質，與德、瑞立法例不同。其具有當然無效，絕對無效及自始無效之特性❸。所謂當然無效，係指無效婚姻之主張，得以口頭而不必以訴訟方式爲之。所謂絕對無效，係指婚姻無效之主張，任何第三人均得爲之，不必限於結婚當事人、利害關係人、檢察官或行政官署。所謂自始無效，係指婚姻自始不成立，自始沒有發生夫妻身分，其婚姻並非裁判以後，始能無效。

由此可知，我國違反婚姻形式要件的嚴重性。凡是違反形式要件者，僅是男女之苟合，其發生性關係者，爲通姦之一種，男女根本不發生夫妻身分關係，其所生子女當然淪爲非婚生子女，男女相互間及對第三人也不能適用夫妻財產制。有鑑於此，形式要件之履行不僅成爲結婚當事人最關心之事，而且第三人也很重視。於是結婚當事人寧願履行絕對客觀而信賴的形式要件，第三人亦期待權威公示的形式要件，期能使結婚當事人之身分與第三人之利益受到法律充分的保障。

---

❷ 瑞民第一三三條第一項：「婚姻經宣告無效者，子女仍視同婚生，毋庸考慮其父母之善意或惡意」。其第二項：「子女與父母間之關係，依關於離婚時之規定」。

❸ 戴炎輝著≪中國親屬法≫，民國五九年，九三頁；陳棋炎著≪民法親屬≫，民國六二年，三民書局，九九頁以下。

第三章　結婚形式要件的內容

結婚的形式要件在我國民法上有如此的重要性，同時為瞭解這次修改內容的得失，宜先從比較法學的方法，檢討現今各國立法例之趨勢。因為近世期以來，各國交通便捷，文化交流頻繁，社會發展漸趨相同，致使各國現今之立法，莫不重視比較法的功用。此所以當代西德名法學家 H. Coing 強調比較法學（Rechtsvergleichung）在立法政策上之重要性❹。其次以法制史的方法，說明我國傳統以來結婚形式要件的來龍去脈。因為身分法不同於財產法，深受歷史傳統與生活習俗所影響，有必要將各時期之立法背景與特色，尤其現行法之內容及其缺點加以檢討。此所以歷史法學派的始祖 Savigny 強調法律是民族之確信，與其血統、語言、宗教及生活習慣有密切的關係。

一、外國立法例的規定

外國立法例為強調身分變動的公示性，期以保護結婚當事人及利害關係人之權益，就婚姻的形式要件，無不採國家公權監督的法律婚主義❺。惟各國受其歷史傳統與社會背景之影響，其採取之法律婚亦有差異。大體上可分為兩種不同之法律婚，一為兼採申報與登記之主義，一為兼採儀式與登記之主義。

(一)兼採申報與登記主義

---

❹ H.Coing, *Handbuch der Quellen und Literatur der neuer en europäischen Privatrechtsgeschichte*, Bd.1, München, 1973,S.6.

❺ 參閱≪注釋民法⒇・親族⑴≫，青山道夫編集，有斐閣，昭和四九年，二三七頁。

現行日本與韓國民法採用此種制度。此制之內容在於結婚當事人須將其結婚申報於國家戶籍機關以爲婚姻之登記，始能成立夫妻關係。未申報前，男女雖有結婚的合意，甚至因同居而發生性關係，仍不能稱爲夫妻，卻只是通姦而已；但一申報，男女當事人卽發生夫妻身分關係，然後由戶籍員爲結婚之登記。日本民法第七三九條規定：「⑴婚姻須依戶籍法的規定，爲登記的申報，始生效力。⑵前項申報非雙方當事人偕同二人以上成年之證人，以口頭或簽名之書面，不得爲之」。第七四〇條又規定：「婚姻之申報確認無違反第七三一條至七三七條、七三九條第二項及其他法令者，始得受理」。韓國民法第八一二規定：「⑴婚姻因戶籍法之規定申報而生效力。⑵前項申報須以當事人雙方及成年證人二人連署之書面爲之」。第八一三條又規定申報之審查：「婚姻之申報，非認爲該婚姻不違反第八〇七條至八一一條及八一二條第二項規定及其他法令者，不得受理」。

可見日，韓所規定之婚姻形式要件係兼採申報與登記主義。換言之，兩國之結婚不必擧行任何儀式，卻以結婚之申報與登記而取得夫妻之身分。惟日本民法以登記之申報爲成立婚姻之要件，而韓國民法以登記之申報爲婚姻生效之要件❻。二者有所不同。

此制之優點在於國家藉登記之申報，監督結婚當事人有無違反婚姻之實質與形式要件及其他法令。如有違反，國家機關不接受登記之申報，而使該結婚不能成立或生效。其次由於登記之申報有公示作用，一旦申報之婚姻，結婚當事人之身分受到保障，第三人之利益也受到保護。惟此制並非無缺點。此制之缺點在於容易造成日本人所稱之「內緣夫妻」（事實夫妻）❼。因爲男女當事人在申報以前，有的

---

❻ 韓國民法第八一二條第一項。

❼ 參閱≪注釋民法⒇・親族⑴≫，二四一頁以下。

已先有合意，甚而同居後，始前往戶籍機關申報或他們嫌前往戶政機關麻煩，故意不去申報。因此在未申報前之同居生活，必成事實夫妻。尤其男女雖前往申報，但因違反法令或欠缺其他實質要件，而拒絕受理時，更易成爲「內緣夫妻」❽。有鑑於此，日本學者認爲除重婚、近親結婚之「內緣夫妻」外，應對該事實之男女關係，給以有限度之法律保護❾。清宣統三年的我國第一次民律草案仿日本之立法例，亦兼採呈報與登記主義❿。

(二)兼採儀式與登記主義

現行歐陸各國民法採此立法例者居多。美國各州亦不乏採此制。此處所稱儀式者，婚姻成立之方式，須舉行一定之儀式，而列席結婚儀式之人成爲結婚之證人。自基督教在歐洲中世紀確立其權威後，教會掌管婚姻事項，結婚必須舉行宗教之儀式，始能成立。自法國大革命後，發生「婚姻還俗」運動，法國革命憲法說：「法律祇承認婚姻爲市民的契約」⓫。從此歐洲近代各國競相從教會收回婚姻管轄權，結婚必須依國家所規定之法定程序並予以登記，始能成立。有鑑於此歷史傳統，現代歐洲各國之結婚形式要件乃兼採儀式與登記主義。

此制對婚姻之成立極爲愼重。結婚之程序通常分爲公告、儀式及登記三階段。公告是以公權力向第三人公示當事人即將舉行結婚之意願，並調查有無對該婚姻之異議，期能避免重婚或其他身分上之瑕疵，而維持一夫一妻的婚姻政策。儀式是在戶籍員或其他有權限之官員面前，表示願意結爲夫妻之方式，期能探求當事人之本意及保障夫妻

---

❽ 參閱≪注釋民法⑳・親族(1)≫，二四五頁以下。

❾ 參閱≪注釋民法⑳・親族(1)≫，二四七頁以下。

❿ 第一次民律草案親屬編第二三條規定：「婚姻，須呈報於戶籍吏而生效力」。

⓫ 法國憲法（一七九一年九月三日）第七條。

之身分關係。至於登記是由戶籍員或其他官員，將當事人結婚之有關事項，依職權登記於婚姻登記簿，期能公示身分之變動而保障利害關係人之利益，尤其交易的安全。

1.瑞士：瑞士民法上結婚之成立極爲複雜，所以與其說是形式要件，不如說是程序。結婚之成立分爲公告、儀式與登記。

(1)公告：依瑞士民法，男女當事人未舉行結婚儀式前，須履行公告之程序。該程序甚爲複雜，條文自民法第一〇五條至一一二條，該內容包括公告聲請之方式，聲請與公告之處所，聲請之駁回，駁回之異議，職權異議，異議之通知，異議之裁定及異議之期間等。

(2)儀式：依瑞士民法，結婚之儀式再細分爲應具備之要件及儀式之擧行。第一一三條至一一五條爲結婚儀式之要件：第一一三條規定官員之管轄權，第一一四條規定主持結婚儀式之拒絕，第一一五條規定無公告之結婚儀式。至於結婚儀式之擧行規定於第一一六條至一一九條。第一一六條爲儀式之公開性：「①結婚儀式應在戶籍機關之結婚禮堂，於二成年證人面前公開擧行之。②經醫師證明，男女婚約之一方當事人，因患疾病，礙難親赴行政機關者，結婚儀式亦得於行政機關禮堂以外之處所行之」。第一一七條規定婚禮擧行之方式：「①戶籍官員詢問雙方婚約當事人，是否相互結婚之意願。②經爲肯定之回答後，戶籍官員應宣告，婚姻經雙方之同意而依法締結」。第一一八條爲結婚證書及宗教儀式：「①婚禮擧行後，戶籍官員應即頒發結婚證書予結婚雙方當事人。②未提示結婚證書者，不得擧行宗教上之結婚儀式。③除上項情形外，宗教上之婚姻，不受本法規定之影響」。第一一九條爲登記之細則:「結婚儀式及辦理婚姻登記之細則，由聯邦委員會及各州行政主管機關制定之」。

2.德國: 德國婚姻法上之結婚程序，較瑞士民法之規定簡單。但仍須履行公告、儀式及登記之程序，婚姻始能成立。

(1)公告: 德國婚姻法第一二條規定結婚前之公示催告，期能澄清結婚當事人身分上之瑕疵性:「①結婚應先經公示催告。自公示催告程序完成後滿六個月不爲結婚者，該公示催告失其效力。②婚約當事人之一方，因罹生命堪慮之疾病，致其結婚有不能等待之情勢者，得不爲前項之公示催告。③戶籍官員得免除其爲公示催告」。

(2)儀式: 結婚之儀式分爲儀式之方法與儀式之擧行。儀式之方法，依德國婚姻法第一一條第一項，結婚須在戶籍官員面前擧行，始得成立。又依同法第一三條，結婚應由雙方婚約當事人，親自在戶籍官員面前，同時表示結婚之意願，又該表示不得附條件或期限。至於結婚儀式之擧行，依德國婚姻法第一四條，戶籍官員須在證人二人面前，對於婚約當事人先後個別詢問是否願意結婚。婚約當事人表示願意後，卽以國家名義，宣示其今後已是合法夫妻。

(3)登記: 依德國婚姻法第一四條第二項，戶籍官員應將其主持之結婚登記於婚姻登記簿。又依同法第一一條第二項，雖非戶籍官員，但公然行使戶籍官員之職權，且將該結婚登記於戶籍簿者，亦視爲有權限之戶籍官員。

3.英國: 英國法上結婚之形式要件，一如歐陸法複雜。其內容大別爲預備及行爲儀式之擧行及登記之程序。前者類似歐陸法之公告行爲。

(1)預備行爲：預備行爲又分爲宗教與民事上之預備行爲⑫。前者分爲三種，其一，由教會公示結婚之預告（Banns)。其二由聖職人員授與結婚普通執照（Common licence)。其三，由聖職人員授與結婚特別執照（Special licence)。至於民事上之預備行爲，由監督登錄員授與結婚執照（Certificate)。

此預備行爲最重要者係將結婚當事人之姓名、身分、職業、居所或住所、結婚日期及場所加以記載於申請表格而做成結婚通知書。在民事上預備行爲，結婚當事人於監督登錄員面前宣誓該結婚並無近親結婚或其他實質要件之欠缺，然後簽名於該通知書，該管官員將通知書之各項登記於婚姻簿上，然後揭示相當期間，以便由利害關係人提出異議。三個月後無人提出異議時，應於結婚通知書內所記載之場所舉行結婚儀式。可見英國法之預備行爲，類似瑞士法之公告及德國法之公示催告。其立法之意旨在於避免重婚而維持一夫一妻之婚姻政策，同時保護結婚同意權人或撤銷權人能及時行使其婚姻法上之權利。

(2)儀式之舉行：宗教上之結婚儀式應在教堂並在牧師面前舉行。婚禮需要二位證人在場⑬。婚禮舉行的時間皆在白天，從上午八時至下午六時之任何時間均可。牧師主持婚禮後，應在登錄員交付之婚姻登記簿上，記載有關結婚之法定事項，同時由男女婚姻當事人、二位證人及牧師共同簽名。嗣後牧師

---

⑫ 英國法結婚之預備行爲參閱宮崎孝治郎編《新比較婚姻法Ⅱ》，勁草書房，一九六一年，五六七頁以下。

⑬ 參閱宮崎孝治郎編《新比較婚姻法Ⅱ》，五七〇頁。

將婚姻登記簿之謄本，經登錄員交給主管戶籍首長處保管。

民事上之結婚儀式在監督登錄之機關內舉行。舉行婚禮時，應有監督登錄員、登錄員及二位證人在場，同時由結婚當事人表示結爲夫妻之意願。婚禮完成後，由登錄員將結婚之法定事項記入於婚姻登記簿。可見舉行儀式之作用，在於探求男女雙方之眞意，期以確保夫妻身分關係。至於登記之作用，在於公示結婚之存在性，期能保障第三人之利益。

二、我國舊社會的規定

我國舊習的結婚之形式要件，係舉行六禮之儀式，以完成定婚與結婚之程序。依《禮記‧昏義》說：「昏禮納采、問名、納吉、納徵、請期皆主人筵几於廟而拜迎於門，揖讓而升，聽命於廟，所以敬愼重，正昏禮也」。納采、問名、納吉、納徵、請期、親迎謂之六禮。舊習有六禮之儀式，則發生夫妻身分關係，否則祇有男女之野合，祇認成姦。

依禮之程序，先由男家使媒妁來往傳話，女家允准媒妁之提親者，則由媒妁帶雁禮拜見女方家長，此稱爲納采。納采時，由男方詢問女方之年庚（生平年月日，俗稱八字），此稱問名。有年庚後，男方問卜婚姻之吉兇，卜得吉兆時，通知女方致婚書，以表示迎娶爲媳之意，此稱爲納吉。此時男方須備聘禮至女家，稱爲納徵或納幣。女方收下聘禮後，男方向女方徵詢婚姻之期日，此稱爲請期。婚期之黃昏，男方以紅轎至女方迎媳，途中鑼鼓喧天，甚而燃放鞭炮，以示熱鬧吉祥，並公示衆人週知，此稱爲親迎。迎媳至男家，定婚男女交拜，行合巹之禮。親迎之翌晨，卽行「婦見舅姑」，三月後舉行「廟見之禮」，卽婦見祖禰之禮。廟見後，妻始成婦。

嚴格說，舊社會之六禮可分爲定婚與成婚兩階段。納采、問名、納吉及納徵前四禮爲定婚之儀式；請期與親迎後二禮爲成婚之儀注。惟舊社會定婚爲結婚必須履踐之程序。無定婚，則不能成婚，與現行民法之規定不同，尤其舊社會定婚之效力甚強，有法律上強制之效力⓮，所以六禮之程序是一氣呵成，不宜分開。

舊社會六禮之結婚至南宋發生變化。爲配合時宜，≪朱子家禮≫將問名包括於納采，又納吉與納徵幾乎同時擧行，而請期通常於納徵時決定，故六禮刪定成納采、納徵及親迎三禮。

舊律例對結婚之形式要件，以習俗之六禮爲基礎，但略有不同。依唐律（戶婚律、嫁女報婚書條）：「許嫁女已報婚書，及有私約（約，謂先知夫身老幼、疾殘、養庶之類）而輒悔者，杖六十。雖無許婚之書，但受聘財亦是」。明淸律亦沿襲唐律。可見舊律例之定婚形式要件爲婚書之寫立（或私約）及聘財的授受，尤其聘財的授受。男女兩家就婚姻已有契約之合意，而授受聘財，卽負有成婚之義務。至於成婚之儀注，應擧行親迎及合巹之禮。

我國舊律，除娶妻外，尙可納妾。惟納妾行爲不得有親迎之儀式。≪禮記≫說：「聘者爲妻，奔者爲妾」。納妾擧行迎親時，構成重婚⓯，不但受刑事制裁⓰，而且該婚姻在唐律爲無效⓱，在明淸律爲強制撤銷⓲。

⓮ 參閱戴炎輝著≪中國法制史≫，三民書局，民國六〇年，二二九頁。

⓯ 參閱≪民商事習慣調查報告錄≫第四編，第十二章第十六節，第一。又≪中國農村慣行調查≫（中國農村慣行調查刊行會編），一卷，三一〇頁中段。

⓰ 參閱唐戶婚律有妻更娶妻條，淸戶律婚姻門妻妾失序條。

⓱ 唐戶婚律有妻更娶妻條疏議問答說：「一夫一婦不刊之制，有妻更娶，本不成妻，詳求理法，止同凡人之坐」。

⓲ 淸戶律婚姻門妻妾失序條輯註。

我國學者以舊習之婚姻成立未有國家公權力介入爲由，認爲六禮之結婚爲儀式婚，而與歐陸或其他各國所採之法律婚不同。

筆者以爲我國六禮之結婚與一般單純之儀式婚略有不同。我國舊社會之結婚目的係爲宗爲家，卻非爲男女當事人的共同幸福。換言之，結婚在於祖先之祭祀與子孫之綿延，故結婚爲團體之公事，而非個人之私事。爲配合該結婚之特性，舊律例就違律爲婚不但罪名多，而且罪刑亦重⑲。既認婚姻爲公事，故男女當事人就結婚僅爲被撮合者而無意思能力，卻由家長（父、祖或期親尊長）主婚。如因此有違律爲婚者，當由主婚人獨自負刑事責任，男女結婚人無罪。又宗族或家族在舊社會多少具有公權力之機能。宗族，家族受國家之支持而有廣大之自治權。族長，家長不但排解民事糾紛，而且對輕微的刑案，亦得制裁。由於族長或家長有此權限，故由他主婚之婚姻，多少帶有公權力介入之特性。

又舊社會過着關閉自守的農村生活，交通不便，人際關係單純。親迎之形式要件，從一村以紅轎到他村迎接新娘，兩家之距離通常不會超出一日之遠，否則將遭遇住宿旅店之麻煩。尤其親迎時，一路燃放鞭炮，鑼鼓喧天，故六禮之程序，有其充分之公示作用。他方，舊社會尙無現行法上以受胎期間之長短，推算其婚生性。至於舊社會之家產屬於全家公同共有，由家長管理、使用、收益。家長爲直系尊親屬時，對家產亦有處分權。因不適用夫妻財產制，家屬之結婚對第三人交易之安全仍不發生影響。總之，由於社會背景與家庭之結構，舊社會六禮之形式要件，足使該結婚具備權威性與公示性，不僅結婚當事人之身分受到保障，而且第三人之利益亦不受妨害。

---

⑲ 唐戶婚律違律爲婚條以下；淸戶律婚姻門男女婚姻條以下。

三、過渡時期之規定

大清第一次民律草案受近代歐陸法律思潮之影響，放棄傳統六禮之結婚程序，而仿效日本立法例，採用法律婚主義。依該草案第四編第二三條的規定，婚姻呈報於戶籍員而生效，至於呈報之方式，則依戶籍法之規定。可見該草案採登記主義，而戶籍員在受理婚姻之呈報，而有欠缺結婚之實質要件時，即有該草案第四編第一六條至第二二條之情形，得拒絕受理呈報（第一次民律草案第四編二三條），可見戶籍員對結婚之成立有充分的監督權。

此登記主義在清末民初之時期未爲社會所接受，當時仍沿用傳統之習俗。依大理院之判例，祇以擧行習慣上一定儀式爲婚姻成立要件⑳，至於其儀式如何，並無特別方式。

四、我國現行法上的規定及其缺點

我國現行民法斟酌國情及大理院之判例，採用無公權力介入之儀式婚。惟儀式之方法非傳統之六禮。依民法第九八二條規定，結婚之成立祇要公開儀式與二人以上證人卽可。否則縱已同居，仍不發生婚姻之效力㉑。至於寫立結婚證書或戶籍申報僅爲證據問題而已，與結婚之效力無關。

(一)民法第九八二條形式要件應注意之點有二:

1.二人以上之證人：結婚證人之任務在於證明結婚當事人眞意結婚，所以他們必須親自到場。如遣人在結婚證書簽名或蓋章，尚不得認爲證人。依司法院解釋例，證人不必載明於婚書，但須在場親見，

---

⑳ 三年上字第四三二號，《判例全書》二一二頁。

㉑ 最高法院判例二三年上字第三七一九號。

而願負責證明為已足[22]。又證人之資格，我民法並無明文，實務上難免發生爭議。有的學者認為祇要能判斷結婚之意義及其效力者，有證人資格[23]。有的認為有行為能力者能當證人[24]。有的認為成人始有證人之資格[25]。依瑞士民法第一一六條第一項及日本民法第七三九條第二項均明定證人須為成年人，尤其瑞士民法第四條規定，未成年人結婚者得視為成年，故該人亦得為結婚之證人，此立法值得參考。

2.公開之儀式：我國現行民法所稱之婚禮，頗為簡單，祇要公開之儀式，卽為合於法律之規定而發生婚姻之效力，因此婚姻發生效力之關鍵在於儀式與公開之意義如何。

(1)儀式：儀者，容也，像也。有容而可象謂之儀[26]。式者，法也，樣也。所謂儀式係足以象徵當事人結婚行為之舉動，無論以舊俗或新式均無不可[27]。結婚之儀式旣無一定標準，而舉行儀式時，如無公權力介入證明，則那些儀式始合於法律上所稱之「儀式」？

衆所週知，現代社會生活隨工商業的發展頗為複雜，結婚之方式受其影響也變得五花八門，甚至標新立異，不一而足。大飯店式的婚禮雖被認為最普遍，但依古禮舉行儀式亦大有人在。至於敎友喜歡依其信仰之宗敎儀式舉行婚禮。最近流行起游泳、跳傘、登山、騎馬等結婚儀式，此外尚聽到有人唱歌結婚，旅行結婚等。總之，如何之儀式，堪稱為法

---

[22] 二二年院字第八五九號。
[23] 戴炎輝著≪中國親屬法≫，八六頁。
[24] 羅鼎著≪親屬法綱要≫，大東書局，民國三五年，一〇五頁。
[25] 胡長清著≪中國民法親屬論≫，商務印書館，民國三五年，一〇六頁。
[26] ≪左傳・襄公三一年≫。
[27] 二二年院字第八五九號。

定之「儀式」，因公權力未能介入，無法一時加以認定，最後不得不依賴法院之判決，而確定儀式之合法性。現代複雜的社會生活，如採用單純的儀式婚時，其缺點顯而易見。

日本大正一四年曾提出婚姻形式要件的修正大綱㉘。該大綱擬將結婚之成立兼採法律婚與儀式婚之雙軌制度。詳言之，在登記申報之法律婚外，又擬認定因舉行習俗上所承認之儀式而成立之婚姻。其成立之證明方法，仍依法律規定㉙。依此規定，採用儀式婚之前提，非將「習俗所承認之儀式」加以明確化不可，纔能具體規定婚姻成立之證明方法。無論如何，此二者在立法技術上極不易克服。如將「習俗所承認之儀式」採嚴格解釋，無異造成與法律婚同一之效果㉚；反之，如從寬解釋，將發生夫妻身分關係與男女同居之界線模糊不清，致使男女當事人有無發生夫妻之身分，最後不得不依靠法院之判決始能確定㉛。基於此理由，日本民法沒有將儀式婚列爲婚姻之形式要件之一。

(2)公開：何謂公開，因民法無明文，而舉行儀式時，又無公權力之介入，故儀式是否合於法定之「公開」，在解釋上亦極易引起糾紛。依實務上之見解，足使一般不特定之人均可知悉之表徵而得共見者，始得認爲公開㉜。又公開之儀式係指結婚之當事人應行定式之禮儀，使不特定人得以共見共聞，認識其爲結婚者而言㉝。又依司法院之例示解釋，男女二人在

㉘ 參閱≪注釋民法⒇・親族(1)≫，二三八頁。
㉙ ≪注釋民法⒇・親族(1)≫，二三八頁。
㉚ ≪注釋民法⒇・親族(1)≫，二三八頁。
㉛ ≪注釋民法⒇・親族(1)≫，二三八頁。
㉜ 二二年院字第八五九號。
㉝ 最高法院五一年臺上字五五一號（≪司法專刊≫一四八期）。

某官署內擧行婚禮，如無足使一般不特定之人，均可知悉之表徵，而得共見者，縱有該署之長官及證婚人二人在場，仍不得謂有公開之儀式㉞。縱上述之判例、解釋例，似以不特定之人均能共見共聞，始能稱為公開。準此以解，凡是一般人不能自由進出之場所，不能稱為公開。如此解釋，是否失之過嚴，而易造成無數之無效婚。依最高法院之另一判例，若於除夕擧行拜祖或其他公開之儀式，並有家族或其他二人以上在場可為證人，則已具備形式要件㉟。拜祖通常在私宅大廳或其他宅院擧行，此是否不特定之第三人所得共見共聞？

總之，公開之定義從以上之諸判例與解釋例，尚無確切之標準可循。設如一對男女租用一飯店之小房間擧行結婚儀式，此結婚方法又有多種情形可能發生：該房門關起並上鎖，房門關起並未上鎖，房門虛掩，房門打開等。以上那一種情形始合於法律上「公開」之要件，因婚禮始終未有公權力之介入，所以未由法院裁判確定以前，誰也無法說明公開與未公開之界線在何處。可見我國民法第九八二條所定公開儀式與二人以上證人之結婚形式要件，看似簡單明瞭，但實際上從法律觀點檢討時，仍有相當的困難㊱。尤其違反形式要件的婚姻，依民法第九八八條第一款，係無效之婚姻。所以當事人所擧行之婚禮，有無合於法定之「公開」與「儀式」，令人不安。此對於身分的明確性與安定性，不啻是嚴重的考驗。

(二)我國民法採無公權力介入之儀式婚，對婚姻有利害關係之第三人也不能充分的保護。

㉞ 二六年院字一七〇一號。

㉟ 二二年院字第九五五號。

㊱ 參閱陳棋炎著前揭七六頁：儀式本有法律規範之性質，但因社會漸成為「動的社會，從而儀式原有之公示力漸行微弱，終將與無理由的存在」。

1.債權人之利益：從法律之觀點，現行結婚所發生之效力比舊社會複雜，男女一旦結婚後，即刻發生夫妻身分關係。他們對第三人財產上之關係，完全以其所採用之夫妻財產制之類型負責。因此第三人與夫妻任何一方爲法律行爲時，必先知悉其有無結婚，該婚姻是否有效。然後調查有無登記約定之夫妻財產制。後者第三人得以到法院查閱夫妻財產之登記簿；前者則較爲困難。因爲依我國民法，戶籍之申報或結婚證書祇能做爲結婚之證據力，但不能做爲婚姻是否生效之憑據。準此以解，第三人無法從公權力獲悉與其爲法律行爲之男女是否有夫妻之身分關係。例如第三人信賴一對夫妻採用共同財產制而與之法律行爲，嗣後有人以該夫妻舉行之結婚缺乏儀式或有儀式而未公開爲由，訴請法院確認該婚姻無效而勝訴時，該婚姻溯及於結婚時而自始無效。於是該夫妻所約定之共同財產制也不得不罹於無效。第三人豈不因此而遭受不測之損害，儀式婚之弊端在於對債權人之保護不周。

2.子女之婚生性與配偶之身分：我現行民法有子女受胎期間與婚生推定之規定。依第一〇六二條第一項，從子女出生日回溯第一八一日起至第三〇二日止爲受胎期間。依第一〇六三條，妻之受胎係在婚姻關係存續中者，推定其所生子女爲婚生子女。可見子女之婚生性繫於生父生母婚姻之有效性。該婚姻如違反公開或儀式的形式要件而被訴請確認無效時，該無效爲自始無效，必溯及於結婚時無效。於是子女之婚生性必被推翻而淪爲非婚生子女。

男女舉行儀式婚亦關心其婚姻是否確實有效。否則狡黠之徒，將利用「公開」或「儀式」之漏洞，於舉行結婚數年後，以其婚禮違反公開或儀式爲由，提出婚姻無效之訴訟時，他方將無言以對，此又非保護夫妻身分之道。至於以婚姻有效爲前提而發生權利義務之親屬，例如繼承或扶養權，亦能因婚姻之無效而遭受不測之損害。總之，儀式婚對於子女之婚生與配偶之身分保護不周。

3.同意權人或撤銷權人：我國現行民法上之婚姻政策在於保護未成年人之結婚與子女之婚生性。爲前者，民法規定法定代理人之同意權，以保護其思慮之未周。爲後者，民法規定違反結婚之實質要件者，除第九八三條禁婚親結婚無效外，均認爲可得撤銷之婚姻，而撤銷之效力不溯及既往，期以保護子女之婚生性。惟我國民法第九八二條之儀式婚，對於結婚有同意權人，尤其有撤銷權人，不能盡保護之責。

就同意權來說，依民法第九八一條，未成年人結婚，應得法定代理人之同意。可見法定代理人對未成年人之婚姻有同意權。惟依民法第九九〇條，違反該同意權之婚姻並非無效，而僅得撤銷，而該撤銷有期間之限制，自知悉結婚之事實日起六個月內或自結婚後一年內或未懷胎者。法定代理人如不知何時擧行結婚時，勢必錯過撤銷期間，而使其同意權形同虛設。

就撤銷權來說，依民法第九九二條規定，結婚違反第九八五條之規定者，利害關係人得向法院請求撤銷之，但在前婚姻關係消滅後不得請求撤銷。重婚因違反一夫一妻之公益要件，故原則上沒有撤銷期間之限制，利害關係人得隨時請求撤銷，惟行使撤銷權必以有重婚之事實爲前提。利害關係人對於儀式婚之重婚行爲難於查悉時，重婚不易被撤銷。至於其他婚姻之撤銷權，均規定一定之撤銷期間。例如依民法第九九一條規定，監護人與受監護人結婚者，最近親屬得向法院請求撤銷，但須在結婚一年期間內爲之。依民法第九九三條規定，與相姦人結婚者，前配偶得向法院請求撤銷之，但須在結婚一年期間內爲之。依民法第九九四條，女子違反待婚期間者，前夫或其直系血親得向法院請求撤銷之，但自前婚關係消滅後已滿六個月或再婚後懷胎者，不得請求。可見男女有無結婚及何時結婚，對於撤銷權人非常重要。儀式婚因公權力未予介入，其公示作用不大，保護撤銷權人不足。

總之，我國民法上之結婚形式要件，雖須履行公開之儀式及二人以上之證人，始能成立。但此儀式婚有以下三點缺點：第一，公開與儀式無客觀之具體標準，結婚當事人不易遵守。第二，儀式婚因無公權力介入，結婚之公示性甚低，第三人又無法從權威性的機構獲悉婚姻之效力。第三，違反儀式婚的形式要件將使該婚姻自始無效，結婚當事人之身分，子女之婚生性及債權人之利益無法保障。

第四章 修正草案之規定及其利弊

這次修正草案對民法第九八二條之形式要件曾加以修正，即除保留原條文而列爲第一項外，增加第二項：「經依戶籍法爲結婚之登記者，推定其已結婚」。

一、修正內容之優點

修正草案新增民法第九八二條第二項之優點，誠如該草案修正理由所說：「實務上當事人對於曾否舉行公開儀式，如有爭議，舉證殊爲困難，對於應負舉證責任之一方有欠公允。依戶籍法第二五條第一項規定，結婚後必須爲結婚之登記。倘無反證以證明未具備第一項之要式者，即不容再行爭執其結婚之效力，如此當可清除現行規定之缺點」[37]。

---

[37] 民法親屬編修正草案初稿，三六頁。

二、修正內容之缺點

修正內容雖有上述舉證困難得以補救之優點，但仍有以下各缺點：

㈠修正草案雖增加第二項，但第二項僅有推定之效力，卻非生效之要件。推定者，可以舉反證推翻，使該婚姻自始無效。因此男女當事人要成立確實有效之婚姻，仍非有公開之儀式及二人以上之證人不可。故我國民法無論在修正前或修正後，仍爲儀式婚，所以上述儀式婚所造成之弊病仍然存在。

㈡用推定之方法來決定身分之關係，尤其夫妻之身分頗爲不當。我現行民法第一〇六三條雖將婚生子女以推定方法產生，但其推定之立法意旨，一則，受胎牽涉生理之變化，不易從外觀確悉受胎之時間，學理上始有受胎期間之推定（民一〇六二條）。再則，爲維護婚姻關係存續中夫妻共同生活，凡是受胎期間在婚姻關係存續中者，均推定爲婚生子女，但另以否認之訴，推翻該婚生子女之婚生性（民一〇六三條二項）。

至於夫妻身分關係之成立，完全以有無公開儀式及二人以上證人爲斷。此純爲外在客觀之事實，此情形之有無，極易認定。祇是所舉行之婚禮有無合於法定之要式，因無客觀之標準，較爲困難。解決此困難，與其以迂廻之推定方法，不如以公權力之介入，較確實而有權威性。故夫妻以推定之方法使其發生身分效力，似有斟酌之餘地。尤其被推定之婚姻，其身分關係非終局確定，配偶之任何一方或利害關係人，甚至任何第三人得隨時提出反證而推翻結婚之效力。一旦被推翻，該婚姻不得不溯及結婚時無效。如此結果，豈不讓婚姻始終處於不安定之狀態。

㈢由於第九八二條增加第二項有關結婚推定之規定，容易使不諳法律之人民誤認我國結婚之要件兼採儀式婚與登記法律婚之雙軌制度。從此以爲申報結婚之登記與公開儀式有同一結婚之效力，可任由結婚當事人任選一種結婚。於是男女當事人捨棄公開之儀式，選擇申報結婚登記時，勢必造成因配偶一方或第三人之舉證而推翻該婚姻之效力。此種後果，豈不寃枉。

㈣我國這次親屬法修正草案有關結婚與離婚採不同之立法標準。結婚仍維持當事人放任之儀式婚，但兩願離婚已修正爲登記之國家監督主義，即民法第一〇五〇條原規定：「兩願離婚應以書面爲之，並應有二人以上之證人」。修正草案將原條文保留爲第一項，又增加第二項：「前項離婚應依戶籍法爲離婚之登記，始生效力」。

可見這次修正草案將民法第九八二條結婚之形式要件與民法第一〇五〇條離婚之形式要件雙雙加以修改，同時將原條文均保留爲第一項，而增加第二項。惟從各第二項之內容觀察，顯示出我國結婚與離婚之政策有分道揚鑣之感。結婚政策仍維持當事人放任主義之儀式婚，離婚政策則改採國家監督之登記主義。如此之立法政策是否妥當？步調是否一致？

第五章　結　論

因時代背景與社會環境需要之不同，婚姻形式要件之立法意旨亦不同。舊社會結婚之目的在於爲家爲宗之團體利益，結婚當事人的共同生活不受重視，對第三人之利益也甚少影響。尤其舊社會家或宗族享有甚大之自治權，家長或族長具有公權之權限，由家長或族長依六禮舉行之結婚，其公示性甚強，故舊社會採用儀式婚並無不當。反之，現行社會結婚之目的，在於保護結婚當事人之身分關係，子女之婚生性以及第三人之利益，所以需要在形式要件上強調身分之明確性與公示性。惟現行法上公開之儀式及二人以上證人之儀式婚，無法充分表現身分之明確性與公示性。

其次，我國現行法與外國立法比較結婚形式要件之愼重性，實不能相提並論。外國立法例之形式要件需履踐公告、儀式與登記三階段，婚姻始能成立。公告在保護婚姻同意權人，撤銷權人，尤其保護配偶，以免發生重婚之情事。儀式之擧行在官員面前表示結爲夫妻之眞意，期能確保配偶之身分。結婚之登記在公示第三人夫妻所適用之夫妻財產制之責任，期能確保交易的安全。外國立法就結婚程序之完密性，値得喝采。反觀我國之規定，結婚之形式要件祇有公開之儀式與二人以上之證人。但證人之資格不明確，公開與儀式又無具體可遵守之標準，更因無公權力在監督「公開」與「儀式」之合法性。所以形式要件之有無及其是否合法性，極易爲事後之爭論。這次修正草案雖以戶籍登記爲結婚成立之推定，期避免擧證之困難。但推定尙可因擧反證而推翻，仍使夫妻身分關係處於不安定之狀態。夫妻身分欲終局確定時，非經由法院判決不可。萬一法院之判決推翻法律所推定之婚姻時，該判決將溯及結婚時無效。此對結婚當事人，其所生子女，其他利害關係人以及交易的安全均能造成無法彌補的損失。

爲補救該弊端，釜底抽薪之方法在於結婚之形式要件寧可有絕對客觀之標準，以免日後發生糾紛，而造成無法挽回的損害。此標準祇有國家監督之法律婚主義始能達到其目的。

現代我國社會之趨勢，法院之公證結婚與集體結婚逐漸受到結婚當事人的歡迎。探其理由，在於公權力之介入，而加強結婚之證據力，結婚當事人之身分不但受保障，而且對第三人之公示力亦高。同時結婚當事人可以避免舖張，而節省金錢與精力。有鑑於此，筆者以爲我國民法上之結婚形式要件宜以法院之公證結婚之程序爲藍本，由戶籍機關取代法院，期能在戶政人員面前擧行結婚儀式，同時辦理結婚之登記。於是我國民法第九八二條似如此修正較爲妥當：「結婚應由男女當事人偕同二人以上之成人證人至管轄之戶政機關，於戶政人員面前願爲結婚之表示，並依戶籍法爲結婚之登記者，始生效力」。

惟現行民法親屬編公佈於民國二十年五月，迄今已實施約五十年，人民之結婚已習慣於民法第九八二條公開儀式之形式要件。所以如要修正，必須留一相當過渡時期，三年或五年，使在這緩衝期間兼採儀式婚與法律婚之雙軌制度，期能在此期間，利用大衆傳播加強宣導，而適應新法的規定。詳言之，新修正草案擬利用親屬編的施行細則，規定新法公佈之三年或五年期內，結婚當事人得以原規定擧行婚禮，亦得依新規定擧行婚禮，但三年或五年之期間一屆滿，則結婚祇能依新法之形式要件擧行，始能發生夫妻之身分，依舊法擧行婚禮將成爲無效婚。

《陳棋炎先生六秩華誕祝賀論文集》，民國六十九年十月。

伍、論夫妻財產制之立法準則

要　目

第一章　前言
第二章　法定財產制與約定財產制
　一、法定財產制
　二、約定財產制
　三、法定財產制與約定財產制之運用
第三章　夫妻財產制的立法原則
　一、維護夫妻的平等
　二、保護交易的安全
　三、貫徹婚姻共同生活之本質目的
第四章　結論

第一章 前 言

夫妻財產制者係規律婚姻共同生活中，夫妻彼此間之財產關係，即夫妻於結婚前原有之財產，及婚姻中所獲得之財產，在共同生活中，應如何的爲經濟上的統制。

民國二十年頒訂的我國民法親屬編，仿效歐陸現代立法例，在第二章第四節首次規定夫妻財產制。民法親屬編的條文共有一七一條（自第九六七條至第一一三七條）。其中關於婚姻的普通效力僅四條而已（自第一〇〇〇條至第一〇〇三條）。然關於夫妻財產制之條文共達四十六條（自第一〇〇四條至第一〇四八條），約佔親屬法條文的四分之一，此顯示夫妻財產制在身分法上的比重。就財產法而言，契約的當事人通常以有配偶的身分者居多，其財產的狀況如何，對於與其交易之相對人，甚爲關切。而夫妻財產制正規律夫妻各自財產範圍，及夫妻以如何之財產對其法律行爲之第三人，負擔保的責任。因此，夫妻財產制在財產法上，尤其社會交易的安全上，亦有密切的關係。

然而傳統社會，基於「妻以夫爲天」之思想，妻之人格爲夫所吸收，旣無行爲能力，又無財產能力；爲此，民法雖制定夫妻財產制，然一直不爲社會生活所重視。近來政府勵精圖治，社會各方面長足進步。一方，由於教育的普及，婦女受教育的機會增多，與傳統社會婦女之「三從四德」不可同日而語。從而甚多女性走出厨房，而踏入社會，謀職就業，與男人比較，毫不遜色。影響所及，妻對財產自主的覺醒，夫妻的婚姻生活因而改觀。其結果發現我國現行夫妻財產制，對於妻財產的保護不週。另一方， 因交通的發展， 工商業的突飛猛晉，自形成現代都市資本密集的經濟生活，而與過去農村閉關自守的經濟生活，不能相提並論。從而商業往來頻繁，債務的糾紛層出不窮。其結果發現我國現行夫妻財產制，對於保護債權人的利益與維護交易的安全，尚有待加強。

第二章　法定財產制與約定財產制

夫妻的經濟生活，採取何種財產制爲宜，隨其本國的民情風俗而異。在立法例上，向來有法定財產制與約定財產制的對立。羅馬法所採的嫁資制（Dotalsystem），具有強行法的特性，不許夫妻自由以契約訂定財產關係，僅在不違反嫁資制的本質精神的範圍內，得訂立嫁資契約（Dotalvertrag）或婚姻贈與❶；故羅馬法上的嫁資財產制，可稱爲法定財產制的典型。反之，日耳曼法自中世紀以來，遵循一般契約自由的原則，採取「契約優先於普通法」(Ehegedinge bricht Landrecht) ❷，而對夫妻所約定的財產內容，不加任何干涉。

大多數的立法例，爲兼顧意思自治與交易安全，大體兼採羅馬法的法定財產制與日耳曼法的約定財產制。德國、瑞士、法國及我國民法，均規定當事人得以契約訂定夫妻財產制；惟當事人如無約定，則適用法律所規定的法定財產制❸。

---

❶ 參閱和田于一著≪夫婦財產の批判≫，昭和十九年，大同書院，三〇頁。

❷ H.Dölle, *Familienrecht*, Bd.2, Karlsruhe,1964.S.660.

❸ 參閱德國民法第一三六三條（法定財產制）與第一四〇八條（約定財產制）；瑞士民法第一七八條，法國民法第一三九五條；我國民法第一〇〇五條（法定財產制）與第一〇〇四條（約定財產制）。

一、法定財產制（gesetzlicher Güterstand）

夫妻財產制之適用，由法律直接規定者，稱爲法定財產制。我國民法的法定財產制分爲兩種，一爲通常法定財產制，一爲非常法定財產制。

(一)通常法定財產制

所謂通常法定財產制，係指當事人未有契約時，當然適用法律所規定的夫妻財產制而言；此爲補充之制度，並無強制力。民法第一〇〇五條規定：「夫妻未以契約訂立夫妻財產制者，除本法另有規定外，以法定財產制爲夫妻財產制」❹。依法理，夫妻適用通常法定財產制者有四種情形：⑴夫妻未以契約訂定民法上之約定財產制爲其夫妻財產制者；⑵夫妻以契約訂定通常法定財產制爲其夫妻財產制者；⑶夫妻所訂定之夫妻財產制契約無效者；⑷夫妻所訂定之夫妻財產制契約被撤銷者❺。

通常法定財產制乃法律選定一種財產制，以之爲夫妻未以契約訂定時之財產關係的依據。惟究以何種制度爲通常法定財產制，端視各國的歷史傳統、民俗、國情及經濟環境來決定。德國以淨益共同制（Zugewinngemeinschaft）❻、法國以所得共同財產制❼、瑞士以

---

❹ 參閱瑞士民法第一七八條：「配偶間應適用聯合財產制之規定，但依夫妻財產制之契約，另有訂定，或應適用特別財產制者，不在此限」。我民法第一〇〇五條所謂本法另有規定，係指民法第一〇〇九條至第一〇一一條而言，即依法律之強制規定而適用特別法定財產制。

❺ 參閱羅鼎著≪親屬法綱要≫，民國三五年，大東書局，一三四頁。

❻ 德國民法第一三六三條以下。淨益共同制乃分別財產制之特別形態，其特色在改良分別財產制的缺點。

❼ 參閱法國民法第一四〇〇條以下。法國本來以動產及所得共同財產制爲法定財產制，但一九六五年的夫妻財產制修改爲所得共同財產制爲法定財產制。

聯合財產制（Güterverbindung）❽爲通常法定財產制。我民法仿效瑞士的立法例，以聯合財產制爲通常法定財產制（民一〇〇五條、一〇一六條以下）。

(二)非常法定財產制

所謂非常法定財產制者，乃夫妻於婚姻存續中，因其中一方之財產或財產行爲發生破綻，致難以通常法定財產制或約定財產制維持夫妻的財產關係時，法律選定另一種財產制爲非常法定財產制，以善後夫妻的財產關係。此具有強制執行的性質，不容當事人不遵行。我國民法及大多數立法例，均以分別財產制爲法定財產制❾。

須改用非常法定財產制之情形，依我民法的規定，分爲當然改用與宣告改用。前一種情形，因情事嚴重，無庸當事人的聲請，當然改用分別財產制（民一〇〇九條）。反之，後一種情形，須依夫、妻或債權人的聲請，始宣告改用分別財產制(民一〇一〇條、一〇一一條)。

在兼採法定財產制與約定財產制的國家，通常法定財產制僅爲一種「補充性與推定性的財產制」❿，而非絕對強行的法定財產制。只有在當事人未以契約另採他種財產制，或當事人依法無適用非常法定財產制必要時，始推定其適用通常法定財產制。惟通常法定財產制雖係無約定財產制時之補充，然其重要性，實凌駕約定財產制。蓋一般人民缺乏法律知識，不瞭解何謂夫妻財產制，或不知如何訂立夫妻財產契約的內容。卽使當事人瞭解夫妻財產制之意義，因尙未經歷實際的婚姻生活，夫妻在其共同生活中，將如何發生財產上的利害關係，事前未有充分的把握。此時夫妻要選擇合於其婚姻生活的約定財產制，

---

❽ 瑞士民法第一九四條。

❾ 我國民法第一〇〇九條、瑞士民法第一八二條、德國民法第一四一四條。

❿ 參閱梅仲協著≪比較夫妻財產制緒論≫（載於臺大≪社會科學論叢≫第二輯，民國四〇年一月，二七頁）。

或訂立公平的財產制契約內容，甚爲困難。因此，夫妻自然以通常法定財產制處理其財產關係。何況通常法定財產制，乃衆多立法專家，以其卓越的立法技術，集思廣義所制定的。此制度對夫妻來說，應該是最客觀公平，而又能信賴可行的制度。此所以通常法定財產制在夫妻財產制中最引人注目者⓫。

二、約定財產制 (Ehevertrag)

(一)約定財產制之意義

所謂約定財產制者，乃婚姻當事人以契約約定相互間的純粹夫妻財產關係，而排除法定財產制的適用。

歐洲中世紀已開始實行夫妻婚姻契約。當時婚約人、配偶、或其雙方親屬間，就一切婚姻事項，不論身分或財產上的關係，均得以契約約定之⓬。至近世紀，爲顧及公共秩序與善良風俗，夫妻財產制的契約內容，限於純粹夫妻財產關係⓭。惟所謂「夫妻財產關係」(güterrechtliche Verhältnisse) 有其獨特之意義：⑴配偶所訂財產制契約，若屬於非配偶亦得訂立同一內容者，則不得爲夫妻財產制契約的標的，故買賣、贈與、保證等契約，不得稱之爲夫妻財產制契約。⑵基於婚姻普通效力所發生之財產關係，例如夫妻日常家務之代理權，不爲夫妻財產制契約的標的。⑶有些債權請求權，雖基於夫妻財產制之夫妻財產關係而發生，但一旦發生後，即獨立於夫妻財產制之外者，如配偶間以該債權請求權之變更爲契約內容時，該契約仍不得稱之爲夫妻財產制契約，例如在統一財產制，妻對夫就其移轉於夫之所有權，取得估定價額的返還請求權（民一〇四二條），妻如另與夫以契

⓫ 參閱 H.Dölle 前揭七四一頁。

⓬ 參閱和田于一前揭五〇頁。

⓭ 參閱和田于一前揭五一頁。

約變更該返還請求權時，此契約不得稱之爲夫妻財產制契約。(4)以身分權或人格權爲契約之標的者，亦不得稱爲夫妻財產制契約⓮。

總之，夫妻財產制契約的成立，須當事人所約定的條款係有關夫妻財產上之關係，而此財產關係乃由婚姻的特殊性直接所引起的，同時其不能離婚姻關係而獨立存在者爲限⓯。

（二）約定財產制之種類

約定財產制之種類，依各國立法例，大別爲一般夫妻財產制契約與特別夫妻財產制契約。

1.一般的夫妻財產制契約（generaller Ehevertrag）：所謂一般的夫妻財產制契約，乃當事人得完全排除法定財產制，而自行約定內容不同的夫妻財產制契約。一般夫妻財產制契約再分爲排斥性的與確定性的夫妻財產制契約⓰。

(1)排斥性的夫妻財產制契約(ausschlüssender Ehevertrag)：當事人得約定內容完全不同於法定財產之契約，法律不加限制；換言之，契約的內容完全放任當事人自由選擇，故又稱爲創設的夫妻財產契約(selbstschöpferisches Güterstand)，現行日本民法從此立法例（日民七五七條、七五六條）。

從契約自由之原則與因應婚姻之特殊性觀之，排斥性的夫妻財產制，甚爲理想。蓋法律對夫妻所約定的契約內容，採取放任的態度。祇要其內容不違反一般契約禁止規定與牴觸公序良俗（民七一條、七二條），均爲法律所許可，此符合私法自治的契約自由之原則。當事人藉此契約自由的原則，靈活的約定合於個別婚姻特殊性的內容。

⓮ 參閱 H.Dölle 前揭六六五頁。
⓯ 參閱 H.Dölle 前揭六六六頁以下。
⓰ 參閱栗生武夫著≪婚姻立法における二主義の抗爭≫，三二八頁。

惟契約的訂立，猶如法律的制定，頗爲困難。卽使有專門法律知識或從事法律實務之人，欲訂立毫無爭執而公平的夫妻財產制契約，並非易事，何況缺乏法律知識之一般婚姻當事人。故當事人所訂立的契約內容一旦適用起來常漏洞百出，互相矛盾。因此，排斥性的夫妻財產制契約，將使當事人陷於無所適從之境。

(2)確定性的夫妻財產制契約（beständigender Ehevertrag）：依此契約，當事人雖可排除通常法定財產制，但其所約定契約的內容，法律早已確定，不容當事人有所更改。換言之，當事人祇能選擇種類契約，而不能約定內容契約，故又稱爲種類的夫妻財產制契約。

確定性的夫妻財產制契約，就排除法定財產制而適用約定的財產制來說，與排斥性的夫妻財產制契約並無不同。但確定性的契約，不放任當事人自由約定，却是法律預先規定典型的契約內容（gesetzlich geregelter Vertragsgüter-stand），以強制當事人就種類性的契約選擇一種，而不許私自約定其內容。此制之立法意旨在於：夫妻財產制契約的單純化（Vereinfachung）與容易化（Erleichterung），故當事人僅就數種典型的夫妻財產制契約中，爲單純的引用卽可，卽如 Baligand 所說「用筆一勾」（mit einem Feder-strich）卽足⑰。

我民法從德、瑞立法例，採確定性的夫妻財產制契約。依民法第一〇〇四條規定，當事人以契約訂定夫妻財產制者，僅能就共同財產制、統一財產制或分別財產制任選一種。至

⑰ 參閱和田于一前揭一〇一頁。

於各該財產制之內容，法律早已規定，不得任意約定。

確定性的夫妻財產制契約，當事人祇能爲種類性的選擇，契約自由受到較嚴格的限制，而牴觸私法自治的原則。從而當事人不能靈活的約定契約內容，以符合其婚姻的個別性。惟此制法律預爲規定其內容，此在維持法律的統一性 (Rechteinheit) 及法的安定性上 (Rechtsicherheit)，其較排斥性的夫妻財產制契約爲佳。

2. 特別的夫妻財產制契約 (spezieller Ehevertrag; Modifikationsvertrag): 所謂特別的夫妻財產制契約，乃當事人不得完全排除法定財產制，但允許夫妻在法定財產制的範圍內，改變部分的內容，故亦稱部分的夫妻財產制契約。例如以聯合財產制爲通常法定財產制的立法例，夫對於妻之財產原有充分的管理權，此時妻之財產受夫管理的方法，得以契約加以限定，惟法定財產制的本質內容，不得因當事人的合意而變更。例如聯合財產制的本質內容之一爲各配偶自始保有其財產之所有權，故當事人不得以契約約定：配偶一方之財產所有權全歸於他方。

此制因當事人不得完全排除法定財產制，故顧到法的統一性及安定性，此對維護交易的安全，頗有貢獻。惟當事人如根本厭惡法定財產制或法定財產制不能適應其婚姻生活之特殊情況時，當事人別無他種財產制可供選擇。故此立法主義，大大牴觸契約自由的原則，甚而不能因應實際的婚姻生活，而失去法的有效性。

三、法定財產制與約定財產制之運用

夫妻財產制的種類甚多，且其利弊不一；故規定夫妻財產制時，應兼顧各種因素。

㈠首先應有公平妥當的通常法定財產制，以之爲當事人未約定時當然適用的財產制，期以謀求法的統一性與交易的安全。

㈡當事人對通常法定財產制中意時，仍應顧及當事人婚姻生活的特殊性，在不違反其法定財產制之本質內容的範圍內，准其以契約作具有彈性的約定，期以因應婚姻的實際需要。

㈢要制定完全無缺的通常法定財產制旣有困難，又顧及契約自由的原則，故應允許當事人約定確定性的夫妻財產制契約，俾能排除通常法定財產制；同時防止排斥性的夫妻財產制契約，因漫無限制的約定內容，而使第三人不易測知之弊害。

㈣當事人對於所選擇的夫妻財產制契約，在婚姻個別的需要之下，於不違反該選擇的夫妻財產制契約的本質範圍內，宜准其作彈性的約定。

第三章　夫妻財產制的立法原則

通常法定財產制雖爲補充性的夫妻財產制，然其重要性，如上所述，淩駕約定財產制。通常法定財產制的內容是否得當，影響夫妻的婚姻生活頗大。一理想的夫妻財產制宜以夫妻平等、交易安全與婚姻共同生活爲主要的立法原則。

一、維護夫妻的平等

人格的平等爲近代民主政治的基石。男女平等又爲憲法第七條所揭櫫的原則，夫妻的平等更爲身分法所維護的目的⑱。因此，夫妻財

⑱ 參閱民法第一〇五九條、一〇〇〇條、一〇〇二條、一〇〇三條及一一四四條等。

產制自應以夫妻平等爲其立法的出發點。

(一)經濟獨立的夫妻財產制

我國現行民法上的通常法定財產制採用聯合財產制。此制之特質在於：一方夫妻的所有權自始分離；他方夫之所有財產與妻之原有財產組成聯合財產，由夫獨掌管理、使用、收益之權（民一〇一八條、一〇一九條）。依此，夫爲聯合財產制的管理人，爲管理上的必要，甚至得不經妻之同意，對妻原有財產有處分之權(民一〇二〇條但書)。反之，妻不但對夫原有財產，而且對自己原有財產，旣無管理之權，又無使用、收益之權，更無處分之權。妻最多亦祇能依民法第一〇〇三條第一項之規定，於日常家務範圍內而爲聯合財產的代理人。法律如此規定，似承認夫爲一家之主，又爲婚姻之首長，而將妻之財產與夫之財產結合於自己手下，而構成經濟上的一體。此實牴觸夫妻平等的精神。無怪有人批評聯合財產制爲夫專權的制度，實非過言⑲。

有鑑於此，經濟獨立的夫妻財產制較經濟一體的夫妻財產制，能避免夫專權之弊。分別財產制之特質在於夫妻之財產自始分離，不僅夫妻各人之所有權不因結婚而受影響，而且其財產亦各自管理、使用、收益，因而妻之財產絲毫不受夫之抑壓，此制較聯合財產制，更能顯示夫妻平等的精神。

(二)婚姻生活財產之盈餘妻亦得享有

在聯合財產制，夫妻之財產關係有聯合財產與妻之特有財產的對立，而聯合財產則由妻之原有財產、夫之原有財產及婚姻存續中夫妻所取得之財產而不屬於妻之特有財產所組成（民一〇一六條）。此制

---

⑲ Peter Tuor, *Das Schweizerische Zivilgesetzbuch*, Zürich, 1968, S.181.

於當事人改用他種夫妻財產制而聯合財產分割⑳或婚姻因解消而聯合財產制終了時，妻僅能取回其原有財產㉑，但對於婚姻存續中夫所增加的原有財產不能享有。

其實，由於生理的因素，家從社會的機能觀之，常是夫主外，妻主內，尤其育兒更是母親之天職。在舊社會，妻爲無行爲能力人，故唯有管理家務之一途，致不敢爭較工作之對價，或許情有可原；但在人格平等的現代經濟社會，妻之就業能力，亦因教育之普及而提高，且實際就業者頗多。如今，妻因結婚被迫放棄就業，專管家務與育兒。然婚姻一旦解消或聯合財產分割時，法律不予妻以相當的財產補償，則似有鼓勵婦女競相就業，而置家務於不顧之嫌，尤其與夫妻平等精

⑳ 依民法第一〇〇四條之規定，當事人於婚姻存續中以契約改用他種夫妻財產制，或依第一〇〇九條至一〇一一條之規定，改用分別財產制時，均發生聯合財產之分割，即民法第一〇三〇條規定：聯合財產之分割，除另有規定外，妻取回其原有之財產。

㉑ 婚姻之解消有兩種，配偶一方之死亡與離婚。配偶一方之死亡而終止聯合財產制時，妻之原有財產由妻或其繼承人收回（民一〇二八條、一〇二九條）。又因離婚而終止聯合財產制時，依民法第一〇五八條之規定，夫妻離婚時，無論其原用何種夫妻財產制，各取回其固有財產。此處所稱固有財產，在聯合財產制發生解釋上的困難，因爲在聯合財產制的財產，並無「固有財產」的名稱。由民法第一〇一七條第一項之規定觀之，妻之「固有財產」似指妻之原有財產而言，但夫之「固有財產」由民法第一〇一七條第二項之規定觀之，似係除妻原有財產外之聯合財產，不僅爲夫之原有財產。

其實我民法第一〇五八條之規定，係仿效瑞士民法第一五四條第一項與第二項規定的。其第一項規定：「婚姻因離婚而廢止者，不問配偶關係採何種夫妻財產制，其婚姻財產劃分爲夫之固有財產及妻之固有財產」。其第二項規定：「盈餘，依其所採用之財產制分配之……」。由此可知，如爲「固有財產」之規定，則應有「盈餘之分配」，與之相配合，故二者實有密切關係。然我國民法祇取瑞士民法「固有財產」之規定，而竟捨去「盈餘之分配」，致民法第一〇五八條所用「固有財產」之文字與我國夫妻財產制的規定不符，且對妻利益之保護，甚爲不週到。

神相牴觸，誠非允當。

按我國通常法定財產制的聯合財產制乃仿效瑞士立法例所規定的。然瑞士民法上的聯合財產制，爲貫徹夫妻平等的精神，在夫之財產與妻之財產經劃分之後，尚有盈餘者，盈餘的三分之一歸屬於妻或其直系血親卑親屬，其餘歸屬於夫或其繼承人（瑞民二一四條一項）。此處所謂盈餘係指婚姻解消之際，除去債務之後的婚姻積極財產與結婚時夫妻所有原有財產之差額㉒。又計算結婚時夫妻各自原有的財產，應包括對第三人之損害賠償請求權在內，但須除去結婚前之債務㉓。總之，瑞士民法之聯合財產制的規定，較我國民法更能保護妻的利益。

爲避免聯合財產制重夫輕妻之弊，而改採分別財產制時，亦不能使妻享有夫於婚姻存續中所增加之財產。因爲在分別財產制，夫妻之財產自始分離。此不但其所有權，而且其管理、使用、收益及處分權亦各自分離。從而婚姻解消時，自不發生夫妻財產清算問題，夫妻各保有其財產，妻之管家育幼之苦勞，仍不受法律之考慮。對妻之不公平，一如聯合財產制所表現者。

德國本採管理共同制（聯合財產制）爲其法定財產制，自一九五三年四月一日起，鑑於此制違反男女平等精神，改採分別財產制爲其法定財產制。嗣後又發現此制抹殺了妻管家、育幼之職務，而於一九五七年六月十八日改採淨益共同制（Zugewinngemeinschaft）爲其法定財產制。其實此制乃分別財產制所改良之特別形態。淨益共同制一如分別財產制，夫妻財產自始分離。配偶不僅各自保有其財產的所有權，而且各自行使其財產之管理、使用、收益之權（德民一三六四條）。

㉒ 如以數學式子表示：盈餘＝婚姻解消時除去債務後現存的婚姻財產－結婚時夫原有財產＋結婚時妻原有財產。瑞民的婚姻財產相當於我國的聯合財產。

㉓ 盈餘之詳細計算方法，參閱 P.Tuor 前揭一九五頁。

然此制特點之一，在補救分別財產制妻不能享受夫於婚姻存續中所得財產之弊。如依淨益共同制，則夫妻之一方得分享他方因婚姻存續中所增加之財產。詳言之，因配偶一方之死亡而解消婚姻時；生存之配偶，除法定應繼分外，另加遺產的四分之一（德民一三七一條）。婚姻非因死亡而解消尤其離婚時，在婚姻存續中增加財產較少的一方配偶，對於增加財產較多的另一方，得請求淨益差額的半數，以之為平衡債權(德民一三七八條)。玆所謂淨益，依德國民法第一三七三條之規定，配偶一方之終結財產㉔超過開始財產者㉕，其超過額為淨益㉖。

二、保護交易的安全

我國民法仿效德、瑞立法例，採取自由主義，夫妻得於結婚前、結婚同時或婚姻存續中，可訂立或改廢夫妻財產制契約，蓋夫妻財產制契約係夫妻關於婚姻生活的約定，其內容如何當以夫妻自己知之最稔，尤其在婚前，當事人尚未經歷婚姻生活，夫妻財產制契約為何物？其利害關係如何？其內容應如何約定？甚難瞭解。必經過一段婚姻生活後，纔能體會夫妻財產制契約對婚姻生活之重要性，亦於此時，始易暴露配偶有無浪費、投機等個性；或亦於此時，始知悉應如何配合婚後的經濟環境，而改廢原來的夫妻財產制。惟配偶間的訂立或改廢夫妻財產制契約，勢必影響交易的安全。為保護第三人的利益，以免遭受不測之損害，應從締結契約之形式與效力，另謀補救之道。

就保護債權人與維護交易的安全來說，我國夫妻財產制較其他各國之規定顯得簡陋。夫妻財產制契約的成立要件，我國採書面主義，

㉔ 終結財產之意義規定於德國民法第一三七五條。

㉕ 開始財產之意義規定於德國民法第一三七四條。

㉖ 平衡債權之計算方法，參閱 J. Bärnnann, *Das neue Ehegüterrecht* (in Archiv für die civilistische Praxis, vol. 157. 1958/59. S.168 ff.)

僅當事人以書面訂定即可，國家的公權力始終不予介入（民一〇〇七條）；對抗第三人要件則採登記主義，無庸公告（民一〇〇八條）。至於因訂立或改廢夫妻財產制契約，而債權人的利益受影響時，在民法上並未明文加以保護，祇在非訟事件法第四五條第四項規定：「前三項夫妻財產制契約之登記，對於登記前夫或妻所負債務之債權人，不生效力」。

反觀瑞士之立法例，夫妻財產制契約的成立要件，係採公證主義：「夫妻財產制契約之訂立、變更及廢止，應作成公證書，並經契約當事人及其法定代理人簽名，始生效力」（瑞民一八一條一項）。如該契約在婚姻存續中訂立者，更兼採監督主義，除公證外，尚須經監護官署之同意，始生效力（瑞民一八一條二項）。至於對抗要件，瑞士民法第二四八條兼採登記與公告主義：「因夫妻財產制契約或法院之處分所成立之夫妻財產關係，及夫妻間關於妻之原有財產或公同共有財產之法律行爲，須登記於夫妻財產制登記簿，並予公告，始有對抗第三人之法律上效力」。尤其難能可貴者，瑞士民法爲保護交易的安全，凡是債權因夫妻財產制契約的訂立或改廢而受影響者，以法律保護之。依瑞士民法第一七九條第三項之規定，結婚後所訂立之夫妻財產制契約，不得害及訂約前財產對於第三人之責任。此處受保護之第三人，似不限於債權人本人，其繼承人、受讓人或受讓人之繼承人均包括在內㉗。瑞士民法爲貫徹保護債權人的意旨，又於第一八八條第一項規定：「因夫妻財產之清算或因夫妻財產制之變更，配偶一方或共同生活關係之債權人，其前此可得對之請求爲清償之財產，仍不能脫卸其責任」。其第二項：「上項財產已移轉於配偶之一方者，該配偶應爲債務之清償，但證明所受取之財產，不敷清償全部債務者，於

㉗ 參閱和田于一前揭九七頁。

此限度內，免除其責任」。

總之，爲保護交易的安全，瑞士民法對於夫妻財產制契約訂立或改廢以前發生之債權，以第一七九條第三項與第一八八條第一項、第二項保護之，以避免債權人遭受不測之損害；對於夫妻財產制契約訂立或改廢以後發生之債權，則以登記與公告之方法保護之，期使債權人一目瞭然。瑞士民法之規定，對於維護交易的安全，實較我國合理週到，值得借鑑。

三、貫徹婚姻共同生活之本質目的

夫妻財產制契約在規律婚姻生活中，夫妻彼此間之財產關係，故自以婚姻存續爲前提。結婚使男女創設夫妻的身分關係，而發生同居、貞操、扶養義務及日常家務代理權等關係。其結果使夫妻不僅在精神上結爲一體，而且在經濟上亦發生密切關係。

就此點而言，共同財產制較其他夫妻財產制爲優。蓋共同財產制之本質思想，在使夫妻的經濟生活與身分生活趨於一致，而表現其在內部，並對外部均爲一體，即使家成爲社會的單一體，而符合婚姻的倫理機能。

至於分別財產制竟將夫妻財產自始予以分離，直視對方配偶有如路人，互不相涉，此實與婚姻之本質生活不能相配合。蓋男女一旦結婚，創設夫妻身分關係，則須同甘共苦，不能與毫無相干之第三人可比；從而，配偶一方之經濟活動，直接或間接的影響於他方，關係至爲密切。例如夫將其財產投資於房地產，其經營之成功與否，與妻之財產固無直接關係，然身爲人妻者，因與之共同生活之故，多少總會受影響。就精神而論，夫因投資失敗，情緒低落，而遷怒於妻，夫妻感情惡化，而使婚姻生活不正常。就財產而論，夫因投資失敗，而陷於無資力時，妻亦須以其財產負擔夫之生活費。總之，分別財產制之夫妻財產自始分離，實抹殺夫妻婚姻之本質生活。

有鑑於分別財產制與婚姻本質目的相牴觸，德國民法於一九五七年將法定財產制自分別財產制改爲淨益共同制，期以補救分別財產制下配偶財產無情對立之弊。即法律限制各配偶對其各自財產的管理與處分權；換言之，配偶一方之行爲須得他方之同意始生效力㉘。此須經同意之行爲，包括全部財產之處分(德民一三六五條)、契約行爲(德民一三六六條)、單獨行爲(德民一三六七條)以及家庭用物之處分(德民一三六九條)。如一方配偶對於他方之行爲，無正當理由拒絕同意，或因疾病、不在而無法表示同意者，原則上得聲請監護法院代爲同意(德民一三六五條二項、一三六九條二項)。德國民法如此規定甚爲瑣屑週折，然其立法意旨在於顧慮婚姻生活之本質目的，其用心之良苦由此可見。

第四章　結　論

我國民法上夫妻財產制的規定，與外國的立法例比較，甚爲落伍。尤其我國受傳統「婦女三從」思想的影響，不論法定財產制或約定財產制，均表現重夫輕妻之弊，甚爲不當。夫妻財產制契約頗爲複雜，其在性質上兼具身分與財產的契約，在其效力上，不僅爲夫妻內部的關係，而且對外之債權人與交易的安全亦受影響。因此，要制定一理想的夫妻財產制，使之面面俱到，談何容易。但至少應以維護夫妻的平等、保護交易的安全與達成婚姻共同生活目的爲立法的基礎。惟在法律生活上，此三種因素不能併行不悖。因此，立法者應權衡其中，以免有所偏倚。

中國比較法學會，《法治學刊》，創刊號，民國六十五年六月。

㉘　參閱 H. Dölle 前揭七四六頁。

陸、夫妻財產制之研究

要　目

第一章　前　言

夫妻財產制係規律婚姻共同生活中，夫妻彼此間之財產關係，卽夫妻於結婚前原有之財產，及婚姻中所取得之財產，在共同生活中，應如何爲經濟上的統制❶。

男女因結婚而創設夫妻特殊之身分關係。此身分關係，使夫妻互相負有同居、貞操、扶養義務，並有日常家務互爲代理之權限。夫妻的共同關係，遠超過物權法上的公同共有及債法上的合夥關係。故擬以普通債法或物權法上的法律關係，規律以身分爲基礎的夫妻之財產關係，則嫌不足，所以法律特設夫妻財產制，以爲婚姻共同生活中財產關係的準據。因此夫妻財產制係親屬法上的財產法，其內容對普通財產法而言，實具有特別法之地位❷。

現行民法制定夫妻財產制，在我國乃屬創舉。在我國固有法制與舊習慣，夫妻係一體，而不承認夫妻財產制。反之，歐陸各國夙有夫妻對立之關係，早在羅馬法與日耳曼法已實行夫妻財產制契約❸。隨敎育的普及、工商業的發達及職業的專業化，夫妻財產制益形發達。遍觀現代各國立法例，夫妻財產制在親屬法上所佔之地位頗爲重要。以德國民法爲例，親屬法之條文共有六二五條，（自第一二九七條至第

---

❶ 參閱穗積重遠著≪親族法≫，岩波書店，昭和十年，三二九頁。

❷ 參閱吳岐著≪中國親屬法原理≫，中國文化服務社，民國三六年，八二頁。

❸ 參閱梅仲協著≪比較夫妻財產制緒論≫（載於≪臺大社會科學論叢≫第二輯，民國四〇年一日十日，三頁以下、一七頁以下）。

一九二一條）。其中關於婚姻之普通效力者僅有十一條（自第一三五三條至第一三六二條）：而夫妻財產制者竟達二〇一條（自第一三六三條至第一五六三條）；約佔親屬法條文之三分之一。又瑞士民法之親屬法共有三六七條(自第九〇條至第四五六條)，其中婚姻法共有一六二條（自第九〇條至第二五一條），而夫妻財產制共有七十四條（自第一七八條至第二五一條）。因此，瑞士民法夫妻財產制之規定則佔親屬法的四分之一，而佔婚姻法的二分之一以上。至於日本民法則屬例外，其對夫妻財產制之規定僅八條而已（自第七五五條至第七六二條），頗爲簡陋，約佔親屬法的二十分之一。

民國二十年頒行的我國民法親屬編，仿效歐陸的立法例，始在第二章第四節規定夫妻財產制。民法親屬編之條文共有一七一條（自第九六七條至第一一三七條)。關於婚姻之普通效力者僅四條而已(自第一〇〇〇條至第一〇〇三條）。至夫妻財產制之條文共達四六條（自第一〇〇四條至第一〇四八條），約佔親屬法之四分之一。此雖稍遜於德國與瑞士民法所占之比例，仍顯示夫妻財產制在身分法上的重要性；惟繼受歐陸法的我國夫妻財產制度，是否合於時代潮流，是否適於民俗國情，目前鮮有人檢討，頗爲遺憾❹。

吾人深知，提倡個人人格之獨立，達成男女平等，爲近代民主法治的基石；又維護法的安定，保障交易的安全，爲民法的指導原理。因此，本人擬以比較法學的方法，從婚姻的本質目的、夫妻平等與交易安全的觀點，深入檢討我國夫妻財產制之利弊得失，期以夫妻生活更趨美滿，社會生活益趨安定。

---

❹ 梅仲協在前揭第二頁指出：「民國二十年施行的民法親屬編，仿效瑞士民法的立法例詳定夫妻財產制……………此種制度是否適合吾國民情風習，時人鮮有論及」。

第二章 總 論

第一節 夫妻財產制之溯源

我國固有社會，係以「妻以夫爲天」之思想爲基礎，而採夫妻一體主義。妻之人格恆爲夫所吸收，而在法律上，妻既無財產能力，又無行爲能力。又我國舊制家產之分析，在宗祧祭祀與傳香煙前提之下，唯男子有資格承繼宗祧與傳香煙，女子則否。因此，家產有份人限於男子孫，女子孫則否。《儀禮・喪服》說「婦女有三從之義，無專用之道。故未嫁從父，既嫁從夫，夫死從子」。《禮記・內則》說：「子婦無私貨，無私蓄，無私器，不敢私假，不敢私與」。由此觀之，我國古代爲人婦者，其地位與羅馬法的「在夫權」(cum manu)下之妻相似，而與日耳曼法上，擁有主婦權之妻（Schlüsselgewalt）不同❺。因此，妻之財產，不問其妝奩或贈與物，其所有權均屬於夫家的家長，「子婦」絕對沒有享受私財或管理、處分私財的能力。

迨至清末民初之過渡時期，我國受歐陸個人主義與男女平等思想之影響，清政府爲適應此時代之潮流，於宣統三年起草之第一次民律草案，一方承認夫妻關於其財產關係，得以契約特別約定；他方，允許妻享有特有財產。民律草案上之夫妻財產制太過簡陋，未有法定財產制與約定財產制之分。夫妻所訂之財產制契約，係附屬於婚姻的特別契約；如婚姻解消，該契約卽行消滅❻。至於契約之時期，限於呈

---

❺ 參閱 Mitteis-Lieberich, *Deutsche Rechtsgeschichte*, München & Berlin, 1961.S.13.

報婚姻時登記之；契約之效力，因登記而發生（民草第四編第四十一條第二項）。唯夫妻未約定財產制契約時，爲保障妻之利益，民律草案（第四編第四十二條）一反過去「子婦不得私蓄」之觀念，承認妻之特有財產。妻之特有財產包括成婚時所有財產❼與成婚後所得之財產❽。民律草案囿於傳統夫權思想，妻之特有財產仍由夫管理、使用及收益(民草第四編第四十二條第一項)；惟爲保護妻之特有財產，若夫管理妻之財產，顯有足生損害之虞者，審判廳得因妻之請求，命其自行管理（同條第二項）。

自滿清帝制被推翻，改建民國之後，我國繼受歐陸法之運動，仍不遺餘力。人格權日漸受重視，女權益爲提高。因此，民律草案雖未及施行，但其重要立法原則幾成爲大理院法理的依據，而以判例承認妻得享有特有財產。判例說：「爲人妻者，得有私財」❾。又說：「妻以自己之名所得之財產爲其特有財產，妾亦當然從此例」❿。又說：「嫁妝奩應歸女有，其有因故離異，無論何種原因離去者，自應准其取去，夫家不得阻留」⓫。惟過渡時期之思想，仍囿於傳統的觀念，而重男輕女。婦女之財產能力與法律行爲能力，尙未完全獨立。依判例，夫家財產，其贈與或其他行爲而歸於妻者，不得攜以改嫁⓬。如妻因而改嫁者，前夫承繼人得向其訴追濫行處分之夫家贈與或遺贈之

---

❻ 詹紀鳳著《民法親屬編・繼承編》，朝陽大學，民國十六年，〈親屬編〉八二頁。
❼ 所謂成婚時所有財產，依該草案的說明理由，係指妻出嫁時攜來之一切奩資而言。
❽ 所謂成婚後所得之財產係指妻於出嫁後因贈與或勞動而得之財產而言。
❾ 大理院判例二年上字三三號（《大理院判例全書》,以下簡稱《全書》），成文出版社，民國六一年，二二七頁。
❿ 大理院判例七年上字六六五號（《全書》二二八頁）。
⓫ 大理院判例二年上字二〇八號（《全書》二二七頁）。
⓬ 大理院判例七年上字一四七號（《全書》二二八頁）；又參閱四年上字八八六號（《全書》二二七頁）。

財產[13]。又妻爲日常家事無關之處分行爲，則非有其夫之特別授權，不得爲之；否則非經其夫追認，不生效力[14]。至於家庭之中屬妻或屬夫不明之財產，應推定爲夫之所有[15]。

總之，現行民法親屬編頒行前，我國舊律、舊習慣及大理院判例，雖承認妻之特有財產，但無夫妻財產制之可言。夫妻之共同生活，概由夫主持，妻僅立於輔助地位，助其夫管理家務而已。

現行民法係繼受歐陸近代法律所制定的。在民法制定之初，國民黨中央政治委員會，爲順應時代之潮流，並提高女權，特參酌各國立法例，於親屬法先決各點審查意見書第六點，向立法院提出夫妻財產制度之立法原則。其理由如次：「各國民法關於夫妻財產制度規定綦詳，標準殊不一致，我國舊律向無此規定，配偶之間亦未訂有財產契約者。近年以來，人民之法律思想逐漸發達，自當順應潮流，確定數種制度」。立法院遵此原則，仿效歐陸立法例，尤其瑞士民法，於親屬編第四節規定夫妻財產制，以規律夫妻之財產關係。依其規定之內容，我國民法上的夫妻財產制，分爲法定財產制與約定財產制兩種。

第二節　法定財產制與約定財產制

一、概說

夫妻之經濟生活，採取何種財產制爲宜，隨其本國的民情風俗而異。在立法上，向來有法定財產制與約定財產制之對立。羅馬法所採的嫁資制，具有強行法之特性，不許夫妻自由以契約訂定財產關係，

---

[13] 大理院判例四年上字一四七號（≪全書≫二二七頁）。
[14] 大理院判例五年上字第二六四號（≪全書≫二二八頁）。
[15] 大理院判例七年上字第六六五號（≪全書≫二二八頁）。

僅在不違反嫁資制基本精神之範圍內，得訂立嫁資契約（Dotalvertrag）或婚姻贈與⑯；故羅馬法上夫妻財產制，可稱爲法定財產制的典型。反之，日耳曼法自中世紀以來，遵循一般契約自由的原則，採取「契約優先於普通法」(Ehegedinge bricht Landrecht)⑰，而對夫妻所約定之財產內容，不加任何干涉。

羅馬法採法定財產制，而日耳曼法用約定財產制，各有其歷史的傳統與時代的背景。羅馬帝國係中央集權的統一國家，全國採用單一的法定財產制；標準一定，內容劃一，容易促進交易的安全。古代瑞士之 Glarus 與 Appenzell 邦，曾採絕對的法定財產制，而不承認以契約約定其內容⑱。至於日耳曼民族因始終未產生強有力的統一政府，封建領主各據一方，而各自施行其適合於該地方的夫妻財產制，故中央政府不得不承認契約自由之原則，而採取約定財產制⑲。

各國爲兼顧意思自治與交易安全，大體兼採羅馬法的法定財產制與日耳曼法的約定財產制。德國、瑞士、日本、法國及我國的民法，均規定當事人得以契約訂定夫妻財產制；惟當事人如無約定，則適用法律所規定的法定財產制⑳。

二、法定財產制（gesetzlicher Güterstand)

夫妻財產制之適用，由法律直接規定者，稱爲法定財產制。我國民法的法定財產制分爲兩種，一爲通常法定財產制，一爲非常法定財

⑯ 和田于一著≪夫妻財產法の批判≫，大同書院，昭和十年，三〇頁。
⑰ 和田于一前揭三一頁。H.Dolle,*Familienrecht*, Bd.2, Karlsruhe, 1964, S.660.
⑱ Peter Tuor,*Das Schweizerische Zivilgesetzbuch*,Zürich. 1968, S.167.
⑲ 和田于一前揭三三頁。
⑳ 參閱德國民法第一三六三條（法定財產制）與第一四〇八條（約定財產制）；瑞士民法第一七八條；日本民法第七五五條；法國民法第一三九五條；我國民法第一〇〇五條（法定財產制）與第一〇〇四條（約定財產制）。

產制。

(一)通常法定財產制

所謂通常法定財產制，係指當事人未有契約時，當然適用法律所規定的夫妻財產制而言；此為補充之制度，並無強制力。民法第一〇〇五條規定：「夫妻未以契約訂立夫妻財產制者，除本法另有規定外，以法定財產制為夫妻財產制」㉑。依法理，夫妻適用通常法定財產制者有四種情形：⑴夫妻未以契約訂定民法上之約定財產制為其夫妻財產制者，⑵夫妻以契約訂定通常法定財產制為其夫妻財產制者，⑶夫妻所訂定之夫妻財產制契約無效者，⑷夫妻所訂定之夫妻財產制契約被撤銷者㉒。

通常法定財產制乃法律選定一種財產制，以之為夫妻未以契約約定時之財產關係的依據。惟究以何種制度為通常法定財產制，各國之立法例上，可有兩大潮流。其一，婚姻成立後，夫妻財產仍分離獨立；此再分為分別財產制、聯合財產制（管理共同制）㉓及淨益共同制。其二，婚姻成立後，夫妻財產合併為一體，是為財產合併主義；此再分為統一財產制、通常共同財產制、動產及所得共同制以及所得共同制。採何種夫妻財產制為法定財產制，端視各國之歷史傳統、民俗、國情及經濟環境來決定。我民法仿效瑞士之立法例，以聯合財產制為通常法定財產制（民一〇〇五條、一〇一六條以下）㉔。

㉑ 參閱瑞士民法第一七八條：「配偶間應適用聯合財產制之規定，但依夫妻財產制之契約，另有訂定，或應適用特別財產制者不在此限」。我民法第一〇〇五條所謂本法另有規定，係指民法第一〇〇九條至一〇一一條而言，即依法律之強制規定而適用特別法定財產制。

㉒ 參閱羅鼎著≪親屬法綱要≫，大東書局，民國三五年，一三四頁。

㉓ 聯合財產制（Güterverbindung）與管理共同制（Verwaltungsgemeinschaft）之內容大體相同，聯合財產制乃從夫妻財產之組織觀點而得名，管理共同制則從財產管理之觀點而得名（參閱梅仲協前揭二七頁）。

㉔ 德國民法以淨益共同制、法國民法以所得共同制為法定財產制，各國因國情之不同，所採法定財產制也不同。

(二)非常法定財產制

所謂非常法定財產制者，乃夫妻於婚姻存續中，因其中一方之財產或財產行爲發生破綻，致難以通常法定財產制或約定財產制維持夫妻的財產關係時，法律選定另一種財產制爲非常法定財產制，以善後夫妻之財產關係。此具有強制執行的性質，不容當事人不遵行。我國民法及大多數立法例，均以分別財產制爲非常法定財產制㉕。

須改用非常法定財產制之情形，依我民法之規定，分爲當然改用與宣告改用。前一種情形，因情事嚴重，無庸當事人之聲請，當然改用分別財產制㉖。反之，後一種情形，須依夫、妻或債權人之聲請，始宣告改用分別財產制㉗。

總之，我民法上之法定財產制，分爲通常與非常法定財產制，然親屬編第四節夫妻財產制，其第二款「法定財產制」祇規定通常法定財產制的聯合財產制，而不及非常法定財產制的分別財產制；故此款目排列顯有不當，應改爲聯合財產制，較能名符其實㉘。

在兼採法定財產制與約定財產制的國家，通常法定財產制僅爲一種「補充性與推定性的財產制」(un regime subsidiare et presume),

---

㉕ 例如瑞士民法第一八二條；德國民法第一四一四條。

㉖ 依民法第一〇〇九條：夫妻之一方受破產宣告時，其夫妻財產制當然成爲分別財產制。

㉗ 依民法第一〇一〇條：夫妻之一方依法應給付家庭生活費用而不給付時，夫或妻之財產不足清償其債務，或夫妻之總財產不足清償總債務時，及夫妻之一方爲財產上之處分，依法應得他方之同意，而他方無正當理由拒絕同意時，法院因夫妻一方之請求，而宣告改用分別財產制。又依第一〇一一條，債權人對於夫妻一方之財產已爲扣押，而未得受清償時，法院因債權人的聲請，得宣告改用分別財產制。

㉘ 瑞士民法第六章夫妻財產制第一節通則，第二節聯合財產制，第三節共同財產制……，如此排列較我國者爲優。梅仲協前揭第二頁指出：「即採瑞士立法例則第二款標題，亦應採用「聯合財產制」字樣，方足以與他種法定財產制（即分別財產制），有所區別」。

而非絕對強行的法定財產制，祇有在當事人未以契約另採他種財產制，或當事人依法無適用非常法定財產制之分別財產制之必要時，始推定其適用通常法定財產制㉙。惟通常法定財產制雖係無約定財產制時之補充，然其重要性，實凌駕約定財產制。蓋一般人民缺乏法律知識，不瞭解何謂夫妻財產制，或如何訂立夫妻財產契約的內容之故。即使當事人瞭解夫妻財產制之意義，因尚未經歷實際的婚姻生活，夫妻在其共同生活中，將如何發生財產上的利害關係，事前未有充分的把握。此時夫妻要選擇合於其婚姻生活之約定財產制，或訂立公平的財產制契約內容，甚爲困難。因而夫妻自然以通常法定財產制處理其財產關係。何況通常法定財產制，乃衆多立法專家，以其卓越之立法技術，集思廣益所制定的。此制度對夫妻來說，應該是最客觀公平，而又能信賴可行的制度。此所以通常法定財產制在夫妻財產制中最引人注目者㉚。

三、約定財產制 (Ehevertrag)

所謂約定財產制者，乃婚姻當事人以契約，約定相互間之純粹夫妻財產關係，而排除法定財產制之適用。

歐洲中世紀，已開始實行夫妻契約。當時婚約人、配偶或其雙方親屬間，就一切婚姻事項，不論身分或財產上的關係，均得以契約約定之㉛。至近世期，爲顧及公共秩序與善良風俗，夫妻財產制契約內容，限於純粹夫妻財產關係㉜。惟所謂「夫妻財產關係」(güterrechtliche Verhältnisse) 有其獨特之意義：㈠配偶所訂財產制契約，若

㉙ 梅仲協前揭二七頁。

㉚ 參閱 H.Dölle 前揭七四一頁。

㉛ 參閱和田于一前揭五〇頁。

㉜ 參閱和田于一前揭五一頁。

屬於非配偶亦得訂立同一內容者，則不得爲夫妻財產制契約之標的，故買賣、贈與、保證等契約，不得稱之爲夫妻財產制契約。㈡基於婚姻普通效力所發生之財產關係，例如夫妻日常家務代理權，不爲夫妻財產制契約之標的。㈢有些債權請求權，雖基於夫妻財產制之夫妻財產關係而發生，但一旦發生之後，即獨立於夫妻財產之外者，如配偶間以該債權請求權之變更爲契約之內容時，該契約仍不得稱之爲夫妻財產制契約。例如在統一財產制，妻對夫就其移轉於夫之所有權而取得估定價額之返還請求權（民一〇四二條），妻如另與夫以契約變更該返還請求權時，此契約不得稱之爲夫妻財產制契約。㈣以身分權或人格權爲契約之標的者，亦不得稱爲夫妻財產制契約㉝。總之，夫妻財產制契約之成立，須當事人所約定的條款係有關夫妻財產上之關係，而此財產關係乃由婚姻之特殊性直接所引起的，同時其不能離婚姻關係而獨立存在者爲限㉞。惟夫妻財產制契約之內容，如任由當事人約定，而無適當的限制，則無法充分保護第三人的利益與維護交易的安全。因此，現代各國立法例，對於約定財產制有不同的限制規定㉟。

第三節　夫妻財產制契約

一、夫妻財產制契約之當事人

在歐洲中世紀，夫妻財產制契約，不僅由婚約人、配偶，而且雙方親屬亦得訂定。故夫妻財產制契約，有時帶有親屬契約的性質(Sippenvertrag)。近世期以來，隨獨立人格的思想，確立婚姻自主的

㉝ H.Dölle 前揭六六五頁。

㉞ 參閱 H.Dölle 前揭六六六頁以下。

㉟ 參閱本章第三節五「夫妻財產制契約之種類」。

原則，當事人的結婚不受家長、親權人或第三人的干涉。夫妻財產制契約亦受此影響，契約之當事人限於婚約人或夫妻，而不及於第三人㊱。惟婚姻當事人如爲未成年人、或禁治產人時，因夫妻財產制契約對其婚姻生活有重大的利害關係；故應得法定代理人之同意（民一〇〇六條）。

㈠我民法第一〇〇六條規定：「夫妻財產制契約之訂立、變更或廢止，當事人如爲未成年人時，須得法定代理人之同意」。此立法值得檢討。我國夫妻財產制契約之訂立時期，民法不加限制；即當事人得於結婚前、結婚同時或結婚後均可訂定。如夫妻財產制契約訂定在婚姻存續中者，未成年之夫妻，依結婚成年制（民一〇九一條），得單獨訂立普通財產契約。惟其訂定夫妻財產制契約時，應否得法定代理人的同意㊲？依條文之含義，似宜肯定㊳，惟此種規定，頗值得考慮。

我民法第一〇〇六條之規定，雖與瑞士民法第一八〇條規定「當事人爲未成年人或禁治產人者，應得其法定代理人之同意」及德國民法第一四一一條第一項第一款規定「限制行爲能力人訂定夫妻財產制契約，應經法定代理人之允許」之立法意旨相同；但瑞士與德國所採約定財產制之契約自由的原則，與我國規定比較，限制較少㊴。我國民法所採約定財產制乃嚴格的限制主義。當事人僅能訂立種類契約，而不得就種類內容合意變更。詳言之，當事人僅能就統一財產制、共

㊱ 第三人與配偶之一方訂立婚姻贈與或嫁資契約等出捐行爲，此對配偶有利而無害，故無拒絕之理（參閱和田于一前揭五四頁）。

㊲ 羅鼎在前揭第一三一頁指出：「不過未成年人已結婚者，旣已有完全行爲能力，則法律上自無復有所謂法定代理人者之存在，如規定爲應得其父母之同意，猶可自圓其說」。

㊳ 參閱戴炎輝著《中國親屬法》，民國五九年，一二七頁。

㊴ 參閱本章第三節五「夫妻財產制契約之種類」。

同財產制與分別財產制中，選擇一種爲其夫妻財產制，而其所選擇的財產制內容，法律已預爲規定，不許當事人合意變更。因此，在夫妻財產制契約，當事人所能判斷的範圍，僅限於何種財產制最能適合夫妻婚姻生活之財產關係，至爲簡明。至於已結婚之未成年人，因採結婚成年制，自得與任何第三人單獨訂立普通財產契約。普通之財產契約，在契約自由原則之下，除其內容牴觸強制禁止或違背公序良俗的規定外，不受任何的限制。普通財產契約之標的既廣泛，其內容又複雜，當事人應具的判斷力與所負的責任，顯較夫妻財產制契約爲大。如未成年而已結婚之人，允許單獨訂立複雜的普通財產契約，則單獨訂立簡單的夫妻財產制契約，似無予限制之必要㊵。

㈡我民法第一〇〇六條，仿瑞士民法第一八〇條規定，夫妻財產制契約之訂立、變更或廢止，當事人如爲禁治產人時，須得法定代理人之同意。此立法是否妥當，頗值得檢討。

禁治產人在法律上爲無行爲能力人（民一五條）。無行爲能力人，因其無識別能力，其意思表示無效（民七五條）。有鑑於此，無行爲能力人須由法定代理人代爲意思表示，並代受意思表示（民七六條）。夫妻財產制契約雖具有身分之特殊性，但仍不失爲契約之一種。既認其爲契約之一種，訂約當事人須爲有效之意思表示，始能成立契約。禁治產人既爲無意思能力人，如何能經法定代理之同意而訂立夫妻財

㊵ 戴炎輝在≪中國親屬法≫第一二七頁指出：「已結婚之未成年，其與第三人作財產法上之行爲，無須得法定代理人之同意；而訂立、變更或廢止夫妻財產制契約，則須得法定代理人之同意，此由立法政策上言之，值得重行考慮」。又羅鼎在前揭第一三一頁指出：「且彼未成年人夫妻之間不以夫妻之資格而以通常人之資格相互締結一般普通財產關係之契約，法律上自可單獨發生效力，無須得其父母之同意。限於訂立夫妻財產制契約，則非得其父母之同意不可，其區別之理由何在？不易明瞭」。

產制契約㊶？理論矛盾，令人費解。依德國民法第一四一一條第二項第一款規定，無行爲能力之配偶，其夫妻財產制契約由法定代理人訂定。其第二款規定，法定代理人係監護人時，其契約之訂定，應經監護法院之許可。德國此立法例，理論一貫，頗値得參考。

二、夫妻財產制契約之訂立時期

夫妻財產制契約之訂立，直接與契約自由之原則及交易安全有關，故在此予以檢討。即夫妻財產制契約應於何時訂定；結婚之前、結婚同時或在婚姻存續中。

夫妻財產制契約之訂定時期，一向有兩種立法例，一爲自由主義，一爲限制主義。在十五世紀的歐陸都市法，對訂立夫妻財產制契約，毫無限制，可於結婚之前，亦可於結婚存續中締結㊷。迨至十八世紀末葉，夫妻財產制契約的訂立時期，大體限於結婚之前或結婚同時，其中以法國民法最具有典型性（法民一三九四條、一三九五條）㊸。日本民法從法國之立法例，祇允許當事人在結婚申報前訂立夫妻財產制契約（日民七五五條），結婚申報之後，則不能改廢契約（日民七五八條）。迨至十九世紀，中世紀之自由主義再度受人重視㊹，德國民法（一四〇八條）、瑞士民法（一七九條）乃採用自由主義，不論結婚之前或結婚同時，即使在結婚之後，亦得訂立或改廢夫妻財產制契約。我國民法仿效德、瑞立法例，於第一〇一二條規定：「夫妻

㊶ 同意權祇能發揮消極的否定，而不能產生積極的肯定作用。

㊷ 薩克遜法典、布萊梅、漢堡都市法均承認結婚前或結婚後均得訂立「夫妻財產制契約」（Rott, *Deutsches Privatrecht II*, S. 29 ff.）。

㊸ 法國民法本來嚴格禁止配偶在結婚中訂立或改廢夫妻財產制契約，但一九六五年修改民法之後，在一定法定原因之下，得依法院之裁判或配偶之共同聲請而訂立或改廢夫妻財產制（法民一三九六、一三九七條）。

㊹ 和田于一前揭六一頁以下。

於婚姻關係存續中，得以契約廢止其財產契約或改用他種約定財產制」。

夫妻財產制契約既係夫妻婚姻生活關係之約定，其應於結婚前或結婚同時訂立，乃理所當然。故不論自由主義或限制主義並無不同。至於結婚存續中，能否訂立或改廢夫妻財產制契約，則兩主義採取不同的態度。

限制主義禁止夫妻於結婚之後，始訂立或改廢夫妻財產制契約。其立法理由，在於保護各配偶的利益，尤其保護債權人不受詐害㊺。蓋就外部關係而言，負債的配偶，於結婚存續中，可訂立或改廢夫妻財產制契約，將其財產所有權移轉於他方配偶，期以達到詐害債權人之目的。就內部關係而言，專橫自私的一方配偶，有機會逼迫他方，訂立或改廢於己有利之夫妻財產制契約，使善良之一方被欺凌壓榨；尤其妻方因眷戀對丈夫之情感，或珍惜初婚之神聖，或恐懼再婚之不易與可恥，祇好忍氣而遷就丈夫意願，與之訂立或改廢於己不利之夫妻財產制契約㊻。法律如祇允許婚姻之前或婚姻之同時訂立或改廢夫妻財產制契約，則婚姻當事人各得以獨立人格與平等的地位，締結契約而免受他方的壓迫。

就保護第三人利益而言，如當事人於婚姻存續中訂立或改廢夫妻財產制契約，一方須踐行登記或兼採公告之方法，則債權人就夫妻財產制契約之內容或變更瞭如指掌；他方就契約之發生效力，採取不溯既往之原則，則配偶前此已發生的債務，不因夫妻財產制契約之訂立或改廢而受影響。如此，則不因夫妻財產制契約之改立而詐害債權人。

㊺ 參閱 Von Murad Ferid, *Das Französische Zivilrecht*, Bd.2,1971, Frankfurt & Berlin,S.1209.

㊻ 參閱和田于一前揭六五頁。

就保護配偶個人的利益而言，允許於婚姻存續中，訂立或改廢夫妻財產制契約，因配偶之一方，性格受影響而可能發生不利時，結婚前或結婚同時之訂立或改廢，亦不能免於受性格的影響而受不利益。例如女性熱戀於男性，而對婚姻生活缺乏經驗，則循男性的意願而訂立夫妻財產制契約。又如女性花言巧語，誘使訂立男性不利的夫妻財產制契約。如顧慮此點，則法院尚可行使監督權，對配偶之夫妻財產制契約之訂立或改廢，以須得法院之許可而加以限制㊼。因此，以性格的特性，絕對禁止在婚姻存續中訂立或改廢夫妻財產制契約，似乎有斟酌之餘地㊽。

自由主義之允許配偶於婚姻存續中訂立或改廢夫妻財產制契約，乃爲貫徹契約自由的原則。夫妻財產制契約係夫妻關於婚姻生活財產關係的約定，其內容如何，當以夫妻自已，知之最稔；尤其在婚前，當事人尙未經歷婚姻生活，關於夫妻財產制契約爲何物，其利害關係如何，其內容應如何約定，甚難瞭解。必經過一段婚姻生活之後，纔能體會夫妻財產制契約對其婚姻生活的重要性。亦於此時始易暴露配偶的個性有無浪費之癖、有無遊蕩之性，或因對方投機冒險，而有無危及自已財產之虞，或配偶婚後之經濟環境有無改變㊾等特殊理由，而不宜採取原來的財產制。如允許婚姻存續中訂立或改廢夫妻財產制契約，則夫妻能依其婚姻生活之實際狀況，訂立公平合理的夫妻財產制契約㊿。此所以我國民法仿德、瑞之立法例，允許夫妻在結婚前或結婚同時，或婚姻存續中訂立或改廢夫妻財產制契約。而法國一九六五年之夫妻財產制修正案之重點之一，卽在於放寬夫妻財產制契約不可

㊼ 一九六五年修改後之法國民法，配偶之改廢夫妻財產制，法院之許可爲其法定要件之一。參閱 Von Murad Ferid 前揭一二一〇頁。

㊽ 和田于一前揭六五頁以下。

㊾ 丈夫本爲公務員，經退休後，轉入商業界，從事貿易工作。

㊿ 參閱栗生武夫著≪婚姻法の近代化≫，弘文堂，昭和五年，一四八頁以下。

變性的原則[51]。惟爲保護第三人之利益，以免遭受不測的損害起見，宜就締結之形式及其效力，另謀補救之途[52]。

三、夫妻財產制契約之方式

一般財產法上之契約，從古代發展至今，係從要式主義趨向於非要式主義。方式自由的原則乃近世期的產物。惟夫妻財產制契約，與一般財產契約之性質不同，故各國立法例仍採要式主義。不過，各國所採的形式有寬嚴之不同。

中世德國都市法，夫妻財產制契約之訂定，須在親屬面前爲之[53]，至近世期確立要式主義，其方法有須由證人參與者，又有採書面主義者[54]。

現行法國民法，當事人訂立夫妻財產制契約，須在公證人面前，以文書作成（notarielle Beurkundung）（法民一三九四條）。依瑞士民法，訂立夫妻財產制契約，須依公證之方法爲之，且當事人或其法定代理人須在公證書上簽名（瑞民一八一條）。德國民法訂立夫妻財產制契約，一如法、瑞立法例，採取要式主義。依德國民法第一四一〇條，夫妻財產制契約的訂定，應由配偶雙方於法官或公證人面前爲之。我國民法雖亦採要式主義；但較法、瑞、德的立法例簡單，祇以書面訂立卽可；民法第一〇〇七條規定：「夫妻財產制契約之訂立、變更或廢止，應以書面爲之」。

有些國家爲愼重起見，除契約成立要件外，再規定效力發生之要

---

[51] 參閱 Von Murad Ferid 前揭一二〇八頁。

[52] 參閱本章第三節三「夫妻財產制契約之方式」、四「夫妻財產制契約之效力」。

[53] 栗生武夫著≪婚姻法の近代化≫，一五〇頁。

[54] Roth 前揭三八頁。

件。例如瑞士民法規定：婚姻存續中締結、變更或廢止，須得監護官署的同意（瑞民一八一條二項）。若欠缺監護官署之同意，則夫妻財產制契約不生效力。有些國家為保護第三人之利益，設有對抗第三人之登記或公告制度。例如德國民法採登記主義，依德國民法第一一四二條，須將夫妻財產制契約登記於主管官署之登記簿，始得對抗第三人，其變更或廢止亦同。法國民法為使對第三人發生效力，夫妻財產制契約之訂立、改廢，尚須踐行公告（法民一三九四條二項二款）[55]。瑞士民法規定最嚴，除登記外，尚須公告，始得對抗第三人（瑞民二四八條）。我國民法仿德國立法例，採登記對抗主義，於第一〇〇八條規定：「夫妻財產制契約之訂立、變更或廢止，非經登記，不得以之對抗第三人」。

夫妻財產制契約的性質與一般財產法上之契約不同。夫妻財產制契約的當事人，限於即將發生或已發生夫妻身分關係之人始可；而契約之權義關係亦限於婚姻存續中。至於其契約的內容，則不僅於配偶間，而且對於第三人亦發生效力。夫妻財產制契約既如此複雜，又關重要，故各國立法例均要求履踐一定之方式。其立法理由，一方為對草率之當事人發生警惕作用，要求其謹慎從事；他方對惡意之當事人發生監督作用，防止其奸計得逞，尤其為達到交易安全，以免債權人遭遇不測的損害[56]。總之，夫妻財產制契約因具有身分的特殊性，不採一般契約自由的原則，而採要式主義，乃理所當然。

我國民法之夫妻財產制契約的成立要件，僅當事人以書面訂定即可，國家的公權力始終不予介入；此與外國立法例之採監督主義者比較，似嫌簡單。至於對抗要件，我民法採登記主義，而無庸公告，可

---

[55] 參閱 Von Murad Ferid 前揭一二一五頁。
[56] 參閱 P.Tuor 前揭第一七〇頁。

謂各有利弊。因爲祇採登記主義，則較兼採公告主義者手續簡便，費用節省，但不能盡到保護債權人，及維護交易之安全。

四、夫妻財產制契約之效力

婚姻存續中，夫妻財產制契約之訂立或改廢，在瑞士民法，一方爲保護配偶雙方的利益，該契約尚須得監護官署的同意，始發生效力（瑞民一八一條二項）；他方爲保護第三人的利益，於婚姻存續中訂立或改廢夫妻財產制契約，就契約前已發生的財產上責任不發生影響（瑞民一七九條三項）。

㈠婚姻存續中，以要式行爲訂立或改廢夫妻財產制契約者，如要發生效力，則尚須得監護官署之同意。此立法例可謂利弊參半。從其優點來說，其可防止當事人鹵莽輕率，而謹愼訂約。又對契約內容是否公平，有監督作用。如發現夫濫用夫權而訂立對妻不利益之契約內容時，監護官署得拒絕同意[57]。從其缺點來說，該契約的訂立或改廢，因尚須得監護官署的同意，其手續繁雜，又浪費金錢，將大大減少人民對訂立或改廢契約的興趣。

㈡婚姻存續中，訂立或改廢夫妻財產制契約，就契約前已發生的財產上責任不受影響，此旨在於保護債權人，以維護交易的安全。

在歐洲中世紀時期，由於交易不頻繁，所謂第三人利益之保護，其重點在於保護繼承人，而非債權人。因此，當時夫妻財產制契約的訂立，以不得詐害繼承人之利益爲唯一的目標，當事人如有訂定，須得繼承人的同意[58]。

近世期之立法，由於工商業的發達，交易的頻繁，夫妻財產制契

[57] 參閱和田于一前揭八六頁。

[58] 栗生武夫著≪婚姻立法における二主義の抗爭≫，京都、弘文堂，昭和三年，三三九頁。

約所保護的第三人，從繼承人轉變爲債權人。有學者甚至認爲婚姻存續中之訂立或改廢夫妻財產制契約，十之八九以詐害債權人爲目的[59]。

平心而論，在婚姻存續中，訂立或改廢夫妻財產制契約，絕非專爲詐害債權人；亦有對債權人有利者。例如一對夫妻原採分別財產制，妻爲一貧如洗的村婦，夫爲腰纏萬貫的殷商，他們如改採共同財產制，則因夫亦共同負擔妻之債務，對妻之債權人有利。又原採分別財產制之夫妻，如改採聯合財產制，則因夫對於妻之原有財產有收益權，夫之財產能力增加，對夫之債權人反而有利。惟無可否認，多數之夫妻，其所以在婚姻存續中訂立或改廢夫妻財產制契約，以詐害債權人之利益爲目的。爲避免契約之當事人損及第三人之利益，立法者應如何防範，頗値得檢討。在立法上保護第三人利益有各種方法：

1. 當事人所訂立或改廢的契約，有詐害債權人時，依一般債法的規定，請求法院撤銷該契約（民二四四條、日民四二四條）。
2. 爲避免債務人詐害債權人，在婚姻存續中，斷然禁止訂立或改廢夫妻財產制契約，如有訂立或改廢者，該契約自始無效。此爲法國、日本所採用之立法例[60]。
3. 有的立法例採相對無效主義，卽在婚姻存續中所訂之契約，祗對第三人無效，於當事人間仍爲有效[61]。
4. 婚姻存續中改廢之夫妻財產制契約，對已發生之財產責任，不因之而受影響；此爲瑞士所採之立法例（瑞民一七九條）。

就保護第三人利益而言，第一種方法，單從債權撤銷之訴着手，

---

[59] 和田于一前揭九〇頁引 Brosi 在瑞士 Nationalrat 所提出的見解。

[60] 參閱法國民法第一三九五條、日本民法第七五八條。

[61] 瑞士民法第二草案第一八六條採用此立法例（參閱和田于一前揭九二頁）。

不對夫妻財產制契約的內容加以限制，頗有迂遠而不切實之感。蓋爲保護債權人之利益不被侵害，對有侵害債權的夫妻財產制契約，一一提起撤銷之訴，從國家訴訟經濟之立場觀之，乃極爲不妥之立法政策。蓋國家勢必爲層出不窮的訴訟，而疲於應付。又從債權人的利益觀之，對於詐害債權人之契約，一一提起撤銷之訴訟，不但浪費時間與金錢，而且對所提起之訴訟是否能勝訴，實無把握。尤其提起撤銷訴訟的關鍵，在於被告與其配偶間有無詐害債權人之意圖。惟此詐害的意圖，屬於被告內心的因素。除非被告自白，舉證頗爲困難。因此，債權人祇能依其情狀，盡力搜集旁證而爲主張；然民事訴訟自由心證（Freie Beweiswürdigung）進行訴訟，債權人證據雖充分，但未必能穩操勝券。總之，以此方法達成保護債權人，維護交易的安全，實非善策[62]。

對於婚姻存續中訂定或改廢夫妻財產制契約，若採取禁止的措施，雖能杜絕詐害債權人，而保護交易的安全；但此舉違背契約自由的原則，又不能因應婚姻生活的特殊變化，亦非理想的措施[63]。

採取相對無效主義，則對於債權人之利益與當事人的意思自治者皆能兼顧。凡是以詐害債權人爲目的所訂定或改廢之夫妻財產制契約，既對第三人當然無效，則祇要不發生爭執，債權人無庸一一提起訴訟，不必遷延時日與浪費金錢，更無敗訴之虞。撤銷主義與相對無效主義相比較之下，孰優孰劣，不難推測。

惟相對無效主義，亦非無缺點。蓋祇有契約訂立或改廢以前之債權人可能受詐害，至於契約後之債權人，當事人無詐害之餘地。依相對無效主義之見解，則不問契約前或契約後之債權人，均不得不成爲

---

[62] 參閱和田于一前揭九二頁以下。

[63] 參閱本章第三節二「夫妻財產制契約之訂定時期」。

無效。其實無效之效力不必及於契約以後之債權人，而祇對契約前之債權人無效卽足。原債權人與配偶之一方訂立契約，係依據現實存在的財產狀況為標準，而成立債權債務的關係。在債權成立之後，配偶之間始改訂契約，則其原有財產之擔保，因改訂之關係，共同財產的擔保消滅，債權人的利益頓時受到威脅：唯債權人如於夫妻財產制契約改訂之後，始與配偶成立債權關係時，該債權人實依據該配偶間之夫妻財產制契約之內容，與之成立債權關係，故配偶間絕無法以預先改訂之夫妻財產制契約去詐害將來債權人之理；反而債權人信賴該改訂之夫妻財產制之契約內容，而完成其法律行為。因此，希冀該夫妻財產制契約如預期的有效。倘將此契約變為無效，反使此債權人蒙受不測之損害。總之，不分契約前或契約後之法律行為，而一律對債權人視為無效，並非萬全之立法例，實有過猶不及之嫌。

瑞士民法所採之立法例，凡是債權因夫妻財產制契約的訂立或改廢而受影響者，以法律保護之[64]。依瑞士民法第一七九條第三項規定，結婚後所訂立之夫妻財產制契約，不得害及訂約前財產對於第三人之責任[65]。此處受保護的第三人，似不限於債權人本人，其繼承人、受讓人或受讓人之繼承人均包括在內[66]。瑞士民法為貫徹保護第三人，以維護交易之安全，規定保護債權人之方法。卽其第一八八條第一項規定：「因夫妻財產之清算或因夫妻財產制之變更，配偶一方或共同生活關係之債權人，其前此可得對之請求為清償之財產，仍不能脫卸其責任」。其第二項規定：「上項財產已移轉於配偶之一方者，

---

[64] 契約訂立或改廢之時，如以登記之日為對抗第三人之效力要件者，以登記之日為準，如兼採公告為對抗第三人之效力要件者，以公告之日為準。

[65] 參閱德國民法第一四一二條之規定，德國民法對第三人之保護將於本章第三節七「夫妻財產制契約之登記」詳加討論。

[66] 參閱和田于一前揭九七頁。

該配偶應爲債務之淸償。但證明所受取之財產，不敷淸償全部債務者，於此限度內，免除其責任」。此立法所保護債權之目的，以夫妻財產制契約訂立或改廢以前已發生之債權爲限。至於契約訂立或改廢以後發生之新債權，則以登記與公告之方法，加以保護(67)。

我國民法上的夫妻財產制，並無明文規定保護債權人之條文，但在非訴訟事件法第四十五條第四項規定：「前三項夫妻財產制契約之登記，對於登記前夫或妻所負債務之債權人，不生效力」。依此規定，債務人雖已改廢夫妻財產制，並登記於法院，但對已發生之債權，仍須以原夫妻財產制負淸償之責。此規定與瑞士立法之意旨相同。鑑於保護債權人之利益甚爲重要，又値民法修改之際，故應將此保護第三人之條文，有如瑞士民法，規定於民法上之夫妻財產制較爲妥當。

五、夫妻財產制契約之種類

夫妻財產制契約之種類，查各國立法例，大別爲一般夫妻財產制契約與特別夫妻財產制契約。

(一)一般的夫妻財產制契約

所謂一般夫妻財產制契約，乃當事人得完全排除法定財產制，而自行約定內容不同的夫妻財產制契約。一般的夫妻財產制契約，再分爲排斥性的與確定性的夫妻財產制契約(68)。

1.排斥性的夫妻財產制契約（ausschliessender Ehevertrag)：當事人得約定內容完全不同於法定財產制之契約，法律不加限制；換言之，契約的內容，完全放任當事人自由選擇，故又稱爲創設的夫妻財產制契約（selbstschöpferisches Güterstand)。現行日本民法從

(67) 參閱 P.Tuor 前揭一七一頁以下。

(68) 參閱栗生武夫著≪婚姻立法における二主義の抗爭≫，三二八頁。

此立法例[69]。

排斥性的夫妻財產制契約最能表現契約自由的原則，惟當事人所約定的內容，並非漫無限制。債法上一般契約自由的限制，仍適用於夫妻財產制契約。從而夫妻財產制契約的內容，既不得違反法律之禁止規定（民七一條、德民一三四條），又不得牴觸公序良俗（民七二條、德民一三八條）。至夫妻財產制契約，以給付不能者爲其內容時，該契約亦不能發生效力[70]。夫妻財產制契約之內容，如涉及財產的處分行爲，則屬於物權行爲[71]。此時之物權行爲，仍適用物權法一般原則：即物權之規定具有強制性質，當事人不得依契約之合意而任意改變其內容。因此，當事人約定夫妻財產制契約之內容，如涉及物權行爲者，須有法律之依據始可。此稱爲夫妻財產制契約物權上的限制（dingliche Schränken）[72]。

2.確定性的夫妻財產制契約（beständigender Ehevertrag）：依此契約，當事人雖可排除法定財產制；但其所約定契約的內容，法律早已確定，不容當事人有所更改。換言之，當事人祇能選擇種類契約，而不能約定內容契約，故又稱爲種類的夫妻財產制契約。

確定性的夫妻財產制契約，就排除法定財產制而適用約定的財產制來說，與排斥性的夫妻財產制契約並無不同。但確定性的契約，不放任當事人自由約定，卻是法律預先規定典型的契約內容（gesetzlich geregelter Vertragsgüterstand），以強制當事人就種類性的契約中選擇一種，而不許私自約定其內容。此制之立法意旨在於：夫妻財產制契約的單純化（Vereinfachung）與容易化（Erleichterung）；故

---

[69] 參閱日本民法第七五五條、七五六條。

[70] 參閱 H.Dölle 前揭六六九頁以下。

[71] 參閱 H.Dölle 前揭六七〇頁。

[72] 參閱 H.Dölle 前揭六七〇頁以下。

當事人僅就數種典型的夫妻財產制契約中，爲單純的引用卽可，卽如 Baligand 所說「用筆一勾」(mit einem Federstrich) 卽足[73]。

確定性的夫妻財產制契約，因祇能就法律所規定的各種財產制中選擇一種，故契約自由的限制，比諸排斥性的夫妻財產制爲嚴。惟採此制的國家，對種類選擇的範圍，仍有廣狹之分。

(1)德國民法規定種類選擇的範圍，彈性較大。依德國民法第一四〇八條規定，當事人如以契約訂定夫妻財產制時，僅能就分別財產制（德民一四一四條）、共同財產制（德民一四一五條）任選一種[74]。至於各該財產制的內容，法律雖已規定其內容，爲顧及婚姻之特殊性，在不牴觸該種類契約之本質內容與強制規定範圍之內，祇要不準據已失效之法律或外國法律(德民一四〇九條)，仍允許依各當事人之需要而加以約定[75]。例如德國民法上之共同財產制，配偶得依契約合意其爲共同財產或保留財產（德民一四一八條二項一款），又配偶得依契約決定共同財產之管理權限（德民一四二一條）。

(2)瑞士民法對種類選擇之約定財產制，亦有彈性。依瑞士民法第一七九條第二項之規定：「婚約當事人或配偶，應於其契約上，就本法所定之夫妻財產制中選擇其一」。依此規定，當事人僅能就聯合財產制、通常共同財產制或分別財產制中，選擇一種，而各財產制之內容，法律均已規定，不容當事人變更[76]。惟法律爲顧及個別婚姻的特殊性，仍得有機會約定統一財產制（Gütereinheit)、所得共同制（Errungenschaftsgemeinschaft)、限制共同制（Partielle Güter-

---

[73] 參閱和田于一前揭一〇一頁。
[74] 參閱 H.Dölle 前揭六六八頁。
[75] 參閱 H.Dölle 前揭六六八頁。
[76] 參閱 P.Tuor 前揭一六八頁。

gemeinschaft）或嫁資制（Dotalsystem）[77]。例如依瑞士民法第一九九條，配偶得依夫妻財產制之規定，改用統一財產制。又依瑞士民法第二三九條，在通常共同財產制中，配偶得依夫妻財產制契約，訂定以雙方之所得爲限。又配偶在分別財產制中得依瑞士民法第二四七條之規定，採用嫁資制。

德、瑞立法例，又爲補救種類選擇契約自由之不足，得以契約訂定保留財產（Vorbehaltsgut）之範圍（德民一四一八條二項一款），又得以契約合意特有財產（Sondergut）之範圍（瑞民一九〇條）。

③我民法對於種類選擇，採取嚴格限制主義，契約訂定的內容彈性極小。依民法第一〇〇四條規定，當事人以契約訂定夫妻財產制者，僅能就共同財產制、統一財產制或分別財產制任選一種。至於各該財產制之內容，法律早已規定，不得任意約定。僅在共同財產制，夫妻之一方死亡而劃分共同財產時，其數額得依契約約定（民一〇三九條二項），又當事人得依契約訂定共同財產，以所得爲限（民一〇四一條一項）。

我民法爲緩和種類選擇的嚴格限制，亦仿德、瑞立法例，於第一〇一四條規定：「夫妻得以契約訂定以一定財產爲特有財產」。

(二)特別的夫妻財產制契約（spezieller Ehevertrag; Modifikationsvertrag）

所謂特別的夫妻財產制契約，乃當事人不完全排除法定財產制，但允許夫妻在法定財產制的範圍內，改變部分內容，故亦稱部分的夫妻財產制契約。例如限制或變更法定財產制財產之範圍，亦爲法所允

[77] 參閱 P.Tuor 前揭一六九頁。

許。以聯合財產制爲法定財產制之立法例，夫對妻之財產原有充分的管理權，此時妻之財產受夫管理之範圍或方法，仍得加以限制。惟法定財產制的本質內容，不得因當事人之合意而變更。例如聯合財產制之本質內容在於：一方配偶自始各保有其財產的所有權；夫對妻之財產享有管理、收益之權。故以聯合財產制爲法定財產制時，當事人不得以契約約定：配偶一方之財產所有權全歸他方，或夫就妻之財產無管理與收益之權。瑞典一九二五年之法律（八章第一條）採取此主義[78]。

（三）各種夫妻財產制契約之利弊

1.一般夫妻財產制契約與特別夫妻財產制契約：特別夫妻財產制契約，係當事人非完全排除通常法定財產制，但得於不違反其本質內容之範圍內，依合意予以部分的變更。此制顧到法的統一性與安定性，因而對維護交易的安全，頗有貢獻。惟當事人如根本厭惡法定財產制或法定財產制不能適應其婚姻生活之特殊情況時，配偶間亦不能完全排除該制，而約定其所喜愛或適合其婚姻性的他種夫妻財產制。故此種立法主義大大牴觸了契約自由的原則，甚而不能因應實際的婚姻生活而失去法的有效性。反之，一般性的夫妻財產制契約係當事人不願適用通常法定財產制時，得以契約訂定不同於法定財產制之他種夫妻財產制契約。此種立法主義的優點在於符合契約自由的原則，期使所約定之內容，能適應婚姻生活之特殊性，故各國婚姻法大體採取一般夫妻財產制契約。惟爲顧慮交易之安全，一般夫妻財產制，依契約自由之寬嚴而分爲排斥性與確定性的夫妻財產制契約。

2.排斥性的夫妻財產制契約與確定性的夫妻財產制契約：此兩種夫妻財產制契約，各有利弊。

(1)從契約自由之原則與因應婚姻之特殊性觀之，排斥性的夫妻

---

[78] 參閱和田于一前揭一〇三頁。

財產制契約，較確定性的爲優。蓋法律對其所約定的內容採取放任的態度，祇要其內容不違反一般契約禁止規定，均爲法律所許可，此符合私法自治的契約自由之原則。當事人藉此契約自由之原則，靈活的約定合於個別婚姻特殊性的內容。反之，在確定性的夫妻財產制契約，當事人祇能爲種類性的選擇，契約自由受到較嚴格的限制，而牴觸私法自治的原則。從而當事人不能靈活的約定契約內容，以符合其婚姻之個別性。鑑於排斥性的夫妻財產制契約有如此之優點，日本民法第七五五條採用此立法例。

(2)排斥性的夫妻財產制契約，雖符合契約自由的原則，然契約的訂立，猶如法律的制定，頗爲困難。即使有專門法律知識或從事法律實務之人，欲訂立毫無爭執而公平妥當的夫妻財產制契約，並非易事，何況缺乏法律知識之一般婚姻當事人。故當事人所訂立的契約內容一旦適用起來，常常漏洞百出，互相矛盾。因此，排斥性的夫妻財產制契約，將使當事人陷於無所適從之境[79]。

在排斥性的夫妻財產制契約，因當事人得任意約定其內容，故個別夫妻財產制契約的內容，勢必變化多端，複雜而混亂。爲維持法律的統一性（Rechteinheit）及法律的安定性（Rechtsicherheit），採取確定性的夫妻財產制契約，則較排斥性者爲佳。

(3)依 Schröder 之見解，他將排斥性的夫妻財產制契約比喻爲暴風雨的洪水，而確定性的夫妻財產制契約則喻爲下水道的排水。

---

[79] 參閱和田于一前揭一〇八頁以下。

洪水驟至，氾濫成災；下水道的裝設，能使大水徐徐排洩。確定性的夫妻財產制契約，正爲避免排斥性的夫妻財產制契約所能造成的混亂不堪，而預先規定準則，俾配偶能瞭解婚姻生活的財產上之效力⑱。

3.總之，夫妻財產制契約，其種類頗多，且其利弊不一，故制定夫妻財產制，應兼顧各種因素。

(1)首先應有公平妥當的通常法定財產制，以之爲當事人未約定時當然適用之財產制。其立法理由，在謀求法的統一性與交易的安全。

(2)當事人對通常法定財產制中意時，仍應顧及當事人婚姻生活的特殊性，在不違反其法定財產制之本質內容的範圍內，准其以契約作具有彈性的約定，因應其實際的需要。

(3)要制定完全無缺的通常法定財產制既有困難，又爲顧及契約自由的原則，故應允許當事人約定確定性的（種類性的）夫妻財產制契約，俾能排除通常法定財產制；同時應防止排斥性的夫妻財產制契約，因漫無限制的約定內容而使第三人遭受不易測知之弊害。

(4)當事人對於所選擇之確定性的夫妻財產制契約，在婚姻個別的需要之下，於不違反該選擇的夫妻財產制契約的本質範圍內，宜准其作具有彈性的約定。

我國現行民法係兼採法定財產制與約定財產制。當事人得以契約選擇確定性的夫妻財產制內之一種（民一〇〇四條）；如無約定時，則當然適用通常法定財產制（民一〇〇五條）。至於通常法定財產制或確定性的約定財產制的內容，則極少彈性。其未顧及婚姻生活的特

⑱ 參閱和田于一前揭一一三頁，Schröder, *Verhandlungen des 13. Deutschen Juristentages,* S.407f.

殊性，至爲惋惜。

六、夫妻財產制契約之本質的內容

當事人應如何約定契約之內容，始堪稱爲完整的夫妻財產制契約？此值得一提。檢討此問題，宜從各國立法例之實定的規定觀察。各國婚姻法所規定的夫妻財產制契約的內容，因其所採的種類不同而異。例如日本民法採排斥性的夫妻財產制契約。依日本民法第七五五條之規定，所謂夫妻財產制契約係指有關夫妻財產上之契約。惟何謂夫妻之財產？有關夫妻財產上之契約，在如何範圍內，始能認定其爲夫妻財產制之契約？此在解釋上與實務上，將發生很大的困擾。又如德、瑞之立法例，採取確定性的夫妻財產制契約。依德國民法第一四〇八條之規定，夫妻財產制契約，乃約定夫妻之財產關係；此規定雖與日本民法所規定相同，但依德國民法第一四〇九條第一項之規定：夫妻財產制不得準據已失效之法律或外國法律而訂定。準此以解，德國夫妻財產制契約所能約定之內容，祇在法律上有規定的內容爲限，而較日本民法所規定者明確。又依瑞士民法第一七九條第二項之規定，夫妻財產制契約之內容，僅從民法所規定的聯合財產制（瑞民一九四條以下）、共同財產制（瑞民二一五條以下）或分別財產制（瑞民二四一條以下）之中選擇一種。此立法例之契約內容較德、日規定者，更爲明確。我民法第一〇〇四條所規定者，與瑞士民法相同。

總之，夫妻財產制契約係訂定夫妻相互間財產關係的契約，乃不爭的事實。結婚使男女發生以終生共同生活爲目的的效果。男女由此，不但在身分上發生夫妻關係，而且在財產上亦發生密切的關係。關於夫妻間因婚姻發生的財產關係，各國立法例均在法定財產制中加以規律。排斥性的夫妻財產制契約，因旨在排除法定財產制中的全部事項，故須針對法定財產制的全部事項加以約定。換言之，排斥性的夫妻財產制契約，係以法定財產制中之事項爲其內容。因此，就法定財產制中之事項，應作如何約定，乃關鍵所在。至於確定性的夫妻財產制，係從數種典型的夫妻財產制中任選一種之制。此數種典型的夫妻財產制契約，與法定財產制中之事項當無不同；故法定財產制所應規定的事項，亦爲確定性的財產制契約所應規定者。又特別夫妻財產制契約，因旨在修正法定財產制的內容爲目的，故此契約的內容，亦以法定財產制中之事項爲準，而無單獨檢討的必要。惟特別夫妻財產制契約所應注意者，乃法定財產制中之某項內容，得加以排除而以當事人之合意取而代之；某項爲法定財產制的本質內容，不容當事人之合意予以變更。

簡而言之，夫妻財產制契約係規律配偶間的財產關係。其最少的約定範圍，應有與構成法定財產制之事項相一致。參酌各國立法例，通常法定財產制所重視的事項如次：

所有權關係（Eigentumsverhältnisse）爲法定財產制所最重視。從沿革觀之，各國所採用的典型夫妻財產制，莫不以所有權關係爲其核心。統一財產制、共同財產制、聯合財產制、分別財產制，無一不以配偶結婚前或婚姻存續中所有權關係的分合而命名。

法定財產制如不約定配偶雙方財產的所有權關係，則其夫妻財產制必喪失其存在價值；蓋配偶間解決其婚姻生活之財產關係，須先規定雙方財產之所有權之歸屬，始能及於財產管理、使用、收益等關係。

夫妻財產制契約，先訂定所有權的歸屬，然後規律管理、使用、收益與處分關係，責任關係，婚姻生活關係及清算關係。此五項不但爲法定財產制，同時亦爲夫妻財產制契約不可缺少的本質要素[81]。此

---

[81] 參閱戴炎輝著≪中國親屬法≫，一二四頁。

外在夫妻財產制契約內，應訂定何項，此宜斟酌各國經濟、民情及風俗等特殊情況而定。

七、夫妻財產制契約之登記

保護第三人之利益，以維護交易的安全，是爲現代法治國所追求的目標之一；夫妻財產制契約的登記，係實現此目標的方法之一種，不容忽視。

在歐洲中世紀，德國都市法發展的全盛時期，夫妻財產制契約的自由，亦盛極一時。夫妻財產制契約，受「私法自治」原則的支配，當事人得任意且非要式的訂定其內容[82]。

惟夫妻財產制契約如過於放任自由，則當事人所約定之內容，將漫無限制而紛岐混亂。此不僅使當事人所訂非所用，而且使債權人就不易知悉其契約的內容，致其利益受侵害。尤其妻若無智或無經驗，則勢必爲其夫所乘，而訂立不公平的契約。其不當顯而易見。

有鑑於此，近世期各國立法例，莫不對夫妻財產制契約之自由，從不同的角度加以限制，此以法國民法爲其先驅。爲求法的統一性，其制定典型的約定財產制。爲保障妻方的利益，而採取嚴格的要式主義。爲保護第三人的債權，而採取夫妻財產制契約的登記制度。

現行各國立法例上，夫妻財產制契約的登記方法，以瑞士民法較爲詳細（自二四八條至二五一條）。其內容分爲對抗第三人的效力、登記之標的物，登記地以及辦理登記之方法。其中第二四八條最爲重要：「因夫妻財產制契約或法院之處分所成立之夫妻財產制關係，及夫妻間關於妻原有財產或公同共有財產之法律行爲，須登記於夫妻財產制登記簿，並予公告，始有對抗第三人之法律上效力。已死亡配偶

---

[82] 和田于一前揭一八七頁。

之繼承人，不視爲第三人」。德國民法所規定之夫妻財產制契約的登記，至爲簡單，其第一四一二條第一項規定：「夫妻排除或變更法定財產制者，就配偶之一方與第三人所爲之法律行爲，以財產制契約登記於管轄機關之登記簿，或於法律行爲時已爲第三人所知悉者爲限，始得對抗第三人：就配偶之一方與第三人間訴訟之確定判決，以訴訟繫屬中，其財產制契約已經登記或爲第三人所知悉者爲限，始得對抗之」。其第二項規定：「前項規定，夫妻就已登記之財產關係之事項，以夫妻財產制契約予以廢止或變更時，亦適用之」。

將瑞、德的立法例相比較之下，就登記之效力而言，兩者均分爲配偶間及對第三人的效力。就配偶間之效力而言，契約之登記與其有效性無關。契約之登記對配偶而言，祇是單純之公示方法（Publizitätsform），並非其有效要件（Validätsbedingung）。惟契約之登記對第三人而言，乃契約之有效要件，此點德國與瑞士並無不同。惟在德國民法，「第三人之知悉，發生與登記相同的效力」（Kenntnis steht dem Eintrag gleich）[83]；反之，瑞士民法則認爲「第三人之知悉，不能取代登記的效力」（Kenntnis ersetzt den Fintrag nicht）[84]。因此，在德國民法，夫妻財產制契約雖未經登記，但第三人已知悉時，仍對之發生效力。在瑞士民法，不問第三人是否知悉該契約的約定，苟當事人未登記，對第三人不發生效力。

就登記而言，德國與瑞士之立法例孰優孰劣，難以斷定。契約之登記，其立法理由，係爲防止第三人因不知當事人的約定，而蒙受不測的損害。如第三人已知悉當事人契約的內容，則當事人有無登記，當不妨礙對該第三人的效力。惟重點在於第三人是否知悉的立證責任

[83] 和田于一前揭一九〇頁。
[84] 和田于一前揭一九一頁。

誰屬之問題。關於第三人是否知悉之立證責任，依法理，歸於當事人，非由第三人舉證[85]。登記因係客觀事實，易於舉證；至第三人是否知悉，係屬於內心的事實，舉證頗爲不易，且甚多場合，根本無法證明。有鑑於此，德國民法將第三人的知悉與登記並列規定，在實用上趨於複雜錯綜。反而如瑞士民法所採，不分第三人是否知悉，一概以登記爲對第三人發生效力的要件，簡單明瞭。

我民法就夫妻財產制契約，與日本立法例同採登記主義[86]。依第一〇〇八條第一項：「夫妻財產制契約之訂立、變更、或廢止，非經登記，不得以之對抗第三人」；此與德國者不同，與瑞士所規定者相似，頗爲妥當。惟依我國民法之規定觀察，當事人所訂之契約，祇要一經登記，則第三人應受其拘束。至於契約之內容，有否損及第三人的利益，祇在非訟事件，而不在民法規定。依非訟事件法第四十五條第一項，夫妻財產制契約之登記，應附具夫妻財產制契約書，由契約當事人雙方聲請之。又依第四項，夫妻財產制契約之登記，對於登記前夫或妻所負債務之債權人，不生效力。保護交易的安全爲法律生活本質目的，故應如瑞士民法，將保護債權人之內容規定於民法夫妻財產制內，較爲妥當。瑞士民法第一七九條第三項規定：「結婚之後所訂立之夫妻財產制契約，不得害及訂約前財產對於第三人的責任」。此保護第三人的立法例，頗值得借鑑[87]。

就夫妻財產制契約對第三人發生效力而言，德、瑞立法主義亦不同。德國僅以登記爲已足；反之，瑞士除登記外，尚須公告，始得對第三人發生效力。如從第三人的利益觀察，當事人除登記外，再須公

---

[85] 和田于一前揭一九二頁。

[86] 日本民法第七五六條規定：「夫妻爲與法定財產制不同之契約者，非於結婚申報前爲此項登記，不得以之對抗夫妻之承繼人及第三人」。

[87] 參閱梅仲協前揭二八頁。

告，則有公示作用，更能予以保護。但從當事人之立場觀之，除遵守嚴格的要式主義外，亦須登記；倘若再要求公告，則契約對第三人之有效要件至為繁雜，且其費用頗貲，當事人不勝負擔。何況第三人對於夫妻採用何種財產契約，不在乎有無公告，重在於有無登記；祇要閱覽登記簿，即一目瞭然。總之，公告程序在實際上所發生的作用不大。權衡德、瑞兩制，以德制為優。我國民法採德國立法例，僅以登記為已足，無庸公告。

第三章　各種夫妻財產制

立法例上，夫妻財產制大率分為法定財產制與約定財產制。法定財產制係當事人不以契約訂定夫妻財產制時，當然所適用的夫妻財產制，其機能在於無約定財產制時之補充。惟如上所述，男女當事人結婚之際，大率尚缺乏婚姻生活的經驗，對夫妻財產制甚感陌生，因而如何來約定財產制，自有其困難。有鑑於此，當事人通常信賴法定財產制，而不以契約另為約定。從而法定財產制為夫妻財產制中最重要之制。惟自有夫妻財產制以來，各國所實行的類型頗多，其利弊又不一。究採何種類型為法定財產制，應視各國民情風俗，而慎為選擇。我民法上的夫妻財產制，共有四種類型：聯合財產制、共同財產制、統一財產制及分別財產制。其中選聯合財產制為法定財產制，而以其餘為約定財產制。茲擬檢討各財產制之利弊得失，期以改進我國夫妻財產制。

我民法上之四種夫妻財產制中，從其所有權之歸屬觀之，大別為財產分離制與財產合併制。聯合財產制與分別財產制屬於前者，共同財產制、統一財產制則屬於後者。

第一節 聯合財產制 (Güterverbindung)

聯合財產制爲我現行民法的通常法定財產制，故聯合財產制比其他財產制較爲重要，玆首先檢討聯合財產制之內容及其得失。

一、聯合財產制之意義

瑞士現行民法以聯合財產制爲通常法定財產制，此制源於法國北部之習慣區域。依當時之制度，配偶雙方對其原有財產，及在婚姻存續中所取得之一切財產，各自保有其所有權；雙方所負之債務，亦各以其所有之財產，供作債務之擔保，而互不相涉。惟夫對於夫妻之財產保有占有權、管理權及使用收益權，有時亦有處分權[88]。此制在德國舊民法稱爲管理共同制（Verwaltungsgemeinschaft）[89]。我現行民法仿瑞士之立法例，亦以聯合財產制爲通常法定財產制；此制實以財產分離（所有權）、財產結合（管理權）與財產維持爲其理論的基礎。

二、聯合財產制之內容

(一)所有權

聯合財產制的最大特質，在於夫妻所有權之自始分離（Gütergetrenntheit）；惟以妻之原有財產（Eingebrachtes Gut）與夫之財產共同組成聯合財產[90]，以之對外爲婚姻生活的經濟活動。所謂財產分

---

[88] 梅仲協著前揭一六頁。

[89] 羅鼎著前揭一三五頁。
管理共同制首見於中世紀Sachsen之法典，依此制，配偶雙方財產之所有權，仍各自保有。惟婚姻關係存續中夫妻兩造的財產構成統一的財團，而以夫之名義予以處分；但對其不動產，未經妻之同意，不得任意處分。婚姻解消時，夫妻各自取回其原有財產（參閱梅仲協前揭一七頁）。

[90] 瑞士民法第一九四條稱爲婚姻財產（das eheliche Vermögen）。

離的原則，卽夫妻不但各保有其結婚時財產的所有權，而且在婚姻存續中所取得之財產，亦各自分離。惟妻之財產分為原有財產與特有財產[91]。所謂原有財產者，乃妻於結婚時所有之財產，及婚姻關係存續中，因繼承或其他無償取得之財產（民一〇一七條一項）。玆所謂原有財產，不限於所有權，卽其他財產權，如對第三人之債權、地役權或無體財產權（例如專利權或著作權）均屬之[92]。所謂特有財產者，再分為法定的與約定的特有財產。法定的特有財產包括：1.專供妻個人使用之物，2.妻職業上必需之物，3.妻所受贈與之物，經贈與人聲明為其特有財產，4.妻因勞力所得之報酬（民一〇一三條）[93]。此財產在德國法稱之保留財產（Vorbehaltsgut）[94]。約定的特有財產乃依契約所約定之特有財產（民一〇一四條）。在聯合財產制之下，以夫之所有財產與妻之原有財產，組成聯合財產。而在聯合財產中，不屬於妻之原有財產，均推定為夫之所有（民一〇一七條二項）。從而婚姻關係存續中所獲得之財產（Errungenschaft），除屬於妻之特有財產以外，其所有權應歸屬於夫[95]。又由妻之原有財產所生之孳息，其所有權亦歸屬於夫（民一〇一七條三項）。蓋以家庭生活費用原則上應由夫負擔，如不將由妻之原有財產所生之孳息歸屬於夫，不足以資

---

[91] 依瑞士民法之規定，不僅妻之財產分為特有財產與原有財產，而且夫之財產亦分為特有財產與原有財產，惟夫之財產如此二分，其作用在於夫妻內部清算之用。參閱 P.Tuor 前揭一八二頁。

[92] 參閱 P.Tuor 前揭一八二頁。

[93] 瑞士民法稱特有財產為 Sondergut （瑞民二〇八條）。

[94] 我國民法與瑞士民法雖均以聯合財產制為法定財產制；惟依瑞士民法，夫妻雙方均有特有財產，而與我民法僅妻有特有財產者不同。但瑞士民法上所謂夫之特有財產與妻之特有財產，在法律上之意義不同。夫之特有財產，僅在內部夫妻清算上之關係；而對第三人來說，夫之財產不必分為特有財產與原有財產，均以全部財產負清償債務之責(參閱 P.Tuor 前揭一七六頁)。

[95] 參閱 P.Tuor 前揭第一八四頁。

挹注。惟瑞士民法，得以此項孳息爲約定特有財產，由妻保留其所有權（瑞民一九五條三項但書）；此從妻利益之保護而言，比我民法較爲週到。又依日本民法法定財產制第七六二條第二項之規定，屬於夫或妻不明之財產者，推定爲夫妻之共有；此對妻利益之保護，亦比我民法較爲周到，頗値得參考。

在實際上，夫爲逃避債務，將其在聯合財產制之婚姻存續中所取得之不動產，登記爲其妻之名義時，夫之債權人得否對該不動產請求查封，發生疑問。司法行政部曾就民法第一〇一七條之規定加以釋示：「查夫妻聯合財產中，夫之原有財產及不屬於妻之原有財產之部分，爲夫所有（民一〇一七條二項）。故於婚姻關係存續中，夫妻所取得之財產，除上述原有財產及特有財產外，縱使登記爲妻之名義，依法仍爲夫所有，爲使所有權登記一致起見，妻並負有將該項財產移轉登記爲夫名義之義務」[96]。又最高法院民刑庭總會，曾就民法第一〇一七條之規定作如次決議：「在聯合財產制中，夫在婚姻存續中所取得之不動產，雖以妻名義登記，依法仍爲其聯合財產制，應屬夫所有」[97]。如此解釋，其優點在於：保護夫之利益，同時保障夫之債權人，以免因不動產之移轉登記，而使其債權被詐害；反之，其缺點則在於：犧牲妻之利益，同時損及土地法第四十三條登記之公信力。蓋在聯合財產制上，妻就夫於婚姻存續中取得之不動產，即使登記爲妻之名義，無論何種情形，無法取得所有權，此似有抹殺妻之管理家務及育兒之苦勞。又妻以該登記爲其名義之不動產，爲第三人設定抵押權時，第三人之抵押權是否因信賴其登記，而受保護？如受到保護，則上述解

[96] 參閱司法行政部民事司編，《增訂民事法令釋答要旨》，民國六二年十月一日增訂版，八七頁。

[97] 參閱《民國四十七年至六十年最高法院民刑庭總會決議錄類編》，最高法院書記廳發行，民國六一年六月，五三頁。

釋之價值似乎受損；倘不受保護，似否定土地法上登記之公信力。

依瑞士聯邦法院的判例[98]，於聯合財產制之下，夫在婚姻存續中所取得之不動產，即使無贈與之意思，而以妻之名義登記時，妻原則上取得該不動產之所有權，祇將來婚姻財產劃分時，夫妻在內部發生盈餘之清算關係而已[99]。此瑞士聯邦法院判例之意旨在於：對婚姻存續中夫所取得財產，悉數歸於夫所有之規定[100]，予以緩和，以補救聯合財產制重夫輕妻之弊。換言之，妻之管理家務及育兒之職務，不容忽視；故夫將其婚姻中所取得之不動產，即使不以贈與之意思而登記為妻之名義時，妻亦能憑其對婚姻生活之貢獻而取得其所有權。此判例，能貫徹夫妻平等的原則，而兼顧不動產登記的公信力，頗值得重視。

總之，在聯合財產制之下，夫於婚姻中所取得之不動產而以妻之名義登記時，不問其登記之原因為詐害夫之債權人，抑或另有其他原因，以為妻一概不能取得其所有權，似有袒夫抑妻之嫌，甚不妥當。

(二)管理、使用、收益與處分權

聯合財產制之另一特質，在於夫妻之財產相結合，對外表現經濟上的一體（wirtschaftliche Eeinheit），即夫之所有財產與妻之原有財產組成聯合財產，由夫獨掌管理、使用、收益之權(民一〇一八、一〇一九條)[101]。依瑞士聯合財產制(瑞民二〇〇、二〇一條）與德國

---

[98] 參閱≪瑞士聯邦法院判例集・七四、Ⅱ、一四七≫；參閱 P. Tuor 前揭一九二頁。

[99] 參閱 P.Tuor 前揭一九二頁。

[100] 瑞士民法之法定財產制，於夫妻財產劃分時，尚有盈餘之分配(二一四條)，我國民法之法定財產制，於婚姻解消或分割時，妻或其繼承人祇能取回其原有財產（一〇二八條、一〇二九條、一〇三〇條）。

[101] 依中世紀日耳曼法，夫就管理妻之財產不負賠償之責任。近世期以來，對夫之管理課以一定之注意義務，如管理不注意而發生損害，須負賠償之責任。嗣後，此注意義務程度增高，普魯士之邦法，僅夫有故意或重大過失時，應負賠償之責。然薩克遜法典已要求：夫須以處理自己事務同一之注意，管理妻之原有財產（羅鼎前揭一三七頁）。

舊有法定財產制之管理共同制[102]，夫亦得對妻原有財產享有管理及收益權。關於夫應如何管理妻之原有財產，我民法並無明文規定。依瑞士民法之規定（二〇一條一項），夫就妻之原有財產，負有保持其原價值之義務，而與用益權人負擔同一之責任。所謂用益權人應負擔之責任，依瑞士民法第七五二條之規定，用益權人對於物之消滅及價值之減少，應負責任；但能證明其就此項損害之發生，並無過失者，不在此限[103]。按夫管理妻之原有財產，對妻有重大利害關係；故瑞士之此立法例，頗能保護妻之利益，值得注意。

我民法鑑於妻不能管理其原有財產，故妻得隨時請求夫報告其原有財產制之狀況（民一〇二二條）。惟妻之報告財產狀況之請求權，僅消極的行使監督權而已，對妻原有財產之保護，仍嫌不足；此不若瑞士民法之規定。依瑞士民法（二〇五條），妻除得請求夫隨時報告妻原有財產之狀況外，得隨時請求夫提供擔保；如不提供擔保時，妻得聲請法院，改採分別財產制（瑞民一八三條二款）。此立法例對保護妻之財產，比我民法所規定者週到。關於管理費用，我民法與瑞士民法均規定由夫負擔（民一〇一八條、瑞民二〇〇條）。蓋聯合財產既由夫管理，其管理費用自應由夫負擔。

至於處分權，依我民法之規定（一〇二〇條一項），夫處分妻之原有財產，須得妻之同意；但管理上所必要之處分，則不在此限[104]。惟民法為保護第三人之利益及交易安全，除非妻或夫能證明，第三人主觀上已知或可得而知其欠缺，或依客觀情形，可認為該財產屬於妻，

---

[102] 德國一九五三年四月一日以前，採管理共同制為法定財產制。

[103] 例如妻之土地，因水災淹水而貶價，或傢俱因通常使用而折舊。

[104] 歐洲中世紀之管理共同制，夫對妻原有財產之處分權，分為動產與不動產二種。不動產之處分，須得妻之同意，無妻同意之處分無效。妻於一定之期間內，可直接自第三人手中取回。動產之處分，則不必得妻之同意，故夫得任意為有償或無償的處分（參閱羅鼎前揭一三八頁以下）。

則不得以之對抗第三人(民一〇二〇條二項)。關於此點，瑞士民法與我民法不盡相同，即第三人不知或不得而知未得妻之同意，或該財產無論何人無法辨認爲妻之所有時，爲保護第三人，視爲已有妻之同意（瑞民二〇二條二項）。依此規定，夫未經妻同意所爲之處分行爲，如其同意之欠缺爲第三人所明知或可得而知者，不但對妻，而且對第三人，均屬無效，不發生得對抗與否之問題。此點，瑞士民法似比我民法，理論上更爲一貫[105]。

(三)淸償債務之責任與生活費用之負擔

基於財產分離的原則，夫妻各人所負之債務,亦由各人負責淸償。即⑴夫於結婚前所負之債務，⑵夫於婚姻存續中所負之債務，⑶妻因日常家務代理而生之債務，均由夫負淸償之責任（民一〇二三條、瑞民二〇六條）；其次，⑴妻於結婚前所負之債務，⑵妻因職務或業務所生之債務，⑶妻因繼承財產所負之債務，⑷妻因侵權行爲所生之債務，均由妻以其財產之全部負淸償之責（民一〇二四條）[106]。至於妻就其特有財產設定之債務，僅由妻就其特有財產負淸償之責（民一〇二五條一款、瑞民二〇八條一項一款）。又妻逾越日常家務代理之行爲所生之債務，由妻就其特有財產負淸償之責（民一〇二五條二款、瑞民二〇八條一項三款）[107]，此爲保護夫之利益所設之規定。

至於家庭生活費用之負擔，由於此費用所負之債務，既由夫負淸償之責，其應由夫負擔，自不待言；但如夫無支付能力,則家庭組織，行將解體，故民法第一〇二六條規定：由妻就其財產全部負擔。此頗

---

[105] 參閱羅鼎前揭一三九頁。

[106] 對照瑞士民法第二〇七條之規定，妻個人所負之債務，除我國民法第一〇二四條之四種情形之外，尙有妻經夫之允許所負之債務，或爲夫之利益，經監護官署之同意而生之債務。

[107] 瑞士民法第二〇八條第一項第二款尙規定：「妻未得夫之允許而負之債務」。

符合婚姻共同生活的本質目的。

(四)夫妻之補償請求權

妻之原有財產所負之債務,而以夫之財產予以清償;或夫之債務,而以妻之原有財產予以清償,此時夫或妻,對其配偶均有補償請求權。但行使補償請求權之時期有限制,即聯合財產關係存續中,不得請求補償(民一〇二七條一項)。惟妻之特有財產所負之債務,而以聯合財產予以清償;或聯合財產所負之債務,而以妻之特有財產予以清償者,縱然在聯合財產制關係存續中,亦得請求補償(民一〇二七條二項)。此因在聯合財產制之下,妻之特有財產,與聯合財產截然獨立,無須受民法第一〇二七條第一項所規定之限制[108]。

三、聯合財產制之終了

聯合財產制之另一特色,在於維持妻之財產不加又不減(Weibergut darf weder wachsen noch schwenden)。於婚姻存續中,妻原有財產之收益由夫收取,以補償夫所負擔共同生活之費用(民一〇一七條三項)。故妻之原有財產無法因其孳息而有所增加。

婚姻因配偶一方死亡而解消者,妻或其繼承人僅能取回妻之原有財產;如有短少,由夫或其繼承人負補償之責(民一〇二九、一〇三〇條);但對夫在婚姻存續中所增加之財產,則無任何請求權。此又與瑞士民法之規定不同。瑞士民法顧及妻爲夫管理家務與育兒之苦勞,對夫在婚姻中所取得之財產,於夫妻財產劃分之後,妻得享受其盈餘:即夫之財產與妻之財產經劃分後,尚有盈餘者,盈餘之三分之一,歸屬於妻或其直系血親卑親屬;其餘歸屬於夫或其繼承人(瑞民二一四條)[109]。此立法意旨,顯然符合現代夫妻平等之精神,值得注意。

[108] 參閱戴炎輝《中國親屬法》,一三二頁。
[109] 參閱本節四「聯合財產制之利弊」(二)缺點。

又婚姻因離婚而解消時，聯合財產制亦終了。此時，依民法第一〇五八條之規定，夫妻各取回其固有財產。在聯合財產制之規定中，無「固有財產」之名稱，而僅有聯合財產制與妻之特有財產之對立。聯合財產又包括妻之原有財產、夫之原有財產及婚姻存續中所取得之財產而不屬於妻之特有財產者（民一〇一六條）。由民法第一〇一七條第一項之規定觀之，妻之「固有財產」似指妻之原有財產而言(110)。但夫之「固有財產」，由民法第一〇一七條第二項之規定觀之，似係除妻原有財產外之聯合財產，不僅爲夫之原有財產(111)。惟第一〇五八條既稱爲「固有財產」，於夫與妻，其含義各異；民法如此規定是否妥當，似有斟酌之餘地(112)。

其實我民法第一〇五八條之規定，係仿效瑞士民法第一五四條第一項與第二項所規定者(113)。其第一項規定：「婚姻因離婚而廢止者，不問配偶關係採何種夫妻財產制，其婚姻財產，劃分爲夫之固有財產及妻之固有財產」。其第二項規定：「盈餘，依其所採用之財產制分配之，短少應由夫負擔，但夫證明短少係由妻所致者，不在此限」。由此可知，如爲「固有財產」之規定，則應有「盈餘之分配」，與之相配合，因二者實有密切的關係。然我國民法祇取瑞士民法「固有財產」之規定，而竟捨去「盈餘之分配」，致民法第一〇五八條所用「固有財產」文字，不但與夫妻財產制之規定不符，而且其含義亦不淸，甚不妥當(114)。反之，瑞士民法第一五四條第一項所謂「固有財產」係

(110) 參閱戴炎輝前揭一八八頁；羅鼎前揭一七九頁。
(111) 參閱戴炎輝前揭一八八頁；羅鼎前揭一七九頁。
(112) 在共同財產制亦發生「固有財產」含義之疑問，參閱第二章第二節三「共同財產制之終了」。
(113) 民法第一〇五八條規定：「夫妻離婚時，無論其原用何種夫妻財產制，各取回其固有財產。如有短少，由夫負擔，但其短少係由非可歸責於夫之事由而生者，不在此限」。
(114) 參閱戴炎輝前揭一八八頁。

同指夫與妻之原有財產而言[115]，至於婚姻存續中所得之財產（Errungenscaft），依第一五四條第二項，適用第二一四條第一項分配盈餘之規定，夫得盈餘之三分之二，妻得三分之一[116]。瑞士民法如此規定，在理論上比我民法勝一籌。

至於聯合財產之分割，依民法第一〇三〇條，除法律另有規定外，妻取回其原有財產，如有短少由夫或其繼承人負擔；但其短少係由可歸責於妻之事由而生者，不在此限。所謂法律另有規定，如前面所述民法第一〇二八條妻之死亡、第一〇二九條夫之死亡與第一〇五八條之離婚是。

總之，凡聯合財產制之終了，妻祇能取回其原有財產，而婚姻存續中所取得之聯合財產，悉數歸夫所有，故妻之財產不增又不減。

四、聯合財產制之利弊

(一)優點

我國民法仿瑞士民法，以聯合財產制為法定財產制，由此可知聯合財產制必有其優點。

1.夫妻財產制有兩種極端不同的類型。一爲夫妻財產的合併，一爲夫妻財產制的分離。財產合併制，有統一財產制與共同財產制。此制爲配合夫妻身分上之密切關係，而產生其財產之合併。財產分離制有分別財產制。折衷於此兩種不同的夫妻財產制之間，而產生中庸的聯合財產制。可見聯合財產制的特質，在於吸取合併制與分離制的優點，而避免其缺點；故此制以折衷思想爲基礎(die verständige Mitellinie)，而有獨立存在的價值[117]。

---

[115] 參閱 P.Tuor 前揭一八二頁。

[116] 盈餘之定義與其計算之方法，參閱本節四「聯合財產制利弊」(二)缺點。

[117] 參閱和田于一前揭三九四頁。

一方，聯合財產制以分別財產制之理論爲基礎，使夫妻財產制自始分離，以避免共同財產制因設共同財產而啓開夫乘機壓榨妻之財產的弊端；同時使妻之原有財產，不因夫之賭博、浪費或投機行爲而被侵害。他方，聯合財產制以共同財產制之理論爲基礎，組成聯合財產，來表現經濟上的一體，以避免分別財產制因財產自始分離而配偶無情之弊病；同時收到婚姻生活以家爲一體之本質目的。

2.聯合財產制於婚姻解消而清算夫妻財產時，比在共同財產制者單純簡單。因爲共同財產制，於婚姻解消之際，夫妻勢必因分割共同財產而引起極大的困擾。反之，聯合財產制在婚姻解消時，因夫妻財產自始分離，不致發生分割之問題，頗爲簡明。

3.聯合財產制將夫妻財產組成聯合財產，對外構成經濟上的一體，使「家」名符其實的成爲社會單一體，而實現婚姻生活之本質目的；又因夫握有聯合財產的管理、使用及收益之權，於婚姻之經濟生活，頗能增加其效率[118]。

(二)缺點

現行親屬法因繼受歐陸近代法律思想，而確立了男女平等的立法原則，夫妻關係已從昔日「一體主義」變爲「別體主義」，故不論在結婚與離婚，處處表現夫妻人格的獨立與地位的平等。有關夫妻財產制之規定，爲婚姻法中重要的一環；而聯合財產制，在所有一切夫妻財產制中，佔最重要地位。檢討其內容，仍有其弊病。

1.在聯合財產制，依財產分離的原則，夫妻財產自始各保有其所有權。查婚姻生活在求夫妻共同生活之圓滿，爲共同生活之需要，夫妻間必有共同物之存在；但聯合財產制則自始不承認共同財產之存在。爲期夫妻平等，家庭共有物，不宜依民法第一〇一七條第二項之

[118] 參閱和田于一前揭三九九頁。

規定，將聯合財產中不屬妻原有財產之部分，推定為夫之所有；因此種規定，似有袒護夫之嫌[119]。此不若日本民法之法定財產制所規定者，較能符合夫妻平等之精神。依日本民法第七六二條之規定，屬於夫或妻不明之財產，推定為夫妻所共有。我民法上雖不能作如此解釋，至少宜依一般物權法之共有理論，以決定其所有權之歸屬，較為公平合理。

2.在聯合財產制，夫為聯合財產的管理人，面對該財產有使用、收益之權，甚至為管理上的必要，得不經妻之同意，對妻原有財產有處分之權。反之，妻不但對夫之原有財產，而且對自己原有財產，既無管理之權，又無使用、收益之權，更無處分之權。妻最多亦祇能依民法第一〇〇二條第一項之規定，於日常家務之範圍內，以代理人之身分為聯合財產之管理人、使用人或處分權人。法律如此規定，似承認夫為一家之主，又為婚姻之首長，而將妻之財產與夫之財產結合於自己手下，構成經濟上的一體。此思想乃淵源於古代日耳曼民族 Sachsenspiegel 法典所謂「夫妻生活中，無對立的財產」[120]，或我國禮記所謂「既嫁從夫」的原則，而使夫在法律上取得監護人或婚姻保護者的地位。此種規定牴觸夫妻平等的精神，顯而易見。其實夫妻婚姻生活的共同關係，遠較債法上的合夥或物權上的公同共有關係更為密切。在債法上之合夥或物權法上之公同共有，其法律行為係以全體一致為原則，而各合夥人或公同共有人對共有財產均得予以使用、收益；甚至經協議，亦得為管理人。然對共有關係最密切之婚姻生活，為何允許夫對財產行為的專權獨斷，而不准妻過問？難怪有人批評聯

---

[119] 瑞士民法第一九五條第二項之規定與我民法第一〇一七條第二項規定相同，將不屬於妻之婚姻財產，推定為夫所有。

[120] Mann und Weib haben kein gezweietes Gut zu ihrem Leib（參閱 Sachsenspiegel 31,1）.

合財產制為夫專權之制度，實非過言[121]。

瑞士民法與我民法同以聯合財產制為法定財產制。在瑞士民法，其第二〇〇條第一項規定：夫管理婚姻財產。第二〇一條第一項規定：夫對妻之原有財產有收益權。而第二〇二條規定：夫對於不屬於其所有財產為處分時，應經妻之允許；但未逾越通常管理範圍者，不在此限。依此規定，瑞士民法之立法宗旨，亦表現夫優越於妻。惟瑞士民法為緩和此夫尊妻卑之地位，於第二〇〇條第三項規定：妻在婚姻共同生活之範圍內，得以代理人之資格，管理婚姻財產；又第二〇三條規定：在代理婚姻共同生活認為正當之範圍內，妻對於婚姻財產有處分權。瑞士聯邦法院之判例[122]，基於同一理由，承認夫得將婚姻財產之管理權與收益權讓與於妻，惟夫得將此權限隨時收回[123]。其用心良苦，同情妻之利益，值得注意。

其實，聯合財產制之聯合財產，可參酌德國民法第一四二一條所規定之共同財產管理的方法，由夫妻自行約定聯合財產之管理、使用、收益及處分權，由夫、妻或夫妻共同為之；如無約定，則由夫妻共同為之。如此既不損聯合財產制之本質精神，又能符合夫妻平等之目的。

3.在聯合財產制，妻之財產既不增加又不減少。至由妻之原有財產所生的孳息，因夫先於妻負擔家庭生活費用之故，而歸夫所有。此規定驟看之，似乎公平，但實則不然。因家庭生活費用之負擔，法律規定夫先於妻而已；如夫陷於無支付能力時，妻仍須以其全部財產

[121] 參閱P. Tuor 前揭一八一頁：Die meisten Systemwidrigkeiten sind inspiriert vom Bestreben, die Härten zu vermeiden oder abzuschwächen, welche der Güterverbindung den hässlichen Namen *"System des Mannesegoismus"* eingetragen haben. 又參閱和田于一前揭四一八頁。

[122] ≪瑞士聯邦法院判例集・七四、II≫，一四六頁以下。

[123] 參閱 P.Tuor 前揭一八九頁。

負擔生活費用。此時，夫一面可收取妻原有財產之孳息，一面受妻之財產或提供勞力之扶養；其失平之處，不難想像。尤其在聯合財產分割時，妻僅取回其原有財產。至於婚姻關係存續中所增加部分，悉數歸夫所有。此乃輕視妻對婚姻生活的貢獻。

其實，由於生理的因素，家從社會機能觀之，常是夫主外，妻主內，尤其育兒更是母之天職。在舊社會，妻爲無行爲能力人，故唯有管理家務之一途，致不敢爭較工作之對價，或許情有可原；但在人格平等的現代經濟社會，妻之就業能力，亦因教育之普及而提高，且實際就業者頗多。如今，妻因結婚被迫放棄就業，專管家務與育兒；然婚姻一旦解消，法律不予妻以相當的財產補償，則似有鼓勵婦女競相就業，而置家務於不顧之嫌，誠非允當。

德國民法本採管理共同制爲其通常法定財產制[124]。嗣後鑑於此制違反男女平等法，而以淨益共同制（Zugewinngemeinschaft）取代管理共同制，而成爲通常法定財產制。此制之特點在於：使夫妻之一方，對他方因婚姻生活中所增加之財產，得以分享。即婚姻因死亡而解消時，使生存配偶，除原法定應繼分外，再增加遺產之四分之一（德民一三七一條）。婚姻非因死亡而解消，尤其離婚時，則在婚姻生活存續中，增加財產較少之一方配偶，對於增加較多財產之他方，得請求淨益差額之半數，以之爲平衡債權（德民一三七八條）。

即使採聯合財產制爲通常法定財產制之瑞士民法，亦不敢漠視妻管理家務與育兒之貢獻，故夫妻在婚姻存續中所獲之盈餘，妻亦得享有三分之一。瑞士民法第二一四條規定：「夫之財產與妻之財產經劃分，尙有盈餘者，盈餘之三分之一歸屬於妻或其直系血親卑親屬，其餘

---

[124] 自一九五三年四月一日起至一九五七年六月十七日止，德國民法以分別財產制爲法定財產制，一九五七年六月十八日起，始以淨益共同制爲法定財產制。

歸屬於夫或其繼承人」。此處所謂盈餘，係指婚姻解消之際，除去債務之後的婚姻積極財產與結婚時兩人所原有財產之差額[125]。又計算結婚時夫妻各人之原有財產，應包括對第三人之損害賠償請求權在內，但須除去結婚前之債務[126]。

第二節 共同財產制

一、共同財產制之意義

我民法將共同財產制列爲約定財產制之一種[127]，此與德、瑞立法例相同[128]；至法國民法，則以所得共同財產制爲法定財產制[129]。

從沿革與各國立法例觀之，共同財產制依夫妻財產共同的範圍，可分爲通常共同財產制、動產共同財產制、所得共同財產制、有限共同財產制及繼續共同財產制[130]。惟我國民法之共同財產制，依第一〇三一條與第一〇四一條第一項之規定觀之，不承認動產共同財產制，而僅包括通常共同財產制與所得共同財產制。依民法規定，所謂共同財產制者，配偶雙方在結婚前之全部財產與結婚後所取得之財產，除

[125] 如以數學式子表示則：盈餘－婚姻解消時除去債務後現存之婚姻財產－（結婚時夫之原有財產＋結婚時妻之原有財產）。

[126] 盈餘之計算方法，參閱P.Tuor 前揭一九五頁。

[127] 我國民法規定於第一〇三一條。

[128] 德國民法第一四一五條以下；瑞士民法第二一五條以下。

[129] 參閱法國民法第一四〇〇條以下。法國本來以動產及所得共同財產制爲法定財產制，但一九六五年之夫妻財產制，修改爲所得共同財產制爲法定財產制。

[130] 例如瑞士民法之共同財產制之種類甚爲複雜，卽分爲通常共同財產制（瑞民二一五條以下）、繼續共同財產制（瑞民二二九條）、限制共同財產制（瑞民二三七條以下）以及所得共同財產制（瑞民二三九條）。

特有財產之外，全部組成共同財產，而於婚姻解消之際，將此財產分配於配偶雙方或其繼承人。

共同財產制的特質，乃以道義的理想主義爲基礎，同時兼顧實際的經濟生活。男女旣因結婚而發生身分上的共同生活，爲適應身分上的共同生活，夫妻在經濟上亦應合而爲一，纔能成爲名符其實的婚姻生活。因此，夫妻應捐棄各自財產獨立的機能，與排除各人多種的經濟利益，而組成統籌支配的單一財產，俾能夫妻同甘苦共患難，而符合婚姻道義的理想生活；同時對外部關係而言，夫妻財產之單一化，能增加對債權人之信用與擔保，此對交易安全之促進，亦有貢獻。

二、共同財產制之內容

(一)共同財產制之財團

共同財產制乃夫妻原有財產及婚姻存續中所得之財產，除特有財產外，合併爲共同財產，而屬於夫妻公同共有之夫妻財產制（民一〇三一條一項）。依此規定,在共同財產制之下，夫妻之財產分爲三種:卽夫妻之共同財產（Gemeinschaftgut, Gesamtgut）、夫之特有財產（Einhandgut des Mannes）與妻之特有財產（Einhandgut der Frau）[131]。此處所謂特有財產，不但指法定特有財產而言（民一〇一三條），而且約定特有財產亦在其內（民一〇一四條）。夫妻之共同財產旣屬於夫妻之公同共有，當然適用公同共有的規定。公同共有之

---

[131] 德國民法上之共同財產制的財產，較我國民法所規定者複雜，卽分夫妻共同財產（德民一四一六條）、夫或妻之特有財產（Sondergut）（德民一四一七條）及夫或妻之保留財產（Vorbehaltsgut）（德民一四一八條）。德國民法所謂之特有財產係指用益權、限制人役權、不准扣押之債權而言，我民法第一〇一三條、第一〇一四條所謂「特有財產」乃相當於德國民法之保留財產，不得不注意。

應有部分乃非確定顯在的，却是潛在不確定的；故夫妻之一方不得處分其應有部分，乃理所當然，不待民法第一〇三一條第二項之規定。

(二)共同財產之管理、使用、收益及處分權

共同財產制之特質，通常在使夫就共同財產享有管理權與用益權。我民法第一〇三二條規定:「共同財產由夫管理，其管理費用由共同財產負擔」。瑞士民法第二一六條規定:「夫管理共同財產。管理費用由共同財產負擔」[132]。依此規定，夫是否享有用益權，法雖無明文規定；但解釋上宜包含於管理權之內[133]。德國民法原有之共同財產制，亦以夫爲共同財產之管理人；嗣後鑑於此種規定牴觸夫妻平等之精神，而於德國民法第一四二一條作如次規定：「夫妻應於其所定之共同財產制契約中，明定共同財產之管理由夫或妻或共同爲之。夫妻財產制契約未明定者，由夫妻共同管理之」。又爲杜絕管理權限之爭議，於第一四二二條規定：「管理共同財產之配偶，得占有屬於共同財產之物，並得處分共同財產；管理共同財產之配偶，得以自己之名義，爲有關共同財產之訴訟。他方配偶不因管理行爲，負個人責任」。夫如就共同財產之管理有不當，致共同財產受損失者，依法理，夫應負損害賠償之責任。德國民法爲杜絕管理方法之爭論，於第一四三五條規定：「配偶應依通常之方法，爲共同財產之管理。管理共同財產之配偶，應將管理情形報告他方配偶；經他方配偶之請求，並應告知管理之詳細狀況。共同財產如有減少，而其損失應由管理共同財產之配偶負責，或由於未得他方配偶必要之同意而爲之法律行爲所致者，管理共同財產之配偶，應對共同財產予以補償」。

至於共同財產之處分權，係行使共同財產權利中最重要事項。故

---

[132] 法國民法第一四二一條亦規定：由夫管理共同財產。

[133] 戴炎輝前揭一三六頁。

夫妻之一方欲就共同財產爲處分時，應得他方之同意，否則應爲無效；但夫爲管理上之必要處分，則不受此限制。又同意之欠缺，不得對抗第三人；但第三人已知或可得而知，或依情形可認爲該財產屬於共同財產者，亦不受此限制（民一〇三三條）。共同財產之處分權，瑞士民法所規定者，與我民法不盡相同[134]。卽第三人不知或不得而知未有妻之同意時，又其財產是否爲妻之所有，無論何人無法辨認時，爲第三人之利益，視爲已有妻之同意（瑞民二一七條二項）。依此規定，夫未經妻同意所爲之處分行爲，如其同意之欠缺爲第三人所明知或可得而知者，則對妻及第三人，均屬無效，不生對抗與否的問題；此規定在理論上較我民法之規定，更勝一籌。

德國民法規定共同財產之處分權，極爲詳盡。依其規定，共同財產之處分行爲分三種：一爲全部財產之處分。二爲不動產之處分，三爲贈與行爲。全部財產之處分行爲，依德國民法第一四二三條之規定，管理共同財產之配偶，非經他方配偶之同意，不負擔處分全部財產之義務。管理共同財產之配偶，未得他方配偶之同意而負擔此項處分之義務者，須經他方配偶之同意，始得履行其義務。不動產之處分行爲，依德國民法第一四二四條第一款之規定，管理共同財產之配偶，非經他方配偶之同意，不得處分屬於共同財產之不動產；管理共同財產之配偶，未經他方配偶之同意，不負擔爲此項處分之義務。贈與行爲，依德國民法第一四二五條之規定，管理共同財產之配偶，未經他方配偶之同意，不得以共同財產爲贈與；管理共同財產之配偶，未經他方配偶之同意而負擔贈與共同財產之義務者，非經他方配偶之同意，不得履行其約定。

---

[134] 此兩者不同之處，與聯合財產制，夫處分妻原有財產時不同之情形相同，可互相對照。

由此可知，共同財產之處分行爲，原則上由管理共同財產者應得他方之同意爲之。惟共同財產部分動產之處分行爲，不必得其配偶之同意。又配偶間有難免感情不睦，如管理共同財產之配偶需要他方同意之處分行爲，他方故意刁難而拒絕同意，或他方因疾病、外出而不能表示同意，致共同財產有危害之虞時，該管理共同財產之配偶，得聲請監護法院，代他方配偶爲同意之表示（德民一四二六條）。至於管理共同財產之配偶，未得他方必要之允許所爲之法律行爲，原則上不生效力（德民一四二七條一項準用一三六六條一項、三項、四項，及一三六七條）。此時，第三人得於承認前將契約撤回。惟第三人明知該配偶係採共同財產制者，僅於其詐稱他方配偶已允許時，始得撤回；前段情形，第三人於契約訂定時，明知他方配偶未得允許者，不得撤回（德民一四二七條二項）。又管理共同財產之配偶，未經他方配偶必要之同意而處分屬於共同財產之權利者，他方配偶得於訴訟上行使此項權利，以對抗第三人（德民一四二八條）。如此詳爲規定，既能保護雙方配偶之利益，又能保護第三人之利益，面面顧到，值得借鑑。

(三)淸償債務之責任與生活費用之負擔

共同財產制之財產，因分爲夫妻共同財產、夫之特有財產及妻之特有財產；故債務之淸償，亦視債務發生之原因而負責任。

1.由夫個人並就共同財產負淸償之責任者：⑴夫於結婚前所負之債務；⑵夫於婚姻關係存續中所負之債務；⑶妻因日常家務代理行爲而生之債務；⑷除前款規定外，妻於婚姻關係存續中，以共同財產爲負擔之債務(民一〇三四條)。瑞士民法就此規定(瑞民二一九條)與我民法雖大致相同，然亦有不同之處。卽由夫個人並就共同財產負淸償之責任者，瑞士民法規定爲：雙方配偶在結婚前所負之債務；而我民法則限於夫結婚前所負之債務。可見我民法偏重配偶之利益，而瑞士民法重視債權人之利益。德國民法亦爲保護債權人之利益，管理共同財產之配偶，對於他方配偶所負屬於共同財產之債務，須負連帶債務人之責任（德民一四三七條二項一款）。

2.由妻個人並就共同財產負清償之責任者：⑴妻於結婚前所負之債務；⑵妻因職務或營業所生之債務；⑶妻因繼承財產所負之債務；⑷妻因侵權行爲所生之債務（民一〇三五條）。如此規定，亦見於瑞士民法第二二〇條，但瑞士民法尙規定妻經夫之允許所負之債務，或爲夫之利益經監護官署之同意而生之債務。蓋此種債務或經夫之同意或爲夫之利益而設定，故共同財產亦應負責。

3.由妻僅就其特有財產負清償之責任者：⑴妻就其特有財產設定之債務；⑵妻逾越日常家務代理權限之行爲所生之債務（民一〇三六條）。如此規定，亦見於瑞士民法第二二一條；但瑞士民法尙規定未得夫允許而負之債務，妻須以特有財產償還。

至於家庭生活費用，應由共同財產負擔。但共同財產不足負擔者，民法仿瑞士民法第二二〇條第二項之規定，妻個人亦應負責（民一〇三七條），而未提及夫是否亦須負責？惟從第一〇三七條「妻個人亦應負責」之反面解釋，及斟酌婚姻生活之扶養，夫妻互負生活保持義務的精神觀察，在共同財產制，夫亦負擔生活費用，理所當然[135]。

（四）夫妻之補償請求權

在共同財產制之下，夫妻財產旣合成一體，則共同財產所負之債務，而以共同財產清償者，在夫妻之間，不發生補償之問題（民一〇三八條一項、瑞民第二二三條一項）。蓋共同財產之全部屬於夫妻公同共有，而非普通共有，夫妻個人並無自己確定顯現的應有部分。至

[135] 在聯合財產制上，家庭生活費用，依民法第一〇二六條之規定，夫之負擔先於妻，此規定有助於共同財產制時之解釋。

於公同共有人之權利，及於公同共有物之全部（民八二七條二項）；故夫妻關於共同財產之所有權，亦及於共同財產之全部。因此，共同財產之債務，而以共同財產清償，夫妻之間自不發生補償請求權。至於以共同財產之債務而以特有財產清償，或特有財產之債務而以共同財產清償者，夫妻之間，自發生補償請求權；此請求權，雖在婚姻關係中，亦得行使（民一〇三八條二項、瑞民二二三條二項）。

三、共同財產制之終了

(一)因死亡而終了

共同財產制因夫妻之一方死亡而終了者，德、瑞立法例均採平等分割主義（德民一四七六條、瑞民二二五條）。我國民法仿此立法例，夫妻之一方死亡時，共同財產之半數，歸屬於死亡者之繼承人，其他半數，則歸屬於生存之他方（民一〇三九條一項）。惟此時財產之分割，法律特設有彈性規定，即夫妻對其數額另有約定者，應從其約定（民一〇三九條二項、瑞民二二六條一項）。此處所謂「歸屬於死亡者之繼承人」，依繼承法第一一四四條之規定，配偶爲當然繼承人，自得按其法定應繼分繼承之。至於「其他半數，則歸屬於生存之他方」，係以他方不喪失繼承權爲限；若已喪失繼承權，則對於共同財產請求之數額，不得超過於離婚時所應得之額（民一〇三九條三項，瑞民二二五條三項）。

離婚時各配偶究竟能對共同財產請求多少？依民法第一〇五八條規定，夫妻離婚時各取回其固有財產。此處所用「固有財產」文字與共同財產制之規定不符。共同財產制之財產分爲夫妻共同財產、夫之特有財產及妻之特有財產三種。夫妻共同財產再分爲夫與妻結婚時加入之共同財產及婚姻存續中所取得之共同財產（Errungenschaft）。

依通說：「固有財產」係指夫與妻加入共同財產之財產而言[136]。準此以解，則婚姻存續中所取得之財產，應如何分配，發生疑問[137]。

我國民法第一〇五八條，誠如前面所指出，乃仿效瑞士民法第一五四條第一項與第二項所規定的[138]。依瑞士民法之規定，其第一項之「固有財產」係以第二項之「盈餘分配」爲之相配合。故依其第二項適用第二四〇條第一項之規定：「共同財產制廢止後，如有盈餘，由雙方配偶或其繼承人間，各半均分」，所謂「固有財產」係指夫與妻結婚時各加入共同財產之財產而言，至於婚姻中所取得之財產，由配偶均分。瑞士民法之規定，理論一貫，值得借鑑。

總之，婚姻中取得之共同財產，在離婚時應如何歸屬，我國民法雖無明文，但宜依瑞士的立法例，解釋爲夫妻各得一半，以符合夫妻平等之精神；同時可見我國民法第一〇五八條之規定，甚不妥當。

(二)因其他原因而終了

共同財產制於通常情形，共同財產關係消滅時，除法律另有規定，或契約另有訂定外，夫妻各得共同財產之半數（民一〇四〇條）。此規定，除夫或妻死亡之場合（民一〇三九條）及夫妻離婚之場合（一〇五八條）另有規定外，因其他原因而消滅共同財產時，均可適用。此處所謂「其他原因」似乎指婚姻之撤銷與婚姻之無效而言。

四、共同財產制之利弊

---

[136] 參閱戴炎輝前揭第一八八頁說：「所謂『固有財產』，於聯合財產制，係夫之財產或妻之原有財產；於共同財產制，係加入共同財產制之財產，爲學說所一致」。又參閱羅鼎前揭一七五頁亦同見解。

[137] 例如結婚時，夫以五萬元，妻以三萬元，加入共同財產，而離婚時共有財產共有二十萬元，則十二萬元爲結婚存續中所得之財產。

[138] 參閱第二章第一節三「聯合財產制之終了」。

(一)優點

共同財產制現為德國、瑞士及我國民法之約定財產制的一種，自有其優點。

1.共同財產制之本質思想，係使夫妻之經濟生活與身分生活趨於一致，表現其在內部並對外均為一體，能符合婚姻的倫理機能。蓋男女一旦結婚，則不僅創設夫妻之身分關係，而且在社會上表現「家」的單一體，他們為共同生活，各自財產合而為一，較能適應婚姻生活之實踐需要。此所以 Kipp, Munk 等學者認為夫妻採用共同財產制，纔能表現共同生活（Lebensgemeinschaft）之婚姻目的[139]。

2.共同財產制的機能，係使夫妻各人的財產，結成公同共有性的一體，而產生同進退不可分的關係。因此，配偶之一方，為婚姻之共同生活，要有將其全部財產為他方犧牲之心理準備；尤其妻就夫之債務，應負清償之責。如此一來，夫妻對外之債務關係簡化（Einfachheit）[140]，又使財富集中於夫之手中，而增加夫之信用[141]。夫之債權人，因共有財產供作債務的擔保，有較大的安全感，於促進交易的安全，頗有幫助。

3.共同財產於婚姻存續中，夫妻各以其財產組成共同財產，為內部與對外的經濟活動；共同財產於關係消滅時，夫妻各得共同財產之半數。尤其夫妻之一方死亡時，共同財產之半數歸屬於死亡之繼承

---

[139] *Juristische Wochen Schrift 53 Jahrg. Heft 23*, Kipp, Wieruszowski, Munk, Welche Richtlinien sind für die zukunftige Gestaltung des ehelichen Güterrechts aufzustellen? S. 1816.

[140] 參閱 Schörder, *Das eheljche Güterrecht nach dem Entwurf eines BGB*, 1896, S. 8.

[141] Rümelin 在 *Das eheliche Güterrecht nach dem Entwurf eines BGB*, 1896, S. 35: "Gedanken der Konzentration des ehelichen Vermögens in der Hand des Mannes." 以稱讚共同財產制之優點。

人，其他半數歸屬於生存之他方。因此，對婚姻存續中共同財產所增加之數額，妻亦能以配偶的身分，分享其利益。換言之，法律因顧及妻管理家務與育兒，對婚姻生活亦有所貢獻，而給予相當的補償。此點爲他種夫妻財產制所忽略[142]。因此，共同財產制不僅符合男女平等的精神，而且對妻因婚姻解消後之生活扶養，有更合理的保障。

(二)缺點

1.共同財產制將夫妻之財產結成單一體的共同財團，而由夫獨任管理、使用及收益之權，妻對於自己的財產反而因結婚而喪失管理、使用及收益之權，而其處分亦須經夫之同意。故此制亦有如上述聯合財產制之夫專制的病弊，而違背夫妻平等及人格獨立之精神。尤其夫有輕率，無智、利己、浪費或遊蕩之習性時，妻之財產更有被侵害之虞。難怪學者批評：共同財產制在「理想的夫妻」與「美滿的姻緣」前提之下，始能主張其爲良善的夫妻財產制，而發揮婚姻共同生活的倫理機能[143]。惟世上所謂理想的夫妻或美滿的姻緣，究屬少數，通常夫妻受現實環境的考驗，工於心計而不盡如此[144]。有鑑於此，德國共同財產制，在一九五三年以前，共同財產係由夫單獨管理、使用及收益；但自此以後，妻亦得經約定而管理共同財產。尤其男女平等法實施以來，法律明定夫妻對於共同財產得由夫或妻或共同管理[145]。德國現行民法第一四二一條規定：「夫妻應於其所訂定之共同財產制契約中，

---

[142] 惟因離婚而消滅共同財產制時，依民法第一〇五八條之規定，夫妻各取回固有財產，而對盈餘部分如何分配，則沒有如瑞士民法第一五四條第二項之規定；故妻不能依第一〇四〇條之規定，取得共同財產之一半。惟依法理，夫妻各半爲是。

[143] 參閱和田于一前揭二七三頁。

[144] 參閱和田于一前揭二七三頁。

[145] Günter Beitzke, *Familienrecht*, München, 1970, S. 105, H. Dölle 前揭六五九頁。

明定共同財產之管理，由夫或由妻或共同爲之。夫妻財產制契約未明定者，由夫妻共同管理之」。此立法例符合夫妻平等精神，値得參考。

2.共同財產制，將夫妻結婚前或婚姻存續中之財產結合爲一體而成立共同財產，而表現其對內、對外經濟上的單一性。惟觀各國立法例，共同財產制下之財產關係，仍相當複雜。

以我民法爲例，共同財產制下之財產，分爲三類：⑴夫妻共同財產；⑵夫之特有財產；⑶妻之特有財產。德國立法例則分爲⑴共同財產；⑵夫之特有財產；⑶夫之保留財產；⑷妻之特有財產；⑸妻之保留財產。

此數種財產，因其性質不同，其應負淸償債務之責任亦各異。配偶相互間，及與之爲法律行爲之第三人，在婚姻存續中，應不斷的注視此多種財產之性質及瞭解各種財產所擔保債務之範圍，以保護自身之利益。惟對於缺乏法律常識的一般民衆，要求其認識各財產之性質及其應淸償債務之範圍，殊屬不易。何況雖瞭解各財產之性質及其應淸償債務之範圍，但實際上要判定何種財物應屬於何種財產，亦極困難。假若有一部吸塵器，第三人要判定該吸塵器究屬何種財產，如無可資推定的法條爲依據時，不但非常困難，而且易引起爭議。總之，共同財產制對外之債務，雖因有共同財產之負擔而簡化之理論，但由於多種不同性質的財產同時併立，使第三人窮於應付，此對交易安全，自有不利之影響。

3.共同財產於消滅共同財產關係時，夫妻各得共同財產之半數（民一〇四〇條）。此平等分割之方法，看似公平，究其實，有時仍有不當之處。例如結婚前，配偶之一方富有，而他方貧困，其婚姻維持不久，卽行解消。此時，如平均分割共同財產，則將使貧困者卽刻獲利。

如此，則視結婚行爲爲投機行爲（Spekulationsgeschaft），有違婚姻爲男女終生共同生活之本質目的。

4.共同財產制因夫妻之財產集中，增加夫之信用，又加強第三人債權之擔保；但從妻之立場觀之，因就夫之債務，須以共同財產負淸償之責，而共同財產則妻亦有所供出；因而增加妻之責任，甚至妻之財產有蕩盡的危險。因此，此制對妻甚爲不利。

第三節　統一財產制（Gütereinheit）

一、統一財產制之意義

所謂統一財產制，乃基於財產合併之理論，妻之全部財產於結婚之後，不但經濟上，而且法律上均移轉於夫。換言之，夫對於妻之財產，除妻之特有財產外，不但成爲管理人，而且成爲單獨所有權人。此表示統一財產制，因結婚而使夫就妻之積極財產或消極財產，均全部包括的承繼。夫之債權人，因而可對此全部財產爲其債權之實現而強制執行。惟妻移轉全部財產於夫，並非毫無代價；在婚姻解消之際，夫或其繼承人，應返還妻移轉於夫之財產的估價額。因此，在婚姻存續中，夫對於妻之財產總額，負有不確定期限的債務。卽妻因婚姻而喪失現在及將來之財產所有權，其代價乃婚姻解消之際所取得估價額之債權之返還請求權。至於在婚姻存續中，夫爲妻所淸償之債務，可從返還請求權中扣除。我國民法關於統一財產制之規定，頗爲簡單。依第一〇四二條規定：「夫妻得以契約訂定，將妻之財產，除特有財產外，估定價額，移轉其所有權於夫，而取得該估定價額之返還請求權」。

二、統一財產制之檢討

現代各國立法例甚少有統一財產制之規定，惟瑞士民法得以契約採用統一財產制（瑞民一九九條）。瑞士民法之仍保留統一財產制，係基於歷史上之背景與傳統之習慣。統一財產制，本爲瑞士舊時 Bern 邦與 Aargau 邦之夫妻財產制度(146)。尤其在 Bern，配偶一方死亡時，其財產仍可繼續存在，而成爲一種繼承的方法。妻死遺有子女者，夫依然保有其婚姻中之財產上之權利，子女則繼承其母之債權。夫死而遺有子女者，妻爲全部財產之繼承人；但妻若再嫁，則應與子女，依人數均分其財產。如子女已成年或宣告成年者，再嫁之母並須將其應得財產二分之一，均分於子女。因此，夫妻雙方若曾結婚數次，而且每次皆生有子女者，則適用統一財產制時，其析產最易引起爭論(147)。

現行瑞士民法所規定的統一財產制，屬於聯合財產制（法定財產制）之一特別形態（Abart des ordentlichen Güterstandes）(148)。依瑞士民法之規定，統一財產制可分爲兩種：一爲夫妻以契約合意而一般的適用者，即其第一九九條規定：「在妻之財產歸入於婚姻財產之日起六個月內，予以估價，並依夫妻財產制契約之規定，配偶雙方得以合意將妻之財產，按估定價額，移轉於其夫所有，而妻之財產請求權，即以該估定價額爲準，不得變更」。此即妻以其所有權之估價額出賣予夫（estimation vaut vente）(149)。另一爲依法律強制規定而部分適用者，即其第二〇一條第三項規定：「現金、其他代替物及有價證券之僅指定其種類者，其所有權移轉於夫，妻就其價額，保有補

(146) 參閱 P. Tuor 前揭一八七、一八八頁。
(147) 參閱梅仲協前揭二三頁。
(148) P. Tuor 前揭一八八頁。
(149) P. Tuor 前揭一八九頁。

償請求權」。瑞士民法之如此規定乃基於夫係婚姻財產之管理人，妻之現金等物，由夫統一支配，較能靈活運用。我民法制定夫妻財產制時，將瑞士所採之統一財產制，規定爲約定財產制之一種。惟如此作法是否妥當？又統一財產制是否有存在之價值？頗值得檢討。

將瑞士與我國民法關於統一財產制之規定比較時，宜注意者有如次四點：

㈠瑞士民法就夫妻財產制契約，採用統一財產制，有其歷史的背景與傳統的習慣，瑞士 Bern, Aargau 邦實行統一財產制多年，已習慣於此制。故立法機關爲遷就地方習慣，不得不在夫妻財產制中，予以保留爲約定財產制之一種。反之，夫妻財產制於我國傳統毫無淵源，一般民衆對統一財產制毫無認識。故自民國五十六年（五十五年我國始實施夫妻財產制登記規則）至六十三年止，全省各地方法院所受理約定財產制登記七〇九件中，統一財產制祇有一件，其百分比爲零點一四[150]；此制之不受歡迎，由此可見。

㈡在體系上，瑞士民法規定統一財產制，亦與我國民法所規定者不同。二者雖將統一財產制列爲約定財產制中之一種；但瑞士民法上之統一財產制，乃法定財產制（聯合財產制）中之特別形態，配偶不得於結婚前，逕行以契約訂定統一財產制，而須先採用聯合財產制，以便將妻之財產歸入於婚姻財產（聯合財產），而予以估價，然後依夫妻之合意約定統一財產制（瑞民第一九九條）。又瑞士民法之約定財產制，通常可於結婚存續中隨時以契約訂定（例如分別財產制、共同財產制），無時間上之限制；但在統一財產制，則有時間上之限制，卽夫妻必須於妻之財產歸入於婚姻財產之日起六個月內訂定之。

至於我國民法所規定的統一財產制，乃由法定財產制（聯合財產

---

[150] 參閱第三章第三節之統計數字。

制）獨立，而與共同財產制、分別財產制併立的約定財產制之一種；故夫妻不但於結婚前，而且於結婚存續中，均能隨時以契約訂定統一財產制（民一〇〇四條）。

㈢在內容上，我國與瑞士民法對於統一財產制頗爲相似。依瑞士民法之規定，統一財產制爲聯合財產制之特別形態，故法律無特別規定時，準用聯合財產制，乃理所當然(151)。至於我國民法，雖將統一財產制列爲由聯合財產制獨立的約定財產制；但仿瑞士立法例，準用關於法定財產制（聯合財產制）之規定（民一〇四三條）。如此準用是否妥當，頗爲懷疑。

統一財產制與聯合財產制的共通之處，在於兩制度均由夫掌握財產之管理、使用及收益之權，而爲經濟機能的統一支配。又於婚姻解消之際，由夫或其繼承人，對妻或其繼承人負財產返還之責任。惟在統一財產制，基於財產併合主義，夫妻之財產徹底合而爲一；反之，在聯合財產制，則以財產分離主義爲基礎，夫妻財產之所有權自始分離。因此，兩制度在財產之返還責任有異。卽依統一財產制，其所返還者爲妻所有權移轉之估價額（債權）；反之，依聯合財產制，其所返還者爲妻原有財產其物（物權）。詳言之，在統一財產制，妻因婚姻而永久喪失其財產之所有權，夫對妻之財產，不但有管理、使用、收益之權，而且有處分之權；是婚姻解消之際，妻或其繼承人祇取得價金賠償的請求權。反之，在聯合財產制，妻於婚姻存續中，祇喪失其原有財產之管理、使用及收益之權，仍保持其所有權；故夫不得任意處分之。婚姻解消之際，妻或其繼承人得請求所有權之返還。兩者有如此本質上的差異，而我民法竟將聯合財產制之規定準用於統一財產制。準此以解，其可予準用之範圍大受限制。其準用之條文，似限

---

(151) P. Tuor 前揭一八八頁。

於第一〇二五條關於妻就特有財產負淸償債務之規定，與第一〇二六條關於家庭生活費用之規定而已[152]。

㈣統一財產制採用夫妻財產併合主義，而由夫專任夫妻財產之管理、使用及收益之權。因此，於聯合財產制與共同財產制所述之夫之專制及夫妻平等精神之違背，在統一財產制亦表現無遺。尤其在統一財產制，因妻將其財產之所有權移轉於夫，夫得任意處分妻之財產，夫妻不平等，更甚於聯合財產制與共同財產制。又妻雖對夫取得其所移轉財產之估價額的返還請求權，然此請求權在婚姻存續中不得行使，而祇能在婚姻解消之際，始能發生。結婚時妻財產之估價額，因時間之久遷，通貨膨漲，與婚姻解消時該財產之價額相去甚遠，如祇允許妻請求結婚之估價額，對妻顯然有欠公允。尤其婚姻解消之際，夫如陷於無資力時，妻之該返還請求權更無從實現，其違背夫妻平等精神，莫此爲甚。總之，此制之不足採取，甚爲明顯。

第四節　分別財產制（Gütertrennung）

一、分別財產制之意義

分別財產制，非夫妻財產制的否定，而是夫妻財產結合的否定，即夫妻財產受婚姻影響最少之夫妻財產制。

分別財產制之特色在於：夫妻各人的財產，於婚姻之後，依然維持婚姻前之同一狀態；故不因婚姻關係，而引起任何財產上的共同。夫妻各人財產之所有權、占有權、管理權及使用收益權，亦各歸屬於夫妻而各自獨立，夫對於妻之財產無任何權利之可言。惟配偶間若基

---

[152] 參閱羅鼎前揭一五一頁。

於其他私法上之原因，例如基於物權法或債法而訂立契約，則可成立財產的共同關係。

二、分別財產制之内容

(一)財產權

分別財產制乃夫妻財產自始分離，故夫妻各保有其財產之所有權、管理權及使用收益權（民一〇四四條、瑞民二四二條一項）。妻得以委任之方法，將其財產之管理權付與於夫。此時，法律推定：夫有以該財產之收益供家庭生活費用之權；惟妻得隨時取回該管理權（民一〇四五條、瑞民二四二條二項）。又該取回管理權不得拋棄，雖拋棄亦無效（民一〇四五條二項、瑞民二四二條三項）。

(二)清償債務之責任與生活費用之負擔

依民法第一〇四六條與一〇四七條之規定，在分別財產制，夫妻各人所負之債務應自行負擔[153]：卽夫於結婚前與婚姻存續中所負之債務，由夫以其財產負清償之責任；妻於結婚前與婚姻存續中所負之債務，由妻以其財產負清償之責任。惟夫妻雖採分別財產制，但夫爲婚姻共同生活之主要負責人[154]，故因妻之日常家務代理行爲而生之債務，亦應由夫負清償之責任(民一〇四六條三款、瑞民二四三條一項)。又夫雖爲家庭生活之首長[155]而負擔主要生活費用，但妻亦參與共同生活，故夫得請求妻對於家庭生活費用，爲相當的負擔(民一〇四八條)。依瑞士民法，夫妻得依夫妻財產制契約之訂定，以妻一定數額之財產，作爲粧奩，移轉於夫，以供婚姻生活費用之負擔；此移轉於夫之財

---

[153] 瑞士民法第二四三條第一項與第二項規定同。

[154] 參閱 P Tuor 前揭二〇六頁。

[155] 例如夫爲居住所指定權人，共同生活的代理人。

產，若另無約定，適用關於聯合財產制之規定（瑞民二四七條）。至於夫妻因家庭生活費用所負的債務，如夫無支付能力時，由妻負擔(民一〇四七條二項、瑞民二四三條三項）。至於妻因日常家務代理行爲而生之債務，亦應由夫負淸償之責（民一〇四六條三款）。

三、分別財產制之利弊

(一)優點

英美法系的多數國家採用分別財產制爲通常法定財產制[156]，而德國、瑞士與我國將之採爲約定財產制之一種及非常法定財產制[157]。故此制亦有其優點。

1.在分別財產制，夫妻之財產自始分離，不僅夫妻各人之所有權不因結婚而受影響，而且其財產亦各自管理、使用、收益。因而妻之財產絲毫不受夫之抑壓，較其他夫妻財產制，更能顯示夫妻平等的精神。

2.分別財產制所分之財產，比聯合財產制與共同財產制所分者簡單。分別財產制祇分爲夫與妻之財產。共同財產制則分爲夫妻共同財產、夫之特有財產與妻之特有財產。聯合財產制則分爲夫妻聯合財產、妻之原有財產、妻之特有財產、夫之原有財產與夫之特有財產。因此，分別財產制，無論在內部與對外之法律關係，比其他二者較爲單純。

3.分別財產制因夫妻財產自始分離，婚姻解消時，不發生共同財

---

[156] 和田于一前揭五〇三頁指出：「英國、美國多數州、加拿大、澳國等採用分別財產制爲法定財產制」。

[157] 分別財產制被採用爲約定財產制之一種，在德國規定於民法第一四一四條，瑞士於民法第二一五條，我國於民法第一〇四四條。其採用爲非常法定財產制者，在德國於民法第一四一四條，瑞士於民法第一八二條第一項、一八三條，我國於民法第一〇一〇、一〇一一條。

產制下財產分割之問題，亦不發生聯合財產制下妻原有財產之返還請求權，更不會發生統一財產制下妻財產估價返還之請求權；換言之，分別財產制在婚姻解消時不發生夫妻財產清算的問題，因而不發生清算上的糾紛。

（二）缺點

1.婚姻生活係使夫妻在精神上，同時在肉體上相結合，以營爲同甘共苦的共同生活，其關係至爲密切。分別財產制竟將夫妻財產自始予以分離，直視夫妻爲路人。此實與婚姻之本質生活不能配合。蓋男女一旦結婚而創設夫妻身分關係，則須共同生活，不能與毫無相干之第三人相比；配偶一方之經濟活動，直接或間接的影響於他方，關係至爲密切。例如夫將其財產投資於事業，其經營成功與否，與妻之財產固無直接關係；然身爲人妻者，因與之共同生活之故，多少總會受影響。就精神而論，夫因投資失敗，情緒低落，而遷怒於妻，夫妻感情惡化，而使生活不正常。就財產而論，夫因投資失敗，而陷於無資力時，妻理應以其財產負擔夫之生活費。總之，分別財產制之夫妻財產自始各自分離，實抹殺夫妻婚姻之本質生活。

德國一九五七年六月十八日以前[158]，鑑於分別財產制較能符合男女平等之精神，而將之改爲通常法定財產制[159]。嗣後發現分別財產制亦有缺點，故創設淨益共同制（Zugewinngemeinschaft）爲通常法定財產制。其實此制乃從分別財產制改良而來。淨益共同制一如分別財產制，夫妻財產自始分離。配偶不僅各保有其財產的所有權，而且各自行使其財產之管理、使用、收益及處分權（德民一三六四條）。然爲

---

[158] 一九五三年四月一日以前，德國以管理共同制爲通常法定財產制，因此制違反男女平等原則，故以分別財產制取代之。

[159] H. Dölle 前揭七三四頁。

補救分別財產制下之配偶財產的無情對立之弊，同時爲家庭共同生活之利益，與保障將來「平衡債權之請求」（Ausgleichanspruch），法律限制各配偶之財產管理權，即一方之行爲須得他方之同意始生效力[160]。此項須經同意之行爲，包括全部財產之處分（德民一三六五條）、契約行爲（德民一四六六條）、單獨行爲（德民一三六七條）及家庭用物之處分（德民一三六九條），此爲淨益共同制之特點。

2.分別財產制由於夫妻財產自始分離，妻對於夫所取得之財產，於婚姻解消之際，並無任何的請求權。惟婚姻生活，夫妻各方所增加之財產，常常由直接或間接的分工合作而得來。尤其通常夫主外，妻主內，妻爲育兒及管理家務，不惜棄職，俾使夫專心於事業，婚姻生活始能圓滿。玆一旦婚姻解消，尤其離婚時，若對妻就夫方所增加之財產不給以若干請求，則妻先前因婚姻生活而犧牲其利益，竟陷於悲慘之境地，實屬不當。

德國淨益共同制之另一特點乃爲補救：在分別財產制之下，妻不能享受夫於婚姻存續中所得財產之弊。如依淨益共同制，則夫妻之一方得分享他方因婚姻生活所增加之財產。詳言之，因配偶一方之死亡而婚姻解消時，使生存之配偶，除法定應繼分外，另加遺產四分之一（德民一三七一條）。婚姻非因死亡而解消，尤其在離婚時，在婚姻生活存續中，增加財產較少之一方配偶，對於增加財產較多之另一方，得請求淨益差額之半數，以之爲平衡債權（德民一三七八條）。玆所謂淨益，依德民一三七三條之規定：配偶一方之終結財產[161]超過開始財產者[162]，其超過額爲淨益[163]。

---

[160] 參閱 H. Dölle 前揭七四六頁。

[161] 終結財產之定義，規定於德國民法第一三七五條。

[162] 開始財產之定義，規定於德國民法第一三七四條。

[163] 平衡債權之計算方法參閱 J. Bärmann, *Das neue Ehegüterrecht*, *Archiv für die civilistische Praxis*, vol. 157, 1958/59, S. 168ff.

第四章 全國各地方法院夫妻財產制契約登記

第一節 概說

自民國五十五年十二月五日司法行政部公佈夫妻財產制契約登記規則之後，各地方法院開始受理夫妻財產制契約之登記。依據司法行政部臺64民司函〇二五四號函送臺灣大學法律系之資料，自民國五十六年元月一日起至民國六十三年十二月三十一日止，全國各地方法院登記夫妻財產制契約之數目共爲七〇九件[164]。自民國五十六年至民國六十年全國結婚者共四十二萬八百二十九件[165]。兩者相比較實不成比例，分析訂婚人或婚姻當事人不訂定夫妻財產制契約之原因，可能有三:

㈠我國傳統生活，妻無財產能力，子婦不得私蓄財產。妻之有財產能力，乃爲清末民初過渡時期之大理院判例所承認，而稱之爲特有財產，但尙無夫妻財產制之實施[166]。現行民法上之夫妻財產制，乃於民國初年完全繼受外國法律，尤其德、瑞立法例者，而於我國傳統的婚姻生活毫無淵源。因此，現行民法雖詳爲規定夫妻財產制，但一般

[164] 金門與澎湖地方法院至六三年十二月三十一日止，依該函之說明，無人登記夫妻財產制契約。

[165] 此數目係根據行政院主計處編印，≪中華民國六一年度統計提要≫，九七頁。

[166] 參閱戴炎輝著＜中國固有法上之離婚法＞(下)(載於≪法學叢刊≫，第六四期，民國六〇年十月)，二二頁以下。

人民既無傳統習慣，又無現代法律常識，以致結婚時不知有夫妻財產制之存在。

㈡我國傳統社會一向男尊女卑，而在婚姻上表現夫妻一體主義，妻之人格恒為夫所吸收而為無行為能力人。妻之有完全行為能力歸功於現行民法繼受外國法而來。民法雖設數種夫妻財產制，以供婚約人及配偶依契約選擇；但妻受到無行為能力之傳統觀念的影響，保留「嫁雞隨雞嫁狗隨狗」的想法，致妻並不以夫妻平等的地位與夫訂定夫妻財產制契約。

㈢我國民法採用一般財產制契約[167]，於當事人不以契約訂定夫妻財產制時，適用通常法定財產制。因此，訂婚人或配偶雖知悉民法上有夫妻財產制存在，同時妻亦知悉得以平等地位，與夫約定夫妻財產制契約；但他們不瞭解夫妻財產制契約對其婚姻生活有何影響，或認為即使不予約定，亦可適用通常法定財產制。通常法定財產乃立法機關集思廣益所制定的，必較其他約定財產制公平妥當，故他們信賴通常法定財產制，而以之為其婚姻生活財產關係的依據，不另外約定夫妻財產制契約。

第二節　全國各地方法院登記夫妻約定財產制統計表之分析

一、全國各地方法院登記處辦理夫妻財產制契約登記資料統計表[168]

---

[167] 參閱第二章第三節五「夫妻財產制契約之種類」。

[168] 本統計表係依據司法行政部臺64民司函〇二五四號函送臺灣大學法律系之資料，其中金門地方法院與澎湖地方法院，至民國六三年十二月三十一日止，無人登記夫妻財產制契約。

此統計表包括法院名稱、年度及項目；而在項目中，再包括登記之件數、登記之時間（結婚同時登記或婚姻存續中登記）、登記之種類（統一財產制、共同財產制、分別財產制）。

法院名稱	項目／年度	夫妻財產制契約登記件數	登記時間		登記之種類		
			結婚同時登記	在婚姻存續中登記	採統一財產制	採共同財產制	採分別財產制
臺北地方法院	56	30	0	30	0	0	30
	57	39	0	39	0	0	39
	58	37	0	37	0	0	37
	59	57	0	57	0	0	57
	60	46	0	46	0	0	46
	61	48	0	48	0	0	48
	62	59	0	59	0	0	59
	63	56	0	56	0	1	55
	合計	372	0	372	0	1	371
桃園地方法院	62	2	0	2	0	1	1
	63	2	0	2	0	0	2
	合計	4	0	4	0	1	3
臺中地方法院	56	9	0	9	0	0	9
	57	3	0	3	0	0	3
	58	4	1	3	0	0	4
	59	6	0	6	0	0	6
	60	5	0	5	0	0	5
	61	4	0	4	0	0	4
	62	10	0	10	1	0	9
	63	12	0	12	0	0	12

	合　計	53	1	52	1	0	52
高雄地方法院	57	4	0	4	0	0	4
	58	5	0	5	0	0	5
	59	2	0	2	0	0	2
	60	13	0	13	0	0	13
	61	8	0	8	0	3	5
	62	14	0	14	0	1	13
	63	22	0	22	0	0	22
	合　計	68	0	68	0	4	64
屏東地方法院	56	1	0	1	0	0	1
	60	5	0	5	0	0	5
	61	3	0	3	0	0	3
	63	2	0	2	0	0	2
	合　計	11	0	11	0	0	11
臺東地方法院	56	4	0	4	0	0	4
	57	2	0	2	0	0	2
	58	3	0	3	0	0	3
	59	5	0	5	0	0	5
	60	3	0	3	0	0	3
	61	1	0	1	0	0	1
	62	3	0	3	0	0	3
	63	0	0	0	0	0	0
	合　計	21	0	21	0	0	21
宜	58	2	0	2	0	0	2

蘭地方法院	61	1	0	1	0	0	1
	63	1	0	1	0	0	1
	合　計	4	0	4	0	0	4
基隆地方法院	58	2	0	2	0	0	2
	60	3	0	3	0	0	3
	61	2	0	2	0	0	2
	62	3	0	3	0	0	3
	63	7	0	7	0	0	7
	合　計	17	0	17	0	0	17
彰化地方法院	58	2	0	2	0	0	2
	59	4	0	4	0	0	4
	60	4	0	4	0	0	4
	61	3	0	3	0	0	3
	62	4	0	4	0	0	4
	63	5	0	5	0	1	4
	合　計	22	0	22	0	1	21
雲林地方法院	56	2	0	2	0	0	2
	57	4	0	4	0	0	4
	58	2	0	2	0	0	2
	59	3	0	3	0	0	3
	60	5	0	5	0	0	5
	61	1	0	1	0	0	1
	合　計	17	0	17	0	0	17
嘉	56	1	0	1	0	0	1

義地法方院	57	1	0	1	0	0	1
	58	7	0	7	0	0	7
	59	4	0	4	0	0	4
	60	7	0	7	0	0	7
	61	6	1	5	0	0	6
	62	2	0	2	0	0	2
	63	3	0	3	0	0	3
	合計	31	1	30	0	0	31
臺南地方法院	57	1	0	1	0	0	1
	58	9	0	9	0	0	9
	59	3	0	3	0	0	3
	60	7	0	7	0	0	7
	61	6	0	6	0	0	6
	62	9	0	9	0	0	9
	63	10	0	10	0	0	10
	合計	45	0	45	0	0	45
花蓮地方法院	57	1	0	1	0	0	1
	58	1	0	1	0	0	1
	60	1	0	1	0	0	1
	62	1	0	1	0	0	1
	63	4	0	4	0	0	4
	合計	8	0	8	0	0	8
新	56	1	0	1	0	0	1
	57	3	0	3	0	0	3

竹地方法院	58	3	0	3	0	0	3
	59	5	0	5	0	0	5
	60	7	0	7	0	0	7
	61	10	0	10	0	0	10
	62	1	0	1	0	0	1
	63	6	0	6	0	0	6
	合 計	36	0	36	0	0	36

二、登記夫妻財產制契約資料統計表之檢討

臺灣省雖於民國三十四年光復，但司法行政部於民國五十五年十二月五日始公佈夫妻財產制契約登記規則；故各地方法院開始受理夫婦財產制契約之登記係在五十五年年底。本統計表係從民國五十六年元月一日起至民國六十三年十二月三十一日止有關臺灣省與臺北市十四所地方法院登記夫妻財產制契約之情形，其登記之總數共計七〇九件。

㈠從年度觀察之，民國五十六年共登記四十八件，佔總數 6.8%；五十七年共登記五十八件，佔總數 8.2%；五十八年共登記七十七件，佔總數 10.9%；五十九年共登記八十九件，佔總數 12.5%；六十年共登記一〇六件，佔總數 15%；六十一年共登記九十三件，佔總數 13.1%；六十二年共登記一〇八件，佔總數 15.2%；六十三年共一三〇件，佔總數 18.3%。此數字統計，除民國六十一年外，逐年增加，此正表示夫妻財產制契約愈來愈受重視。

㈡從登記的地區觀察之，在臺北地方法院登記者共三七二件，佔總數百分之 52.5%；在高雄地方法院登記者共六八件，佔總數 9.6%；

在臺中地方法院登記者共五十三件，佔總數 7.5%；在臺南地方法院登記者共四十五件，佔總數 6.3%；在新竹地方法院登記者共三十六件，佔總數 5.1%；在嘉義地方法院登記者共三十一件，佔總數 4.3%；在彰化地方法院登記者共二十二件，佔總數 3.1%；在臺東地方法院登記者共二十一件，佔總數 2.9%；在雲林與基隆地方法院登記者各十七件，各佔總數 2.4%；在屏東地方法院登記者共十一件，佔總數 1.6%；在花蓮地方法院登記者共八件，佔總數 1.1%；在宜蘭與桃園地方法院登記者各四件，各佔總數0.6%。此統計數字顯示，在臺北、高雄、臺中、臺南、嘉義等重要都市，夫妻財產制契約登記之件數，多於宜蘭、屏東、花蓮、澎湖（無人登記）等地區。此正表示工商業發達之都市，交易往來頻繁，婚姻生活重視夫妻財產制契約。

㈢從登記時間觀察之，登記總數七〇九件中，在結婚前登記者僅二件，佔總數 0.3%；而在結婚存續中登記者達到七〇七件，佔總數 99.7%。此統計數字顯示：婚約人似不知夫妻財產制契約爲何物，或雖知之而不瞭解夫妻財產制契約對婚姻生活有如何利害關係，故不予訂定。配偶經過婚姻生活之後，始霍然知悉：夫妻財產制契約，於配偶相互間，及對於第三人，都有相當的利害關係，從而選擇一種夫妻財產制契約，以因應各婚姻之特殊性。由此可知，如法國、日本之立法例：禁止結婚後訂立或改廢夫妻財產制契約，不足採取；而如我國之立法例：不但結婚前，而且結婚後，均可予訂定或改廢，比之爲優。

㈣從登記之契約種類觀察之，我民法採用確定性的夫妻財產制契約，而有三種約定財產制，即統一財產制、共同財產制及分別財產制，任當事人選擇其中一種。選擇統一財產制者僅一件，佔總數 0.1%；共同財產制者共七件，佔總數 1%；分別財產制者共七〇一件，佔總數 98.9%。此統計數字顯示：財產併合主義的夫妻財產制，尤其統一財產制不受歡迎；而經濟獨立的夫妻財產制，似較適合於我國民情風俗與經濟狀況。

總之，夫妻財產制契約係法定財產制不適應個別婚姻生活的特殊性時，經當事人約定而予適用的。因此，除非能證明法定財產確係無懈可擊，且面面都顧到的夫妻財產制以前，不能以登記之人少而否定夫妻財產制契約的存在。目前我國社會的結構已從農業社會，邁進工商業社會，教育已普及於鄉鎮，交通發展迅速，人口湧入都市，都市交易頻繁；再發展下去，不久將來，夫妻財產制必愈受國人重視，而夫妻財產制契約登記之件數勢必增加，無庸懷疑。

第五章 結 論

我國現行民法親屬編，參酌現代各國立法例，首創夫妻財產制，其在親屬法上雖佔相當重要的地位，但因其不能與夫妻一體主義的傳統婚姻生活相符合，致未受重視。

近十年來，政府勵精圖治，社會各方面已有長足進步。一方，由於教育的普及，婦女受教育機會增多，與傳統社會婦女之「三從四德」不可同日而語。其結果，甚多女性走出厨房，而踏入社會，謀職就業，與男人比較，毫無遜色。從而夫妻婚姻之生活大爲改觀，夫妻財產關係亦大受其影響。他方，因交通的發展，工商業的突飛猛進，形成了現代都市之資本主義經濟生活，與過去農村閉關自守的經濟生活不能相提並論。其結果，商業往來頻繁，債務之糾紛層出不窮，交易的安全不得不考慮。

爲因應我國這種社會發展之趨勢，目前民法修改之際，宜通盤檢討我國現行夫妻財產制之利弊得失，以免臨渴鑿井，爲時已晚。

檢討我國現行夫妻財產制，有如前面一一所指出，缺點不少，夫妻財產制之修改，宜遵如次三個原則:

(一)夫妻財產制應維護男女平等的原則

男女平等的原則既爲憲法第七條所揭櫫，夫妻財產制自亦應以此爲立法的最高原則。爲達此目的，經濟獨立的夫妻財產制，較其他夫妻財產制，更能貫徹夫妻平等的精神。其次，基於婦女之生理與社會的情況，法律應承認其爲妻與爲母之貢獻，俾妻對於夫在婚姻存續中所取得之財產，能爲分享[169]。

(二)夫妻財產制應顧及交易的安全

現代經濟生活，商業往來頗爲頻繁，交易的安全很受重視。爲保護第三人之債權: (1)夫妻財產制宜採用一般的，且確定性的夫妻財產制，使當事人所約定的內容，不致漫無限制，而使第三人遭受不測之損害; (2)夫妻財產制契約的訂立及改廢，應履踐一定方式，尤須經登記或公告，而使第三人易於明瞭夫妻財產制契約內容的變動，同時不應因夫妻財產制契約的訂立或改廢，而使債權人受到不利的影響，即債務人須依原來夫妻財產制負責。

(三)夫妻財產制應貫徹婚姻共同生活的本質目的

夫妻財產制，誠如 J. Bärmann 教授所說，應使男女因婚姻關係所創設的「家」，成爲社會爲單一體 (Soziologische Einheit)，而有如夫妻在扶養上所表現的生活保持義務的共同關係[170]。男女因結婚在身分上既發生夫妻關係，則在經濟生活上，亦不抱著毫無相干的態度。故夫妻經濟獨立的原則，宜受若干限制，以期夫妻能互相關懷，

---

[169] 參閱 J. Bärmann 前揭一五〇頁。

[170] J. Bärmann 前揭一四九頁。

而能過着和諧的共同生活。

總之，理想的夫妻財產制宜以男女平等、交易安全之保護及婚姻本質目的之達成爲基礎。惟在法律生活上，此三種因素有時不能併行不悖，不能面面顧到。因此，立法者應權衡於其中，以免有所偏倚。

《法學叢刊》，第八十一及八十二期合訂本，民國六十五年六月；
第八十四期，民國六十五年十二月。

柒、從西德、瑞士普通法定財產制檢討我國聯合財產制之修正草案

要　目

第一章　前　言

㈠我國司法行政部自民國六十三年着手全面修改民法以來，已進入了第八年。目前已完成總則、親屬及繼承三編之修正草案，現在正積極的修正債編。在已修正的三編中，以親屬編的修正幅度最大。在總數一七一條中，修正三十六條，新增九條，刪除四條，共計四十九條。在修正親屬編上討論最久，內容變化最大者，當推夫妻財產制，尤其普通法定財產制之聯合財產制❶。

㈡在兼採約定財產制與法定財產制的國家，例如德國、瑞士與我國，普通法定財產制（ordentlicher Güterstand）僅爲一種「補充性與推定性的財產制」，祇有在當事人未以契約另採他種財產制，或當事人依法不必適用特別法定財產制（ausserordentlicher Güterstand）之分別財產制時，始推定適用普通法定財產制❷。

惟普通法定財產制雖係無約定財產制時之補充適用，但其重要性，實凌駕於約定財產制。蓋一般人民缺乏法律知識，不明何謂夫妻財產制；或雖知悉夫妻財產制，但不知如何訂立其內容，以致沒有約定夫妻財產制。當事人即使知悉夫妻財產制應訂立何種內容，但因尙未經歷實際的婚姻生活，夫妻如何發生財產上之利害關係，毫無把握。故信賴普通法定財產制，而不去約定其他財產制。另一方面，各國就普通法定財產制之立法，莫不全力以赴，期能制定出客觀公平的法律內

❶ 民法親屬編修正草案初稿，法務部民法研究修正委員會，民國六八年四月十五日，三頁。

❷ 梅仲協著<比較夫妻財產制緒論>，載於臺大≪社會科學論叢≫第二輯，民國四〇年一月十日，二七頁。

容。此所以普通法定財產制在夫妻財產制中最引人注目❸。有鑑於普通法定財產制的重要性，這次法務部亦以普通法定財產制之聯合財產制爲夫妻財產制修正之主要對象。

㈢我國民法上之聯合財產制乃仿效瑞士舊法之聯合財產制（Güterverbindung)所規定的;而瑞士舊法之聯合財產制乃以德國舊法定財產制之管理共同財產制（Verwaltungsgemeinschaft）爲藍本。我國司法行政部在這次修正我國普通法定財產制時，瑞士新普通法定財產制之所得分配財產制（Errungenschaftsbeteiligung）尚未公佈實施，故以瑞士舊法之聯合財產制爲基礎，分析其利弊得失而加以修正。

瑞士鑑於二次大戰結束以來，婦女教育之提高與普及，其就業率大大的提高；另一方面，家庭子女減少❹，家務管理簡化。面對如此的社會發展趨勢，婚姻共同生活上之權利義務關係不得不重新檢討。公元一九七九年七月十一日修正之新法已不再承認「妻主內，夫主外」之婚姻生活型態，妻亦不再扮演主婦權（Schlüsselgewalt）之角色。夫妻在婚姻共同生活勿寧是合夥的平等關係（Partnerschaftsehe）❺。家務管理與就業賺錢是夫妻依約定而分配其任務。依新法第一六三條規定，夫妻雙方應各依其能力共同照顧家庭一切生計，此包括夫妻與子女個人生活之需要；夫妻以支付金錢、管理家務、撫育子女或對他

---

❸ H. Dölle, *Familienrecht*, Bd. 2, Karlsruhe, 1964, S. 741.

❹ 依據瑞士 *Statistische Quellenwerke der Schweiz*, Heft 561, Tab. 8,01 資料，統計公元1920年與1970年家庭子女人數之比較，有如下表:

子女數	無	1	2	3	4	5以上
1920	25.5	23.5	19.9	13.0	7.8	10.3
1970	23.2	26.9	22.8	10.8	4.1	2.2

❺ *Botschaft über die Änderung des Schweizerischen Zivilgeseizbuches*, 1979, S.13.（簡稱 Botschaft）

方職業或營業上之協助爲主要之方法，約定各人在共同生活所應分擔之比例。新法又爲保護妻之利益，於第一六四條規定，一方配偶因管理家務、撫育子女或對他方職業、營業上給予協助，而無自已之收入者，得請求他方給與相當之金額，以供其自由處分。

由於新法調整了婚姻生活之夫妻關係，使舊法之聯合財產制無法配合夫妻平等精神❻，故仿效德國公元一九五八年制定之淨益共同財產制（Zugewinngemeinschaft），而以所得分配財產制爲普通法定財產制，以取代舊有之聯合財產制。

我國現行聯合財產制，經民法修正委員會廣徵各方意見，反覆推敲所修正完成的，因此其修正內容較原規定顯然合理公平。筆者願在本文以比較法學之方法，從德國淨益共同財產制及瑞士所得分配財產制之立法基礎，檢討我國聯合財產制修正草案之得失，期供立法上之參考。有鑑於以上之觀點，本文共分三大點說明。㈠德國淨益共同財產制之立法基礎。㈡瑞士新法所得分配財產制之內容及舊法聯合財產制之比較。㈢我國現行聯合財產制之缺失與修正草案之改進。

第二章 德國淨益共同財產制 (Zugewinngemeinschaft) 之立法基礎

一、概說

㈠西德自公元一九五七年六月十八日公佈實施男女平等法❼以

---

❻ Botschaft, S. 17.

❼ Gesetz über die Gleichberechtigung von Mann und Frau auf dem Gebiete des bürgerlichen Rechts.

來，鑑於原普通法定財產制之分別財產制（Gütertrennung）違反夫妻之平等，首當其衝而受到全面的修正❽。自公元一九五八年七月一日起，以淨益共同財產制取代舊有之分別財產制，而成爲西德普通法定財產制❾。

㈡淨益共同財產制之基本精神，有如所得共同財產制（Errungenschaftsgemeinschaft）:在婚姻關係存續中夫妻所增加之財產,由夫妻共有，蓋該財產係雙方在婚姻生活中，多方面分工合作，並同心協力所獲得之成果❿。惟淨益共同財產制避免了所得共同財產所發生之缺點：共同財產管理之困繞與對外債務負擔之複雜。在淨益共同財產制並無夫妻公同共有之財產（Gesamtgut），卻是夫妻財產自始分離（Gütertrennheit），一如分別財產制之情形⓫。

惟爲顧慮婚姻生活之共同體，淨益共同財產制規定：在婚姻存續中，配偶一方爲滿足婚姻共同生活之需要，就他方所取得之財產，有參與分配之權；換言之，在婚姻解消時，在婚姻關係存續中沒有增加或增加較少之一方配偶，對他方增加財產差額之半數，有債權之分配請求權⓬。此點係分別財產制所沒有之規定，亦即藉此淨益財產之分配請求權，顯示夫妻在婚姻共同生活係合夥平等之關係，並確認管理家務不再專屬於妻之任務⓭，卻需由夫妻約定出外工作與管理家務之任務。

---

❽ 德國自公元一九五三年四月一日起以分別財產制取代管理共同財產制爲其普通法定財產制，自公元一九五八年七月一日起又以淨益共同財產制取代分別財產制爲其普通法定財產制。

❾ G. Beitzke, *Familienrecht,* München, 1977, S. 74.

❿ J. Gernhuber, *Lehrbuch des Familienrechts,* München 1980, S. 456.

⓫ G. Beitzke, *Familienrecht,* S. 82.

⓬ 德國民法第一三七八條。

⓭ 此合夥平等之婚姻關係參照德國新修正法第一三五六條、一三五七條、一三六〇條及一三六〇條之 a 。

惟淨益共同財產制之名稱似乎取得名不符其實。蓋在婚姻存續中，夫妻原則上無共同財產，卽使在婚姻中夫妻所取得之財產，仍然分離，各歸夫妻所有。故學者多主張德國普通法定財產制應命名爲淨益補償之分別財產制（Gütertrennung mit Zugewinnausgleich）⑭。

二、財產分離之原則

(一)所有權關係

在淨益共同財產制夫妻卽使結婚後，並無夫妻公同共有之財產，仍保持各自財產之分離(德民一三六三條二項)，各配偶對於自己原有之財產及婚姻存續中所取得之財產，尤其職業或勞力所獲得之財產（德民一三六四條），各自管理與使用收益。夫妻除法律以列擧之方法特別規定外（德民一三六五條至一三六九條），原則上得自由處分財產。惟夫妻身分關係最重要之目標，在期望婚姻共同生活之美滿和諧，而不在強調自由處分財產。因此該財產之處分權不能違背德國民法第一三五三條夫妻婚姻共同生活之利益，尤其不能牴觸德國民法第一三六〇條以下夫妻互負扶養之義務⑮。

在淨益共同財產制有時亦可成立共同財產。但該共同財產不依德國民法第一三六三條第二項之規定而成立，亦非如共同財產制成立公同共有之財產；卻是依據夫妻雙方之合意，而成立持分之分別共有之所有權關係；卽該物或財產依各人之持分比例共有。如有疑問時，各人佔一半。簡言之，在淨益共同財產制，無法定之公同共有之財產，祇有約定之分別共有財產。最常見之分別共有之財產是夫妻在婚姻生

---

⑭ G. Beitzke, *Familienrecht*, S. 80; Soergel-Siebet-Lange, B.G.B., Bd.5,10, Aufl. S. 98.

⑮ J. Gernhuber, *Lehrbuch des Familienrechts*, S. 457.

活中所節約之費用以雙方名義所購買之家具或夫妻以共同法律行爲所取得之財產⑯。

不動產土地所有權人則依土地登記簿之登記決定之。如配偶一方單獨登記所有權，而他方對該不動產之取得亦有協力或貢獻時，對所有權人有債權之補償請求權⑰。夫妻對占有之效果，依一般物權法之規定。在分居期間，夫妻在各居所各自占有其所有物，不易發生疑問。但於婚姻共同生活期間，夫妻各自保管之物或專供各人使用之物，各人亦得獨自占有與保管。

(二)家庭用具之特別規定

家庭用具爲婚姻共同生活所不可缺少的必需品，因此德國民法有時避開一般所有權之規定，卻適用特別規定。配偶一方處分其所有家庭用具，非得他方之同意不可（德民一三六九條）。在婚姻共同生活期間，爲事實上之需要，配偶一方之家庭用具有提供他方無償使用之義務。家庭用具因使用而破毀或無價值後，無論配偶任何一方利用該物改造成新家庭用具，其所有權仍歸屬於原物所有之一方，初不問改造目的爲何方之利益，亦不問改造後之家具數量上或價值上較原物增加或減少（德民一三七〇條）。學理上稱此規定爲物上代位權（dingliche Surrogation）。

(三)清償債務之責任

在淨益共同財產制上，夫妻不僅其所有權，而且其管理、收益及處分權亦分離，故不問夫妻在結婚前所負之債務或婚姻關係存續中所負之債務，各以自己之所有財產負責。如在婚姻共同生活上，夫妻一方爲他方代償債務，即使在婚姻存續中，亦有求償權(德民六八三條、

⑯ G. Beitzke, *Familienrecht,* S. 82f.

⑰ J. Gernhuber, *Münchener Kommentar*, *Familienrecht,* Bd.5, §1370, S. 237.

八一二條）。

為維持婚姻共同生活之本質目的，尤其為保護交易安全起見，依德國民法第一三五七條，夫妻任何一方為婚姻共同生活所需要（Lebensbedarf）而所為之法律行為，其效力及於他方。此為日常生活共同法定代理之權限，亦即夫妻對外表現婚姻生活之單一性⑱。因此在此生活所需之範圍內，夫妻負連帶清償之責任⑲。至於夫妻內部關係，仍依德國民法第一三六〇條與一三六一條之a規定，清償之一方對他方有求償權。

三、處分權之限制

德國淨益共同財產制雖採取財產分離之原則，但放任各配偶對其自己財產為無限之處分，必危害婚姻共同生活之維持，亦侵害他方日後淨益財產之分配請求權。立法者有此顧慮，對配偶一方就其全體財產處分或對於其家庭用具之處分，課以應得他方同意之限制，甚至一方就其負擔義務之行為，亦需得他方之同意。

(一)全體財產處分之權限

德國民法第一三六五條第一項規定：「⑴夫妻之一方須經他方之允許，始得就其全部財產，負擔處分之義務。⑵夫妻之一方未經他方之同意而負擔此項義務者，須經他方之允許，始得履行其義務」。

該條第一項在解釋上引起爭論。蓋德國民法上無「全體處分」(Gesamtverfügung）之概念，卻祇有單一或個別之處分。「全體處分」之概念或許來自德國共同財產制上「共同財產之全部處分」（德舊法一四四四條，新法一四二三條）⑳。依學說之解釋，「全體處分」係

⑱ Wacke, *Münchener Kommentar*, *Familienrecht*, Bd.5, §1357,S.131f.
⑲ G. Beitzke, *Familienrecht*, S. 61.
⑳ G. Beitzke, *Familienrecht*, S. 83.

配偶一方將全體財產為一次之處分行為，即使其財產僅為單一之標的[21]。在實務上，為保護婚姻共同生活，擴張解釋該項適用之範圍，尤其在不動產登記之交易上，認定不動產所有權或其他不動產上之權限係配偶一方唯一重要之財產，使其處分該財產標的時，亦應得到他方之同意[22]。

(二)家庭用具處分之限制

夫妻欲維持婚姻共同生活，家庭用具之共同使用乃不可或缺的。夫妻一方如能任意處分其所屬之家庭用具，則必妨害婚姻共同生活之和諧。因此就屬於自己家庭用物之處分，夫妻一方不但不能主張德國民法第一三五七條之代理權限，而且尚應得他方之同意始可。德國民法第一三六九條第一項與第二項規定:「1.配偶一方須經他方之同意，始得處分其所取得之家庭用具，並有為此項處分之義務。2.配偶一方無正當理由而拒絕同意，或因疾病或不在而無從表示同意者，監護法院得因他方之聲請，代為同意之表示」。

依該條文義觀之，限制家庭用具之處分，以僅限於屬於自己之家庭用具；如處分他方之家庭用具，不適用該條之規定。惟此種解釋不能充分保護婚姻共同生活之需要，故實務上將其意義擴張解釋，凡一方配偶處分屬於夫妻所屬之家庭用具者，基於共同占有理論之根據，均需得他方之同意始可[23]。

準此以解，配偶一方將屬於他方所有之家庭用具，未得他方之同

---

[21] J. Gernhuber, *Lehrbuch des Familienrechts,* S. 473. 又右近健男著<法定夫婦財產制—西ドイツ>載於≪比較法研究≫，一九七五，比較法學會，有斐閣，四六頁以下。

[22] Oberlandgerichte Köln NJW 1971, S. 2312; G. Beitzke, *Familienrecht*, S. 84.

[23] G. Beitzke, *Familienrecht*, S. 85.

意而讓與善意之第三人時(德民九三二條)，基於家庭用具共同占有爲由，該第三人無法依德國民法第九三五條之規定取得該受讓物之所有權㉔。通說更從寬解釋：夫妻卽使分居，祇要該用具在分居以前已屬於婚姻共同生活之所需者㉕，第三人亦無法善意受讓該物之所有權。

(三)未得他方同意之處分行爲之效力

德國民法第一三六五條與一三六九條規定處分之禁止，卽一方未得他方同意而爲全體財產及家庭用具之處分行爲，其效力如何，德國民法無明文。依法院判例，該禁止處分行爲之效力甚強㉖。依該判例之意旨，未得他方同意之上述處分行爲，如爲單獨行爲，自始且絕對無效（德民一三六七條）。如爲契約行爲，則爲效力未定，得由他方事後之同意而發生效力（德民一三六六條）。在效力未定之契約，第三人未知悉其行爲之相對人尚未結婚或該行爲之相對人違背事實而主張已得他方之同意者，該第三人始得撤回契約（德民一三六六條二項）。至於物權上之處分行爲，第三人無善意取得之可能，不問第三人誤認不必得到他方配偶之同意或第三人主張該受讓物不屬於家庭用具，更不問第三人以爲行爲之相對人尚未結婚。爲此德國民法第一三五條有利於第三受讓人之規定不能適用㉗。從以上規定與解釋，不難推測處分權限制之立法意旨，在於夫妻婚姻共同生活之維護，優先於交易安全之保護。

至於配偶表示同意之方法，親屬編別無規定，故應適用總則編第一八二條與一八三條之規定。依該規定，同意可向他方配偶或與他方

㉔ Oberlandgericht Köln, MDR, 1968,586.

㉕ G. Beitzke, *Familienrecht*, S. 85.

㉖ BGHZ, 40,48.

㉗ 例如德國民法第一三五條第二項之規定，在此情形不能適用：「取得權利由於無權利人之讓與者，法律就之所爲有利於取得人之規定，於本條情形準用之」。

配偶行為之第三人為之。在履行處分行為以前，同意之配偶得撤回其同意。惟配偶一方無正當理由而拒絕同意，或因疾病或不在而無從表示同意者，監護法院得因他方之聲請，代為同意之表示（德民一三六九條二項）。

四、淨益財產之分配

德國淨益共同財產制之核心內容，在於該財產制消滅時，如何將其於婚姻關係存續中所取得之財產分配於夫妻雙方。德國民法就此分為因死亡之淨益分配及因離婚或其他原因改用夫妻財產制之淨益分配。

(一)死亡情形之淨益分配

配偶一方之淨益分配係提高生存配偶之法定應繼分四分之一。依德國繼承法的規定，配偶與任何血親繼承人共同繼承時，自始以遺產之一定比例計算其法定應繼分。惟有子女時，配偶之應繼分為遺產之四分之一；無子女者，為遺產之二分之一（德民一九三一條）。由此可知，淨益共同財產制因配偶一方死亡而廢止者，依德國民法第一三七一條之規定，不問夫妻財產實際有無淨益，其生存配偶一概增加法定應繼分四分之一，以為淨益之分配。此時該配偶有子女者，獨得遺產之二分之一；無子女者，獨得遺產四分之三。

該死亡之淨益分配，自公佈實施以來，受各方面的激烈批評。蓋德國民法第一三七三條以下眞正淨益之分配，祇適用於離婚、結婚廢棄或婚姻無效等之情形；換言之，僅適用於婚姻惡終之不正常情形。至於一方配偶因白首偕老而先死亡之善終情形，反而以提高法定應繼分來淨益分配。此舉顯示立法者本末倒置之嫌，而抹殺淨益分配在於發揮公平正義之功能。其次，死亡淨益之分配不問配偶相互間實際有無淨益，均提高生存配偶之法定應繼分，此無異造成過於保護生存之配偶。德國民法第一九三二條第一項依據男女平等法提高了生存配偶之繼承權：「⑴生存配偶與第二順序之血親或祖父母共同繼承時，除應繼分外，並取得土地之從物以外之婚姻生活用具及結婚贈與物作爲其先取遺產。⑵生存配偶與第一順序之血親爲共同繼承時，前段所定之標的物，係處理適當家務所必需者，亦歸屬於生存配偶」。尤其德國社會福利與社會保險制度極爲健全，配偶一方死亡後，他方生活之扶養受到年金或保險金額給付之保障。另一方面，以提高生存配偶之法定應繼分爲淨益分配時，無異於先死亡之一方配偶喪失淨益分配之請求權，從而該死亡配偶之繼承人將被剝奪淨益分配額之繼承權。

依立法者之解釋，淨益分配請求權係人格專屬權，配偶之繼承人不得繼承，又生存配偶死亡後，原先之所有淨益亦由其共同子女繼承，故仍甚公平㉘。惟學者對此解釋認爲有商榷之餘地。蓋淨益分配係婚姻關係存續中，夫妻以勞力或其他方法所得，不應一方先死亡，就喪失淨益之分配，卻應一本初衷，將淨益財產公平分配給雙方，而與夫或妻之其他財產構成遺產之一部，期令死亡配偶之繼承人繼承。如此始能符合淨益之固有意義，並達公平正義之分配原則㉙。其次，生存配偶將來死亡後，其淨益所得之財產，仍由其共同子女繼承，此種解釋固無可厚非，但生存配偶再婚後，勢必將死亡配偶留下之淨益帶入另一新家庭，而其與新配偶享受該淨益之利益，尤其再婚後有子女者，該子女於生存配偶死亡時，勢必與前婚子女共同繼承，此對前婚所生之子女，亦有不利之處㉚。

㉘ G. Beitzke, *Familienrecht*, S. 90,91.
㉙ G. Beitzke, *Familienrecht*, S. 89.
㉚ G. Beitzke, *Familienrecht*, S. 89,90.
J. Gernhuber, *Lehrbuch des Familienrechts*, 第四九六頁稱此淨益分配爲配偶間生存期間之淨益分配 (Zugewinnausgleich zu Lebzeiten beider Ehegatten)。

生存配偶如非繼承人，且未受遺贈者，關於淨益之分配，得依德國法第一三七三條至一三八三條及第一三九〇條之規定請求分配淨益；於此情形，生存配偶或其他特留分權利人之特留分，依配偶原有之法定應繼分決定之（德民一三七一條二項）。

生存配偶如拋棄繼承權者，該配偶依繼承法之規定，不享有特留分時，除得請求分配淨益外，並得為特留分之請求；但曾以合意對其配偶約定拋棄其法定繼承權或特留分權者，不在此限（德民一三七一條三項）。

(二)離婚及其他情形之淨益分配

法定的淨益共同財產制並非配偶一方死亡而廢止，卻是離婚、婚姻無效、婚姻廢棄或改用其他財產制而廢止者，適用德國民法第一三七二條以下所規定法定財產制淨益之分配㉛。

1.實際淨益之概念：德國民法上之淨益分配係配偶一方於婚姻關係存續中無淨益或淨益較少者，對他方單獨淨益或淨益較多之一方，請求淨益差額半數之債權(德民一三七八條一項)。此項請求權特稱為「平衡債權」(Ausgleichsforderung)㉜。此處所稱淨益，係配偶一方之終結財產（Endvermögen）超過開始財產（Anfangsvermögen)，其超過數額為淨益（德民一三七三條）。

開始財產與終結財產在淨益共同財產制成為對立之概念。開始財產係指夫妻於採用法定財產制時，各自所有之財產。通常為結婚時夫妻各自所有之財產。惟實際計算開始財產，應先扣除該財產所負之債務，但債務以扣盡財產總額為限；簡言之，開始財產不能成為負數（德民一三七四條）。至於終結財產係指離婚、婚姻無效或法院提早判決清算淨益之判決確定之日，夫妻各所有之財產。計算終結財產時，一

㉛ J. Gernhuber, *Lehrbuch des Familienrechts,* S. 514.
㉜ 參閱德國民法第一三七八條。

如開始財產，應先扣除債務後所剩餘之財產（德民一三七五條）。

淨益之債權平衡建立於夫妻婚姻生活分工合作之基礎之上。為達該目的，無論夫妻任何一方，在婚姻存續中所獲得之財產，他方因履行婚姻共同生活之義務而亦有貢獻，故應平均分配於雙方，始能稱為允當。基於此理論基礎，夫妻之一方如非因婚姻生活之分工而所取得之其他財產，應由取得一方配偶單獨所有，而宜從淨益分配除外[33]。德國民法第一三七四條第二項規定，夫妻財產制開始後，配偶因死因處分所得之財產，或與將來繼承有關而因贈與或遺嫁所得之財產，於扣除債務後，應算入開始財產，卻不參與淨益分配，以示公平（德民一三七四條二項）。

至於婚姻存續中配偶所得之退休金、年金或其他類似之扶養費用，亦不適用夫妻財產制之淨益分配，卻適用德國民法第一五八七條第三項所規定之養老殘疾津貼之特別規定。

基於平衡之理論，計算配偶一方之平衡債權時，如該配偶曾由他方配偶因生前處分行為而有所獲得，並經指定其數額應算入淨益平衡債權之內者，亦應算入淨益數額。其次，配偶相互間所為之贈與超出通常餽贈之價値者，原則上亦應推定算入平衡債權之數額內（德民一三八〇條），以示公平。

2.淨益之計算：計算淨益之平衡債權時，須確定開始財產與終結財產之正確數額。

開始財產係夫妻於採用淨益共同財產制開始時，扣除債務後所剩餘之財產。惟開始財產不能有負數，故祇有債務而無財產時，開始財產以零計算（德民一三七四條）。此規定之立法意旨在於避免配偶一方於婚姻解消時，雖有淨益存在，但因開始財產有負數，而不必負擔

---

[33] G. Beitzke, *Familienrecht*, S. 95.

淨益之平衡債權之弊病。尤其一方之開始財產爲負數時，他方勢必將其全部淨益爲他方衡平債權履行之客體，其不當顯而易見㉞。

通常婚姻共同生活持續甚久，有長達五、六十年之久，在長期性之婚姻生活，夫妻之財產極易發生變動。爲避免日後確定開始財產之困難，立法者令夫妻預先製作財產目錄，以爲徵信：配偶一方之開始財產及應算入開始財產之財產，其數量及價值，經雙方同意而登載於目錄者，於配偶內部關係，推定該淸册爲正確。配偶一方作成財產目錄時，得請求他方協助（德民一三七七條一項、二項）。配偶間如未製作財產目錄者，推定配偶一方之終結財產卽爲其淨益財產（德民一三七七條三項）。

總之，開始財產之算定在財產目錄所記載之數額有充分之證據力。至於開始財產之來源有二：其一，夫妻於採用淨益共同財產制時各自所有之財產，扣除所負債務而剩餘之財產。其二，夫妻財產制開始後，一方配偶因死因處分所得之財產或與將來繼承有關而因贈與或遺嫁所得之財產，於扣除債務後，亦應算入開始財產之數額（德民一三七四條二項）。

終結財產係配偶於夫妻財產制終了時，扣除債務後所剩餘之財產（德民一三七五條一項）。爲使淨益之平衡債權之請求權發揮預期之功能，配偶之一方對他方之終結財產及民法第一三七五條第二項所列擧減少終結財產之情形，有知悉之權利。爲此配偶之一方得隨時請求他方報告財產之狀況。該報告義務不因淨益權利人或淨益義務人而有所不同（德民一三七九條、二六〇條）。

爲免於配偶一方以不正當之方法減少終結財產，以期達到詐害對方之淨益額，德國民法第一三七五條第二項特加防止：非履行道德上

㉞ G. Beitzke, *Familienrecht*, S.96.

之義務，或於禮儀上顯不相當而爲無償給與，或浪費財產，或故意以損害他方爲目的而爲之行爲，應估價其數額而算入終結財產之內，以爲平衡債權之總額。

3.計算淨益財產制各種財產之標準：淨益共同財產制有各種不同之財產與債務。該價值計算之標準如何，對淨益之平衡債權有莫大之影響，故立法者於民法第一三七六條各項確定如下之計算方法，以杜爭執：

第一項：開始財產價值之計算，依夫妻財產制開始時財產現存之價值；應算入開始財產之財產，依其取得時之價值。

第二項：終結財產價值之計算，依夫妻財產制終了時，財產現存之價值；減少之財產應算入終結財產者，依減少事由發生時之價值。

第三項：前兩項之規定，於債務之估價準用之。

第四項：計算開始財產及終結財產時，其農林產業部分，應以收益價值估計之。

4.淨益平衡債權之履行：淨益之平衡債權僅能於夫妻財產制終了時始能發生，並由此時起，始得繼承及轉讓。在此以前，雙方配偶均不負擔處分平衡債權之義務（德民一三七八條三項）。平衡債權之時效期間爲三年，其期間自配偶知悉夫妻財產制終了時起算。又財產制終了已逾三十年者，此項債之請求權卽罹於時效。至於財產制因配偶一方之死亡而終了者，適用關於特留分請求權時效之規定（德民一三七八條四項）。

惟因特殊情況，如給以平衡債權者，有時反而有失公平，故立法者特設緩和條款，就淨益之分配及淨益清償之期限，授權由法院彈性裁定，以免發生苛刻或不公平之情形㉟。因此依其情形淨益之分配顯失公平者，債務人對於平衡債權之請求，得拒絕給付。尤其淨益較少之配偶，就婚姻關係所生之經濟上義務，因其過咎而未履行者，即屬有顯失公平之情形（德民一三八一條）。例如依德國民法第一三六〇條妻有負擔家務工作之義務，但其從未履行者，於離婚時，夫得拒絕其淨益之平衡。

其次，令淨益債務人即時履行平衡債權之責任，有時因農產品未收成或商業資金周轉不靈而有困難時，得對淨益債權人提供擔保，並支付利息，請求監護法院爲緩期清償之允許（德民一三八二條）。又監護法院依債權人之聲請，得命令債務人於計算平衡債權時，移轉其財產內之特定物於債權人，但以爲避免對於債權人顯失公平，而對於債務人又屬適當者爲限（德民一三八三條）。

第三章　瑞士所得分配財產制之內容與舊聯合財產制之比較

一、瑞士一九六二年之法定財產制之修正草案

瑞士自公元一九〇七年制定其民法以來，即以一九〇〇年德國普通法定財產制之管理共同財產制爲基礎，採用聯合財產制(Güterverbindung)爲其普通法定財產制。在其民法尚未制定前，分別財產制一度被考慮爲普通法定財產制。但因分別財產制一則牴觸婚姻共同生活之本質目的；再則對管理家務及育幼之妻方，無法取得夫方在婚姻存

㉟ G. Beitzke, *Familienrecht*, S. 98,99.

續中所增加財產之補償請求權，而未被採用㊱。瑞士之聯合財產制，一方有婚姻財產之組成，使夫對於婚姻財產有統一管理、使用收益之權，（瑞舊民二〇〇條、二〇一條），而符合婚姻共同生活之本質。他方，於聯合財產制消滅時，妻或其繼承人對於夫在婚姻關係存續中所增加之財產有三分之一的補償請求權（瑞舊民二一四條），期以補償妻因家務管理及育幼之辛苦。

惟自聯合財產制實施以來，瑞士家庭結構之變動，婦女就業率之提高，婦女團體逐漸對聯合財產制之內容表示不滿，尤其聯合財產制之婚姻財產，妻方自始無法管理、使用收益之權，有違夫妻平等之原則㊲。有鑑於此，於公元一九二八年召開之瑞士法學家協會（der Schweizerische Juristverin）之總會，首次提出聯合財產制之修正意見，但其時機尚未成熟而未有成果㊳。

自德國依據其男女平等法於公元一九五八年修正其夫妻財產制，並以淨益共同財產制爲德國之新普通法定財產制後，瑞士在同時期一九五七年之法學家協會之總會上，正式以「夫妻財產制」爲議題，提出修正討論。其中有二位頗具影響力之法學家報告其修正之意見。其一爲自由堡大學教授 H. Deschenaux。依其見解，應廢除併合財產之聯合財產制，而採分別財產制爲原則，但限制財產之處分權，並各人對他方所得之財產有二分之一的持分。另一爲聯邦法院推事 Stocker。依其意見，仍宜維持聯合財產制，但依夫妻平等的觀點，稍作修正。討論後付諸表決，投票結果廢止派四票，維持派三票。惟現行聯合財產制應如何全面修正，意見紛歧而遭擱置㊴。

㊱ Botschaft S. 23.
㊲ Botschaft S. 12.
㊳ 松倉耕作著≪スイスの夫婦財産法≫，千倉書房，一九七七年，二二二頁。
㊴ Botschaft S. 35.

為此，瑞士聯邦司法與警察廳，聘請專家特設親屬法修正研究委員會(Die Studienkommission für die Revision des Familienrechts des Schweizerishen Zivilgesetzbuches 以下簡稱研委會)，研委會之主席爲新堡大學(Neuenburg)教授 Jacques-Michel Grossen，期能討論瑞士夫妻財產制之修正內容，並決定何種普通法定財產制，以代替舊有之聯合財產制。該研委會經長期之討論，於公元一九六二年向聯邦司法與警察廳提出初步草案“Bericht der Studienkommission für die Teilrevision des Familienrechts (Ausserehelichen-Adoption-und Ehegütterrecht) erstattet dem Eidg. Justiz-und Polizeidepartement am 13. Juni 1962”該草案涉及親屬法之修正內容，除夫妻財產制外，尙有非婚生子女及收養問題。

在夫妻財產制之修正中，研委會建議以「自己管理財產制」(Eigenverwaltung) 取代聯合財產制爲瑞士新普通法定財產制。所謂「自己管理財產制」乃於婚姻解消時對盈餘財產有參與分配權之分別財產制 (eine Art Güttertrennung während der Ehe mit Vorschlagsbeteiligung bei Auflösung der Ehe)[40]。研委會提出之「自己管理財產制」有三點特色:

(一)各配偶於婚姻關係存續中，就自己固有財產(Eigengut)及所得(Erwerb)有管理，使用收益及處分權。

(二)於婚姻解消時，各配偶對於他方盈餘之財產(Vorschlag)有持分權。

(三)在盈餘分配上，因配偶一方死亡或離婚而有所不同；換言之，在前者，生存配偶一方對於他方之盈餘得請求三分之二，該請求權不影響權利人在繼承法上之地位。在後者，原則上各配偶

---

[40] 松倉耕作前揭二二四頁。

請求對方盈餘的二分之一。

瑞士一九六二年修正草案上之「自己管理財產制」，名稱雖異於德國一九五八年之淨益共同財產制，但其主要立法基礎實有雷同之處。可見瑞士該草案上之夫妻財產制受德國法影響之深。

二、瑞士一九七六年之法定財產制之修正草案

瑞士一九六二年研委會所提出之修正草案，其聯邦議會參酌一九六六年 Buri及一九六九年 Muheim 兩位學者之修正意見，終於一九七三年四月一日通過收養法，於一九七八年十月六日通過親子法之修正草案。至於夫妻財產制之修正，因涉及婚姻普通效力、離婚之效果及繼承法上配偶之應繼分，問題複雜，不得不重新檢討而遭到擱置。

有鑑於此，一九六八年底瑞士聯邦司法與警察廳設置由學術界與實務界共同擴大參加之專家修正委員會（Expertenkommission，簡稱專委會），委員共有二十七名，委員會之主席仍由 Jacquas-Michel Grossen 擔任。該專委會授權自由堡大學教授 H. Deschenaux 及日內瓦大學教授 Gilles Petitpuirre 共同負責起草修正草案。經長期研討後，於一九七六年再度提出親屬法之修正草案初稿，該草案之修正內容分為四部分：

(一)婚姻普通效力

首先修正婚姓，即妻於結婚後，亦得依聲明保留其本姓。其次由夫與妻共同行使子女之親權，以符合男女平等的原則。又夫妻應全力負擔共同生活之費用，同時強調共同生活之負擔，不單以金錢支付，而且以家務管理及育幼方法亦能履行。為使家務管理之一方配偶不陷於經濟上之不利益，在婚姻存續中對他方得請求一定之費用，以為個

人生活之所需[41]。

(二)夫妻財產制

在夫妻財產制上，廢止聯合財產制而以所得分配財產制爲普通法定財產制。同時約定財產制祇剩分別財產制一種。至於共同財產制不再爲約定財產制之一種[42]。在所得分配財產制上，夫妻之財產分爲固有財產與所得。配偶任何一方對於自己財產有管理、使用、收益權。在財產制廢止時，配偶一方對於他方之盈餘(Vorschlag)有二分之一的盈餘分配請求權。配偶雙方得依契約分配其盈餘，但不得侵害其他繼承人之特留分額。惟該約定不適用於離婚、分居或婚姻無效之情形[43]。

(三)配偶在繼承法上之應繼分

配偶在繼承法上之地位，改善不少。配偶與子女共同繼承時，其應繼分從遺產之四分之一，增加至二分之一。又配偶與第二順序之父母及其直系血親卑親屬共同繼承時，其應繼分亦較原規定增加。此外兄弟姊妹之特留分額删除，又曾祖父及其直系血親卑親屬之用益權亦廢除[44]。

(四)過渡時期之條款

專委會爲盡速實施新普通法定財產制，對於原採用聯合財產制之夫妻採取如下過渡時期之方法：新普通法定財產制實施後，爲防止原聯合財產制清算之困難，一律改用新法之所得分配財產制。惟夫妻當事人得另以契約繼續適用聯合財產制。至於其他依約定而適用之夫妻財產制仍然繼續，不受影響[45]。

---

[41] Botschaft S. 38.
[42] Botschaft S. 39.
[43] Botschaft S. 39.
[44] Botschaft S. 39
[45] Botschaft S. 39.

三、瑞士一九七九年七月一日修正法上之所得分配財產制

自公元一九七九年專委會公佈修正初稿後，再度廣徵各方意見，其謹愼之態度，令人欽佩。經各邦及民間團體之熱烈反應，聯邦議會綜合各方意見，反覆推敲，充分討論，終於通過一九七九年七月一日之瑞士民法修正草案（婚姻普通效力、夫妻財產制、繼承法）（Botschaft über die Änderung des Schweizerischen Zivilgesetzbuches-Wirkungen der Ehe in allgemeinen, Ehegüterrecht und Erbrecht)。

(一)修正法之立法基礎

瑞士民法此次之修正內容之立法基礎，可分三點：1.貫徹男女平等，2.維護婚姻共同生活之利益，3.法院之積極介入。

1.貫徹男女平等：首先該修正法案將民法上尙殘留有關婦女受監護之規定加以廢除，使夫妻平等更上一層樓。依此精神，夫不再是一家之主，卻是地位平等。因此在婚姻生活上，不再有妻服從夫之規定。雙方配偶在人格發展上、職業選擇上及經濟活動上，均享有自決之權，而不必受制於他方（瑞新法一六三條、一六四條）。立法者認爲夫妻婚姻之成功與否繫於夫妻本身之自制與協調。因此不宜將婚姻生活詳細規定於法條，卻僅概括之規定即可，期使夫妻在個個共同生活上有較大的自由選擇權[46]，期以因應婚姻生活之特殊性。

2.維護婚姻共同生活之利益：婚姻共同生活之利益不能爲男女平等之個人主義所犧牲。爲此配偶任何一方於選擇或從事其職業或營業時，須顧及他方與婚姻共同體之利益(瑞新一六七條)。其次，爲日常

---

[46] Botschaft S. 45.

家務之需要，於同居期間，配偶任何一方得爲婚姻共同生活之代理（瑞新一六六條）。又配偶一方終止租約或讓與住所、居所或以其他法律行爲限制家庭居室或空間之權利時，須得他方明示之同意（瑞新一六九條）。

3.法院之積極介入：男女平等之原則與婚姻共同生活之利益乃相互矛盾與牴觸。如二者發生衝突，致無法解決時，婚姻共同生活之利益，勢必遭到嚴重之危害。有鑑於此，瑞士新法給以法院多方面積極之介入，期能客觀的監督並公平的調和二者之衝突。例如配偶一方不履行其對家庭之義務或配偶雙方對於婚姻共同生活之重要事項，意見未能一致者，得共同或單獨請求法院調節（瑞新一七二條一項）。法院應督促夫妻履行其義務，並試行調解（瑞新一七二條二項）。於必要時，法院依配偶一方之請求，得採取法律所規定之措施（瑞新一七二條三項），期以保護婚姻生活。又法院得因配偶一方之請求，確定家庭生計費用之分擔；法院亦得因配偶一方之請求，確定配偶管理家務、照顧子女或協助他方配偶從事職業或營業所值之價額（瑞新一七三條）。

(二)所得分配財產制爲普通法定財產制

這次修正內容在於男女平等之貫徹與婚姻共同生活利益之兼顧。基於此立場，在立法上受考慮之新普通法定財產制有所得共同財產制（Errungenschaftsgemeinschaft）與所得分配財產制（Errungenschaftsbeteiligung），二者擇一[47]。經謹愼分析其利弊，反覆推敲，尤其權衡婚姻普通效力、交易安全及繼承法上之考慮，立法者終於決定以所得分配財產制爲瑞士新的普通法定財產制[48]。

所得分配財產制對舊法之最大特色在於：妻不再有受監護之規定；

---

[47] Botschaft S. 25f.

[48] Botschaft S. 28f.

夫亦不爲一家之主而享有經濟上之特權。所得分配財產制之要點有三。其一，規定夫妻財產之關係，尤其「所得」(Erwerb) 之概念與範圍。其二，夫妻對於其財產之管理與處分之權限。其三，於法定財產制消滅時，夫妻對於財產之清算，尤其所得財產之分配範圍。

(三)所得分配財產制之內容及其與聯合財產制之比較

瑞士新修正法將其普通法定財產制從聯合財產制，轉變爲所得分配財產制。所得分配財產制之內容有何變動，夫妻之權利義務有何改變，非與原來之聯合財產制比較，無法判斷其利弊。

1.財產分離之原則：所得分配財產制受德國淨益共同財產制影響最深，因此瑞士學者別稱該財產制爲淨益共同財產制[49]。

(1)所有權關係：所得分別財產制上之夫妻財產關係，一如德國淨益共同財產制，係基於財產分離之原則，夫妻財產自始各自分開。

在新法，夫妻無論結婚時所有之固有財產 (Eigengut) 或婚姻存續中所取得之財產(Erwerb)，各自保有其所有權(瑞新民一九六條)。換言之，在婚姻存續中，祇有夫妻各自所有或所取得之財產，於任何一方無法證明該財產爲其所有而推定雙方分別共有外 (瑞新一九九條一項)，別無公同共有財產可言。瑞士舊法上聯合財產制之夫妻財產關係與新法同，亦採所有權分離之原則。故妻不但保有其特有財產 (Sondergut) 而且保有其原有財產(eingebrachtes Gut)之所有權(瑞舊一九四條二項、一九五條)。

所得分配財產制之所有權關係乃將來普通法定財產制消滅時以盈餘分配爲基礎(瑞新二一二條)。爲此立法者嚴格區分夫妻各自之財產

---

[49] Botschaft S. 49.

爲固有財產與所得財產。依瑞士民法第一九七條之規定，固有財產包括①專供配偶一方個人使用之物，此財產在舊法屬於第一九一條第一款之特有財產，該財產爲配偶一方爲個人需要所購置之動產。②於財產制開始時屬於配偶一方所有，或其後因繼承或其他無償取得之財產，在舊法該財產屬於第一九四條與第一九五條第一項所規定之原有財產。③慰撫金請求權，此爲侵害人格權，例如破壞貞操、侵害姓名權、名譽權或自由權所發生之損害賠償。④固有財產之代替利益，此財產係指固有財產讓與發生之價金或因處分該物而獲得之另一代替物(Surrogation)㊿。

依瑞士新法第一九八條第一項規定，凡是配偶一方於普通法定財產制存續中有償取得之財產，而不屬於固有財產之代替物或賠償金者，依法爲其所得。此爲概括之規定，同時「所得」乃新法立法之核心，將來法定財產制消滅時，成爲盈餘分配之客體。爲此立法者以例示之方法，將重要之所得規定於第一九八條第二項：①工作之收入舊法第一九一條第三款規定妻因工作之所得，爲妻之特有財產；新法則屬於夫或妻之所得財產。②人身福利機構、社會保險機構或社會福利之給付。③因喪失工作能力之損害賠償。④固有財產之收益。⑤所得之代替利益。

爲使「所得」發生盈餘分配之功能，配偶一方之全部財產，除有反證外，推定爲其所得（瑞新第一九九條三項）。另一方面，爲保護夫妻個人利益，尤其日後防止固有財產與所得財產劃分之爭議，立法者允許配偶一方得請求他方之協助，以公證書編製雙方固有財產之目錄；財產目錄製定後，該財產推定確實無誤（瑞新二〇〇條；瑞舊一九七條）。

㊿ Botschaft S. 116.

⑵財產之管理、使用、收益及處分權:

①在舊法之聯合財產制，夫妻之財產分爲三部分。一爲夫之財產；二爲妻之原有財產[51]；三爲妻之特有財產[52]。夫之所有財產與妻之原有財產組成婚姻財產（ehelich-es Vermögen)（瑞舊民一九四條一項)。婚姻財產由夫獨自管理，管理費用由夫負擔（瑞舊二〇〇條一項）；妻祇有在婚姻共同生活代理人之範圍內，對婚姻財產有管理權（瑞舊二〇〇條二項）。夫對妻之原有財產及自己之所有財產有使用、收益權，並對妻財產之用益負擔與用益權人同一之責任（瑞舊二〇一條一項)。夫對自己所有財產有處分權，於處分妻原有財產時，應經妻之允許，但未逾越通常管理範圍者，不在此限（瑞舊二〇二條）。妻祇在於婚姻共同生活認爲正當之範圍內，始對婚姻財產（夫所有財產及自己之原有財產）有處分權（瑞舊二〇三條）。

至於妻對於其特有財產有管理、使用收益及處分權，不受夫之任何干涉。

可見在聯合財產制上，夫對於聯合財產有排他的專權，妻之利益受到疏忽，該制度顯然牴觸男女平等的精神。

②新法上之所得分配財產制，就夫妻財產關係，一直到財

---

[51] 在舊法之聯合財產制上，妻之原有財產係結婚時屬於妻所有財產及婚姻關係存續中，因繼承或其他方法無償所取得之財產（瑞舊民一九五條）。

[52] 在舊法之聯合財產制上，屬於妻之特有財產有：⑴專供配偶一方個人使用之標的物；⑵妻之財產因其從事職業或營業之所需；⑶妻之獨立勞動之所得。

產制消滅時爲止，有如舊法上之第二四二條第一項之規定，管理權、使用收益權及處分權完全分開；換言之，配偶任何一方對於其自己所有財產，無論固有財產或所得，有完全支配權。他不僅管理、使用收益該財產，而且亦得處分之（瑞新二〇一條），不受他方之干涉。另一方面，配偶之一方無權管理他方之財產，但基於婚姻共同生活之代理權限之管理，則不在此限（瑞新一六六條）。

惟瑞士新法第二〇一條夫或妻對於其財產之支配權，以法律所規定之範圍爲限。如此規定有違婚姻共同生活之利益，故法律另規定配偶間互負對他方報告財產狀況之義務（瑞新一七〇條）。其次配偶一方終止租約或讓與居、住所或以他種法律行爲限制居所空間時（例如出租或改造），須得他方明示之同意（瑞新一六九條）。又配偶一方有瑞士新法第二〇八條第一項第一款[53]或第二款[54]之情形而有減少財產之處分行爲者，爲保障他方盈餘之分配利益，該處分之財產於財產制消滅時應算入所得之數額內計算。可見新法在夫妻財產制之財產關係上，避免了聯合財產制由夫專權之弊端。

⑶清償債務之責任：

①在舊法之聯合財產制上，因財產結構之複雜，而分爲夫財產之債務（瑞舊法二〇六條），妻所有財產之債務（瑞舊二〇七條）及妻特有財產之債務（瑞舊二〇八條）。

---

[53] 瑞新法第二〇八條第一項第一款規定：「配偶一方於夫妻財產制廢止五年所爲之無償贈與而未得他方之同意者，應計入於所得財產內；但社交性之贈與不在此限」。

[54] 瑞新法第二〇八條第一項第二款規定：「配偶之一方爲減少對他方之盈餘分配，於婚姻關係存續中所移轉之財產，應計入於所得財產內」。

又以夫之財產清償妻原有財產之債務或以妻原有財產清償夫財產之債務時，夫妻祇能於聯合財產制消滅後，始能相互請求補償（瑞舊二〇九條一項）。反之，妻之特有財產所負之債務，以婚姻財產清償，或婚姻財產所負之債務，以妻之特有財產清償者，夫妻在婚姻關係存續中，亦得請求補償（瑞舊二〇九條二項）。聯合財產制之夫妻債務之負擔不能貫徹財產之分離原則，夫妻相互間及對第三人之債務清償糾纏一起，極易引起糾紛。

②新法所得分配財產制之債務亦貫徹財產分離之原則，夫妻債務自始分開，夫妻各爲其固有財產及所得財產所負之債務獨立負責(瑞新二〇二條)。惟於婚姻共同生活所需要而負之債務，夫妻連帶負責（瑞新一六六條三項)。

又夫妻相互間之債務亦貫徹分離之原則，故夫妻財產制不影響配偶間債務清償之期限（瑞新二〇三條一項)。祇有於清償時有陷於義務一方嚴重之困境而危害共同生活者，始能請求延期償還；但他方有正當理由者，得請求提供擔保，而請求履行（瑞新二〇三條三項）。

2.處分權之限制：瑞士新法爲使婚姻本質目的之夫妻共同生活，不受財產分離原則的影響，對於配偶一方就家庭住、居所及其他財產價值之處分，有所限制。惟瑞士民法對該限制不規定於夫妻財產制，卻規定於婚姻之普通效力，而與德國法規定於法定財產制上有所不同。換言之，依瑞士新法，婚姻共同生活之不受危害，係獨立於夫妻財產制，而爲婚姻本質之目的。故瑞士法之規定較德國法略勝一籌。

有鑑於此，依瑞士新法，無論何時，在婚姻存續中，配偶之一方終止房屋租約或讓與住、居所，或以他種法律行爲限制住家房間時，須得他方明示之同意，期使婚姻共同生活不受危害（瑞新一六九條一項）。其次，依瑞士民法，爲確保家庭經濟基礎或履行共同生活財產義務之需要，法院因配偶一方之聲請，裁定一定財產價值之處分，應得其同意（瑞新一七八條一項）。該項所稱處分行爲係指讓與、設定物權或毀棄；至於處分限制之標的可能爲家庭用具，但與家用無關之土地亦包括在內。惟法院對配偶一方處分權之限制，不能爲一般財產之限制，卻祇能就特定財產之限制；否則無異於一般監護之措施[55]。法院爲達到限制處分之效果，得採取一切必要行爲，例如提供擔保[56]（瑞新一七八條二項）。惟配偶一方就其所有之不動產不能處分者，法院應依職權註明該事由於土地登記簿（瑞新一七八條三項），以資保護。

3.盈餘之分配：

⑴在瑞士舊法之聯合財產制上，於財產制消滅後，不問其消滅原因係配偶一方之死亡、離婚、婚姻無效、婚姻撤銷或改用其他財產制，妻或其繼承人得先取回其原有財產（瑞舊二一二、二一三、一五四條）。又如夫於婚姻關係存續中有盈餘時，盈餘之三分之一歸屬於妻或直系血親卑親屬，其餘歸屬於夫或其繼承人（瑞舊二一四條）；惟盈餘之分配，雙方得以夫妻財產制契約，另行訂定（瑞舊二一四條三項）。

⑵新法上之所得分配財產制之盈餘分配，爲配合婚姻生活係平等合夥之新關係，於財產制廢止時，配偶雙方或其繼承人，各得他方配偶盈餘之半數（瑞新二一二條）。

①夫妻財產制之廢止：盈餘之分配於夫妻財產制廢止時起開始。夫妻財產制之廢止原因有二：其一，夫妻之一方

---

[55] Botschaft S. 92.

[56] 戴東雄著<論夫妻財產制之立法準則>（載於≪法治學刊≫創刊號，民國六五年六月，六頁以下）。

死亡或約定其他財產制而廢止。其二，於離婚、分居、宣告婚姻無效及法院命令採用分別財產制者，原夫妻財產制溯及於提起聲請之日起廢止（瑞新二〇四條）。

②夫妻間財產之清算：在夫妻財產制廢止後，於盈餘計算前，須將夫妻間之財產清算及劃分夫妻自己之固有財產與所得財產。

有鑑於此，於夫妻財產制廢止後，配偶任何一方取回被他方所占有之財產（瑞新二〇五條一項）。配偶一方對共有物有重大利益者，除法律另有其他保護規定外，得要求不分割該物而歸其所有，但應賠償他方因此所受之損害（瑞新二〇五條二項）。至於雙方配偶之債務亦應清算。

其次，配偶一方曾協助他方取得、改善或保存財產之標的，而於清算財產之際，增加其價值者，得向他方請求其所協助部分在該財產現存價值所占比例之數額（瑞新二〇六條一項）。該財產標的於清算前移轉者，前項請求權以移轉時所得價值計算該所占比例，並即時請求給付（瑞新二〇六條二項）。

③夫妻各自分離固有財產與所得財產：爲確實計算夫妻之盈餘，夫妻各自財產應劃分爲固有財產與所得財產；換言之，夫或妻內部二種獨立之財產（固有財產與所得財產）亦應清算。因此於夫妻相互間之財產清算後，雙方配偶之固有財產及所得，依其狀況加以分離（瑞新二〇七條一項）。

固有財產包括瑞士新法第一九七條所列舉之四項財

產：其一，專供配偶一方個人使用之物；其二，於財產制開始時屬於配偶一方所有或其後因繼承或其他無償取得之財產；其三，慰撫金之請求權；其四，固有財產之代替利益。此外在婚姻關係存續中，配偶一方已獲得之社會福利機構或工作無能力之給付，亦應算入固有財產之內（瑞新二〇七條二項）。

至於「所得」財產範圍係夫妻各自有償取得之財產，尤其瑞士新法第一九八條第二項例示法定之所得：其一，工作之收入；其二，人身福利機構之年金或其他類似之給付；其三，喪失工作能力之損害賠償；其四，固有財產之收益；其五，所得之代替利益。此外爲防止配偶一方有故意減少自己財產而使他方盈餘分配之期待權遭受影響，特於瑞士新法第二〇八條第一項追加計算所得(Hinzurechnung）之條款：「以下各款應計入所得財產之內：其一，配偶一方於夫妻財產制廢止前五年所爲之無償贈與，如未得他方同意者；但社交性之贈與不在此限。其二，配偶一方爲減少對他方之分配，於婚姻關係存續中所移轉之財產」。爲使第三人之利益受保障，於應否追加計算之財產標的發生訴訟時，受利益之第三人被告知訴訟者，判決之效力始及於該第三人（瑞新二〇八條二項）。

爲使固有財產及所得財產之劃分公平起見，在婚姻存續中，配偶一方以所得財產清償固有財產之債務或以固有財產清償所得財產清償所得財產所負之債務者，於夫妻財產制清算時，有償還之請求權。各財產應負責與其本身有關而發生之債務；但有疑問時，由其所得財產負擔（瑞新二〇九條一項、二項）。又瑞士民法嚴格區分固有財產與所得財產之二種獨立財團，以爲盈餘分配之用。有鑑於此，一財團之標的物因他財團資金之協助而取得、改善或保存，致增加其價值者，得依該財產標的物在夫妻財產制清算或轉讓時之價值，請求償還其因協助所增加價值所占之比例數額(瑞新二〇九條三項)。

④夫妻所得財產估價之標準：夫妻所得財產，以何時爲估價之標準，直接影響配偶間盈餘分配之多寡，故立法者不得不有一決定價值計算之標準。計算夫妻財產制廢止時所得財產之價額，以清算時期爲估價之標準。至於應追加計入所得之財產，其估價以財產移轉時爲標準（瑞新二一〇條）。

⑤盈餘分配之數額：夫妻財產制劃分爲固有財產與所得財產後，所得財產之總值，包括所追加計入財產之償還請求權，於扣除其所負擔之債務後，構成財產之盈餘（瑞新二一一條一項）。所得財產之總值爲負數時，不構成盈餘（瑞新二一一條二項），此意味配偶一方之損害或債務，他方無負擔之義務。至於盈餘分配之數額有約定與法定二種。前者乃配偶雙方以契約訂定盈餘分配之數額，雙方亦得約定特定所得財產或特定固有財產之收益不加入盈餘分配(瑞新二一三條一、二項)。惟該約定有一定限度，即不得侵害繼承人之特留分權（瑞新二一三條三項）。又因離婚、別居、婚姻無效或依法改用特別法定財產制之分別財產制時，不能依約定分配盈餘，卻

聯合財產制與所得分配財產制之對照表

聯合財產制 (Güterverbindung)

	妻之原有財產 (§195一項)	妻之特有財產 (§190以下)	夫之原有財產 (§195二項)	增 加 財 產 (§195/§214)	夫之特有財產 (§190以下)
所 有 權	妻，但代替物屬於夫所有 (§201三項)	妻	夫	夫	夫
管 理 權	夫 妻於家務管理之範圍 (§200三項)	妻	夫 妻於家務管理之範圍 (§200三項)	夫	夫
處 分 權	夫與妻 (§ 202)	妻	夫 妻於家務管理之範圍 (§203)	夫	夫
使 用 權	夫 (§195三項)	妻	夫	夫	夫
夫妻財產制之廢除	妻	妻	夫	夫得⅔ (§214) 妻得⅓	夫

所得分配財產制 (Errungungschaftsbeteiligung)

	妻之固有財產 (§197)	妻之所得財產 (§198)	夫之固有財產 (§197)	夫之所得財產 (§198)
所 有 權	妻	妻	夫	夫
管 理 權	妻	妻	夫	夫
處 分 權	妻	妻 於贈與時在第208條範圍內須得夫之同意	夫	夫 於贈與時在第208條之情形須得妻之同意
	夫在代理權限內 (§166 三項)		妻在代理權限內 (§166 三項)	
使 用 權	妻	妻	夫	夫
夫妻財產制之廢除	妻	夫妻各得½ (依價額) (§212以下)	夫	夫妻各得½ (依價額) §212以下

祇能依法定盈餘分配之數額（瑞新二一四條）。至於該法定盈餘之數額爲雙方配偶或其繼承人各得他方盈餘之半數。該請求權得相互抵銷（瑞新二一二條二項）。

⑥盈餘分配之履行：盈餘之分配，於夫妻清算財產終結之日起，得相互請求清償。惟該請求權即期清償，有陷入義務一方於嚴重之困境者，得請求他方延期清償；但他方有正當理由時，得請求自清算終結日起之利息，並請求提供擔保（瑞新二一五條）。

如因配偶一方死亡而廢止夫妻財產者，配偶雙方曾居住之房屋，或家具之全部或一部屬於死亡一方時，生存配偶得請求以估價或金錢之補償，取得該物之所有權（瑞新二一六條一項）。如生存配偶無力負擔該標的物所有權之價金時，亦得請求使用收益或居住之權（瑞新二一六條二項）。此爲顧慮婚姻生活之表現。

盈餘分配之義務一方，於夫妻財產制清算時，其財產或遺產不足清算盈餘之債務者，有權利之一方或其繼承人得對受他方無償贈與而受利益之第三人，請求返還應追加計入盈餘財產所獲之不足額（瑞新二一七條一項）。該請求權自配偶或其繼承人，知悉其權利受侵害時起一年間不行使而消滅；自財產制廢止時起逾十年者，亦同（瑞新二一七條二項）。

4.所得分配財產制與聯合財產制之比較：新的所得分配財產制不僅名稱改變，而且在內容上亦作大幅度之修正，期能符合現代平等合夥的婚姻生活。玆爲一目瞭然所得分配財產制與聯合財產之異同點，以簡表分析如上。

第四章 我國現行聯合財產制之缺失與修正草案之改進

一、現行聯合財產制之缺失

有如前述，我國現行聯合財產制乃仿效瑞士舊法之法定財產制 Güterverbindung 所制定的。瑞士舊法之法定財產制乃配合夫妻生活形態。該婚姻形態係傳統之「夫主外，妻主內」關係。有鑑於此，我國現行聯合財產制不無表現妻受夫監護之精神。

(一)所有權

聯合財產制最大特色在於夫妻所有權自始分離。夫妻不僅各就結婚前所有之財產，而且各就婚姻存續中所取得之財產，仍保有其所有權。

惟妻之財產分爲原有財產（eingebrachtes Gut）與特有財產(Sondergut)；而前者與夫之所有財產組成聯合財產。妻之原有財產係妻於結婚時所有之財產，及婚姻關係存續中，因繼承或其他無償取得之財產（民一〇一七條一項）。所謂特有財產，係指民法第一〇一三條之法定特有財產而言，但不包括民法第一〇一四條之約定特有財產。法定特有財產包括：⑴專供妻個人使用之物；⑵妻職業上必需之物；⑶妻所受贈與物，經贈與人聲明爲其特有財產；⑷妻因勞力所得之報酬[57]。

在聯合財產制下，以夫之所有財產與妻之原有財產，組成聯合財

---

[57] 此特有財產在瑞士民法稱爲特別財產（Sondergut）；在德國民法稱爲保留財產（Vorbehaltsgut）。

產；而在聯合財產中，不屬於妻之原有財產，均推定爲夫所有（民一〇一七條二項）。從而於婚姻關係存續中夫妻所增加之財產，除非妻能證明爲其特有財產或原有財產外，該財產之所有權不得不推定爲夫所屬。準此以解，凡是以妻名義登記之不動產，除非妻能證明爲其特有財產或原有財產，其所有權不得不歸夫所有。五五年臺抗字第一六一號判例略謂：「……故臺灣省人民在日據時期結婚未以契約訂立夫妻財產制，迨臺灣省光復後妻於婚姻關係存續中，始行取得之財產，如不能證明其爲特有或原有財產，依民法第一〇一六條及一〇一七條第二項規定，即屬聯合財產，其所有權應屬於夫」。又六三年臺上字第五二二號判例說：「系爭房地雖登記爲被上訴人之妻所有，但依民法第一〇一六條及第一〇一七條第二項之規定，其所有權應屬於被上訴人，此與民法第七五八條所定依法律行爲而取得不動產物權，非經登記不生效力之情形不同」。可知實務上之見解，顯對妻不利。妻不問其不動產之登記是否在結婚前，均先負舉證責任。此無異於羅馬法諺所說：誰舉證，誰敗訴。其次，如貫徹法定財產制所有權歸屬之原則，則與物權變動之公示原則相牴觸，而妻善意之債權人有被詐害之虞。爲補救此弊，實務上不得不顧慮交易之安全，而使善意第三人優先受保護。六三年臺上字第一八九五號判例說：「土地法第四三條規定之絕對效力，係保護善意第三者因信賴登記而設，夫妻如係以法定財產制爲其夫妻財產制，則以妻爲登記名義人之不動產，除屬妻之原有財產或特有財產外，在善意第三者因信賴登記而自妻受讓取得不動產所有權以前，依民法第一〇一七條第二項規定，應認爲屬於夫所有」。此判例係以保護交易安全爲出發點，從而不得不維持登記之公示與公信原則。至於夫妻財產制內部所有權之歸屬，仍沒有徹底解決。蓋如甲乙爲夫妻，而採法定財產制者，其婚姻關係存續中取得之不動產，經登記爲妻乙之名義，丙以乙爲債務人之執行名義，將該不動產查封拍賣，嗣丁又以甲爲債務人之執行名義，對同一不動產聲請強制執行，執行法院應如何執行？此爲近年來司法實務所遭遇的難題之一[58]。此法律問題之關鍵在於夫妻財產制所有權之歸屬與物權變動之公示原則互相牴觸所致[59]。

其次，由妻原有財產所生之孳息，其所有權亦歸屬於夫（民一〇一七條三項）。立法者如此規定，或許家庭生活由夫負擔之故。惟在現行工商業的社會，妻原有財產之孳息可能高出妻生活之支出。如夫之該收益權不加限制於夫所負擔之生活費內，則夫反而受益，有違夫妻平等的精神。

(二)財產之管理、使用、收益及處分權

爲表現對外經濟上之一體（wirtschaftliche Einheit），聯合財產由夫獨掌管理、使用、收益之權（民一〇一八、一〇一九條），妻則祇對其特有財產有此權利。但爲使妻保護其原有財產，妻得隨時請求夫報告妻原有財產之狀況（民一〇二二條）。妻之此項請求權，僅爲消極性的監督權而已，對妻原有財產之保護，仍嫌不足。此不若瑞士舊民法第二〇五條之規定：「妻除得請求夫隨時報告妻原有財產之狀況外，得隨時請求夫提供擔保」。瑞士舊民第一八三條第二款規定：「如夫不提供擔保時，妻得聲請法院，改採分別財產制」。此立法例就妻財產之保護比我民法爲優

其次，由於夫管理聯合財產之故，夫就其所有之聯合財產得加以自由處分。至於夫處分聯合財產中妻之原有財產，須得妻之同意，但

---

[58] 參閱≪民事法律問題之研究≫，法務部編撰，民國六七年九月，十八頁。

[59] 參閱戴東雄著<論聯合財產制所有權之歸屬>，載於≪法學叢刊≫，第九六期，民國六八年十二月。

管理上所必要之處分，則不在此限（民一〇二〇條一項）。妻對於其特有財產固然得加以自由處分，但是聯合財產，無論爲其原有財產或夫所有財產，祇有在民法第一〇〇三條日常家務代理權限之內，妻始有處分權。此違背夫妻平等精神，顯而易見。

(三)清償債務之責任

由於夫妻所有權自始分離，夫妻所負之債務亦各自分開。惟因聯合財產制有不同種類之財產，及夫妻對各種財產權限之不同，夫妻所負債務之財產擔保亦有差異。

1.由夫以其所有財產負清償責任之債務有:

⑴夫於結婚前所負之債務;

⑵夫於婚姻存續中所負之債務;

⑶妻因日常家務代理而生之債務（民一〇二三條）。

2.妻以其所有財產(原有財產與特有財產)負清償責任之債務有:

⑴妻於結婚前所負之債務;

⑵妻因職務或業務所生的債務;

⑶妻因繼承財產所負之債務;

⑷妻因侵權行爲所生之債務（民一〇二四條）。

3.妻就其特有財產負清償責任之債務有:

⑴專就其特有財產設定之債務（民一〇二五條一款）;

⑵妻逾越日常家務代理行爲所生之債務(民一〇二五條二款)。

在債務淸償之責任來說，現行民法不宜以保護夫之利益爲出發點，而忽視交易安全之保護。蓋妻僅以特有財產淸償其特有財產設定之債務及妻逾越日常家務代理行爲所生之債務。其意旨無非在保全夫對妻原有財產之管理、使用、收益之利益，期以限制妻淸償債務之財產範圍。通常妻管理家務與育幼，其所能獲得之特有財產有限。如不以其原有財產負擔其逾越日常家務代理行爲所生之債務，第三人容易受到不測之損害。

(四)生活費用之負擔

在現行聯合財產制上，家庭生活費用由夫先負擔；夫無支付能力時，始由妻就其全部財產負擔(民一〇二六條)。我國民法如此規定，在於夫爲聯合財產之管理及收益權人；而聯合財產包括了妻之原有財產在內。有鑑於此，夫先負擔家庭生活費用，但夫無支付能力時，由妻以其財產負擔生活費用，以符合夫妻互負扶養義務之婚姻生活之本質。此一立法意旨似承認家庭生活費用之負擔，僅以金錢支付爲限。惟在現代社會生活之觀念上，此種觀點宜稍加修正。依瑞士新法第一六三條的規定，家庭生活費之負擔不以金錢爲限，管理家務、育幼或一方對他方職業或營業上之協助，亦爲該費用負擔之方法。此立法對促進夫妻平等精神甚有貢獻，值得吾人作立法上之參考。

(五)聯合財產制終了之財產清算

聯合財產制終了，而清算聯合財產之情形，有三種不同之原因。

1.夫妻一方之死亡：此時妻或其繼承人僅能取回妻原有財產，如有短少，由夫或其繼承人負補償之責（民一〇二九條）。

2.夫妻改採約定財產制或依法改用特別法定財產制：此時妻亦祇能取回其原有財產，如有短少，由夫負擔（民一〇三〇條）。

3.夫妻離婚：此時夫妻各自取回其固有財產（民一〇五八條）。在聯合財產制並無固有財產之用語，而僅有聯合財產與妻之特有財產之對立。聯合財產又包括妻之原有財產與夫之所有財產。由民法第一〇一七條第一項規定，知民法第一〇五八條所稱妻之固有財產，似指妻之原有財產而言[60]。但夫之固有財產，由民法第一〇一七條第二項規定

[60] 戴炎輝著《中國親屬法》，民國七〇年，一八八頁；羅鼎著《親屬法綱要》，大東書局，民國三五年，一七九頁。

觀之，似指妻原有財產以外之聯合財產，即聯合財產中夫之原有財產、特有財產及不屬於妻原有財產之部分[61]。可見民法第一〇五八條所稱「固有財產」，對夫與妻之含義各異。如此不當之規定，似有斟酌之餘地。

在聯合財產制終了而清算財產之方法，雖有三種不同之原因，但其結果相同：妻祇能取回其原有財產而已。至於在婚姻存續中夫所增加之財產，悉數歸夫所有。此乃輕視妻對婚姻生活管家與育幼的貢獻，充分顯示夫妻之不平等。其實，由於生理的因素，家從社會的機能觀之，常是夫主外，妻主內，尤其育兒更是母之天職。在人格平等的現代經濟社會，妻之就業能力亦因教育之普及而提高，且實際就業者頗多。如今，妻因結婚被迫放棄就業，而專管家務與育兒。然婚姻解消後，法律不予以妻相當財產之補償，無異鼓勵婦女競相就業，而置家務於不顧，其不當顯而易見。

誠上所述，德國淨益共同財產制及瑞士所得分配財產制，從根本上將此不當之處加以革除，而以夫妻平等之精神，規律夫妻於婚姻存續中，夫妻所得財產公平的分配。卽使瑞士舊法上之聯合財產制，亦不敢漠視妻爲管理家務與爲母育幼之貢獻。故在婚姻存續中夫所增加之財產，妻亦得享有三分之一之數額。瑞士舊民法第二一四條規定：「夫之財產與妻之財產經劃分，而尙有盈餘者，盈餘之三分之一歸屬於妻或其直系血親卑親屬，其餘歸屬於夫或其繼承人」。

二、修正草案之改進

這次修正草案上之法定財產制，鑑於原聯合財產制缺失甚多，尤其違背夫妻平等，故擬以共同財產制、所得共同財產制或分別財產制

[61] 戴炎輝前揭一八八頁；羅鼎前揭一七九頁。

等類型取代聯合財產制，但各類型均利弊參半，而仍以原聯合財產制之名稱爲法定財產制之名稱，但其實質內容作幅度甚大之變動。

(一)所有權

修正草案上之聯合財產制，夫妻所有權仍自始分離，但爲貫徹夫妻平等之原則，並維持聯合財產之精神，夫妻原有財產之範圍，應力求一致，期能配合其他內容之修正。草案第一〇一七條第一項規定：「聯合財產中夫或妻於結婚時所有之財產及婚姻關係存續中取得之財產，爲夫或妻之原有財產，各保有其所有權」。

修正條文與原條文之比較，值得注意之點有二。其一，依修正草案第一〇一八條第二項之規定，因妻亦得經約定成爲聯合財產唯一之權利人，故夫與其原有財產之關係必須明確。其二，妻之原有財產不再以結婚時所有財產及婚姻存續中因繼承或其他無償取得者爲限，在婚姻存續中因勞力所取得之報酬亦包在內；換言之，夫或妻在婚姻存續中所取得之財產，除民法第一〇一三條第一款至第三款外，均爲其原有財產，而構成聯合財產之一部。換言之，同條第四款妻因勞力所得之報酬，依修正草案，不再爲妻之特有財產，卻爲其原有財產。此規定在配合民法第一〇三〇條之一之修正，期以公平分配婚姻存續中夫妻所盈餘之財產。

其次，現行法第一〇一七條第二項亦有利於夫的規定：「聯合財產中夫之原有財產及不屬於妻之原有財產之部分爲夫所有」。爲避免對夫有利之弊，該條經修正爲：「聯合財產中不能證明爲夫或妻所有之財產者，推定爲夫妻共有之原有財產」，期以符合夫妻之平等。

民法第一〇一七條第一項與第二項經如此修正，如夫在婚姻關係存續中所取得之不動產，以妻名義登記者，不得不推定爲妻之原有財產，期使夫妻財產制所有權之歸屬與物權變動之公示原則一致。如夫主張該不動產爲其所有或未贈與妻者，由夫負擧證責任。準此以解，夫在實體法上未證明以妻名義登記之不動產爲其原有財產以前，妻之債權人應優先於夫之債權人受保護。前述實務上之困擾亦可迎刄而解。

又現行法第一〇一七條第三項規定:「由妻之原有財產所生之孳息，其所有權歸屬於夫」。此內容與第一〇一七條第一項之修正原則有違背而加以删除，期使妻原有財產所生之孳息，原則上歸屬於妻。

(二)財產之管理、使用收益與處分權

1.現行法上之聯合財產制，夫爲聯合財產唯一的管理人，而其對該財產有使用、收益之權，甚至爲管理上所必要時，得不經妻之同意，對妻原有財產有處分權。反之，妻不但對夫原有財產，而且對自己原有財產，無管理、使用、收益及處分權。妻最多亦祇能依民法第一〇〇三條第一項之規定，以日常家務之代理人爲聯合財產之管理人，並使用、收益及處分聯合財產。法律如此規定，無異承認夫爲一家之主，又爲婚姻生活之首長。夫將妻之財產與自己之財產結合一起，而構成經濟上之一體，並由夫單獨支配。惟此種規定有違夫妻平等的精神。又夫如爲軍人、船長或其他特殊身分而無法管理聯合財產者，該財產制勢必不能適用。有鑑於此，民法第一〇一八條第一項經修正爲:「聯合財產得約定由夫妻之一方管理;無約定時，由夫管理。其管理費用由有管理權之一方負擔」。期以有彈性的約定聯合財產之管理人由夫或妻擔任;但無約定時仍由夫擔任，期以符合法定財產制的性質。

惟聯合財產制於約定由妻管理時，則現行法自第一〇一九條至第一〇三〇條所規定有關夫或妻因管理權而發生之權利義務，均分別移轉於妻或夫。換言之，聯合財產制係以管理權爲基礎，則因管理權之轉換，其權利義務亦應隨之不同。原適用於夫之規定，得適用於妻;原適用於妻之規定，得適用於夫。有鑑於此，修正草案增設民法第一〇一八條第二項之規定：「聯合財產約定由妻管理時，第一〇一九條至第一〇三〇條關於夫權利義務之規定，適用於妻，關於妻權利義務之規定，適用於夫」。

2.聯合財產中妻之原有財產所生之孳息，有時爲數甚多，依現行法第一〇一九條之規定，全由夫收取者，無異顯示聯合財產之管理人有相當大之權限。民法第一〇一八條第一項修正爲妻亦得依約定爲聯合財產之管理人，但通常夫妻不致於冒然約定，故聯合財產之管理人十之八九仍爲夫。爲保護妻之利益，民法第一〇一九條對夫之收益權作適當之限制：「夫對於妻之原有財產，有使用、收益權。但收取之孳息，於支付家庭生活費用及聯合財產管理費用後，如有剩餘，其所有權仍歸屬於妻」。

3.現行法上之聯合財產由夫管理時，通說以爲妻對其自己原有財產無處分權。準此以解，妻結婚前所有之財產，得自己享有一切之權限，但一旦結婚後，因無約定夫妻財產制而適用法定財產制。此時妻之該財產構成聯合財產之一部，由夫行使管理、使用及收益權。妻之處分權因而喪失。此種規定似有鼓勵妻抱獨身主義之嫌。爲緩和此弊病，修正草案第一〇二一條第二項改進爲:「妻處分自己原有財產中之不動產時,應得夫之同意,但不得以其同意之欠缺對抗善意之第三人」。

此條修正內容，宜注意之點有三。其一，立法者將妻之原有財產分爲動產與不動產而異其法律效力。其二，就妻之動產來說，立法者將妻對原有財產處分權之法益與夫對聯合財產管理、使用及收益權之法益加以衡量比較。其結果前者應優先受保護。其三，就妻之不動產來說，立法者將二者法益衡量之結果，後者應優先受保護，但夫對聯合財產之權限係屬內部關係，故該權限不得妨礙外部交易之安全；換言之，善意第三人之法益最優先受保護。

(三)聯合財產制終了之財產清算

1.這次法務部修正夫妻財產制最重要之條文，乃聯合財產終了之財產清算。有如前述，無論配偶一方死亡、離婚或夫妻改用其他財產制而廢止聯合財產制時，妻或其繼承人祇能取回其原有財產。至於婚姻存續中夫所增加之財產，妻無法參與分配。此種規定，如適用夫妻雙雙就業之家庭生活，其不公平尚不顯著。如適用於妻專管家務與育幼之家庭生活，其不公平顯而易見。蓋妻管家務與育幼無異義務勞動，毫無代價可言。如此之家庭生活，將使妻視家務與育幼爲畏途，而競相出外工作，賺取其個人之財產。其實家務與育幼爲家庭生活與婚姻生活之重要部分。而此部分因生理之因素，妻較夫適於擔任。立法者應重視此事實，而對家務與育幼之工作宜給予應有的評價，同時給予相當的補償。西德所採用之淨益共同財產制及瑞士新採用之所得分配財產制，係重視家務與育幼工作而制定的夫妻財產制。

2.有鑑於此立法之趨勢，這次修正草案增加第一〇三一條，期使管家務與育幼之一方配偶獲得工作代價之承認，而得請求盈餘之分配權。

第一〇三一條之一共分四項：第一項：「夫妻之一方得於結婚後六個月內，就其結婚時之原有財產，作成財產目錄經他方承認後，請求公證。未作成財產目錄並經公證者，其原有財產推定爲婚姻關係存續中所取得」。第二項：「聯合財產關係消滅時，夫或妻於婚姻關係存續中所取得而現存之原有財產，扣除婚姻關係存續中所負之債務後，如有剩餘，其雙方剩餘財產之差額，應平均分配。但因繼承或其他無償取得之財產，不在此限」。第三項：「依前項規定，平均分配顯失公平者，法院得酌減其分配額或不予分配」。第四項：「第二項剩餘財產差額之分配請求權，自聯合財產關係消滅時起，因二年間不行使而消滅」。

3.本條文規定頗為複雜，其立法精神與立法意旨有詳細解說之必要。

⑴本條第一項之規定在於配合本條第二項有關平均分配剩餘財產之用。為使第二項剩餘財產之計算得以公平正確，參酌德國民法第一三七九條暨瑞士新法第二〇〇條（舊法一九七條），夫妻宜於結婚後六個月內作成夫或妻結婚時之原有財產目錄，請求法院公證。如未作成財產目錄並經公證者，則推定其全部原有財產為婚姻關係存續中所取得。惟此僅為法律推定而已，自許夫或妻提出反證而推翻該推定。

⑵本條第二項為此次修正夫妻財產制之核心內容。在聯合財產關係消滅時，以夫妻雙方剩餘財產之差額，平均分配於雙方，始為公平。換言之，在「夫主外，妻主內」之婚姻生活，夫在外服公職或經營企業而所得之工作代價，與妻專管家務與育幼之代價，無所軒輊；反之，夫妻易地而處，亦然。可見此條之立法精神，將夫妻之結婚生活視為合夥性之法律關係。夫妻就婚姻生活之工作分配，如為「夫主外，妻主內」之關係，係基於雙方約定，卻非命中註定。準此以解，婚姻關係存續中所剩餘之財產，即使因夫一人就業或經營所得，不能歸夫一人之功勞。如妻不操持家務或教養子女，使夫無後顧之憂，夫無法獲得該財產之數額。質言之，妻之貢獻不能抹殺，而應給予相當之盈餘分配。

在實際計算本項之盈餘分配，頗為複雜。此處所稱「盈餘」之概念，係指夫或妻在婚姻存續中因勞力或有償取得原有財產之淨益。惟實際在計算盈餘之分配請求權，宜分四個步驟:①夫或妻之原有財產於聯合財產制消滅時分離爲夫或妻在結婚時所有之原有財產與結婚存續中夫妻所取得之原有財產(債務要扣除)。後者又分離爲繼承或無償取得之原有財產與有償或勞力取得之原有財產。②聯合財產制消滅時夫或妻所有之原有財產分別扣減夫或妻在結婚時所有之原有財產及婚姻存續中繼承或無償取得之原有財產之剩餘財產爲夫妻各自之盈餘。③該盈餘較少之一方配偶對較多之一方請求盈餘差額之一半。④如婚姻存續中有償或勞力取得之原有財產,因負債過多時,其盈餘以零計算,而不爲負數。

(3)本條第三項在於防止不正常之夫妻生活,如給予盈餘分配,反而有失公平之情事。例如夫妻一方有不務正業,或浪費財產成習等情事,而於財產之增加,並無貢獻或貢獻極少者,自不能使之坐享其成,獲得非分之利益。此際如平均分配盈餘,顯失公平者,應由法院酌減其分配額或不予分配。

(4)本條第二項所定盈餘分配請求權,宜從速確定,以免影響家庭經濟及社會交易之安全, 故特設二年短期之消滅時效期間,以資適用。

第五章　結　論

㈠我國現行聯合財產制,係以夫管理聯合財產爲中心之制度。因夫有該財產之管理權,故無論所有權之歸屬或財產之使用、收益及處分權,無不袒夫抑妻之規定,嚴重違反夫妻平等之原則。

有鑑於此,修正草案在其夫妻權義之關係上,曾爲適度的調整,但聯合財產制由一人專享管理權之精神，並未變動。如此之修正，雖較現行法之內容改進不少，尤其在夫妻平等上，妻亦有機會管理聯合財產；惟在實際運用該財產制時，仍有利於夫。蓋妻必須與夫約定，始得成爲聯合財產之管理人，否則仍由夫管理聯合財產。通常夫妻缺乏法律知識，不瞭解夫妻財產制對其婚姻生活之影響；卽使夫妻瞭解該意義，因尚未經歷婚姻生活，未悉夫妻財產制在該生活上發生如何之利害關係，故大致信賴其規定，而不加以約定。因此在修正法定財產制上，雖然賦予妻約定之權利，但妻往往不知行使，而錯過約定之機會。從而修正後之法定財產制，仍然預見夫管理聯合財產居多，而對妻仍有不利。

㈡一公平合理之夫妻財產制，在於兼顧夫妻平等、婚姻生活之本質及維護交易之安全[62]。在此要求下，夫妻財產制以財產分離之原則較財產合併之原則爲優。爲此，德、瑞立法均以財產分離之原則，將夫妻所有權，使用收益權以及處分權自始分開，使妻不經約定亦能在社會從事獨立自主之經濟活動。又因夫與妻債務完全分開之緣故，第三人不易遭受詐害，交易之安全亦能兼顧。

惟財產分離之原則並非無缺點，卻與婚姻共同生活之本質目的多少有所牴觸。爲補救此弊，德、瑞立法均有特別規定。依德國民法，有如前述，配偶一方就其全體財產之處分或家庭用具之處分，應得他方之同意。甚至其單獨或契約行爲亦應得他方之同意，始生效力。依瑞士民法，配偶一方就其房屋租約之終止或住居所之出讓或住居所空間之限制，應得他方之同意。又爲確保家庭經濟基礎或履行共同生活就財產義務之需要，法院得限制一定財產價值之處分。

---

[62] 戴東雄著＜論夫妻財產制之立法準則＞（載於≪法治學刊≫，創刊號，民國六五年六月，六頁以下）。

其次，夫妻財產之分離原則，對於負責家務或育幼之一方配偶，往往造成不公平[63]。爲補救此弊，德、瑞民法亦特別規定，以示公平合理。依德國民法，於配偶一方先死亡而廢除法定財產制時，生存配偶得增加其法定應繼分四分之一；於離婚或其他原因廢除或改用其他財產制時，增加淨益較少之一方配偶對淨益較多之他方得請求淨益差額之一半。依瑞士民法，祇要法定財產制廢除，不問其廢除之原因係配偶一方先死亡、離婚或改用其他財產制，盈餘較少之一方配偶對盈餘較多之他方得請求盈餘差額之一半。

㈢德、瑞立法例在普通法定財產制上之表現，頗能遵循夫妻財產制立法之準則，此即兼顧夫妻平等之精神、維持婚姻生活之和諧及維護第三人之利益與交易之安全。

我國聯合財產制之修正內容，雖較現行法有顯著之改善，尤其在夫妻平等方面，妻之利益多方受到照顧；但與公平合理之立法準則，仍有距離。有鑑於此，宜將聯合財產制從根本上予以廢除，從新以財產分離爲出發點，另構想一合於我國民情風俗之普通法定財產制，使其更能兼顧夫妻平等、婚姻共同生活及交易安全之本質要素。

臺大《法學論叢》，第十一卷第一期，民國七十年十二月。

---

[63] 戴東雄著＜論夫妻財產制之立法準則＞，前揭七頁以下。

捌、論聯合財產制財產所有權之歸屬

——夫妻未以契約訂立夫妻財產制，於婚姻關係存續中以妻名義登記之財產，是否夫、妻之債權人均得聲請強制執行？——

要　目

第一章 問題的提出

筆者平日在大學講授身分法，尤其對夫妻財產制感到興趣。近日見到司法行政部於民國六十七年九月出版之「民事法律問題之研究」，其中第五則❶提到有關夫妻財產制之研究要旨。該研究要旨之法律問題是：「甲乙爲夫妻，採法定財產制，其婚姻關係存續中取得之不動產，經登記爲妻乙之名義，丙以乙爲債務人之執行名義，將該不動產查封拍賣，嗣丁又以甲爲債務人之執行名義，對同一不動產聲請強制執行。執行法院應如何執行」？此問題應如何解決，成爲近年來司法實務上所遭遇的難題之一❷。筆者不自量力，擬提出個人淺見，就教於碩學先進。

第二章 實務上的見解

上述法律問題頗不簡單，牽涉三方面法律的基本原則。第一，牽涉民法第七五八條不動產物權之變動以登記爲公示的原則。第二，牽涉土地法第四三條以登記爲公信力的原則。第三，牽涉民法一〇一六條及第一〇一七條聯合財產制夫妻所有權歸屬的原則。此三原則糾纏一起，致使該法律問題錯綜，而使實務上之解決竟有多種方法：

一、甲說❸

❶ 參閱≪民事法律問題之研究≫，民國六七年九月，司法行政部，一八頁。
❷ 民事法律問題之研究前揭二一頁。
❸ 民事法律問題之研究前揭一九頁。

此說以為：依民法第一〇一六條及第一〇一七條，婚姻關係存續中，以妻乙名義登記之不動產，除非妻乙能證明為其特有財產或原有財產外，該不動產所有權仍歸甲夫。因此執行法院不能逕自認定為妻乙之特有財產或原有財產，而應依夫債權人丁之聲請，以為夫甲所有之不動產而予以強制執行，並依強制執行法第一七條規定，撤銷前以妻乙名義所有之執行程序，命丙另行查報妻乙之財產。

此說從夫妻財產制所有權之歸屬為出發點，而為有利於夫之解釋，但置物權變動之公示原則於不顧。依甲說，於婚姻關係存續中，凡以妻名義登記之不動產，需先由妻負舉證責任，證明為其原有財產或特有財產。如無該證明以前，一概屬於夫所有。此種見解係以判例為其依據。五五年臺抗字第一六一號略謂：「……故臺灣省人民在日據時期結婚未以契約訂立夫妻財產制，迨臺灣省光復後妻於婚姻關係存續中，始行取得之財產，如不能證明其為特有或原有財產，依民法第一〇一六條第及一〇一七條第二項規定，即屬聯合財產，其所有權應屬於夫」❹。又六三年臺上字第五二二號說：「系爭房地雖登記為被上訴人之妻所有，但依民法第一〇一六條及第一〇一七條第二項之規定，其所有權應屬於被上訴人，此與民法第七五八條所定依法律行為而取得不動產物權，非經登記不生效力之情形不同」❺。

依夫妻財產制之規定，妻之原有財產與特有財產有一定之來源。屬於妻之原有財產為：妻結婚時所有財產（無論嫁粧或勞力所得），及婚姻關係存續中妻無償或繼承所取得之財產(民法第一〇一七條)。妻之特有財產有民法第一〇一四條之約定特有財產及第一〇一三條之法定特有財產。約定特有財產是由夫妻以契約訂定的特有財產。法定

---

❹ ≪最高法院判例要旨≫（民國十六年至六三年）上册，三八九頁。
❺ ≪最高法院判例要旨≫（民國十六年至六三年）上册，三八九頁。

特有財產共有四種，卽專供夫或妻個人使用之物，夫或妻職業上必需之物，夫或妻所受之贈物經贈與人聲明爲其特有財產以及妻因勞力所得之報酬。由此可知，妻之原有財產與特有財產之來源頗爲多種而複雜。如此情形，執行法院能否逕自認定婚姻關係存續中，以妻名義登記之不動產均非妻之原有財產或特有財產？又妻就此不動產提出爲其原有財產或特有財產之證明時，執行法院能否爲實體法上之認定？如二者均爲否定時，執行法院怎能依丁之聲請，以爲夫所有之不動產予以強制執行？因此甲說似有斟酌之餘地。

二、乙說

「甲說認爲不動產爲甲之財產予以執行固有不當，惟甲乙旣爲夫妻，妻之所負債務，依民法第一〇二三條第三款規定，由夫負淸償之責，丙對甲之執行事件，應倂與對乙之事件辦理」❻。

乙說仍以甲說之理論爲依據，認定該不動產爲夫所有，故仍忽略了物權變動之公示原則。又妻所負之債務，如依民法第一〇二三條第三款❼，由夫負責固無不當，但妻所負之債務並不以該條第三款爲限。尙有依第一〇二四條與第一〇二五條所負之債務。依第一〇二四條所生之債務應由妻就其財產全部負責❽。依第一〇二五條所生之債務，應由妻就其特有財產負淸償之責❾。因此丙對甲之執行事件，如倂其

---

❻ ≪民事法律問題之研究≫前揭一九頁。

❼ 依民法第一〇二三條規定，夫於結婚前所負之債務、夫於婚姻關係存續中所負之債務及妻因第一〇〇三條所定代理行爲而生之債務，均應由夫負淸償之責任。

❽ 卽妻於結婚前所負之債務、妻因職務或業務所生之債務、妻因繼承財產所負之債務及妻因侵權行爲所生之債務。

❾ 卽妻就特有財產設定之債務及妻逾越第一〇〇三條代理權限之行爲所生之債務。

對乙之事件辦理，如此不分夫妻各人之債務，而一概以夫之財產負責，並非十分妥當。

三、丙說[10]

「不動產登記名義人既爲乙，即爲乙所有，且土地登記有絕對之公信力，未撤銷登記前，不得以民法規定推翻謂非其所有。執行法院自應駁回丁對該不動產之執行聲請」。

丙說以物權變動之公示原則及土地法上登記公信力爲理論根據，而承認祇有妻之債權人得聲請強制執行。六三年臺上字第一八九五號說：「土地法第四三條規定之絕對效力，係保護善意第三者因信賴登記而設，夫妻如係以法定財產制爲其夫妻財產制，則以妻爲登記名義人之不動產，除屬妻之原有財產或特有財產外，在善意第三者因信賴登記而自妻受讓取得不動產所有權以前，依民法第一〇一七條第二項規定，應認爲屬於夫之所有」。此判例係以保護交易安全爲出發點，從而不得不維持登記之公示與公信原則。至於夫妻財產制內部所有權之歸屬，仍沒有徹底解決。丙說爲維持交易之安全，夫之債權人需先撤銷妻名義之登記，始能聲請強制執行。

總之，此法律問題之關鍵似乎焦集於夫妻財產制夫妻所有權歸屬之問題；詳言之，在聯合財產制婚姻關係存續中，夫所取得之財產，如以妻名義登記時，其所有權應歸屬於妻或夫？

第三章　現行法上聯合財產制所有權歸屬的檢討

---

[10] ≪民事法律問題之研究≫前揭一九頁。

我國現行普通法定財產制是仿效德國舊民法上之管理共同財產制(Verwaltungsgemeinschaft),尤其瑞士民法上之聯合財產制(Güterverbindung)⑪所制定的。

聯合財產制最大的特色在於夫與妻之所有權自始分離(Gütergetrenntheit)。依民法第一〇一六條規定,夫妻於結婚時屬於夫妻之財產及婚姻關係存續中夫妻所取得之財產,除妻之特有財產外,屬於聯合財產⑫。又依民法第一〇一七條規定,聯合財產中妻於結婚時所有之財產,及婚姻關係存續中因繼承或其他無償取得之財產爲妻之原有財產,保有其所有權;至於聯合財產中夫之原有財產及不屬於妻之原有財產部分,以及由妻原有財產所生之孳息,爲夫所有⑬。由此可知,夫妻在婚姻關係存續中,確定夫妻所有權之歸屬似乎不困難。因爲在婚姻關係存續中屬於妻所有之財產,法律採列擧之規定。卽第一〇一三條之法定特有財產,尤其第三款與第四款之來源,及第一〇一七條之原有財產。如證明財產之所有權旣不屬於妻之特有財產,又不屬於妻之原有財產時,其所有權必歸屬於夫。

由以上之分析,可知聯合財產制上之聯合財產,夫妻所有權自始分開,有夫之所有權,也有妻之所有權,此不若統一財產制所有權之單純。依該財產制,凡是婚姻關係存續中之財產,其所有權均屬於夫,

⑪ 參閱瑞士民法第一九四條以下。

⑫ 瑞士民法第一九四條第一項規定:「聯合財產制係聯合結婚時屬於雙方配偶之財產,或在婚姻關係存續中雙方所取得之財產,組成婚姻財產」。其第二項:「妻之特有財產不屬於婚姻財產」。

⑬ 瑞士民法第一九五條第一項規定:「在婚姻財產中,於結婚時係屬於妻者,或在婚姻關係存續中,因繼承或其他方法,妻無償所取得者,均爲妻之原有財產,其所有權歸屬於妻」。其第二項:「夫對原有財產及一切不屬於妻之財產之婚姻財產均享有所有權」。其第三項:「妻之收入及妻之財產之天然孳息,自可得收取之日或孳息分離之日起,其所有權歸屬於夫。但關於特有財產另有規定者,從其規定」。

妻祇取得婚姻解消後債權的返還請求權（民法第一〇四二條）。至於婚姻關係存續中之聯合財產，夫妻不動產所有權如何歸屬，最先當依物權第七五八條之公示方法判定最爲合理客觀。從而祇要登記爲妻名義的財產，無論如何在婚姻關係存續中所獲得的，均應先推定爲妻所有。如先推定爲夫所有，不僅無視妻的財產能力，而且物權變動之公示原則也受到影響，甚至與土地法登記有公信力的原則也相違背。如此之法律秩序，怎能維持第三人交易之安全？因此，夫自己或其債權人如欲主張該不動產爲夫所有時，應先由夫或其債權人負擧證責任，證明該不動產非妻之原有財產或非妻之特有財產。

其次，在婚姻關係存續中，夫所獲得之財產，可能成爲妻所有之情形有二：一爲依據第一〇一三條第三款，妻受夫之贈與經夫聲明爲其特有財產，則該財產成爲妻之特有財產；一爲依據第一〇一七條，在婚姻關係存續中，妻受夫之無償贈與而未聲明爲特有財產時，則該財產成爲妻之原有財產。此二種贈與之形式不必以書面爲之。却以口頭卽足，故日後夫妻爭執有無贈與時，其擧證責任頗爲困難。

婚姻關係存續中夫所取得之財產，以妻名義登記之不動產，通常是在夫妻感情融洽，夫以口頭或以行爲表示贈與，尤其爲酬謝妻育幼與管理家務之辛勞。然後由妻交付印鑑讓夫以妻之名義去辦理登記。惟夫妻一旦感情破裂，甚至鬧離婚時，夫可能一口否認贈與行爲。此時妻如欲擧證夫之贈與行爲，將是非常困難，俗語說得好「口說無憑」。

依常理來說，夫妻之間有各種權利義務，關係極爲密切，妻對於夫之贈與，基於人格之信任，很少要求寫立字據。對於夫之贈與要求夫寫立字據的人恐怕不是妻，而是情婦。總之，妻之交付印鑑而由夫以妻名義登記之不動產，通常可推定符合民法第四〇六條與第四〇七條之規定而贈與成立。

或許有人認爲夫直接以妻名義登記之不動產，將不能認爲對妻贈與該標的物。夫必須先將該不動產登記爲夫之名義，然後由夫移轉登記給妻，始能成立該不動產的贈與。從純理論來說，以後者爲是，但實際上很少人會移轉登記二次。因爲如此迴折，不但浪費時間，而且稅負與規費也將增加。

設想有一位丈夫除有一位妻外，尙有一位情婦。他爲討好情婦，並對妻表示公平起見，買二棟房子分別以妻及情婦之名義登記。依法院之判例⑭，妻不能取得該所有權；反之情婦能取得該所有權。因爲妻有身分關係，需適用夫妻財產制有關民法第一〇一六條及第一〇一七條規定而不能取得該不動產之所有權。至於情婦不必受身分關係之拘束，自能依民法第七五八條之不動產變動之公示原則及民法第四〇六條與第四〇七條贈與之規定而取得該不動產的所有權。法律厚此薄彼是否允當？此結論不啻鼓勵婦女不爲人妻而爲情婦，其不當顯而易見。

第四章　外國立法例之檢討

現代各國立法例，尤其婚姻法，無不以男女平等與夫妻平等爲基礎。夫妻財產制爲婚姻法之一環，因此對於夫妻平等之貫徹頗受重視。

一、瑞士

我國現行的夫妻財產制以瑞士之立法例爲藍本。瑞士的法定財產制 Güterverbindung 也成爲我國法定財產制，而稱之爲聯合財產制。

---

⑭ 參閱五五年臺抗字第一六一號（≪最高法院判例要旨≫上册，三八九頁），五九年臺上字第二二二七號（≪最高法院判例要旨≫上册，三八九頁）及六三年臺上字第五二二號（≪最高法院判例要旨≫上册，三八九頁）。

瑞士之 Güterverbindung 實與德國一九〇〇年的法定財產制之管理共同財產制（Verwaltungsgemeinschaft）相同。此制特徵之一是以夫妻之財產組成婚姻財產（eheliche Vermögen），即聯合財產制是聯合結婚時屬於雙方配偶之財產，或在婚姻關係存續中，雙方所取得之財產組成婚姻財產；但妻之特有財產不屬於婚姻財產（瑞民第一九四條）。此類似我國民法第一〇一六條之規定。其次，夫妻之所有權是自始分離，一如我國之聯合財產制。在婚姻財產中於結婚時屬於妻之財產及在婚姻關係存續中，妻因繼承或其他方法，無償所取得之財產，均為妻之原有財產，其所有權歸屬於妻。至於夫對其原有財產及一切不屬於妻財產之婚姻財產，均享有所有權(瑞民第一九五條)。此類似我國第一〇一七條之規定。一如我國之規定，瑞士的聯合財產制亦偏重於夫之利益，由夫管理、使用、收益婚姻財產。依規定，夫管理婚姻財產，管理費用則由夫負擔，妻有權為婚姻共同生活之代理人，於此範圍內也有管理權(瑞民第二〇〇條)。又夫對於妻之原有財產有收益權，但應負擔與用益權人同一之責任（瑞民第二〇一條）。此二條類似我國民法第一〇一八條與第一〇一九條之規定。

我國雖與瑞士同採聯合財產制為普通法定財產制，但有其根本不同之處，即我國沒有盈餘之分配，而瑞士法有規定。依瑞士民法，婚姻因離婚而廢止者，不問配偶關係採何種夫妻財產制，其婚姻財產劃分為夫之固有財產及妻之固有財產。盈餘依其所採用之財產制分配(瑞民第一五四條）。夫之財產與妻之財產劃分後，尚有盈餘者，盈餘之三分之一歸屬妻或其繼承人，其餘歸屬於夫或其繼承人（瑞民第二一四條）。此處所謂之盈餘，係指夫在婚姻關係存續中所增加之財產。盈餘分配主要作用是在補償妻之育嬰或家務之辛勞，期能調整聯合財產制有利於夫之規定。

我國現行聯合財產制缺少瑞士有關保護妻類似之規定。依民法第一〇二九條與一〇三〇條，夫死亡或聯合財產制分割時，妻祇取回其原有財產而已。又依民法第一〇五八條，夫妻離婚時，無論其原用何種夫妻財產制，各取回其固有財產，至於盈餘之分配毫無規定。

抑有進者，瑞士法爲使盈餘之分配發揮更大效果，以法院之判例，保護妻取得夫移轉財產之所有權。依判例⓯，在聯合財產制，夫於婚姻關係存續中所取得之不動產，即使無贈與之意思，而以妻之名義登記時，原則上妻取得該不動產之所有權，期能與物權變動之公示原則及與土地法登記之公信力原則相一致。惟將來婚姻消滅而劃分夫妻之財產時，夫妻內部關係，依瑞士民法第二一四條，發生盈餘的淸償，即將該財產計入三分之一盈餘之補償內⓰。瑞士立法能面面俱到，期以維持夫妻衡平的原則，令人折服。

總之，瑞士法及判例見解，在維護夫妻平等，又藉法條邏輯之運用，期以維護交易的安全，實較我國之規定更勝一籌。

二、德國

德國立法例影響我國民法頗大。德國一九〇〇年之民法本來採用與我國聯合財產制相似的管理共同制（Verwaltungsgemeinschaft）爲普通法定財產制。嗣後發現該財產制由夫一人管理、使用、收益聯合財產，有違背夫妻平等的原則，故改以分別財產制爲普通法定財產制⓱。實行不久，又發現該財產制無盈餘之分配，對於從事家務與育

⓯ 參閱<瑞士聯邦判例集七四，II，>一四七頁。

⓰ Peter Tuor, *Das sohweizerische Zivilgesetzbuch*, Zürich, 一九六八，一九二頁。

⓱ 自一九五三年四月一日起至一九五七年六月十七日止，德國民法以分別財產制爲普通法定財產制。

嬰之妻方不公平,故又以淨益共同財產制(Zugewinngemeinschaft)取代分別財產制而爲普通法定財產制⑱。

淨益共同制之財產權自始分開，一如分別財產制。夫妻對其財產各自有所有權，其管理、使用、收益權各人亦自理(德民第一三六四條)。惟德國此制最大的特色是淨益財產的分配。依德國民法第一三七三條，配偶一方終結財產超過開始財產，其超過額稱爲淨益。所謂開始財產係配偶於夫妻財產制開始時，扣除債務後所剩餘之財產，而債務以扣盡財產總額爲限(德民第一三七四條)。所謂終結財產係配偶於夫妻財產制終了時，扣除債務後所剩餘之財產(德民第一三七五條)。配偶因離婚、婚姻撤銷或無效而消滅淨益共同財產制時，發生淨益之分配。此時如配偶一方之淨益超過他方之淨益者，其超過部分之半數爲平衡債權額，應歸屬於他方(德民第一三七八條)⑲。惟配偶一方因死亡而消滅淨益共同財產制時，不適用淨益之分配，却使生存配偶之法定應繼分從本來之四分之一(德民第一九三一條)再增加四分之一(德民第一三七一條)而共得遺產的二分之一。

總之，德國立法例無論因死亡或離婚而解消婚姻時，妻就管理家務或育嬰而減少收入之代價均獲得補償,此規定就保護妻之利益而言,又較我國爲優。

---

⑱ 自一九五七年六月十八日起，德國民法改以淨益共同制爲普通法定財產制。

⑲ 例如於結婚時，夫有財產八萬元，妻有二萬元，於離婚時扣除債務後夫有六十八萬元，妻有十二萬。此時夫財產之淨益爲六十萬元，妻之淨益爲十萬元，其平衡債權額爲六十萬元減十萬元之一半，卽二十五萬元。妻得向夫請求二十五萬元。

第五章 保護妻之利益

比較我國現行法與外國立法例有關普通法定財產制，顯示我國對妻利益之保護顯然不足。

我國聯合財產制，一方使夫對妻之原有財產有管理、使用、收益之權，甚至爲管理上之必要，得不必經妻之同意亦能處分（民法第一〇一八條、一〇一九條、一〇二〇條）；他方，夫必須先於妻負擔家庭生活費用(民法第一〇二六條)，期能使夫妻內部關係維持利益上之平衡。此種構想，如用之於職業婦女身上，尙稱允當。因爲職業婦女有工作之收入，該收入爲民法第一〇一三條第四款勞力所得之報酬，屬於妻之特有財產，不歸夫管理、使用、收益及處分。至於家務可雇人幫忙，而因此所支出之費用，屬於家庭生活費之一部，當由夫先負擔。

惟我國職業婦女雖然逐年增加，但與男人就業率比較，尙無法相提並論。換言之，我國婦女從事家務與育嬰工作的仍佔多數。卽使婦女出外工作，仍是半天、臨時性或停停續續的工作，期能兼顧家務。在如此之家庭結構，夫在婚姻關係存續中所獲取之財產，悉數歸夫一人所有是否允當？夫之所以有如此收入，是因爲他無後顧之憂，不必爲育嬰與家務纏身所致。依婚姻之本質目的，婚姻生活包括育嬰與家務管理，從而二者必須由夫妻共同盡義務，始符合公平原則，因此夫需由其就業時間，撥出一半從事於家務；如夫不便從事家務，應當補償妻爲其付出之代價。現行民法就夫對於妻之家務管理與育嬰不必付代價，以爲補償，則立法者無異於鼓勵婦女走出廚房，而出外工作，以便賺取自己之特有財產！否則管理家務之婦女無異是笨瓜，夫在外工作賺他自己的財產，妳在家裡義務勞動！其不當之處，顯而易見。

其實家從社會機能觀察，常是夫主外，妻主內；尤其育幼更是爲母之天職。在舊社會，妻以夫爲天，妻之人格完全爲夫所吸收，致妻不僅無行爲能力人，而且也無財產能力人。妻祇有管理家務一途，而不敢爭工作之代價。惟在人格平等的現代經濟社會，妻之就業能力，亦因敎育之普及而提高，且實際就業之婦女日漸增多。如今妻因結婚被迫放棄就業，而專管家務與育幼，以致其特有財產該增加而不增加；或妻雖無就業能力，但家務之管理難到不是神聖之職業？妻爲家務支出之勞力難到不應該獲得補償？

總之，現代婚姻生活之本質是夫妻的分工合作，一如商業上合夥的關係。夫擅長於外務工作，則由夫專心出外賺錢，以提高收入。妻之特長爲內務方面，故由妻全心育幼與管家。惟財產之收入不能由管外務之丈夫獨得，妻對該財產之增加也有貢獻。換言之，妻之管家非命中註定，却是與夫協商之後決定的，所以妻對夫財產之收入能够分享。準此以解，婚姻關係存續中夫所取得之財產悉數歸夫所有之立法，顯然有失公平。有鑑於此。這次司法行政部公佈之民法修正草案，針對此弊，增加第一〇三〇條之一有關配偶在聯合財產制之盈餘分配權⑳，期能補償妻因育幼或家務管理所付出之代價。從而在未修改聯合財產制之盈餘分配前，應當借重判例之功能，將夫於婚姻關係存續中所取得之財產，如以妻名義登記之不動產，至少先推定爲夫之贈與而成爲妻之原有財產。如此解釋，不但能使妻因家務所支出之代價

⑳ 民法修正草案第一〇三〇條之一第二項規定，聯合財產制關係消滅時，夫妻各於婚姻關係存續中所取得而現存之原有財產，除因繼承或其他無償取得之財產外，扣除夫妻婚姻關係存續中所負之債務後，如有剩餘，其雙方剩餘財產之差額，應平均分配。但依其情形，平均分配顯失公平者，法院得酌減其分配額或不予分配。

多少獲得補償，而且也與民法第七五八條物權變動之公示原則與土地法第四三條登記之公信力相一致。此種推定祇有夫妻串通以詐害夫之債權人時發生弊端。對此我們應設法防止，但不能有此可能而將夫以妻名義登記之不動產，均不能使妻取得所有權。

第六章　保護夫之債權人

夫在婚姻關係存續中，以妻名義登記之不動產，不無有夫妻串通以達詐害夫之債權人。我們對此情形，應設法防止。

以債之本質言，債務人是以債務成立時期之資力，爲債權人提供清償擔保，而不動產有登記之公示方法做爲認定所有權歸屬之依據。夫在婚姻關係存續中所取得之財產，以妻名義登記之不動產，可從該登記之日期與債務發生之時期，認定有無詐害債權人行爲之標準。債權之發生在該不動產登記爲妻名義之後者，很難認定該登記有害於債權人。因爲債權人與債務人發生債之關係時，債務人係以法律行爲時所有財產爲清償之總擔保，已經不屬於債務人之財產，不可能再提供債權之擔保。不動產有登記公示之客觀方法，提供債權人認定該財產是否屬於債務人，並能否爲其債權之擔保。債權人如怠於此調查或不介意該不動產已由債務人登記爲其妻之名義，而仍與之法律行爲時，除非有惡意設陷外，不能說債務人有詐害債權人之情形。

以上論據似與夫妻財產制契約，以登記爲對抗第三人效力之法理相同。依民法第一〇〇八條第一項，夫妻財產制契約之訂立、變更或廢止，非經登記不得以之對抗第三人。此表示夫妻財產制一經登記後，對第三人發生公示作用，故登記以後對第三人之法律行爲，完全以所登記之夫妻財產制之內容負責，而不再適用以前採用之夫妻財產制。但登記以前已發生之債務，仍應以債務發生時所採用夫妻財產制負責。有鑑於此，我國非訟事件法第四五條第三項規定：「前三項夫妻財產制契約之登記，對於登記前夫或妻所負債務之債權人不生效力。亦不影響依其他法律所爲財產權登記之效力」。瑞士民法第一七九條第三項規定：「結婚之後所訂立之夫妻財產制契約，不得害及訂約前財產對第三人的責任」。

總之，夫妻財產制契約之登記，在於強調對第三人之公示作用，以登記之日期爲負責之客觀標準。登記後所發生之債務，以新夫妻財產制負責，登記前所發生之債務，仍以原夫妻財產制負責。如此方能藉登記之公示作用，保護第三人免於遭到不測之損害。

由此可知，登記之立法理由，在於對第三人發生公示作用。爲保護交易的安全，此公示制度應澈底維持。從而在聯合財產制，夫之財產已登記爲妻之名義時，無論如何，應先推定爲妻之所有權。準此以解，已登記爲妻名義之不動產，不能再爲嗣後第三人對夫所發生之債權提供擔保，而祇能爲妻債權人之擔保。從保護第三人之觀點說，法律保護夫之債權人與保護妻之債權人，應該是同等重要。何況此時保護妻之債權人與物權變動之公示方法、土地登記之公信力及夫補償妻對於婚姻生活貢獻之理論相一致。因此法律與其保護夫之債權人，不如保護妻之債權人，顯得更爲合理。

因此民國六五年臺上字第一八〇〇號（六五年七月二十三日）判例曾配合上述的原則，以信託行爲之理論解釋夫在婚姻關係存續中所取得之不動產，以妻名義登記者，妻以受託人之資格取得該不動產之所有權：「通常所謂信託行爲，係指信託人將財產所有權移轉與受託人，使其成爲權利人，以達到當事人間一定目的之法律行爲而言，在受託人未將受託財產還返信託人以前，殊不能謂受託人非法律上之所有權人或受託財產仍爲信託人所有」。此判例對保護妻之利益，溢於言表。

如夫在婚姻關係存續中所取得之財產，以妻名義登記之不動產，仍先推定爲夫所有時，勢必與保護第三人交易之安全相違背。依據五五年臺抗字第一六一號、五九年臺上字第二二二七號、六三年臺上字第五二二號諸判例之見解㉑，任何人能主張妻之取得不動產之名義，如係在其婚姻關係存續中，則應屬於夫所有。如主張爲妻所有，則應就此財產係屬於妻之原有財產或特有財產負擧證責任。惟法院認爲如貫徹諸判例之見解，對於善意第三人因信賴登記而取得抵押權或所有權勢必妨害。因此爲兼顧此情形，不得不提出土地法第四三條之公信力原則爲第一優先。依據最高法院六三年臺上字第一八九五號判例：「土地法第四三條規定之絕對效力，係爲保護善意第三者因信賴登記而設。夫妻如係以法定財產制爲其夫妻財產制，則以妻爲登記名義人之不動產，除屬妻之原有財產或特有財產外，善意第三者因信賴登記自妻取得不動產所有權以前，依民法第一〇一七條第二項之規定，應認爲屬於夫之所有」。

總之，法院判例就婚姻關係存續中，夫所取得之財產以妻名義登記者，其保護之順序似乎爲：㈠土地法第四三條之公信原則，對第三人交易安全之保護；㈡聯合財產制第一〇一六條與第一〇一七條保護夫之所有權；㈢民法物權第七五八條所有權變動之公示原則，卽對妻所有權之保護。這種順序有無矛盾？邏輯上是否妥當？誠如民事法律問題研究之研究意見指出：「若旣登記爲妻名義，究竟是否屬於妻之原有財產或特有財產，非局外之人所得知悉，因此任何人均得指稱登

㉑ ≪最高法院判例要旨≫（民國十六年至六三年）上册，三八九頁。

記爲妻名義之財產卽爲妻所有，如主非張屬妻所有者，卽應就此財產非屬妻之原有財產或特有財產負舉證責任」㉒。由此可知，登記爲妻名義之不動產，應先推定爲妻所有較爲妥當，否則第三人交易之安全不易維持。

至於夫與第三人發生債務後，始將其財產以妻名義登記，則不無有詐害第三人之嫌疑。如有詐害債權人之情形，由債權人依據民法第二四四條保護其債權，卽夫所登記爲妻之無償行爲有害及債權時，債權人得聲請法院撤銷之。又夫所爲之有償行爲，於行爲時明知有損害於債權人之權利時，以妻受益時亦知其情事爲限，債權人得聲請法院撤銷之。惟民法第二四四條之舉證責任係應由夫之債權人負責，始能達到撤銷夫與妻間之法律行爲。詐害之意圖屬於被告內心的因素，除非被告自白，舉證頗爲困難。何況贈與人與受贈與人有配偶身份關係。夫之債權人要搜集意圖詐害之證據，難上加難，不易達到撤銷之目的。有鑑於此，凡是夫以妻名義登記不動產在後而與第三人發生債務在前者，應推定有詐害第三人之意圖，期以避免夫之債權人舉證責任之困難。但夫得證明無詐害第三人之意圖，使以妻名義登記之不動產免於撤銷，而妻能保有所有權。

總之，執行法院對於登記爲妻名義之不動產，究爲夫所有抑或屬於妻之特有財產或原有財產，並無實質之審查權。實體上權義之爭執，應歸屬於普通法院依訴訟程序審判㉓。因此夫妻未以契約訂立夫妻財產制，於婚姻關係存續中，以妻名義登記之不動產，似祇能由妻之債權人聲請執行，始能保護交易的安全。否則一如「民事法律問題之研究」的意見所指出：「夫之債權人以妻名義之不動產爲聯合財產而聲

㉒ 《民事法律問題之研究》前揭二一頁以下。

㉓ 《民事法律問題之研究》前揭二三頁。

請執行，執行法院固無從拒絕，即妻之債權人以登記名義爲準，請求查封執行，執行法院亦應受理」[24]。此種結果無異造成「先下手爲強」之情形，即妻之債權人或夫之債權人，誰先聲請強制執行，誰就先受清償。至於夫之債權人聲請查封後，妻之債權人是否得聲請參與分配？妻之債權人聲請執行查封後，夫之債權人是否亦得參與分配？此問題仍有待解決。依最高法院六二年度第三次民庭庭推總會紀錄，如夫之債權人以妻名義之不動產爲聯合財產而先聲請執行，因妻非債務人，妻之債權人不得聲明參與分配；反之，如妻之債權人先聲請執行，因夫非債務人，夫之債權人亦不得聲明參與分配[25]。此見解無非是貫徹「先下手爲強」的觀念，第三人須視先行聲請查封者爲何人，方能決定債權能否獲得保障。如此的結論，似乎將造成法律無秩序的狀態，因爲登記公示之原則也好，夫妻財產制之規定也好，均不足爲債權人認定債務人財產之憑藉，對於交易之安全不易維護[26]。

這次民法親屬編的修正草案初稿，鑑於現行法有關聯合財產制夫妻所有權歸屬之爭執，將第一〇一七條第一項修正爲：「聯合財產制中，夫或妻於結婚時所有之財產及婚姻關係存續中取得之財產，爲夫或妻之原有財產，各保有其所有權」。

本條之修正意旨在配合第一〇一三條第四款之删除[27]及第一〇三〇條之一有關盈餘的分配，使聯合財產制中夫妻所有權之歸屬更爲合理。依此規定，妻之原有財產之取得較原來第一〇一七條之範圍擴大，不限於無償或繼承之取得，却是包括婚姻關係存續中所取得之一切財產。至於妻有無取得財產所有權，自當依物權變動之原則判斷，即不

---

[24] <民事法律問題之研究>前揭二三頁。

[25] <民事法律問題之研究>前揭二三頁。

[26] <民事法律問題之研究>前揭二三頁。

[27] 妻因勞力所得之報酬，不再認爲妻之特有財產，而認爲妻之原有財產。

動產依登記之名義（民七五八條），動產依交付標的物(民七六一條)。總之，凡是在婚姻關係存續中登記爲妻名義之不動產，沒有理由懷疑妻未取得該所有權。

第七章　結　論

夫妻未以契約訂立夫妻財產制，於婚姻關係存續中以妻名義登記之財產，是否夫與妻之債權人均得聲請執行？解決此問題之關鍵，似不宜在於何人爲程序上的聲請人，却在於夫妻財產制夫妻所有權如何歸屬。

誠如上面所述，我國現行夫妻財產制，尤其聯合財產制，偏重於夫的利益，而忽視妻對於共同婚姻生活的貢獻。所以在未修改此不公平之現象以前，宜多發揮判例法（Richterrecht）的功能，予以補救。換言之，在婚姻關係存續中，以妻名義登記之不動產，至少應先推定夫對妻之無償贈與，而爲妻之原有財產，由妻保有所有權，以便補償妻因育嬰與家務管理之代價。如此推定，不但與物權法第七五八條所有權變動的公示原則，而且與土地法第四三條登記之公信原則相一致。因此，在此情形，祇許妻之債權人聲請對妻名義登記之不動產強制執行。至於對夫債權人之聲請或參加分配均應加以駁回。惟夫以妻名義登記之不動產，否認有贈與妻時，應先由夫在普通法院負舉證責任。如一經證明成立，夫得請求法院移轉登記，使夫保有所有權。法院在審理此訴訟時，夫無贈與之意思而以妻名義登記之不動產，宜從衡平的原則，能否視爲該不動產之登記在補償妻因育嬰或家務之管理，而在履行道德上之給付義務。

至於債權人對於夫之債權發生在前，而夫以妻名義登記在後，同時有夫妻串通詐害債權人之意圖時，則債權人得依民法第二四四條請求法院撤銷贈與，並為移轉登記為夫之名義。法院在審查此爭執時，祇要夫登記名義之日期在債權發生之後者，應先推定夫有詐害債權人之行為，期能避免債權人舉證之困難。此時，如夫不能舉證無詐害之情形者，應撤銷贈與行為，並移轉登記為夫之名義。又如未移轉登記於夫前，妻之債權人已善意受讓該不動產或已設定抵押權時，該債權人應受保護。

值得一提者，這次司法行政部民法修改委員會修正第一〇一七條有關夫妻原有財產之取得，其立法意旨之一在於解決夫妻在聯合財產中所有權，尤其不動產所有權歸屬之問題。此歸屬端視動產所有權以交付、不動產所有權以登記之名義來判斷有無取得。如登記為夫名義的不動產，其所有權自歸屬於夫；登記為妻名義的不動產，其所有權沒有理由不屬於妻。因為依修正草案第一〇一三條及第一〇一七條，妻因勞力所取得之財產，已不屬於妻之特有財產，却屬於妻原有財產之一部分；換言之，依現行法第一〇一七條，妻之原有財產限於妻結婚時所有財產及婚姻關係存續中因繼承或其他無償取得之財產。此時在聯合財產中證明以妻名義登記之不動產，非妻因繼承或無償取得者，視為夫之財產或許可以成立。但修正草案第一〇一七條已將妻之原有財產之範圍擴大，包括妻結婚時所有財產及一切婚姻關係存續中所取得之財產㉘。因此祇要在婚姻關係存續中，登記為妻名義之不動產，不能再否認妻無所有權。

總之，依修正草案第一〇一七條之規定，目前法院判例之見解：

㉘ 惟第一〇一三條第一款至第三款之財產，仍屬於妻之特有財產。

「夫所取得之財產雖以妻名義登記者，其所有權仍屬於夫」，似宜改正。

《法學叢刊》，第九十六期，民國六十八年十二月。

玖、德國新親屬法上之別居制度與我國民法需要別居之規定

要　目

第一章 前言

（一）婚姻本質目的在於維持夫妻之永久共同生活，夫唱婦隨，期能白首偕老。德國新親屬法第一三五三條特規定：「婚姻之締結，以終身爲目的」，以明示婚姻的莊嚴神聖。惟婚姻係人合關係，如夫妻感情乖離或有重大事由發生，而無法維持婚姻共同生活者，應許其離婚；否則強制結合，似無異於同床異夢，禍起枕席，反非維持社會及家庭和平之道。

（二）我國舊社會鑑於婚姻係基於人合，而非如父子關係之天合，故得制以去就之義❶。此婚姻的基本思想，影響我國離婚法的從寬規定。舊律例有七出❷、義絕❸與兩願離或和離的規定❹；過渡時期之民律草案採列舉而有責主義的裁判離婚與兩願離婚（民律第四編四十六條與第四編四十三條）並行；現行民法亦採用雙軌制，即列舉主義的裁判離婚與兩願離婚（民一〇五二條、一〇四九條）。惟現行

---

❶ 清・錢大昕≪昏儀≫「父子兄弟以天合者也，夫婦以人合者也。以天合者，無所逃於天地之間，而以人合者，可制以去就之義」。

❷ 七出在我國舊社會乃禮制上夫片面棄妻之原因。即無子、淫泆、不事舅姑、多言、盜竊、妒忌及惡疾。唐律戶婚律妻無七出條與清律戶律婚姻門出妻條，均規定爲夫離妻之原因。

❸ 義絕係我國舊律例的裁判離婚，即夫妻情意乖離，其義已絕，法律必須強制離婚。唐律戶婚律義絕離之條與清律戶律婚姻門出妻條，均規定義絕爲裁判離婚之原因。依判例，夫毆妻之祖父母、父母；夫與妻母姦或妻毆詈夫之祖父母、父母；妻與夫緦麻以上親姦等，均爲義絕之原因。

❹ 唐律戶婚律義絕離之條上的兩願離與清、戶律婚姻門出妻條上之和離，均爲現行法上的兩願離婚。

民法所採列舉之離婚事由，係以有責主義為主，目的主義為輔。有鑑於我國的離婚政策一向採裁判離婚與兩願離婚的雙軌制，離婚簡單，致使我國法律對於離婚政策上重要的別居制度，不予以重視，而未能以明文加以規定。

（三）中世紀的歐洲，教皇的勢力凌駕各民族國家，教會的寺院法對各國亦發生效力。寺院法之內容，乃以婚姻法為主，尤其離婚法。依教會之義理，夫妻的結合非基於人為，而是神意的安排，誠如《聖經》說：「婚姻是上帝配合的，人不可分開」❺。有鑑於此，教會之寺院法採取婚姻非解消主義，除妻之犯姦淫外，不准離婚。惟婚姻生活之實際體驗，婚姻之破裂乃不可避免的事實，寺院法因而不得不採別居制度，以代替離婚。探其採別居之理由，在於基督教義視性行為極為神聖，故祇准許當事人肉體上分開之別居，而不准離婚，以免再婚而瀆犯神意。惟長久的別居制度，雖能達到婚姻神合的目的，但無視婚姻實際破裂的情況，尤其終身別居頗為殘酷，反而增加姦淫之風，不論對夫妻本人或社會，均產生不良之影響。

自十六世紀宗教改革發生之後，婚姻神合之觀念開始動搖，尤其十七、十八世紀教皇勢力衰退，民族國家之地位擡頭。他們從教皇手中收回婚姻事項的管轄權。婚姻世俗化之結果，西歐各國大致承認夫妻之離婚與短暫的別居。於是有的國家以別居為離婚的預備手段（挪威、瑞典、德國），有的使兩者併存，任當事人就離婚或別居中任選一種（法國、瑞士、英國）❻。

（四）西歐各國近幾十年工商業發達，物質享受提高，加以教育普及，女權高張，社會結構大為改變。其影響所及，夫妻各有主見，

❺ 《新約全書・馬太福音》第六節。

❻ 參閱施琦雲著＜別居制度之比較研究＞（載於臺大法學院《社會科學論叢》第八輯，一五三頁以下）。

婚姻生活易於發生摩擦，離婚率因而亦有增加之趨勢。為因應社會如此的變化與需要，西歐各國的離婚政策，從有責主義(Verschuldens-prinzip）趨向於破裂主義（Zerrüttungsprinzip)，祇要婚姻有客觀的破裂事實，而不問其原因，即可離婚（瑞民一四二條、德舊婚姻法四八條）。

西德於去年七月一日修正實施之離婚法係最新之立法例。依該新離婚法之規定，離婚原因採純粹破裂主義，而此破裂主義與短暫的別居制度發生密切關係；換言之，別居在德國新離婚法上的離婚請求，居於決定性之地位。

有鑑於別居在德國新離婚法上之重要地位，尤其正值我國民法修改之時期有其參考之價值，故本文擬分二點檢討，期對我國法學界有所幫助：一、德國新親屬法上之別居制度；二、我國民法需要別居之規定。

第二章 西德新親屬法上之別居制度

一、西德離婚法上之別居規定

西德親屬法上的別居，主要規定於親屬編第七節的「離婚」與第五節「結婚普通效力」之下。玆先檢討離婚法上的別居規定。由於新離婚法採用婚姻破裂主義；而離婚唯一原因之婚姻破裂，以別居為其法律推定的主要依據。因此，別居之規定，宜從離婚原因開始檢討。

(一)破裂主義的離婚原因

德國舊婚姻法上之離婚原因，脫離不了有責主義的色彩，即以有責主義爲主，目的主義爲輔；同時兼採破裂主義。關於有責主義，其採例示之概括主義，卽通姦（德舊婚姻法四十二條）及其他婚姻過咎（德舊婚姻法四十三條）❼。關於目的主義則採列擧主義，卽精神錯亂（德舊婚姻法四十四條）、精神病（德舊婚姻法四十五條）及傳染病或惡疾（德舊婚姻法四十六條）。至於破裂主義的離婚原因係夫妻間家庭生活廢止已逾三年，且婚姻關係嚴重破裂，致無法期待回復與婚姻本質一致的共同生活者，夫妻任何一方均得請求離婚（德舊婚姻法四十八條）。

新離婚法一反過去複雜的離婚原因，而祇採單純客觀之目的主義，卽離婚的唯一原因，祇有婚姻破裂（Scheitern）（德新民法一五六五條第一項第一段）。

新離婚法以婚姻破裂爲其離婚唯一原因之立法理由，在於糾正舊婚姻法之缺陷。舊婚姻法離婚原因之核心，在於其第四十三條第一項的規定：配偶之一方因犯婚姻上之重大過咎或因不名譽或不道德之行爲，應負擔破壞婚姻之嚴重責任，致不能再期待回復與婚姻本質相一致之共同生活者，他方得請求離婚。由於西德舊婚姻法並無與我國相似的自由兩願離婚，故夫妻如欲離婚者，須在法定所列擧之一種離婚原因，而向法院提出裁判離婚的請求始可。德國舊婚姻法第四十八條雖有破裂主義之離婚原因，但夫妻依該條之離婚，須有家庭共同生活廢止三年之要件。故急於離婚之夫妻迫不急待，不惜私下虛構一重大婚姻過咎行爲，由配偶一方在庭上主張此事實，而由他方加以承認。通常被提出之婚姻過咎，例如性行爲之拒絕、侮辱等，法官不易調查

---

❼ 德國舊婚姻法第四三條爲有責主義的概括規定:「配偶之一方因婚姻上之重大過咎，或因不名譽或不道德之行爲，應負擔破壞婚姻之嚴重責任，致不能期待其回復與婚姻本質相一致之共同生活者，他方得請求離婚」。

證據，故祇好以配偶一方之承認為裁判離婚之依據。此種迂廻法律之離婚訴訟程序，先後祇需五分鐘卽告結束。於是該訴訟一如在演戲，判決內所指出之離婚原因，非眞正之離婚原因❽。由此可知，婚姻之失敗，有時很難歸責於夫妻任何一方，俗諺說：「一個銅板不會響」，夫妻有時性格的不合，長期摩擦，而導致婚姻之失敗。此所以德國新離婚法，摒棄有責主義，而以客觀之婚姻破裂為唯一的離婚原因。

(二)別居之概念

1.新離婚法雖以婚姻破裂為唯一的離婚原因，但依德國民法第一五六五條第一項第二段的規定，婚姻破裂係以兩構成要件為前提：一為夫妻共同生活已不存在；二為該共同生活預期無法回復。

就第一構成要件而言，婚姻共同生活雖不限於家庭共同生活，尙有其他關心共同子女等關係。但依法律生活與法實務的經驗，家庭共同生活在婚姻共同生活中，佔有關鍵性的地位；換言之，婚姻共同生活是否存在，常以家庭共同生活有無為前提。配偶之一方或雙方不視其婚姻居所為他們共同生活中心時，在通常情形，可推斷該婚姻已瀕臨於破裂的狀態。

2.有鑑於此，修改後之新離婚法，特增加別居概念之規定，而此為舊婚姻法所沒有。於是別居期間之長短，成為新離婚法上衡量婚姻有無破裂之標準。德國民法第一五六七條為親屬法有關別居的基本規定。該條第一項第一段為別居定義性的規定：夫妻家庭共同生活已廢止，且夫妻一方因拒絕婚姻共同生活，顯然不欲回復其家庭共同生活者，夫妻別居生活。第二段為解決實務上之困難而為解釋性之規定：夫妻在同一婚姻居所內別居者，家庭共同生活亦廢止。

---

❽ 參閱林菊枝著<西德離婚制度之改革>（載於政大≪法學評論≫第七期，民國六一年十二月，一四八頁以下）。

3.舊婚姻法雖無別居概念之規定，但仍承認別居制度，該法第四十八條所稱家庭共同生活廢止已逾三年，爲破裂主義的離婚要件之一，正與新法上別居概念的立法意旨相一致。吾人分析別居之要素，可分爲體素與心素。前者須客觀上有共同生活的廢止事實；後者須主觀上有拒絕婚姻共同生活而分居的意思❾，兩者如缺一，則非法律上之別居。於是職業關係必須暫時分開的生活，例如公務出差、國外商業考察等，或疾病住院、服刑坐牢等命運註定的分居，因缺乏拒絕婚姻共同生活之意思，不能稱爲法律上之別居❿。

在實務上認定別居之體素較爲簡單，祇要配偶之一方或雙方搬遷或隔間之事實即可。至於認定心素較爲困難。別居之心素須至少有一方配偶拒絕婚姻共同生活，而不欲回復其家庭共同生活的意思始可。惟認定別居之心素時，不需明示別居之意思，祇要有其他意思表示或基於其他行爲，足可認定別居時，亦可成立法律上之別居。例如一在國外分公司就任之經理，通知其國內之妻，謂他已在國外另與一女結婚同居。此時雖不明言分居，但已構成別居之要件。該國內之妻於接到通知後，將其夫之物品搬出其居所時，亦合於別居之要件⓫。

夫妻在同一居所內分開生活，是否能構成別居，在德國實務上一向發生疑問。有鑑於此，此次修改離婚法時，特增加規定，以明示同一居所內，亦能成立別居。惟臥室或起居室要嚴格隔開，同時一方之別居意思，需明白的通知他方始可。至於厨房、浴室等共用，尙不影

---

❾ 參閱 Uwe Diederichsen, *Das Recht der Ehescheidung nach dem 1. Ehe RG* (Seidungsgründe), *Neue Juristische Wochenschrift* (NJW), Heft. 7,30,Jahrgang Feb.1977,S. 277.

❿ 參閱 Dieter Schwab, *Das Recht der Ehescheidung nach dem 1, Ehe RG: Die Scheidungsgründe, Zeitechrift für das gesamte Familienrecht*, 23, Jahrgang Sept/Okt. 1976, *S*. 499f.

⓫ Uwe Diederichsen 前揭二七七頁。

響別居要件之成立⓬。惟夫妻雖分開生活，如一方尚爲他方洗衣物、煮飯或購物時，判例仍不承認其爲別居⓭；反之，僅夫妻關心共同子女、事業上之合夥或職務上之同事等，尙不影響法律上之別居⓮。

4.又依德國民法第一五六七條第二項規定，民法第一五六六條所規定之期間，不因期夫妻重新和諧所履行之短暫共同生活而中斷或不完成。此意旨在鼓勵夫妻別居時，多嚐試破鏡重圓；如和諧失敗，亦不因此而喪失別居的期間利益。蓋別居期間之長短，有如下列所述，對於夫妻提出離婚的請求，有密切的利害關係。惟在實務上發生困難者在於：如何區分眞正的和好如初與嚐試和諧的階段，此區別祇好依實際情形而個別認定。

(三)別居期間與請求離婚之關係

婚姻破裂的第二構成要件，依德國民法第一五六五條第一項第二段規定，夫妻就已破裂的婚姻共同生活，預期無法回復。在實務上，夫妻之一方或雙方所提出之離婚請求，是否其婚姻已破裂而達於無法期待共同生活之回復，法院必須依職權，詳爲調查該婚姻生活之個別狀況，或夫妻關係之細節，始能成爲離婚准否的判決依據。我們深知婚姻生活雖有一般的共同性，但其個別的特殊性亦不能忽視。

有一婚姻，由常人觀察，尙未破裂；或雖已破裂，但尙未達於無法期待回復的嚴重程度。惟此對婚姻當事人來說，或因性格的不合，或因特殊環境的影響，該婚姻已使夫妻達於水火不容，無破鏡重圓之可能。由此可知，法官對於離婚請求之調查，不能祇以婚姻之共同性爲已足，必須深入瞭解婚姻特殊性的細節，期能全盤掌握婚姻狀況，

⓬ Uwe Diederischen 前揭二七七頁。
⓭ Uwe Diederischen 前揭二七七頁。
⓮ Uwe Diederischen 前揭二七七頁。

而爲判決離婚的依據⑮。如此一來，法院的職責勢必繁重，法官實有不勝負擔之感。

另一方面，請求離婚之配偶，非全盤吐出婚姻生活的狀況，無法達到離婚之目的。此無異於暴露夫妻之私生活於外人，而增加離婚請求權人不少的困擾。

新離婚法爲彌補此種缺陷，將法官事實之調查，轉換爲法律的推定，卽客觀上以別居的期間，取代已破裂之婚姻是否無法再期待回復之事實。因此，分析西德新離婚法之規定，離婚與別居期間的關係，可歸納四點說明。

1.別居不滿一年：依德國民法第一五六五條第二項規定，夫妻別居不滿一年者，原則上不准離婚；惟夫妻別居雖不滿一年，但一方之提出離婚請求，係基於他方個人之因素，且如令婚姻繼續維持，顯然對提出之一方亦有過於苛刻之情形者，仍准予離婚。此規定係有利於離婚請求的緩和條款，其立法意旨在於夫妻結婚未滿一年之情形，如在特殊情況下，足認婚姻有破裂者，亦能經法院之判決而離婚。

2.別居滿一年：依德國民法第一五六六條第一項之規定，夫妻別居滿一年，且夫妻雙方均提出離婚請求，或一方對於他方之離婚請求，予以同意者，法律推定該婚姻破裂。法院不得再調查證據，以推翻該婚姻破裂之推定。此規定稱爲德國新離婚法上之協議離婚（einverständliche Ehescheidung），爲舊婚姻法所沒有規定的。惟德國法上的協議離婚，尙不能與我國現行民法上的兩願離婚，相提並論。因爲我國兩願離婚，夫妻祇要以書面及二人以上之證人，卽得自由離婚，

---

⑮ 參閱Gesetzentwurf der Bundesregierung: *Erstes Gesetz zur Reform des Ehe-und Familienrechts*, S. 109(Deutscher Bundestag 7,Wahlperiode, Drucksache 7/650 以下簡稱「西德國會新法修正案理由書」)。

法院不得干與。反之，德國法上的協議離婚，須經法院裁判始可；而在裁判之際，法院須審查夫妻別居有無滿一年，對子女扶養與監護有無約定，對離婚配偶之扶養有無同意等；如全部具備，始得爲離婚之判決⑯。又夫妻雖具備上述協議離婚之要件而推定婚姻破裂，但法院如認爲顧及子女之利益，或基於特殊理由，離婚對不願離婚之配偶顯然過苛，且斟酌請求離婚一方之利益，亦以維持婚姻爲適當者，得依據德國民法第一五六八條第一項之緩和條款，仍得不准離婚。要之，法院對夫妻之協議離婚，有實質上的監督權與決定權。

3.別居滿三年：夫妻別居如滿三年，即使一方對他方提出之離婚請求有所拒絕，依德國民法第一五六六條第二項之規定，婚姻當然推定破裂，而准於離婚。他方配偶不得再提反證，以推翻此推定。惟此時婚姻雖已破裂，但法院得依德國民法第一五六八條第一項之規定，仍不准離婚，此爲對拒絕離婚有利之緩和條款；但法院的拒絕權，以別居未滿五年爲限（德民第一五六八條第二項）。如超過五年時，無論如何，均應准予離婚。

4.別居滿五年：夫妻別居已滿五年者，依德國民法第一五六八條第二項規定，拒絕離婚之配偶，即使有第一五六八條第一項之緩和條款，法院不得再拒絕離婚。由此可知，別居滿五年爲拒絕離婚的最長期限。

二、西德婚姻效力上之別居規定

德國在其舊婚姻法，承認別居三年的離婚請求權（舊婚姻法第四八條）。在新離婚法，別居對於離婚的請求，有如上所述，更是關係密切。訴訟法爲配合此別居的重要性與離婚法實際的需要，在其第六

---

⑯ Uwe Diederichsen 前揭二七六頁。

二〇條第一項修正規定:「法院依聲請，得令夫妻別居」。

夫妻在別居期間，居住所須各自分開，其實際生活情形，異於正常的婚姻共同生活。夫妻是否尙需負扶養義務？如何負扶養？又其家庭用具應如何處理？應如何使用？此等問題如法無明文規定其適用原則，則勢必又引起夫妻之糾紛，而加深彼此的裂痕，對防止婚姻的破裂，實有不良的影響。此所以德國民法重視夫妻別居時期的權利義務，而特加詳細之規定。

(一)別居時期之扶養

別居期間夫妻最迫切之問題，莫過於扶養之義務。因爲正常婚姻，夫妻感情融洽，分工合作，維持家庭之共同生活。如今，因別居之事由，夫妻感情不睦，而各自生活。如法律對於無就業能力又無資力之配偶不加保護之規定，勢必使他方配偶置其生活於不顧。因此，德國民法第一三六一條的新舊法，均規定了別居時期夫妻間的扶養義務。此夫妻別居的扶養係強制的規定，原則上，夫妻不得約定違反婚姻的本質、強制禁止或公序良俗之內容。至於扶養之程度，履行之方法及標的，則均得夫妻自由約定⑰，如無約定時，自適用法律之規定。

德國民法第一三六一條有關別居扶養，舊法與新法規定不同。依舊法，在其離婚原因與離婚配偶之扶養採取有責主義（Verschuldungsprinzip），故別居扶養亦以有責爲出發點；換言之，別居時期，扶養請求權之發生係以對別居原因有無過失爲主要斟酌之一。反之，依新法，一則離婚之原因採客觀的破裂主義（Zerrüttungsprinzip德新民法一五六五條）；二則離婚配偶之扶養請求權，以目的主義爲原則（德新民法一五八七條）；三則，如採有責主義，配偶之一方爲提出扶養請求或爲免除扶養義務，須盡力指出他方對別居原因之過失。

---

⑰ Hans Dölle, *Familienrecht*, Karlsruhe, 1964,Bd. 1, S. 436.

如此一來，勢必增加配偶之對立，加深夫妻之裂痕，終致婚姻破裂，甚爲不當⑱。有鑑於舊法之如此缺陷，新法不再以別居原因之過失，而以雙方經濟狀況爲衡量是否需要扶養的前提。

1.依舊法第一三六一條之a第一項規定，夫妻別居者，其一方亦得對他方請求扶養，但以合於公平原則爲限；於此情形，尤應斟酌別居之事由，其生活需要及財產與營業之狀況。又依修改後之同條新法第一項規定，夫妻別居者，其一方得依其生活程度、營業與財產之狀況，對他方請求相當的扶養。別居之夫妻間，已進行離婚訴訟程序者，其扶養包括自訴訟繫屬之養老、失業或無謀生能力的相當保險費在內。

比較第一項新舊法的內容，在舊法，扶養請求權的發生，如要合於公平正當的原則時，必須斟酌夫妻別居時的所有情況與細節。在此情形，尤應以別居事由、生活需要及經濟情況爲決定公平的標準。在別居事由上，更以該事由之發生，有無過失爲影響公平正當的因素。新法上別居之扶養請求權爲貫徹目的主義，不以過失的別居事由爲斟酌之要件，故舊法上之公平原則與別居事由爲衡量扶養請求權的標準，不在新法規定。新法單以經濟因素，如生活程度、營業與財產狀況爲衡量扶養請求權之準則；換言之，全視扶養權利者的需要爲斷，而不問其對別居原因是否需負責⑲。至於新法後段的新增規定，在於解決德國法實務上扶養範圍之疑問。自離婚訴訟繫屬後，有關養老、失業或無謀生能力之相當保險費，應屬於生活所需之一部分，故宜包括於扶養範圍之內。

2.依同條第二項舊法之規定，夫就別居應單獨負責或重大責任時，不得令無職業之妻自謀生活；但妻在家庭共同生活存續中，本負

---

⑱ 西德國會新法修正案理由書，一〇〇頁。

⑲ 西德國會新法修正案理由書，一〇〇頁以下。

有就業之義務，或依個別情形觀察，妻在結婚前曾從事職業，且結婚不久卽行別居。如令夫負擔扶養義務，顯失公平者，不在此限。此內容全爲保護妻之特別規定。舊法的婚姻形態，係妻主內夫主外的主婦婚姻⑳。在婚姻共同生活，妻擔任家務管理者居多。故別居時，通常可推定妻對就業謀生無法予以期待，故本條第二項爲適用妻之特別規定。其意旨在具體實現第一項公平的原則，卽凡夫就別居生活須負責任時，不能令無職業之妻自謀生活。惟妻原來亦曾就業，而共同負擔家庭生活費，且斟酌結婚之期間，如令夫負擔扶養義務，有失公平者，妻不得向夫請求扶養㉑。

新法第二項規定與舊法有異。依新法規定，無職業之配偶，不得令其就業謀生；但依該配偶個人情況，尤其曾就業，與斟酌結婚期間，同時又依據雙方經濟狀況，其尙能就業維生者，不在此限。由此規定可知新法不同於舊法之點有二：一爲新法基於男女平等的觀點，不再承認婚姻形態爲主婦婚姻㉒，故扶養權利人不明示爲妻，而規定爲配偶之一方。惟無可否認，德國現行社會之婚姻形態，仍以主婦婚姻佔重要地位。故新法之立法意旨，亦以保護家務管理之妻爲目的，不忍令無職業之妻，因別居而自謀生活。二爲新法扶養之發生，以客觀之目的主義爲出發點，故祇問扶養權利之配偶，有無就業能力、結婚期間之長短與經濟狀況爲衡量扶養權利之標準，而不問扶養義務人對別居原因應否負責㉓。

3.第一三六一條之a第三項，依舊法規定，夫妻之一方無正當理由，違反他方之意思而拒絕回復婚姻生活者，不得請求扶養。在此情

⑳ 參閱德國舊民法第一三五七條之主婦權 (Schlüsselgewalt)。

㉑ 參閱 Hans Dölle 前揭四三八頁以下。

㉒ 德國新民法第一三五七條。

㉓ 西德國會新法修正案理由書，一〇一頁。

形，前二項之公平原則不能適用。因此凡無正當理由而拒絕婚姻共同生活者，失去請求扶養之權利。拒絕回復婚姻共同生活，不需明示表示，即使默示行為，亦可成立。通常婚姻之共同生活係以家庭共同生活為中心，故拒絕婚姻生活，即亦拒絕家庭共同生活㉔。

新法上之別居扶養雖採目的主義，但第一三六一條之 a 第三項為此主義的例外規定，即扶養權利人有過失時，得構成減輕扶養費用之原因。依該第三項規定，有第一五七九條第一項第二款至第四款與第二項之情形時，得減輕扶養費用，以示公平。

第一五七九條第一項第二至四款之內容依序：⑴扶養權利人對於扶養義務人或其近親犯重罪(Verbrechen)或重大故意之輕罪（Vergehen)（第二款）；⑵扶養權利人因自己輕率，而陷於生活困難者(第三款）；⑶其他與前二款所列各同等重大事由者（第四款）。由此可知扶養權利人有以上過失行為者，即能影響其請求扶養費用之多寡。至於第一五七九條第二項之內容，係扶養權利人因養育共同子女，而不能期待謀生就業，扶養權利人雖有以上所列過失行為，其扶養費不受減輕。

4.第一三六一條之 a 第四項係規定有關扶養費支付之方法。新舊法對此內容大同小異。依其規定，扶養以定期金支付為之，每期金額按月預付。權利人如於月終前死亡者，義務人亦應支付全月之金額。其他準用德國民法第一三六〇條之 a 第三項有關血親扶養的規定；第四項有關訴訟費用之負擔；第一三六〇條之 b 有關夫超過支付家庭費用分擔額之規定以及第一六〇五條有關財產與收入通知之義務。

在法實務上，通常有扶養權利人之配偶（妻）得請求之扶養數額約為夫現有資產的三分之一，惟尚須注意第一三六一條之 a 第三項規

㉔ Hans Dölle 前揭四三七頁。

定有無酌減扶養費之原因㉕。扶養權利人以按期受支付爲原則，惟於特殊情況，非一次受給付，無法達到扶養目的時，例外承認一次給付㉖。又扶養權利人遭意外事故，急需額外費用者，例如突患重病，依判例，此時除得請求通常定期之扶養費外，尙得請求額外之扶養費㉗。

(二)別居時期之家具分配

夫妻爲履行婚姻共同生活，必須提供一婚姻居所，同時具備共同生活所需之一切家庭用具。惟夫妻一旦別居時，其生活各自分離，原先在婚姻居所之家庭用具，應如何分配？應如何使用？法律如無明文規定，勢必增加夫妻之糾紛，而加深彼此之對立。有鑑於此，德國新民法第一三六一條之a規定有關家具分配與使用之原則，以杜紛爭。

1.依德國新民法第一三六一條之a第一項規定，配偶之一方得向他方請求屬於自己所有之家庭用具，祇有在違反公平之原則下，不得請求返還。此內容係依據德國普通法定財產制之形態所制定。德國普通法定財產制採淨益共同制（Zugewinngemeinschaft)。此制名稱上雖爲共同制㉘，但究其實爲分別財產制之一種改良形態，僅夫妻之淨益爲共同，而有淨益之平衡而已。夫妻在婚姻存續中，一如分別財產制，不但所有權彼此分離，而且財產之管理、使用、收益及處分權亦完全分開。於是共同生活上之家庭用具，亦以單獨所有權居多，此所以規定夫妻各取回其所有權之家庭用具。此處所稱家庭用具，包括傢具、衣物、厨房用具、工作器具及其他類似之物。

2.如家庭用具屬於夫妻共有時，應依公平原則分配（德新民法一

㉕ 參閱 Hans Dölle 前揭四三九頁以下。

㉖ Hans Dölle 前揭四四○頁。

㉗ Günter Beitzke, *Familienrecht*, München, 18. Aufl.S. 67.

㉘ 此處所稱之「共同」，係指淨益之共同，此淨益於離婚時，夫妻須分配其淨益，即淨益平衡債權額，參閱德國民法第一三七三條以下。

三六一條之a第二項）。夫妻共有之家庭用具，有時爲分別共有，有時爲公同共有。其分配時，爲合於公平原則，應斟酌物之性質，尤其共同子女之撫養、配偶一方之特別需要、分居之原因以及配偶的經濟狀況與謀生能力等㉙。

3.一方配偶爲維持別居後之家務，有使用他方配偶家庭用具之必要，且依照情形，任其使用，並不違反公平之原則者，不得請求返還（德新民法一三六一條之a第一項後段）。依此規定之立法意旨與字義，不僅一方配偶佔有屬於他方所有之家庭用具，如於需要使用時不必返還，而且一方即使不佔有該物，如於需要使用時，尙得請求他方移轉占有㉚。

4.如對於家具分配，夫妻間無法協議時，聲請管轄法院決定之（德新民法一三六一條之a第三項）。在婚姻訴訟期間，關於家庭用具與婚姻居所之利用，管轄法院得以命令決定之（德民訴六二〇條）。管轄法院得就此家庭用具之利用，酌定其支付相當數額之補償（德新民法一三六一條之a第三項）。由於家庭用具之所有權關係，不因分居而受影響（德新民法一三六一條之a第四項），故法院僅有權決定家庭用具之使用權，而不能改變其所有權關係。惟夫妻就此另有約定者，自應從其約定（德新民法一三六一條之a第四項）。

三、其他親屬法上之別居規定

（一）德國民法第一三六二條第一項有關所有權之推定，不適用於別居情形：夫妻之一方或雙方所占有之動產，爲夫或妻債權人之利益，推定爲債務人之所有；此項推定，於夫妻別居而該動產爲非債務

㉙ Hans Dölle 前揭四四一頁。

㉚ Hans Dölle 前揭四四三頁。

人之一方所占有者，不能適用。

（二）德國民法第一三五七條第一項夫妻之日常家務之代理權，依該第三項規定，於夫妻別居時不能適用：夫妻之一方為應付相當之家庭生活需要，其所處理之行為，對他方亦發生效力。因處理該行為而使夫妻取得權利並負擔義務。惟此規定對於別居之夫妻不能適用。

（三）德國民法第一三八五條規定，別居之夫妻得提前平衡其淨益：夫妻別居至少三年者，任何一方得以訴訟請求提前平衡淨益。此新法之規定與舊法有異。新法一貫之立場為客觀的目的主義，故不問別居之原因是否正當，任何一方配偶均得提起提前平衡淨益之訴訟。反之，舊法以有責主義為出發點，故配偶是否得提前平衡淨益，依舊法同條規定，端視別居有無正當理由：配偶別居已逾三年者，其別居有正當理由之一方，得訴請提前平衡其淨益；但他方就別居亦有正當理由者，不在此限。

（四）父母別居時之親權行使，依德國新民法第一六七二條之規定，準用父母離婚後之親權規定：父母之別居非暫時者，由家事法庭決定子女親權之歸屬，但家事法庭祇能依父母一方之請求而裁定；民法第一六七一條第二項至第四項之規定準用之㉛。

父母別居時之親權之行使準用第一六七一條新法有關離婚後父母親權之規定，共有第二項至第四項：1.依該條第二項：對子女之利益有必要者，家事法庭得為與父母意見不同之決定；2.第三項：父母雙方未有意見，或對其意見家事法庭有不同意者，應斟酌一切情況，作有利於子女的決定；3.第四項：親權以委諸於父母之一方而單獨行使為原則；但為子女之利益，於必要時，得由父母一方負擔子女之人身監護，而由他方負擔子女之財產監護。

㉛ Günter Beitzke 前揭六八頁。

第三章　我國民法需要別居制度之規定

一、我國實務上對別居之見解

由於我國舊律㉜、過渡時期之民律草案㉝及現行民法第一〇四九條均承認自由之兩願離婚，夫妻之離婚較歐陸的各國簡單，故我國始終在法條上不承認別居制度。惟在實務上，有鑑於婚姻之實際狀況與社會事實需要，不得不採承認別居生活的存在。

在親屬編施行前，大理院與最高法院之判例，均已承認別居契約與夫妻之一方基於正當理由之別居。依大理院判例規定，夫妻有同居之義務，非有不堪同居之事實及相對人已經同意者，不得別居㉞。又說：「妻負有與夫同居之義務，而夫亦須使妻同居。在婚姻關係存續中，除有法律之理由，不能同居外，自不容一造擅行拒絕同居」㉟。依最高法院判例，夫妻間雖有同居之義務，但有不堪同居之事實，經雙方同意分別居住，亦非法所不許㊱。又說：「妻有與夫同居之義務，在婚姻關係存續中，非證明有不堪同居之虐待或其他正當理由，不得請求給養分居」㊲。

㉜ 參閱本文註❷與❸。

㉝ 參閱本文註❹。

㉞ 大理院判例九年上字二〇一號（《大理院判例全書》，以下簡稱《全書》）成文出版社，二二九頁。

㉟ 大理院判例七年上字一〇〇九號（《全書》，二二九頁）。

㊱ 十七年上字二八號（《最高法院判例要旨》，以下簡稱《要旨》，民國十六年至六三年，上册，三八三頁）。

㊲ 十八年上字二六四號（《要旨》，三八三頁）。

親屬編實施後，我國實務上對別居制度之承認，更爲積極。此雖無別居之條文，然基於民法第一〇〇一條但書規定：「有不能同居之正當理由者，不在此限」，而承認別居㊳。分析其範圍，可歸納爲別居之原因、別居訴訟以及別居中之扶養請求權。

（一）就別居之原因而言，通常概括的以有正當理由爲請求別居之原因㊴。至其具體的事由有：不堪同居之虐待㊵、妻受夫之家屬的虐待㊶、妻受姑之虐待㊷、夫之納妾㊸等別居之原因。又司法院之解釋例亦默認別居之存在：「如有類此（納妾）行爲，卽屬與人通姦，其妻自得依民法第一〇五二條第二款請求離婚，如妻不爲離婚之請求，僅請求別居，自可認爲民法第一〇〇一條但書所稱之正當理由」㊹。此解釋似乎承認：凡有民法第一〇五二條所列舉之十款離婚事由者，亦可以請求別居，以代替離婚㊺。

（二）就別居之訴訟而言，依判例，妻對於夫有同居之義務，苟非有不堪同居之事由，卽不得訴請別居㊻。此判例在於默認有不堪同居之正當理由時，得以訴訟請求別居。

（三）就別居之扶養而言，最高法院之判例，採過失主義，卽扶養請求權人，以無過失爲限，始能請求扶養：「以法定財產制爲夫妻

㊳ 二〇年上字一六四五號（≪要旨≫，三八四頁）。
㊴ 二〇年上字一六四五號（≪要旨≫，三八四頁）。
㊵ 十八年上字二一二九號（≪要旨≫，三八三頁）。
㊶ 十八年上字二六四號（≪要旨≫，三八三頁）。
㊷ 二九年上字二五四號（≪要旨≫，三八四頁）。
㊸ 二三年上字一〇六一號（≪要旨≫，三八四頁）；四一年臺上字九二一號（≪最高法院判例要旨續編≫，四一年與四二年，一九頁）。
㊹ 二一年院字七七〇號（≪司法院彙編≫二册，一三七頁）。
㊺ 戴炎輝著≪中國親屬法≫，民國五四年，一九五頁。
㊻ 二〇年上字一六四五號（≪要旨≫，三八四頁）。

財產制者，家庭生活費用，如夫有支付能力，雖應由夫負擔，但妻無不能同居之正當理由拒絕同居者，不得向其夫請求支付別居時期之生活費用」㊼。又別居時之扶養程度，最高法院亦有判例：「扶養之程度應按扶養權利者之需要與負扶養義務者之經濟能力及身分定之，爲民法第一一一九條所明定。夫不與妻同居，應由夫供給妻之生活費用者，雖非同條所稱之扶養，而其供給費用之數額，亦當準用該條定之」㊽。

分析以上判例與解釋例，不難看出現行親屬法，雖無別居之直接條文，但常間接利用第一〇〇一條但書之規定，作爲得以別居唯一之成文法依據；此亦在說明：夫妻的別居生活，已是現階段社會生活頗爲常見的現象。法律之規定，在因應社會的實際需要。社會有如此需要，而法律未納入一制度，而委由判例或解釋例解決，似爲立法者之疏漏。

有鑑於實務上對別居之承認，學說上對此分成兩種見解加以說明㊾。其一，我國判例與解釋例所稱夫妻免除同居義務之分居生活，無異於外國立法例上之別居㊿。其二，我國判例與解釋例所稱夫妻免除同居義務之分居生活，依據我國民法第一〇〇一條但書之規定，僅能暫時的免除同居義務51。比較此兩說，依文字解釋，自以後說爲是；然從夫妻分居之事實觀察，則以前說爲是52。因爲所謂暫時免除夫妻同居生活，其反面解釋，即爲夫妻暫時的別居生活。夫妻之所以造成

㊼ 二七年上字三七九號（《要旨》，三八四頁）。

㊽ 三〇年滬上字一五〇號（《要旨》，三八五頁）。

㊾ 施琦雲前揭一九二頁。

㊿ 參閱 Mare Van Der Valk, *Outline of Modern Chinese Family Law*, 1939,p. 92.

51 羅鼎著《親屬法綱要》，大東書局，民國三五年，一五七頁以下。

52 施琦雲前揭一九二頁。

分居生活，必先有一定之原因，次由此引起夫妻感情之不睦，終而分居生活；如不因感情不睦，卻因出國考察或住院醫病等原因，而暫時異地生活，尚不構成法律上之別居生活[53]。尤有進者，夫妻感情之不睦而暫時的分居生活，事前難以斷定該夫妻之感情是否有回復之希望？如有回復之希望，亦無法斷言其期間需要多久？另一方面，夫妻一旦分開生活，扶養、子女監護及夫妻財產制等問題，勢必成爲燃眉之急，法律宜加以原則性的規定，以免增加夫妻之對立，而加速夫妻婚姻之破裂。

二、我國離婚法上需要以別居爲婚姻破裂時之離婚要件

我國現行的裁判離婚，雖較舊社會之規定，改進不少。但與歐陸先進國家的立法例相比較，似嫌落伍。我國裁判離婚，雖兼採目的主義，但以有責主義爲主[54]。尤其離婚事由採取嚴格限定的列舉主義，僅以民法第一〇五二條所列舉十種事由爲限。除此以外，夫妻之任何一方，不得再以其他任何理由，訴請法院裁判離婚。惟近代離婚法，不但從列舉主義趨向於概括主義[55]，而且從有責主義趨向於目的主義[56]。尤其德國最新立法例的離婚原因，係採概括的目的主義。依其新民法第一五六五條第一項的規定，婚姻破裂者，准予離婚，此卽所謂之婚姻破裂主義（Zerrüttungsprinzip)。德國立法例採用概括的目的主義在於：婚姻一旦破裂，以致夫妻無法期待回復婚姻本質目的一致之共同生活者，應准於離婚，期能使離婚夫妻重新建立其社會生活

[53] 參閱本文第二章一、㈡別居之概念。
[54] 參閱戴炎輝前揭一六一頁。
[55] 日本民法第七七〇條第一項第五款、瑞士民法第一四二條及德國舊婚姻法第四三條。
[56] 瑞士民法第一四二條、德國舊婚姻法第四八條。

關係，較爲上策。否則一對怨偶，祇有夫妻之名而無夫妻之實，不但精神生活痛苦，而且物質生活亦不協調，子女更可能遭池魚之殃，而對社會秩序產生不良的後果。

惟婚姻破裂之事由，絕非法律預爲列舉所能包括的，亦不限於因夫妻之過失而發生。尙有不可歸責於雙方當事人的事由，例如不能人道、精神病、性格之不合或特殊環境的左右而造成的。要判斷婚姻有無破裂，誠如瑞士民法第一四二條所規定，婚姻關係遭受深刻之破壞，致不能強使夫妻雙方繼續爲婚姻之共同生活者；或如德國新民法第一五六五條第一項之規定，配偶雙方之共同生活已不存在，且無法期待回復其共同生活者。由此可知，如採破裂主義的立法例，必然承認別居制度的存在，期以別居爲婚姻破裂之有力而客觀的證據，因爲家庭共同生活實爲婚姻生活之中心。

有鑑於以上之分析與各國立法例之趨勢，在我國裁判離婚上，除原來列舉之法定原因外，宜增加概括性之目的主義規定，即夫妻家庭共同生活廢止已逾六個月，而雙方無意回復其婚姻本質目的之共同生活者，夫妻各得請求離婚。

以別居期間爲離婚之要件，其立法意旨：㈠夫妻先各嚐試一段單身生活，期以體會其生活乏人照顧之不便，而能回心轉意，破鏡重圓；㈡以別居一定期間爲婚姻破裂之推定，此舉可以免除法院實際調查婚姻細節之勞苦；同時亦可免除夫妻之一方爲達到離婚之目的，需全盤吐出私生活之不便[57]；㈢夫妻一段別居期間，在於積極準備重新建立其社會關係，尤其家庭主婦，可利用此期間，受短期性的技藝訓練，謀一技之長，期以離婚後，能謀職維生。簡言之，別居在緩和離婚之過渡生活，期能克服精神、心理與生活上的不正常。

---

[57] 參閱本文第二章一、㈢別居期間與請求離婚之關係。

三、我國婚姻普通效力上需要規定別居時期夫妻之權利義務

夫妻別居生活，係介於正常婚姻生活與離婚之過渡形態。一方，別居尙不解消婚姻關係，而祇免除夫妻之同居義務，即鬆弛夫妻之結合紐帶，而與離婚不同。他方，別居雖未斷絕婚姻關係，然夫妻感情已陷於不睦，以致形成家庭共同生活之廢止。而家庭共同生活雖非婚姻關係的唯一因素，但爲最重要的因素，因此別居生活與正常婚姻生活之融洽與合作關係，不能相提並論。有鑑於此，別居期間夫妻間之權利義務如何，在承認別居制度的各國立法例，莫不加以規定。

有如前面分析，我國最高法院之判例與司法院之解釋例，爲因應婚姻個別情況與社會實際需要，均承認夫妻得爲別居生活。然別居期間夫妻相互之權利義務，並無法條之依據，而悉數委諸習慣、判例或法理解決，以致尙未制度化。

無可否認，我國現階段的社會發展，呈現工商業突飛猛晉，全國教育之普及、婦女就業率之增加、人民物質生活之提高。在此社會結構的變遷過程中，婚姻的健康性直接受到不良的影響。我國之離婚率，追隨西歐先進之國家，有顯著增加之趨勢。玆以我國內政部編印臺灣地區人口統計報告[58]，提出近五年，即民國六十年至民國六十五年以來，有關離婚對數暨粗離婚率之資料，以爲佐證。

年別	離婚對數	粗離婚率
60	5,310	0.36
61	5,619	0.37
62	5,936	0.38
63	6,759	0.43
64	7,567	0.47
65	8,173	0.50

[58] ≪統計年報≫，行政院主計處發行，民國六六年，五二頁。

又依據同資料，民國六十五年之統計數字，人口集中而生活水準較高之都市，其離婚率均超過全省各縣市離婚〇・五〇之平均率。例如臺北市之離婚率爲〇・八六，居全省各縣市之冠。高雄市爲〇・七四，臺中市爲〇・七一，基隆爲市〇・七〇及臺南市爲〇・五四，至於離島之澎湖縣，僅達〇・一八而已。

由於離婚率之提高，故我們不難推測別居亦增加。因爲夫妻非一有法定離婚原因或感情不睦，卽立刻所能離婚。通常先分床而睡。如感情依然惡劣，則分房；分房無效果，則分屋別居，最後始提出離婚請求。何況提出離婚後，在離婚訴訟進行以前，尙需六個月之調節期間（民訴五七七條一項），又離婚之訴及夫妻同居之訴，法院認當事人有和諧之望者，得以裁定命於六個月以下之期間內停止訴訟程序，但以一次爲限（民訴五七八條）。在此調節期間與離婚訴訟期間，通常夫妻感情極爲惡劣，而處於別居狀態。有鑑於此，夫妻別居之效果，似顯得甚爲重要，故至少對夫妻之扶養、財產制之適用及子女監護等重要問題，不宜祇靠判例或法理解釋，而以明文規定較爲妥當。

(一)別居時期夫妻間之扶養

承認別居制度之國家，均以明文規定夫妻別居期間之扶養，卽別居後夫妻是否尙須負扶養義務？其要件如何？其程度與方法如何？德國新舊民法，有如上述[59]，對此規定頗爲詳細。依瑞士民法，夫妻別居後，因婚姻關係仍然存續，故原則上適用夫扶養妻之規定（瑞民一六〇條二項）；惟別居期間夫妻感情不睦，故法院得加以干涉其扶養：如一方配偶聲請，法院則應命他方支付扶養費（瑞民一七〇條第三項）。

我國民法有關夫妻間的扶養，尙無如德國新民法一般性的規定

---

[59] 參閱本文第二章二、(一)別居時期之扶養。

❻⓪，祇在各夫妻財產制分別規定夫妻對生活費均有負擔義務❻①。惟依其各規定，夫妻之扶養義務非平等的，而是先由夫負擔生活費，夫無支付能力時，始由妻以其財產負擔生活費。又依民法第一〇五七條之規定，離婚後配偶之贍養費，以扶養權利人無過失，且生活陷於困難爲要件。此外，最高法院之判例，以別居有正當理由爲限，得請求扶養費：以法定財產制爲夫妻財產制者，家庭生活費用，如夫有支付能力，雖應由夫負擔；但妻無不能同居之正當理由拒絕同居者，不得向其夫請求支付別居時期之生活費用❻②。參酌以上規定，我國民法似宜規定夫妻別居時之扶養義務：「婚姻存續中負擔生活費用之一方配偶，於別居中，須對他方支付扶養費；但應斟酌別居之原因，而合於公平原則爲限」。至於別居中之扶養之程度與方法，似可規定：準用民法第一一一九條至第一一二一條之規定❻③。

(二)別居時期夫妻財產制之適用

各國立法例有關夫妻適用普通法定財產制，均以其營正常之婚姻共同生活爲其前提。如夫妻已別居生活，除分別財產制外，實難想像其他可適合於夫妻別居間之財產制。有鑑於此，德國新民法第一三八五條增加規定：「夫妻別居至少三年者，任何一方配偶，均得請求法院，提前平衡淨益」❻④。又依瑞士民法第一五五條第一項規定，夫妻

---

❻⓪ 德國新民法第一三六〇條規定：「夫妻雙方互負以勞力及財產扶養家屬之義務」。

❻① 在聯合財產制規定於民法第一〇二六條，在共同財產制於第一〇三七條，在分別財產制於第一〇四八條。

❻② 二七年上字三七九號（≪要旨≫，三八四頁）。

❻③ 參閱三〇年滬上字一五〇號（≪要旨≫,三八五頁）：「扶養之程度應按扶養權利者之需要與負扶養義務者之經濟能力及身分而定之，爲民法第一一一九條所明定，夫不與妻同居，應由夫供給妻之生活費用者，雖非同條所稱之扶養，而其供給費用之數額，亦當準用該條定之」。

❻④ 通常祇在婚姻解消或夫妻改採他種約定財產制或特別法定財產制時，始發生淨益之平衡。因此，分居之提前淨益平衡，實爲普通法定財產制之終了。

別居者，法院應斟酌別居期間及夫妻關係，以決定原有夫妻財產制之廢止或繼續。依同條第二項，如配偶之一方請求採用分別財產制時，法院不得予以拒絕。又依瑞士民法第一八九條第一項規定，在婚姻關係存續中，採用分別財產制者，除保留債權人之權利外，婚姻財產應劃分爲夫之固有財產及妻之固有財產。我國民法上之夫妻財產制，大體仿效瑞士之立法例而制定的，故宜參照瑞士的規定，在我國民法第一〇一〇條第四款宜增加夫妻別居時之夫妻財產制之適用：「夫妻別居三個月以上者，法院因夫妻一方之請求，應宣告改用分別財產制」[65]。

(三)別居時期父母對子女之親權

依我國民法第一〇八九條之規定，父母對於未成年子女之權利義務，以共同行使爲原則。然父母在別居期間，一如離婚情形，父母無法共同行使親權。故別居期間，父母應如何行使親權，亦爲別居效果之重要事項。依德國民法規定，別居時之父母親權行使，準用離婚時之重要規定[66]。依瑞士民法規定，夫妻別居後，關於子女親權之行使及親子間之身分關係，法院於聽取父母；必要時，於聽取監護官署之意見後，應爲必要之處分（瑞民一五六條第一項）。不監護子女之別居之配偶，仍應按其資力，就子女扶養費及教育費，負相當給付之義務(瑞民一五六條二項)；但該別居配偶，仍有與子女交往之權利（同條第三項）。

我國民法對此亦宜有所規定，此或許可準用民法第一〇五五條有關裁判離婚時子女監護之規定。至於其他民法第一〇〇三條有關夫妻日常家務相互之代理權，似宜明文規定不適用於夫妻之別居爲妥。

---

[65] 參照瑞士民法第一五五條。

[66] 參閱本文第二章三、(四)與德國民法第一六七二條。

第四章　結　論

西德政府爲因應社會實際需要與發展，在此次修改民法上，將其離婚政策，作重大之改變。卽離婚原因從舊法之過失主義，一變爲破裂主義。又爲客觀起見，借重別居期間之長短，以爲婚姻有無破裂的主要依據。爲此，新法對別居做權威性的概念規定，期以杜絕實務上的紛爭。

我們從德國重視別居制度，不難體會別居在婚姻法上的作用與貢獻。從維持婚姻之觀點而言，夫妻意氣用事，一有細故，就想離婚。如離婚前讓其過一段單身之別居生活，冷靜反省，或有感於婚姻生活之可貴，而能破鏡重圓，亦未可知。從離婚之觀點而言，夫妻之感情如已完全破裂，理應離婚愈早愈好。惟夫妻提出離婚程序簡單，而離婚後所面臨的諸問題，則不易應付；尤其是對家務管理之主婦，將是茫然而不知所措。因此，夫妻別居一段期間，期能使緩和其精神與生理上之突然變化。同時爭取時間，重新建立各自適當的社會關係；尤其對家庭主婦來說，再嫁較爲不易，何不接受短期之技藝訓練，謀一技之長，期能使其離婚後，自謀維生。

至於我國社會，雖在法條上無明文規定別居，但在實務上，爲因應婚姻實際情節與社會實際需要，早自大理院時期迄今，一直承認夫妻有別居之必要，以符合婚姻生活之特殊情節。尤其近五年來，我國離婚率步歐美之後塵，顯著增加。由此不難推知，夫妻之別居生活，必隨離婚之增加而普遍。從而夫妻別居已成爲現階段社會生活頗爲重要之課題。有鑑於此，我們似乎有必要將別居制度，尤其別居之效果，納入民法的體系，以明文加以規定，期能有所準繩。

親屬法學家趙鳳喈，於民國三十五年的著書中，論及我國是否需要別居制度時，曾表示高見說：「將來或因社會上之需要，而與離婚制實行不悖，相互調劑，亦未可料」[67]。趙氏在文中所稱之「將來」，經三十年來我國社會之變化發展，似乎已經來臨了。

中國比較法學會，《法治學刊》，第五期，民國六十六年十月。

---

[67] 趙鳳喈著《民法親屬論》，正中書局，民國三五年初版，一〇八頁。

拾、我國離婚法之現代化

要　目

第一章 前 言

（一）我國法務部聘請專家、學者共同組成一民法修改委員會，自民國六三年從事民法修正工作迄今。此次之修正乃自民國一八年制定民法各編以來，首次全面性的修正，也是半世紀以來，第一次檢討我國繼受歐陸民法體系在中國社會的有效性，因此廣受朝野的關心與法學家之重視。

（二）筆者一向在臺大法律系與法律研究所講授親屬法課程，又實際參與這次民法各編之修正工作，因此對修正之來龍去脈知之甚稔。

就離婚法來說，由於近代社會發展的趨勢及工商業發達、交通快速、婦女就業率提高以及改行換業容易，致婚姻之健康性受到不利之影響。換言之，各國離婚率，隨現代文明的發展，逐漸增加，而構成頗爲嚴重的社會問題。有鑑於此，各國近幾年來，均積極檢討其離婚政策，期以改進現行離婚法之內容，而因應社會實際需要❶。

我國社會所面臨之問題亦相同。爲此，法務部始有這次修正民法之措施。惟如何修正乃極重要之課題，尤其離婚政策不能完全抄襲模仿，却宜顧慮傳統之民族性與國情之需要。有鑑於此，本人願在本文提出「離婚之現代化」，期以說明我國離婚法將來發展之途徑。

（三）本文擬以法制史之方法，在時間上分爲四階段，期以探討各階段離婚法之特色及其利弊：

1.舊律例時期：以唐戶婚律、淸戶律婚姻門之規定爲主要依據。

---

❶ 例如西德於一九七六年六月十四日制定「婚姻法暨親屬法第一次修正案」(Das erste Gesetz zur Reform des Ehe-und Familienrechts)。

2.過渡時期：清末民初之過渡時期，未有純粹民事法典，故以現行刑律民事有效部分爲成文法之依據❷；以大理院判例與解釋例爲其不成文法之依據❸，而該判例與解釋例受到清宣統三年之第一次民律草案之影響甚大❹。

3.現行法時期：自民國十九年十二月二六日制定民法親屬編迄今，包括條文及判例、解釋例。

4.修正草案之規定：民法修正委員會於民國六八年四月十五日公佈之民法親屬編修正草案初稿。

第二章　舊律例時期

我國舊社會不認爲結婚乃天合，却認爲基於義之人合，故允許離婚。錢大昕《昏儀》說：「父子兄弟以天合者也，夫婦以人合者也。以天合者，無所逃於天地之間，而以人合者，可制以去就之義」。惟我國舊社會受三綱之理論及宗祧繼承制，乃一男尊女卑之社會，離婚幾爲夫的特權，舊律例祇許夫之離妻權，却不承認妻之離夫權。《白虎通》說：「夫有惡行，妻不得去者，地無去天之義也」。宋朝《清明集・戶婚門》說：「夫有出妻之理，妻無棄夫之條」。

---

❷ 民國元年四月三日參議院議決：「嗣後凡關於民事案件，應仍照前清現行律中規定各條辦理」；大理院三年上字第三〇四號判例亦同其意旨。

❸ 大理院於民國十六年改制而被最高法院所取代。

❹ 民律草案共修正五次，清宣統三年制定第一次後，於民國四年、十四年、十五年及十七年又修正四次。惟其中對大理院解釋及判決具有影響力者乃第一次民律草案。

一、離婚之類型

因離婚原因之不同，舊律例之離婚態樣可分爲四。其一，無因棄妻；其二，七出三不去；其三，義絕；其四，和離。

(一)無因棄妻

舊社會遵循男尊女卑之觀念，女子須終身受監護。女子一出嫁，脫離父權而服從夫權。妻在夫家，既受夫家家長權與尊長權之支配，同時又受夫權的拘束。妻之地位如此低落，故常受夫任意遺棄。《詩經》詠女子被夫擅自仳離者不少❺。

無因棄妻充分表現強者擅棄弱者之社會秩序。禮立七出三不去，在於革除此弊。惟無因棄妻之陋習，迄至清代，仍然存在。清律（戶律婚姻門七出條）輯註：「或曰：古有因蒸藜、叱狗之故，而去其妻者，豈必拘七出，三不去之禮，與義絕之狀乎？曰，否。此古人忠厚之道也。君子交絕不出惡聲，況於妻乎？與我故體之人，非有犯於禮義，豈得輕出？」此雖爲特殊之例，但可以斷言，當時尙有無因棄妻。

(二)七出三不去（有因棄妻）

自春秋時代，禮教既立「七出三不去」之制，以便限制夫之「擅自棄妻」。七出乃對夫限制棄妻之限定事由；換言之，須妻有七出由，夫始得棄妻。惟妻雖有七出之事由，夫亦可留之。可見「七出」爲夫片面棄妻之事由。又妻有七出之事由，但有三不去之事由時，夫仍不得單意離妻。可見「三不去」在於限制夫之單意離妻。通常七出之限制離婚，祇保障妻，而不及於妾，蓋妾身分卑賤，任由夫片面離

---

❺ 參閱陳東原著《中國婦女生活史》，民國十七年，商務印書館，三六頁。

棄，毫不受保障❻。

七出三不去的事由，歷代文獻與律令無統一之用語和順序，惟事由的內容大致相同。

1. 七出之事由

(1)無子：無子與傳宗接代之婚姻目的相違背。凡是以嗣續爲重的社會，均以無子爲離婚之要件❼。我國舊社會因無子而棄妻之實例甚多。漢魏時代梁叔魚三十無子，欲出其妻❽。牧子娶妻五年而無子，父兄將爲之改娶❾。唐代以後，「十載來夫家，閨門無疵瑕，薄命不生子，古制有分離」❿。依唐律戶婚律妻無七出條之問答：「律（立嫡違法條）：妻年五十以上無子，聽立庶以長；即是四十九年以下無子，未合出之」。可見妻非至絕育期，舊律不能以無子爲理由而被離，故舊社會妻因無子而被離異之情形，不甚嚴重。

(2)淫泆：妻淫泆而被離棄，因其亂族⓫，即恐妻通姦而生育他宗異類，神不歆非類，自不爲夫家宗族所容。明令（戶令）以淫泆足亂宗敗壞名聲，而不受三不去之限制。玆所謂淫泆係指妻與夫之五服親以外之他人性交而言。如妻與夫之緦麻以上親相姦者，應屬義絕。

(3)不事舅姑：舊社會娶妻主要目的之一，在於奉承父母。妻如不順承舅姑，乃成爲七出之事由。≪禮記・內則≫說：「子婦

---

❻ 參閱戴炎輝著＜離婚法＞，載於≪法學叢刊≫，六二期，一九頁。
❼ 例如古希臘社會中，無子亦爲離婚事由之一，參閱瞿同祖著≪中國法律與中國社會≫，商務印書館，民國三三年，九六頁。
❽ ≪左傳≫，≪孔子家語≫。
❾ 晉≪崔豹古今注≫卷中，＜音樂・第三＞。
❿ 唐≪張司業集≫卷七，＜樂府・離婚＞。
⓫ ≪大戴禮≫，≪孔子家語≫，≪公羊傳・爲亂類≫。

孝者敬者，父母舅姑之命，勿逆勿怠」。此處所謂「不事」，與其說是客觀行爲，不如說繫於舅姑主觀之態度，甚至可解釋爲不得舅姑之歡。≪禮記・內則≫說：「子甚宜其妻，父母不悅，出」。孔雀東南飛之蘭芝、陸遊妻唐氏，均受父母之不悅而被出。

(4)口舌（多言）：多言之爲七出，乃爲其離親之故。宗族之配偶來自不同之家，彼此間本無感情，因而易引起口舌紛爭，而破壞家屬之和睦。鄭濂之家能累世同居，自云不聽婦人之所言⓬。又陳平之嫂說：「有叔如此，不如無有」，而爲兄所出⓭。

(5)盜竊：妻之犯竊盜，足以破壞夫家之名聲。盜竊爲舊社會反義之最，故成爲棄妻之事由。王吉婦取鄰家棗以啖吉，吉後知之，乃去婦⓮。

(6)嫉妬：嫉妬之爲七出，乃基於亂家。≪魏書・太五武王列傳≫謂：「妬忌之心生，則妻妾之禮廢，妻妾之禮廢，則姦淫之兆興」。漢代實例，元后母適妻，魏郡李氏女也，後以妬去」⓯。

(7)惡疾：上以事宗廟本爲舊社會婚姻神聖之目的，但妾身有惡疾者，不可奉事宗廟。唐律甚至惡疾與姦淫同列爲不適用「三不去」之事由。依令集解，惡疾係遍身爛灼，體上無皮，毛髮凋零，指甲自解，觸類繁多，總云惡疾。唐代稱病癩者，乃惡疾之別名，今通稱麻瘋⓰。

⓬ 都穆，≪都公談纂≫（陸采編，原名≪談纂≫）。
⓭ ≪史記・陳承相世家≫。
⓮ ≪漢書・王吉傳≫。
⓯ ≪漢書・元后傳≫。
⓰ ≪日本令集解≫，卷九，＜戶令・目盲條＞。

總之，七出係夫得棄妻之七種事由。此可分爲有責與無責兩種。有責任有淫泆、不事舅姑、口舌、盜竊及嫉妒。無責有無子及惡疾。

2.三不去之事由：三不去係針對夫片面七出而設，以便在男尊女卑之社會，給予婦女多一層婚姻之保障。

⑴經持舅姑之喪：妻在夫家爲翁姑盡孝,乃娶媳主要目的之一。妻苟爲翁姑服斬衰三年，無異表示妻爲夫家盡最大之孝道，夫家不宜違義將妻離棄。

⑵娶時賤後貴：夫娶妻時家道貧賤，結婚後飛黃騰達。此時如准夫棄妻，不是背德，就是忘恩。故自漢代以來，俗語說：「糟糠之妻不下堂」。

⑶有所受無所歸：有所受無所歸乃娶時有主婚人，去時無主婚人之謂。所謂主婚人，依律令自有一定之範圍，卽祖父母以下，從父兄弟以上⑰。祇要上述親屬有一存在者，乃爲有所歸。爲保護婦女無法自立生活，離婚時，妻無家可歸時，夫不得出妻。

總之，三不去爲夫有因棄妻之消極事由。≪清律輯註≫說：「七出者,禮應去之也，三不去者，禮應留之也」⑱。三不去的消極事由在約束夫權，頗合於人倫道德。故≪清律輯註≫說：「又有三不去之義，乃所以存厚也」⑲。

(三)義絕

所謂義絕係夫妻之情意乖離，其義已絕，法律上必須離婚。卽有義絕情狀，經判應離而不離者，干犯律禁。換言之，義絕係裁判上之強制離婚，夫妻毫無選擇之餘地。舊律義絕事由，唐律與清律有所不

---

⑰ 參閱三浦周行著≪法制史之硏究≫，岩波書店，大正八年，四一一頁。
⑱ 清律戶律婚姻門出妻條輯註。
⑲ 清律戶律婚姻門出妻條輯註。

同。

1.唐代之規定：唐（戶令）規定之義絕事由分三類

(1)夫犯：夫毆妻之祖父母、父母；殺妻之外祖父母、伯叔父母、兄弟、姑、姊妹；夫與妻母姦。

(2)妻犯：妻毆、詈夫之祖父母、父母；殺傷夫之外祖父母、伯叔父母、兄弟、姑、姊妹；妻與夫之緦麻以上親姦；妻欲害夫。

(3)夫妻之至親相犯：夫妻之祖父母、父母、外祖父母、伯叔父母、兄弟、姑、姊妹自相殺。

唐（戶令）之義絕事由，顯示兩特點。其一，重夫輕妻，卽妻侵犯夫方親屬之程度，較夫侵犯妻方之親屬易造成義絕；妻欲害夫爲義絕，夫欲害妻則否；夫須與妻母姦，始成義絕，但妻苟與夫之緦麻以上親姦卽足。其二，義絕事由中，關於夫妻本人之事項，僅有妻欲害夫一項。其餘均爲夫妻之一方與他方家屬之關係。此表示舊律婚姻之目的不在謀夫妻共同之幸福生活，却在維持家屬之和平秩序。

2.淸代之規定：淸代受近代歐陸夫妻平等之觀念影響，承認七出之事由對妻不公平，惟囿於禮敎「地不得去天」之理，妻仍不能棄夫。有鑑於此，淸代利用義絕之概念，取代妻棄夫之依據，以挽救妻破碎的婚姻。義絕乃由官判離，不牴觸「妻不得棄夫」之原則，故盡量擴大義絕之事由，期使夫對妻有惡行時，得由妻之父母告到衙門，以義絕之原因，強制離異。

有鑑於此，淸律擴充義絕概念，以附例增加義絕事由。淸律（訴訟門）干名犯義條規定：「若女婿與妻父母，果有義絕之狀，許相告言，各依常人論」。其夾注將義絕狀分兩面，其一，夫爲受害人：如身在遠方，妻父母將妻改嫁；或趕逐出外，重別招婿；或容與外人通姦。其二，妻爲受害人：如女婿毆妻至折傷；抑妻通姦；有妻詐稱無妻，欺妄更娶妻；以妻爲妾；受財將妻典雇，妄作姊妹嫁人之類。此外將妻妾受財賣休者或非理毆子孫之婦，致令廢疾者，均規定爲離異或歸宗⑳。

檢討清律及其註解，其所謂義絕，與唐律令比較，其事由增加不少，尤其夫及舅姑對妾之惡行更值得注意。妻藉義絕之名義，亦能告到衙門而與夫離婚，此不得不謂觀念之進步。

(四)和離

舊律所稱和離者，卽今日所謂之兩願離婚。唐律規定：「若夫妻不相安諧而和離者，不坐」㉑。和離至清律稱兩願離。兩願離雖以男女當事人合意爲其要件，但固有婚姻法以家或宗爲目的。故夫欲離婚，須得其父母之同意。妻在夫家勢單力薄，其地位又低賤，故夫與妻無法平等地位表示離婚。兩願離成爲夫家七出棄妻之藉口，以免令他人批評夫家之苛薄或難以侍候翁姑，而影響其再娶。

二、離婚之效力

在舊律例上，離婚之效力較現行法單純，夫妻間之一切權利義務，自離婚時起消滅。妻不受現行民法待婚期間之限制，可自由再婚；蓋舊律尙無受胎期間推定之理論，故子女之婚生性似以結婚之時期爲斷，再婚後所生者，爲後婚之子女。

離婚後，妻去夫家，又去夫姓而單稱父姓。惟妻與夫之禁婚親屬，一如現行民法第九八三條第二項，縱然姻親關係消滅，仍不得結婚。至於親子關係乃基於自然血親，不能以人爲關係加以斷絕，故父母子

---

⑳ 參閱清律戶律典雇妻女條與刑律毆祖父母父母條。

㉑ 唐律戶婚律義絕離之條。

女關係，縱離婚之後，仍不消滅。關於子女之監護雖協議定之，但男性子孫攸關宗祧繼承，故大多留在夫家。夫家稱被離之妻為出母。出母對於留在夫家之子女無尊長權。妻之粧奩，除其專用之衣物外，凡金錢、田土、房屋均成為夫妻公同共有。故妻於離婚時，不得將屬於公同共有之嫁粧帶離夫家而別嫁或歸宗。但夫無故棄妻者，應將妻家財物返還。

第三章　過渡時期

過渡時期一方受傳統思想之影響，仍視清代現行刑律民事部分為成文法之依據，而表現保守之觀念；他方受近代歐陸男女平等及人格獨立之影響，在第一次民律草案表現頗為積極進取之觀念。二者思想相激相盪，在大理院之判例與解釋例顯示妥協與折衷之離婚法。

清末之離婚法，「妻不得去夫」之概念逐漸消失，此視第一次民律草案第四編第四六條裁判離婚之原因而自明。迨至民國初年，女權日益高張，夫妻地位之差距亦縮短。於夫有離婚原因者，妻得獨立請求離婚。尤其裁判離婚之事由，不再以家族共同生活或祭祀祖先之阻礙為主，却注重夫妻共同生活之妨害。

有鑑於此，在民律草案上見到之離婚事由祇分為裁判離婚與和離二種；祇是舊律之七出三不去、義絕及和離之離婚事由，仍不時在大理院之判例、解釋例出現。

一、離婚之類型

(一)第一次民律草案之規定

1.裁判離婚：第一次民律草案之裁判離婚稱爲呈訴離婚，卽須呈請審判聽待其宣告始准離婚。此與舊律義絕之離異較爲接近。

呈訴離婚之事由以民律草案第四編第四六條所規定之九款事由爲限，故不採例示之概括規定，却採嚴格之列舉主義。又該條所列舉之九款事由，以過失主義爲主，以夫妻之一方有過失，始構成離婚之原因，但兼採目的主義，而不問夫妻有無過失。

(1)重婚：夫妻之一方與人重婚者，其重婚爲得撤銷之婚姻（民草第四編第二七條）。未撤銷前仍爲有效之婚姻，前婚配偶就該重婚人之重婚難予忍受，故除得撤銷後婚外，亦得提出前婚之離婚訴訟。

(2)妻與人通姦：妻與人通姦，法律旣許其夫提出離婚之訴，而夫與人通姦，則除因姦受刑外，其妻不得請求離婚。此乃囿於舊社會重夫輕妻之思想。

(3)夫因姦非罪被處刑：妻明知夫與他女通姦，如未受刑之宣告，尙不構成離婚之原因。

(4)夫妻之一方意圖謀害他方：夫妻一方有謀害他方者，夫妻之情已絕，根本無法期待共同生活，更且有生命之威脅，故許令他方訴請離婚。

(5)夫妻之一方受他方不堪同居虐待或重大侮辱：前項有危及性命生存之虞，本項有害及健康身體之虞，故亦許其請求離婚。惟是否構成不堪同居之虐待或構成重大侮辱，宜由審判衙門認定。如故意不予以日常家用，使之凍餒或無故肆行毆打者，均構成不堪同居之虐待。又如妻當衆揚夫之罪惡，或夫抑勒妻犯姦類等，均爲重大之侮辱。

(6)妻虐待夫之直系尊屬或重大侮辱：夫之直系尊屬乃妻之舅姑

及其以上之親，禮應孝道；若不但不孝，反而虐待或有重大侮辱，則夫不能坐視，而予以離婚之權。本款係基於舊社會家族主義之觀念，並基於七出條之「不事舅姑」所規定。

(7)受夫之直系尊屬虐待或重大侮辱：子婦並無失德之情事，但舅姑漫肆威福，對子婦時有叱責毆打，使子婦無法待在夫家，因此法律特許妻對於其夫提起離婚之訴，既使夫妻之感情並無破裂。

(8)夫妻之一方以惡意遺棄他方：民律上之遺棄重視違反扶養之義務，至於違反同居之義務似不包括在內，但以故意不履行扶養之惡意爲要件。如夫在外謀生，積有餘資，不肯寄回。又如夫臥病在床，妻棄之而逃亡等。如遺棄而出於不得已者，如夫遠出，窮困毫無積蓄，不能寄資，不得謂爲遺棄。

(9)夫妻之一方生死不明已逾三年：此款爲目的主義之離婚事由，配偶一方生死不明已達三年，則夫妻共同生活形同虛設。爲此生存者得提起離婚之訴，不問造成生死不明是否因他方有過失。

配偶之一方雖有前述重婚、通姦及夫因姦非罪處罰之離婚事由，但因該行爲事前得到他方之允許或事後得到承認者，離婚訴權受到阻却而不得再提起。又爲安定婚姻生活起見，配偶之一方有民律草案第四編第四十六條前八款之事由者，有離婚訴權之人須於明知離婚之事實時起於六個月內呈訴爲之，如離婚原因事實發生後已逾十年者，不得呈訴。至於生死不明已逾三年之離婚事由，於生死分明後，亦不得呈訴離婚。

2.兩願離婚：我國自唐律以來，有夫妻不相和諧而兩願離異者不坐之文。兩願離婚一向爲我國律例所承認，民律草案本於此，而規定兩願離婚。因此於民律草案第四編第四三條規定：「夫妻不相和諧而兩願離婚者，得行離婚」。

爲避免年輕的夫妻意氣用事，輕言兩願離婚而妨害其子女之正常教養及其他關係人之利益，民律草案對於兩願離婚在年齡上嚴加限制。如男未滿三十歲，女未滿二十五歲者，須經父母之允許，以昭愼重（民草第四編第四四條）。又顧及身分之變動，須公示社會週知，故援結婚呈報戶籍機關始生效力之例，兩願離婚時亦須呈報戶籍機關始生效力（民草第四編第四五條一項）。又爲使戶籍官吏善盡監督之責，未得父母允許之未滿三十歲之夫或未滿二十五歲之妻，不得受理兩願離婚之呈報（民草第四編第四五條二項）。

(二)大理院之判例、解釋例

在過渡時期，傳統上七出與義絕仍能適用，但解釋七出與義絕時從嚴或參酌民律草案第四編第四六條之事由，而均表現有利於妻。

1.七出：大理院之判例、解釋例仍受舊律例離婚事由影響甚深，一時無法完全摒除不用。故妻犯七出者仍離異：「現行律載凡妻於七出無應出之條及於夫無義絕之狀而擅出之者處罰。雖犯七出有三不去而出之者減二等追還完娶等語，是出妻於律有一定之條件，與條件不相合者，卽不容擅出」㉒。例如大理院之解釋例仍承認無子則去。但爲保護妻起見，對所謂無子，採嚴格解釋，須妻年逾五十以上而達不能生育，其夫又無庶子或前妻之子，尤其不能生育之責任，確不在妻方者，夫始准離異㉓。

又舊律所謂不事舅姑，毫無客觀標準，致以翁姑之好惡決定媳婦之去留，其不平莫此爲甚。大理院時期以判例稍加改進：不事舅姑乃

㉒ 大理院四年上字一七九三號判例。
㉓ 大理院解釋例六年統字五九一號。

專指不孝，並經訓誡，怙惡不悛者而言㉔。尤其不孝不能漫無限制，故解釋例解釋為對翁姑之虐待及重大侮辱㉕。因此出外不告舅姑或因家庭細故，負氣返娘家，夫家遂拒而不納，致不得事舅姑者，均不能為離婚之原因㉖。

2.義絕：在大理院時期，義絕仍為強制離婚之依據，凡是唐律與清律之義絕事由，原則上仍可適用：「現行刑律出妻門義絕律文採用唐律，則義絕之事例，自可援據唐律疏議，並非限定律文內離異各條」㉗。惟過渡時期之離婚概念，受近代歐陸法的影響，有相當大的改變。其一，廢除「妻不得棄夫」之傳統觀念，而承認離婚權不為夫所專有：「現行律載夫毆妻至折傷以上，先行審問，夫婦如願離異者，斷罪離異。又載：抑勒妻妾與人通姦者，婦女不坐，並離異歸宗等語。是離婚之制本為現行律所認許，不過須具備一定之條件而已」㉘。因此夫苟有離婚之原因，其妻自可請求離婚：「婦女被夫典雇，得據為請求離異之原因，並非一有典雇事實，即當然視為業經離異」㉙。其二，離婚之事由，自以往夫妻一方對他方家屬之犯罪或夫妻雙方家屬之相犯，現改為夫妻當事人共同生活之障礙，尤其強調保障妻之婚姻，而給妻更多補救的機會。故尊親間之衝突，舊律為義絕事由，而大理院判例認為此與婚姻當事人無關，不能為離婚之原因㉚。又尊長毆傷卑幼未至廢、篤疾及抑勒子孫之婦妾與人通姦，如本夫不知情者，不得認為離婚之原因㉛。其三，離婚權由夫之優越而趨於夫妻相互平等，

㉔ 大理院判例六年上字九四七號。
㉕ 大理院解釋例八年統字一一三四號。
㉖ 大理院判例六年上字八五號。
㉗ 大理院解釋例六年統字五七六號。
㉘ 大理院判例三年上字八六六號。
㉙ 大理院判例八年上字四一一號。
㉚ 大理院判例三年上字二二三號。
㉛ 大理院判例四年上字三七八號。

故夫妻之一造受他造重大侮辱或虐待及夫妻之一造重婚時，他造均得訴請離婚㉜。

3.和離：大理院判例將兩願離婚稱為協議離婚。此種離婚不須經法院判決，而祇本於夫妻當事人之同意，故有主婚權人於結婚時有同意權，但在協議離婚時不得妄加干涉，更不能引主婚律條阻止夫妻當事人之離婚㉝。

大理院判例不以兩願離婚為要式行為，故祇要事實為離婚之協議，不問有無作成休書或立契贖身或言詞聲明，均不影響離婚之效力㉞。

二、離婚之效力

民律草案規定離婚後子女之監護，以契約訂定為原則；如無約定，則由父監護之。但子女未滿五歲者，先歸母監護㉟。蓋稚齡幼童，甫離襁褓，由母監護，較父適當，其立法意旨頗為週到。

在兩願離婚，妻之財產於離婚之後，仍歸妻所有㊱。在裁判離婚，如其係可歸責於夫，夫應暫給以妻生計相當之賠償，以便保障妻離婚後之生活㊲。惟關於慰撫費則不予規定。

在大理院判例，離婚之後，妻之改嫁，夫家不得妄加干涉。至於子女之監護，父母得以協議定之。如無約定，父優先於母。惟無論由何方監護，於監護範圍以外，父母之權利義務，並無何等影響。故離

㉜ 大理院判例九年上字八〇九號，九年上字一一二四號，五年上字一〇七三號。

㉝ 大理院判例六年上字七三五號。

㉞ 大理院判例三年上字四六〇號。

㉟ 民律草案第四編五十條。

㊱ 民律草案第四編第五二條。

㊲ 民律草案第四編第五三條。

婚之後，歸母監護之女，其嫁資仍應由父支給㊳。又離婚後之財產關係，依判例，離婚之原因如由夫構成，則夫應暫給其妻以相當之賠償或慰撫費。至其給與額數，則應斟酌其妻之身分、年齡及自營生計之能力與生活程度，並其夫之財力如何而定㊴。反之，離婚之原因如由妻造成，夫對妻亦祇得請求離婚而已，妻之財產仍歸妻所有。惟妻就離婚之原因有故意、過失者，夫亦得請求慰撫金㊵。

總之，大理院之過渡時期，不僅離婚之事由，妻之地位大爲改善，而且離婚之效果上，妻亦受到較以往良好之保護。過渡時期爲補救婚姻之破綻，尤其保護妻離婚後之生活，允許離婚後之損害賠償。

第四章　現行法之規定

一、現行離婚法之特色

因受歐陸近代男女平等及個人獨立人格觀念之影響，現行離婚法與以往舊社會比較，自有重大的改變。

(一)相互的離婚請求權

在舊社會由於重男輕女之觀念，尤其「妻以夫爲天」之思想，產生「地不得去天」之理，因而使離婚成爲夫之專權。禮教上之「七出」乃夫片面棄妻之事由。

現行離婚法不再承認夫單方之離婚權，却採相互主義之離婚事由。

㊳ 大理院判例六年上字一一九四號，五年上字四〇九號，解釋例七年統字八二二號。

㊴ 大理院判例八年上字一〇九九號。

㊵ 大理院判例四年上字一四〇七號，三年上字一〇八五號。

夫妻基於平等關係，祇要配偶一方有法定離婚事由，例如重婚、通姦、惡意遺棄、不堪同居之虐待、不治之惡疾、重大不治之精神病、生死不明已逾三年或被處三年以上徒刑（民一〇五二條），他方得向法院請求離婚。

(二)個人主義之離婚事由

舊社會之離婚事由，不問禮教之七出或律例之義絕事由，均建立於團體主義的基礎之上。卽以妨害宗祧繼承或同居共財之家族生活，而成爲離婚之原因。卽使七出之惡疾，其立法意旨在於妻之身體不潔，不堪奉事宗廟。至於夫妻共同生活之幸福與利益不受重視，故夫妻雖恩愛異常，但無子或不事舅姑，卽成爲離婚之原因。

現行離婚法基於個人主義，以爲婚姻之目的，在謀夫妻共同生活之幸福，倘阻礙此目的之事由發生，爲避免夫妻抱恨終生起見，允許一方對他方提出離婚。重婚、通姦、虐待等民法第一〇五二條所列擧之事由，均以阻礙夫妻共同生活爲其理由。

(三)目的主義之離婚事由

舊律例與舊習慣，離婚之事由不問七出或義絕，大致以過失爲基礎。

現行民法以爲夫妻婚姻生活之破綻，不單因當事人之過失而發生，故不能僅列擧數種有責原因，以網羅一切。於是擴張離婚原因，凡有一定原因足以破壞共同生活者，縱令當事人無責任，亦列爲離婚原因，故民法第一〇五二條除以過失爲基礎之事由外，尙列擧以目的主義爲基礎之精神病、不治之惡疾、生死不明、不能人道等離婚事由。

二、離婚之類型

我國現行離婚法之類型，與第一次民律草案所規定者略同，卽分爲裁判離婚與兩願離婚兩種。

(一)裁判離婚

所謂裁判離婚者，夫或妻本於一定原因請求離婚，而法院認爲有理由時，以判決解消婚姻關係。現行民法之離婚事由，不採德國立法例所採之概括規定（德民一五六五條），亦不採日本立法例所採之例示規定（日民七七〇條一項），却採嚴格之列擧主義，並採絕對的離婚原因主義。離婚之事由僅以民法第一〇五二條所列擧者爲限，惟凡有民法第一〇五二條之離婚事由者，法院必爲離婚之裁判，不問該判決對他方有苛刻之情事。

1.重婚：在舊律上，重婚之後婚在唐律認爲婚姻無效；在清律爲強制撤銷㊶。惟就前婚而言，妻對於夫之重婚，因囿於禮教「地不得去天」之理，不得離夫。反之，夫對妻之重婚，似可類推七出之淫泆而棄妻㊷。又依清律夾注，夫在遠方，妻之父母將妻改嫁者，則爲義絕之事由，而強制離婚。

現行民法以重婚爲離婚之原因，係基於過失主義。夫妻之一方有重婚者，他方得請求離婚。惟重婚不以通姦爲要件，祇要有第二次擧行結婚儀式，即可請求離婚㊸。以重婚爲原因而請求離婚之人，限於前婚之無責配偶；前婚之有責配偶，對前婚不得提出離婚，但對後婚得提出婚姻之撤銷。

2.通姦：在舊律，依「妻以夫爲天」之思想，妻與人通姦者，夫可棄妻(七出)。妻與夫之緦麻以上親通姦者，爲義絕之事由，強制離婚。夫與人通姦，妻不得請求離異。惟夫與妻母姦，亦爲義絕之事由。

㊶ 參閱唐律有妻更娶妻條文及問答；清律戶律婚姻門妻妾失序條。

㊷ 參閱清律戶律婚姻門妻妾失序條。

㊸ 現代各國多數立法例將重婚認爲通姦之一種而不獨立爲離婚之原因。

現行民法採夫妻平等主義，夫妻互負守貞之義務。如夫妻之一方與人通姦，他方除得請求離婚外，並得請求法院處以通姦罪（刑二三九條）。通姦爲離婚之原因，現行法係採過失主義與相互主義。

3.虐待：在清律例上，妻毆夫不問傷害程度如何，夫得請求離婚㊹。夫毆妻須至折傷，始可請求離婚㊺。又夫抑妻通姦，亦構成離婚之原因㊻。

現行民法不採夫妻差別主義，故夫妻之一方受他方不堪同居之虐待者，得請求離婚。此處所稱不堪同居之虐待，自包括身體上或精神上不可忍受之痛苦，致不堪繼續同居之情形㊼。民律草案尚將重大侮辱列爲離婚之事由，其規定較現行法爲優。

4.直系親屬之虐待與受虐待：舊制禮教，「不事舅姑」爲七出之一，舊律例則妻毆詈夫之直系尊親屬者，即構成義絕而強制離婚㊽。反之，夫之父母、祖父母非理毆子孫之婦，至廢疾或篤疾者，始爲離異或歸宗㊾。舊律例之如此規定，充分現示尊長優越於卑幼的人格支配關係。在民律草案已改善妻之地位，而不再有尊長優越之觀念。故妻如虐待夫之尊親屬或受虐待或受侮辱時，均得爲離婚之事由。

現行民法爲表示獨立人格之觀念，翁姑與媳婦地位平等，不再有尊長對卑幼優越之關係，故有一方虐待或受虐待，致不堪爲共同生活者，他方得請求離婚。惟判例所顯示之虐待概念，仍受傳統禮教之影

㊹ 參閱清律刑律門訟門妻妾毆夫條：「凡妻毆夫者，夫願離者聽」。

㊺ 舊律例依「地不得去天」之理，原不准妻對夫之離婚請求權，惟清律擴大義絕之事由，而強制一方之離異。在刑律訴訟門，干名犯義條夾注，將女婿毆妻至折傷列爲義絕之事由，准告官強制離異。

㊻ 夫抑妻通姦在清律干名犯義條夾注列爲義絕之事由。

㊼ 最高法院二三年上字六七八號，三一年上字一九四九號判例。

㊽ 唐律戶婚律妻無七出條疏義，清律襲用唐律之義絕。

㊾ 清律刑律門毆門毆祖父母父母條。

響，對妻之要求較翁姑爲嚴㊿。

又舊制所稱「不事舅姑」係指不奉承父母之義，而是否奉承，並無具體之標準。通常以舅姑主觀的態度來決定。反之，現行法所稱「虐待」，最高法院曾判示：須依客觀標準，不可依主觀的見解[51]。此應斟酌當事人之地位、教育程度及其他情形決定之[52]。

此離婚事由爲現行法唯一基於團體主義之家族生活而所規定者，故此乃受傳統禮教之影響。

5.惡意之遺棄：舊律例雖無惡意遺棄之離婚事由，但有配偶而逃亡，即構成離婚之事由。惟舊律例夫對妻有優越之地位，故夫逃亡之限制較妻爲寬。依清律(戶律婚姻門)出妻條：「若夫無願離之情，妻輒背夫在逃者，杖一百，從夫嫁賣。其妻因逃而輒自改嫁者，絞（監候），其因夫（棄妻）逃亡，三年之內不告官司而逃去者，杖八十；擅（自）改嫁者，杖一百」。

民律草案首次表現夫妻居於平等地位，有一方惡意遺棄他方者，爲離婚之事由。惟此處所稱之惡意遺棄僅指違反扶養義務。反之，現行民法上之惡意遺棄，不但指違背扶養義務與同居義務[53]，而且尚在繼續狀態中，始構成裁判離婚之原因。

6.殺害之意圖：舊律例以「妻欲害夫」爲義絕之事由，強制離異，但夫欲害妻，則不予規定，此又表現固有法夫妻之不平等。民律草案基於男女平等之觀點，夫妻之一方意圖謀害他方者，夫妻情義已絕，允許他方訴請離婚。

現行法援民律草案之精神，凡夫妻之一方意圖殺害他方者，即構

㊿ 戴炎輝著≪中國親屬法≫，民國七〇年，一六六頁。

[51] 最高法院三四年上字三九六八號；四四年臺上字二六號判例。

[52] 最高法院三二年上字一九〇六號判例。

[53] 最高法院二二年上字九二二〇號判例。

成離婚之原因。此殺害之意圖，自包括殺人未遂與預備在內（刑二七一條）。

7.不治之惡疾：舊律例列惡疾爲七出之一。舊律例之惡疾係遍身爛灼，體上無毛，毛髮凋零，指節自解，唐稱「病癩者，惡疾之別名」[54]。舊律例僅妻有惡疾爲七出之一，夫有惡疾不爲離婚之事由，顯有賤視妻之嫌。又惡疾爲七出之一，係妻身罹惡疾，不堪奉事宗廟，此乃基於團體主義之思想。

現行民法將不治之惡疾視爲離婚之原因，蓋從目的主義之立場，以不治之惡疾爲夫妻共同生活之障礙。現行法所稱惡疾，依判例包括痲瘋與花柳病[55]。至於結婚後不能人道，學者有解釋爲惡疾之一種[56]。但婦女之白帶則非屬惡疾[57]。

8.有重大不治之精神病：舊律例及過渡時期之離婚事由，偏重於過失主義。患精神病未必有過失，故不爲離婚之原因。

現行離婚法已從過失主義趨向於目的主義，故夫妻之一方如罹於精神病患者，他方僅有夫妻之名，而無夫妻之實，此所以現行法將其精神病列爲離婚之原因。外國立法例多以精神病須經數年醫治無效，始爲離婚之原因[58]。我國對此以「重大不治」來加以限制，期能於離婚前，病患之一方先受到妥善之治療。

9.生死不明已達三年：依淸律（戶律、婚姻門）出妻條之規定，妻背夫在逃，從夫嫁賣；而依其附例，夫逃亡三年不還，始准告官，

---

[54] ≪日本令集解≫。
[55] 最高法院二三年上字四〇五一號判例。
[56] 戴炎輝著≪中國親屬法≫，一七二頁。
[57] 最高法院三〇年上字一七八九號判例。
[58] 例如英國定爲五年，瑞士定爲三年，參閱趙鳳喈著≪民法親屬論≫，正中書局，民國三四年，一一七頁。

別行改嫁。民律草案有鑑於舊律上之夫妻差別待遇之不當，又爲婚姻之目的在於共同幸福生活之達成，故夫妻之一方生死不明已逾三年，則列爲離婚之事由。

現行民法從民律草案之精神，並基於目的主義，一方有生死不明達三年者，列爲離婚之事由。

10.處刑：我國舊律例女子犯姦、盜爲七出之一，又夫妻雙方近親屬或夫毆妻之祖父母、殺妻之外祖父母、伯叔父母、兄弟、姑、姊妹；或妻毆、詈夫之祖父母、父母；殺傷夫之外祖父母、伯叔父母、兄弟、姑、姊妹等犯罪行爲時，成爲義絕之事由而強制離異。舊律以處刑爲離婚之事由採列舉規定，且規定夫妻不平等。

現行法基於夫妻平等原則，凡夫妻一方被處三年以上之徒刑或因犯不名譽之罪被處徒刑者，得請求離婚。就罪名來說，現行法採取概括之規定，不問所犯之罪名如何，祇要實際處三年以上徒刑。至於不名譽之罪，並無定說，宜就夫或妻主觀決定，不能就一般人客觀決定[59]。依判例，竊盜、侵占、背信、文書僞造等爲不名譽罪[60]。

(二)兩願離婚

兩願離婚爲我國傳統之離婚制，在舊律已有和離，民律草案從之。現行民法第一〇四九條規定：「夫妻兩願離婚者，得自行離婚，但未成年人應得法定代理人之同意」。

舊律之兩願離婚雖以夫妻當事人合意爲要件，但固有婚姻法之目的在爲家或宗族之利益，尤其子之人格爲父母所吸收，故父母對子女有強大之尊長權。子女無論成年與否，須得父母之同意，始得離婚。甚至父母強制其子離婚，子不得不聽從，否則構成不孝或違反教令之

[59] 趙鳳喈著≪民法親屬論≫，正中書局，民國三四年，一一八頁。

[60] 竊盜罪乃三三年上字五七四九號判例，侵占罪係二七年上字三一九六號判例，背信、文書僞造係三三年上字三一四二號判例。

罪名而須判刑。另一方面，妻入夫家，孤身在夫家爲家屬卑幼。妻要服從夫家家長之尊長權，又要聽從夫之命令。在如此之環境下，妻之合意離婚無法達到自主之意思，往往被夫家所逼而同意離婚[61]。至於休書之作成則非離婚生效之要件，故是否製作，攸關證據問題，由離婚當事人決定。

現行法之兩願離婚之立法意旨，基於人格獨立而貫徹意思自治原則，以期夫妻合意離婚。凡遇夫妻性情不合，縱使無法定原因，亦得依其自由意思而離婚，以免夫妻抱恨終生，而渡同床異夢的生活。另一方面，年少之人任性使氣，往往因細故而反目，此不但易貽本人日後之反悔，且易釀成一家之不幸。故民法特規定未成年人之兩願離婚，須得法定代理人之同意，以保護未成年人。

民律草案規定兩願離婚之當事人，夫未滿三十歲，女未滿二十五歲時，應得父母之同意。筆者以爲現行民法之規定較民律草案爲佳。蓋當事人一旦成年以後，得爲獨立之法律行爲，不問其爲財產行爲或身分行爲。因此結婚之年齡要件與離婚之年齡要件一致，理論較能一貫。

至於離婚之形式要件，現行民法第一〇五〇條規定須作成書面，並有二人以上證人之簽名。筆者以爲該規定過於簡陋，尤其公權未予監督，極易發生弊端。離婚不必公權介入，故夫妻之一方壓迫他方同意離婚，未嘗不能發生。其次，離婚不必呈報戶籍機關爲生效要件，故第三人不易知悉當事人身分變動之關係，而易遭不測之損害。因此不如採取前述民律草案之規定。

三、離婚之效力

(一)身分上之效力

---

[61] 戴炎輝著《中國法制史》，三民書局，民國六〇年，二四〇頁。

因離婚而夫妻之身分關係消滅。其相互間之權利義務亦隨之而消滅。夫妻應恢復結婚以前之狀態。但因與他人通姦而經裁判離婚或受刑之宣告者，不得與相姦人結婚（民九八六條、九九三條）。妻再婚應受六個月之待婚期間限制（民九八七條、九九四條）。

由婚姻所發生之姻親關係，亦因離婚而消滅（民九七一條），但姻親間之禁婚仍保持其效力而仍適用（民九八三條二項）。

(二)子女之監護

父母子女之關係本於自然血統，故父子與母子之關係並不因離婚而受影響，其相互間之繼承關係亦同。惟夫妻離婚後，對子女之監護責任，究宜屬誰，則屬問題。關於此點，我民法規定，不問其為兩願離婚，抑或判決離婚，均許夫妻以協議定之；無協議時，由夫擔任（民一〇五一條、一〇五五條前段）。但在判決離婚者，法院得為子女之利益，酌定監護人（民一〇五五條但書）。

離婚法上子女之監護責任，宜檢討之問題有二：其一，此處所稱「監護」與「親權」之含義是否相同？其二，在離婚訴訟上，法院是否得依職權判決由父母以外之第三人為監護人？

1.監護權（民一〇五一、一〇五五條）與親權（民一〇八九條）之名義是否相同，在學說上有對立之見解。

(1)否定說：民法第一〇五一條或第一〇五五條所稱之「監護」與民法第一〇八九條所稱「親權」不同其意義。蓋前者之監護，僅指狹義之人身監護，亦即民法第一〇八四條所指保護教養之權利義務；換言之，僅指事實之撫育而已，在法律上之親權並未涉及，故未監護一方之親權並未因而喪失或停止，仍可行使其法律上之代理權或同意權或其他權限[62]。

---

[62] 戴炎輝著≪中國親屬法≫，二四六頁。

⑵肯定說：民法第一〇五一條與第一〇五五條所稱之「監護」乃廣義之監護權，其範圍與第一〇九一條以下之監護同其意義[63]。故其與民法第一〇八九條之親權同其內容。因此祇有監護之一方使能行使民法第一〇八九條之親權及由此而發生之其他權限，他方無此權利[64]。

筆者以爲德、瑞、日之民法於離婚時，均先由父方或母方單獨行使親權，他方祇有探視權；但於必要時，日本民法將一方行使親權，他方行使監護權，而監護權有限制親權之效力（日民八一九條）；德國民法則一方行使身心之監護，他方行使財產之監護（德民一七六一條）。反之，我國現行民法於離婚，無親權之約定或裁定，却以「監護權」代替，故監護權宜解釋爲廣義的監護權（民一〇九一條、民一〇八九條）而與德國民法第一六七一條、瑞士民法第二九七條及日本民法第八一九條之親權同一內容。

其次，父母離婚後，子女歸其一方監護時，他方仍能全面行使民法第一〇八四條至第一〇八九條之權限，實不能想像，蓋無共同生活之父母一方，無法行使子女特有財產之管理、使用、收益等權限。

2.在離婚訴訟上法院是否依職權判決由父母以外之第三人爲監護人？

依民事訴訟之性質，離婚之訴訟當事人爲父與母，故法院之裁判宜限於當事人之父或母來擔任子女之監護人，不得由當事人以外之第三人爲監護人。惟最近歐陸身分法之立法趨勢乃認爲身分法規律之對象與公益有密切關係，故身分法視爲公法，而由國家機關多方監督。我國民法第一〇五五條但書正是身分法公法化之表現。因此法院認爲

---

[63] 史尙寬著《親屬法論》，民國五三年，四五四頁。

[64] 陳棋炎著《民法親屬》，三民書局，民國六八年，六九頁。

父母任何一方均不適宜子女之監護時，爲子女之利益計，允許法院依職權選任父母以外之第三人爲子女之監護人。

（三）財產之效力

1.夫妻財產之清算：夫妻財產制乃婚姻存續中夫妻間及夫妻之一方對第三人間財產關係之準則。夫妻一旦離婚後，其財產制亦應終了。

依民法規定，除分別財產制外，夫妻離婚時各取回其固有財產；如有短少，由夫負擔（民一〇五八條）。該條規定適用於普通法定財產制之聯合財產制及約定財產制之共同財產制與統一財產制。民法第一〇五八條用「固有財產」之文字，但我國上述各種財產制並無「固有財產」之用語，因此解釋上難免發生爭議。

所謂「固有財產」，在聯合財產制上，係指夫所有財產或妻之原有財產（結婚所有財產及婚姻存續中無償或繼承所得之財產）。蓋夫對聯合財產乃唯一之管理人，而聯合財產中有夫所有財產及妻原有財產在內，故夫無所謂取回固有財產。至於妻，因其特有財產由其自己管理，不生取回之問題，祇有交給夫管理之原有財產，必須取回。在共同財產制上，所謂固有財產乃結婚時夫妻各自加入共同財產及婚姻存續中無償或繼承取得之數額。至於結婚存續中所取得之財產可稱爲夫妻之盈餘。在統一財產制上，所謂固有財產乃妻移轉於夫之財產。

2.損害賠償：舊律例因七出而棄妻，妻不得請求損害賠償；因義絕而離異，夫妻雙方亦無損害賠償之法律依據，甚至妻帶至夫家之房屋、田土嫁粧須留在夫家而不得帶離別嫁或歸宗[65]。過渡時期之大理院開始承認：離婚原因由夫構成者，夫應給以相當賠償或慰撫費[66]。

現行民法基於個人意思自治之原則，確立過失責任之損害賠償。

---

[65] 戴炎輝著≪中國法制史≫，二三四頁。

[66] 大理院判例八年上字一〇九九號。

民法第一〇五六條規定：「夫妻之一方，因判決離婚而受有損害者，得向有過失之他方請求賠償（第一項）。前項情形，雖非財產上之損害，受害人亦得請求賠償相當之金額，但以受害人無過失者爲限（第二項）」。依此規定，損害賠償可分爲財產上與精神上之損害賠償兩種。財產上之損害賠償須對方有過失者爲限；而精神上之損害賠償，不僅對方有過失，而且須請求人亦無過失始可。至於過失之認定，應視離婚之事由而定。一方基於過失主義之通姦、重婚、意圖殺害、虐待、處刑而被離婚者，他方得請求損害賠償。至於以目的主義爲離婚原因，如不治之惡疾、重大不治之精神病或三年以上之生死不明，而請求離婚者，因其爲離婚之原因不必論其有無過失，故不發生損害賠償。此處所稱「過失」乃直接對離婚之原因事實發生有過失，因此不治之惡疾係因重大過失而染患時，不得不認爲有過失。

3.贍養費：舊律例採夫妻一體主義，不承認贍養費之請求。現行法既採夫妻平等主義，准許雙方請求離婚時，應除去離婚後生活之不安，否則當事人（尤其妻）不敢呈請離婚。尤其我國民法第一〇五八條僅規定離婚時夫妻各取回其固有財產，如妻在法定財產制無固有財產取回時，法律既不補償妻在婚姻共同生活中育幼、管家之辛勞，則一旦離婚而坐視妻陷於生活困難，顯然違反公平之原則。爲此民法特規定贍養費之請求權，此規定對提高妻在婚姻生活中之地位有莫大的貢獻。至於贍養費請求之要件，僅夫妻之一方無過失，因裁判離婚而陷於生活困難卽可，不問給付義務人對於離婚原因有無過失（民一〇五七條）。

在通常情形，贍養費以定期給付爲妥，但一時用金錢或其他代替物支付亦無不可。贍養費之數額應如何給付，我現行民法並無具體規定，頗爲遺憾。依判例，法院須斟酌雙方之身分、年齡、生活能力、生活程度及給付人之能力定之。

筆者以為贍養費為保障離婚後夫妻重建其社會關係不可缺少之制度，尤其離婚率逐漸上升之今日社會，更應詳加規定，期能達到法的安定性。就此內容，德國新離婚法之規定，可提供吾人立法之參考。

第五章 法務部在親屬編修正草案初稿之修正意見

法務部邀請專家、學者組成民法修正委員會，自民國六十三年開始着手修正民法各編。民法親屬編之修正草案初稿於民國六十八年四月十五日公佈，期以廣徵各方之意見，做為最後定稿之依據。

在該次公佈之草案初稿，就離婚法來說，有下列各點之修正：

一、民法第一〇五二條增列第二項而改為例示之概括規定

我國現行民法第一〇五二條遵循舊律例七出、義絕及第一次民律草案第四編第四六條之規定，仍採嚴格之列舉主義。惟最近各國立法例鑑於社會環境的變遷，家庭結構的改變，離婚事由從列舉主義趨向於概括之例示主義，例如日本民法（日民七七〇條一項）、瑞士民法（瑞民一三七條至一四二條）。德國新離婚法甚至採概括之破裂主義（德民一五六五條）。

各國有如此之立法趨勢，在於夫妻之婚姻生活極為微妙而複雜。夫妻感情的破裂，除受婚姻共同特性外，又受婚姻各別性的影響。因此甚難以列舉具體的事由，網羅一切婚姻失敗的情事。有鑑於此，民法修正委員會修正民法第一〇五二條增加第二項規定：「有前項以外

之重大事由，難以維持婚姻者，夫妻之一方得請求離婚。但其事由應由夫妻之一方負責者，僅他方得請求離婚」。

依此規定，第二項之概括規定使我國離婚事由從嚴格之列擧主義一變爲例示之概括主義。增加第二項之內容宜注意之點有三:

1.何謂重大事由應由法院依客觀之情形決定之。至少在第一次民律草案第四編第四十六條條列爲離婚事由之重大侮辱宜列爲重大事由，其他婚後之不能人道，亦屬重大事由。

2.該重大事由是否已達難以繼續婚姻生活，宜由法院就婚姻生活之具體情形判定。

3.該重大事由之發生，須請求離婚之當事人無過失，如有過失，則不得提出離婚請求。可見我國修正草案之離婚事由，仍受過失主義之限制，從而與德國新離婚法上之破裂主義仍有不同。

二、民法第一〇五二條第四款之修正

現行民法第一〇五二條第四款規定:「妻對於夫直系尊親屬爲虐待或受虐待，致不堪爲共同生活者」。此規定乃囿於我國傳統家屬主義。蓋舊社會父子同居共財，子孫不得別籍異財，及供養有闕，否則構成十惡不孝。子婦不事舅姑，有如上述，乃七出之一。又第一次民律草案第四編第四十六條第六款亦祇規定子婦對翁姑之虐待與受虐待或重大侮辱與受重大侮辱。至於夫對岳父母之虐待或受虐待之情形，不予規定。蓋夫與岳父母同居之情形，在過渡時期仍少見之故。

惟現代婚姻生活，父子不一定同居共財，又女婿不無與岳父母同居之可能。因此基於男女平等之原則，現行民法第一〇五二條第四款修正爲:「夫妻之一方對於他方之直系尊親屬爲虐待或受虐待，致不堪爲共同生活」。

筆者以爲民法第一〇五二條第四款宜刪除而不必修正。現行民法子女一旦成年或雖未成年而已結婚者，可離家而獨立生活（民一一二七條）。子媳如受翁姑虐待，自可與其夫離家而去，不必爲此提出離婚請求。現代婚姻生活之本質目的，在期夫婦共同生活之美滿，因此離婚之事由應以妨害夫妻共同生活爲依據，不宜將夫妻一方與第三人之關係，納入離婚事由之範圍。

三、民法第一〇五〇條兩願離婚之形式要件

現行離婚法上兩願離婚之形式要件，採取當事人進行主義，國家公權力毫不介入。離婚之登記非生效要件，僅爲證明要件。惟如此之離婚法將使利害關係人無從知悉夫妻身分之變動，從而有被詐害之虞。爲確保身分之安定，爲維護交易之安全，兩願離婚宜採有公示作用之國家監督，此所以民法第一〇五〇條增加第二項規定：「前項離婚應依戶籍法爲離婚之登記，始生效力」。此規定與第一次民律草案第四編第四三條規定之立法精神相一致，均在強調身分變動之公示性。惟該修正草案在送請行政院法規委員會討論時，爲配合結婚形式要件之規定，仍恢復現行法條文，甚爲遺憾。

第六章　結　論

㈠從離婚法現代化之過程中，無論離婚之事由或離婚之效果均受該時期立法精神之支配。

舊律上之七出、義絕之離婚事由及以夫家爲中心之離婚效果乃基於舊社會男系同居共財之立法精神所規定的。反之，現行法上夫妻相

互主義之離婚法係以人格獨立、男女平等之觀念為基礎。

㈡目前各國立法趨勢乃身分法公法化，期以公權力監督身分行為是否合法。離婚法為身分法之一環，而兩願離婚所引起之效力，不僅夫妻身分關係之消滅，而且子女之監護與教養亦受影響，尤其第三人涉及離婚夫妻所適用之夫妻財產制，而影響交易之安全。此所以法務部民法修改委員會在這次修正兩願離婚之形式要件，擬改採法律婚主義，使兩願離婚以登記戶籍機關為生效之要件。可惜這種修正建議未蒙行政院法規委員會所採納。

㈢由於今日社會職業之多元化，加上女性就業率的普遍提高，離婚率之增加乃各國所面臨之課題。另一方面，配偶離婚後，尤其妻方如何保障其生活，進而重新建立其社會關係，亦甚重要。惟我國現行法及修正草案對此問題並未重視，不無遺憾。吾人對此問題宜規定更有效更具體之內容纔是。

臺大《法學論叢》，第十一卷第二期，民國七十一年六月。

拾壹、從西德新離婚法之規定檢討我國現行裁判離婚原因

要目

第一章 前 言

（一）現今西歐社會發展的趨勢，是工商業發達，交通快速，物質生活提高，婦女就業率增加，以及容易改行換業。在此社會結構的變遷中，婚姻的健康性，直接受到影響；換言之，各國的離婚率，隨現代文明的發展，不但沒有減少，反而有增加之趨勢。有鑑於此，西歐各國近幾年來，均積極檢討其離婚政策，期以改進各國現行離婚法之內容，而因應社會的實際情況。其中最值得注意者，是去年七月一日公佈實施的西德新離婚法。

（二）西德政府鑑於舊有之婚姻法已不能因應目前西德社會的實際需要，早在民國五十年，已着手修改其親屬法與婚姻法❶。西德十幾年來，經其政府、國會、教會、學界、法實務及民間團體的廣泛討論再討論，修正再修正，終於時機成熟，於民國六十五年六月十四日制定「婚姻法暨親屬法第一次修正案」（Das erste Gesetz zur Reform des Ehe-und Familienrechts），並於民國六十六年七月一日正式公佈實施。

（三）此次修正的重點，在於離婚法的全面改革❷，即離婚原因、離婚效果、贍養費、養老殘疾津貼之補償以及離婚訴訟等的重新規

❶ 西德修改親屬法與婚姻法之過程，參閱林菊枝著＜西德離婚制度之改革＞，載於政大≪法學評論≫第七期，民國六一年十二月。

❷ 離婚法本來規定於親屬編中，自一九三八年希特勒制定婚姻法後，離婚法及其他婚姻法，自親屬編中分出。此次修改後，在婚姻法除保留婚姻無效、婚約訂定、婚姻撤銷（第一條至三七條，七七條之 a 至八〇條）外，其餘又重歸親屬編（第一五六四條至一五八七條之 p）。

定。

依新法的規定，離婚原因完全脫離有責主義，而以目的主義，即「婚姻破裂」(Scheitern) 爲唯一的離婚原因；其影響所及，有關離婚的效果，例如行使親權、贍養費的請求、養老殘疾的津貼補償，均不以有責主義爲其前提，而以目的主義爲其出發點。實體法上的離婚新原則，影響訴訟程序的內容：依新法，一有婚姻破裂，不問對該破裂應否負責，夫妻之任何一方或雙方，均得請求離婚（德新民第一五六五條）；反之，依舊法，夫妻之一方有婚姻過咎，或其他法定離婚原因時，僅他方得訴請離婚（舊婚姻法第四十二條至四十八條）。新法上之離婚請求，乃不以起訴方法，而以聲請之方法爲之。惟離婚訴訟，一如舊婚姻法，須由法院以判決爲之（德新民第一五六四條第一項），並無如我國現行的兩願離婚之制。在訴訟上，舊法與新法的不同者：前者仍分原告與被告，而立於對立地位；反之，後者不再分原告與被告之對立地位，卻由法院以職權結束已破裂的婚姻❸。

（四）德國新離婚法上之離婚原因，堪稱爲歐陸最新的立法例；尤其該國各專家學者經過十餘年精思熟慮所提出的法律，在立法上有其價值與優點。

我國現行離婚法制定於民國十九年，迄今已近半世紀而無任何修正。制定離婚法當時，以農業社會與家族團體主義爲其背景。在政策上，有意限制人民的離婚，以避免家族共同生活受到破裂，故採取嚴格的列擧主義。在立法精神上，我國離婚法深受傳統禮教倫常之影響，故離婚請求大體上墨守過失有責主義。

---

❸ 參閱 U. Diederichsen, *Das Recht der Ehescheidung nach dem 1. Ehe RG (Seidungsgründe)*, *Neue juristische Wochenschrift*, Feb. 1977, S. 273.

由於我國近十年來，教育普及，交通發達，工商業突飛猛進，社會結構已有顯著的改變。因此，現行離婚法是否仍能因應我國社會的需要，受到各界普遍的關懷。我國司法行政部四年前即已注意及此，而開始第一次全盤檢討民法之內容，期爲修改的準備。余擬從德國新離婚法之內容，檢討我國現行法上之離婚原因。

第二章　西德新離婚法上之裁判離婚原因

西德舊婚姻法（第四十二條以下）上之多種的裁判離婚原因，因新法自一九七七年七月一日的施行而廢止。新法的離婚要件，已不再規定於婚姻法內，而重新規定於民法第一五六五條至一五六八條。在新法上，吾人已不能見到通姦或其他婚姻過咎的離婚原因。

一、總　說

西德民法親屬編第一章第七節第一款的標題，雖表明有多數離婚原因（Scheidungsgründe），但離婚原因於第一五六五條第一項第一段祇規定客觀的「婚姻破裂」(das Scheitern der Ehe）一種，即婚姻一旦已破裂，夫妻之任何一方，均得訴請離婚，這稱之爲破裂主義。惟從德國民法第一五六五條第一項第二段之規定，得知婚姻破裂的離婚原因，非獨立的離婚原因。此次修改委員會以「破裂」（Scheitern）取代舊婚姻法「無可挽救的決裂」(unheilbare Zerrüttung)。決裂(Zerrüttung)之用語，在德文表示: 夫妻之一方或雙方，或多或少因違反夫妻共同生活的義務，而發生婚姻的失敗❹。新法上之「破

❹ 西德聯邦政府「婚姻暨親屬法第一次修正案」理由書，第一〇四頁。

裂」(Scheitern),其原義爲坐礁。此表示:婚姻之失敗,有時不能歸咎於雙方配偶,或因個性不合而日積月累所促成。此猶如一條孤舟的觸礁,爲狂風巨浪所致,而非人力所能影響的❺。此「破裂」(Scheitern)表示終局狀態,在字義上,比「決裂」(Zerrüttung)更能表示無過失的目的主義。總之,新法將離婚原因以「婚姻破裂」的概括條款(德新民一五六五條第一項),取代舊婚姻法之通姦,其他婚姻過咎、精神錯亂、精神病、傳染病及惡疾等列擧規定,期能貫徹純粹目的主義。就婚姻破裂主義,宜予注意之點有二:一爲婚姻破裂非獨立的離婚原因;二爲婚姻破裂非絕對的離婚原因。

(一)婚姻破裂非獨立的離婚原因

依德國新民法第一五六五條第一項第二段之規定,須夫妻共同生活已不存在,且不能再期待破鏡重圓時,始能認定婚姻破裂。夫妻共同生活是否已不存在的事實,較容易作客觀的判斷;而能否再期待破鏡重圓,則較難以作客觀的判斷。有鑑於此,新法在第一五六五條第二項規定婚姻最短的期限:夫妻結婚未滿一年者,原則上不得離婚,以幫助判斷婚姻有無破鏡重圓之可能。

其次,爲使婚姻破裂有一客觀的判斷標準,以夫妻分居期間的長短,來推定婚姻有無破裂。第一種爲夫妻分居已滿一年,而雙方均願意離婚;或一方對於他方的離婚請求予以同意(德新民一五六六條第一項)。第二種爲夫妻分居已滿三年,而一方違背他方之意願而請求離婚。在此二種情形法律均視爲「婚姻破裂」(德新民一五六六條第二項)。此時法院或他方不得調查證據或擧反證以推翻婚姻破裂的推定。

(二)婚姻破裂非絕對的離婚原因

❺ 西德聯邦政府前揭理由書,第一〇四頁。

新法上婚姻破裂主義，非絕對的離婚原因，卻是相對的離婚原因；故從兩方面規定緩和條款（Härteklausel），給法院以實質的裁量權，補救法律極端的規定。詳言之，一方面，夫妻結合如未滿一年，原則上不准離婚；但一方之離婚請求，係因他方之個人的因素，且如令其婚姻繼續，則對請求離婚之一方，有苛刻之情形者，婚姻一旦破裂，仍准予離婚（德新民一五六五條第二項）。此規定係有利於離婚的緩和條款。另一方面，爲共同子女的利益，有特殊理由，足認有必要維持婚姻關係；或因不願離婚之一方配偶有特殊情形而離婚對其太苛刻，且斟酌請求離婚之另一方配偶之利益後，亦以維持婚姻爲適當者，婚姻雖已破裂，仍不准離婚（第一五六八條第一項）。此係有利於維持婚姻的緩和條款，但僅適用至夫妻別居滿五年爲止。如別居已滿五年，夫妻之一方請求離婚時，不問任何情形，非准其離婚不可（德新民一五六八條第二項）。

從上文的分析，西德新離婚法上的裁判離婚原因，有四點特色，值得一提：第一爲裁判離婚法的新體系，第二爲破裂主義，第三爲別居的概念，第四爲緩和條款。

二、裁判離婚的新體系

由於新法上的婚姻破裂主義，非獨立的離婚原因，還要其他要件相配合；故從離婚請求之時間的因素觀之，有下列的離婚體系：

(一)夫妻結婚未滿一年或結婚雖已滿一年而別居未滿一年者

在此情形，再分爲合意離婚（Einverständliche Ehescheidung）與單意離婚（Streitige Ehescheidung）。

1.合意離婚：婚姻有無破裂，還不受法律當然的推定（Unwiderlegliche Vermutung）。此時法院應依德國民法第一五六五條第一項後段之規定，調查婚姻已未破裂，同時瞭解夫妻雙方對離婚的意願，以供裁判時的參考。惟法院卽使認定該婚姻已經破裂，還不能卽爲離婚的判決，因爲法院受婚姻一年的最短期間的拘束（德新民第一五六五條第二項反面解釋）；法院最多祇能依據德國民法第一五六五條第二項之規定，婚姻已破裂，而配偶一方之請求離婚，係基於他方之個人的事由時，如不准予離婚，則對請求離婚之一方太苛刻者，結婚雖未滿一年，仍准予離婚。惟此時法院如發現應兼顧子女之利益時，以繼續維持婚姻爲必要者，得依據德國民法第一五六八條第一項之緩和條款，不准予離婚。

2.單意離婚：在單意離婚，法院通常亦依德國民法第一五六五條第一項後段之規定，先調查婚姻已未破裂。婚姻如已破裂，法院祇能依據德國民法第一五六五條第二項之規定，准夫妻離婚。惟此時法院如發現：該婚姻尙有德國民法第一五六八條第一項有關維持婚姻有利的緩和條款時，仍不得准予離婚。

(二)夫妻別居已滿一年而未滿三年

此再分爲合意離婚與單意離婚兩種情形。

1.合意離婚：法院依據德國民法第一五六六條第一項之規定，雙方配偶均爲離婚之請求，或一方請求而經他方同意者，其婚姻視爲破裂。此時法院不得依據德國民法第一五六五條之規定，拒絕該夫妻的離婚。惟法院若發現有德國民法第一五六八條第一項前段有關共同子女的特別利益之情形，則仍得拒絕離婚。

2.單意離婚：法院依據德國民法第一五六五條第一項後段之規定，先調查婚姻已未破裂。如發現婚姻已破裂之事實時，已不能依據第一五六五條第二項之規定阻止離婚，而須爲裁判離婚。惟此時尙有德國民法第一五六八條第一項有關共同子女的特別利益；或反對離婚之配偶，由於特別情事，離婚對其過於苛刻，而同時斟酌離婚請求人之利益，亦以維持婚姻爲適當者，仍得拒絕離婚。

(三)夫妻別居滿三年而未滿五年

不論在合意離婚與單意離婚，夫妻別居如已滿三年者，依據德國民法第一五六六條第一項與第二項之規定，其婚姻當然視爲破裂，法院應准其離婚。惟此時如有德國民法第一五六八條第一項維持婚姻有利之緩和條款者，法院仍得拒絕離婚。

(四)夫妻別居已滿五年以上

夫妻別居已滿五年以上者，不論合意離婚或單意離婚，依據德國民法第一五六六條第一項與第二項之規定，其婚姻視爲破裂，法院不得拒絕離婚。此時卽使法院發現有德國民法第一五六八條第一項之緩和條款的兩種情形，但依德國民法第一五六八條第二項之規定，夫妻別居已滿五年者，不能再適用該條第一項。故祇要夫妻之一方請求離婚，法院無論如何，必須爲離婚的判決❻。

綜合德國新離婚請求之體系，可知夫妻之一方如不受自已有責行爲的拘束，又不受他方意思之左右，而欲獨立請求離婚時，原則上須別居已滿三年；在緩和條款的特別情形，須別居已滿五年始可。舊婚姻法第四十八條第二項基於有責主義規定離婚異議：「請求離婚之一方配偶，就婚姻之破壞須負完全或重大責任者，如他方配偶對其請求有異議時，則不得離婚」；新離婚法已無此類的規定。鑑於新法的無過失主義的離婚原因，德國民法第一三五三條第一項特修正爲：「結婚須以終身共同生活爲目的」，以提醒夫妻結婚的神聖，不可輕談離

---

❻ 參閱 Dieter Schwab, *Das Recht der Ehescheidung nach dem 1. Ehe RG: Die Scheidungsgründe, Zeitschrift für das gesamte Familienrecht*, September／Oktober 1976, S. 494.

婚。

三、婚姻破裂主義（Zerrüttungsprinzip）

新離婚法規定婚姻因破裂而離婚；換言之，婚姻一旦破裂，配偶之雙方或一方均得訴請離婚。立法者以「破裂」用語，表明離婚政策不再受過失或有責行爲之影響，而以客觀的破裂狀態爲離婚的要件。蓋婚姻的失敗不能完全歸咎於雙方或一方配偶的有責行爲或特定的重大事由；有時個性不合，積日累月的反目或命運之作祟，因特殊環境促成婚姻的失敗。

有鑑於此，夫妻雙方或一方如請求離婚，法院應依據德國民法第一五六六條之規定，就婚姻已未破裂，先做形式的調査。調査的結果，該婚姻還未能視爲婚姻破裂的法律推定時，則須進一步，就婚姻已未破裂，做實質的調査。此實質調査的內容，規定於德國民法第一五六五條第一項。依此規定，實質的認定婚姻已未破裂，須具備兩個要件：其一，法院根據當時的婚姻狀況，認定夫妻共同的婚姻生活是否已廢止；其二，如其共同生活已不存在，則根據當時廢止的共同生活，預測將來該怨偶還能破鏡重圓與否❼。

從邏輯上的推演，要認定婚姻破裂，其先決條件爲夫妻共同生活已廢止的事實；惟祇以共同生活的不存在，還不能認定婚姻破裂，再須預測該廢止的共同生活已無從期待其回復始可。又預測該廢止的共同生活能否破鏡重圓，法院須充分瞭解該夫妻的婚姻生活狀況，才能做爲婚姻已未破裂的依據❽。準此以解，判斷婚姻破裂，與其說是憑客觀的因素，不如說是根據主觀的因素；與其說是憑婚姻的共同性，

---

❼ D. Schwab 前揭四九四頁。

❽ 參閱 U. Diederichsen 前揭二七四頁。

不如說是依據婚姻的特殊性，尤其夫妻的社會地位、經濟狀況、道德修養、年齡的大小、健康狀態以及其他情事。

法院在實質的調查婚姻已未破裂時，可能出現：通常足以影響婚姻破裂的重大事由，例如通姦對該夫妻來說，被認為係不足掛齒的小事；反之，通常人認為係芝麻小事，例如抽煙，該夫妻卻認為係極嚴重之事，非離婚不可。如此以婚姻之特殊性決定婚姻已未破裂的立法例，無異承認夫妻自行決定婚姻的效力。法官為夫妻婚姻生活之局外人，要以有限的時間，通盤要瞭解婚姻生活的細節，實為極端困難之事。此種離婚政策的可行性，值得懷疑。

吾人瞭解婚姻之本質目的，要求夫妻相敬如賓，忠實合作，以便維持婚姻生活，尤其家庭共同生活。如此要求不能實現，且又無從期待時，通常情形，堪以認定該婚姻已被破壞。尤其夫妻自結婚一開始就衝突而仇視時，則無庸再維持該婚姻之理，宜准予離婚。準此以解，依舊婚姻法，法院在實務上，得予裁判離婚的各種事由，在新離婚法上，則不論有無過失或責任，應認為係婚姻破裂的原因而准予離婚（德新民一五六五條）。向來實務上所稱的離婚原因，有不貞、侮辱、謾罵、酗酒、怠於子女之教養、荒廢家務、傳染病、惡疾、家庭共同生活廢止已逾三年以及其他類似的事由❾。這些事由，在新離婚法上，亦應認為係婚姻破裂的原因。因為依舊婚姻法，一有如此違背婚姻的行為時，在內部關係上，至少配偶之一方得對他方訴請離婚；這乃表示婚姻生活已陷於破裂，而夫妻不能再期望破鏡之重圓。準此以解，吾人不得不承認，一般人共認之婚姻破裂的事由，在婚姻的特殊性與個別性上，亦能導致婚姻之破裂。

總而言之，德國新離婚法，既採客觀的破裂主義，而破裂主義非

❾ U. Diederichsen前揭二七五頁。

獨立的離婚原因，已如上述，則法院除斟酌婚姻的一般性外，尚須瞭解婚姻的個別性，以爲婚姻已未破裂的依據。如此一來，則法院與請求離婚的配偶均有不便之處。就法院來說，法官須深入瞭解該婚姻的細節，才能全盤掌握婚姻的狀況，作爲是否准其離婚的依據。此舉增加法官的職責，實有不勝負荷之感。就請求離婚的配偶來說，爲達到離婚之目的，非全盤吐露婚姻生活的細節不可。此舉無異向外暴露夫妻間的私生活，增加離婚請求權人不少的困擾。

新離婚法爲解決此破裂主義的缺陷，不得不以客觀的期間，補助破裂主義的實現。此所以新離婚法，一方規定婚姻之最短期限，卽原則上，夫妻結婚未滿一年，不得訴請離婚（德新民一五六五條第二項），以防止男女視結婚爲兒戲，對離婚之草率，而符合結婚以終身結合爲目的之立法意旨（德新民一三五三條）。另一方面，依夫妻別居期間的長短，卽在合意離婚爲一年，在單意離婚爲三年，來推定夫妻婚姻當然破裂，以節省法官調查證據之勞，而免除離婚配偶暴露其私生活之苦。有鑑於此，新離婚法特別以明文規定別居的概念。

四、別居之概念

㈠新離婚法雖以婚姻破裂爲唯一的離婚原因，但如上所述，婚姻破裂須具備兩個要件：一爲夫妻廢止共同生活，二爲共同生活無從期待其回復。

就第一要件而言，婚姻共同生活雖不限於家庭共同生活，而還要關心共同子女等關係；但依婚姻生活與法實務的經驗，家庭共同生活在婚姻生活中，佔有擧足輕重的地位；換言之，婚姻共同生活是否存在，常以有無家庭共同生活爲其前提。配偶之一方或雙方，已不再視其婚姻居所爲他們共同生活的中心時，通常情形，可推斷該婚姻已瀕臨破裂狀態。

㈡顧及家庭共同生活對於婚姻生活有重大的影響，新法特別規定別居之概念，而以別居期間之長短，爲衡量婚姻已未破裂的標準。德國新民法第一五六七條爲別居的基本規定。該條分爲兩項，其第一項第一段爲別居的概念：夫妻家庭共同生活業已廢止，且夫妻之一方，因拒絕婚姻共同生活，顯然不欲回復其家庭共同生活者，係夫妻別居。第二段爲解決實務上之困難，而設解釋性的規定：夫妻在同一婚姻居所內別居者，家庭共同生活亦已廢止。至於第二項之規定，雖鼓勵已分居的夫妻能破鏡重圓，多嘗試共同生活；但兼顧夫妻別居期間的利益：夫妻之別居期間，不因爲期望回復夫妻間的和諧所履行之短期共同生活而中斷或不完成。

㈢德國舊婚姻法雖不設別居概念之規定，但仍承認別居制度。舊婚姻法第四十八條第一項規定：「家庭共同生活的廢止已逾三年，且婚姻關係曾受到嚴重的破壞，致其與婚姻本質相一致的共同生活已不能期待者，配偶之任何一方，各得請求離婚」。此爲舊法目的主義的離婚要件，正與新法上之別居概念的立法宗旨相一致。換言之，舊法雖無別居概念之規定，但仍承認別居滿三年者亦爲離婚原因。

吾人分析西德新法有關別居之概念，可分爲體素與心素。前者須有共同生活廢止之客觀事實；後者須有拒絕婚姻生活而分居的主觀意思⑩。如兩者缺一，則非法律上的別居。故職業關係暫時分開生活，例如公務出差、國外商業考察、罹病住院及服刑坐牢等等，因其缺乏拒絕婚姻生活的意思，自不能稱之爲法律上之別居⑪。

在實務上認定別居的體素較爲簡單，祇要於配偶之一方或雙方，

---

⑩ U. Diederichsen 前揭四九九頁以下。

⑪ U. Diederichsen 前揭二七七頁。

有搬遷或隔間之事實卽可。至於認定心素，則較爲困難。認定別居之心素時，須至少有配偶之一方拒絕婚姻生活，而不欲回復家庭共同生活的意思始可。此意思表示，有時爲單獨行爲，又有時爲雙方合意行爲。又認定此心素時，無庸明示別居之意思，祗要有其他意思表示或基於其他行爲，足可認定爲別居時，亦可成立法律上之別居。例如在國外分公司的經理，通知其國內之妻，他已在國外與另一女結婚同居，此時雖不明言分居，亦已合致別居的要件。住於國內之妻接到該通知後，將其夫的物品搬出其居所時，亦合於別居要件⑫。

㈣夫妻在同一居所內分開生活，是否構成別居？在德國法實務上發生過疑問。有鑑於此，這次修改離婚法時，特增加規定，以明示同一住居所內分開生活，亦能成立別居。惟須臥室或起居室已嚴格分開；同時一方之別居意思，須明白通知於他方始可。至於夫妻共用廚房、浴室等，則不影響法律上別居的成立⑬。惟夫妻雖在同一居住所內分開生活，如一方仍爲他方洗衣物、燒飯、打掃或購物時，德國法院判例不承認其已合致法律上之別居⑭。反之，夫妻關心於共同子女、爲事業上的合夥或職務上的同事等，則不妨爲別居的認定⑮。

㈤依德國新民法第一五六七條第二項之規定，其第一五六六條所規定的期間，不因期待夫妻重新和諧所履行的短暫共同生活而被中斷或不完成。此立法的宗旨，在於鼓勵夫妻別居時多方嘗試破鏡之重圓。和諧雖失敗，亦不因此而喪失別居期間的利益。蓋別居期間的長短，如上所述，對於夫妻離婚之請求，有密切的利害關係。此規定係強制性，故夫妻在分居後之短暫共同生活，其分居期間仍在進行。惟

---

⑫ U. Diederichsen 前揭二七七頁。

⑬ U. Diederichsen 前揭二七七頁。

⑭ U. Diederichsen 前揭二七七頁。

⑮ U. Diederichsen 前揭二七七頁。

在實務上，易發生困難者，乃如何區別眞正的和諧與嘗試的和諧之期間。認定此情況時，祇好由法院探求夫妻的本意。如兩人能再容忍共同生活，而欲和好如初者，卽使共同生活短暫，嗣後的分居，應重新起算別居的期間。

五、緩和條款之適用

㈠依德國新民法第一五六八條第二項之規定，爲共同子女的利益，有特殊理由，足認爲需要維持婚姻者；或基於拒絕離婚的配偶一方之特殊情形，離婚對其未免過於苛刻，且斟酌請求離婚配偶之一方的利益後，仍以維持婚姻爲適當者，婚姻雖已破裂，仍不准其離婚。此規定在學理上，稱爲緩和條款，亦卽相對的離婚原因。詳言之，配偶之一方雖被認定爲婚姻已破裂，亦非當然判決離婚不可。法官仍有實質的審查權，如合於法律之規定，則仍得爲不准離婚之判決。

德國舊婚姻法亦採取相對的離婚原因之立法主義，於第四十七條規定緩和條款。其第一項：依據第四十四條至四十六條之情形而請求離婚（精神錯亂、精神病、傳染病或惡疾），如道德上認爲不當者，則不得請求離婚。第二項：如婚姻之解消，足以招致他方感到極大的痛苦者，推定其在道德上不當。第三項：在道德上是否不當，應依具體情事，尤應斟酌婚姻存續的期間、配偶的年齡或罹病的原因定之。

㈡將新舊法之規定予以比較，雖均採取相對的離婚原因之立法主義；但兩者有其根本上之差異：舊法緩和條款的適用範圍，限於目的主義的離婚原因，卽精神錯亂、精神病、傳染病及惡疾。其適用之原因，則爲有責主義的道德上之不當。此充分顯示舊法上的裁判離婚原因，仍以有責主義爲其出發點。反之，新法的緩和條款的適用範圍，不限於目的主義的離婚原因。因爲無責主義之婚姻破裂的離婚原因，亦能適用該緩和條款。至於適用原因係兼顧共同子女之利益，或權衡雙方配偶離婚後之利益，而避免用婚姻道德之語。此種改變，實歸因於新法採取目的主義之婚姻破裂爲離婚之唯一原因。離婚之目的，不在於制裁配偶一方之有責行爲，卻爲補救雙方已破裂的婚姻，如何重新調整將來的生活。

㈢依新法的緩和條款，已破裂的婚姻，有兩種例外情形，仍須繼續維持婚姻關係。其一，顧及共同子女的利益；其二，離婚對於拒絕離婚之人太過苛刻，且對離婚請求人無益。

緩和條款有關顧及共同子女的利益，非夫妻有共同子女時，法院一概不准予離婚之意。法院必須衡量有子女之婚姻狀況，有不尋常之情況，非維持婚姻之理由不可。一般說來，夫妻之離婚必然造成子女經濟上或心靈上之不利益。就經濟損害上來說，居所的搬遷、學校的轉學、撫養費用之減少等。就心靈之創傷來說，離婚後父母不再同居一處時，子女僅能跟隨其中之一方共同生活。子女如隨其父，則失去母愛的撫養；如隨其母，必失去嚴父的教養。尤其管理家務之母，因離婚之故，須就業維生，而與子女相處之時間減少等。這些情事係通常離婚的必然現象，子女與不願離婚之配偶非忍受不可⓰。因此，雖有此種情形，還不能適用緩和條款。須有夫妻離婚時子女仍在稚齡，母親無從兼顧家務與就業，或子女年幼、患病而須父母共同照顧之特殊情事，法院纔能適用緩和條款。

緩和條款有關配偶間之情事，有應予注意之點有二：其一，離婚對於拒絕離婚一方配偶，有特殊理由而過於苛刻；其二，離婚對請求離婚的配偶並無利益，婚姻仍值得維持。此二者缺一不可。因此，離婚雖對拒絕離婚的一方配偶過苛，但對請求離婚配偶並非不適宜者；或

⓰ U. Diederichsen 前揭二七八頁。

離婚對離婚請求權人雖無利益，但對於拒絕離婚的配偶並不過苛者，則不能適用此緩和條款。由於緩和條款如此層層的受限制，致使法院適用該條款，幾乎不可能。惟如具備緩和條款的法定要件，法院必須援用，不許其自由裁量⑰。

㈣新離婚法雖以第一五六八條第一項，規定緩和條款；但新法的基本精神，在於補救已破裂的婚姻。換言之，如何使已經破裂的婚姻，重新建立社會關係，期能早日適應新的生活。故雖有緩和條款的原因，但依第一五六八條第二項之規定，夫妻別居已滿五年者，無論如何，法院對已經破裂的婚姻，非判決離婚不可。此乃表示：婚姻與心靈的創傷無關⑱。

第三章　我國現行裁判離婚原因之檢討

一、我國裁判離婚原因之特色

我國現行離婚法，受傳統制度的影響，採取雙軌制，即兩願離婚與裁判離婚並行。此比德、瑞之祗採用裁判離婚之立法例，較容易離婚。我國裁判離婚的原因，規定於民法第一〇五二條。至於第一〇五三條及第一〇五四條，乃有關請求離婚之時效規定。我國裁判離婚的原因有三大特色。

(一)列舉主義

就離婚原因之規定方法而言，立法例上有列舉主義與概括主義之

---

⑰ U. Diederichsen 前揭二七九頁。

⑱ U. Diederichsen 前揭二七八頁。

分。列舉主義是將離婚的法定原因一一列舉，其未予列舉的事由，則不得爲裁判離婚原因。概括主義再分爲兩種：一爲單純的概括主義，即離婚原因僅有抽象的概括條文，是否判決離婚，由法院依據該抽象的標準加以認定。二爲例示的概括主義，即法律除列舉具體的法定離婚原因外，再以其他重大事由爲抽象的法定離婚原因，使該具體所列之事由成爲抽象概括的例示事由，作爲法院判決離婚的標準。

我國現行法採取嚴格列舉主義，夫妻之一方訴請離婚，限於有第一〇五二條所列舉之十款事由：通姦、重婚、夫妻間之虐待、妻與翁姑間之虐待、惡意遺棄、意圖殺害、不治之惡疾、重大不治之精神病、生死不明逾三年、被處三年以上之徒刑及犯不名譽罪被處徒刑。

(二)有責主義

就決定離婚原因的標準而言，立法例上有目的主義與有責主義之分。目的主義是不問當事人有無責任，祇要有不能達到婚姻本質生活目的之事由發生，即得以之爲離婚原因；此又稱爲客觀主義或破裂主義（Zerrüttungsprinzip)。此主義的特色，在於補救已破裂的婚姻，使之重新調整社會關係。反之，有責主義是對違反婚姻義務之人加以制裁；故配偶之一方若違反婚姻義務，則允許他方請求離婚，以示制裁。惟雙方均無過失時，婚姻雖已破裂，仍不准請求離婚；此又稱爲過失主義（Verschuldensprinzip)。

我國民法第一〇五二條所列舉之十款離婚事由中，屬於有責主義者有七款，屬於目的主義者則有三款。故就全體言之，傾向於有責主義。有責主義的事由如次：第一款之重婚、第二款之通姦、第三款及第四款之虐待、第五款之惡意遺棄、第六款之意圖殺害及第十款之處刑。其屬於目的主義的事由如次：第七款之不治惡疾、第八款之重大不治之精神病及第九款之生死不明逾三年。

(三)絕對的離婚原因(absoluter Seidungsgrund)

依法院就配偶之一方的訴請離婚，有無實質的審查權，可分為絕對的離婚原因與相對的離婚原因。絕對離婚原因者，配偶之一方根據法定的理由請求離婚，若法院已證實該事由存在時，法院並無選擇餘地，應為離婚判決。反之，相對離婚原因者，配偶之一方，依據法定離婚事由訴請離婚，縱法院亦證實該事由存在，法院如認為離婚對於夫妻雙方無利益，或對於不願離婚之一方配偶過苛，或兼顧共同子女的特別利益時，在該情事未排除前，得拒絕離婚。此在學理上稱為緩和條款(Härteklausel)。

我國民法並無緩和條款之規定，第一〇五二條的離婚原因是絕對離婚原因，配偶之一方確有所列舉的法定離婚原因時，法院就他方的訴請，應准予離婚。

二、改進我國裁判離婚原因之窺見

(一)宜由列舉主義改為例示主義

1.我國固有法上之離婚原因，無論夫棄妻之七出，與裁判離婚之義絕，均採取具體的列舉主義。依唐律，夫得以片面之意思棄妻，但以妻有七出之事由為限(戶婚律、妻無七出條)。七出是：不順翁姑、無子、淫泆、妬忌、惡疾、口舌及盜竊。至於裁判離婚之義絕，係夫妻情意乖離，其義已絕，法律上強制夫妻離婚。依唐律(戶婚律、妻無七出條疏議)，義絕事由是：夫毆妻之祖父母、父母，夫殺妻之外祖父母、兄弟、姑、姊妹，妻毆、詈夫之祖父母、父母，毆、傷夫之外祖父母、兄弟、姑、姊妹；夫與妻母姦，妻與夫之緦麻以上親姦，妻欲害夫；夫妻之祖父母、父母、外祖父母、伯叔父母、兄弟、姑、姊妹自相殺等。

日本民法舊親屬編之裁判離婚原因，一如我國舊律，亦採取具體的列擧主義。其第八一三條共列擧十款裁判離婚之事由：第一款重婚。第二款妻之通姦。第三款夫因姦淫罪而被處刑。第四款犯僞造、賄賂、猥褻、竊盜、強盜、詐欺取財、消費受寄財物、贓物罪或刑法第一七五條、第二六〇條所規定之犯罪被處輕罪以上之徒刑、或其他犯罪被處禁錮三年以上之重罪。第五款配偶受到不堪同居之虐待或重大侮辱。第六款惡意遺棄。第七款配偶之一方受到他方的直系尊屬的虐待或重大侮辱。第八款配偶之一方對他方之直系尊屬的虐待或重大侮辱。第九款配偶之一方生死不明已逾三年。第十款在「婿養子」場合，有收養之終止，或養子與親生女結婚，而有收養終止或收養之撤銷。

我國現行離婚法，一則受到傳統的影響，再則仿效日本的立法例，第一〇五二條亦採取具體的列擧主義。

2.惟夫妻的婚姻生活極爲微妙而複雜。夫妻感情的破裂，除受婚姻共同特性外，又受婚姻個別特性的影響。因此，很難以列擧具體的事由，網羅一切婚姻失敗的情事。故宜仿效現行民法上婚約解除的原因（民九七六條）或收養關係終止的原因（民一〇八一條），增加一項抽象而一般的離婚原因：「有其他重大事由，難以繼續維持婚姻者，夫妻之一方得請求離婚」。有如此概括的規定，則能避免掛一漏萬的弊病。

概括的例示主義爲近代離婚法的潮流。瑞士民法、德國舊婚姻法及日本現行民法，均採取此立法主義。瑞士民法自第一三七條至第一四一條，爲例示的離婚原因之規定，例示通姦、謀害、重大虐待、名譽損害、犯不名譽罪、品行卑劣、惡意遺棄、精神病爲離婚原因；但又以第一四二條設有概括的規定：「婚姻遭受深刻之破壞，致不能強使配偶雙方繼續爲婚姻上之共同生活者，任何一方配偶均得訴請離婚」。德國舊婚姻法例示通姦（四二條）、精神錯亂（四三條）、精神病（四五條）、傳染病或惡疾（四六條）爲離婚原因。惟其第四三條第一項爲概括規定：「配偶之一方，因婚姻上之重大過咎，或因不名譽或不道德之行爲，應負擔破壞婚姻之嚴重責任，致不能期待其回復與婚姻本質相一致之共同生活者，他方得請求離婚」。又日本民法舊親屬編採取嚴格的列擧主義。惟鑑於列擧主義的缺點，於一九四七年改採例示主義而規定於現行日本民法第七七〇條第一項。該項第一款至第四款爲具體例示的離婚原因，第五款爲抽象而概括的離婚原因。其第一款爲不貞之行爲，第二款爲惡意遺棄，第三款爲生死不明已滿三年，第四款爲重大精神病，第五款爲其他難以繼續維持婚姻的重大事由。從以上之分析，得知現代離婚法的趨勢，係從列擧主義改採例示主義。因此，我國裁判婚姻之原因亦宜改採例示的概括主義。

3.如果我國離婚法第一〇五二條增加一項「其他難以繼續維持婚姻的重大事由」之概括規定，則改採婚姻破裂主義的立法例，而放棄過失主義的原則。因爲難以繼續維持婚姻的重大事由，卽是婚姻已破裂而無從期待破鏡重圓的事由。此事由顯然不限於配偶一方或雙方之有責行爲，卽使無責行爲，或不能歸責於雙方的事由，亦能造成婚姻破裂的效果。

有此概括的規定時，裁判離婚的原因，勢必擴大。除第一〇五二條第一款至第十款具體例示的離婚原因外，各國立法例或判例所承認之離婚原因，例如嗜酒如命、注射痲藥成性、不能人道、重大侮辱、別居等，亦可能成爲我國未來裁判離婚的原因。惟關鍵在於：該事由已造成婚姻破裂而無從破鏡重圓的嚴重程度與否；法院認定此程度實非易事。法院判斷時，須參酌夫妻個人的行爲、對婚姻的態度、夫妻的年齡、結婚的期間、健康狀態、性格、職業、經濟情況、有無子女、子女已未成年等等。

如此一來，勢必加重法院的職責，增加法官工作上的麻煩，使其不勝負荷。爲避免法院對此問題的判斷過於主觀，有下列三種較爲客觀的標準可以遵循。

⑴夫妻離婚之意思：我國現行民法第一〇四九條雖規定兩願離婚，按理夫妻均有離婚之意思者，不致發生裁判離婚之情形。惟究其實，未盡皆然。配偶雙方雖已無維持婚姻的意思；但因就離婚後的贍養費、損害賠償、子女的監護、扶養等問題，夫妻無從議妥，而未能兩願離婚，祇好以裁判離婚，作一了百了的解決。法院對此離婚的請求，已堪以認定婚姻已破裂而無破鏡重圓之望⓳。

⑵夫妻對重大事由的發生有無過失：夫妻就離婚，其意思不能一致時，法院應參酌該重大事由發生之有責性。難以繼續維持婚姻的重大事由，不限於配偶之有責行爲，即無責行爲亦包括在內。惟在判斷該婚姻是否已達難以繼續維持之嚴重程度之際，不宜將配偶的有責行爲完全排除而不予考慮⓴。依日本法院判例，在援用其民法第七七〇條第一項第五款之離婚原因的概括條款時，夫妻有無過失行爲，常成爲准予離婚與否之重要標準。如原告對婚姻破裂的事由，須負主要的責任時，該離婚請求，常常被否定；反之，如被告有責時，則從寬認定其婚姻已破裂而准予離婚㉑。

⓳ 參閱阿部徹著<離婚原因>（日民七七〇條），載於≪注釋民法㉑・親族⑵≫，島津一郎編，有斐閣，昭和四八年二月二十五日，二八一頁。

⓴ 參閱≪注釋民法㉑・親族⑵≫，二八二頁。

㉑ 參閱≪注釋民法㉑・親族⑵≫，二八二頁。

⑶客觀事實：認定婚姻破裂是否已達於難以繼續維持婚姻之程度時，除主觀的因素外，還要斟酌客觀的因素，如遇有夫妻已達花甲之年，夫妻結婚已逾三十年等情事，法院的認定，應從嚴解釋以阻止離婚；反之，若有夫妻別居已經相當長的期間，或個性不合而格格不入等情事，法院則應從寬認定，而准其離婚。

依各國實務家之見解，在斟酌客觀情事時，須特別重視之點有二：其一，離婚後夫妻可能的遭遇，如其有無謀生之可能，或有無再婚之希望等；其二，子女已未成年。依德國舊婚姻法第四八條第三項之規定：配偶有未成年的婚生子女一人或數人者，爲顧全子女的利益，認爲婚姻應予維持者，不得請求離婚。離婚對於未成年子女有如何不利的影響，宜從家庭生活、教育、經濟等觀點予以判斷[22]。

(二)目的主義與有責主義的兼顧

如上所述，我國現行裁判離婚之原因，係以有責主義爲主，目的主義爲輔的立法例。惟近代離婚法的趨勢，從有責主義趨向於目的主義。此種立法的本旨在於：婚姻的失敗，有時固然是由於配偶一方之違反婚姻義務或有過失的行爲所致；又有時則無從歸責於雙方配偶之因素所造成。例如不能人道、精神病、重大惡疾、生死不明、性格不合、信仰或思想的差異，甚至因特殊環境的影響所造成。有鑑於此，瑞士民法第一四二條、德國舊婚姻法第四八條，原則上雖採取目的主義；但爲顧及婚姻的道德性，而兼採有責主義。德國舊婚姻法第四八條第一項採取破裂主義：「家庭共同生活之廢止已逾三年，且婚姻關係曾受嚴重破壞，致其與婚姻本質相一致之共同生活不能期待者，配偶雙方各得請求離婚」。該條第二項乃兼採有責主義：「請求離婚之

---

[22] 參閱≪注釋民法⑵・親族⑵≫，二八三頁以下。

一方配偶，就婚姻之破壞，須負完全或重大責任者，如他方對其請求有異議者，則不得離婚」。瑞士民法第一四二條第一項之規定亦採破裂主義：「婚姻關係遭受深刻之破壞，致不能強使配偶雙方繼續為婚姻上之共同生活者，配偶之任何一方各得訴請離婚」。該條第二項亦有責主義的兼顧：「深刻之破壞應由配偶之一方負重大責任者，僅他方配偶得訴請離婚」。以上兩國立法例，係以目的主義為原則，但同時兼採有責主義。至於德國最新的立法，是採取單純的目的主義。離婚請求祇問婚姻是否破裂，而不問婚姻破裂應由誰負責。因此，即使對婚姻破裂須負責的配偶一方，亦不妨請求離婚。惟此規定有一例外。如夫妻別居未滿一年，而訴請離婚時，法官須調查婚姻之破裂。在此情形法律限制適用婚姻破裂的客觀原則。此時法官不但需調查婚姻有無破裂，而且須確認誰導致該婚姻之破裂。如婚姻破裂非由提出離婚之配偶，而是由他方所致者，且不離婚對於提出人有無法忍受的痛苦者，始准予離婚（德新法第一五六五條第二項），此表示不能完全放棄有責主義。

將純粹目的主義與目的主義而兼採有責主義的立法例相比較之下，其各有利弊，各國全視其國情與需要而定。我國現階段的婚姻觀念，一方仍受傳統倫常禮教的影響，對於婚姻的道德性仍相當重視；他方受工商業發展及婦女就業率提高的影響，離婚率有升高的趨勢㉓。因此，展望將來，我國的離婚政策，以採概括之目的主義而兼採有責主義，似較合乎我國之國情。如在我國民法第一〇五二條增加一項概括的離婚原因時，宜增加如次但書的規定，以兼顧婚姻的道德性：「有前項以外之重大事由，難以繼續維持婚姻者，夫妻之一方得請求離婚，但其事由應由夫妻之一方負責者，僅他方得請求離婚」。

㉓ 參閱《統計年報》，行政院主計處發行，民國六六年，五二頁。

(三)絕對離婚原因宜改為相對離婚原因

1.如上所述，我國現行民法第一〇五二條第一款至第十款，具體列舉的離婚原因係絕對離婚原因（absoluter Scheidungsgrund)。夫妻之一方經證明有合於法定事由時，法院對於他方的離婚請求，不得不判決其離婚，並無裁量的餘地。

若我民法第一〇五二條改採例示的概括主義時，法院就例示外之抽象事由，應否判決離婚，固有裁量權；然而就具體例示之事由(即第一款至第十款)，有無裁量之權，解釋上不無疑問。參酌日本現行民法第七七〇條規定之精神，我國民法第一〇五二條，即使增加條款而改採概括規定，對原例示的具體事由，仍不得不解釋為絕對離婚原因。

2.鑑於婚姻關係的錯綜，家庭生活的複雜，夫妻感情的微妙，現代各國立法例，已從絕對的離婚原因趨向於相對的離婚原因（relativer Scheidungsgrund)，期能在極端苛刻的個案中，授權法院予以緩和。換言之，一方配偶雖有法定的離婚原因，但法官對於他方的離婚請求，斟酌情況，以繼續維持婚姻為必要者，仍得拒絕離婚。此相對離婚原因，稱為緩和條款。

3.緩和條款之規定，雖為日、德立法例所共同採用，但緩和條款的內容，並不一致。日本立法例採單純的概括規定，故法院的裁量權甚大。日本民法第七七〇條第二項規定：「雖有前項第一款至第四款之事由，法院經斟酌一切情事，以繼續維持婚姻為適當者，仍得拒絕離婚之請求」。依此規定，配偶之一方有第七七〇條第一款至第四款之事由（不貞之行為、惡意遺棄、生死不明逾三年、無法治療之精神病）雖已證實，法院斟酌婚姻之一切情況，認為不宜離婚時，亦得拒絕離婚。日本民法第七七〇條第二項所稱之一切情況，實為抽象概括的規定，甚難有一定的標準可以遵循；法院祇好斟酌夫妻有無子女、子女已未成年、夫妻雙方之教育程度、性格、職業、年齡、結婚期間、收入、經濟狀況等等，來做判決的依據㉔。

4.德國舊婚姻法的法定離婚原因係相對的，故各規定其緩和條款，供作法院裁量之用。

就其第四二條第一項通姦之離婚原因而言，其第二項規定：「配偶之一方允許他方配偶與人通姦，或故意予以便利或縱容者，不得請求離婚」。就精神錯亂、精神病、傳染病或惡疾等（德國婚姻法第四四條至第四六條）基於目的主義的離婚原因而言，德國舊婚姻法第四七條規定：「依據第四四條至第四六條之事由請求離婚，如道德上認爲不當者，不得爲離婚之請求。如婚姻之解消足致他方感受極大痛苦者，推定其在道德上不當。在道德上是否不當，應依具體情事，尤需斟酌婚姻存續之期間，配偶之年齡或疾病之原因定之」。就第四八條家庭共同生活廢止之概括的離婚原因而言，其第三項規定：「配偶已有未成年之婚生子女一人或數人者，爲顧全子女之利益，認爲婚姻有維持之必要時，不得請求離婚」。至於就德國修正民法第一五六五條破裂主義的離婚原因而言，其緩和條款規定於第一五六八條第一項：「婚姻雖已破裂，但基於特殊理由，爲未成年之婚生子女的利益，有維持婚姻之特別必要者；或反對離婚之配偶由於特別情事，離婚對其過於苛刻，並斟酌離婚申請人的利益，亦以維持婚姻爲宜者，不得離婚」。

總之，德國新舊立法的緩和條款，大致採取例示的概括主義或具體的列舉主義，而不採取日本民法的單純概括主義。因此，就緩和條款而言，日本法院的裁量權，比德國法院爲大。

5.緩和條款之規定，爲近代立法例的趨勢。我國現行民法仍採絕

㉔ 參閱≪注釋民法㉑・親族(2)≫，三〇一頁。

對離婚原因，祇要配偶之一方，經證明有法定離婚的原因時，法院不得不爲離婚判決；旣不顧離婚原因如何發生，又不顧離婚的後果如何，故有時將會發生極不公平或殘酷的現象。例如妻之回娘家不返，係因夫嗜酒如命，每夜外出喝酒至三更半夜；又如夫毆打妻而造成虐待，係出於妻經常通宵搓麻將，不顧家務，夫屢次勸止無效所致；又妻偶犯通姦，雖有罹小兒痲痺的幼兒時，仍不得拒絕離婚。

6.我國舊律有七出之離婚原因，而有三不去的緩和條款：卽有所受無所歸，經持舅姑之喪及娶時賤後貴時，則不得棄妻。我國固有法旣有如上之限制，又現代離婚法趨於採取相對離婚原因，同時兼顧婚姻生活的實際需要，我國現行民法，宜改採相對離婚原因，增設緩和條款，以緩和裁判離婚的嚴格性。惟緩和條款不宜仍採單純的概括規定，應採取例示的概括規定，使法院的裁量有一定的標準。因此民法第一〇五二條宜增設第三項之規定：「雖有第一項第一款至第十款之離婚事由，如斟酌共同未成年子女之利益，或顧慮離婚事由之發生原因，及夫妻離婚後可能的遭遇，有特殊理由認爲有維持婚姻之必要者，仍得拒絕離婚」。

四)現行民法具體離婚事由之檢討

如上所述，我國現行民法採取具體列擧主義，故盡量列擧足以破壞婚姻生活的事由，致第一〇五二條竟列出十款之多。我國民法如果改採例示的概括主義，原有的離婚事由，則發生例示的作用，無庸例示至十款之多而可予酌減。又第十款所列「不名譽罪」之概念亦值得檢討。

1.第一款重婚與第二款通姦之問題：採取概括例示主義的立法例，如西德舊婚姻法（第四二條）、瑞士民法（第一三七條），祇以通姦爲離婚原因，而不將重婚列入。反之，日本舊親屬編（第八一三條）採取具體列擧主義，將重婚與通姦並列爲離婚原因（第一、第二款）。但修正後的日本現行民法第七七〇條，改採例示的概括主義，同時將重婚與通姦修正爲不貞行爲。

我國現行民法第一〇五二條，將重婚與通姦並列於第一、第二款爲離婚原因。依我國民法，重婚與通姦爲截然不同的概念。就要件而言，重婚係有配偶之人，再與其他異性人結婚；反之，通姦乃有配偶之人與配偶以外之異性人發生性行爲。就其效力而言，重婚爲婚姻撤銷之原因，非當然無效，重婚人與後婚配偶的性行爲，不得認爲通姦。又依我國刑法，通姦罪爲告訴乃論之罪，重婚則否。重婚爲卽成犯，其犯罪行爲以擧行婚儀而完成（二四年上字四六九號），故重婚擧證容易，而通姦擧證困難。由此可知，我國現行民法將重婚與通姦並列爲列擧的離婚原因，尙有其價值。

惟如將我國離婚原因改爲例示的概括主義，又將重婚違背一夫一妻婚姻本質原則爲由，而仿德國立法例（德婚姻法第二〇條）改爲無效時，則重婚與通姦之實際概念相接近，大率旣有重婚，則可認定通姦㉕，故不必再並列重婚與通姦，而祇以通姦爲例示的離婚原因。

2.第四款「妻與夫之直系尊親屬間之虐待或受虐待」之規定宜予刪除：此款之規定，係受我國傳統的家族生活的影響而來。依舊社會的習慣，媳婦必與翁姑同居一處。此因在嫁娶婚，以夫之住所爲住所，而身爲人子，不得別籍異財；否則構成舊律上十惡中不孝之一種（清律、名例律、十惡條；戶律、婚姻門、子孫別籍異財條）。有鑑於此，妻受夫之直系血親尊親屬之虐待時，子無法離父母而去，故除

㉕ 重婚如係無效，重婚人與後婚配偶的同居，卽構成通姦。通常白日擧行婚禮，夜晚卽同居，故實際重婚與通姦最多祇有半日之差。如有人擧行婚禮後，立卽分開時，前婚配偶仍得以重婚爲其他概括原因，訴請離婚。

離婚外，實無他法能維持家庭的和睦。至於妻之虐待夫之父母，在舊社會無法想像，因爲翁姑對媳婦有強大之尊長權，同時媳婦對翁姑身體之冒犯，在律上比同犯期親尊長，加重處罰。反之，現行民法以親權取代舊社會之尊長權，子女一旦成年或結婚後，原則上不服從親權㉖。又依現行民法，家長權僅係義務性質（民第一一二六條），與昔日強有力的尊長權不能相提並論；何況子女已結婚或成年後，得隨時離家而獨立生活，不受任何限制。因此，在媳婦與翁姑間之虐待或受虐待情形之下，媳婦自可偕同其夫，離翁姑家而獨立生活。如夫袒護其父母而共同對付妻時，則構成夫對妻之虐待、侮辱或情感的破裂，而我國如改採例示的概括主義時，則符合例示的離婚原因或概括條款之離婚原因。故此款似可予刪除。

日本現行民法從具體列舉主義改採例示的概括主義後，將與我國第一〇五二條第四款相類的舊法第八一三條第七款與第八款之規定予以刪除，而委由概括條款予以斟酌。其刪除的本旨似在於：婚姻係謀夫妻的共同幸福生活，配偶之父母乃婚姻生活之第三人。故媳婦與翁姑相互之關係，不宜直接成爲例示的離婚原因，宜委由抽象的概括條款內加以斟酌。

如認爲我國受傳統家族主義的影響，父母與成年結婚之子女常同住一處，而需顧慮一方配偶與他方父母之關係時，應基於男女平等的觀點，不宜祇規定媳婦與翁姑之虐待或受虐待，而宜與日本民法舊親屬編第八一三條第七款與第八款一樣㉗，將女婿與岳父母之虐待與受

㉖ 身分之同意權，未成年子女即使結婚，仍受法定代理人之監護。

㉗ 日本民法舊親屬編第八一三條第七款規定：「配偶之一方對他方之父母之虐待或重大侮辱」。第八款規定：「配偶一方之父母對他方之虐待或重大侮辱」。

虐待，亦包括在內。

3.第十款不名譽罪之離婚原因：現行民法第一〇五二條第十款之前段爲處三年以上之徒刑，後段爲犯不名譽罪。前段「被處三年以上之徒刑」係仿效日本民法舊親屬編第八一三條第一項第四款之規定。夫妻之一方被處三年以上之徒刑時，不但他方精神上受到痛苦，而且夫妻之共同生活根本被破壞，尤其法官亦有客觀的三年徒刑爲離婚的標準，故此規定並無可議之處。

玆應檢討者，是後段有關不名譽之罪。我國現行刑法祇有妨害名譽罪（刑法第三〇九至三一二條），而無不名譽罪之專章規定。因此法院在實務上遭遇到何謂「不名譽罪」之問題。民法上離婚事由之不名譽罪，不能解釋爲刑法上之「妨害名譽罪」。因而法院認定爲不名譽罪，並無客觀標準。在判例上以竊盜（三三年上字五七四九號）、侵占（二七年上字三一九六號）、背信、文書僞造（三三年上字三一四二號）、營利和誘（二七年上字五〇六號）、鴉片吸食（三三年上字三四〇六號）等爲不名譽罪，而好賭則否（二年上字一九一六號）。由此可知，判例認定不名譽罪，尙無一定客觀之標準。

在立法例上，以犯不名譽罪爲離婚的法定原因者，有瑞士民法第一三九條。該條規定：「配偶犯不名譽罪或品行卑劣，致不能強使他方配偶繼續爲婚姻上之共同生活者，該他方配偶得隨時訴請離婚」。由此可知，一方配偶之犯不名譽罪，再需「使他方難於繼續婚姻上之共同生活」，始能准予離婚。從而瑞士民法規定不名譽罪爲離婚事由，係置重於其有無妨害婚姻生活。此立法例至少比我國之規定較爲具體而易於判斷。

爲杜絕不名譽罪在解釋上之爭執，我國宜仿照日本民法舊親屬編第八一三條，將其罪名一一列出，不應概括地稱爲不名譽罪。日本民法舊親屬編同條第一項第四款，列擧相當於我國民法上之不名譽罪，計有僞造、猥褻、竊盜、強盜、詐欺取財、消費受寄財物以及贓物罪等。

第四章 結　論

㈠西德新離婚法上之離婚原因，以客觀的破裂主義為其出發點；婚姻一破裂，則得准予離婚。然為解決婚姻是否破裂認定之困難，一方規定婚姻已一年的最短期限，他方以夫妻別居一年或三年，而由法律予以不許反證之婚姻破裂的推定。其次，為顧及婚姻生活的個別性，婚姻雖已破裂，仍得以一定要件為前提，而不准離婚。惟此離婚的異議權，無論如何，不能適用於夫妻別居已逾五年者。

德國新離婚法迄今祇實施九個月，故吾人要批評該法，不能依據實務上之經驗，祇有依據立法者在新法所建立之體系與其內容。新法關於離婚原因從有責主義趨向於無責主義，以因應錯綜複雜的現代婚姻生活。這在原則上是正確的。又以夫妻別居期間的長短，來推定婚姻是否破裂。此既可避免法官調查夫妻私生活的困難，又能客觀地確定婚姻破裂之標準，不失為一良法。惟在離婚上，完全放棄有責主義，是否能為一般德國人所接受？又對於無過失的配偶不給以反對離婚的請求權，是否合於公平原則？這兩點頗有疑問。總之，從整個新離婚法之體系予以觀察，立法者寓有嚴格限制離婚異議權之提出，致使反對離婚，事實上成為不可能。此對離婚率急速上升之德國社會，豈不變本加厲而造成離婚的劇增？

㈡至於我國現行離婚法採用嚴格的列擧主義，此似已不合現代錯綜多變的婚姻生活；故宜改採例示的概括主義，規定一抽象的條款，讓法官靈活運用，以因應社會的實際需要。惟我國現行社會，因工商業的發達，物質生活的提高，已步歐美各國之後塵，近年來離婚率亦顯著的升高。據我國內政部編印臺灣地區人口統計報告㉘，民國六十三年之離婚對數爲六、七五九，其粗離婚率爲〇・四三。六十四年之離婚對數增加爲七、五六七，其粗離婚率爲〇・四七。六十五年之離婚對數又升到八、一七三，其粗離婚率爲〇・五〇。爲防止離婚率過於上升得太快，同時兼顧離婚姻生活個別性的需要，宜將現行法之絕對離婚原因，改爲相對離婚原因，而增設緩和條款之規定。又爲維持我國傳統的倫常禮教，同時符合公平原則，不宜完全放棄有責主義，期能對無過失的配偶，予以反對離婚的請求權。

第五章　附　　錄

爲便於條文之對照與參考，玆將西德於一九七七年七月一日公布實施之新修正民法第四編親屬法，第一章婚姻，第七節離婚，第一款離婚原因之有關條文翻譯如下：

第一五六四條（判決離婚）

離婚應由法院依配偶一方或雙方之請求以判決爲之。婚姻於判決確定時解消。關於請求離婚之要件，適用下列之規定。

第一五六五條（婚姻破裂原則；婚姻存續之最短期限）

⑴婚姻破裂者，得請求離婚。夫妻之共同生活已不存在，且無法預期其恢復者爲婚姻之破裂。

⑵夫妻別居未滿一年者，不得離婚。但基於他方之個人事由，致

㉘ ≪統計年報≫，行政院主計處發行，民國六六年，五二頁。

婚姻之繼續對離婚請求人，顯爲苛刻者，不在此限。

第一五六六條（婚姻破裂之推定）

⑴夫妻別居滿一年，且雙方均爲離婚之請求或一方之請求經他方同意者，其婚姻視爲破裂。

⑵夫妻別居滿三年者，其婚姻視爲破裂。

第一五六七條（別居）

⑴夫妻間之家庭共同生活已不存在，且一方因拒絕婚姻共同生活，顯然無意回復家庭共同生活者，爲夫妻別居。夫妻在同一婚姻住所內爲別居者，其家庭共同生活亦不存在。

⑵前條所規定之期間，不因爲期回復夫妻間之和諧所履行之短期共同生活而中斷或不完成。

第一五六八條（緩和條款）

⑴婚姻雖已破裂，但基於特殊的理由，對未成年婚生子女之利益，有維持婚姻之特別必要者；或反對離婚之配偶，由於特別情事，離婚對其過於苛刻者，並斟酌離婚申請人之利益，亦以維持婚姻爲宜者，不得離婚。

⑵前項之規定，於配偶別居已逾五年者，不適用之。

臺大《法學論叢》，第七卷第一期，民國六十六年十二月。

English Summary

Review of the Grounds for Judicial Divorce under the Chinese Law, with Special Reference to the New German Divorce Law.

1. The Western European society has been developing rapidly in all respects since World War II. In Consequence of the change of social structure, the divorce rate in the Western European countries has remarkably increased. In order to meet the needs of the society, the Western European countries have all examined and revised the divorce policy in their law. The German reform act of June 14, 1976, called "first act to reform marriage and family law," which came into force on July 1, 1977, deserves our special attention.

2. The basis of the ground for divorce in the new German act is the objective "break-down" principle, i.e. divorce may be granted if the marriage has broken down. In order to overcome the difficulty in determining whether a marriage has broken down, the new act provides, on the one hand, that a petition for divorce may not be made before the marriage has lasted one year, and, on the other hand, that it shall be irrefutably presumed that the marriage has broken down if

the partners have lived apart for one year and both partners make the petition for divorce or have lived apart for three years.Furthermore, to take into consideration the special nature of marriage, divorce may not be granted on certain conditions, although the marriage has broken down. Nevertheless, the right to oppose divorce shall, in no circumstances, be applicable to the case where the partners have lived apart for more than five years.

3. The divorce law of the Republic of China adopts a provision which strictly enumerates the grounds for divorce. This does not seem able to suit the complicated marriage life of the modern time. It is respectfully submitted that a general abstract provision,which can be applied flexibly by the judge to meet the practical needs of the society, should be adopted. Furthermore, with the development of industry and commerce and the advance in material life, the society of the Republic of China, like that of the Western countries, has recently seen a marked rise in divorce rate. To prevent the undesirable rise in divorce rate and to meet the needs of individual marriage life at the same time, it is respectfully submitted that relative grounds for divorce should substitute for the absolute grounds for divorce in the present divorce law of the Republic of China, and a hardship clause should be added. Lastly,in order to retain the Chinese traditional morality and to meet the principle of justice at the

same time, the "guilt" principle in the divorce law of the Republic of China should not be completely abandoned —— where one of the partners is responsible for the break-down of the marriage, only the other partner has the right to petition for divorce.

拾貳、論我國收養法之現代化

要　目

第一章 前 言

（一）我國司法行政部聘請專家、學者共同組成一民法修改委員會，正從事於民法修正的工作。此次之修正係自民國十八年制定民法各編以來，首次全面性的修改。也是半世紀以來，第一次檢討我們繼受歐陸民法體系在中國社會的有效性，其重要性可想而知。

（二）筆者一向在臺灣大學法律學系與法律研究所講授身分法之課程與專題討論，深知我國現行親屬法的內容係近代歐陸個人主義與我國傳統家族主義相激相盪所形成的；簡言之，我國親屬法係新舊思想妥協的產物。因此歷經五十年而正邁向現代化的今日社會，其適應性與有效性，頗受人民的懷疑與責難。

爲盡學法者之本分，筆者曾參酌外國的新立法例，並兼顧我國民情習俗，陸續發表我國現行親屬法修正之淺見，卽有夫妻財產制、別居制度、裁判離婚原因、德國新婚姻法的立法精神、表兄弟姊妹之結婚等諸專題❶，期能提供立法的參考。

自近代以來，各國受連綿戰爭的影響，家庭破碎，父母流離失所，

❶ <夫妻財產制之研究>（上、下），載於司法行政部《法學叢刊》第二一卷第一期，六五年六月，第二一卷第三期，六五年十二月。德國新親屬法上別居制度與我國民法需要別居制度，載於比較法學會《法治學刊》，第五、六期合訂本，六七年二月。<從西德新離婚法之規定檢討我國現行裁判離婚原因>，載於臺大《法學論叢》，第七卷第一期，六六年十二月。<德國新婚姻法的立法趨勢與立法精神>，載於臺大《法學論叢》，第七卷第二期，六七年六月。<論表兄弟姊妹之結婚>，載於臺大《法學論叢》，第八卷第一期，六七年十二月。

孤兒人數增多。又工商業的發達，社會急速的變遷，致男女對性的觀念開放，也使非婚生子女之人數增加。因此這些子女之教養成爲各國急待解決的社會問題。而完善的收養制度是解決該問題的好方法之一。從而各國近年來對收養制度的立法莫不全力以赴，期能使不幸的子女，獲得最大的照顧。例如西德於一九七六年六月二日通過收養的修正法（Gesetz über die Annahme als Kind）❷。瑞士於一九七二年六月二十五日全面修正民法上之收養法（die Adoption），而於一九七六年因修正親子關係，重新調整收養法的編排順序❸。日本於昭和三七年修正部分民法，其中收養部分亦受修正❹。英國不落後於歐陸的立法，亦於一九七六年修定收養法（Adoption Act 1976）❺。

（三）我國是繼受歐陸法系的國家，因此我國民法受歐陸法系之德、瑞立法影響最深，從而與外國立法比較時，以德、瑞最近之修正法爲主，期能瞭解其立法之利弊，供我國修正之參考。現行收養法與上述各國最新立法例比較，顯得頗爲落伍與簡陋。外國最新收養的立法，均揭櫫養子女之利益爲最高的指導原理。爲此，幾乎沒有國家不採公權力的介入，期能監督收養有無達到養子女之利益。反觀我國現行法收養之目的似仍停留於爲養親的利益❻，同時收養行爲祇採當事

---

❷ 該法於一九七七年一月一日正式公佈實施。

❸ 一九〇七年制定的瑞士民法(親子關係)因該修正案而廢除；同時以第七章「親子關係的發生」之新修正條文自第二五二條至第二六九條之c及第八章「親子關係之效力」之新修正條文自第二七〇條至第三二七條加以取代。

❹ 日本民法第八一一條、第八一五條。

❺ 英國收養法最早爲一九二六年之收養法，其後修正好幾次，一九三九年、一九四九年、一九五八年、一九六〇年、一九六四年、一九六八年，最近修正法爲一九七六年，其各年條文及修正內容要旨，參閱黃宗樂著＜英國收養法＞（上），載於臺大《法學叢刊》，第七卷第二期，六七年六月，三〇四頁以下。

❻ 例如民法第一〇八一條收養終止之原因，尤其該條第三、第四款。

人放任主義，國家未能加以監督。其次，我國現行法規定過於簡陋，致實務上顯得窒礙難行。例如違反收養要件時，其爲得撤銷或無效，無明文可資依據。又出養之當事人未成年時，應如何被收養，亦缺乏明文。

有鑑於此，司法行政部之民法修改委員會，自民國六十六年九月至六十八年二月，歷一年半時間，擬定了民法親屬編修正草案初稿❼。有關收養法部分，原條文共十條，其中修正五條，新增三條，修正的幅度甚大。此初稿尚待各方之反應意見，再經審查，始能定稿。然後由行政院轉送立法院審議，以便完成立法程序。

此次收養法之修正初稿是否妥當，攸關我國收養法的現代化之成敗，筆者願提出個人之淺見，爲改善我國收養法，盡棉薄之力。

（四）筆者一方擬以法制史之方法，從縱面檢討我國收養法的來龍去脈。因爲身分法不同於財產法，深受歷史傳統與生活習俗所影響，有必要分析各時期立法的背景與特色。歷史法學派始祖 Savigny 強調法律是民族的確信，與人民的血統、語言、宗敎、生活習慣有密切的關係。此所以這次修正草案之立法原則，亦提出以維護固有倫常觀念爲重點之一❽。他方，以比較法學方法，從橫面探討各國立法的趨勢，並比較各內容之利弊得失。因爲近世期以來，交通便捷，文化交流，社會發展漸趨相同，各國現今立法，莫不重視比較法的功用。當代西德著名法學家 Helmut Coing 教授強調「比較法學」(Rechtsvergleichung) 在立法政策上的重要性❾。我國這次修正草案之立

---

❼ 該草案初稿於民國六八年四月十五日公開徵求各方意見。

❽ 參閱民法親屬編修正草案初稿，司法行政部民法研究修正委員會，六八年四月十五日，二頁。

❾ 參閱 H. Coing, *Handbuch der Quellen und Literatur der neueren europäischen Privatrechtsgeschichte* Bd. 1, München, 1973, S. 6f.

法亦不例外，此觀草案的立法理由，不乏援引外國立法例，可得證明。

筆者撰寫本文擬分五點說明，並加上前言與結語。一、現代收養法的立法趨勢；二、收養的要件；三、收養的無效與撤銷；四、收養的效力；五、收養的終止。

本文蒙國家科學委員會獎助，特此申謝！

第二章　現代收養法之立法趨勢

第一節　養子女利益爲收養之指導原理

收養是收養人將他人子女擬制爲自己子女，而法律上視同自己的婚生子女，此關係稱爲法定血親，而親屬相互間亦發生法律上的種種權利與義務關係。惟收養之目的因時代的不同而有所區別。

一、收養目的之演進[10]

收養目的最先係因應宗族或家族血統繼承之需要而產生。因爲無子孫之宗族或家族，需利用收養之方法得一嗣子，使其祖先的血食不斷。此時之收養人限於宗主或家長，而養子限於男性，至於收養之要件，頗爲嚴格。我國舊社會之立嗣爲此期收養的典型。

迨家族制衰頹，而宗祧繼承或傳香火鬆弛後，收養目的除爲宗外，轉變成爲親利益之趨勢。此期之收養除立嗣外在於增加勞力、慰娛晚景或以養子待老。由於收養目的有多方面，被收養之人不限於男性。

[10] 收養目的之演進，參閱戴炎輝著《中國親屬法》，民國六七年十月，二四一頁。

尤其因收養要件的放寬，易生轉收養、逼良爲娼等流弊。我國同宗撫養子、異姓養子（義子），爲此期收養的典型。

自第一次世界大戰以來，因爲戰爭，孤兒的人數增多，形成社會嚴重的問題，尤其最近工商業突飛猛進，社會結構變動，男女性觀念開放，非婚生子女之人數也增加，爲使這些子女能妥善受教養，現代收養法的立法，無不以保護養子女之利益爲出發點。

二、外國立法例之規定

1. 西德

就收養之成立，德國一九七六年以前的民法，尚無明顯的保護養子女之利益。依德國舊民法第一七五四條，祇有在收養應成立相當於父母子女間親屬連繫之事實，頗有可疑爲理由時，始得拒絕其認可。至於收養的廢棄，因於一九六二年新增舊民法第一七七〇條之a的規定，表現了爲養子女之利益：「於養子女未成年時，遇有重大事由，認爲廢棄收養對養子女有利者，監護法院得廢棄之」。

德國現行法一反舊法，在收養的成立與職權廢棄均揭櫫養子女之利益爲收養最高指導原理，收養法第一條，即民法第一七四一條第一項規定：「能爲養子女之幸福，且收養人與被收養人間能期待成立父母子女之關係者，始得收養」。又德國民法第一七六三條第一項規定：「養子女於未成年期間，因有重大理由廢棄收養關係爲養子女之幸福所必要者，監護法院得依職權廢棄之」。同條第三項：「收養關係有下列情形之一者，始得廢棄：⑴第二項情形（一方配偶收養他方子女）之他方配偶或本生父母之一方準備撫養與教育子女，且由其行使親權，不牴觸養子女之福祉者。⑵廢棄後能成立新收養關係者」。

2. 瑞士

瑞士舊民法在收養之成立上亦重視養子女之利益，依其第二六七條第二項規定：「收養縱已具備法定要件，管轄機構惟於收養人能證明保護及教養子女或有其他重大事由，且子女不因收養而受不利益時，始得許可之」。尤其現行瑞士民法在收養首條之第二六四條揭櫫養子女之利益爲收養最高指導原理：「未來之養父母經證明已對養子女至少有二年之撫養與敎育，且斟酌各種情況，其所成立之親子關係能達到養子女之福祉，且對其本生子女亦無不公平之情形者，得收養該子女」。

3. 日本

日本對於收養之成立，雖無明文揭示爲養子女之利益，但於日本民法第七九八條規定，收養未成年人爲養子女者，須得家庭裁判所之許可。此立法意旨依日本民法之注釋，在於收養有無謀養子女之福祉或有無逼養子女爲藝妓之情形⓫。因此，法院之許可係爲養子女之利益爲前提。至於裁判終止之原因，將舊法有違反養子女利益的例示原因加以刪除。故現行法第八一四條有關裁判終止之原因已沒有舊法第八六六條第四款有關養子女受重禁錮一年以上、第五款有關養子女沾汚家名或傾蕩家產及第六款有關養子女逃亡三年不歸之情形。

4. 英國

英國收養法，猶如現代歐陸之立法趨勢，亦以未成年之養子女及非婚生子女之保護爲其指導原理，所以依英國一九二六、一九五八及一九七六年之收養法，決定收養未成年子女時，法院或收養機關最先應考慮的是保護並增進其養子女的福利⓬。

5. 我國現行法與修正草案

⓫ 《注釋民法(22)のⅡ・親族(3)》，中川善之助編集，昭和四七年，有斐閣，五八五頁。

⓬ 參閱黃宗樂著＜英國收養法＞（上），前揭三〇三頁以下。

我國現行法不但在收養的成立，尙無明文規定爲養子女之利益；而且在裁判終止收養之原因，因有養子女被處二年徒刑、養子女浪費財產及養子女生死不明三年以上等片面之終止原因⑬，故收養目的不無有爲養親利益之嫌。

這次修正草案，在收養的成立，配合現代收養法之潮流，新增第一〇七九條第二項第二款，即收養者從事不正當職業或有其他情形，足認收養於養子女不利者，法院應不予認可收養。惟裁判終止之原因，這次並無修正，致使前後理論未能一貫，甚爲遺憾。

第二節　區分未成年子女與成年子女之收養

一、立法意旨

收養法的指導原理如以養子女之保護與福祉爲出發點時，收養的對象有必要分成未成年與成年子女而異其要件與效果。因爲被收養人需要受保護與教養，在於未成年時期，此時他們期望在溫暖的家庭受養親妥善的照顧。如子女已成年，除非其無謀生能力或其他特殊原因，實無出養之必要。尤其成年子女趁父母古稀之年或無力謀生之際，出養爲他人之子女，期能避免扶養之義務，豈不違背收養制度之本質目的。因此現代收養之立法趨勢，以收養未成年子女爲原則，成年子女爲例外。

(一)德國

德國現行法一反舊法，將收養分成未成年收養（Annahme Minderjähriger）及成年收養（Annahme Volljähriger）而異其規定。

---

⑬ 民法第一〇八一條第三款、第四款、第五款。

收養法共有三十二條，其中未成年收養法有二十六條，自第一七四一條至一七六六條，成年子女收養有六條，自一七六七條至一七七二條。未成年子女之收養在謀被收養人之利益爲指導原理。爲配合此立法意旨，收養人需先撫養他人之子女相當期間，於被證明彼此能成立親子關係時，始得收養（德民第一七四四條）。又父母之一方有不盡職時，其收養之同意權得由監護法院取代（德民第一七四八條）。尤其爲避免暴露養子女之身分，於第一七五八條第一項規定秘密收養（Inkognitoadoption）：「說明收養與被收養之經過，非得收養人及養子女之同意，不得公開或查詢，但有公共利益之特別理由者，不在此限」。

至於成年之收養在要件上嚴於未成年之收養，依德國民法第一七六七條第一項，倫常上認爲正當者，得收養成年人爲養子女，此尤指收養人與被收養人有親子關係者。又此收養應斟酌子女之利益。此所以德國民法第一七六九條規定：「收養成年子女有違反養親之子女或被收養人子女之利益者，不得收養」。

在收養效力上，未成年收養與成年收養亦不同，未成年之養子女在法律上之地位與婚生子女相同（德民一七五四條一項）；反之，收養成年人之效力不及於收養人之親屬（德民一七七〇條一項）。未成年養子女及其直系血親卑親屬，對於本生父母之親屬關係；及由此親屬關係所生之權利義務，因收養關係之成立而消滅（德民一七五五條一項）；反之，成年養子女及其直系血親卑親屬與本生親屬間之權利義務，原則上不因收養關係而受影響（德民一七七〇條二項）。

(二)瑞士

猶如德國民法，瑞士民法亦區分未成年與成年收養而異其適用範圍。瑞士民法以未成年人之收養爲核心，收養法共十八條（自第二六四條至二六九條之c）中，未成年子女之收養佔十七條。成年人收養祇有第二六六條，其餘準用未成年人之收養。因此成年人收養係極例外的收養，收養之要件限制甚嚴，期能避免別有企圖的收養。

瑞士民法為貫徹養子女之利益為收養最高指導原理，於第二六四條規定：「未來之養父母經證明已對養子女至少有二年之撫養與教育，且斟酌各種情況，其所成立之親子關係能達到養子女之幸福，且對本生子女亦無不公平之情形者，得收養該子女」。配合此立法意旨，瑞士收養法有一連串保護未成年子女之措施。為避免本生父母對其子女之出養倉卒決定，特規定子女出生後六星期內，不得出養之同意（瑞民二六五條之b第一項）。為使子女之出養避免不當的阻撓，父母一方不能表意或未熱心教育者，得免除其同意（瑞民二六五條之c）。尤其為使養子女之身分不能任意暴露而使其人格受損傷，未經養父母之同意，不得公開子女之本生父母（瑞民二六八條之b）。此與德國民法第一七五八條保護養子女身分之秘密收養，如出一轍。

至於成年人之收養，適用瑞士民法第二六六條之規定。該條共分三項，第一項為一般要件，即成年人或禁治產人無直系血親卑親屬，而有下列情形之一者，始得被收養：⑴因身體殘障或心神障礙長期需要協助，且經養父母已為五年以上之撫養者。⑵養父母於被收養人未成年時，已為五年以上撫養與教育者。⑶基於其他重大事由，且被收養人與養父母為共同家庭生活已滿五年者。同條第二項規定成年養子女已結婚者，應得其配偶之同意。同條第三項為準用未成年養子女之規定。由此可知，瑞士民法對於成年人之收養，特嚴其要件，以免發生流弊。

在收養效力上，未成年子女亦與成年子女有不同之處。前者，養子女喪失原籍之權利義務，而取得養親本籍之權利義務（瑞民二六七條之a）；反之，後者，養子女之權利義務不因收養而變更。

(三)日本

日本舊民法尚無嚴格區分未成年與成年子女之收養。依日本舊民法第八四三條規定，未滿十五歲之子女出養，由在家之父母代爲承諾。依同法第八四四條規定，「滿十五歲之未成年與成年之養子女」同一標準，出養不必得在家父母之同意，而得單獨決定。現行法爲保護養子女之利益，除舊法之區分外，未成年子女之收養，尙需得家庭裁判所的許可（日民七九八條）。

(四)英國

英國法本爲判例法，但自一九二六年制定收養法後，明示被收養人祇限於未婚之未成年人，且須爲居住於英格蘭的英國人民。其後一九四九年之收養法放寬限制，非英國人民之未成年人亦得收養。直至一九七六年最新收養法，始終祇限於收養未成年之人（Children）⑭。英國法猶如歐陸法，以保護養子女利益爲收養之指導原理，故保護養子女之措施特別週到。例如歷年之收養法均規定收養同居之試驗期間，期能考驗收養人與被收養人間是否能成立親子關係。

(五)我國現行法與修正草案

我國現行收養法尙無明示未成年收養與成年收養之區分。這次修正草案在第一〇七六條第二項增加規定，未滿七歲之未成年人被收養時，由法定代理人代爲意思表示並代受意思表示。第三項增加規定滿七歲以上之未成年人被收養時，應得法定代理人之同意。至於成年人被收養，由其單獨決定。由此可知，我國收養法尙未重視未成年人之收養與成年人收養之區分。其流弊所及，成年人或爲逃避對古稀父母之扶養義務，或爲繼承養父母之財產而出養。收養制度易被濫用。

---

⑭ 黃宗樂，＜英國收養法＞（上），前揭三〇六頁以下。

第三節 公權力介入之監督主義

爲配合未成年養子女之利益爲收養之最高指導原理，現代各國立法例無不採公權力介入的監督主義，期能審查收養之目的，有無違背指導原理。

一、立法意旨

㈠採用監督主義在使國家機構以彈性的審查權，實際瞭解收養與被收養人之個人情況、家庭背景、經濟狀況及其他情形，決定是否能成立親子關係，尤其能否促進養子女之利益。此監督主義不但適用於收養的成立，而且亦適用於收養的終止或廢棄。因爲收養後情勢發生變化，養親已無力教養或養子女留在養家已無幸福可言時，國家機關得依當事人之聲請，甚至依職權廢棄或終止收養。

㈡猶如結婚與離婚，收養之成立與終止（廢棄）將發生身分上之變動，由此又與第三人在法律上發生種種複雜的權利義務，例如扶養或繼承。也就是說收養之成立對利害關係人有相當大的影響。因此採用國家監督主義對身分的變動能產生極大的公示作用，以避免第三人遭受不測的損害。各國立法例早已摒棄當事人放任主義而改採國家監督主義。

二、外國立法例之規定

(一)德國

德國舊民法無論收養的成立或收養的廢棄，已有公權力之介入而加以監督。

在收養之成立，雖將收養行爲視爲契約，但應經法院之認可（Bestätigung），始生效力。依德國舊民法第一七四一條（收養法第一條），無婚生直系血親卑親屬者，得與他人訂立契約收其爲子女；契約應經主管法院之認可。又依德國舊民法第一七五四條第一項，子女之收養，因認可而生效力；契約當事人於認可前，即應受其拘束。依同條第二項第一款，有下列情形之一者，始得拒絕其認可：(1)欠缺收養之法定要件者；(2)對於因收養即應成立相當於父母子女間親屬連繫之事實，頗有可疑之理由者。同條同項第二款，認可之拒絕確定者，契約失其效力。

德國現行法已不將收養行爲視爲契約⑮，而視爲法院的裁定行爲（Dekretsystem）⑯。德國民法第一七五二條規定：「收養子女應由監護法院依收養人之聲請而宣告」。該法院係指收養人住所地之法院而言。法院爲收養之裁定前，須審查收養有無具備法定的一切要件，同時有無爲養子女的利益（德民一七四一條）。法院一旦爲收養之裁定，不得再撤銷或變更，但仍得廢棄。由此可知，現行收養之法院裁定行爲係將舊法上當事人之契約行爲，法院之同意（Genehmigung）與認可（Bestätigung）合而爲一⑰。

至於收養之廢棄（Aufhebung），德國舊民法分爲同意的廢棄（德舊民一七六八條）與職權廢棄（德舊民一七七〇條之a）。依德國舊民法第一七六八條第二項，就同意廢棄收養公權力尚未介入，仍以當事人放任主義爲原則；反之，依德國舊民第一七七〇條之a，職權

---

⑮ 在一九七六年前之德國民法第一七四一條、一七五四條尚能見到契約（Vertrag）的用辭，但在現行法已不出現契約之用辭。

⑯ 參閱 *Münchener Kommentar, Bürgerliches Gesetzbuch, Bd. 5, Familienrecht*, München 1978, S. 1624.

⑰ 參閱 *Münchener Kommentar* 前揭 S. 1624.

廢棄爲典型的國家監督：「養子女未成年時，遇有重大事由，認爲廢棄收養對子女爲有利者，監護法院得廢棄之」。

德國現行法已不再承認當事人放任之有關同意之廢棄收養，而將收養之廢棄分爲聲請廢棄與職權廢棄兩種。聲請廢棄係舊法收養撤銷的取代，也就是欠缺法定要件而有瑕疵之收養。依德國民法第一七六〇條，聲請廢棄須向監護法院爲之，故爲國家監督之一種。至於職權廢棄，依德國民法第一七六三條第一項規定，以子女之利益爲優先：「養子女於未成年期間，因有重大理由，廢棄收養關係爲養子女之幸福所必要者，監護法院得依職權廢棄」。

(二)瑞士

就收養之成立，瑞士舊民法已採公權力之介入，監督收養有無保護養子女之利益。依舊法第二六七條第一項，收養子女應經收養住所地管轄機關之許可。依同條第二項，收養縱已具備法定要件，管轄機關唯於收養人證明能保護及教養子女，或有其他重大事由，且子女不因收養而受不利益者，始得許可之。

瑞士現行法第二六八條與舊法同採許可主義：「收養應經收養人住所地管轄州機關之宣告」。又第二六八條之 a 規定法院宣告收養的依據：「⑴收養之宣告應於調查所有重要情況後，始得爲之；如有必要，得請求專家協助。⑵前項應調查之情況，係指收養人與被收養人雙方之品行、健康、其相互關係、收養人之養育能力、經濟情況、收養動機，家庭情況以及撫育之情形。⑶收養人有直系血親卑親屬者，對其收養之意見，尤應斟酌」。

至於收養之廢棄，祇有舊法於第二六九條明示規定與收養成立適用同一許可主義：「收養得以雙方之同意，並依收養時應遵守之規定，隨時終止之」。現行法已視收養子女如同親生。一如自然血親不能終斷關係，收養關係所成立親屬亦不得廢棄。

(三)日本

日本民法對於收養之成立，猶如德、瑞立法例，採國家監督主義，但以未成年子女爲限，而不包括成年子女。依日本民法第七九八條，除自己或配偶之直系血親卑親屬外，收養未成年人，須得家庭裁判所之許可。

日本民法就收養終止分爲兩願終止與裁判終止。前者原則上採當事人放任主義卽收養當事人得以兩願終止收養(日民八一一條一項)。養子女未滿十五歲者，以養父母與養子女終止收養後得爲法定代理人協議終止之（同條第二項）。但於養父母死亡後，養子女願終止收養時，得以法院之許可爲之（日民八一一條六項）。又兩願終止因準用結婚第七三九條之規定，須依戶籍法申報登記，始生效力，故對第三人有公示作用（日民八一二條）。至於裁判終止因須經法院的審理與判決，故爲國家監督主義。

(四)英國

英國收養法，一如大陸法，收養採取嚴格之國家監督主義。收養必須由收養人向管轄法院提出聲請。此時法院不但審查收養之一般法定要件必須全部具備，而且依英國收養法第六條，尙確認收養時對養子女有利益之情形，始得爲收養之裁定⑱，同時英國法有完善之收養登記制度⑲，以爲收養成立之公示與證據。

(五)我國現行法與修正草案

我國現行民法上之收養行爲仍採當事人放任主義，國家之公權力

---

⑱ 參閱黃宗樂著<英國收養法>（下），載於臺大《法學論叢》，第八卷第一期，六七年十二月，二一三頁。

⑲ 參閱黃宗樂著<英國收養法>(下)，前揭二一七頁以下。

始終未予介入，因而逼良爲娼或轉收養之流弊時有所聞。

這次修正草案針對此情形，在收養之成立上，應經法院之認可，始生效力（民修一〇七九條二項）。同時收養人從事不正當職業或有其他情形，足認收養於養子女不利者，法院應當不予認可。

至於兩願終止收養仍採當事人放任主義。惟收養之終止猶如收養之成立，對養子女之保護而言，不分軒輊。因此二者自當採同一之認可主義，理論上始能一貫。

第三章　收養之成立

無論將收養視爲契約行爲或裁定行爲，收養的成立必須具備一定的法定要件。此要件分爲實質的要件與形式的要件。此要件是否具備而區分爲收養之無效、撤銷或完全有效。

第一節　實質要件

實質要件者，依法律規定，於收養當事人不可不具備之要件。由於收養目的隨時代之不同，其所應具備的實質要件亦有差異。玆分被收養人、收養人、同意權之行使三點來檢討。惟因各要件間互相關連，故應作整體的瞭解，始能表現各時期的特色。

一、被收養人

(一)外國立法例之規定

1.得被收養之人以未成年人爲主，成年人爲例外：有如前述，各國現行收養法無不揭櫫養子女之利益爲收養的最高指導原理，故得被收養之人係以未成年人爲核心，期能被收養後能爲養父母妥爲教養[20]。至於成年子女非有極重大理由不得出養。

(1)德國：西德民法上之收養係以未成年人爲主，爲保護其利益，法律有詳盡的規定（德民一七四一條以下）。至於成年人之出養，限制甚嚴，以倫常上認爲正當者爲限，此尤指收養人與被收養人已有血統關係之情形（德民一七六七條）。

(2)瑞士：瑞士民法猶如德國之規定，被收養人也以未成年人爲主要的對象（瑞民二六四條以下）[21]。至於成年人被收養時，適用瑞士民法第二六六條之特別規定，即成年人須無直系血親卑親屬而有下列情形之一，始能被收養：①因身體殘障或心神障碍長期需要協助，且經養父母已爲五年以上之撫養者；②養父母於被收養人未成年時，已爲五年以上撫養與教育者；③基於其他重大事由，且被收養人與養父母共同家庭生活已滿五年者。

(3)日本：日本民法對未成年人收養採國家監督主義，須得家事裁判所的許可，以保護養子女之利益（日民七九八條）；反之，成年人之被收養採當事人放任主義，以示二者之區分。

至於代表英美法系的英國一九七六年之收養法，被收養人限於未成年子女。

2.得被收養之人須經試驗同居期間：爲使未成年子女受養親充分教養，最新立法例均有試驗同居期間，期能爲將來要創設的親子關係，培養感情；又爲將來共同家庭生活，吸取經驗。

---

[20] 參閱本文第二章第二節區分未成年子女與成年子女之收養。

[21] 參閱本文第二章第二節區分未成年子女與成年子女之收養。

依西德民法第一七四四條規定，收養子女須經相當期間之扶養，始得請求法院認可。扶養（Pflege）之範圍及如何實行，依西德少年福利法第三十一條至三十六條㉒規定辦理，至於扶養期間，依收養介紹所之慣例爲一年㉓。

依瑞士民法第二六四條規定，未來之養父母經證明已對養子女至少有二年之撫養與教育（瑞民二六八條之a），其所成立之親子關係能達到養子女之幸福，且對其本生子女亦無不公平之情形者，得收養子女。

依英國一九七六年之收養法第十三條，試驗同居期間爲一年，與德國立法相同，但不同於瑞士之規定。

3.得被收養人須愈熟慮期間：爲避免父母對於出生子女倉卒決定出養，而日後翻悔，尤其爲保護非婚生子女之生母，於心靈與經濟的壓力之下，不要倉卒決定子女之出養㉔，最新立法例均規定「熟慮期間」（Überlegungsfrist）㉕，以資保護。因此在熟慮期間被收養人不得由其法定代理人代爲收養之同意。

依德國舊民法第一七四七條第二項規定，子女出生滿三個月後，始得同意出養。德國現行法第一七四七條第三項則縮短熟慮期間至八週。

依瑞士民法第二六五條之b第一項規定，於子女出生後六星期內不得爲出養之同意。英國收養法第十六條第四項亦規定六週之熟慮期間。

㉒ *Münchener Kommentar* 前揭一六五一頁。

㉓ *Münchener Kommentar* 前揭一六五一頁。

㉔ *Münchener Kommentar* 前揭一六六三頁。

㉕ *Münchener Kommentar* 前揭一六六二頁。

4.得被收養之人不得同時爲二人以上所收養：收養在於建立模擬性之親子關係（adoptio naturam imitatur）。除夫妻外，子女同時爲二人以上所收養者，勢必違反該模擬性之目的，從而不但牴觸親權行使之原則，而且令子女一家轉一家的被收養，大大妨害養子女之利益。此所以各國立法例均明文禁止雙重收養。

依德國民法第一七四二條（舊民一七四九條），在收養關係存續中，養子女在收養人生存期間，僅得由該收養者之配偶收養。

依瑞士民法第二六四條之a第一項（舊民二六六條二項）亦規定，有配偶者僅得共同收養；其他第三人不得共同收養。

依英國現行收養法第十四條第一項規定，除夫妻外，二人不得共同收養子女。

總之，最新立法例均以明文規定在收養關係終止前，養子女不得再爲養親配偶以外之第三人所收養，即雙重收養之禁止，期能保護養子女之利益。

5.準正之子女或非婚生子女得被生父收養：爲隱藏生父與生母苟合之惡名，有的立法例允許父母收養準正之子女或非婚生子女[26]。

德國民法第一七四一條第二項規定已婚情形，即配偶一方得單獨收養其非婚生子女；同條第三項規定未婚情形，即非婚生子女之生父或生母得單獨收養該子女。

依英國現行收養法第十五條第三項規定，生父與生母得共同收養其非婚生子女，但父母一方去向不明或有其他重大理由者，他方始得單獨收養。

至於瑞士、日本民法雖無明文規定生母收養自己之非婚生子女或

---

[26] *Münchener Kommentar* 前揭一六四五頁以下。

準正之子女，但解釋上與德國立法相同㉗。

6.其他要件：被收養人之性別爲男性或女性，及其人數爲一人或數人各國立法例均沒有限制。例如德國舊民法第一七四三條尚規定已有養子女者，得再收養子女。現行法已認爲該情形乃理所當然而不再規定。

(二)我國舊律例及過渡時期

我國舊社會在收養之目的上係以宗或以家爲主，以親爲輔。因收養目的不同，前者之被收養人稱爲嗣子或過繼子。後者稱爲撫養子或義子。

1.嗣子：外國現行收養法之目的，因重視養子女的利益，故其實質要件在配合養子女之保護。反之，我國舊社會欲祖先有所血食，不爲厲鬼作祟，故立嗣之實質要件，在配合祭祀祖先之利益。

⑴嗣子須爲男性：我國舊社會之立嗣，重在承祀，且又專重男統，不用女統，故得爲被立嗣之人祇限男性，女性不在其內，此在舊律與過渡時期均同。

⑵嗣子須與立嗣人同宗：由於祭祀祖先與傳香火爲宗族與家族所重視，故被立嗣之人須與立嗣人有同宗之關係。此爲強制規定，如有違反，將受刑事制裁。唐律（戶婚律、立嫡子違法條）：「養異性男子者，徒一年，與者笞五十」。清律（戶律、立嫡子違法條）：「其乞養異姓養子，以亂宗族，杖六十，若以子與異姓人爲嗣者，罪同，其子歸宗」。

清末民初之過渡時期，宗祧繼承之觀念稍弛緩。故民律草案上之立嗣，以同宗爲優先㉘，如無同宗者，亦得立姊妹

㉗ 參閱史尚寬著《親屬法論》，民國五三年，五三四頁、五三五頁。

㉘ 清宣統三年第一次民律草案第四編第七四條，以下簡稱民草。

之子、母舅之孫或表兄弟之子（民草第四編七五條）[29]。該規定在實務上未生重大影響，大理院判例仍以異姓不得爲嗣係強行規定[30]，故擇立姑表兄弟之子爲嗣者無效[31]。惟嗣子祇要同宗，不以有服爲限[32]。如因無子而抱養同姓者，可推定爲立嗣[33]。

(3)嗣子須與立嗣人昭穆相當：所謂昭穆相當者，指輩分相當之意。昭穆本出於古代之廟制。《周禮》春官小宗伯：「辨廟祧之昭穆」。鄭玄注：「自始祖之後，父曰昭，子曰穆，由始祖起算，二世曰昭，三世曰穆，四世曰昭」。親屬有尊屬與卑屬之別，尊卑有序，不可淩亂。嗣子爲法律擬制之子，立嗣後，立嗣人將與嗣子發生父子之名分。若輩分不相當，亦能爲嗣子，則極其弊必至伯叔可以易位，兄弟可以變名，親等顚倒，名分乖違，而一切宗族關係，將混淆而不知，故舊社會之立嗣須輩分相當。族譜常戒告說：「尊卑失序，不可立繼」。唐律（戶婚律、養子捨去條）疏議說：「依戶令無子者，聽養同宗於昭穆相當者。因此如有違反昭穆者，依違令條處罰笞五十」。現行刑律（戶役門、立嫡子違法條）亦有處罰之規定：「若立嗣雖係同宗，而尊卑失序者，罪亦如之（處六等罰），其子歸宗，改立應繼之人」。又同條附例說：「婦人夫亡，無子守志者，合承夫分，須憑族長，擇

---

[29] 民律草案因未公佈實施，在過渡時期，祇有習慣法之效力。

[30] 三年上字七〇九號，《大理院判例全書》（以下簡稱《判例全書》），郭衛編輯，成文出版社，二六四頁。

[31] 大理院判例五年上字八七七號，《判例全書》，二七一頁

[32] 大理院判例四年上字一七八五號，《判例全書》，二六七頁。

[33] 大理院判例四年上字三八六號，《判例全書》，二六五頁。

昭穆相當之人繼嗣」。

民律草案上之立嗣不但需同宗或親屬，而且更應收養人與被收養人相差一代（民草第四編七四、七五條）。大理院判例亦認爲不依昭穆倫序立嗣之習慣，不能有法之效力㉞。又禁止以孫彌祖，因爲違反輩分之相當㉟。

⑷嗣子不得爲獨子：我國舊社會不許獨子出嗣，查其立法意旨，自嗣子而言，是不忍於人之父母，而忍於己之父母，此爲不孝之最；自所嗣父母而言，係奪人之子以爲子，不忍於己之不祀，而忍於人之不祀，此爲不仁之最，故不許獨子出嗣。舊律例並無禁止獨子出繼的明文，但從獨子兼祧之反面及男女婚姻條有一子者不許出贅之規定觀察，獨子自當不得出嗣。

民律草案仍因襲舊習慣，於第四編第七七條前段規定：「獨子不得出爲嗣子」。大理院判例亦不許獨子出繼他房，但兼祧除外：「若本生父母只一子，斷未有擅許繼入他家之理。兼祧已屬從權，自難再予擴充。由是言之，除兼祧外不得過繼他房，洵可斷言」㊱。又從生父無子，則嗣子可歸宗觀之，獨子不得出嗣㊲。

外國立法例爲保護養子女之利益，不許一人同時爲二人以上之養子女；反之，舊社會爲祭祀祖先而濟他房之無後，允許獨子兼祧。兼祧之益處在於以同父周親之獨子爲嗣，比立遠房血統接近，且同父周親常爲同居共財之家屬，所以能

㉞ 大理院判例八年上字二一九號，《判例全書》，二五五頁，又大理院判例八年上字三七一號，《判例全書》，二七九頁。

㉟ 大理院判例八年上字三七一號，《判例全書》，二五五頁。

㊱ 大理院判例三年上字一八六號，《判例全書》，二六一頁。

㊲ 大理院判例三年上字一二一二號，《判例全書》，二六四頁。

維持家產之完整。

民律草案第四編第七七條規定:「獨子不得出爲嗣子,但兼祧者不在此限」。依該條立法意旨,獨子不許出嗣,以所生不可棄,然有時所生雖不可棄,而長房或他房亦不可無後,我國舊制於是有兼祧之制。惟兼祧原屬於權宜之擧,故民律草案之兼祧不限於同父周親,同祖以上亦無不可,比較舊律時期爲寬。

猶如舊社會,大理院判例亦承認獨子之兼祧㊳,該兼祧祇限同父周親,較民律草案者爲嚴㊴。至於所兼之數不限於二支:「律文所謂亦准其承繼兩房宗祧者,乃謂承繼本房兼繼他房之意。自不能僅摭拾兩房二字,卽解爲不能承繼三支」㊵。

2.撫養子(義子):爲慰娛晚景、增加養親之勞力而被收養之子女稱爲撫養子或義子。至於撫養被遺棄之孤嬰,則稱爲螟蛉子㊶。嗣子之收養行爲稱爲過繼或過房;反之,義子稱爲乞養。清律(戶律婚姻門、男女婚姻條)總註說:「過繼則本宗別房子也,乞養則異姓義子也」。

因收養目的之不同,義子之實質要件較嗣子爲寬,卽不以男性爲限,女性亦得被收養,又不以同宗爲限,異姓亦可。唐律(戶婚律、立嫡子違法條)疏議說:「……養女者不坐,其小兒年三歲以下,本生父母遺棄,若不聽收養,卽性命將絕,故雖異姓,仍聽收養,卽從其姓」。清律(戶律戶役門、立嫡子違法條):「其遺棄小兒年三歲以下,

---

㊳ 大理院判例三年上字一八六號,≪判例全書≫,二六一頁。

㊴ 大理院判例三年上字一四九號,≪判例全書≫,二六一頁。

㊵ 大理院判例三年上字四八五號,≪判例全書≫,二六三頁。

㊶ 滋賀秀三著≪中國家族法の原理≫,昭和五一年,創文社,五七五頁以下。

雖異姓仍聽收養，卽從其姓」。

民律草案上祇有嗣子，而無義子。至於大理院判例仍承認乞養義子。故義男女婿爲所後之親喜悅者，照律本有分受遺產之權。惟須較少於應分人數均分之額㊷。

(三)我國現行民法及修正草案

1.被收養人不限於同宗男性：繼承法先決各點審查意見書㊸第一點認爲我國現行繼承法無庸規定宗祧繼承。依其理由之一，宗祧重在祭祀，故立後者，惟限於男子而女子無立後之權。爲人後者，亦限於男子，而女子亦無爲後之權。該重男輕女之原則，顯與現代思潮相牴觸，故現行繼承編已沒有宗祧繼承之規定，而祇有財產之繼承。親屬編之收養受該繼承立法原則之影響，不再以傳宗或傳香火爲唯一目的。因此被收養人不限於男性，也不限於同宗或親屬，女性或異姓亦爲法之所許，此與外國立法例並無不同。

2.被收養人不得同時爲二人以上之養子女：現行收養法已萌芽爲養子女利益之趨勢，故被收養之人數亦不限於一人，數人亦無不可。尤其舊習之獨子兼祧，卽一人同時爲二人以上之養子女，將牴觸自然親權的模擬，且有轉收養之虞，違反養子女之利益甚大，故民法第一○七五條明文禁止，但父母共同收養者應予以除外(民一○七四條)。

3.獨子亦得爲被收養人：舊律禁止獨子出繼，以免本生父母無後。現行法則視獨子出養有無符合養子女之利益爲斷，有利益則出養，無利益則否。

4.被收養人與收養人須輩分相當：現行法收養子女雖不以親屬爲

㊷ 大理院判例七年上字六一一號，≪判例全書≫，二八八頁；七年上字七六一號，≪判例全書≫，二八八頁。

㊸ 中國國民黨中央政治會議第二三六次會議議決，民國十九年七月二十三日送立法院。

限，但收養親屬仍佔相當大的比例。如收養親屬而輩分不當者，實有違背固有的倫常名分，故最高法院判例與司法院解釋例均加以禁止[44]。有鑑於此，這次修改草案配合第九八三條有關禁婚親的修正，於第一〇七三條之一增加規定：「直系血親、直系姻親、六親等以內之旁系血親及四親等以內之旁系姻親輩分不相當者，不得收養為子女」。違反此規定者，其收養將被當事人或利害關係人所撤銷（民新增一〇七九條之一）。

總之，得被收養之人因我國舊習以傳宗或傳香火為主要目的，故要件上限制極嚴，且忽視養子之利益。外國立法例以養子女之利益為出發點，故法條之內容無不對養子女極盡保護之能事。我國現行法之收養目的，雖廢除宗祧繼承，而有所改弦更張，但尚無很明顯的表示為養子女之利益，條文內容簡陋，在實務上諸多窒碍難行。修正草案在被收養人之要件上修正之幅度不大，尚未區分未成年收養與成年收養而異其適用範圍、無試驗與養親同居之期間、無出養之熟慮期間。這些保護養子女不可缺少之措施，尚未納入我國民法的體系，不無遺憾。

二、收養人

(一)外國立法例之規定

依外國多數立法例，得為收養之人，應具備行為能力始可[45]，但不分性別，男女均可。一般實質要件應注意下列各點：

1.年齡的限制：各國立法例就收養人的年齡均有一定的限制，惟從歷年修正觀之，從高齡趨向於低齡。究其原因，收養之目的係為養子女利益，為增加收養之機會，不得不放寬收養人的年齡限制。尤其

[44] 司法院院字七六一號，最高法院四九年臺上字一九二七號。

[45] 例如德國舊民法第一七四四條，現行法一七四三條第四項。

收養法自採國家監督之許可主義後，年齡限制從絕對的要件成爲相對的要件，其重要性減低㊻。

外國立法例就收養人之年齡通常分爲共同收養與單獨收養而異其規定。

⑴共同收養：共同收養僅限於夫妻始可，其他第三人則被禁止。

依英國法，一九二六年之收養法規定夫妻雙方均須年滿二十五歲，但一九七六年法降低爲二十一歲。西德一九六一年以前之民法，收養人限於五十歲始可（德民一七七四條），於一九六一年降低爲三十歲，一九七三年法又降低爲二十五歲，一九七六年亦同，並增設例外的規定，即夫妻共同收養時，祇要一方年滿二十五歲，他方年滿二十一歲（德民一七四三條一項）。瑞士舊民法規定收養人須滿四十歲（舊瑞民二六四條），新法第二六四條之a第二項規定夫妻共同收養者，雙方須年滿三十五歲或結婚滿五年。日本民法第七九二條規定收養人須成年。

⑵單獨收養：依英國法，單獨收養與共同收養並無不同，收養人須年滿二十一歲（英收養法十五條一項）。依德國法，收養人未結婚者須年滿二十五歲（德民一七四三條二項）。惟收養自己之非婚生子女或收養他方配偶之子女時，祇需年滿二十一歲（德民一七四三條三項）。依瑞士民法第二六四條第三項規定，配偶之一方收養他方之子女者，結婚滿二年或年滿三十五歲。日本民法不分單獨收養或共同收養，均規定收養人需成年始可（日民七九二條）。

㊻ 參閱湯德宗著<收養制度之比較研究>（上），載於《軍法專刊》，第二五卷第九期，十九頁。

2.年齡的差距：被收養人與收養人之年齡須有一定差距，使收養關係成立後，能使養親與養子女盡量與自然之父母子女接近。惟此最低年齡之差距各國立法漸有緩和或廢止的趨勢。

依英國法，一九二六年之收養法規定收養人至少長於被收養人二十一歲之限制，但於一九五八年之兒童法已廢除該間隔之規定，一九七六年收養法亦同。依瑞士民法第二六四條第二項，收養人至少應長於被收養人十八歲。現行法第二六五條第一項從寬規定二者應相差十六歲。德國一九六一年以前之民法第一七四四條規定，收養人與被收養人須相差十八歲，但一九六一年之修正法已刪除該年差之限制，現行法亦同。日本民法祇規定不得以尊屬或年長者爲養子，但被收養人與收養人之年差，無明文規定（日民七九三條）。

3.有配偶時收養的類型：收養人有配偶而收養第三人之子女時，應如何收養，在立法例上出現不同的類型。

⑴代表型：一方配偶收養他人子女時，可代表他方而成立收養關係，他方不必爲任何意思表示而與收養人共同取得養親的身分。例如我國舊習家長的收養嗣子或義子，其效力亦及於家長的配偶。又如日本戶主所收養之效力與我國舊習同㊼。此型因違背男女平等甚大，故不受現代立法之歡迎。

⑵獨立型：一方配偶不顧他方之意願而單獨收養，但收養成立之親子關係，祇存在於收養者一方，而不及於他方。養子女與他方祇成立一等直系姻親。奧地利舊民法曾採此型㊽。惟此型不顧家庭共同生活之和諧，我行我素，有碍於養子女的利益，故爲現代立法所不採㊾，奧地利民法現改採同意型，

㊼ 參閱≪注釋民法（22）のⅡ・親族⑶≫，五三二頁。
㊽ 參閱史尙寬前揭五三七頁。
㊾ 參閱≪注釋民法（22）のⅡ・親族⑶≫，五三二頁。

收養須得配偶之同意始可（奧民一八一條一項三款）。

⑶同意型：一方配偶單獨收養他人子女時，須得他方之同意。此型多少顧慮家庭共同生活之和諧，配偶一方收養子女，勢必在法律上與事實上影響他方之利益甚大，故以得他方同意爲收養之要件，但收養之效力不及於同意之配偶，其相互間祇成立一等直系姻親。德國民法第一七四九條（舊德民一七四六條）[50]，與舊瑞士民法第二六六條均採此型。

⑷共同型：有配偶之人收養他人子女時，須雙方共同收養，期能使夫妻與養子女全面發生父母子女關係。我國現行法第一〇七四條，日本民法第七九五條及瑞士民法第二六四條之a第一項及德國民法第一七四二條均採此型。由此可知，此型爲各國立法的新趨勢，而符合養子女利益爲收養的指導原理。

4.夫妻一方不能表意的特例：現行各國立法趨勢以夫妻共同收養爲原則，德國民法雖採同意型的單獨收養，但從其民法第一七四一條第二項與第一七四二條，亦強調夫妻之共同收養。

惟夫妻一方不能表意時，他方應如何收養，不無疑問。此又分兩種不同之立法例，一爲日本，一爲德國。

⑴日本：日本民法第七九六條規定：「前條情形（有配偶之人，非與其配偶共同，不得收養子女）之一方配偶不能表示其意思者，他方得以雙方之名義爲收養」。可知此規定爲擬制的配偶共同收養。卽夫妻一方不能表意時，他方得以「雙方的名義」收養，而收養之效力及於該不能表意之一方。此收養日本學說稱爲「自助共同收養」[51]。此處所稱不能表意，係

---

[50] 德國民法第一七四九條雖採同意型，但其適用範圍極窄狹，祇有在例外情形，始能適用：⑴收養他方配偶之子女，⑵收養自己之非婚生子女。

[51] ≪注釋民法（22）のⅡ・親族⑶≫，五五六頁。

指無行爲能力、長期性的無意識狀態、精神障碍、長期行蹤不明或其他不能以口頭或書面意思表示者[52]。

(2)德國：德國民法在一方配偶不能表意時，其民法第一七四七條第四項規定：「配偶一方不能表意或行蹤不明時，他方得免其同意」。依此規定，該收養之效力自不能及於不能表意之一方。因此養子女與其不能表意之一方，不能成立親子關係，而祇成立直系姻親而已。

5.收養人收養受其監護人之情形：受監護人須服從監護人之管教。唯恐監護人欲收受監護人爲養子女，以圖利益，故有的立法不允許監護人收養受監護人。

依德國舊民法第一七五二條第一項規定，監護人於其監護關係存續中，欲收養受監護人爲養子女者，監護法院應不予許可。欲收養曾受其監護之人爲養子女者，於未提出關於其管理之計算書，並就受監護人財產爲存在之證明前，監護法院應不予許可。

德國現行法就收養行爲賦于法院實質之審查權，以便決定收養有無違反養子女之利益，故不以明文禁止監護人收養受監護人。換言之，監護人收養受監護人，並無圖利或其他流弊，反而能達到養子女之利益者，監護法院沒有不予許可收養之理。

依瑞士民法第二六五條第三項規定，子女受監護者，縱其有識別能力，收養須得監護監督機關之同意。此規定與德國現行法之立法意旨相同，由監護監督機關，從養子女利益，決定收養應否同意。

日本舊民法第八四〇條禁止監護人收養受監護人，但現行法第七九四條改採許可主義，即監護人收養受監護人時，須得家庭裁判所之許可；又於監護人任務終了後，管理之計算未畢者亦同。

---

[52] ≪注釋民法（22）のⅡ・親族(3)≫，五五七頁。

由此可知，採國家許可主義之立法例，不必硬性規定監護人禁止收養受監護人，而由法院或行政機構決定卽可。

6.收養人有直系血親卑親屬之情形：德、瑞舊民法對收養人有直系血親卑親屬時，爲顧慮養子女與本生父母之利益，不得收養子女。德國舊民法第一七四一條與瑞士舊民法第二六四條第一項有明文禁止。現行立法則改採彈性的規定，卽收養人卽使有直系血親卑親屬，但收養對養子女與本生子女無不利益之情形，由法院認可收養。依瑞士民法第二六四條規定，斟酌各種情況，其所成立之親子關係有助於養子女之福祉，且對其本生子女亦無不公平之情形時，得收養該子女。依德國民法第一七四五條，收養違背收養者子女之利益或被收養人之利益，或被收養人之利益因收養人有子女而受危害之虞者，其收養不予認可。

總之，現行各國立法不以收養人無直系血親卑親屬爲收養之實質要件，却以收養有無牴觸被收養人或本生子女之利益爲斷。

(二)我國舊律及過渡時期

我國舊社會因婦女終身受監護[53]，並且收養之目的在於祭祀祖先，所以得爲收養人之要件，與外國立法例比較，有相當大之區別。

1.收養人須爲男性：我國舊社會不獨未嫁之婦女無立嗣之先例，已嫁之婦女亦不得爲自己立嗣，因爲我國祭祀或傳香火專用男統而不用女統，故女子不得有嗣子。舊律上雖允許寡婦有立嗣之權，但其所立之人，非寡婦本人之嗣子，却是亡夫之嗣子[54]。

過渡時期的民律草案，以宗祧繼承爲前提，故非男子不得立嗣[55]。

---

[53] 《禮記》上有婦女三從之制，卽幼從父，嫁從夫，夫死從子。

[54] 參閱淸戶律戶役門立嫡子違法條。

[55] 參閱大淸民律草案第四編親屬法第四節嗣子序言。

大理院判例亦說:「宗祧承繼祇限於男子, 故爲女子立後之習慣, 自不能認其存在」[56]。惟民間習俗有爲女子立嗣[57]。

至於收養義子,以慰娛晚景時,女性在無夫之情形,亦得爲收養人。

2.收養人須爲成年人: 依清律例, 命繼須非長殤[58]。所謂命繼,依清明集戶婚門,「命繼者, 謂夫妻俱亡,則其命也,當惟近親尊長」。此表示, 夫妻雙亡時, 爲使亡夫有後繼, 其近親尊長得爲其立嗣。所謂長殤係十五歲至十九歲之人。命繼既然有年齡之限制, 則生前立嗣也應如此解釋, 故舊律未滿二十歲之男子, 不得立嗣。

過渡時期之民律草案第一三九〇條之立嗣, 亦以成年男子爲限,未成年男子則否。

3.收養人須無男子: 舊社會立嗣之目的在使祖先的血食綿延不斷, 如收養人已有男子, 而仍以他人之子爲嗣子, 不但有害於先存在男子之權利(包括嗣子), 而且恐釀成家庭之變故。因此有男子之人不得再立嗣子。

唐戶令說: 「無子者, 聽養同宗於昭穆相當者」[59]。南宋令亦說:「諸無子孫, 聽養同宗昭穆相當者爲子孫」[60]。清現行刑律(戶役門、立嫡子違法條) 附例說:「無子者,許令同宗昭穆相當之姪承繼……」。又同律附例說: 「無子立嗣, 若應繼之人, 平日先有嫌隙, 則於昭穆相當親族內, 擇賢擇愛, 聽從其便……」。由此可知,我國自唐以來,收養人無男子, 始得立嗣子。至於乞養異姓, 則無此限制。

過渡時期之民律草案亦遵循傳統之立嗣原則, 於第四編七四條規

---

[56] 五年上字一五四號, ≪判例全書≫, 二五八頁。

[57] ≪中國民事習慣大全・三編・七類≫。

[58] 參閱清律戶律戶役門立嫡子違法條附例。

[59] 仁井田陞著≪唐令拾遺≫, 東方文化學院東京研究所, 昭和八年, 二三三頁。

[60] 滋賀秀三前揭三一三頁。

定：「⑴成年男子已婚而無子者，得立宗親中親等最近之兄弟之子爲嗣子；親等相同，由無子者擇立之。⑵若無子不欲立親等最近之人，得擇立賢能，或所親愛者爲嗣子」。大理院判例雖未直接承認立嗣人須無男子，但無子抱養同姓，可推定爲立嗣[61]。又嗣父生子及生父無子，嗣子得歸宗[62]。

4.收養人宜先收養近親：我國舊社會有親屬一體之觀念，尤其法諺說：「兄弟之子猶子」，所以在立嗣上有先儘同宗近親之習慣[63]。惟此非強制規定，故祇要同宗而非最近者，其立嗣行爲仍有效，此稱爲擇賢擇愛。

過渡時期之此要件並無改變。依民律草案第一三九〇條第一項，宜先立親等最近之兄弟之子爲嗣子；但又依同條第二項，被承繼人不欲立親等最近之人者，得擇立賢能或親愛者爲嗣子。

至於大理院之判例亦遵循擇賢擇愛之原則，凡由被承繼人立嗣，如合於同宗昭穆相當者，卽不許其他宗族指以次序而告爭[64]。擇賢擇愛之立嗣祇限被承繼人或守志之婦有此權利，親屬會議之立嗣，除被承繼人或守志婦生前有擇立賢愛之明確表示外，須依法定次序[65]。

5.收養人與被收養人須同身分：爲維持社會一定之身分關係，中國舊社會猶如羅馬時代，有奴隸制度，而在法律上異其地位。要避免身分之混亂，收養人與被收養人須同其身分。爲此，唐律、宋刑統均禁止良民收養雜戶、部曲、客戶或奴婢。例如唐戶婚律（養雜戶爲子孫條）：「諸養雜戶男爲子孫者，徒一年半，養女杖一百，官戶各加一

---

[61] 四年上字三八六號，≪判例全書≫，二六五頁。
[62] 三年上字一二一二號，≪判例全書≫，二六四頁。
[63] 戴炎輝著≪中國法制史≫，民國六〇年，三民書局，二五七頁。
[64] 大理院判例五年上字三七五號，≪全書≫，二六九頁。
[65] 大理院判例五年上字六八二號，≪全書≫，二七〇頁。

等，與者亦如之。若養部曲及奴爲子孫者，杖一百」。如違反此要件而收養者，該收養爲強制撤銷，即律所稱「各還正」。

元、明、清法一如唐律，亦禁止收養奴婢爲養子。明、清律戶律（戶役、立嫡子違法條）規定：「若庶民之家，存養奴婢者，杖一百，即放從良」。

過渡時期因受近代歐陸人格平等思想之影響，在民律草案不見舊律之奴婢身分，收養亦無身分之限制。大理院判例受民律草案之影響，對結婚或收養未再加身分之限制。

(三)我國現行民法及修正草案

我國現行民法有關收養人之實質要件，有的因襲我國傳統，保留舊制精神；有的順應時代潮流，仿效外國立法例。

1.遺囑收養之存廢：值得一提者，現行民法雖將宗祧繼承廢除，但仍保留指定繼承人與遺囑收養制度，而分別規定於繼承編第一一四三條與親屬編第一〇七一條。依該二條之規定，被繼承人無直系血親卑親屬者，得以遺囑就其財產之一部或全部指定繼承人。一經指定，指定人與被指定人之關係，除法律另有規定外，與婚生子女同。可見我國之指定繼承人非單純財產之繼承，而有我國傳統之立嗣或立繼[66]之精神。

這次修正草案已將民法第一〇七一條與第一一四三條雙雙加以刪除。因爲指定繼承人之制在歐美各國均屬於財產繼承[67]，不生身分上之關係；反之，現行民法擬制其爲婚生子女，頗有可議。且現行民法旣

---

[66] 所謂立繼係寡婦爲亡夫立繼之行爲。清律戶律戶役門立嫡子違法條附例規定：「婦人夫亡，無子守志者，合承夫分。須憑族長，擇昭穆相當之人繼嗣，其改嫁者，夫家財產及原有粧奩，並聽前夫之家爲主」。

[67] 參閱瑞士民法第四八六條以下，德國民法第二〇八七條以下。

已廢止宗祧繼承制度，但於民法第一〇七一條及第一一四三條承認變相之立嗣制度，在立法政策上，似未能一貫[68]。

筆者以爲遺囑係單獨行爲，以遺囑指定繼承人無須被指定人之同意，即可成立婚生子女關係。此違反身分關係之成立，應出於雙方當事人自由意思之原則[69]。其次，遺囑收養之實質要件應不同於生前收養。民法祇以第一〇七一條之規定，不敷實際適用，徒使遺囑收養增加糾紛，流弊甚大。如要保留，實宜詳加規定。

有鑑於以上各點，筆者亦認遺囑收養以刪除較妥。

2.契約收養之實質要件：於生前契約收養，收養人之實質要件，可歸納下列各點說明：

(1)收養人年齡之限制：我國現行收養法有關收養人之最低年齡，沒有直接明文規定，但依民法第一〇七三條收養人與被收養人年差二十歲之規定，可知收養人至少須年滿二十歲。該年齡與我國舊律與民律草案立嗣年齡相同。這次修正草案沒有另外規定收養人之最低年齡。

如上所述，外國立法例就收養人最低年齡雖有往下降低之趨勢，但無論如何，該最低年齡較成年之年齡大。例如西德以十八歲爲成年（德民二條），但收養人最低年齡，於共同收養，一方配偶須年滿二十五歲，他方須年滿二十一歲；於單獨收養，收養人須年滿二十五歲。在收養自己非婚生子女或他方配偶之子女時，收養人須年滿二十一歲（德民一七四三條）。該立法意旨是在保護養子女之利益。因爲剛成年

---

[68] 參閱民法親屬編修正草案初稿，前揭九〇頁。

[69] 戴炎輝教授於《中國親屬法》二八五頁指出：「僅有繼承人指定，遺囑收養尚未成立，須遺囑發生效力後，被指定人承諾收養，始能成立遺囑收養」。

之年青人，通常在經濟上尚未獨立，且在家庭共同生活上尚無經驗，如冒然收養他人子女，令其負起保護教養之責，恐有未妥。其次，依我國習俗，國人收養子女大體出於本身結婚而不能生育或曾有子女而死亡。剛結婚之夫婦能否生育尚在未知數，他們最好有一段婚姻生活後，始決定是否需要收養，以昭愼重。

有鑑於此，新竹地檢處對修正草案初稿提出收養人至少年滿三十五歲之建議[70]。筆者以爲這次修正草案已將我國收養行爲從當事人放任主義改爲國家許可主義（修正民法第一〇七九條三項），法院得審查收養之所有情況，以養子女之利益爲收養認可之依據。從而收養人最低年齡之重要性相對減少。筆者以爲收養人最低年齡爲年滿三十五歲之建議，似嫌過高，必影響養子女被收養之機會。

總之，我國民法應有收養人最低年齡的規定，但不宜過高：「收養人非年滿二十五歲或結婚未滿二年不得收養」。

(2)收養人對被收養人之年差：我國現行民法第一〇七三條規定「收養者之年齡應長於被收養者二十歲」。此表示收養人與被收養人之年齡應相差二十歲。這次修正草案對此年齡差距並未提出修正。新竹地檢處以配合第九八〇條結婚法定年齡爲由，建議養親與養子之年差，應縮短爲十六歲[71]。

有如前述，外國立法例已將養親與養子女之年差廢除，其主要理由在於國家採認可主義後，法院能全盤審查收養人與被收養人之具體情況而決定應否收養。年差僅爲考慮是否

---

[70] 新竹地檢處六八年六月五日竹檢文字第〇八〇七九號函。

[71] 新竹地檢處六八年六月五日竹檢文字第〇八〇七九號函。

收養之原因之一。至於民法第九八〇條之法定結婚年齡，男爲十八歲，女爲十六歲，有不同之標準，究竟以男性之結婚年齡或女性之結婚年齡爲標準，仍不易決定。尤其收養在成立親子關係，而結婚在成立夫妻關係，先有夫妻關係，再發生親子關係，二者自有先後之區分。因此，筆者以爲年差問題不必修正，養親與養子女相差二十歲，並無不妥。如要修正，因修正草案就收養行爲已改爲國家認可主義（修正民法一〇七九條三項），宜仿效西德或英國立法例，將該年差刪除。

⑶收養人有配偶時之收養（共同收養）：我國舊律與過渡時期深受男權思想之影響，收養人祇限於男性。卽使夫有妻室，由夫單獨收養，但其效力仍及於妻方。反之，現行民法第一〇七四條基於男女平等之原則，夫妻應共同收養：「有配偶者，收養子女時，應與其配偶共同爲之」。

這次修正草案鑑於夫妻一方收養他方子女者，他方與該子女已有親子關係，故參酌外國立法例，於民法第一〇七四條增加但書規定：「但夫妻一方收養他方之子女者，不在此限」。此爲共同收養之例外。

⑷配偶一方有不能表意之情形：有配偶時，應與配偶共同收養，有如前述。惟夫妻之一方有不能表意之情形者，他方應如何收養，我國現行民法無明文，修正草案亦未增加規定，故實務上難免發生爭議。

有如前述，對此問題外國立法有兩種不同的類型。日本民法一方不能表意時，他方得以「雙方的名義」收養，而收養之效力及於不能表意之一方（日民七九六條）。德國民法於一方不能表意時，他方得單獨收養，但收養之效力不及於不能表意之一方（德民一七四七條四項）。

比較二種立法例，各有利弊，但筆者認為以德國立法例較優。因為身分行為之發生，以本人的眞意為基礎。身分行為不許代理為親屬法上的大原則，日本民法第七九六條實有牴觸該原則。設一方配偶得代理不能表意之他方為收養之意思表示，而使他方與被收養人亦發生親子關係，則被收養人因而將與他方及其親屬間發生極複雜的權利義務。可見「雙方名義」的收養，非保護養子女及不能表意人利益之道。

總之，筆者以為我國現行民法第一〇七四條宜增加第二項：「夫妻之一方不能表意或行踪不明達相當期間者，他方得單獨收養」。此規定表示，我國民法於有配偶時應共同收養；但有一方不能表意或失踪時，他方得單獨收養，但收養之效力不及於未表意之一方。未表意之一方（或失踪之一方）恢復表意（或歸來）時，再行表示收養與否之意願。

(5)收養人收養受其監護人的情形：德、日舊民法均以明文禁止監護人在監護期間或未提出管理之計算書以前，不得收養受監護人或曾受監護之人，有如前述。惟德、日現行法及其他採國家許可主義之立法例，均不再禁止收養人收養受其監護之人，而由法院或監督機構監督該收養有無為養子女利益而加以決定。

我國現行法對此無明文規定，適用起來難免要發生爭議。惟通說均認為準用民法第九八四條有關監護人與受監護人結婚之規定，監護人非得受監護人父母之同意，不得收養受監護人㉒，期能避免受監護人爲監護人所左右而成立收養關係。此種見解似有未妥之處。因爲未成年人設監護人，均在受監護人無父母、父母失踪或被停止親權之情形。如父母能行使親權（法定代理權），就不必設定監護人。可見監護人收養受監護人應得父母同意之見解，與實際情形不符，有窒礙難行之處。

這次修正草案將收養行爲從當事人放任主義改採國家許可主義（民一〇七九條三項），故由法院監督監護人收養受監護人有無弊病之情形，以資補救。從而監護人收養受監護人不必明文禁止，也不必得受監護人之父母之同意，却應由法院依其情形，有無利益於養子女來決定。

(6)收養人有直系血親卑親屬之情形：在我國舊律，立嗣人限於無男性子孫始可，以免妨害已有男子孫之權利。至於外國舊立法例亦以無直系血親卑親屬爲收養的要件，期以避免養子女與本生子女之利益衝突，而釀成家庭生活之不和諧。

外國現行立法以養子女利益爲最高指導原理。有子女之人再收養他人子女，不於硬性禁止，由法院就具體情形審查養子女與本生子女之利益有無衝突而作決定。猶如外國新立法例，我國現行法收養人不以無直系血親卑親屬爲限。如因此而有妨害養子女或本生子女之利益時，得依修正草案第一〇七九條第三項，決定爲收養之不認可。

㉒ 戴炎輝著≪中國親屬法≫，二四九頁；胡長清著≪中國民法親屬論≫，商務印書館，民國三五年，二五二頁；羅鼎著≪親屬法綱要≫，大東書局，民國三五年，一九八頁，趙鳳喈著≪民法親屬論≫，正中書局，民國三四年，一六七頁均採此說。惟曹傑著≪中國民法親屬論≫，會文堂新記書局，民國三五年，一九五頁，反對此說。

三、同意權之行使

(一)外國立法例之規定

現代各國立法例之收養，以未成年子女爲主，成年子女爲輔。被收養人爲成年人時，由本人爲出養之意思卽可；惟被收養人爲未成年子女而有父母或法定代理人時，其出養，應由何人意思表示？又被收養人如已結婚，其出養是否應得到其配偶之同意？有鑑於此，各國立法例均有同意權行使之規定。因國情之不同，各國立法例就同意權之行使不盡一致。爲說明各國立法之特色起見，玆分父母、子女及配偶之同意權加以檢討。

1.父母之同意權：因收養一旦成立，出養子女將與本生父母斷絕權義關係，而創設新的親子關係。法律爲保護本生父母之親權，未成年子女出養，須得本生父母之同意，該同意權爲同意權行使之核心，也在收養實質要件上，扮演相當重要的角色。

⑴德國

①同意權人：德國法將收養行爲認爲身分行爲，故不採民法總則有關滿七歲爲意思能力之制度，却採滿十四歲爲出養之意思能力。未滿十四歲子女出養由父母代爲同意（德民一七四七條一項）。滿十四歲之未成年人出養，由本人同意而得父母之承認（德民一七四六條一項）[73]。可見父母原則上對其子女之出養均有否決權，非得雙方同意或承認不能出養。如爲非婚生子女，應由其生母代爲同意或承認（德民一七四七條二項）。惟爲保護生父之權利，德國民法於第一七四七條有特別規定：「第三人收養非婚生子女者，於其生父已聲請

[73] 參閱本文第三章第一節三(一)2.子女之同意權。

婚生宣告或已聲請收養該子女時㊆㊃，不得認可之。……非婚生子女之生父母得放棄該聲請，放棄之表示須經公證，並不得撤回」。

②同意之免除：未成年子女出養，應由本生父母行使同意權。此為其固有之權利，但客觀上無法由父母行使同意權時，如無免除之規定，勢必阻礙收養之進行。故西德民法特明文規定，以資救濟：「父母一方繼續無法為意思表示或居留所繼續不明者，得免除其同意」（德民一七四七條四項）㊆㊄。

③同意之代替：各國立法例之收養，以養子女之利益為出發點，同時採國家監督之許可主義。故有同意權人對子女教養不力或濫用同意權時，法院得以其同意取代有同意權人之同意。

德國民法第一七四八條第一項規定：「父母一方繼續嚴重違反其對子女之義務，或依其行為顯示其對子女不關心，且不被收養對子女極為不利者，監護法院應依子女之請求，補充該方父母之同意。其違反義務雖非繼續，但特別嚴重，且預見子女將無法繼續受該方父母之監護者，亦同」㊆㊅。同條第三項又規定：「父母之一方因嚴重之精神障礙而無法繼續撫育及教養子女，且子女不被收養，無法在該家庭中成長，致其發展將受嚴重危害者，亦得補充其同意」。

④行使同意之方法：德國現行法將收養行為從契約行為改為裁

㊆㊃ 德國民法第一七四一條第二項允許收養自己之非婚生子女。

㊆㊄ 奧國民法第一八〇條第二項有類似免除同意之規定：「父母一方暫時不能為正當同意或居所不明在六個月以上者，不需其同意」。

㊆㊅ 依同條第二項，該補充同意有限制，即父母一方不關心子女而未達繼續嚴重違反義務，而於該方父母未獲少年保護局有關可能受法院補充同意之通知及依少年福利法第五一條之一所為之忠告，且自為該通知時起未滿三個月者，法院不得補充該父母之同意」。

定行爲（Dekretsystem）⑰。父母之同意必須向監護法院爲之。該同意之表示須作成公證人之公證，並送達該監護法院，始生效力（德民一七五〇條第一項）。

⑤同意之確定：人之身分關係不宜處於未確定狀態，子女尤應迅速確定其身分關係，期能保護其利益⑱。爲此，德國民法第一七五〇條第二項規定：「同意不得附條件或期限；同意亦不得撤回」。

⑵瑞士

①同意權人：瑞士民法與德國法不同，不以一定年齡爲收養之意思能力，却以識別能力（Urteilfähigkeit）取代德國法之意思能力。依瑞士民法第十六條，本法稱識別能力者，謂非因年齡幼稚，或因精神病、精神耗弱、酗酒或其他類似情形，致欠缺作成合理行爲之能力。因此瑞士民法視未成年子女有無識別能力，而決定由何人行使同意權。如無識別能力者，由父母行使同意權（瑞民二六五條之a第一項）；有識別能力者，由子女與父母分別行使同意權（瑞民二六五條第二項，二六五條之a第一項）。

②同意之免除：瑞士民法祇有同意之免除，却無德國法上同意之代替。瑞士民法第二六五條之c規定：「收養有下列情形之一者，得免除父母一方之同意：⑴父母一方不詳，長期行蹤不明或無識別能力達相當期間者。⑵父母之一方未熱心教養子女者」。

③行使同意之方法：瑞士民法關於收養之管轄機構非如德國的

---

⑰ 參閱 *Münchener Kommentar* 前揭一六七八頁。

⑱ *Münchener Kommentar* 前揭一六七九頁。

監護法院，却爲監護行政機關，故父母之同意權應向監護行政機關爲之。依瑞士民法第二六五條之a第二項規定，父母之同意應向自己或子女住所地或居所地監護行政機關，以言詞或書面表示，並須作成筆錄。又依同條第三項規定，未來之養父母縱無表明或未決定，前項同意亦發生效力。此立法意旨乃利收養之進行。

④同意之撤銷：依瑞士民法，子女出生後六週內，其父母不得行使出養之同意，以免倉卒決定，有所後悔（瑞民第二六五條之b第二項）。瑞士之規定不同於德國，父母尙得於同意後六週內撤銷之（瑞民同條第三項）。但撤銷一次而重新同意者，該同意因而確定（瑞民同條第四項）。

(3)日本

①同意權人：依日本民法第七九七條規定，被收養人未滿十五歲者，其法定代理人得代爲收養之承諾。可知日本立法採德國的規定，身分上之收養行爲不依民法總則之意思能力，而另規定出養人之意思能力。凡未滿十五歲之未成年子女，如要出養，非由其法定代理人代爲承諾不可。通常法定代理人爲父母或其任何一方；無父母時，則爲監護人。因此出養之代諾權人爲父母；無父母者，爲監護人[79]。

依日本民法第八一八條規定，父母共同對子女行使親權，因此出養之代諾權應由父母共同行使。有一方拒絕時，其子女不得出養[80]。惟親權人如喪失財產上的管理權，尙不影響

[79] ≪注釋民法(22)のⅡ・親族(3)≫，五六四頁。
[80] ≪注釋民法(22)のⅡ・親族(3)≫，五六四頁。

其代諾權之行使，因爲代諾權屬於子女之身分行爲[81]。

②同意之免除：日本民法並無明文規定同意之免除。父母之一方有所在不明或不能表意，致親權不能共同行使時，他方得單獨行使親權。因此判例承認出養之代諾權亦由該方親權人單獨行使[82]。至於同意權行使之方法，日本民法無明文規定。

⑷英國

①同意權人：英國法之收養與歐陸法在父母同意權行使上有所不同。歐陸法以年齡或識別能力來區分父母行使子女出養之同意權；反之，英國並無如此的規定。依英國一九七六年收養法，子女出養之同意權人爲行使親權的父母或行使監護權的監護人。依同法第十六條第一項第二款規定，收養裁定時，應使子女之本生父母充分理解同意之意義，且應得其不附條件的同意始可。如該子女爲非婚生子女，判例以生母單獨行使親權爲由，出養之同意權亦由生母獨自爲之[83]。

②同意之免除：英國法祇規定同意之免除，却無同意之代替。因此與瑞士立法同，而與德國立法不同。依一九七六年收養法第十六條第二項之規定，法院確認父母有下列情形之一者，得免除其同意：「⑴行蹤不明或無表意之能力者。⑵拒絕同意有不當者。⑶無正當理由而繼續不盡父母之義務者。⑷有不顧或遺棄子女者。⑸有繼續虐待子女者。⑹有嚴重虐待子女者」。

③行使同意之方法：依英國一九五八年之收養法，同意得於審

---

[81] ≪注釋民法(22)のⅡ・親族⑶≫，五六四頁。

[82] ≪注釋民法(22)のⅡ・親族⑶≫，五六四頁。

[83] 參閱黃宗樂前揭（上），三二七頁以下。

理時以口頭爲之，父母或監護人於審理時不到場者，應以書面爲之（收養法六條一項）。一九七六年之現行收養法僅規定以書面爲之（收養法六一條一項），表示同意之文書經依收養規則證明者，無需同意權人簽名證明，即認爲同意之證據（收養法六一條一項）。一如德、瑞立法例，英國收養法亦規定本生父母之同意不得於子女出生未滿六週爲之，否則該同意無效（收養法十六條四項）。

2.子女之同意權：子女一旦出養，將與本生父母斷絕一切權利義務，而與養父母建立新的法律關係。此影響子女之利益甚大，因此子女有意思能力時，爲顧慮其意願，各國立法例均規定子女的同意權。惟如何行使其同意權，各國民法有不同的規定。

(1)德國

有如前述，依德國法，子女未滿十四歲者，其出養由父母代爲同意。至於子女滿十四歲而未成年時，應得其同意（Einwilligung），但仍須得法定代理人之承認（Zustimmmug）（德民一七四六條一項）。此時子女於收養認可生效前，尙得有機會向監護法院撤回其同意。該撤回須有公證書，以昭公信，但無須再得法定代理人之承認（德民一七四六條二項）。又監護人或撫養人無正當理由拒絕同意或承認時，監護法院得補充之（德民一七四六條三項）。

(2)瑞士

依瑞士法，未成年子女出養應得其父母之同意（瑞民二六五條之a第一項）。該子女如有識別能力時，尙得其本人之同意始可（瑞民二六五條二項）。該子女設定監護者，縱然有識別能力，出養須得監護監督機關之同意。可見德、瑞立法稍有不同。

⑶日本

日本民法就十五歲以下之子女，由其法定代理人代為出養之承諾，有如前述。但十五歲以上之未成年人出養，並無如日本民法第七三七條有關結婚時須得父母的同意之規定，故其民法注釋認為該未成年人得單獨決定出養[84]，而不必如德國法，尚須得法定代理人的承認。惟依日本民法第七九八條規定，收養未成年人為養子女，須得家庭裁判所的許可，與各國立法例均同。

⑷英國

依英國現行收養法，出養並不以子女之同意為成立要件，但法院或收養機構，於決定收養之際，不但應顧慮未成年子女之年齡與理解能力，而且儘可能調查未成年子女對收養決定之願望與感受（收養法六條）。

3.配偶之同意權：收養人有配偶時，各國立法例規定須夫妻共同收養，有如前述。至於有配偶而出養為他人子女時，因夫妻關係極為密切，同時為保持婚姻生活之和諧美滿，宜使其配偶表示意見。故德國民法第一七四九條第二項、瑞士民法第二六六條第二項，均以得配偶之同意為收養之要件。惟收養之效力自不及於同意之配偶。其與被收養人之養父母祇成立直系姻親而已。

(二)我國舊律及過渡時期

1.我國舊律時期：我國傳統社會深受天道秩序的支配，將人類社會的父子關係比擬為天地，而認子以父為天，子之人格完全為父所吸

---

[84] ≪注釋民法(22)のⅡ・親族⑶≫，五五九頁。

收[85]。基於此理論，直系尊親屬對直系卑親屬，不問其年齡，均有強大之尊長權與敎令權[86]。因此被收養人出養，不問其年齡多寡，應由其父代爲同意。而該父更有直系血親尊親屬時，尙須禀承其意思決定。至於被收養人之母或妻，無同意權，因爲舊社會婦女受「三從」[87]之限制，無意思能力可言。

2.我國過渡時期：過渡時期之民律草案，一方我國傳統之子以父爲天的思想，仍繼續存在；他方歐陸近代獨立人格思想已傳入我國。因此民律草案第四編第七十八條係新舊思想折衷下的規定。該條第一項，不問子女有意思能力或行爲能力，出養須得父母之同意；無父母者，須經直系尊親屬之同意。其第二項採日本立法例，以男子滿十五歲爲收養之意思能力，故未滿十五歲之男子出爲嗣子時，須由父母代爲允許。其第三項規定嫡母、繼母出養男子爲嗣子時，因非其婚生子女，恐藉出嗣之名而達驅逐之目的，故須得親屬會議的同意始可。大理院判例亦承認出嗣須得父母之同意：「爲人子者出繼他人爲嗣，其父母如尙生存，必得其同意而後可」[88]。

(三)我國現行民法及修正草案

1.父母之同意權：我國現行民法就未成年人出養本生父母是否有同意權，並無明文規定，致實務上易引起爭執。這次修正草案參照民法第七六條，並參酌德國民法第一七四六條第一項，瑞士民法第二五六條之a，明定未滿七歲之未成年人出養時，需得法定代理人代爲意

---

[85] 參閱滋賀秀三前揭一八〇頁。

[86] 參閱戴東雄著<論中國固有法上家長權與尊長權的關係>（上）（載於臺大≪法學論叢≫，第二卷第一期，民國六一年十月）。

[87] ≪儀禮・喪服傳≫說：「婦女有三從之義，無專用之道。故未嫁從父，既嫁從夫，夫死從子」。

[88] 四年上字第四七一號，≪判例全書≫，二六五頁。

思表示或代受意思表示（民修一〇七六條一項）。法定代理權爲親權之一部分。依修正前民法第一〇八九條之規定，本生父母俱存時，由父母共同行使親權，但父母意思不一致時，以父之意見爲意見。可見第一〇七六條所稱法定代理人，於父母俱存時，實際上似單指父而言，如父不存在時，始能指母；如父母俱不存在時，則指監護人。

此次修正草案爲貫徹男女平等之原則，將第一〇八九前條有關「父母對於權利行使意思不一致時，由父行使之」一段加以删除，而祇保留「父母共同行使或負擔未成年人之權利義務」。至於第一〇八九條後段不變。因此修正草案第一〇七六條所稱法定代理人似指父與母而言，所以未滿七歲之未成年人出養，應由父母雙方的同意始可。有一方不同意時，子女不能被收養。

2.子女之同意權：滿七歲以上之未成年子女，已有意思能力，應否被收養攸關其利益最大，故宜由本人爲意思表示。惟未成年人思慮欠週，而出養爲他人子女，其與本生父母之權義關係斷絕，影響父母之利益亦大，故應使其父母或法定代理人有表示意思之機會。參酌民法第七七條及第七九條之規定，於修正草案第一〇七六條第三項規定：「滿七歲以上之未成年人被收養時，應得法定代理人之同意」。

惟滿七歲以上之未成年人，如無法定代理人或法定代理人不明時，自無從得法定代理人之同意，可由收養者或被收養人準用第一〇七九條規定，逕行聲請法院認可。故第一〇七六條第三項新增但書規定：「但無法定代理人或法定代理人不明時，不在此限」。

我國這次修正草案以七歲爲出養之意思能力，係採與民法總則有關財產行爲之意思能力相同的標準。因此我國的規定類似於瑞士之立法例，而不同於德、日及民律草案以十四歲或十五歲爲出養之意思能力。

我國之優點在於滿七歲之人已有出養之意思能力，故父母須顧慮其意願而決定出養。此可防止父母對於七歲以上之未成年子女濫用其同意權，俾圖卸自己扶養之責任，甚至防止逼良爲娼之弊病。惟有利必有弊，其缺點則出養之意思能力不提高爲十四歲或十五歲時，則沒有子女自願離開其本生父母家而爲他人之子女，甚至家貧或其他不幸，也不情願離開。於是子女出養之機會必大大減少。

其次，我國民法對有出養意思能力人之出養，尙須得法定代理人的同意。此規定與德國立法例同，但與日本民法有異。筆者以爲有出養意思能力之未成年人，血氣未定，思慮未熟，對出養之利害尙難充分判斷；又子女出養後，勢必與本生父母斷絕權義關係，而養父母是否有能力敎養，自宜由本生父母全盤衡量。故該子女出養宜得本生父母之同意較爲妥當。

3.配偶之同意權：我國現行民法爲保持婚姻生活之和諧美滿，出養人有配偶時，應得配偶之同意（民一〇七六條），而與多數立法例相同[89]。但該收養效力祇及於養子女本身。故養父母與養子女之配偶祇成立直系姻親而已。

至於被收養人之配偶因失蹤、受禁治產宣告或其他長期不能表意，致無法同意時，被收養人能否免除該配偶之同意而被收養？筆者以爲我國現行民法雖無明文，但應從嚴解釋，包括能表意而不同意與無法同意在內。因爲我國早已廢除宗祧繼承，而成人收養之目的，受到現代社會的批評；尤其被收養人之配偶失蹤歸來或能表意而反對被收養人爲他人子女時，必至夫妻失和，家庭生活受到破壞。

4.離婚父母對子女出養之同意權：父母已離婚而子女歸一方配偶監護者（民一〇五一條、一〇五五條），其子女出養時，祇由監護之

---

[89] 參照德國民法第一七四九條第二項，瑞士民法第二六六條第二項。

一方同意（代爲同意或得其同意），抑或尚需得他方配偶（已離婚）之同意？我國現行法對此並無規定，此次修正草案亦未提起，因此適用實務上難免亦發生困難。

對此問題，各國最新收養法並無直接規定。惟他們的法條規定較爲細密，尤其在收養之內容上。因此，根據該規定，並依邏輯上的推理，不難獲得妥當的解釋。

就外國立法例來說，可分爲二種不同的解釋，一爲德、瑞的規定，一爲日本的規定。

⑴德、瑞立法例：

①德國

有如前述，德國收養法於子女未滿十四歲而出養時，由法定代理人代爲同意，如滿十四歲之未成年人出養時，由子女同意而得法定代理人之承認（德民一七四六條）。此處所稱法定代理人，依德國民法第一七四七條及一六二六條之規定，應指父與母而言，所以子女出養必須由父與母之同意或承認始可。如父母離婚時，依德國民法第一六七一條第一項，監護法院須決定對其共同子女之親權應屬於父或母。又依同條第二項規定，親權原則上僅由父母之一方行使之；但爲子女之福祉有必要時，得由父母一方負擔子女人身之監護，而由他方負擔子女財產之監護。

親權之核心爲保護教養未成年子女。爲實現保護教養之任務，法定代理權及其他同意權構成親權內容之一部[90]。父母離婚而監護法院將親權歸屬於一方配偶時，該配偶單獨成爲子女的法定代理人。可見德國民法第一七四六條所稱法定

---

[90] G. Beitzke, *Familienrecht*, München 1976, S. 192.

代理人，由有親權之一方擔任而單獨行使出養之同意權[91]。如父母之一方有身心之監護，他方有財產之監護權時，則由有身心監護之一方行使收養之同意權。

其次，德國新收養法第一七四八條規定父母一方同意之補充：「父母一方繼續嚴重違反其對子女之義務，或依其行爲顯示其對子女不關心，且不被收養對子女極爲不利者，監護法院應依子女之請求，補充該方父母之同意。其違反義務雖非繼續，但特別嚴重，且預見子女將無法繼續受該方父母之監護者，亦同」。此條之立法意旨在於父母一方對其子女有教養不力、不關心或無法期待監護時，得依子女之申請，由監護法院取代父母之一方爲出養之同意。由此可知，父母離婚後，對子女不享有親權之一方，因無法定代理權，又無教養或監護之事實，故不能行使出養之同意權。

德國收養採取國家監督主義，收養的生效不在於父母之同意，却在於監護法院之許可。而監護法院之許可，以子女的利益，尤其養子女的利益爲最優先(德民一七四五條)，父母同意權因而失去重要性。可見有親權之一方父母雖同意出養子女，然有違背養子女之利益時，監護法院尙能拒絕收養。法院認爲同意權人有濫用親權時，尙能停止其親權，而改由他方行使親權或另選適當之監護人監護(德民一六六六條)。

②瑞士

有如前述，子女未成年而有識別能力者，本人同意外，

---

[91] G. Beitzke前揭一九二頁:“Soweit das Vormundschaftsgericht einem Ehegatten die Entscheidungsbefugnis allein zugewiesen hat, muss dieser folgerecht auch allein vertretungsberechtigt sein”.

應得父母雙方之同意而出養，如無識別能力者，由父母雙方代爲同意而出養。

父母離婚時，由法院決定配偶之一方行使親權(Eltern-rechte）。瑞士民法第二九七條規定：「婚姻關係存續中，父母共同行使親權，離婚時，由受託監護子女之一方夫妻行使親權」。又瑞士民法第一五六條第一項規定：「關於親權之行使及父母對於子女個人之關係，法院在宣告離婚或別居時，於聽取父母，必要時於聽取監護機關之意見後，應爲必要處分」。同條第二項：「不監護子女之配偶對於個人交往與對子女扶養之履行，依有關親子關係效果之規定」。又瑞士民法第二六五條之c規定：「父母一方未熱心教養子女者，得免除該方父母對出養之同意權」。此處所稱之教養，實爲親權的內容。

可見父母離婚時，親權原則上祇由父母一方行使，未享有親權之他方，對子女之出養似無同意權。

再者，瑞士民法就收養亦採國家監督主義。收養是否發生效力，不單父母之同意，尙須行政機構的宣告（瑞民二六八條）。一如德國法，行政機構之宣告收養，以子女之利益爲優先，父母之同意權已不甚重要。瑞士民法第二六四條規定：「未來之養父母經證明已對養子女至少有二年之撫養與教育，且斟酌各種情況，其所成立之親子關係能達到養子女之幸福，且對其本生子女亦無不公平之情形者，得收養子女」。可見有親權之一方父母雖同意出養子女，如該出養違背子女的利益時，主管行政機關得拒絕收養。如出養之同意權認爲有濫用親權時，主管行政機關亦得停止親權而另爲適當之處分（瑞民三一一條、三一二條）。

⑵日本:

未成年子女服從父母之親權（日民八一八條一項）。於父母婚姻存續中，父母共同行使親權，但父母一方不能行使時，由他方行使之（日民八一八條三項）[92]。子女出養之代諾權屬於身分上之親權[93]，所以應由父母共同行使。如對此意見不一致時，不能單由一方行使代諾權而使收養成立。

父母離婚時，日本民法與德、瑞立法例相同，由其中之一方行使對子女之親權。日本民法第八一九條第一項規定:「父母兩願離婚時，依其協議決定其中一方爲親權人」，其第二項:「於裁判離婚時，由法院決定父母之一方爲親權人」。有親權人原則上享有身分上之同意權[94]，所以有親權之一方父母，對其子女之出養有代諾權[95]。

惟日本民法有不同於德、瑞立法例之處。父母離婚時，除親權人由夫妻協議或由法院決定外，尙得另協議或決定子女之監護人。日本民法第七六六條規定:「父母兩願離婚時，關於任子女監護之人及其他監護上必要事項，以協議定之。協議不成或無法協議時，則由法院決定之」。依此規定，監護權人可能爲父母之任何一方，也可能爲第三人。監護人如爲父母之一方時，可能爲日本民法第八一九條所稱之親權人，也可能爲該條所稱親權人之他方（非親權人）。親權人與監

---

[92] 日本舊民第八七七條第一項規定親權單獨由在家之父行使。此表現夫妻不平等之精神，所以現行法加以糾正，而規定父母共同行使親權。

[93] ≪注釋民法(23)・親族⑷≫，於保不二雄編集，有斐閣，八頁以下。

[94] ≪注釋民法(23)・親族⑷≫，五二頁以下。

[95] ≪注釋民法(23)・親族⑷≫，五二頁以下。

護人如屬於同一人時，日本民法第七六六條並無適用之餘地，而直接適用第八一九條之規定，此時子女出養的代諾權，由該有親權之一方父母行使。但親權由父母一方行使，而監護人由他方或由第三人擔任時，則應適用第七六六條的特別規定。此時子女之出養，應由親權人代諾抑或由監護人代諾？不無發生疑問。

德國將親權二分爲財產之監護與人身之監護，而可由父母分別行使（德民一六七一條）；反之，日本民法上親權與監護權爲全部與部分的關係，即親權爲全面的權利，而監護權爲其中之一部。因此，父母之一方爲監護人時，在其監護之權限內，能停止他方親權行使之效果[96]。

父母離婚而其中一方爲親權人，他方爲監護人時，子女之出養應如何行使代諾權？多數說認爲親權人有承諾權，但需得監護人之同意[97]，但少數說認爲祇由監護人行使代諾權即足[98]。

惟日本收養法，一如德、瑞立法例，未成年人之收養需得家事法院的許可，始能生效。故父母之一方如濫用出養之代諾權，而對養子女有不利益之情形時，家事法院尙能有效的阻止收養發生效力。如此看來，日本收養法上之代諾權，一如德、瑞立法例，已不甚重要。

(3)我國的規定：

依現行法規定，親權人（父母）爲未成年子女之法定代

---

[96] ≪注釋民法(21)・親族(2)≫，島津一郎編集，有斐閣，一五二頁以下，尤其一五九頁。

[97] ≪注釋民法(22)のⅡ・親族(3)≫，五六四頁。

[98] ≪注釋民法(22)のⅡ・親族(3)≫，五六四頁。

理人（民一〇八六條），無親權人時，始設定監護人（民一〇九一條）。又父母於婚姻關係存續中，共同對子女行使親權。但父母之意見不一致時，以父之意見爲意見（民一〇八九條）。可見子女出養之同意權，實際上由父單獨行使。

修正草案基於男女平等精神，親權祇由父母共同行使，而不再於父母意見不一致時由父單獨決定（民修一〇八九條）。所以子女出養時，必須父母均同意始可，一方同意另一方拒絕時，子女不得出養。

依民法第一〇五一條或第一〇五五條規定，父母離婚而子女歸父母一方監護時，子女出養應如何同意？

檢討此問題之關鍵，在於我國民法第一〇五一條與第一〇五五條所稱「監護」之實際意義。有學者認爲該監護與親屬編第四章監護（民一〇九一條以下）之範圍不同，前者僅指狹義之人身監護，也就是民法第一〇八四條所稱之保護及教養之權利義務，他方之親權並未喪失或停止[99]。所以子女出養除監護人同意外，尙須得他方親權人之承認始可。此理論似以日本民法第七六六條爲依據，將監護權視爲親權之一部分。

筆者以爲此種解釋未盡妥當，依日本民法，父母離婚時法院依第八一九條先決定其中一方爲親權人。必要時，父母得再依日本民法第七六六條協議；協議不成，由法院決定他方爲監護人。可見於日本民法，先有父母一方爲親權人。有必要時，另以他方爲監護人；反之，我國民法第一〇五一條與第一〇五五條祇有監護人，而別無親權人之協議或指定，可

[99] 戴炎輝著《中國親屬法》，二四六頁以下。

見我國所稱之監護人與日本所稱之監護人有所不同。

再者，依日本注釋民法解釋⑽，親權人與監護人如同屬於一人時，日本民法第七六六條並無適用之餘地。因爲親權包括監護人所有的權限，監護人將爲親權人所吸收，故此時再稱監護人是多餘的。反之，如親權人與監護人各屬於一方配偶時，後者行使監護權限內，前者之親權受停止。

有鑑於此，筆者以爲我國民法第一〇五一條與第一〇五五條所稱之「監護」與第一〇九一條以下之監護相同，也與德國民法第一六七一條、瑞士民法第二九七條及日本民法第八一九條所稱之親權同其範圍較妥⑾。親權固然由父母共同行使，但父母離婚時，不但感情不睦，而且不共同生活，此時共同行使親權有實際上之困難，甚至不可能。所以有監護權之一方爲子女之法定代理人，並由他行使出養之同意權，或許較能符合社會實際需要。

惟由有監護之一方父母單獨行使子女出養之同意權，並非無缺點。因爲我國現行法不採國家監督主義，而採當事人放任主義，法定代理人之同意權對收養之成立有決定性之作用，尤其收養一旦成立，子女不但與監護之一方父母，而且

⑽ ≪注釋民法(21)・親族(2)≫，一五九頁以下論及監護之權限，尤其一六〇頁說明監護人與親權人之關係。

⑾ 參閱史尙寬前揭四五四頁：「依余所見，日本民法明以監護與教育並列（日民舊八七九條，新八二〇條），我民法則規定爲『保護及教育』，則第一〇五一條及第一〇五五條所謂之監護，無作狹義解釋之必要，應從廣義的解釋，包括身上監護及財產管理及子女之代理權在內。……在我民法，則父母爲其未成年子女之法定代理人，子女之代理權亦應屬於任子女監護之配偶」。

與他方亦斷絕權利義務（繼承權與扶養關係），此影響非監護一方父母之利益甚大。

採國家許可主義之收養成立為現今各國立法之趨勢。這次我國親屬編修正草案已於第一〇七九條明定為養子女之利益與身分變動之公示性，改採國家許可主義，值得喝采，尤其國家之認可收養，以養子女之利益為最高之指導原理。如此一來，父母離婚後，有監護子女之一方出養子女時，即使未得他方之承認，仍應得法院之許可，始能成立。而法院之許可必能客觀判斷該出養有無為子女之利益，而非為父母之利益着想。如認為該父母一方有濫用親權而任意出養之嫌時，法院尚得依他方之聲請改由他方為子女之監護人（民一〇九〇條）。

第二節　形式要件

收養之形式要件者，收養之成立必須具備之一定方式。現今各國立法例就收養成立改採國家公權力之介入，而不採當事人放任主義，故其形式要件不如稱為收養之程序（Verfahren, Proceeding）來得恰當。

一、外國立法例之規定

由於收養之成立需要國家公權力之介入，故須履行一定之程序。各國之程序雖有不同，惟大致可歸納三程序，即聲請、審理及裁決。

(一)西德

1.聲請：西德之收養程序，依其民法第一七五二條第一項規定，應由監護法院依收養人之聲請而宣告。依非訟事件法第四三條之b規定，收養係由被收養人住所地法院，如無住所時，由被收養人居所地之法院管轄。又依第一七五二條第二項，收養之聲請不得附條件或期限，或由代理人提出。聲請更須作成公證書，以昭愼重。

2.審理：一旦收養人提出聲請，監護法院不但有形式上之審查權，而且有實質上之調查權[102]。因此監護法院得審查收養之聲請有無具備所有之法定要件[103]，尤其該收養能否成立親子關係及能否因而促進養子女之利益（德民一七四一條）。

3.宣告（Beschluss）：法院審查後應爲收養與否之宣告。宣告以到達收養聲請人而生效。宣告分爲收養成立與不成立。前者一旦宣告後，不得再撤回、抗告或變更。後者一旦宣告後，依非訟事件法第十六條第一項，尙得提起抗告。

(二)瑞士

1.聲請：收養之程序應由收養人住所地之州機關管轄（瑞民二三條至二六條），故收養人應向該行政機關聲請(瑞民二六八條一項)，而不若德國法，由監護法院管轄。

收養之聲請已提出者，不因被收養人之死亡或無識別能力而受影響，但欠缺收養之其他要件者，不在此限（瑞民二六八條二項）。又未成年子女於提出被收養之聲請後，雖已成年，而其收養要件均已具備者，仍適用收養未成年子女之規定。

2.審理：行政主管機關於收到收養之聲請後，先審查一般收養的法定要件，例如年齡，必要同意等。然後調查收養人與被收養人各重要情況，於必要時，並得請求專家協助(瑞民二六八條之a，一項)。

---

[102] *Münchener Kommentar* 前揭一六八四頁以下。

[103] 德國民法第一七四六、一七四七、一七四九條等諸要件。

又應調查之範圍頗廣，包括收養人與被收養人雙方之品行、健康、其相互關係、收養人之教育能力、經濟狀況、收養動機、家庭情況以及撫育之情形（瑞民二六八條之a，二項）。又收養人有直系血親卑親屬者，其對收養之意見亦應予斟酌（瑞民二六八條之a，三項）。

3.宣告：收養具備各種法定要件，同時有利於養子女之教養者，應爲收養之宣告。

(三)日本

1.聲請：日本民法與德國民法相同，係由法院許可而成立收養。故日本民法第七九八條規定，收養未成年子女，須得家庭裁判所之許可。收養之主管法院係由被收養人住所地之法院管轄。通說認爲聲請人祇有收養人，但少數學者認爲養子女或其法定代理人在收養同意之前提下，亦能提出收養[104]。

2.審理：依日本注釋民法之解釋，法院審理收養之範圍，包括一般法定要件有無具備及有無爲養子女之福祉而收養[105]。

3.宣告：符合法定收養要件與未成年子女之福祉者，法院得爲收養之許可。對於法院收養不許可之裁定，學說認爲可以提出卽時抗告，但不許依非訟事件法之程序提出抗告[106]。

4.申報：依日本民法第七九九條準用第七三八條及第七三九條規定之結果，收養猶如結婚，須依戶籍法之規定，非經申報不能生效。申報人爲收養之當事人，卽收養人或養子女。申報須有二人以上成人證人之在場證明。至於申報地爲申報人所在地。

(四)英國

---

[104] ≪注釋民法(22)のⅡ・親族(3)≫，五八〇頁。
[105] ≪注釋民法(22)のⅡ・親族(3)≫，五八二頁。
[106] ≪注釋民法(22)のⅡ・親族(3)≫，五八一頁。

1.聲請：一如大陸法系國家，英國收養法亦採國家許可主義，故收養由收養人向法院提出聲請而經法院裁定而成立。惟其管轄收養之機構不如歐洲大陸法系之統一。管轄收養之法院有高等法院家事部、普通地方法院及治安推事法院[107]。

2.審理：英國收養法審理收養之原則，一如歐陸國家，係以增進養子女福祉爲目的。因此法院審查一般法定要件有無具備外，應實際調查一切情況，尤其增進養子女之福祉爲前提（英收養法六條）。

3.裁決：法院依據調查報告及收養人之意見後，應決定是否收養之裁定（order）。英國法院對於收養裁定比歐陸國家有較大的裁量權。法院審理後，尚不能決定是否爲終局之裁定時，得爲中間之裁定，期能暫時以二年期間賦予聲請人對被收養人法律之監護權，以爲日後決定終局裁定之依據（英收養法二五條）。聲請人對於不准收養之裁定，得提起抗告。

二、我國舊律例及過渡時期

我國舊社會立嗣與乞養行爲，不受國家公權之干涉或監督。惟立嗣攸關宗法與祭祀，故其形式要件須舉行拜見父母或祭告宗廟，以昭愼重。民間就乞養有立契及身價銀之授受，以爲收養之成立。

民律草案之收養形式要件，仿效日本舊民法之規定，須聲請戶籍登記，始能發生效用。依民律草案第四編第八十條規定，出嗣自報名戶籍吏登記之日發生效力。此形式要件對身分變動具有公示作用。

---

[107] 黃宗樂前揭(上)，二〇七頁。

三、我國現行民法及修正草案

(一)現行民法

1.立書面：我國現行民法第一〇七九條規定：「收養子女應以書面爲之，但自幼撫養子女者，不在此限」。由此可知我國現行收養之形式要件頗爲簡單，祇要雙方當事人立書面之契約，卽能生效。從而其不採德、瑞、英之國家監督，也不採民律草案之申報登記。如此之形式要件可稱爲當事人放任主義，極易造成收養之濫用，而流弊叢生。

2.自幼撫養：民法第一〇七九條有關「自幼撫養者，不在此限」之但書，曾引起學者解釋上之爭議。有的學者認爲該但書係「因時效之身分取得」，卽撫養人因自幼繼續撫養他人子女達相當期間，故發生婚生子女之效果[108]。有的學者以其爲單獨行爲，卽撫養人以單方之意思表示成立收養關係[109]。依大理院判例，撫養係有收養他人之子女爲自己子女之意思，養育在家[110]。又依司法院解釋例，收養者生前如確有收養其妻與前夫所生之子爲其子之意思表示，而被收養者之年齡又在七歲以下者，自可認爲有效[111]。

筆者以爲該但書似指：未滿七歲而無父母或父母不詳之子女，得免除書面契約，而依單方之意思表示成立收養關係。如子女有父母時，卽使未滿七歲，應依書面契約成立收養關係。否則偸抱他人年幼子女，經一段撫養之事實，卽能成立親子關係，其不當可想而知。

---

[108] 戴炎輝著《中國親屬法》，二五三頁。

[109] 史尙寬前揭五四一頁。

[110] 大理院判例五年上字第一一二三號，《判例全書》，二四五頁。

[111] 三五年院解字第三一二〇號，三一年院字第二三三二號。

(二)修正草案

這次修正草案就收養形式要件的二缺點均加以修正。就第一缺點來說，收養除雙方當事人書面契約外，尚須聲請法院之認可（民一〇七九條一項）。至於其管轄法院以被收養人住所地之法院；無住所時，以居所地之法院爲宜。法院就收養之聲請，有實質之審査權。法院之審查分爲法定要件與養子女利益之審查。法院先審査有無具備民法第一〇七三條至第一〇七六條之諸要件；換言之，收養有撤銷（民一〇七九條之一、一〇七九條之二）或無效原因之一者，法院應不予認可（民一〇七九條三項一款）。其次，法院就具備法定要件之收養，尙得審查收養人有無從事不正當職業或其他情形，因而足認收養於養子女不利之情形。如有此情形，法院亦應不予收養之認可。

有關自幼撫養之缺點，這次修正草案已刪除。一則自幼撫養，文義不確，易引起解釋上的爭議。再則，解釋爲「因時效取得身分」或「單獨行爲」，對養子女保護不週。因此修正草案於第一〇七九條增加第二項：「撫養未滿七歲而無法定代理人之人爲子女者，應聲請法院認可」。

如此一來，收養之成立，無論有無法定代理人，子女之出養一概由法院認可。於是我國民法亦步外國新立法之後塵，由國家以養子女之利益監督收養行爲。此種立法，値得喝采。

第四章　收養之無效與撤銷

第一節　概　　說

收養如視爲收養人與被收養人雙方之契約行爲時，自發生無效與撤銷行爲；反之，收養如視爲國家公權力之裁定行爲（Dekretsystem)時，祇發生收養之廢棄(Aufhebung)。我國現行民法上之收養，從第一〇七九條之解釋，可視爲契約行爲，又自第一〇七三條至第一〇七九條規定不少收養之要件。違反該要件，其爲無效或可得撤銷，法律沒有明文，所以實務上適用起來不無困難。有人主張收養爲身分行爲，應準用結婚無效與撤銷之規定⑫。有人認爲收養雖爲身分行爲，但收養發生親子關係，結婚成立夫妻關係，二者性質完全不同，故應準用民法總則無效與撤銷之規定⑬。有鑑於現行民法就收養無效與撤銷無明文可據，民法修改委員會認爲是立法上之疏漏，而於這次親屬編修正草案初稿增列第一〇七九條之一與第一〇七九條之二有關收養之撤銷，以資適用。爲檢討收養無效與撤銷之內容及如何行使，茲分外國立法例、我國舊律及過渡時期、現行民法上之解釋及修正草案之規定四點說明。

第二節　外國立法例之規定

---

⑫ 戴炎輝著≪中國親屬法≫，民國六七年，二五四頁。
⑬ 史尚寬前揭民國五三年，五四六頁。

就收養的無效與撤銷之理論，有兩種不同典型的立法例値得一提，一爲日本民法的規定，一爲德國民法的規定。

一、日本

日本民法將收養視爲與婚姻同其性質之身分契約行爲，故一方以明文規定收養之無效與撤銷，他方於沒有明文規定時，準用婚姻無效與撤銷之規定。

(一)收養之無效

依日本民法第八〇二條規定，收養之無效有兩種情形。

1.當事人間無收養之意思　此包括收養意思之欠缺及當事人無創設親子關係的假收養。前者例如收養有當事人同一性之錯誤；後者例如避免服兵役的假收養或逼良爲娼之藝妓收養[114]。

2.違反形式要件之收養　日本民法將收養之形式要件規定與結婚相同，其採用國家監督之申報登記主義。收養須申報戶籍機關始成立。如未申報者，該收養不能成立。

(二)收養之撤銷

依日本民法第八〇三條之規定，收養之撤銷有四種，同時再依日本民法第八〇八條準用結婚撤銷之情形，收養之撤銷總共有五種。

1.收養人爲未成年人　依日本民法第七九二條，未成年人不得收養子女。違反此實質要件者，依日本民法第八〇四條規定，養父母或其法定代理人，得對法院請求其撤銷。但養父母自達成年後，經六個月或已予追認者，不得再請求撤銷。

2.被收養人爲年長或尊親屬　依日本民法第七九三條，收養人不

[114] ≪注釋民法（22）のⅡ・親族(3)≫，中川善之助編集，有斐閣，昭和四七年，六七〇頁以下。

得收養年長之人或尊親屬為其養子女。違反此實質要件者，依日本民法第八〇五條規定，各當事人或其親屬得對法院請求撤銷。

3.監護人未經許可而收養受監護人　依日本民法第七九四條規定，監護人收養受監護人時，須得法院之許可。於監護人之任務終了後，管理之計算未畢者亦同。違反此實質要件者，依日本民法第八〇六條第一項之規定，養子女或其本生親屬得對法院請求撤銷收養，但計算終了後，養子女予以追認或已逾六個月者，不得再請求撤銷。

4.未經許可而收養未成年人　依日本民法第七九八條之規定，以未成年人為養子女時，應得法院之許可。違反此實質要件者，依日本民法第八〇七條之規定，養子女、本生親屬或代養子女承諾收養之人得對法院請求撤銷。但自養子女成年後已逾六個月或予追認者，不得再請求撤銷。

5.結婚撤銷之準用　依日本民法第八〇八條之規定，日本民法第七四七條有關因詐欺、脅迫結婚之撤銷及第七四八條結婚撤銷之效果，得準用於收養之情形。

可見日本民法將收養視為身分上之契約行為，而將收養無效與撤銷之情形，特以明文規定。其他撤銷之情形，則準用結婚之撤銷，而不用民法總則之規定。

二、德國

西德於一九七九年一月一日在全面修改其收養法時，將收養之無效與撤銷也改弦更張。西德新舊收養法最大之區分在於收養性質的認定。依舊法，因收養視為契約行為（舊德民一七四一條），故該契約有事前的瑕疵時，自發生無效(Nichtigkeit)與撤銷（Anfechtung）之情形，又該契約有事後之瑕疵時，發生廢棄（Aufhebung）之情形

[115]。反之，西德現行法已將收養視爲法院公權之裁定行爲（Dekret-system）[116]。收養之成立係由收養人具備法定要件後，向法院提出聲請，而由其爲收養與否之裁定。因此現行德國法已不適用收養之無效與撤銷規定，而祇留下收養之廢棄一種（德民一七五九條）。惟該廢棄原因包括部分舊法無效與撤銷之原因在內（德民一七六〇條）。

(一)舊法之規定

1.收養之無效：西德舊法有關收養之無效，沒有明文規定其內容，故與日本立法例不同。又舊法雖將收養視爲契約，但與婚姻之身分契約不同一看待，故解釋上不適用婚姻之無效，卻準用民法總則一般之無效規定[117]。舊法之收養無效有三種：

⑴虛僞收養：虛僞收養係收養人與被收養人並無成立父母子女之關係，卻基於其他目的而成立之收養契約。例如收養目的祇使被收養人加冠收養人之姓或爲減少遺產稅之情形[118]。該收養之無效係準用民法第一一七條、一一八條之規定。

⑵欠缺法定要件之收養：就欠缺法定要件之收養契約，法院因疏忽裁定許可而事後未予一定期間內補正，或收養契約未經法院許可者，均爲無效[119]。例如依舊德國民法第一七四一條，收養人無婚生子女時，始得訂立收養契約，但亦得依第一七四五條之a規定，免除第一七四一條之限制。如有婚生子女之人未受免除而收養子女時，該收養無效。

---

[115] 德國民法上之收養廢棄，相當於我國民法第一〇八〇、一〇八一條之收養終止。

[116] 參閱 *Münchener Kommentar, Bürgerliches Gesetzbuch*, Bd. 5, *Familienrecht*, München, 1978, S. 1624.

[117] 參閱 Hans Dölle, *Familienrecht*, Karlsruhe, 1965, Bd. 2, S. 627.

[118] 參閱 Hans Dölle 前揭 Bd. 2，六二七頁。

[119] Hans Dölle 前揭 Bd. 2，六二八頁。

(3)違反善良風俗之收養：收養契約如違反善良風俗時，依據德國民法第一三八條之規定，該收養係無效[120]。例如逼良爲娼之收養契約。

2.收養之撤銷：舊德國民法有關收養契約之撤銷，僅規定撤銷之方法，至於撤銷之原因，則準用民法總則一般撤銷之規定[121]。

(1)撤銷之方法：依舊法第一七五五條規定，收養契約或第一七四六條（配偶之同意）及第一七四七條（父母之同意）所列舉之人所表示之同意得撤銷者，其撤銷及得撤銷法律行爲之承認，適用第一七四八條第二項及第一七五一條規定，可見該條僅涉及撤銷之方法，而未觸及撤銷之原因。

①適用第一七四八條第二項：收養之撤銷應向收養人、養子女或就收養契約有許可權限之法院爲之。又收養之撤銷不得由代理人行使。爲同意之人，其行爲能力縱令受限制，亦無須得其法定代理人之允許。至於撤銷之表示，應由法院或公證人作成公證書。

②適用第一七五一條：無行爲能力或未滿十四歲子女之收養契約可得撤銷者，由其法定代理人經監護法院之同意撤銷之。至於滿十四歲子女之收養契約可得撤銷者，該子女得自行撤銷，但該子女之行爲能力受限制者，該子女需得法定代理人之同意及監護法院之許可始得撤銷之。

(2)撤銷之原因：舊收養法無明文規定收養撤銷之原因，但依學者與判例之解釋，宜準用民法總則一般撤銷之規定，而不準用結婚撤銷之規定。準此以解，則收養撤銷應準用德國民法

---

[120] Hans Dölle 前揭 Bd. 2，六二八頁。

[121] Hans Dölle 前揭 Bd. 2，六二九頁。

第一一九條、第一二三條規定，即當事人之性格因有錯誤或因被詐欺、脅迫而收養時，有撤銷權人得撤銷之[122]。

(二)現行法（新法）之規定

德國現行法就收養性質不視爲雙方契約，而視爲法院公權力之裁定（Dekretsystem），故不再承認收養之無效與撤銷之存在。惟舊法有關無效與撤銷之一些原因，由現行法第一七六〇條之聲請廢棄（Aufhebung auf Antrag）所取代；換言之，舊法因部分收養契約有重大瑕疵而成立時，得由有聲請權人請求廢棄（德民一七五九條）[123]。此廢棄類似於我國收養之終止，故留待第六章「收養之終止」說明。

第三節　我國舊律例及過渡時期之規定

一、舊律例

我國舊社會之收養與宗祧繼承有密切關係，所以違背收養之要件，認爲牴觸社會公益，而以立嫡違法條之罪名加以制裁。惟刑事法上之制裁分爲兩種。一種係違背收養要件較輕微者，單純以刑事法制裁，而收養之身分效力不受影響。另一種係違背收養要件較嚴重者，除以刑事制裁外，唐宋法在民事上以改正或還正懲戒，明清法以歸宗懲戒。舊律上之改正或歸宗，如以現代法律理論解釋，似可認爲收養之無效，但舊律並無相當於現行法收養之撤銷。

依唐律（戶婚律、養雜戶爲子孫條）：「諸養雜戶男爲子孫者，徒一年半。養女杖一百。官戶各加一等，與者，亦如之。若養部曲及

---

[122] Hans Dölle 前揭 Bd. 2，六二九頁。

[123] *Münchener Kommentar, Familienrecht*，一七一〇頁。

奴爲子孫者，杖一百，各還正之。但無主及主自養者，聽從良」。又唐律（名例律，會赦改正徵收條）：「違法養子亦屬於雖會赦仍應改正者，如經責薄帳（限期令其改正）而不改正者，各論如本犯律」。唐律上之還正與改正爲收養之無效。收養之無效有良賤相養、異宗相養及昭穆不相當之收養。此種違法收養，在刑法上雖有會赦不處罰，但民事上之親子關係仍強制改正。清律(戶律、戶役門立嫡違法條)規定：「…其乞養異姓義子，以亂宗族者，杖六十。若以子與異姓人爲嗣者，罪同。其子歸宗。其遺棄小兒，年三歲以下，雖異姓，仍聽收養，卽從其姓，但不得遂立爲嗣，若立嗣雖係同宗，而尊卑失序者，罪亦如之，其子亦歸宗改立應繼之人。若庶民之家，存養良家男女爲奴婢者，杖一百，卽放從良」。可見淸律所稱強令改宗與唐律之改正，同屬收養之無效。淸律屬於收養無效有異宗相養、輩分不當及收養良民爲奴婢三種情形。

二、過渡時期

(一)民律草案

我國過渡時期受歐陸近代法律思想之影響，已區分無效與撤銷之理論，故在收養上，第一次民律草案第四編已規定收養之無效與撤銷。依該草案，收養違反第八〇條之形式要件，卽收養不報明戶籍吏登記者無效。至於違反實質要件者，大體以撤銷爲原則。

依民律草案第四編第八一條規定，收養之撤銷分二種情形而異其撤銷權人及撤銷期間。

1.該條第一項規定：「違背第七四條至第七六條規定者，所嗣父母、嗣子或所嗣父母、嗣子之法定代理人、家長或利害關係人得聲請審判衙門撤銷之」。依此項規定，違反第七四條係指未成年人之立嗣、未婚或有子之立嗣及未立同宗昭穆相當之嗣子而言。惟依第八二條規定，此項有撤銷權人於立嗣人已成年或結婚時，不得再行使其撤銷權。違反第七五條係指未立異姓親屬而昭穆相當之嗣子而言。違反第七六條係指無子而死亡之人，於立嗣時未遵守以下三種情形：⑴該人已成年，⑵該人既未成年又未結婚而出兵陣亡，⑶該人係獨子夭亡，而宗親內無相當爲其父之嗣子。

2.第四編第八一條第二項規定：「違背第七七條及第七八條第一項規定者，嗣子之本生父母或直系尊親屬得撤銷之。違背第七八條第三項規定者，嗣子或親屬會得撤銷之」。依此項之規定，違反第七七條規定係指獨子出嗣而言，但兼祧不包括在內。違反第七八條第一項規定，係指年滿十五歲以上之子出嗣未得父母之同意，無父母時未得直系尊親屬之同意而言。此收養撤銷，依民律草案第八二條規定，有期間之限制。卽該撤銷權自撤銷權人知其出嗣日起，逾六個月而消滅。自登記之日起逾二年者，亦同。違反第七八條第三項規定係指嫡母、繼母出嗣未滿十五歲庶子或繼子而未得親屬會之允許而言。

可見民律草案之特色，一方，違反收養之形式要件時，無法成立收養，此表示身分變動受公權之監督，不報明登記，不能發生身分變動之效力。他方，對於違反收養實質要件者，儘量避免無效，但其撤銷權人及其行使期限，因違反所保護法益而有廣狹之區分。值得注意者，有的收養利害關係人亦得撤銷。

(二)大理院判例

大理院判例受民律草案之影響，已知收養無效與撤銷之理論：「無子立嗣苟係有權立嗣者，所擇立雖屬違法亦非當然無效，非經有告爭權人提起確認無效或撤銷之訴得有確定判決，不得否認其立嗣之效力」[124]。至於何種收養之瑕疵得爲撤銷，何種收養瑕疵爲無效，由於民律草案沒有公佈實施，無成文法的拘束力，故大理院之判例仍以舊律例規定爲依據。

1.收養之無效：凡是舊律例上違反收養要件較嚴重，在民事上有強令改正或歸宗之收養，在大理院判例被認爲收養無效。此無效之依據，或因違背宗祧繼承之目的，或因事關倫常名分，或因無收養之合意，或因違背形式要件等。例如異宗收養[125]、擇立姑表兄弟之子爲嗣[126]、獨子之出繼[127]、尊卑失序之立嗣[128]、承繼人與被繼人未有立嗣合意[129]、由翁作主立嗣而未得守志婦之同意[130]、私結契約互認並繼者[131]。

2.收養之撤銷：在舊律例上，違反收養要件不嚴重而在民事法上不影響效力之收養，大理院判例似認爲可得撤銷之收養。例如出嗣未得父母[132]或未得尊親屬之同意[133]、守志婦立嗣未得尊親屬[134]或族長之同意[135]、死後立嗣子年齡長於所後之親或相等者[136]。

---

[124] 大理院判例十二年上字第一五六一號，《大理院判例全書》（以下簡稱《判例全書》），郭衞編輯，成文出版社，二八二頁。

[125] 大理院判例三年上字第七〇九號，《判例全書》，二六四頁；三年上字第三一〇號，《判例全書》，二六二頁。

[126] 大理院判例五年上字第八七七號，《判例全書》，二七一頁。

[127] 大理院判例八年上字第二三四號，《判例全書》，二七八頁。

[128] 大理院判例八年上字第三七一號，《判例全書》，二七九頁。

[129] 大理院判例五年上字第二六九號，《判例全書》，二六九頁。

[130] 大理院判例五年上字第八五〇號，《判例全書》，二七一頁。

[131] 大理院判例七年上字第一五二二號，《判例全書》，二七八頁。

[132] 大理院判例四年上字第四七一號，《判例全書》，二六五頁。

[133] 大理院判例十一年上字第一六七二號，《判例全書》，二八二頁。

[134] 大理院判例四年上字第二四三三號，《判例全書》，二六九頁。

[135] 大理院判例四年上字第六八七號，《判例全書》，二六六頁。

[136] 大理院判例四年上字第二九二號，《判例全書》，二六五頁。

第四節 我國現行民法上之規定

我國現行法之收養，係以發生親子關係爲目的之契約行爲，而未採用法院公權力之裁定行爲。故原則上與日本民法及德國舊法之規定相同。惟該外國二立法例之收養契約，尙需法院之認可[137]或承諾[138]，而我國民法則無此規定。我國現行法旣視收養爲契約時，契約之成立必須具備一定之實質或形式要件。如意思表示有欠缺或形式要件不具備時，自當發生無效與撤銷之問題。惟我國現行法祇規定收養的實質與形式要件，但未規定違反該要件之效力係無效或撤銷之情形。因此在學說上時常引起爭議，有的學者主張採德國之立法例，準用民法總則一般無效與撤銷規定[139]。有的認爲採用日本立法例，先準用婚姻無效與撤銷，如再無規定時，始準用民法總則的規定[140]。

筆者以爲收養爲身分上之契約行爲，其性質與婚姻較爲接近。在身分行爲中，有關無效與撤銷之規定祇有在結婚之情形，故我國收養之無效與撤銷原則上宜先準用結婚的規定，結婚沒有明文時，始準用民法總則的規定。惟結婚在發生夫妻平等的身分關係，由此不但發生貞操、同居義務，而且影響子女之婚生性及影響第三人利益之夫妻財產制。反之，收養發生之身分乃親子關係，其效力較婚姻所發生者單純。尤其現代收養法之指導原理，無不以養子女之利益最爲優先，所以解釋收養之無效與撤銷，雖先準用結婚之規定，但準用該規定而與養子女之利益相牴觸時，宜引用一般法理來解釋。

---

[137] 舊德國民法第一七四一條～一七五四條。

[138] 日本民法第七九七條。

[139] 史尙寬前揭五四六頁。

[140] 戴炎輝著≪中國親屬法≫，二五四頁。

一、收養之無效

1.當事人間無收養之合意：身分行爲須契約當事人自爲意思表示合致始可。一方無收養之意思，例如無意識能力或精神錯亂，或當事人同一性錯誤，而收養沒有合致時，該收養應解爲無效。

2.不具備書面的形式要件：收養契約將創造法定之親子關係，由此親子關係發生繼承、扶養之權利，故應以書面之要式行爲，表示身分之變動。故無作成書面之收養行爲，宜準用民法第九八八條之規定，應解釋無效。

3.有配偶之人不與其配偶共同收養：共同收養在使養子女發生全面的親子關係，對於子女之保護教養及維持家庭之和諧有很大之利害關係，故民法第一〇七四條爲強制規定，而違反此要件時，宜解爲無效[141]。

4.親屬間收養輩分不當：輩分爲倫常名分所倚重，舊律對昭穆不當之收養，強令改正或歸宗。司法院院字第七六一號及最高法院四九年臺上字第一九二七號判例均認爲不得收養親屬輩分不當之人爲養子。違反此輩分者，宜仿效民法第九八八條有關禁婚親結婚無效之規定，解釋該收養亦無效[142]。

5.養子女同時爲二人所收養：養子女同時爲非配偶之二人以上收養時，冠姓、同居以及親權之服從均發生問題，此與收養之本質目的大爲牴觸，故民法第一〇七五條宜解釋爲強制規定。而違反此要件時，宜認爲收養無效。準此以解，舊律例之兼祧與三祧之收養，不能在現行法受承認。

---

[141] 史尚寬前揭五四八頁，戴炎輝著≪中國親屬法≫，二五五頁。
[142] 史尚寬前揭五四九頁，戴炎輝著≪中國親屬法≫，二五五頁。

6.轉收養：養子女未終止收養關係前，由養父母再出養他人時，稱爲轉收養。該收養之效力如何？筆者認爲養子女有獨立之人格，不能如物品從一家轉換另一家被收養。養親如不欲教養，應先由養親與養子女（如無意思能力時，由本生父母）先終止收養關係，再由養子女（或本生父母）決定是否再出養。有鑑於此，轉收養對養子女有極大之不利，故宜解釋爲收養無效[143]。我國舊習慣有所謂買斷養子。此與現代收養法目的牴觸，同時易造成轉收養或轉買人口，故不宜承認其效力。

7.收養人爲未成年人：收養人未成年時，不但違背民法第一〇七三條收養人與被收養人至少相差二十歲規定，而且自身尙未成年，令其教養他人子女之責任重大，恐無法勝任，此對養子女之利益影響甚大，故宜解釋收養無效[144]。

收養無效主張猶如結婚無效，係當然、絕對、自始無效。就此有法律上利害關係人，得隨時以訴或抗辯方法主張無效。

二、收養之撤銷

(一)收養撤銷之原因

1.有配偶之人被收養未得其配偶之同意：違反民法第一〇七六條之實質要件者，解釋例及通說均認爲收養撤銷的原因[145]。有配偶之人已有行爲能力，該人被收養後與養親之關係非保護教養之親子，卻是普通親屬關係，所以與民法第一〇七四條共同收養之情形不同。違反第一〇七六條時祇侵害被收養人配偶之利益，故該配偶如能行使撤銷

---

[143] 參閱戴炎輝著≪中國親屬法≫，二五六頁。

[144] 戴炎輝著≪中國親屬法≫，第二五七頁指出：收養人爲未成年者，爲收養撤銷之原因，史尙寬則認爲收養之無效（史尙寬前揭五五〇頁）。

[145] 三一年臺上字第二〇九三號，戴炎輝著≪中國親屬法≫，二五八頁。

權，足以保護其利益。

2.收養人年齡非長於被收養人二十歲以上：違反民法第一〇七三條之實質要件者，有學者認爲該條爲強制規定而解釋無效[146]。筆者以爲違反該要件可分三種情形。第一種係收養人並未成年，有如前述。第二種係收養人之年齡等於或小於被收養人。第三種係收養人年齡大於被收養人，但未相差二十歲。前二種違反自然擬制之親子關係，宜解釋爲無效。反之，後一種情形解釋爲得撤銷較妥[147]。解釋例與判例就此亦認僅得撤銷[148]。至於撤銷權人爲收養人與被收養人。

3.收養被詐欺或被脅迫　收養有此情形者，準用民法第九九七條規定，解釋爲得撤銷之收養。撤銷權人爲被詐欺或被脅迫之表意人。此處表意人包括有同意權人在內。

4.未成年人被收養而未得法定代理人之同意　收養有此情形者，準用民法第九九〇條規定，宜解釋爲得由法定代理人行使撤銷權。

5.相對人性質上有錯誤而該錯誤爲收養之重要因素　收養有此情形者，宜準用民法總則第八八條與第八九條，由陷於錯誤之表意人行使撤銷權。

6.監護人收養受監護人　收養有此情形者，宜準用民法第九九一條規定，由受監護人或其本生最近親屬行使撤銷權。

(二)收養撤銷之方法與效力

收養撤銷之方法，依司法院解釋例，如準用民法總則所定原因而撤銷者，以意思表示爲之；如準用結婚規定而撤銷者，應以呈訴方法

[146] 史尚寬前揭五五〇頁。

[147] 學者採此見解者有戴炎輝（≪中國親屬法≫，二五七頁），胡長清（≪中國民法親屬論≫，商務印書館，民國三五年，二五七頁）。

[148] 最高法院判例三二年上字第八八六號，司法院解釋例院解字第三一二〇號，四九年釋字第八七號。

爲之149。筆者以爲收養之撤銷涉及身分之變動，如不以呈訴爲之，恐對利害關係人不能公示，故無論以何種原因撤銷，均應準用結婚規定，向法院提出撤銷較妥。

收養撤銷之效力有無溯及力，發生不同見解。依德國舊法、瑞士舊法之解釋，收養撤銷有溯及自收養時無效。德國新法鑑於收養效力頗爲複雜，影響利害關係人利益甚大，故新法除無收養撤銷之規定外，第一七六〇條收養廢棄情形於第一七六四條第一項改採不溯及既往。

筆者以爲收養撤銷之效力，宜採婚姻撤銷規定之不溯及既往。因爲收養一經成立，即成立親子關係，更由此關係與養父母及其親屬發生繼承、扶養及其他權利義務。如使撤銷溯及既往，利害關係人將受很大之影響。

至於收養撤銷之期間，視撤銷原因所準用之結婚條文或民法總則條文之撤銷期間而定。

第五節　修正草案之規定

一、修正草案仍視收養爲身分上之契約，故理當發生無效與撤銷之情形。惟修正草案將收養從當事人放任主義改爲國家監督主義。當事人雖合意收養，但仍需國家許可始能成立。修正草案唯恐國家許可之權威遭受懷疑；換言之，爲避免無效之收養契約經國家許可後，其效力如何將發生問題，故祗以明文規定收養撤銷之原因、撤銷權人及撤銷期間。至於收養無效之原因，仍無明文。這次修正草案所增加第一〇七九條之一與一〇七九條之二有關收養撤銷規定如下:

㈠第一〇七九條之一規定:「收養子女違反第一〇七三條、一〇

149　司法院解釋例院字第二二七一號。

七三條之一或第一〇七五條規定者，當事人或利害關係人，得自認可之日起三年內請求法院撤銷之」。依此規定，所謂違反第一〇七三條係指收養人與被收養人未相差二十歲。違反第一〇七三條之一係指親屬間收養輩分不相當。違反第一〇七五條係指一人同時收養二人以上之子女。

㈡第一〇七九條之二共分三項。該條第一項規定：「收養子女違反第一〇七四條規定者收養者之配偶得請求法院撤銷之。但自知悉其事實之日起已逾六個月，或自認可之日起已逾一年者，不得請求撤銷」。依此項規定，所謂違反第一〇七四條係指有偶配之人收養子女而未與其配偶共同收養之情形。

該條第二項規定：「收養子女違反第一〇七六條第一項或第三項規定者，被收養者之配偶或法定代理人得請求法院撤銷之。但自知悉其事實之日起已逾六個月，或自認可之日起已逾一年者，不得請求撤銷」。依此項規定，違反第一〇七六條第一項係指有配偶被收養而未得其配偶之同意。所謂違反第一〇七六條第三項係指未滿七歲以上之未成年人被收養而未得其法定代理人之同意。

該條第三項規定：「依前二項規定，經法院判決撤銷收養者，準用第一〇八二條及第一〇八三條之規定」。依此項規定，該撤銷之效力與終止收養情形相同，準用第一〇八二條扶養費用之請求及第一〇八三條有關回復本姓及本生父母之權利義務關係。可見此項撤銷權之效力採不溯及既往而與第一〇七九條之一撤銷溯及既往之效力亦有不同。

二、修正草案於第一〇七九條之一及之二分別列舉收養撤銷之原因、撤銷權人及撤銷期間，以杜實務上之爭議，此較現行法之規定改進不少。惟修正草案內容仍似有斟酌之餘地。

㈠依第一〇七九條第二項第一款新增規定，收養有無效或得撤銷之原因者，法院應不予認可。可見修正草案認定收養爲身分上之契約行爲，一如德國舊民法之規定，故發生收養無效與撤銷之情形。惟修正草案於第一〇七九條之一及之二規定收養撤銷之情形，而對收養無效卻隻字未提。如此規定，筆者以爲將發生新之疑問，其一，違反現行法強制規定之收養，如一人同時爲二人之養子女或判例所認爲之無效收養，如親屬收養有輩分不當，均於這次修正草案增列爲得撤銷之收養，故違反收養實質要件者，是否與民律草案相同，一律僅爲得撤銷原因，而沒有收養無效之情形？其二，如依第一〇七九條規定，承認收養之無效，則何種情形始構成收養無效？該無效係準用結婚之無效，抑或民法總則之無效規定？

㈡檢討修正草案第一〇七九條之一及之二規定，收養撤銷似分爲二種而異其保護法益、撤銷權人、撤銷行使期間及效力。

1.保護法益：第一〇七九條之一在保護公益或強制規定；反之，第一〇七九條之二在保護私益。

2.撤銷權人：第一〇七九條之一除當事人外，利害關係人亦得請求撤銷；反之，第一〇七九條之二祇許當事人或有同意權人請求撤銷。

3.撤銷期間：第一〇七九條之一規定撤銷期間長，自認可收養之日起三年；反之，第一〇七九條之二規定撤銷期間短，自知悉撤銷事實之日起六個月，但不得逾越自認可收養之日起一年。

4.撤銷效力：第一〇七九條之一採溯及既往之效力；反之，第一〇七九條之二採不溯及既往之效力，並得請求扶養費。

可見修正草案上之收養無效與撤銷問題甚爲複雜，有收養無效、有溯及力之收養撤銷、無溯及力之收養撤銷。收養無效無明文可據，何種情形爲收養無效，勢必引起解釋上之爭議。又無明文可據之其他收養之瑕疵，例如因受詐欺、脅迫或錯誤之收養，或監護人收養受監護人，或轉收養等，應如何解釋？此乃修正草案美中不足之處。

第五章 收養之效力

第一節 概　　說

我國舊律與過渡時期之立嗣行爲，在使嗣子取得嫡子身分，期能承繼立嗣人之宗祧，並承受其家產。現在各國收養行爲在使收養人與被收養人發生親子關係，期能使養親盡力保護教養被收養人。無論何種收養，法律將擬制的發生血親之關係。

收養何時發生婚生子女之效力？此端視各立法例所採用之收養形式要件爲斷。我國舊社會以拜見父母或祭告宗廟時，取得嫡子身分。民間習俗有時以立契成立嫡子身分。過渡時期之民律草案以嗣子申報戶籍吏登記時，取得該身分關係[150]。現代各國立法例，以登記爲收養成立之國家，自申報受理之日發生婚生子女關係，例如日本[151]、韓國[152]。以法院或行政機關認可收養成立之國家，自法院或行政機關認可之日發生效力，例如德國[153]、瑞士[154]。我國現行法以契約爲收養關係

[150] 第一次民草第四編八〇條。

[151] 參照日本民法第八〇九條，八〇〇條。

[152] 參照韓國民法第八七八條。

[153] 參照德國民法第一七五二條第一項。

[154] 參照瑞士民法第二六八條第一項。

之成立，故自契約發生之日起或自幼撫養之時起發生親子關係（民一〇七九條）。修正草案已改爲法院認可爲收養生效之要件⑮，故此情形自法院認可收養之日起，被收養人取得婚生子女之身分。

第二節　婚生子女身分之取得

收養一旦成立後，養子女取得養父母之婚生子女身分；換言之，養子女爲養父母擬制之直系血親卑親屬。故我國現行民法第一〇七七條規定：「養子女與養父母之關係，除法律另有規定外，與婚生子女同」。親子關係之發生爲收養最根本之效力，由此基本效力產生稱姓、繼承、親權及扶養等關係。

一、稱姓

養子女從養親之姓爲發生親子關係之當然結論。瑞士舊民法第二六八條第一項規定：「養子女從收養人之姓」。瑞士現行民法第二六七條第一項規定：「養子女取得養父母親生子女之法律地位」(包括從姓)。同條第三項規定：「養子女因收養得變更其名」。德國民法第一七五七條第一項規定：「養子女以收養人之家姓爲其本姓」。日本民法第八一〇條規定：「養子取得養親之姓」。

我國舊律禁止乞養異姓養子以亂宗⑯，故繼子或嗣子不發生改姓問題。如收養三歲以下棄兒，得改從養父之姓⑰。民律草案得收養異姓親屬爲嗣子⑱，此時發生嗣子改養父之姓。

---

⑮ 我國民法新修正第一〇七九條。
⑯ 參照清律戶律立嫡違法條。
⑰ 參照清律戶律立嫡違法條。
⑱ 第一次民草第四編第七五條。

現行民法之收養不以同宗爲限，收養異姓時，應從收養人之姓（民一〇七八條）。

各國民法均規定有配偶而收養子女時，須夫妻共同收養。在共同收養，養子女應如何稱姓?此在德國立法例不發生爭議，蓋依德國民法第一三五五條第一項規定，男女結婚後，須決定一家姓（Familiennahme），而養子女係從家姓（德民一七五七條）。我國現行法之婚姻有嫁娶婚與招贅婚之區分。前者之養子女從養父之姓；後者之養子女從養母之姓，但亦得約定從養父之姓（民一〇五九條）。修正草案已廢除嫁娶婚與招贅婚之區別⑮⑨，而祇承認結婚係男女依法的結合，故修正草案爲配合該婚姻種類之變動，依第一〇五九條修正規定之意旨，養子女從養父之姓，但養父母得約定從養母之姓。

二、繼承權

(一)養子女與養父母間之繼承權

1.外國立法例之規定:

(1)德、瑞立法：德、瑞民法就養子女之繼承權有不同規定，但均從保護養子女的利益爲出發點。

舊德、瑞民法一方承認養子女得爲養父母之繼承人，其應繼分又與養父母之親生子女相同（舊德民一七五八條、舊瑞民四六五條第一項）；他方，養父母不得爲養子女之繼承人（舊德民一七五九條、舊瑞民四六五條第二項），期能貫徹收養係爲養子女利益之指導原理。其次，收養目的不在使養子女繼承養父母之財產，卻在使其能保護與教養，尤其爲使收養不受養親婚生子女之阻繞，舊瑞士民法第二六八條第

⑮⑨ 參閱民法新修正第九七一條，第一〇五九條。

三項規定:「關於父母之財產權及繼承權,於收養前,得以公證書,爲異於婚生子女地位規定之約定」。德國舊民法第一七六七條第一項規定:「子女對收養人之繼承權,得以收養契約排除之」。但爲保護養子女之利益,養子女對於本生父母及其親屬之繼承權並不喪失(舊德民一七六四條、舊瑞民二六八條第一項)。

德、瑞現行法從保護養子女的觀點,改採完全收養,使養子女與收養人全面發生親子關係。德國民法第一七五四條規定:「①子女爲夫妻共同收養,或夫妻一方之子女爲他方收養者,取得該夫妻共同婚生子女之法律地位。②其他情形,該子女取得收養人婚生子女之法律地位」。瑞士民法第二六七條:「養子女取得與養父母婚生子女相同之法律地位」。依此規定,養子女不得再繼承本生父母之遺產,但養子女與養父母有相互繼承權。養子女之應繼分亦與養父母之親生子女相同。養父母不得再以契約排除養子女之繼承權,也不得另以契約訂定養子女之應繼分。可見德、瑞立法沒有歧視養子女的應繼分。

德、瑞現行民法爲使養子女與親生子女之法律地位無所軒輊,有不得暴露養子女身分之規定。此在學理上稱爲「秘密收養」。此種收養對保護稚齡養子女之人格尊嚴尤其重要。德國民法第一七五八條規定:「禁止公開與查詢被收養及收養之經過,但有公共利益之特別理由者,不在此限」。瑞士民法第二六八條之b規定:「未經養父母之同意,不得公開養子女之本生父母」。可見德、瑞民法對於養子女之保護已注意到人格之尊嚴。反觀我國現行法,養子女之應繼分爲親生子女之二分之一。其不當顯然易見。

(2)日本立法：依日本民法第八〇九條規定，養子女自收養之日起取得養父母婚生子女之身分。可見親生子女對本生父母之權利義務同於養子女對於養父母之關係。故從日本民法第八一七條規定，養子女爲養父母第一順序之繼承人，其應繼分與養父母之親生子女相同（日民九〇〇條第四款）。又依日本民法第八八九條第一項第一款規定，養父母爲養子女第二順序親等最近之繼承人。可見養父母與養子女相互間有繼承權[160]。

至於養子女與本生父母之繼承權，日本民法無明文。依日本民法的解釋，子女出養後，除親權行使由本生父母移轉於養父母外，其他權利義務不受影響[161]，故養子女與本生父母相互間仍有繼承權。從我國現行法第一〇八三條反面解釋，養子女出養後，其與本生父母之權利義務係受停止[162]，故我國民法養子女與本生父母在出養期間無相互繼承權。可見就此點來說，日本與我國民法解釋不同。

2.舊律及過渡時期之規定：我國舊社會之家產屬於家屬公同共有，故祇有家產之分析而無財產繼承。所謂繼承係指身分上之宗祧繼承，立嗣行爲在使嗣子承繼立嗣人之宗祧，同時承受家產，故嗣子可稱爲家產基本有份人。至於義子或收養三歲以下棄兒因不能繼承宗祧，故祇能成爲家產酌給有份人。

在過渡時期，民律草案受近代歐陸個人思想影響，已承認財產繼

[160] ≪注釋民法（22）のⅡ・親族(3)≫，七一四頁。

[161] ≪注釋民法（22）のⅡ・親族(3)≫，七一三頁。

[162] 參閱戴炎輝≪中國親屬法≫，二七七頁。

承，故此時期兼採宗祧繼承與財產繼承。依民律草案第五編第七條第一項，嗣子不但得繼承宗祧，而且得爲養父母財產最優先之繼承人。又依民律草案第五編第九條，義子及三歲以下棄兒之收養，得爲酌給財產承受人。

至於養父母對於嗣子之財產，亦依同草案第五編第十條，得以第二順序之財產承受人承受。

大理院之判例受民律草案之影響，一方，承認宗祧繼承爲強行法規，不容有反對習慣存在[163]或族規不得與之牴觸[164]；他方，承認遺產之繼承，但承受遺產以宗祧繼承爲先決問題[165]。嗣子爲立嗣人之宗祧繼承人，故宗祧繼承人應承受遺產[166]。立嗣後生子者，嗣子雖不能繼承宗祧，但得與親生子均分家產[167]。義男不承繼宗祧，故祇得酌分家產，其所得亦少於子數均分額[168]。遺產無直系血親卑屬承受時，應由其直系尊屬承受[169]。至於出嗣子與本生父母不得相互承受遺產：「出嗣子於既出嗣後，除本生父生存中贈與財產外，其對於本生父之遺產，則非有遺贈不能承受」[170]。

3.現行民法之規定：現行民法已廢除宗祧繼承，而祇規定財產繼承，故養子女與養父母得依民法第一一三八條規定，有相互財產繼承權。惟養父母有親生子女時，養子女之應繼分爲親生子女之二分之一（民一一四二條二項）。至於養子女與本生父母之繼承權，民法雖無

[163] 大理院判例六年上字第一一五六號，≪判例全書≫，二五五頁。
[164] 大理院判例七年上字第九五七號，≪判例全書≫，二五五頁。
[165] 大理院判例七年上字第一〇四二號，≪判例全書≫，二八四頁。
[166] 大理院判例三年上字第一〇二五號，≪判例全書≫，二八三頁。
[167] 大理院判例三年上字第五六八號，≪判例全書≫，二八五頁。
[168] 大理院判例七年上字第六一一號，≪判例全書≫，二八八頁。
[169] 大理院判例九年上字第三四一號，≪判例全書≫，二八八頁。
[170] 大理院判例四年上字第四一九號，≪判例全書≫，二八六頁。

直接以明文規定，但從第一〇八三條反面解釋，出養期間，養子女與養父母之權利義務暫受停止，故雙方無相互繼承權。可見我國現行法上之養子女，在繼承法上受相當的歧視，此種立法例頗爲少見。

4.修正草案之規定：修正草案鑑於現行法歧視養子女的不當，將民法第一一四二條養子女之應繼分爲親生子女之二分之一加以刪除。依該刪除之理由，現行民法親屬編規定養子女在身分上既與婚生子女同，基於平等原則，在繼承法上，其應繼分亦不應與婚生子女有所軒輊，況且養子女一旦爲人收養後，其與本生之父母、兄弟姊妹及祖父母等之權利義務已告停止，喪失其互相繼承之權利，若於養親間之繼承關係中，又遭受不平等之待遇，顯失法律之公平，援將本條予以刪除，使養子女之繼承順序及應繼分，均與婚生子女適用同一法則[171]。刪除此條，立論正確，值得喝采。

(二)代位繼承

在代位繼承上可分代位繼承人與被代位人來說明。

1.養子女爲代位繼承人：

(1)外國立法例之規定

①德國與瑞士：養子女對於養父母之父母有無代位繼承權，端視養子女與養父母之父母有無發生祖孫關係爲斷。依德國舊民法第一七六三條規定，收養之效力，不及於收養人之血親，故養子女與養父母之父母不成立祖孫關係，養子女不能爲養父母之父母之代位繼承人；反之，現行德國民法已將養子女與婚生子女完全同等看待，養子女與養父母之父母，依德國民法第一七五四條規定，

---

[171] 民法繼承編修正草案初稿，司法行政部民法研究修正委員會，六八年十月三十一日，一九頁。

發生祖孫關係，故養子女得爲養父母之代位繼承人（德民一九二四條三項）。

瑞士與德國立法例大同小異。依瑞士舊民法第四六五條反面解釋，養子女與養父母之父母不發生親屬關係，故養子女不能依瑞士民法第四五八條第三項規定，代位養父母繼承養父母之父母之遺產。反之，現行瑞士民法第二六七條已將養子女與婚生子女完全同等看待，養子女與養父母之父母發生祖孫關係，故養子女得代位養父母繼承養父母之父母之遺產。

②日本：依日本民法第八八七條第二項規定，被繼承人之子女，於繼承開始前死亡或合於第八九一條規定，廢除或因喪失繼承權時，其子女得爲代襲繼承人，但須爲被繼承人之直系血親卑親屬。養子女一旦被收養後，依日本民法第七二七條，於養子女與養父母及其血親間，自收養之日起，發生與自然血親間相同之親屬關係，故養子女得代襲養父母而繼承養父母之父母之遺產[172]。可見日本民法與德、瑞舊民法不同，但與德、瑞現行法同。

⑵我國舊律及過渡時期

我國舊社會之宗祧繼承採嫡長主義，而不採兄終弟及之輩行主義，故嗣子爲嫡長孫之地位時，其宗祧繼承之順序先於立嗣人之衆弟[173]。又唐令就家產分析有子承父分之規定，立嗣人先於嗣子死亡時，嗣子得與立嗣人之兄弟均分家產[174]。

---

[172] ≪注釋民法（22）のⅡ・親族⑶≫，七一一頁。

[173] 參照唐戶婚律立嫡子違法條，淸戶律戶役門立嫡子違法條。

[174] 參閱戴炎輝≪中國法制史≫，三民書局，民國六〇年十月，二一七頁。

過渡時期之民律草案已承認財產繼承，在第五編第八條第一項規定有關直系血親卑親屬之代位繼承權：「繼承人若在繼承前死亡或喪失繼承之權利者，其直系卑屬承其應繼之分爲繼承人」。因此嗣子合於該條規定者，當能代位繼承。

大理院雖無承認代位繼承之判例，但從守志婦立嗣之情形，似有子承父分之精神：「凡身故無子未經立有繼嗣者，其所有遺產，應由守志之婦人管理，在必要範圍以內並得隨時處分，若已經立有繼嗣者，其所有遺產由繼子承受，繼母不得有自由處分之權」[175]。

(3)我國現行法之規定

我國現行法養子女對養父母之親屬是否亦發生親屬關係，沒有明文規定；但鑑於傳統習慣，嗣子在傳宗接代，嗣子與養父母之父母勢必發生祖孫關係[176]。故解釋上宜認爲養子與養父母之父母發生祖孫關係，並使養子女對養父母之父母有代位繼承權。筆者以爲收養成立後，宜明文規定養子女與養父母之親屬亦發生親屬關係及由此發生其權利義務，以杜實務上之爭議。

2.養子女爲被代位人：養子女之子女可否以養子女爲被代位人繼承養子女之養父母之財產？依德國舊民法，收養之效力祇及於收養後出生之直系血親卑親屬（包括養子女）（舊德民一七六二條前段），收養後出生之子女與養子女之父母發生祖孫關係，故養子女得爲被代位人。又依舊德國民法第一七六二條後段規定，在訂約時已有直系血親卑親屬者，須與其訂立特約，收養之效力，始及於已有之直系血親

[175] 大理院判例三年上字第六五五號，≪判例全書≫，二八九頁。

[176] 參照唐戶婚律立嫡子違法條；清戶律戶役門立嫡子違法條。

卑親屬及其已生之子女。故收養前出生之子女，於契約無特別約定時，養子女之子女不與養子女之父母發生祖孫關係，故養子女不得爲被代位人。瑞士舊民法對此無明文。

德、瑞現行民法收養成年子女有相當之限制。在德國民法，收養成年子女時，需收養人與被收養人有倫常上正當之關係，此尤指已有血統之關係（德民一七六七條）。可見依德國現行法規定，不易發生上述舊民法第一七六二條後段情形。在瑞士現行民法，收養成年人爲養子時須該人無直系血親卑親屬爲先決要件（瑞民二六六條），故養子女於被收養後始有子女，該子女得以養子女爲被代位人繼承養父母之父母之財產。但不可能發生被收養人已有子女之情形，故不發養子女爲被代位人之問題。

日本民法就養子女之子女於收養後始出生者，依第八〇九條解釋，該子女與養子女之養父母發生祖孫關係，故養子女得爲被代位人。反之，養子女之子女於收養前出生者，依該民法之注釋，其相互間不發生祖孫關係[177]，故養子女不得爲被代位人。

我國舊社會及過渡時期，收養之效力自收養成立時起算。立嗣時，嗣子如已有男性直系血親卑親屬時，其留在本生家或隨嗣子過門至養父家，宜雙方家長合意。其一同過門者，嗣子得爲被代位人；反之，留在本生家則否。

我國現行法將養父母之親屬解釋爲：與養子女及嗣後所生或收養之直系血親卑親屬亦發生親屬關係，故養子女得爲被代位人。換言之，養子女之子女得代位養子女而繼承養子女之養父母之遺產。惟我國司法院二四年院字第一三八二號解釋：「民法第一一四〇條所謂代位繼承其應繼分者，以被繼承人之直系血親爲限。養子女之子女對於養子

[177] ≪注釋民法（22）のⅡ・親族(3)≫，七一一頁。

女之養父母既非直系血親卑親屬，當然不得適用該條之規定」。此解釋與現行法第一〇七七條之意旨與我國傳統習慣相牴觸，故四五年大法官釋字五七號雖避免由正面肯定養子女之子女有代位繼承權，但亦承認：養女抛棄繼承權時，其子女得繼承養女之養父之遺產。養女之子女既可繼承養女之養父，即其代位養女而繼承養女之養父遺產[178]。

至於收養時養子女已有子女時，學者主張仿德國舊民法第一七六二條後段規定，除非契約另有明定，宜解釋該子女與養子女之養父母不發生祖孫關係，同時養子女不爲被代位人[179]。

三、親權

收養行爲的本質目的，在使養子女與養父母成立親子關係。養子女未成年時，當由養父母行使親權。至於本生父母對於出養子女之親權應如何解釋，似宜在收養之效力上明文規定，以杜解釋上之爭議。

(一)外國立法例的規定

依德國舊民法第一七六五條第一項規定，本生父母因收養而喪失對其子女之親權。依瑞士舊民法第二六八條第二項規定，本生父母之權利義務移轉於養父母。德、瑞現行民法視養子女之法律地位完全與婚生子女相同[180]，故由養父母對未成年之養子女行使親權，同時以明文規定養子女與本生父母之權利義務因而消滅；德國民法第一七五五條前段規定：「養子女及其直系血親卑親屬對於本生父母之親屬關係，及由此關係所發生之權利義務，因收養而消滅」。瑞士民法第二六七條第二項規定：「本生父母與養子女之親子關係消滅，但本生父

---

[178] 參閱戴炎輝著《中國繼承法》，民國六七年，第六三頁。
[179] 戴炎輝著《中國親屬法》，二六三頁。
[180] 德民第一七五四條，瑞民第二六七條第一項。

母之一方與收養人結婚者，不在此限」。

日本民法第八一八條第二項規定：「子女係養子女者，由養父母行使親權」。此條依日本民法注釋，收養之效力在使養親與養子女間發生婚生子女之關係。養子未成年時，本生父母之親權應移轉於養父母，配偶一方以他方之子女爲養子女時，夫妻共同行使親權[181]。

可見外國立法例在收養效力上，均明文規定收養後由養父母行使親權，而不由本生父母。就此點他們所採之立法例分爲消滅說與移轉說兩種。收養如允許終止或廢棄時，親權行使採移轉說比消滅說爲佳，因爲收養終止或廢棄後，本生父母之親權勢必又回復。如採消滅說，較不易說明本生父母回復親權之情形。

(二)我國舊律及過渡時期

我國舊律例與過渡時期之民律草案，無論嗣子、義子、同宗撫養子或收養棄兒，均與養家共同生活而爲其家屬卑幼，故祇服從養家，而不服從本生家之家長權與尊長權[182]。

(三)我國現行法的規定

我國現行民法於第一〇七七條規定：「養子女除法律另有規定外與婚生子女相同」，故養子女與養父母之親子關係，宜適用民法第一〇八四條至一〇九〇條有關親權之規定。至於本生父母對出養子女之關係並無明文，而易引起解釋上之爭執。依司法院解釋，養子女與本生父母間之權利義務，因收養而喪失[183]。依最高法院判例：「養子與養親之關係以有收養關係爲前提，在收養關係未經兩願或判決終止以前，對於養子女之權利義務當然應由養父母行使並負擔，而無本生父

[181] ≪注釋民法（22）のⅡ・親族(3)≫，七一三頁。
[182] 參閱仁井田陞著≪支那身分法史≫，昭和十七年，東方文化學院，第八一〇頁、八一一頁。
[183] 三〇年院字第二一二〇號。

母置喙之餘地」[184]。

從以上實務見解，本生父母對出養子女之親權，似採消滅說[185]，即因子女出養而本生父母之親權消滅。惟從民法第一〇八三條終止收養之效力，似承認出養期間，本生父母對出養子女之權利義務被停止而已[186]。總之，本生父母與出養子女之關係乃收養效力極重要事項，宜仿德、瑞立法例明文規定，以杜解釋上之爭議。

四、扶養義務

收養成立後，養父母與養子女發生直系血親關係，原則上養父母與養子女互負扶養義務。

(一)外國立法例之規定

依德國舊民法第一七六六條第一項，養子女與本生父母親屬間仍有扶養之義務與權利，但收養人對於養子女及其效力所及之直系血親卑親屬先於養子女之本生父母及其親屬盡扶養之義務。德國現行法已修正收養之效力，養子女與本生親屬間之權利義務全部消滅（德民一七五五條），故養子女與本生父母間無扶養義務。

依瑞士舊民法第二六八條第二項，收養後本生父母對子女之扶養義務先移轉於養父母，但收養人之親屬與養子女間不互負扶養義務，而養子女與本生父母及其親屬間仍負扶養義務，但其順序後於養父母[187]。瑞士現行法與德國相同，收養成立後，養子女與本生父母之關係消滅，故不與本生父母及其親屬互負扶養義務。又養子女視同養父母之婚生子女，故養子女與養父母及其親屬互負扶養義務。

---

[184] 二〇年上字第二三〇五號。

[185] 史尚寬前揭第五六一頁。

[186] 戴炎輝著≪中國親屬法≫，二七七頁。

[187] 參閱史尚寬前揭第五六二頁。

依日本民法之注釋，收養成立後，親權由本生父母移轉於養父母，故養父母需先負擔養子女之扶養費用。但本生父母之扶養義務不能免除，故養父母陷於無資力時，本生父母仍須負擔養子女之扶養費用⑱⑧。至於養子女不但與養方親屬，而且與本生父母之親屬互負扶養義務⑱⑨。

(二)我國舊律及過渡時期

嗣子、義子一旦被收養後，成爲養家之家屬，他們與養家其他家屬過同居共財之生活，故養方家長有扶養他們之義務。反之，嗣子、義子等因被收養而脫離本生家，故本生家長不再扶養他們。

(三)我國現行法的規定

我國現行民法第一〇七七條解釋，養父母與養子女關係爲民法第一一一四條第一款直系血親之關係，故他們互負扶養義務。至於養子女與本生父母及其親屬間之扶養義務，依最高法院判例二十年上字第二三〇五號及民法第一〇八三條終止收養之反面解釋，宜認爲扶養義務暫時停止。

第三節　親屬關係之發生

收養一旦成立後，養子女從本生家出養至養父母家，其中涉及親屬關係可能變動者有三：第一，養子女與養父母之親屬是否發生親屬關係。第二，養子女之直系血親卑親屬與養父母是否發生親屬關係。第三，養子女及其直系血親卑親屬是否與本生父母及其親屬發生親屬關係。

(一)養子女與養父母之親屬間

舊德、瑞民法認爲收養純爲收養人與被收養人個人契約之合意，

⑱⑧ <注釋民法（22）のⅡ・親族(3)>，七一四頁。
⑱⑨ <注釋民法（22）のⅡ・親族(3)>，七一四頁。

其收養效力僅及於收養人與被收養人[190]，但不及於養父母之親屬[191]。收養人有數養子女時，養子女相互間不發生親屬關係，又養子女與養父母之直系尊屬或卑屬亦不發生親屬關係。

德、瑞現行法將未成年之養子女視與養父母之婚生子女完全相同，故養子女與養父母之親屬亦發生親屬關係[192]。惟德國現行法對於成年之養子女，其收養效力，一如舊法，不及於養父母之親屬（德民一七七〇條），故成年之養子女與養父母之親屬不發生親屬關係。

日本民法受傳統身分繼承之影響，養親爲養子女與養親親屬間之媒介而讓其發生親屬關係。其民法第七二七條規定：「於養子女與養父母及其血親間，自收養之日起，發生與血親相同之親屬關係」，此處所稱養子女，包括成年與未成年在內，故與德國法不同。

我國舊律上之嗣子須與收養人同宗，故嗣子與養親之親屬必然發生親屬關係，祇是服制有所改變，此留待後述。棄兒被收養時，須改從養父之姓，同時與養親之親屬發生親屬關係。過渡時期之民律草案嗣子可能爲異姓親屬（民草四編七五條），但嗣子之任務在於祭祀祖先及綿延子孫，故該嗣子與養親之親屬亦發生親屬關係。

我國現行民法第一〇七七條規定：「養子女與養父母之關係，除法律另有規定外，與婚生子女同」。此條所稱「與婚生子女同」，係僅指養子女與養父母之關係，抑或尙及於養父母之親屬，在解釋上難免發生疑問。鑑於我國舊社會立嗣在於祭祀祖先及現代民間之收養在於傳香煙習慣，宜認爲養子女與養父母之親屬亦發生親屬關係。換言之，宜採日本民法，而不採德國舊民法之規定。筆者以爲此問題在收

---

[190] 德舊民第一七五七、一七六二條，瑞舊民二六八條。

[191] 德舊民第一七六三條。

[192] 德民第一七五四條，瑞民第二六七條第一項。

養效力上頗爲重要，尤其外國立法例有上述不同的規定，故宜以明文規定，以杜實務上之爭議，始爲上策。

(二)養子女之直系血親卑親屬與養父母間

養子女之子女於收養後，始出生或收養者，各國立法例均認爲與養父母發生親屬關係。例如德國舊民法第一七六二條前段規定：「收養之效力及於養子女之直系血親卑親屬」。又如日本民法第八〇九條規定：「養子女自收養之日起，取得養父母之婚生子女之身分」。故日本民法根據該條解釋，養子女之子女於收養後始出生或收養者，與養父母亦發生親屬關係[193]。

至於養子女於收養前出生或被收養之子女，是否能與養父母發生親屬關係，則有疑問。依德國舊民法第一七六二條後段，在此情形須雙方有特約始發生親屬(祖孫)關係，反之，則否。德國現行法則分爲成年收養與未成年收養。未成年人爲被收養人而收養時已有子女時，依德國民法第一七五四條解釋，該子女與收養人及其親屬發生親屬關係[194]。至於成年人爲被收養人時，收養之效力僅及於養子女與養父母，而不及於收養人之親屬(德民一七七〇條)，惟成年之被收養人於收養前出生之子女與養父母是否發生親屬關係，德國民法無明文，而其民法注釋則採肯定說[195]。此似因德國民法於成年人被收養時，須在倫常上認爲正當，此尤指有親子關係(德民一七六七條)，可見被收養人之子女與收養人亦有血統上之連繫居多，故解釋上二者發生親屬關係較妥。

我國舊律例及過渡時期就此亦無明文，但依習慣，嗣子已有子女時，由雙方家長合意決定該子女跟隨嗣子過房或留在本生父母家。如過

---

[193] ≪注釋民法（22）のII・親族(3)≫，七一二頁。

[194] *Münchener Kommentar* 前揭 *Familienrecht*, 1696頁。

[195] *Münchener Kommentar* 前揭 *Familienrecht*, 1732, 1733頁。

房，則該子女與養父母及其親屬發生親屬關係；反之，則否。

我國現行法就此亦無明文。筆者以爲宜採德國現行民法之解釋，被收養人於收養前出生之子女或所收養者，與被收養人之養父母宜發生親屬關係較妥。如不欲發生相互之親屬關係，需另有合意始可[196]。

（三）養子女與本生父母及其親屬間

德、瑞舊民法認爲養子女於出養期間，仍與本生父母及其親屬維持親屬關係，相互間之繼承權及扶養權義也不因收養而受影響。換言之，養子女一方與養父母本身發生親屬關係，他方與本生父母及其親屬維持親屬關係[197]。反之，德、瑞現行法規定養子女與本生父母及其親屬之親屬關係消滅，同時由此親屬關係而生之權利義務亦明文規定消滅[198]。

日本民法就此無明文，惟依其注釋民法，養子女與本生父母之關係，除親權之移轉外，其他關係仍舊維持[199]，故養子女與本生父母及其親屬仍有親屬關係。

我國舊律上，過繼子仍與本生家保持親屬關係，但服制上互相降一等。如收養人與被收養人係同宗有服關係，則將爲所後宗之服與本生宗降一等之服比較，以其中較重者爲其服制[200]。過渡時期大理院判例與舊習大同小異。

我國現行法就此無明文，祇於第一〇八三條指出：「自收養終止後，養子女回復其與本生父母之關係」。此處所稱回復者，非回復其親屬關係，卻是回復其相互間之權利義務。依司法院解釋，養子女與本生

---

[196] 參閱戴炎輝著≪中國親屬法≫，二六二頁、二六三頁。

[197] 德舊民第一七六四條；瑞舊民第二六八條第一項。

[198] 德民第一七五五條，瑞民第二六七條。

[199] ≪注釋民法（22）のⅡ・親族(3)≫，七一三頁。

[200] 參閱戴炎輝著≪中國法制史≫，二五九頁。

父母間之權利義務因收養而喪失[201]。又依司法院解釋，養子女與本生父母之天然血親仍屬存在[202]。由以上解釋，養子女在出養期間，與本生父母之關係似宜解釋：親屬關係仍存在，但其相互間之權利義務被停止，從而相互間無繼承權與扶養的權利義務[203]。此解釋與外國立法例不同，故筆者以爲此點宜在收養效力上明文規定，以杜爭議。

第四節　禁婚親之適用

有如前述，有的立法例因收養成立，而使養子女及其直系血親卑親屬與養父母及其親屬發生親屬關係。此兩方面之親屬是否亦適用民法上一般禁婚親之規定？其適用之範圍有無限制？又養子女及其直系血親卑親屬與本生父母及其親屬間之禁婚是否不變？或因出養之故，禁婚親之範圍宜加以縮小？

擬制之法定血親與天然之自然血親，在親屬性質上多少有差異，尤其在禁婚親之範圍上，故二者是否須同等看待，有檢討之必要。

近親禁止結婚古今中外均有立法，而其立法之意旨，不外基於種族的優生學及維持倫常的名分。惟就中外比較，中國人較重視倫常的名分，外國人較注重血統的優生。就古今比較，古代較重視倫常的名分，現行法較重視血統的優生。收養關係爲擬制之法定血親，所以禁婚受考慮之因素應當是倫常的名分，而不是種族的優生。有鑑於此，收養成立之親屬應如何適用禁婚親之範圍？其對本生方之親屬是否與養親方採同一標準？此問題值得深論。

---

[201] 三〇年院字第二一二〇號。

[202] 四二年釋字第二八號。

[203] 戴炎輝著≪中國親屬法≫，二六三頁；史尚寬前揭五五九頁。

一、外國立法例的規定

外國立法例就法定血親與自然血親之親屬禁婚，大致以明文規定不同的範圍，期能符合實際需要並杜絕實務上的疑問。

(一)德國

依德國婚姻法，法定血親與自然血親之禁婚親有不同之範圍。尤其養子女之禁婚親涉及本生方與養方之親屬，故頗爲複雜。依其舊婚姻法第四條第一項規定，自然血親之禁婚親範圍有直系血親相互間、同父同母、同父異母、同母異父以及直系姻親相互間。反之，法定血親之禁婚親分爲兩種。其一，在本生方之禁婚親，應適用舊婚姻法第四條第一項規定。因爲依舊德國民法第一七六四條規定，養子女與其血親間基於親屬關係而生之權利義務，除法律另有規定外，不因收養而受影響。其二，在養方之禁婚親，依舊婚姻法第七條規定，祇限制養子女及其卑親屬，在收養關係存續中，不得與養父母結婚[204]。至於養子女與養父母之其他親屬不受結婚之限制。

爲配合德國現行民法第一七五四條養子女法律地位之新規定，德國現行婚姻法有關法定血親之禁婚範圍亦有所變動。依該第七條第一項規定，因收養而成立之直系血親、同父同母、同父異母、同母異父及直系姻親相互間不得結婚。惟收養關係消滅時，不必再受限制。依該規定，法定血親在收養關係存續期間，在養方之禁婚親範圍，一如自然血親。惟法定血親究竟是人爲所擬制，故德國婚姻法第七條第二項特別規定：「監護法院對於因收養而成立之旁系血親及姻親之禁婚限

---

[204] 舊德民第一七六三條規定：「(1)收養之效力，不及於收養人之血親。(2)收養人之配偶與養子女相互間，及養子女之配偶與收養人相互間均不生姻親關係」。

制，得免除之；但有重大理由阻礙結婚者，不在此限」。另一方面，依德國現行收養法，一經收養後，養子女與本生父母及其親屬之親屬關係消滅（德民一七五五條），此時養子女與本生方之禁婚親是否仍適用，將發生疑問。有鑑於此，婚姻法第四條第一項特明文規定，雖因收養而消滅親屬關係，但禁婚親之規定仍適用。

(二)瑞士

依瑞士舊民法，法定親屬與自然親屬之禁婚範圍分別規定，以示二者性質之不同。瑞士舊民法第一〇〇條第一款與第二款係自然親屬之禁婚範圍，第三款係法定親屬之禁婚範圍。自然血親之禁婚範圍有：直系血親相互間、旁系血親三親等內相互間（同父同母、同父異母、同母異父兄弟姊妹相互間及伯叔父與姪女、舅父與外甥女、姑母與子姪、姨母與外甥相互間）。姻親之禁婚限於直系：翁與媳、岳母與女婿、繼母與其夫前妻之子或繼父與其妻前夫之女。姻親關係所發生之禁婚，即使該婚姻因宣告無效、死亡、離婚而解消時亦同。

以上禁婚親之規定適用於養子女與本生父母及其親屬間，因爲依舊瑞士民法第二六八條之解釋，收養之效力除法律特別規定外，養子女與本生父母方之親屬關係及由此發生之權利義務關係不變。

至於法定血親之禁婚範圍，祇限於被收養人與收養人或一方與他方配偶相互間。可見養子女對養父母方之禁婚範圍非常窄狹，養子女相互間或養子女與養父母之親生子女間均不禁止結婚。

瑞士現行民法已在第二六七條第一項承認養子女與養父母之婚生子女，在法律上之地位完全相同。故瑞士舊民法禁婚親之規定也受到修正。現行瑞士民法第一〇〇條第一款規定法定親屬之禁婚範圍，原則上與自然親屬相同。惟法定血親另有該條第二項之特別規定，其禁婚範圍與自然親屬有所不同：「釋明有重大理由者，住所地之州政府得許可因收養而成立之親屬相互間結婚，但直系親屬不在此限」。

至於養子女及其直系血親卑親屬與本生父母及其親屬間之親屬關係，因現行民法第二六七條第二項之規定而消滅。他們相互間之禁婚親如何適用，不無疑問。爲此瑞士現行法第一〇〇條第三項特明文規定：「養子女及其直系血親卑親屬與本生父母親屬間有關親屬（血親與姻親）之婚姻障礙，不因出養而消滅」，期能避免實務上之爭議。

(三)日本

日本民法就法定血親之禁婚親範圍亦明文規定不同於自然血親。依日本民法第七三四條有關近親結婚之限制，於直系血親或三親等內之旁系血親間不得結婚，但養子女與養方之旁系血親不在此限。

根據日本民法之注釋，該條所謂養方之旁系血親係指養親之自然血親或法定血親而與養子女有旁系血親關係之人[205]。因此養子女與養親之兄弟姊妹、養親之子女或孫、孫女雖在旁系血親三親等內，但得與之結婚[206]。反之，自然血親間於旁系血親三親等內不得相互結婚。

又依日本民法第七三六條規定，於養子女或其配偶、養子女之直系血親卑親屬或其配偶與養父母或其直系尊親屬相互間，縱然依日本民法第七二九條規定，親屬關係消滅後，亦不得結婚。

至於收養後養子女及其直系血親卑親屬與本生父母間之親屬關係，是否適用禁婚親之規定，日本民法無明文。惟依日本民法之注釋，其相互間之親屬關係並不消滅[207]，故第七三四條禁婚親之範圍仍適用於養子女及其直系血親卑親屬與本生父母之親屬。

---

[205] ≪注釋民法（20）・親族(1)≫，二一五頁。

[206] ≪注釋民法（20）・親族(1)≫，二一五頁。

[207] ≪注釋民法（20）のⅡ・親族(3)≫，七一三頁。

二、我國舊律例及過渡時期的規定

(一)舊律例

依唐、明、清法名例律稱期親祖父母條規定，其嫡、繼、慈母，若養者與親同。此表示嫡母、繼母、慈母及養父母均爲律例上所稱之父母。我國舊社會雖分嗣子與義子之收養，但養父母與養子女關係並無二致，所以養父母在律例同爲父母之地位。唐（戶婚律）與明、清（戶律）法同姓爲婚條規定均適用於嗣子或義子與本生方及養方親屬間之禁婚規定。我國舊律由於重視倫常名分，故禁婚之範圍頗廣。例如唐（戶婚律）同姓爲婚條規定：「諸同姓爲婚者各徒三年，緦麻以上以姦論。若外姻有服屬而尊卑共爲婚姻及娶同母異父姊妹，若妻前夫之女者，亦各以姦論，其父母之姑舅兩姨姊妹及姨、若堂姨、母之姑、堂姑、己之堂姨及再從姨、堂外甥女、女婿姊妹並不得爲婚姻，違者各杖一百，並離之」。

(二)過渡時期

過渡時期民律草案之禁婚範圍沿用我國清律及清現行律之禁婚爲原則。其範圍亦甚廣泛，包括宗親(民草四編十七條)、三親等內之外親或二親等之妻親輩分不同者(民草四編十八條第一項但書)，有切近尊卑輩分及同母異父相互間(民草四編十八條第三項)[208]，均不得結婚。

此禁婚親援舊律例之解釋亦適用於嗣子或義子與其本生方或養方親屬間之結婚。

三、我國現行法上的解釋

---

[208] 所謂切近尊卑輩分者，係指「其父母之姑舅兩姨姊妹及姨、若堂姨；母之姑、堂姑；己之堂姨、再從姨、堂外甥女、女婿之姊妹、若妻前夫之女」。

我國舊律例及過渡時期就禁婚親因重視倫常之名分，故禁婚範圍甚廣，同時就本生方與養方之禁婚親範圍並無不同。反之外國現行立法例就禁婚親因重視種族之優生，故禁婚範圍甚小，同時就法定血親與自然血親適用不同的禁婚範圍。尤其外國立法例鑑於違反禁婚親給以無效之效果，故無不以明文規定法定血親之禁婚不同於自然血親之範圍，期能避免在實務上無所適從。

我國現行法有關法定血親之禁婚範圍，無明文可據，以致解釋例、判例、學說各執一詞，毫不統一，於是法定血親相互間結婚禁止之範圍如何？其結婚效力又如何？成爲實務上頗困擾的問題。

(一)我國實務上之見解

一談到法定血親之禁婚，自與養子女是否與養父母之其他親屬發生親屬關係有密切關係。我國實務上對養子女之禁婚親，有各種不同之解釋。

1.依據收養之效力僅及於養父母本身，而不及於養父母之其他親屬，故養子女與養父母之親屬（包括法定血親）得相互結婚，此解釋與德國舊民法第一七六三條之立場一致。

(1)依二五年院字第一四四二號，民法所定養子女與婚生子女同者，僅就養子女與養父母間之關係而言，乙男丙女雖均爲甲收養之子女，但並非血親，則乙丙之結婚自不受限制。

(2)依四一年釋字第一二號，某甲收養某丙同時以女妻之，此種將女抱男習性，其相互間原無生理之血統關係，自不受民法第九八三條之限制。

依此見解，似乎法定血親之禁婚範圍祇限於養父母與養子女或養父母與養子女於收養後出生之子女相互間。至於養子女及其所生子女與養父母之其他親屬，不論輩分是否相同，均不禁止結婚。此種解釋似與我國傳統習慣認定法定血親之範圍相牴觸，其輩分不同之人結婚（例如養女與養父之兄弟）似有違背倫常禮教。惟純從種族之優生學觀察，似無可非難之處。

2.依據收養效力及於養父母其他親屬之立場，提出養子女禁婚親之範圍與養親婚生子女所禁止者完全相同，故民法第九八三條之禁婚親亦適用於養子女對養親之親屬。此解釋與日本民法第七二七條之內容相同。

⑴依院解字第三〇〇四號，養父母係養子女之直系血親尊親屬，養父母之血親亦卽爲養子女之血親。故依三二年上字第二三六六號之判例，養子女與養父母之關係，依民法第一〇七七條規定，旣與婚生子女同，則養女對於養父兄弟之子，亦與同祖之兄弟姊妹無異，依民法第九八三條第一項第三款規定，自屬不得結婚。

⑵依四三年釋字第三四號，母之養女與本身之養子係輩分不相同之擬制血親，依民法第九八三條第一項第二款規定，不得結婚。釋字第十二號與此情形有異，不得援用。

⑶依四三年釋字第三二號、三三年上字第二三六六號，所謂女抱男之習慣，係於收養同時以女妻之，其間又無血統關係而言，實卽招贅行爲，並非民法上所謂收養，至被收養爲子女後，另行與養父母之婚生子女結婚者，自應先行終止收養關係。

依此見解，似與上面解釋有所不同。由於養子女與養父母之親屬間亦發生親屬關係，民法第九八三條禁婚親規定亦適用於養子女及其所生子女與養父母之親屬相互間。此解釋無疑較重視倫常名分。

(二)學者之主張

法定血親之禁婚不僅在實務上引起不同之解釋，而且學者間之主張亦不盡一致。通說認爲收養而擬制的法定血親，近親禁婚之血統理由已不存在，祇有倫常名分之顧慮，故除輩分不相當者，應予禁止外，在旁系血親輩分相同者，應允許結婚。例如戴炎輝教授指出：「惟法定血親之間，本無生理上之關係，故學者或謂：除輩分不相當者應予禁止外，在旁系血親輩分相同者，不應禁止結婚。余贊成此說」[209]。依吳歧先生之見解，對收養關係終止後之法定血親，以爲輩分不同者，亦不必禁止。故在收養關係存續中，宜禁止輩分不相同者之結婚」[210]。羅鼎先生亦持相同見解[211]。

除通說外，尚有人主張除有特別習慣外，應解爲適用一般親屬禁婚的規定。所謂特別習慣，例如養子女相互間或養子女與養親之婚生子女可以結婚[212]。又有人主張民法第一〇七七條規定，如解釋祇限於養子女與養父母之關係與婚生子女同者，自不發生問題。否則應解釋民法第九八三條禁婚之限制，僅適用於自然血親，不適用於法定血親，即同一人之養子與養女固不妨結婚，養子女與養親所生之子女亦不妨結婚。惟養父母及其直系血親尊親屬與養子女及其直系血親卑親屬間之結婚，因尊卑名分上之關係，有背於公序良俗，應爲無效[213]。

至於養子女及其直系血親卑親屬與本生父母之親屬間，本於血統之聯繫，仍適用民法第九八三條規定而禁止結婚[214]。

四、修正草案的規定

---

[209] 戴炎輝著《中國親屬法》，七四頁。

[210] 吳岐著《中國親屬法原理》，中國文化服務社，民國三六年，五八頁。

[211] 羅鼎著《親屬法綱要》，大東書局，民國二五年初版，九二頁。

[212] 趙鳳喈著《民法親屬論》，正中書局，民國三四年，七四頁。

[213] 史尚寬前揭一八〇頁。

[214] 戴炎輝著《中國親屬法》，七五頁；史尚寬前揭一八一頁；趙鳳喈前揭一七〇頁。

這次司法行政部民法修正案，除對民法第九八三條自然血親與姻親之禁婚範圍有所修正外，第一次將法定血親明文見於禁婚親之範圍，此不得不謂立法上的一大進步。民法第九八三條第三項增加規定:「其直系血親及直系姻親結婚之限制，於因收養而成立之直系親屬間，在收養關係終止後，亦同」。

該規定之主要意旨在於解決養子女與因收養而成立之直系親屬間，於收養關係終止後可否結婚之問題。因爲現行法對此未作規定，適用時易生疑問。爲維持固有倫常觀念，宜以明文禁止。由該條反面解釋，如爲旁系血親與旁系姻親，無論輩分是否相同，收養關係一旦終止後，均得結婚。

該條之立法意旨頗佳，因有該條第三項增加規定，可使第一〇七七條所稱「養子女與養父母之關係與婚生子女同」之含義，究竟養子女與養父母之親屬是否亦發生親屬關係之疑問，得到肯定的回答。

惟從第九八三條第三項之增加規定，不得不解釋第九八三條第一項各款之禁婚親範圍，不但適用於自然血親，而且適用於法定血親間。在禁婚親之立法上，將法定血親與自然血親一視同仁，是否妥當，值得斟酌。因爲自然血親之禁婚理由，需兼顧倫常名分與優生之血統因素，故宜從嚴規定；反之，法定血親之禁婚理由猶如姻親，祇有倫常名分的顧慮。旁系姻親祇禁止輩分不同人之結婚，其禁婚親較自然血親爲寬。基於此理由，德國婚姻法第七條、瑞士民法第一〇〇條、日本民法第七二九條無不將法定血親與自然血親之禁婚親範圍，作不同之規定，以示區別。

筆者以爲我國民法上之法定血親之禁婚範圍，不宜與自然血親完全看齊，而宜略爲放寬。卽法定血親間之結婚，於直系血親與直系姻親間，均應禁止。至於旁系血親，除二親等之兄弟姊妹外，應以輩分不同者爲限，不得結婚。因爲二親等之旁系法定血親，除擬制血統關係外，通常尚有同居之家屬關係。他們朝夕相處，情同手足，故在收養存續期間，不宜結婚。但收養關係終止後，不妨允許其結婚。

這次民法修正草案第九八三條將表兄妹從可以結婚改爲不可以結婚。此修正內容曾引起社會極大之反應，而在報章雜誌引起相當持久的論戰。筆者支持修正草案的修改，宜將自然血親的表兄妹與同親等之堂兄妹同等看待，而不可以結婚。

惟對因收養而成立之堂兄妹與表兄妹均爲同輩分之法定四親等之旁系血親。他們之結婚已沒有顧慮種族之優生，故不妨結婚。

總之，民法第九八三條的修正草案，似宜將其第一項之第一款作如下修正：「旁系血親在六親等以內；但因收養而成立之法定血親，除二親等外，以輩分不同者爲限」。如此規定，使法定血親與自然血親在禁婚範圍上有不同之範圍，以便符合禁婚親之立法意旨。

第六章　收養之終止

第一節　概　說

收養關係之終止係收養效力發生後，因遭遇一定事由，無法繼續親子關係，而使該關係加以消滅。此猶如夫妻關係，因婚姻生活發生無法繼續共同生活之一定原因，而離婚使該夫妻關係加以消滅。

在收養關係之消滅上，有日本與德國立法例之對立。日本立法將收養視爲契約行爲，故承認收養終止之情形；反之，德國民法將收養改認國家之裁定行爲（Dekretsystem），故將德國之收養終止改稱收養之廢棄（Aufhebung），完全由國家監督。至於瑞士民法則不再有收養之終止或廢棄，祇有收養之撤銷（Anfechtung）。

我國固有社會將收養成立之親子關係，視爲人爲的結合，故有一定事由發生時，得消滅其關係。消滅收養關係之行爲稱爲終止，又將收養之終止分爲合意終止與一方意思之終止。

我國現行民法承襲舊社會收養關係之消滅，將收養終止分爲同意終止與裁判終止。前者乃雙方當事人之合意終止收養關係；後者乃因一定事由的發生，由一方聲請法院宣告終止收養關係。

第二節　同意終止收養

一、各國立法主義

各國立法例因對收養目的或其性質之看法不同，故對收養終止之立場亦不一致。

(一)德國

德國舊民法對於收養之終止稱爲收養之廢棄（Aufhebung）。該廢棄得由雙方當事人之合意，並經法院之認可（Bestätigung）。依德國舊法，因收養而生之法律關係得廢棄之；廢棄收養不得附條件或期限（德舊民一七六八條一項）。收養之廢棄，由收養人與養子女及其收養效力所及之直系血親卑親屬，以契約訂定之（德舊民一七六八條二項）。惟德國舊法就收養之廢棄，尙須法院之認可，始生效力（德舊民一七七〇條）。

德國現行法已不將收養視爲契約，卻認爲國家裁定之行爲(Dekretsystem), 故不再承認舊法上之契約廢棄收養, 卻祇承認聲請廢棄（Aufhebung auf Antrag）與職權廢棄（Aufhebung von Amts wegen)。德國現行法不承認契約廢棄之意旨, 在於收養一旦成立, 養子女對養父母及其親屬之關係, 與養父母之婚生子女完全相同。另一方面, 養子女與本生父母之親屬關係, 及其由此而發生之權利義務亦消滅, 故除非有重大事由, 尤其違反養子女之利益, 得聲請廢棄或職權廢棄外, 不再允許依契約廢棄收養, 以避免雙方造成無法彌補之損害與創傷。

德國現行法上之聲請廢棄收養, 其原因與程序頗爲複雜。其聲請廢棄之原因包括一部分舊法之收養無效與撤銷的原因[215]。

1.意思表示欠缺而聲請廢棄之原因: 聲請廢棄之原因係收養當事人意思表示之欠缺: 「收養關係因欠缺收養人之聲請, 欠缺被收養子之允許或欠缺父母必要之允許者, 得聲請監護法院廢棄之」（德民一七六〇條一項）。

此處所稱欠缺聲請或欠缺允許, 包括兩種情形。一爲自始欠缺意思表示; 二爲雖表示意思, 但該意思未生效力。

意思表示未生效力之情形有下列五種（德民一七六〇條二項）:

(1)收養聲請人無行爲能力及養子女無行爲能力或未滿十四歲而自爲收養之同意, 此時有表意權人所爲之意思表示又處於意識不明或暫時之精神錯亂者。

(2)表意權人不知其爲收養或雖知其爲收養, 但無意提出收養之聲請或收養之允許者; 或收養人對收養子女或養子女對收養人就人之同一姓有錯誤者。

(3)表意權人因重要情事被詐欺而爲意思表示者。

---

[215] H. Dölle, *Das Familienrecht*, Bd. 2, S. 629.

⑷表意權人因受不法之脅迫而爲意思表示者。

⑸於第一七四七條第三項第一段所定期限（子女出生後八週）屆滿前爲允許之意思表示者。

2.聲請廢棄原因之消滅:

⑴表意權人於無行爲能力、意識不明、精神錯亂及脅迫狀態終止或錯誤已發現或於第一七四七條第三項第一段所定期間屆滿後，已補正聲請或已承認，或依表意人之其他情形，應維持收養關係者，不得廢棄之（德民一七六〇條三項）。

⑵重要情事受詐欺而所爲之收養，其詐欺係收養人或養子女之財產關係；或詐欺人並無聲請權、同意權或介紹收養之權限，而於詐欺時有同意權人或聲請權人並未知悉者，不得廢棄（德民一七六〇條四項)。

⑶於收養認可之際，就父母一方繼續無法意思表示或其住居所繼續不明之情事有錯誤，而該方父母已補正其同意或其他足認爲將繼續維持收養之關係者，該收養不得廢棄（德民一七六〇條五項）。

⑷於認爲可收養或廢棄收養之際，已具備補充同意之要件者，收養關係不因收養必要之同意未補正或不因依第一七六〇條第二項之同意不生效力而受廢棄（德民一七六一條一項）。

⑸子女之幸福因廢棄收養而將遭受嚴重危害者，該收養不得廢棄，但爲收養人之重大利益而廢棄之必要者，不在此限（德民一七六一條二項）。

從德國民法上之聲請收養廢棄之原因及其原因之消滅，在立法政策上，二點值得注意：其一，儘量限制收養之廢棄，即聲請收養之廢棄採列舉主義（德民一七五九條、一七六〇條一項、二項、一七六一條一項）；同時所列舉之收養廢棄，以例示之概括規定加以阻卻聲請之收養廢棄（德民一七六一條二項）。此立法意旨在於收養關係一旦成立，養子女與收養人成立親子關係，且與本生父母消滅權利義務關係。廢棄收養將使收養人、被收養人及其他有親屬關係之人造成極大的困難。其二，法院有甚大的裁量權，以決定收養應否廢棄，而其決定之關鍵在於養子女之利益。

3.聲請廢棄之當事人：未經聲請之收養或未經同意之收養，由有聲請或同意權人提出收養之廢棄。養子女無行為能力或未滿十四歲之收養及無行為能力人所為之收養，由其法定代理人聲請收養之廢棄。有聲請權人卽使爲限制行爲能力人，其聲請不必得其法定代理人之同意（德民一七六二條一項）。

4.聲請廢棄收養之期間：聲請廢棄收養之期間限於收養未滿三年之情形始可，否則卽使有德民第一七六〇條第一項與第二項聲請廢棄之原因，亦不得行使廢棄收養（德民一七六二條一項）。

至於廢棄收養之聲請期間祇限一年，其期間之起算規定於民法第一七六二條第二項。例如第一七六〇條第二項第三款有關錯誤及第三款有關詐欺而表示者，自表意人發現錯誤或詐欺時起算。

5.聲請廢棄之形式：爲昭愼重起見，聲請廢棄需要公證人的公證（德民一七六二條三項）。

(二)瑞士

依瑞士舊法之規定，收養之廢棄，猶如德國舊法，得由雙方當事人之同意，並依成立收養時應尊循之規定，隨時廢止之（舊瑞民二六九條一項）。所稱成立收養時應循之規定，係指舊瑞民第二六七條應作成公證書，並經該管行政機關之許可。

瑞士現行法已無舊法上的廢棄收養，以契約廢棄收養更爲法所不允許。其立法意旨在於收養一旦生效，養子女猶如婚生子女，與養親及養親之其他親屬發生權利義務之關係，同時與本生父母及其親屬之親屬關係完全消滅。有鑑於此，瑞士法已沒有廢棄收養，而祇規定收養之撤銷（Anfechtung）。

(三)日本

依日本法，收養之當事人得依協議終止收養（日民八一一條一項）。可知日本民法承認以契約終止收養（離緣），而與德、瑞之立法不同。惟依日本民法第八一二條準用第七三九條之結果，協議終止收養不以當事人的合意，即發生終止之效力，尙須依戶籍法登記，始生效力。

(四)我國之規定

1.舊律例：我國舊律例已承認兩願終止收養，即本生家與養家既有合意，則不問其原因如何，得隨時終止收養。其方法將原立的契件或年庚，還與本生家；但亦有另立終止書（退繼書）或贖身字。過渡時期之第一次民律草案沒有規定兩願終止收養。

2.現行民法：我國現行法對於同意終止收養之規定頗爲簡陋。其實質要件爲：養父母與養子女之關係得由雙方同意終止之（民一〇八〇條一項）。其形式要件爲：收養之同意終止應以書面爲之（民一〇八〇條二項）。

從該條之規定可知同意終止之收養，猶如收養的成立，採當事人放任主義而具有契約的性質。祇要養父母與養子女雙方以書面同意，即發生收養終止的效力，國家之公權力毫不介入。此立法例不但忽略身分變動的公示作用而易造成第三人不測之損害，而且使狡黠強橫之一方，利用不正當之手段，迫使他方同意終止收養。

3.修正草案：這次修正草案將收養之成立，從當事人放任主義改成國家監督主義。收養除當事人以書面合意之外，尙須法院之認可

(民一〇七九條一項);反之,同意收養終止仍維持當事人放任主義,頗爲不當。

誠上所述,採用契約終止收養的立法例,如舊德國民法第一七六八條、舊瑞士民法第二六九條第一項及日本民法第八一二條均承認收養之終止,猶如收養之成立,將發生身分的變動,故均採國家監督主義,以達公示之作用。有鑑於此,我國不應祇由當事人之合意即發生終止之效力,卻應由國家機構予以認可或至少登記於戶籍機構,始令其發生效力;簡言之,應採取公示作用,以保護第三人之利益。

二、「同意」之解釋

(一)外國立法之規定

我國現行民法第一〇八〇條第一項僅用「同意」文字,此同意終止之立法意旨,應是收養人與被收養人之合意。惟被收養人於同意終止時,如無行爲能力或限制行爲能力時,應如何終止,不無疑問。

依德國舊民法第一七七〇條明文規定,收養之廢棄準用第一七五一條收養成立時法定代理人之規定。又依德國舊民法,養子女與本生父母之親屬關係及由此所發生之權利義務,不因出養而消滅。故收養廢棄與收養成立時之法定代理人,適用同一條之規定。收養成立時被收養人之法定代理人係指其本生父母,故收養廢棄時之法定代理人亦指其本生父母。從而收養廢棄而養子女已爲滿十四歲之未成年人時,養子女得本生父母之同意與養父母訂立收養廢棄之契約。養子女未滿十四歲者,由本生父母代爲訂定[216];簡言之,德國舊法之收養廢棄,不用民法總則之行爲能力制度,卻用收養法上之意思能力。

瑞士舊民法與德國舊民法之規定,頗爲相同。依瑞士舊法,一方

---

[216] 參閱德國舊民法一七五一條。

養子女與本生父母之親屬關係及由此發生之權利義務並不消滅（舊瑞民二六八條）；他方同意終止收養須遵守收養時之規定。故收養成立與收養終止適用同一之規定（舊瑞民二六九條）。有鑑於此，收養終止時，被收養人有識別能力時，其終止應得其同意；被收養人係未成年或禁治產人者，縱有識別能力，其收養終止亦應得其本生父母或監護監督機關之同意（瑞舊民二六五條）。

依日本法，養子女未滿十五歲者，其協議終止收養，由養父母與收養終止後得爲養子女的法定代理人合意終止收養。養子女如滿十五歲者，得由本人單獨與收養人合意終止收養，不必得其法定代理人之同意（日民八一一條、七九七條）。

(二)我國之規定

1.「同意」在收養法上之特色：兩願離婚與同意終止收養在身分關係之消滅上，有其共同之處。離婚在消滅夫妻身分關係，而終止收養亦在消滅親子關係，故理論上同意終止之收養似可準用兩願離婚之規定。惟分析二者之性質，有二點不同之處。其一，兩願離婚之當事人，如已成年，由本人同意離婚；如未成年，依民法第一〇四九條但書，得其法定代理人之同意而離婚。反之，被收養人在同意終止之情形有三。第一種爲成年人，第二種爲已滿七歲之未成年人，第三種爲未滿七歲之未成年人。第一種及第二種之情形，均依意思能力之制度，可準用兩願離婚之規定，但第三種之情形，應如何意思表示，似有疑問。其二，在兩願離婚時，當事人如爲未成年人，其法定代理人爲父母，無父母時爲監護人；但在同意終止收養時，養子女的法定代理人爲養父母，至於養子女與本生父母之關係，依民法的解釋[217]，在收養存續期間，處於停止狀態（民一〇八三條）。故養子女在同意終止之際尚

[217] 參閱司法院四二年釋字第二八號。

未成年，尤其未滿七歲者，其法定代理人究指何人，不無疑問。

2.修正草案之改進：依收養之性質，收養人不可能用於同意終止收養之時，爲被收養人之法定代理人，蓋收養人將成爲契約之相對人，而不能成爲被收養人之法定代理人；否則二者身分互相牴觸。有鑑於此，這次修正草案，參酌外國立法例，將該缺點予以改正。即在民法第一〇八〇條增加第三項與第四項分別規定未成年人同意收養終止之情形。第一〇八〇條第三項：「養子女未滿七歲者，其終止收養關係之同意，由收養終止後爲其法定代理人之人代爲之」。同條第四項：「養子女爲滿七歲以上之未成年人者，其終止收養關係，應得收養終止後爲其法定代理人之人之同意」。該條於增加規定所稱之法定代理人與司法院三十六年院解字第三七四九號解釋例所指之本生父母之意旨相同[218]。

三、有配偶時之同意終止

收養人於收養時有配偶者，依民法第一〇七四條須共同收養；但終止收養時，如有配偶者，是否須共同終止收養？我國現行民法無明文規定，實務上難免發生疑問。

依德國舊法，夫妻共同收養者，於廢棄收養時，應由配偶雙方共同爲之（德舊民一七六八條三項）。我國通說亦主張同意終止收養，應由收養時之配偶共同終止，蓋非由配偶共同終止收養，無法謀求身

---

[218] 三六年院解字三七四九號解釋例：「……惟養子女無行爲能力而養父母爲其法定代理人者，民法第一〇八一條所稱終止收養關係之訴依民事訴訟法第五八二條之規定旣應由本生父母代爲訴訟行爲，則民法第一〇八〇條第一項之同意自應解爲由其本生父母代爲之，養子女爲限制行爲能力人而養父母爲其法定代理人者，其爲民法第一〇八〇條第一項之同意亦應得其本生父母之同意」。

分上之統一[219]。

惟養父母之一方死亡或養父母已離婚者，不必共同終止收養，他方得單獨終止收養。此時僅就表意人發生同意終止之效力。又養父母之一方不能表意時，他方是否得以雙方名義與養子女終止收養？筆者以爲身分行爲不許代理，故此時僅得由表意之養親與養子女終止收養，而其效力不應及於他方。

四、養父母死亡時之同意終止

養父母已雙亡，而養子女尚年幼之情形，本生父母或其一方願意領回扶養時，是否爲法之所許？我現行民法無明文規定，實務上易生疑問。

依日本法，收養之最高指導原理乃謀求養子女之利益。因此養父母即使死亡，尚能以養子女之保護爲出發點，得法院之許可而終止收養：「養父母死亡後，養子女願意終此收養時，得以法院之許可爲之」（日民八一一條六項）。

從法理言，養父母已經死亡後，無法依雙方之合意而終止收養關係。尤其我國收養法之本質，不全然以養子女之利益爲前提[220]，尚有爲養家與傳宗接代之目的。有的養親所以收養子女，正因本身無子嗣，期待其死亡後，由養子女繼承財產，同時傳遞香火。如養子女於養父母死亡而繼承遺產後，再終止其收養契約而返回其本生父母家，則對於養親似有不公之處。故依司法院對民法之解釋，養父母已死亡者，養子女之一方無從終止收養關係，不得與養父母之婚生子女結婚；但

[219] 戴炎輝著≪中國親屬法≫，二六七頁，史尚寬著≪親屬法論≫，五六六頁，吳岐著≪中國親屬法原理≫，一八八頁。

[220] 此觀點從民法第一〇八一條有關裁判終止之事由，可知養親之利益大於養子女之利益。

養親收養子女本有使其婚生子女結婚之眞意者，不在此限[221]。

惟從養子女之利益觀察，養父母既然死亡，而養子女陷於無人保護教養時，法院權衡其利弊，又以本生父母撫育最爲恰當者，似乎應予以終止收養。

有鑑於現階段之收養目的，尙需兼顧養親與養子女雙方的利益。這次修正草案，不完全採日本的立法例，亦不遵循司法院的解釋意旨，而爲折衷的規定，期能杜絕實務上之疑難。民法第一八一〇條第五項增加規定：「養父母死亡後，養子女不能維持生活而無謀生能力者，得聲請法院許可，終止收養關係」。又於同條第六項規定：「第五項之聲請準用同條第三項與第四項」，卽聲請人視養子女之年齡爲斷，未滿七歲者，由終止收養後得爲法定代理人代爲聲請，如滿七歲之未成年人，由本人聲請而經終止收養後得爲法定代理人之人同意。

筆者以爲本條第五項之增加，較原條文更能兼顧雙方當事人之利益。惟養父母死亡後得爲終止之情形，宜再加限制，使收養之本質目的更爲合理。卽養父母死亡後，得爲終止收養之情形，於養子女一方，除陷於生活困難外，尙須養子女未成年及本生父母或其一方生存。因爲養子女如已成年或雖未成年而本生父母均不存在時，將失去返回本生父母家之意義。養父母死亡後，養子女已成年而陷於生活困難者，祇剩廣義親屬扶養之問題，而與親權之保護教養無關，故其留在養家或返回本生家無多大差別。尤其本生父母將子女出養，通常基於經濟上之考慮。換言之，本生父母家之經濟情況不如養親家，而養子女留在養父母家，自有民法第一一一四條以下之規定受養親其他親屬之扶養，不必爲此終止收養後，犧牲養家可能傳遞香火之代價。

---

[221] 司法院解釋例五〇年釋字第五八號。

第三節 裁判終止收養

我國民法上之收養終止，除同意終止外，尙有裁判終止。收養終止之二分法，類似我國離婚法上之兩願離婚與裁判離婚。外國多數立法例均承認裁判終止或職權廢棄收養。惟因各國收養政策的不同，其所例示的終止收養之事由亦有出入。

一、外國立法例之規定

爲比較起見，現擧德國、瑞士與日本之民法規定，供我國立法上之參考。

(一)德國

德國法院之廢棄收養，新舊法有不同之規定。德國舊法有關裁判廢棄收養分爲二種。一爲聲請廢棄（德舊民一七七〇條之b），有如前述。一爲職權廢棄（德舊民一七七〇條之a）。

依德國舊民法第一七七〇條之a規定，養子女未成年時，遇有重大事由，認爲廢棄收養對子女有利者，監護法院得廢棄之。此條之規定似與我國裁判終止之性質不同。我國裁判終止收養須由收養當事人，依據法定事由，聲請法院終止收養。反之，德國舊法之職權廢棄，不待收養當事人之聲請，祇要法院認爲收養違反養子女的利益者，得隨時以裁定的方法終止收養。此立法意旨在貫徹收養以養子女利益爲最高之指導原理，同時爲發揮國家監督主義最大的效力，賦與法院相當大之裁量權。

現行收養法對舊法的職權廢棄作了重大的修正，卽收養廢棄後，必須養子女之生活與教養無後顧之憂始可，期能保護養子女之利益更爲完善。德國民法第一七六三條規定：「⑴養子女於未成年期間，因有重大理由廢棄收養關係爲養子女之利益所必要者，監護法院得依職權廢棄之。⑵夫妻共同收養子女者，養子女與養父母一方之收養關係，亦得廢棄之。⑶收養關係有下列情形之一者，始能廢棄：①第二項情形之他方配偶或本生父母之一方準備撫養與敎育養子女，且由其行使親權，不牴觸養子女之幸福者。②廢棄收養後能成立新收養關係」。

(二)瑞士

依瑞士舊法，有重大事由者，得由養子女之聲請；或養子女對收養人有喪失繼承權之事由者，得由收養人之聲請，經法院終止其收養（瑞舊民二六九條二項）。該條所指繼承權喪失之事由，係指瑞士舊民法第四七七條繼承人對被繼承人或其近親犯重罪者，或繼承人對被繼承人或其親屬中之一人，違反其所負親屬法上之義務者。依瑞士舊法，裁判終止收養之原因，似有偏重養親之利益，即祇規定養子女之冒犯養親或違反扶養義務；反之，養親對養子女之犯罪或違反對親屬扶養義務，尙不構成裁判終止之原因。

瑞士現行法已將其收養之內容作大幅度的修正，不再承認收養終止之情形。收養一旦成立後，除非其成立要件有瑕疵，得予撤銷外，一如自然血親之關係，不能再斷絕養親與養子之關係。

(三)日本

日本民法有關裁判終止收養之規定與我國現行法最爲類似。惟日本現行法與舊法對裁判終止的事由有顯著的差異。

日本舊民法第八四六條規定：「有下列情形之一者得提起終止收養之訴：⑴一方受他方之虐待或重大侮辱者。⑵一方受他方惡意遺棄者。⑶受養親直系尊親屬之虐待或重大侮辱者。⑷他方受一年以上重禁錮者。⑸養子因重大過失而汚瀆家門或有傾倒家產者。⑹養子逃亡三年未歸者。⑺養子生死不明逾三年者。⑻他方對自己直系尊親屬之虐待或重大侮辱者。⑼壻養子之收養有離婚或養子與養親之婚生子女結婚，而該婚姻有離婚或撤銷之情形者」。

日本現行法第八四一條第一項對舊法第八四六條作了重大的修正：「收養當事人之一方限於下列情形之一始得提起終止收養之訴：⑴被他方惡意遺棄者。⑵養子女生死不明逾三年者。⑶有其他難以繼續收養之重大事由者」。同條第二項規定：「第七七〇條第二項（依法院之裁量而駁回離婚之請求）之規定，於前項第一款及第二款情形準用之」。

比較日本現行法與舊法有關裁判終止之事由，有三點不同之處。其一，舊法採取列舉主義，列出九款不同之終止事由；反之，現行法採例示之概括主義，故前者終止收養較嚴，後者較具彈性。其二，舊法較偏重維護養親之利益；反之，現行法不再偏袒養親之利益，而較公平客觀。其三，舊法採絕對終止主義，即一發生終止收養之事由者，法院因當事人之聲請，不得不爲終止收養之裁判；反之，現行法採相對終止之主義，即雖發生法定終止之事由，法院尙得駁回當事人的聲請終止收養。總之，日本現行法表現爲養子女利益之收養及國家機構之監督功能。

二、我國之規定

(一)我國舊律及過渡時期

我國舊律例除當事人間合意終止收養之外，尙有基於收養當事人一方之意思與因發生義絕而強制終止收養。前者有養子對養父母不孝順者，養家得予遣還；養家已有親生子者，亦得遣還養子。又養家已有親生子或本生家現無子者，本生父母得令養子歸宗；養家擅自將養子轉賣於他人者，本生家得請求終止收養。後者乃準用離婚時之義絕，而由審判衙門強制終止收養。關於此點唐律、宋刑統並無明文。元代法上，買良家子女爲娼者，干犯律禁，婦女發還歸宗，明淸律亦沿習之。依元代法，養親無故毆打或虐待養子者，構成義絕事由，強制終止收養，且令酌給養贍之財產[222]。

過渡時期第一次民律草案上之一方終止收養，乃由有請求權之一方請求親屬會議決定嗣子是否歸宗，而非由審判衙門判決（親屬編八五條）。所嗣父母得請求之情形有四：嗣子不孝有據、嗣子行爲放蕩足爲家門之玷、嗣子逃亡三年不歸或生死不明達三年（親屬編八三條）。嗣子得請求之情形有二：所嗣父母虐待嗣子不堪或所嗣父母生有男子而本生父母無男子（親屬編八四條）。

(二)我國現行法之規定

我國現行法之一方終止收養由法院裁判，非由親屬會議之決定。至於裁判終止之事由有六種情形（民法一〇八一條）。

1.對於他方爲虐待或重大侮辱：本款爲相互性的事由，可能發生於養子女之一方，也可能發生於養親之一方。惟收養關係成立親子之身分關係，二者形成尊卑地位。養親對養子女行使親權，於必要時尙得懲戒養子女；反之，養子女對養父母有孝敬之義務，故解釋是否虐待或重大侮辱，應顧及此關係。依我國判例，養子無故將其養母鎖在房內一日，係對養母之虐待[223]。另一判例認爲養親令養女爲娼妓，而爲養女所不反對者，不能遽謂其親子關係因而終止[224]。此判例是否妥當，値得斟酌。因爲養親對養子女有保護敎養之責任，如今養親不但不敎養，反而令其賣淫，以供其營利。養子女雖不反對，但其須服從

---

[222] 戴炎輝著《中國法制史》，二六〇頁。

[223] 最高法院判例二九年上字二〇二七號。

[224] 最高法院判例二〇年上字二〇二〇號。

養父母之親權，或許不敢冒然反對。即使養女欣然同意，其年紀尚小，涉世未深，無法充分判斷淪爲娼妓，對其一生之名譽，有如何不良之影響。筆者以爲有如此原因，養親實已喪失監護養子女的資格，而應構成重大侮辱或虐待之事由。

德國現行法第一七六三條規定，養子女於未成年期間，因有重大理由廢棄收養關係爲養子女之利益所必要者，監護法院得依職權廢棄之，此立法例值得我國立法與解釋上之參考。

2.惡意遺棄他方：此款亦爲相互性之收養終止事由。所謂惡意係明知故犯之意。在離婚事由上的惡意遺棄係兼指不履行同居與扶養之義務；惟在此款僅指違背法定扶養義務。

日本現行民法第八一四條第一項第一款亦以惡意遺棄爲裁判終止之事由。依日本民法之通說，惡意遺棄爲生活扶養義務之違反，但其大審院的判例不以此爲限，卻將其擴大解釋，凡是違背親子之道，擅自離家，不顧養親歸家之要求，均認爲惡意遺棄[225]。

依我國判例，養父母離婚後，其未成年養子女之監護，依養父母約定由其一方擔任者，養子女不得對另一方，以惡意遺棄爲原因，請求終止收養[226]。

3.養子女被處二年以上之徒刑：此款爲片面的終止事由。養子女被處二年以上徒刑爲終止收養之事由；反之，養親則否。所以此款不無有袒護養親而不顧養子女利益之嫌，與民法第一〇七九條新修正之意旨相牴觸。

舊社會養子女作姦犯科而爲所後之親厭惡者，成爲養親片面廢棄養子之事由，蓋舊社會收養之目的在於傳宗，養子之品德有沾汚時，

---

[225] 日本≪注釋民法(22)のⅡ・親族(3)≫，八一三頁以下。史尚寬著≪親屬法論≫，五七四頁。

[226] 最高法院判例四一年臺上字七四四號。

不宜擔當宗祧繼承或傳香火之人。反之，現代收養法已從傳香火到保護養子女利益之趨勢。養子女在養家受教養，如其染上不良習性，甚至犯罪，其責任由誰承擔？俗語說得好，「養子不教誰之過?」養父母難到不應負管教疏忽之責，卻以終止收養脫卸責任？養子女之本生父母已不存在或無力扶養時，養子女服完刑罰後，豈不成爲無家可歸或無人扶養之浪子。筆者以爲養親犯罪而受徒刑宣告時，養子女勢必無人管教，此時應當允許養子女或其法定代理人請求法院宣告終止收養，纔是正途。但我國民法對此無明文，修正草案亦未修正，令人遺憾。

日本舊民法第八四六條第四款規定雙方被處一年以上重禁錮之刑，均爲終止收養之事由，比較我國片面規定，更勝一籌。現行日本民法第八一四條已將此款刪除，此立法可供我國修正之參考。

4.養子女有浪費財產之情事：此款亦爲片面終止的事由。養子女有浪費財產之情事，不問其浪費之財產屬於養親的財產或屬於養子的財產，均成爲養親對養子裁判終止的原因。至於養親有浪費其財產或擅用養子的財產時，不爲終止收養的原因。此款乃完全因襲傳統社會之習慣。在舊社會個人無私有財產能力，家產屬於全體家屬之公同共有，但祇有家長始有管理、使用、收益之權。如家長爲直系尊親屬，則基於尊長權，對家產有處分權。養家收養之養子，如有浪費家財之習性，將來養子承繼宗祧時，有傾家蕩產之虞，故不得不另立嗣子。

日本舊民法第八六六條第五款規定養子女有傾蕩家產者，成爲裁判終止收養之事由。此處所稱家產限於養家之財產，而不及於養子女自己財產。日本現行收養法的指導原理從養親之利益趨向於養子女之利益，故日本現行法第八一四條有關裁判終止之事由，已沒有養子女傾家蕩產之情形。

我國現行收養法之指導原理似亦趨向於爲養子女之利益。又財產已成爲個人私有，與過去家產之公同共有，迥然不同。養親與養子女之財產截然分離。如養子女未成年，養親基於親權對特有財產有管理、使用、收益之權(民一〇八八條)。養親發現養子女有浪費自己之特有財產，養親理當盡管教之責任，阻止其浪費。至於養親的財產，養子女無權過問。如有偷竊等行爲，而浪費養親財產者，自構成犯罪行爲，應以其他重大事由來終止收養。

筆者以爲養父母有浪費自己財產之習性，對養子女構成無力扶養之威脅，甚至有侵占養子女財產之虞。因此以浪費財產之情勢爲終止收養之事由時，應限於養親之一方，而不宜在養子女之一方，纔能符合現代收養法之指導原理。

5.養子女生死不明已逾三年：前四款爲有責事由，本款爲無責事由。又本款生死不明祇限於養子女一方，養親則否，故爲片面終止的事由。在舊社會，養子通常爲宗祧繼承人或傳香火之人。養子有生死不明者，養家將發生後繼無人的嚴重情勢，非廢繼而重新立嗣不可。惟現代之收養法不完全爲宗祧繼承，卻以敎養被收養人爲主。養子女一旦生死不明，實不必成爲終止收養的原因。如爲祖先祭祀，須有一位傳香火之人，則不必終止失蹤人之收養，而另收養他人，以達其目的。蓋現行收養法對收養之人數沒有限制。收養之目的，如不違法或違背善良風俗，亦不加過問。養子女因生死不明三年而終止收養後，如養子女安然歸來後，豈不成爲無家可歸之孤兒，蓋本生父母可能已死亡或失去聯絡等。

筆者以爲養親生死不明，而使養子女無人照顧之情形，要比養子女失蹤帶給養家之困擾嚴重很多。但後者不爲終止收養之事由，令人費解。由此可知，我國收養法之目的仍偏重於養親的利益。

6.有其他重大事由：此款爲概括的規定，何謂重大事由，應由法院就具體發生的事加以衡量。第一〇八一條前五款所例示之事由係絕對事由，本款乃相對事由。在前者法院無裁量權，祇要該事由一發生，法院得依當事人之聲請，應為終止收養之宣告；反之，在後者法院有裁量權，是否該當於重大事由，由法院加以裁定。又法院審查是否為重大事由之標準，因第四款提示無責事由，故應採破綻主義，祇要難以繼續收養關係者，均為終止收養之事由。

依判例，嗣子意圖使嗣父受刑事處分而為虛偽之告訴，經檢察官為不起訴處分後，復申請再議，自係所謂重大事由[227]。養子吸食鴉片，為重大事由[228]。養子告訴養母犯傷害及遺棄罪而非誣告者，不能謂為重大事由[229]。

總之，我國民法第一〇八一條前五款例示中，祇有二款為相互性的，三款為有利於養親的片面事由，故法院解釋重大事由，可能造成偏袒養親之虞。有鑑於此，如不將該例示的五款均改成相互性，似應將第三款、第四款及第五款刪除，而祇留相互性的第一款與第二款及第六款的終止事由，期能使養子女不因裁判終止收養而陷於極大之不幸，同時符合現代收養法的指導原理。

第四節　收養終止之效力

無論同意終止收養或裁判終止收養，均發生身分上與財產上之效力。終止效力之發生時期，在同意終止為書面訂定時期，在裁判終止為判決確定日期。

---

[227] 最高法院判例二八年上字八四三號。

[228] 最高法院判例三一年上字一三六九號。

[229] 最高法院判例三三年上字三九九七號。

一、對於養親家之效力

收養終止之效力，以養親較本生父母方面重要。

(一)身分上之效力

收養終止後，因收養關係而成立之親屬關係應如何解釋，我國民法無明文。

依德國現行法第一七六四條第一項，收養廢棄採不溯及既往，祇向將來發生效力，同時養子女及其直系血親卑親屬與依收養而成立之親屬關係，及由此關係而發生之權利義務，因收養廢棄而消滅。又養子女因收養廢棄不得使用收養人之家姓爲其本姓（德民一七六五條一項），至於養子女之直系血親卑親屬之姓氏亦同（德民一六一六條）。

我國舊社會因收養的終止，養子又歸本生家，異姓養子回復其本姓，並回復對其本生家的權利，但喪失其在養家的權利。養子歸宗時，其妻妾、子孫亦隨同歸宗，養家不得抑留養子的子孫；又養子死後，亦不得遣還其子孫。

我國現行民法對養父母與養子女之親子關係，依據民法第一〇八三條之反面解釋，因收養終止而消滅。但養子女之直系血親卑親屬與養親間之親屬關係，學說上與實務上有不同的看法。少數學者主張不因收養終止而消滅[230]。通說主張養子女既因收養關係之終止而回復其本姓，則養子女之子女亦當然隨從養子回復本姓，而親屬關係亦不應再繼續[231]。最高法院之判例與通說相同[232]。依司法院解釋，收養關係終止時，養子女之子女如經收養者及養子女之同意，不隨同養子女離收養之家，則其與收養者之祖孫關係，不因收養終止而消滅[233]該解釋。

---

[230] 胡長清著≪中國民法親屬論≫，商務印書館，民國年三十五，二七二頁。
[231] 戴炎輝著≪中國親屬法≫，二七六頁；羅鼎著≪親屬法綱要≫，二〇七頁。
[232] 最高法院判例三三年上字五三一八號。
[233] 司法院解釋例三四年院解字三〇一〇號。

意旨與通說並無不同。可見我國民法就收養終止後，因收養而成立之親屬關係雖無明文，在解釋上與德國現行法與我國舊律例之見解相一致。立法上應否明文規定，值得斟酌。

(二)財產上之效力

收養終止之效力，德國民法第一七六四條第一項與舊瑞士民法第二六九條第三項均明文規定不溯及既往，祇向將來發生效力。我國民法雖無明文，但依其性質，並斟酌離婚之效力，自當解釋不溯及既往。因此養子女得保有在養家既得之特有財產（繼承或贈與）或勿庸償還受扶養之生活費。

又民法就裁判終止於第一〇八二條規定贍養費的請求：「收養關係經判決終止時，無過失之一方，因而陷於生活困難者，得請求他方給與相當的金額」。該條乃仿效民法第一〇五七條有關離婚之贍養費請求權。該贍養費發生的要件有二：其一，請求權人無過失；其二，因終止收養而陷於生活困難者。由此可知該條能否請求贍養費之關鍵在於過失的認定，而過失的認定必須依據裁判終止的事由。

按裁判離婚的事由採用夫妻平等主義。民法第一〇五二條規定的十款事由，無論有責或無責，均爲相互性的。尤其該條之立法意旨在於補救「夫主外、妻主內」的婚姻生活，期能使離婚之妻在無過失之情形下，多有機會向夫請求贍養費；反之，民法第一〇八一條規定的裁判終止事由，除第六款概括的規定外，前二款爲相互性的有責事由，養親與養子女均能發生該事由而被認定有過失，故此規定甚爲公平。但第三款與第四款爲不利於養子女片面的有責事由，第五款爲不利於養子女片面的無責事由。故依後三款之事由而裁判終止收養時，養親一方必成爲無過失之一方，而祇要陷於生活困難者，得請求贍養費。有鑑於此，裁判終止收養時，養親向養子女請求贍養費之機會必然多於養子女向養親之請求。離婚時通常夫之經濟狀況較妻良好；反之，收養終止時，通常養親之經濟狀況比養子女強。離婚之贍養費在保護經濟弱者之妻，但裁判終止之贍養費似乎在保護經濟強者之養親，尤其養子女尚未成年之情形爲然。

現代收養法之指導原理在於保護養子女之利益，第一〇八二條的贍養費請求權是否妥當，值得懷疑。筆者以爲既然第一〇八一條裁判終止之事由不利於養子女，故第一〇八二條之立法意旨如在保護養子女時，至少應採取無過失主義。祇要裁判終止後生活陷於困難之一方，得向他方請求給與相當的金額，期能使收養終止後的當事人不遭到生活的威脅。

(三)禁婚親之適用

因收養而成立之親屬關係，於收養終止後，是否仍能適用第九八三條禁婚親之規定，我現行法無明文，實務上易引起爭議。

1.外國法的規定：依德國舊婚姻法第七條規定，養子女及其卑親屬，在收養關係存續中，不得與養父母結婚。依德國舊民法第一七七一條第一項規定，因收養而成立親屬關係之人，違反婚姻法之規定而結婚者，其收養關係因結婚而廢棄。由此可知，德國舊法於收養廢棄後，無禁婚親適用於收養之親屬。

德國現行法第一七六六條所規定的內容與舊民法第一七七一條同其意旨：「違反婚姻法上之規定而養親之一方與養子女或其直系血親卑親屬結婚者，其相互間因收養而成立之法律關係，因結婚而廢棄」。

依瑞士舊民法第一〇〇條第三項，被收養人與收養人相互間，或一方與他方之配偶相互間不得結婚。惟又依瑞士舊民法第一二九條，基於收養關係，法律禁止其結婚之人，相互結婚者，其婚姻不因此而宣告無效；收養關係因結婚而廢棄。由此可知瑞士舊民法有關禁婚親的規定與廢棄收養毫無相干；換言之，在收養關係中，禁婚親相互間既能結婚，則收養廢棄後更能結婚。

現行瑞士民法已無廢棄收養，故不發生廢棄收養後禁婚親之問題。

依日本民法第七三六條之規定，養子、其配偶、直系卑親屬或其配偶與養父母，或其直系尊親屬之間，雖因終止收養而親屬關係消滅，仍不得結婚。

總之，德、瑞法較重視血統之因素，故收養終止後，無禁婚親之適用；反之，日本法較重視倫常名分，故直系親屬間之禁婚，即使收養終止仍予以適用。

2.我國之規定：我國民法就此雖無明文，但實務與學說均主張旁系血親在收養終止後，因親屬關係消滅之故，不妨結婚[234]。反之，養子女與養父母間之直系親多主張不得結婚，否則違背倫常且牴觸公序良俗[235]。

有鑑於實務與學說上的一致見解，這次修正草案於第九八三條第三項增加規定：「其直系血親及直系姻親結婚之限制，於因收養而成立之直系親屬間，在收養關係終止後，亦同」。

二、對於本生父母之效力

收養一旦終止後，一方養子女與養父母之親屬關係及由此而發生之權利義務消滅；他方對於本生父母之關係如何，各國立法例均明文規定。

依德國現行法第一七六四條第三項，收養廢棄後，養子女及其直系血親卑親屬回復其與本生親屬之親屬關係及其由此關係而發生的權

[234] 史尚寬著《親屬法論》，五八一頁。
[235] 戴炎輝著《中國親屬法》，七四頁。

利與義務，但親權不在此限。依同條第四項，於不違反養子女之幸福爲限，監護法院得將親權再移轉於本生父母，其他情形得爲選任監護人或撫養人。可見德國現行法遵守養子女利益爲最高指導原理，同時貫徹國家監督主義，愼重處理子女之親權。

依日本法第八一六條，養子女因終止收養而恢復收養前之姓氏。

我國現行民法第一〇八三條規定：「養子女自收養關係終止時起，回復其本姓，並回復其與本生父母之關係，但第三人已取得之權利，不因此而受影響」。

依該條規定，收養終止對本生父母方面有三點效力。

(一)回復本姓

養子女回復其本生父母之姓。卽婚生或準婚生子女回復父姓，非婚生子女回復母姓。

(二)回復其與本生父母之關係

所謂關係乃指權利義務[236]，而非親屬關係而言。因爲血親關係不能因出養而消滅。權利義務包括扶養義務與繼承權。如養子女未成年時，解釋上應由本生父母行使親權，蓋現行民法對收養終止後之親權，沒有特別規定。

(三)第三人之利益不受影響

收養終止之效力採取不溯及既往，祇向將來發生效力。此規定與舊瑞士民法第二六九條第三項及德國現行法第一七六四條第一項相似。例如本生方之兄弟姊妹已繼承遺產時，歸宗之養子不得再請求其已繼承遺產之兄弟姊妹重新分割遺產。

臺大《法學論叢》，第八卷第二期，民國六十八年六月；第九卷第一、第二合訂本，民國六十九年六月；第十卷第二期，民國六十九年十月。

---

[236] 司法院解釋例四二年釋字二八號。

拾參、非婚生子女之認領

要　目

第一章　事實關係

戊女爲一「髮姐」，生活放蕩，先後與甲男、乙男與丙男發生性關係，而生下A女滿三歲，B子滿一歲及懷胎四個月之C。此時戊女有足够之證據認定A女爲甲男的血統，B子爲乙男的血統。戊女見甲男老實可欺，且經濟富裕，以花言巧語，詐稱A女與B子均爲甲男之血統，致使甲男誤信爲眞，而認領A女與B子。認領後二個月，甲男始知A女與B子眞正之血統事實。但爲使自己有傳香火之人，以受詐欺爲理由，僅撤銷A女之認領。戊女見A女被甲男撤銷，唯恐A女無父，故脅迫乙男認領A女，否則訴訟解決。乙男未悉A女之血統，又畏於上法院獻醜，祇好就範認領A女。戊女又爲避免胎兒C出生後無父起見，使出混身解數，於C五個半月大之胎兒時，與丙男依法擧行婚禮。於婚後四個月，戊女生下C子。

試問:

㈠何人爲A女之父?

㈡何人爲B子之父?

㈢C子剛出生時，丙男是否爲其父?

㈣C子於出生後滿六個月，丙男有證據確定其爲甲男之血統時，有無補救之法?

第二章　討論重點

㈠婚生子女與非婚生子女

㈡婚生子女之否認

㈢非婚生子女之認領

㈣認領之不得撤銷

㈤認領之否認

㈥認領請求之限制

㈦非婚生子女之準正

第三章　問題解說

本實例乃有關非婚生子女認領爲核心之問題，玆分七點先討論之。

一、婚生子女與非婚生子女

㈠子女在民法上分爲婚生子女與非婚生子女。婚生子女是由婚姻關係受胎而生之子女（民一〇六一條）；反之，非婚生子女是非由婚姻關係受胎而生之子女。非婚生子女與其生父之間，雖然有血統關係，但非當然發生直系血親關係，必須由生父認領或由生父與生母結婚，始能視爲婚生子女。

依民法第一〇六一條之規定，認定婚生子女應具備四要件：⑴該子女之生父與生母有婚姻關係；⑵該子女爲生父之妻所分娩；⑶該子女於受胎時，其生父與生母有婚姻關係；⑷該子女爲生母之婚夫血統。在此四要件中，前二要件屬於外在客觀的事實，容易證明；反之，後二要件屬於內在生理之變化，不容易證明。爲解決後二要件證明之困難，民法採取二種推定之方法，以資補救，即受胎期間之推定與夫之子女的推定，尤其後者以前者之推定爲基礎。

㈡依民法第一〇六二條規定，從子女出生日回溯第一八一日起至第三〇二日止爲受胎期間。在此一二二日受胎期間內任何一日，該子女之生父與生母有婚姻關係時，該子女爲婚姻關係受胎而生之子女。經此推定，即得依民法第一〇六三條第一項推定爲婚生子女。由此反面解釋，在一二二日受胎期間內任何一日，該生父與生母無婚姻關係者，該子女確定爲非婚生子女。

二、婚生子女之否認

對於受民法第一〇六三條第一項婚生推定之子女，得依同條第二項，以受胎期間內未與妻同居爲理由，由夫向子女住所地之法院提出婚生子女否認之訴訟，但必須於子女出生後一年內爲之，期以保護子女安定之生活。此婚生否認之訴，依現行法規定祇能由夫提起，妻無此權利。惟行政院民法親屬編修正草案，鑑於妻不得提出否認之訴，不僅有違夫妻平等之原則，而且有時錯失子女尋找眞正生父之權利，故民法第一〇六三條增列妻亦得提起該否認之訴。此修正草案已爲立法院司法、法制聯席委員會審查通過。

依現行法規定，受婚生推定之子女，雖明知其非父之血統，而另有生父，但於婚夫未提出否認之訴以前，該子女不得爲生父或其他第三人認領之對象。

三、非婚生子女之認領

非婚生子女經生父認領者，視爲婚生子女。此在學理上稱爲準婚生子女❶。生父認領非婚生子女有二種方法。其一，任意認領，其二，強制認領。

---

❶ 戴炎輝著≪中國親屬法≫，民國七〇年，二三二頁。

㈠任意認領之方法又可分明示之意思表示與默示之撫養事實。前者係以生父主觀的意思表示而發生效力的單獨行爲（民一〇六五條一項）。由於認領須以有血統連繫爲前提，故多數身分法學者就生父認領非婚生子女爲親生子女之行爲稱之爲「觀念通知」❷。依筆者之見，該認領仍解釋爲意思表示較妥，但以有血統連繫爲前提。故認領實爲意思表示之特別形態。至於生父有撫養之客觀事實，依民法第一〇六五條第一項亦能視爲認領。

㈡強制認領係非婚生子女對於應認領而不認領之生父，向法院請求確認其父子之關係存在，故又稱訴訟認領。依現行民法第一〇六七條第一項規定，有下列情形之一者，非婚生子女之生母或其他法定代理人得請求其生父認領：⑴受胎期間生父與生母有同居之事實者⑵由生父所作之文書可證明其爲生父者⑶生母爲生父強姦或略誘成姦者⑷生母因生父濫用權勢成姦者。可見該條規定不允許最有利害關係之子女提起強制認領，不無遺憾。至於提出訴訟期間限於子女出生後五年內，逾越此期限不被受理。行政院之民法親屬編修正草案，鑑於以上之弊病，將該條文增列非婚生子女亦得提出強制認領，該提出之時間，直至子女成年後二年。此修正草案亦爲立法院司法與法制聯席委員會審查通過。

四、認領之不得撤銷

依民法第一〇七〇條規定，生父認領非婚生子女之後，不得撤銷其認領。關於本條規定，有不同之意見。

㈠甲說認爲民法第一〇七〇條規定宜解釋不得任意撤回其認領的

---

❷ 戴炎輝著前揭二二二頁，陳棋炎著《民法親屬》，三民書局，民國六二年，一九三頁。

意思表示之意，但不排除因認領之意思表示有瑕疵（例如被詐欺、被脅迫等）而行使之撤銷。準此以解，民法第一〇七〇條祇是注意規定，無特別積極作用，蓋認領爲單獨行爲，一旦表意人之意思到達相對人，該意思表示卽發生效力，表意人無撤回之可能❸。

㈡乙說認爲凡認領非婚生子女爲自己之子女者，雖有民法總則編所規定的撤銷原因，亦不得撤銷。蓋認領乃身分行爲，其血統有無連繫爲發生親子關係之關鍵，而不在於有無受詐欺或脅迫，期以保護非婚生子女，並符合自然之倫常關係❹。但因受詐欺或其他撤銷原因而認領非自己血統之非婚生子女，因不符合民法第一〇七〇條「生父」之要件，不妨以該認領違反於眞實狀態，而確認該認領無效❺。

筆者以爲民法第一〇七〇條乃認領之絕對效力，其立法之意旨在於權衡何種利益應優先保護：表意人因受詐欺、脅迫或錯誤之情形，應予保護，抑或因有血統連繫而令其發生親子之情形，應予保護。權衡之結果，後者應優先受保護。有鑑於此，乙說較爲妥當。

五、認領之否認

我國現行民法第一〇六六條規定：「非婚生子女或其生母，對於生父之認領得否認之」。依此規定，生母或子女對於生父不眞實之認領，得予以否認而加以補救。

此條規定宜注意之點有二：其一，婚生否認之訴與認領否認之訴雖均爲推翻子女之婚生性，但二者性質不同，其內容亦有差異。民法

---

❸ 採甲說之學者爲多數說。羅鼎≪親屬法綱要≫，大東書局，民國三五年，一八八頁，胡長清≪中國民法親屬論≫，商務印書館，民國三五年，二三四頁，爲此說之代表。

❹ 戴炎輝著前揭二二七頁。

❺ 戴炎輝著前揭二二六頁：「至於得主張認領無效之人，不限於非婚生子女或其生母，卽認領本人或其他有利害關係之人，亦可主張之」。

第一〇六三條婚生否認之訴，條件苛刻，僅限於夫有權請求，非婚生子女則否。民法第一〇六六條認領否認之訴、生母及子女均得獨立行使否認之權。其二，婚生否認之訴，婚夫須於子女出生後一年爲之，否則不受理；反之，認領否認之訴，無請求權之限制，權利人可隨行使否認之請求權。探求二者如此區別之立法意旨，在於婚生否認之訴重視婚姻生活之安定，甚於子女血統之眞實；反之，認領否認之訴，無需顧慮婚姻生活的安定，故血統之眞實性爲其第一優先考慮之因素。

六、認領請求之限制

民法第一〇六八條規定：「生母於受胎期間內，曾與人通姦或放蕩之生活者，則生母或其他法定代理人，不得爲非婚生子女請求認領」。此在學理上稱爲「不貞之抗辯」。依筆者之見，不貞抗辯之立法意旨在於懲罰不道德之妻，以免子女之血統混亂。惟究其實，不道德之人，不限於妻，生父亦應負責，因生父亦有婚姻以外之性交。此時生父絲毫不受制裁，反而無辜之子女終身嘗到無父之痛苦。因此至少宜規定：生母雖有放蕩行爲，但非婚生子女之血統已確切者，生父仍不得抗辯。外國最新之立法例，如瑞士民法，已無不貞抗辯之規定。

七、非婚生子女之準正

㈠依民法第一〇六四條規定，非婚生子女之生父與生母結婚者，視爲婚生子女，此在學理上稱爲準正。準正要件乃生父與生母於非婚生子女出生後有結婚之事實卽可，至於夫有無認領並非所問。由該條理論解釋，生母雖有數非婚生子女，於生父與生母結婚後，祗有夫血統之非婚生子女受準正，其餘之非婚生子女仍不受準正。惟血統之有無連繫，涉及生理因素，不易從外觀察知，因此在實務上易引起是否受準正之爭論。生父與生母結婚之際，未悉生母已有非婚生子女之血統時，其身分如何認定？如等待法院之血統判斷，始確定是否溯及結婚時受準正，非立法之本意。如由生母認定非婚生子女之血統時，生母爲使其所有子女有良好的敎養，勢必主張所有非婚生子女爲其夫之血統，而令子女受準正。反之，由夫（生父）認定非婚生子女時，夫爲減輕其負擔，尤其免於敎養他人之非婚生子女，盡力否認有其血統。有鑑於準正有上述弊端，日本民法不承認準正，而祇承認認領。換言之，生父與生母雖有結婚，該生父血統之子女如要發生親子關係，仍須認領。學者戴炎輝亦支持日本民法之見解，以爲我國民法上之準正，除生父與生母結婚外，仍須由生父認領始發生親子身分關係❻。

依筆者之見，準正之要件，除生父與生母之結婚外，尙需生父之認領爲是。但我國現行民法第一〇六四條在未修正以前，於生母與生父結婚前，生母已有之婚生子女，於其血統未明何人所屬時，宜於結婚同時，讓該子女先受準正。如事後發現該夫並非爲該子女之血統時，不合於民法第一〇六四條準正之要件，宜類推認領違反眞實之法理❼，由生父提出準正無效之訴，或參照判例二十三年上字第三九七三號之反面解釋，提出確認父子身分關係不存在之訴。

㈡我國民法第一〇六四條準正之立法意旨，在於非婚生子女出生後，由於生父與生母之結婚，而使該子女視爲婚生子女，受到完全敎養之保護。今有非婚生子女在未出生前，生父與生母如結婚，該子女出生後之身分有二種可能。一爲受婚生之推定（即子女出生回溯一八一日起至三〇二日之受胎期間，生父與生母已有婚姻關係）。另一爲不受婚生之推定（即子女出生回溯一八一日起至三〇二日之受胎期

❻ 戴炎輝前揭二三九頁。

❼ 戴炎輝前揭二二五頁：「但如生父與該子女間，並無血統關係者，亦不能發生準婚生子女關係」。

間，生父與生母尚未結婚）。

在不受婚生推定之情形，該子女理當比準正更受法律之保護，因爲準正乃子女出生後，生父與生母始結婚；而上述不受婚生推定之情形乃子女未出生前，生父與生母已結婚。換言之，子女出生後生父與生母始結婚，尚能受準正，則子女尚未出生而生父與生母結婚，更應受準正。有鑑於此，學者稱此爲「不受婚生推定的婚生子女」❽。

第四章 問題結論

問㈠：A女爲非婚姻關係中受胎之子女，故不受婚生子女之推定，而爲非婚生子女。今甲男認領A女，故依民法第一〇六五條第一項規定，A女視爲甲男之婚生子女。其後甲男以受詐欺爲理由，欲撤銷A女之認領，但甲男與A女有血統上之連繫，係民法第一〇七〇條之規定，生父認領非婚生子女有絕對之效力，不得撤銷。因此戊女脅迫乙男認領A女不能生效，蓋A女已確定爲甲男之準婚生子女，不能再由乙男認領。

問㈡：B子非婚姻關係受胎而生之子女，故不受婚生之推定而爲非婚生子女。今甲男受詐欺認領乙男血統之B子，在生母戊及非婚生子女未提出否認之前，B子視爲甲男之婚生子女。戊女如後悔其詐欺行爲而欲使B子受有血統連繫之乙男認領時，得依民法第一〇六六條提出認領否認之訴。又該條無請求期限，故B子於滿七歲以後，得戊女之同意提出認領否認之訴；於滿二十歲以後，得單獨提出認領否認之訴。又甲男亦得認領B子乃受戊女之詐欺，且其非B子之生父，而

---

❽ 戴炎輝前揭二一六頁。

以違反眞實之認領爲由，得提出認領無效之訴。

至於戊女提出認領否認之訴勝訴後，請求B子之生父乙男認領，而乙男不欲認領時，戊女得依民法第一〇六七條請求乙男強制認領。惟戊女於受胎期間曾與他人有通姦或放蕩生活，故乙男得依民法第一〇六八條提出不貞之抗辯權。

問㈢：戊女懷胎C係在與丙男結婚前，而C之出生在其結婚後之第五個月。由於戊女與丙男結婚時，未悉胎兒C之血統，且於出生時，依然未悉C之血統爲甲男，故C子於出生時，依準正之法理，視爲丙男與戊女不受婚生推定之婚生子女。

問㈣：C子於出生後六個月，丙男確定其C子之血統爲甲男時，丙男得提出確認父子關係不存在之訴。丙男勝訴後，戊女得依民法第一〇六五條第一項請求甲男認領C子。甲男不願認領時，戊女得依民法第一〇六七條請求甲男強制認領，但甲男亦得因戊女有通姦或放蕩生活而提出不貞之抗辯，以便拒絕認領。

臺大《法學論叢》，第十三卷第二期，民國七十三年六月。

拾肆、論父母對於未成年子女財產之權限

要　目

第一章　前言
第二章　父母對未成年子女財產權限之溯源
　一、舊律例及舊習慣
　二、清末民初之過渡時期
第三章　我國民法上之規定及其缺失
　一、概說
　二、未成年子女之財產種類
　三、父母對於未成年子女財產法上之法定代理權與同意權
　四、父母對未成年子女特有財產之權限
　五、法定代理人對未成年子女財產上權限行使之原則
　六、父母離婚後子女歸母監護者，對子女財產權限行使之原則
第四章　外國立法例之規定
　一、概說
　二、父母對未成年子女財產法上之代理權與同意權
　三、父母對未成年子女財產之權限
　四、婚姻中父母對未成年子女財產上權限行使之原則
　五、離婚時父母對未成年子女財產上權限行使之原則
第五章　對民法修正之管見
　一、未成年子女因繼承、贈與、或其他無償取得之財產不宜稱爲「特有財產」
　二、子女因勞力或其他有償取得之財產，宜明文規定由何人行使權限
　三、父母對未成年子女無償取得財產之處分權宜加限制

四、宜禁止父母受讓未成年子女之財產

五、宜規定父母對子女財產管理之責任

六、婚姻中宜由父母共同行使未成年子女財產之權限

七、離婚時宜由獲有監護權之一方父或母行使未成年子女財產之權限

第一章 前 言

（一）我國司法行政部於民國六十四年著手修改現行民法。此次修改係自民國十八年制定民法各編以來，首次全面性的修改，也是半世紀以來第一次檢討我國繼受歐陸民法體系在中國社會的有效性。

筆者一向在臺灣大學法律研究所與法律學系擔任身分法之課程。深知我國現行親屬法的內容係近代歐陸個人主義與我國傳統家族主義相激相盪所形成的。所以我國親屬法的制定可以說新舊思想妥協之產物。有鑑於此，本人曾參酌外國新立法例，並兼顧我國民情習俗，陸續發表我國現行親屬法之修正意見，即有⑴夫妻財產制之研究⑵德國新親屬法上之別居制度與我國現行民法需要別居制度⑶從西德新離婚法之規定檢討我國現行裁判離婚之原因⑷論表兄弟姊妹之結婚等。

（二）筆者於民國六十六年八月受聘法務部民法修改委員，實際參與民法修改工作。法務部於民國六十八年四月十五日將親屬法草案初稿先行公開，再徵求各方意見，以便作最後之修正。於最後檢討中，在民法修改委員會就「父母對未成年子女之財產關係」（民法第一〇八七條與第一〇八八條）引起熱烈討論。因爲現代工商業發達，家庭結構不但發生變化，而且未成年子女取得財產之機會與種類亦增多，其財產應如何受到保障已在先進國家成爲討論之對象，甚而已修正完成。另一方面，父母對未成年子女須負扶養義務，所以未成年子女有財產時，亦應令其負擔部分之生活費，始符合衡平原則，故各國民法對此無不詳細規定。反之，我國民法對此規定頗爲簡陋，適用上疑難叢生，甚而置未成年子女財產之保護於不顧。法務部公佈之民法修正草案初稿將原第一〇八八條第一項：「子女特有財產由父管理，父不能管理時，由母管理」，修正爲：「未成年子女之財產由父母共同管理」，此修正符合男女平等精神，値得稱許。至於其他規定並無修正。筆者對於我現行法就父母對未成年子女財產之關係，尚覺有深入檢討之必要，例如子女之財產分爲特有財產與非特有財產是否妥當？子女之非特有財產，其範圍如何？父母對子女非特有財產有如何權限？父母對於未成年子女之特有財產之使用、收益權應否加以限制？民法規定父母對未成年子女之財產，爲子女之利益，得加以處分。此處所稱「利益」如何解釋？此有無列擧之方式加以限制之必要？父母離婚後，由何方行使子女特有財產之權限？諸如此類之疑問，我國民法未有明文，致實務上易引起爭論。

（三）有鑑於此，筆者擬以法制史之方法，先檢討父母對於子女財產權限之溯源，同時說明舊社會及過渡時期對此問題之特色。其次，以比較法學之方法，比較我國現行法與外國最新立法之利弊得失，期能提出如何改善我國現行法之規定。

（四）本文擬分爲四章討論。第一章父母對未成年子女財產權之溯源。第二章我國民法之規定及其缺失。第三章外國立法例之規定。第四章對民法修正之管見。

本文蒙行政院國家科學委員會民國六十九年度學術研究獎助，特此申謝！

第二章　父母對未成年子女財產權限之溯源

一、舊律例及舊習慣

(一)同居共財與公同共有

我國古來家屬生活爲同居共財，而家產則爲家屬全體之公同共有。同居共財與公同共有，似乎爲同一概念，究其實，二者有不同之處。如甲與乙爲兄弟，甲有三子，卽丙、丁、戊。乙有獨子己。此六人過同居共財之生活。在家長甲之領導下，結成單一體，共同生產、共同消費。如有剩餘，則爲全體之家產。惟一旦分割家產時，則甲與乙各帶其子分家而居，此時由各房而升爲家，形成二個獨立經營同居共財之團體。於分割家產時，不是按人數六份，卻是依房數甲乙均分，而與子之多寡無關。詳言之，諸子雖爲同居共財之分子，對家產之添置亦有貢獻，但不爲家產之有份人。其次，甲房四口與乙房二口營同居共財之生活，但分析家產時，甲房不爲三分之二，乙房三分之一的比例分配，卻是兩房均分。故同居共財係指家屬之全體成員，生活之方法，而公同共有係指各房所應平均分割之所有權。要之，同居共財之概念注重社會經濟機能之共同關係；公同共有乃法律上財產歸屬之所有權關係❶，兩者概念不同。

我國家產的公同共有，不是兄弟或叔姪共同繼承父祖時，始成立家屬共財，乃於父子、祖孫之間已成立家屬共財❷。《儀禮・喪服傳》說：「父子一體也，夫婦一體也……而同財，有餘則歸之宗，不足則資之宗」。唐律以來，所稱「同居共財」係表示直系或旁系尊卑屬的共財。另一方，禮教禁止家屬私有財產。《禮記・曲禮》說：「父母在，不有私財」；或《禮記・內則》說：「子孫無私貨、無私畜、無私器」。惟絕對共財制不易維持，宋代以後，積蓄私產之風甚盛，

---

❶ 參閱滋賀秀三著《中国家族法の原理》，創文社，昭和五一年，六九頁以下。

❷ 參閱戴炎輝著《中國法制史》，三民書局，民國六八年，七六頁。

而易使家產之制鬆懈。爲此，有的家以家訓禁止私產，如有違反者，將私產繳納公堂或予以其他之制裁。

(二)家產的管理與收益權

固有法上，家長對內統率家屬，總攝家政。所稱統攝係管理家務之意。爲管理家務，法律和習慣承認家長有管理家產之權。清律（卑幼私擅用財條）輯註說：「卑幼與尊長同居共財，其財產總攝于尊長，而卑幼不得自專」。可見，家產之管理權專屬於尊長之家長，卑幼之家屬不得擅自花用。家長管理家務之範圍頗廣，祖業農地的使用、收益和家屬個人副業的收入，均列入家產而由家長保管。家長爲管理家務所負的債務，家長在世時，固由家長從家產中償付；如家長死亡時，卽使無家產，仍由子償還。反之，子孫私自擧債，家長得予否認而拒絕清償，故法諺說：「父債子還，子債父不知」❸。

家長握有家產的管理權，並不限於父祖，卽旁系尊長爲家長時，亦有家產統攝權。司馬氏≪書儀・居家雜儀≫說：「凡諸卑幼，事毋大小，毋得專行，以咨於家長。（注）雖非父母，當時爲家長者，亦當咨稟而行之。則號令出於一人，家政始可得而治矣」。如卑幼不遵從家長之意見，而擅自私用家產時，依唐、明、清律之卑幼私輒用財條處罰。例如清律規定：「凡同居卑幼，不由尊長，私擅用本家財物者，十兩笞二十，每十兩加一等，罪止杖一百」。

至於家產的收益，基於公同共有的理論，仍應屬於家產的一部分，不能歸屬於家長或任何家屬個人。

(三)家產的處分權

家產的處分權，視家長爲直系尊屬與旁系尊屬而不同。直系尊屬對其子孫，握有身分上的支配權，尤其我國固有社會受「子以父爲天」

❸ 民商事習慣調查報告錄四編，十章，十二節。

思想所支配，子之人格完全爲父所吸收。父子地位有如天壤之差，通常子孫不得罵詛、告言父祖，無論其有無理由，如有違反，將列入十惡之不孝，並受刑罰之制裁❹。基於此觀點，父祖以家長地位，自由處分家產，乃理所當然，無庸以明文規定之❺。其因此而引起訴訟，極不可能想像的事❻。

父母死後，兄弟、叔姪繼續同居共財者，家產爲兄弟、叔姪之公同共有。此時長兄爲家長者，諸弟不能擅自處分。違者以卑幼私輒用財產處罰，唐、明律均同。惟禁止諸弟處分家產，並不意味其爲家長之兄長享有家產處分權，蓋兄弟係平等關係，不若父子的上下支配關係。依南宋、清明集：「兄弟未分析，則合令兄弟同共成契」，如兄弟五人，則五人須同時畫押❼。因此，在處分財產時，須得全體兄弟一致同意，始能發生效力。如未得全體同意而予處分，其他兄弟即可對家長爭告，而將該處分行爲撤銷。

可見在我國舊律與舊習上，家屬卑幼無論是否成年，既無行爲能力，又無財產能力，對家產更不能過問。

二、清末民初之過渡時期

清末民初之過渡時期，受到歐陸個人主義之影響，家屬共財之關係稍見放鬆。尤其採絕對家產制，而毫不承認私財時，則家屬視家爲牢獄而產生離家獨立之心理，或自暴自棄，養成得過且過之心理。因

❹ 參閱唐、明、清律，名例律十惡條。

❺ 父祖的處分家產有兩種不同之學說。仁井田陞、戴炎輝以爲家產既爲父祖、子孫公同共有，自應徵得全體家屬之同意，但因父祖有強力的教令權，且子孫不得告言父祖，致子孫不得告爭。惟滋賀秀三以爲父祖在，家產係父祖個人財產。

❻ 滋賀秀三前揭一六〇頁以下。

❼ 《清明集·違法交易·母在兄弟有分》。

此，過渡時期的思潮，順應人性，而承認家屬之私財。第一次民律草案第四編十四條規定:「家屬以自己之名義所得之財產爲其特有財產」。大理院判例說：「特有財產之制，本爲法律所不禁，凡家屬以自己名義所得之財產，即爲特有財產，除經當事人同意外，不得歸入公產一併均分」❽。又說：「爲人妾者，現行法例上，既認爲家屬之一人，則其得有私產，自勿容疑。此項私產與公產有別，不能併入」❾。所稱家屬以自己名義所得之財產者，如家屬由職業而得之財產及其他家屬受贈與或遺贈而所得之財產。可見在過渡時期，除有公同共有之家產外，家屬個人得享受特有財產。個人財產所以稱爲「特有財產」係因有家產之對立，不得不如此稱謂，期能在法律上與家產之權限有所不同。大理院判例說：「本家財產本非卑幼所有，若不得尊長之同意私擅處分，其處分行爲乃無權行爲，依法非經尊長之追認不生效力」❿。又說：「現行律載：凡同居卑幼不由尊長，私擅用本家財物者，處罰等語。是卑幼私擅用本家財物，固爲法所不許；惟細繹律意，此項規定本所以維持家庭共同生活之關係，故其所禁止者，本係指卑幼與外人處分行爲足使家產外溢者而言。若家屬中之一人，以自己私有之產讓與他人者，其所處分既非家財，即不在應禁之列」⓫。可見在過渡時期，有家產與特有財產之對立。家長對家產在法律上之權限，一如舊律與舊習，但家屬之特有財產，由家屬自己管理、使用、收益及處分，勿需併入家產之內。

---

❽ 大理院判例五年上字四七五號。
❾ 大理院判例四年上字二〇五二號。
❿ 大理院判例八年上字一四八號。
⓫ 大理院判例四年上字一四五九號。

第三章 我國民法上之規定及其缺失

一、概 說

現行民法確立獨立人格及權利主體之觀念後，家長及家屬各具權力能力與財產能力，家長與各家屬均能以自己之名義取得財產之權利，尤其共財非現行法上家之構成要素，故原則上一家無公同共有之家產，家長與家屬各自有其獨立財產之所有權。

惟現行民法確立親權之概念，以代替昔日之尊長權。所謂親權者，乃父母基於其身分關係就其子女之身體上及財產上法律所賦予之權利義務之總稱。而其目的則在使父母對於其子女易於實現其所負之扶養義務。我國現行法爲糾正昔日尊長權過於強大之弊病，不用「親權」，卻稱「父母對於子女之權利義務」，期能強調父母履行對其子女撫育之任務。因此父母與其說在行使其權利，勿寧說在盡其義務。

父母對子女之權利義務大致可分爲身分與財產兩方面。前者有保護及教養之權利義務（民一〇八四條）與懲戒權（民一〇八五條）兩種；後者有法定代理權（民一〇八六條）與子女特有財產之管理、使用、收益及處分權（民一〇八八條）。其他關於身分上之親權事項，尙有居住所指定權（民一〇六〇條）、婚約、結婚、兩願離婚之同意權（民九七四條、九八一條、一〇四九條），對未成年子女被收養或收養之兩願終止，亦有同意權，無意思能力之子女被收養時，父母亦可代理行之。其他關於財產上之親權事項，尙有對未成年子女之營業允許及其撤銷或限制（民八五條），未成年夫妻財產制契約之訂立、變更或廢止之同意權（民一〇〇六條）。本文所討論之範圍祇限於父母（即親權人）對未成年子女財產上之權限。

二、未成年子女之財產種類

(一)特有財產與非特有財產

1.民法第一〇八七條規定:「未成年子女因繼承、贈與或其他無償取得之財產爲其特有財產」。父母對於該特有財產之權限，有如待述，規定於民法第一〇八七條與一〇八八條。從該二條之規定，極易令人引起疑問:未成年子女以自己勞力或其他有償所取得之財產，是否包括於特有財產內？如不包括，該財產之所有權及其他權限應歸屬於何人？

2.關於子女因勞力或其他有償取得之財產，通說均不包括於特有財產之內⑫;但其所有權應如何歸屬.有不同之見解。依羅鼎先生見解，該財產應歸屬於父母⑬，胡長清先生亦持同見解⑭。反之，史尙寬先生對該見解不敢贊同:「在我民法明文定父母之管理惟及於無償取得之特有財產。子女勞力所得，自不在管理權之範圍。然是否歸屬於父母，抑屬於己……我民法無此明文……依余所見，除父母家用不敷，應以充家庭生活費用外，應解釋爲子女所私有，然仍受父母之監督」⑮。

3.實務上之見解承認子女以勞力所得之財產歸屬於子女，而非父母所有:「子孫以勞力或其他法律關係所得私財，非已奉歸於父母者，自可認爲子孫所私有」⑯。

---

⑫ 史尙寬著《親屬法論》，民國五三年，六〇二頁。

⑬ 羅鼎著《親屬法綱要》，大東書局，民國三五年，二一三頁。

⑭ 胡長清著《中國民法親屬論》，商務印書館，民國三五年，二八四頁。

⑮ 史尙寬前揭六〇三頁。

⑯ 最高法院判例十九年上字六七號。

4.依筆者之見，現行民法上有「特有財產」之名稱者，在於夫妻財產制上。於聯合財產制，妻之特有財產（民一〇一三條、一〇一四條）與原有財產相對立而異其法律上之效力（民一〇一六條）。妻之特有財產由妻管理、使用、收益及處分（民一〇一五條）；反之，妻之原有財產歸入聯合財產，而由夫管理、使用及收益（民一〇一八、一〇一九條），夫處分妻之原有財產，應得妻之同意，但爲管理上之必要者，不在此限（民一〇二〇條）。於共同財產制，夫妻各自有其特有財產（民一〇一三條、一〇一四條）而與夫妻公同共有之共同財產相對立（民一〇三一條）。夫與妻之特有財產由夫妻各自管理、使用、收益及處分（民一〇一五條）；反之，共同財產由夫管理，夫處分共同財產，應得妻之同意，但爲管理上所必要之處分，不在此限（民一〇三二、一〇三三條）。又過渡時期民律草案與大理院之判例，有如前述，將卑幼之特有財產與公同共有之家產相對立，而異其法律上之效力。卽卑幼之特有財產獨立於家產，而自行管理、使用、收益及處分。

至於現行民法第一〇八七條與第一〇八八條所規定之子女財產，祇限於因繼承、贈與及其他無償取得之財產，並稱之爲特有財產。無可否認，子女除能依繼承、贈與或其他無償取得之財產外，尙能依其勞力或其他有償行爲取得財產。這些財產如何稱法，民法無明文。在現行民法親屬編第六章家制上，並無昔日家屬公同共有之家產，故子女之特有財產絕非與家產相對立，故依現行民法，祇好將「子女因勞力或其他有償取得之財產」稱爲「子女一般財產」或其民法第一〇八八條「特有財產」之名稱對立，暫且稱爲「非特有財產」。

(二)「特有財產」名稱之檢討

其次，我現行民法將未成年子女之「特有財產」之所有權及其他權限規定於民法第一〇八八條，但對於「非特有財產」之所有權及其他權限之歸屬，均漏而未規，頗爲不當。查未成年子女之「特有財產」名稱，有如前述，首次見於第一次民律草案親屬編上。依其立法意旨，該條係規定家屬得獨立於家產而享有之個人私財，該私財係家屬以自己名義所取得之財產，如家屬由職業及其他因贈與或遺贈所取得之財產，此特稱爲特有財產。詳言之，於過渡時期，子女以家之名義所取得之財產，歸屬於公產之一部，而由家長管理、使用，其收益仍歸屬於公產，其處分則由全體家屬共同爲之。反之，子女以自己名義所取得之財產，無論有償與無償行爲，均爲其特有財產，而由子女自己管理、使用、收益及處分。

現行民法子女之財產分爲勞力或其他有償取得之財產及因繼承、贈與或其他無償取得之財產，而異其財產之權限是否妥當，値得斟酌。蓋現行民法已無公同共有之家產與子女之特有財產相對立，子女以自己名義所取得之財產，不應因其取得原因是否爲有償行爲而有不同之法律效力。其次，所謂特有財產，顧名思義，係以自己能力所得之財產，應當排除他人之干涉，而自己專享各種財產上之權限。此觀上述民律草案、大理院判例所稱家屬卑幼之特有財產及現行民法夫妻財產制上之特有財產之規定自明。但民法第一〇八七條所稱子女之特有財產，依民法第一〇八八條規定，反而由父母管理、使用、收益及處分；至於子女因勞力或其他有償取得之財產，不得不稱爲「一般財產」或「非特有財產」，而由子女自己管理、使用、收益及處分。可見民法第一〇八七條之子女財產分類卽使妥當，其所稱「特有財產」之名稱，顯屬不當。

至於子女因勞力或其他有償取得之財產（一般財產或非特有財產）

之所有權，羅鼎與胡長清先生均主張歸屬於父母⓱。筆者對此不表贊同，蓋我現行民法既規定繼承或無償取得之財產，未成年子女尚且能保有所有權，則勞力或其他有償取得財產之所有權，依論理解釋，更應屬於未成年子女。至於未成年子女與父母共同生活者，該子女是否應分擔生活費用之一部，此乃另一問題，不能與所有權之歸屬混為一談。

三、父母對於未成年子女財產法上之法定代理權與同意權

視未成年子女之年齡，父母對於子女有財產行為之法定代理權與同意權。

(一)法定代理人之代理權

未滿七歲之子女為無行為能力人，故需由法定代理人代為意思表示或受意思表示（民七條），而子女之法定代理人為父母（民一〇八六條）。父母代理子女之行為，原則上限於財產上之法律行為，而不及身分行為。父母代子女出養之意思表示為唯一之例外。苟為財產上之行為，祇要法律所不禁止者，法定代理人均得為之，保證行為亦不例外：「父母為其未成年子女之法定代理人，有權代理其子女為法律許可之法律行為。保證行為法律並未禁止法定代理人為之，則法定代理人代未成年子女為保證行為，自難依民法第一〇八八條第二項但書之規定認為無效」⓲。

(二)法定代理人之同意權

1.限制行為能力人之法律行為應得法定代理人之同意：未成年子女滿七歲者為限制行為能力人，他原則上不能單獨為意思表示或受意思表示，卻應得法定代理人之同意，始能發生法律上之效力（民七七

⓱ 羅鼎著前揭二一三頁；胡長清著前揭二八四頁。

⓲ 最高法院判例五三年臺上字二六一一號。

條）。限制行爲能力人之法定代理人，與無行爲能力人之法定代理人之權限不同。前者「代理權」與「同意權」，兼而有之。故法定代理人得予允許而由限制行爲能力人爲意思表示，亦得不予允許而逕行代理爲之。後者祇有代理權而無同意權⑲。法定代理人之同意權，於事先所爲者稱爲「允許」；於事後所爲者稱爲「承認」。

法定代理人之允許，不得概括爲之，否則無異於排除民法第七七條之適用。該條之規定爲強制規定，故概括之允許有違法律強制之規定，應屬無效。惟因應社會法律生活之需要及維護交易之安全，民法特以明文設兩種例外。

⑴特定財產之處分：法定代理人允許限制行爲能力人處分之財產，限制行爲能力人就該財產有處分能力（民八四條）。所謂處分，乃指移轉財產上之權利行爲而言，有轉讓與設定負擔。子女之財產不限於特有財產，因勞力所取得之財產亦包括在內。通說以爲該處分不限於物權上之處分行爲，債權上之保存、改良、收益等行爲，亦應認爲有效。

⑵特定營業之行爲：限制行爲能力人有時需爲獨立營業，其固應得法定代理人之允許，但關於營業上所需要之各種行爲，例如租賃店面、聘請員工等，如需一一得到允許，有碍事業之發展與交易之安全，故法定代理人允許限制行爲能力人獨立營業者，限制行爲能力人關於其營業有行爲能力(民八五條一項)。限制行爲能力人於其營業有不勝任之情形時，法定代理人得撤銷其允許，或對其允許加以限制（民八五條二項)。

2.未成年人未得法定代理人允許之法律行爲：限制行爲能力人未得法定代理人允許之法律行爲，視單獨行爲或契約行爲而異其效力。

---

⑲ 參閱劉得寬著《民法總則》，民國六四年二月，一六一頁。

前者係無效（民七八條），後者須經法定代理人之承認，始生效力（民七九條）。可見未成年子女未得法定代理人同意之契約行爲，並非無效，亦非有效，卻是效力未定之行爲。法律行爲一經承認後，如無特別規定時，溯及於法律行爲時發生效力（民一一五條）。

(三)未成年人獨立有效之法律行爲

限制行爲能力人之行爲，原則上應得法定代理人事先之允許，否則單獨行爲無效；契約行爲須經事後之承認，始生效力。惟純獲法律上利益之行爲及日常生活所必需之行爲，無須得法定代理人之同意，得單獨爲法律行爲。

四、父母對未成年子女特有財產之權限

依民法第一〇八六條規定，父母爲未成年子女之法定代理人，故父母對未成年子女有上述財產之代理權與同意權外，親屬法又基於親權之理論給以父母對未成年子女之「特有財產」有管理、使用、收益之權限，甚至有處分權（民一〇八八條）。所謂特有財產，有如前述，係未成年子女因繼承、贈與或其他無償取得之財產（民一〇八七條）。贈與包括由第三人之贈與、父母之贈與在內。其他無償取得之財產有遺贈、時效取得之財物、埋藏物之發現等。

(一)特有財產之管理

未成年子女之特有財產由父管理，父不能管理時，由母管理（民一〇八八條一項）。關於親權行使，由父母共同行使爲原則，但子女之特有財產，父先於母管理，蓋依夫妻財產制之各種類型，除分別財產制夫妻各自管理其自己之財產外，其他夫妻財產制之夫妻財產均由夫單獨管理（民一〇一八條、民一〇三二條），家庭生活費用原則上亦由夫負擔，夫無支付能力時，始由妻負擔（民一〇二六條）。父或

母管理子女之財產，應以處理自己事務相同的注意爲之。如違反此義務而致子女之財產遭受損害時，父母須負損害賠償之責。

(二)特有財產之使用收益權

父母對於未成年子女之特有財產有使用、收益之權（民一〇八八條二項）。現行民法對管理權有先父後母，但使用、收益權則無先後之分。查其原因，或許父母對管理之方法意見不一致時，將發生無從管理之情形，故應以明文規定；反之，使用、收益權不致於有此情形。父母可以共同使用該財產或輪流使用。至於該財產之收益，可平均歸父母所有。

現行民法就父母對於未成年子女財產之收益權，應如何支用？其收益權有無限制？均無明文可據，因而易引起解釋上之爭議。學說認爲該財產之收益權至少先充作財產之管理費用，次充子女生活費及敎育費，如有剩餘，始全部由父母平均所有⑳。玆所稱收益係指房屋之租金、耕地之收成、股票之股息或現金之利息等。

(三)特有財產之處分權

父母對於子女之特有財產，非爲子女之利益不得處分（民一〇八八條但書）。何謂子女之利益，法律無明文規定，解釋上頗費周章。實務上之見解亦無確切之標準。判例說：「子女之利益應斟酌當事人之一切情事定之」㉑。又依判例，維持未成年子女之生活費用而所負之債務，以處分其特有財產而淸償者，符合爲子女之利益㉒。至於以未成年子女之特有財產設定抵押權應屬於民法第一〇八八條第二項但書之處分行爲，須爲未成年子女之利益始得爲之。如無足以認定有爲

⑳ 史尚寬著前揭六〇五頁。
㉑ 最高法院判例三年上字三七一六號。
㉒ 最高法院判例五一年臺上字二一〇八號。

被上訴人利益之特別情事，爲法之所不許㉓。可見實務上判例尚無衡量子女利益之客觀之標準，極易引起爭議。父母違反此規定而處分未成年子女之特有財產者，該處分因違反強制規定而無效。

五、法定代理人對未成年子女財產上權限行使之原則

(一)共同行使

父母爲未成年子女之法定代理人，故父母原則上共同行使該權利。所稱共同行使不是非共同卽不能行使之謂，而是現行民法不採民律草案上父先於母行使之意。簡言之，父或母均得行使該權限。子女爲出養者，由養父母，而非本生父母行使。夫收養妻前夫之子女，由養父與生母行使。

(二)由父單獨行使

由父單獨行使該權限之情形有三：1.子女特有財產，現行法由父先於母管理，其理由有如上述。2.父母意見不一致時，由父單獨行使之（民一〇八九條）。父母對子女行使子女財產上之權限時，不宜有所紛歧；但若意見不一致者，勢必難於決定，故民法明文規定由父行使。3.母方不能行使權利或死亡或父母離婚而由父監護子女者，該財產之權限亦由父單獨行使。

(三)由母單獨行使

父方死亡或不能行使時，由母方單獨行使權限。

六、父母離婚後子女歸母監護者，對子女財產權限行使之原則

(一)父母一旦離婚後，子女之監護權依民法第一〇五一條或一〇

㉓ 最高法院四二年臺上字一二六號。

五五條歸母監護時，父方是否尚能行使對子女財產之代理權、同意權或特有財產之權限？抑或由母方單獨行使該權限？我現行民法就此毫無明文，故實務上亦易引起爭論。

查父母對未成年子女財產上之權限為親權之一部㉔，故探討該問題，宜從民法第一〇五一條與一〇五五條所稱之監護與民法第一〇九一條以下所稱「監護」是否同其意義？換言之，民法第一〇五一條與一〇五五條由父母一方行使之「監護」與第一〇八九條由父母雙方行使之「親權」有無不同？要之，第一〇五一條所稱「監護」與第一〇八九條「親權」及第一〇九一條「監護」除行使人不同外，是否同其範圍？㉕

(二)父母離婚之監護權在學說上之解釋

1.有的學者採否定說：民法第一〇五一條（民法第一〇五五條）所稱之「監護」與民法第一〇九一條所稱之「監護」之範圍不同，也因而與民法第一〇八九條之「親權」不同意義。準此以解，前者之監護，僅指狹義之人身監護，亦即民法第一〇八四條所指保護教養之權利義務；換言之，僅指事實之撫育，在法律上之親權並未涉及，故父之其他親權並未因此而喪失或停止，父仍可行使未成年子女之代理權、同意權及特有財產之權限㉖。

2.有的學者採肯定說：民法第一〇五一條與第一〇五五條所稱之「監護」乃廣義之監護權，其範圍與第一〇九一條以下之監護權同其意義㉗，故其與民法第一〇八九條之親權同其內容。準此以解，祇有

㉔ 戴炎輝著《中國親屬法》，三〇〇頁以下，史尚寬前揭六〇一頁以下。

㉕ 第一〇八九條之親權係因父母之身分，而第一〇九一條之監護係代替父母之第三人，但其行使之權利義務並無不同，此觀第一〇九一條之內容自明。

㉖ 戴炎輝著《中國親屬法》，二四六頁。

㉗ 史尚寬前揭四五四頁。

任監護子女之母方有親權，父方之親權因而喪失或停止，故母單獨行使子女之代理權、同意權及特有財產之權限㉘。

3.筆者以爲德、瑞、日之民法，於離婚時，均先由父或母一方單獨行使親權，他方則祇有探視權；但於必要時，始將監護權（日本）或財產之監護（德國）由父母一方行使，他方行使親權（日本）或身心之監護(德國)。反之，我現行民法於離婚時，無親權之約定或裁定，卻以監護權代替，故該監護權宜解釋爲廣義的監護權(即一〇九一條以下之監護權）而與德國民法第一六七一條、瑞士民法第二九七條及日本民法第八一九條之親權似同其內容。準此以解，則民法第一〇五一條與第一〇五五條之監護權宜解釋與第一〇八九條之權利義務相同。

其次，父母離婚後，子女歸母監護時，此表示子女祇能與母共同生活，此時如解釋父尙能全面行使第一〇八四條至第一〇八九條之權限而不顧監護人母之地位，實不能想像。監護人母與子女共同生活，其負有子女保護敎養之任務，爲實現該任務，通常須具備身心與財產上之監護權。此所以多數立法例，於離婚時，明文與子女共同生活之父或母行使親權，他方祇保留探視權。

有鑑於此，於解釋我國民法第一〇五一條與第一〇五五條之監護權之情形，似與親權內容一致較妥當。準此以解，於父母離婚，而子女歸母監護時，母單獨對子女行使財產之代理權、同意權及特有財產之權限。

第四章　外國立法例之規定

㉘ 陳棋炎著《民法親屬》，三民書局，民國六八年，六九頁。

一、概 說

歐陸近代法律思想創設親權爲父母對於未成年子女保護教養之依據。依親權父母對未成年子女有保護教養之義務；換言之，父母應負擔子女之生活費。另一方面，歐陸近代民法確立權利能力後，未成年子女基於該能力，享有財產之所有權。但未成年子女不是無意思能力就是限制行爲能力，故法律賦與父母或監護人財產上之權限，以資保護其權益。

有鑑於此，現代外國立法例就父母對未成年子女財產之權限，表現三點特色：

㈠外國親子法無不揭櫫保護未成年子女之財產爲其最高指導原則，故強調父母對未成年子女之財產關係，與其說是權利，勿寧說是義務。從而不能斤斤計較利益。

㈡外國立法就子女之財產不分有償之勞力取得或無償之繼承、贈與之取得，卻祇承認子女之財產。惟外國立法之重點置於父母對未成年子女財產之管理、使用、收益及處分，應以負擔子女生活費用爲前提；換言之，父母對未成年子女財產之權限在於爲父母扶養子女生活費之用，故子女財產之收益如有剩餘，應歸還於子女。

㈢父母對子女財產之權限，以負擔子女生活費用爲前提，而此限制如無合理之監督方法，則子女之財產不易保護。故外國立法例均由國家機關介入，以監督父母管理、收益及處分未成年子女財產之情形。

二、父母對未成年子女財產法上之代理權與同意權

(一)法定代理權

1.依日本法，親權人對未成年子女有關財產上之法律行爲有代表權（日民八二四條後段）。此處所稱代表權，雖有學者解釋子女之人格爲親權人所吸收，亦卽子女之人格全面性與親權人之人格同一化，但具體上宜解釋爲代理權較妥㉙。又此處所解釋代理權，不基於未成年子女之授權而取得，卻直接由法律所定，故爲一種法定代理權㉚。親權人所以有財產上之法定代理權，乃附屬於對未成年子女財產之管理權而生之權利（日民八二四條上段），從而親權人所不能管理之財產，親權人亦無法定代理權，例如父母允許未成年子女處分之財產（日民五條）或父母允許未成年子女營業範圍之法律行爲（日民六條）。

2.依瑞士法，未成年子女須服從父母之親權，而未成年子女之行爲能力，一如受監護人者，須視其有無視別能力而有所不同（瑞民一二條至一九條），無識別能力之未成年人爲無行爲能力人，該子女對第三人之財產上之法律行爲，由父母代理之，但應限於親權範圍內始可（瑞民三〇四條）。父母行使該代理權應依據瑞士債務法第三十二條以下的規定。至於親權所不及之未成年子女財產上行爲，父母無代理權，例如子女因自己之勞力所得及其因從事自己職業或營業之目的自父母取得之財產，父母就該財產之法律行爲無代理權（瑞民三二三條）。

3.依德國法，未成年子女應服從父及母之親權。父母基於該親權，就子女之人身與財產有監護之權利與義務，而人身及財產之監護，兼及於代理（德民一六二六條）。至於該法定代理權行使之方法，德國法本規定由父單獨行使，母於單獨行使親權或依德國民法第一六二八條第二項及第三項之規定，決定權歸屬於母者，由母代理子女（德民

㉙ 《注釋民法㉓·親族⑷》，於保不二雄編集，有斐閣，一〇九頁。
㉚ 《注釋民法㉓·親族⑷》，前揭一〇九頁。

一六二九條）。但該條規定因違反男女平等原則，於公元一九五九年被聯邦憲法法院判決違憲而無效，故父母於親權之範圍內，共同行使財產上之法定代理權。惟於監護人依第一七九五條之規定不得爲受監護人代理時，父母亦不得爲子女之代理（德民一六二九條）。德國民法第一七九五條限制監護人代理受監護人之事項有三：⑴監護人之配偶或直系血親與受監護人間之法律行爲，但其法律行爲係專履行債務者，不在此限；⑵受監護人對監護人之債權，曾以質權、抵押權、船舶抵押權或保證而供擔保者，關於以此項債權爲標的而爲移轉或設定負擔之法律行爲，或以廢止或減少此項擔保爲標的之法律行爲或使受監護人就上列移轉、設定負擔、廢止或減少而負擔義務之法律行爲；⑶第一款所列之人相互間之訴訟及第二款所列事項之訴訟。可見有以上情形者，爲保護未成年子女之利益，父母不得代理子女爲法律行爲。

(二)法定代理人之同意權

各國所規定的法定代理人之同意權與我國所規定者大同小異。

1.依日本民法，未成年人爲法律行爲應得法定代理人之同意，但下列情形可免除法定代理人之同意：⑴未成年人純獲權利或單純義務之免除（日民四條）；⑵法定代理人允許處分之特定財產（日民五條）；⑶法定代理人允許營業範圍之各種法律行爲（日民六條）。

2.瑞士民法採識別能力制度。有識別能力之未成年人之法律行爲須經其法定代理人之同意，始負擔義務。惟純獲無償利益及行使專屬於未成年人之權利時，可免除法定代理人之同意（瑞民十九條）。

3.依德國民法，未成年人爲意思表示，亦應得法定代理人之同意（德民一〇七條），但下列情形可免除法定代理人之同意：⑴純獲法律上之利益　未成年人純獲法律上之利益，例如先占、贈與之允受，未成年人可單獨爲之。惟獲得利益同時負擔法律上之義務者，非純獲法律上之利益。⑵可得自由處分之財產　代理人或經代理人同意之第三人以財產交付未成年人，任其以此項財產爲契約上之給付或爲自由處分者，未成年人就此所訂立之契約，縱未得法定代理人之同意，仍視爲自始有效（德民一一〇條）。⑶營業之獨立經營　法定代理人經監護法院之許可，授權未成年人獨立經營業務者，對於與營業有關之法律行爲，未成年人有完全行爲能力（德民一一二條）。⑷勞務關係之訂立　法定代理人授權未成年人從事勞務或勞動者，就其所許可之勞務或勞動種類之範圍以內，有關勞務或勞動關係之締結或廢止之法律行爲，或基於此項關係而生義務之履行，未成年人有完全行爲能力（德民一一三條）。

三、父母對未成年子女財產之權限

各國立法例就親權人之父母對未成年子女財產之權限規定頗爲出入，惟均以保護未成年子女之財產爲最高的指導原則。

(一)日本法

1.依日本法，父母對未成年子女之財產有管理權，基於該管理權．父母享有法定代理權，但父母代理未成年人行爲爲目的所生之債務，尙須得未成年人之同意，期能保障未成年人行爲之自由（日民八二四條）。

2.父母管理未成年子女之財產，應負與處理自己事務同一注意義務（日民八二七條）。父母如違反該注意義務，致子女發生財產上之損害時，須負賠償責任。未成年子女祇證明財產受損害卽足，注意義務有無違反應由父母舉證㉛。

3.未成年子女一旦成年時，父母有卽時提出管理計算財產之義

㉛　《注釋民法㉓·親族⑷》，前揭一二九頁。

務，但子女財產之收益與父母管理財產及養育之費用視爲相互抵銷（日民八二八條）。此處所稱抵銷，不得由子女或父母擧反證推翻。故子女之財產即使無收益，父母不得向子女請求財產管理費用及養育費；反之，子女財產之收益多於管理費及養育費時，子女亦不得向父母請求返還多出之收益費㉜。可見日本民法將子女財產之收益權概括歸屬於親權人所有，期以補償其管理財產及養育費用。

4.日本法爲保護子女財產起見，凡第三人無償以遺贈或贈與方法交付未成年子女之財產而有特別聲明者，不適用上述管理計算方法。⑴第三人無償交付未成年子女之財產時，第三人表示不反對父母管理財產，但反對以該財產之收益與管理及養育費用視爲抵銷者，父母應將二者作成明細表，以便淸算。該財產之收益原則上歸屬於未成年子女所有，但如其他子女財產之收益費不足抵充管理及養育費用者，該無償財產之收益費亦有抵充之義務㉝。⑵第三人無償交付未成年子女財產而明示不由父母管理時，該第三人應指定財產之管理人，如無指定者，應由子女、其親屬或檢察官聲請家庭裁判所選任財產管理人（日民八三〇條）。可見父母對未成年子女財產無處分權，對第三人無償支付之財產，盡力予以保護，以免遭受損害。

(二)德國法

1.依德國法，父母對未成年子女之財產，原則上有管理權，而其管理時對子女負與處理自己事務同一注意義務（德民一六六四條）。父母違反注意義務致子女之財產受損害時，應負賠償之責任，但注意義務有無違反，應由子女負擧證之責任㉞。

㉜ ≪注釋民法㉓・親族⑷≫，前揭一三三頁。

㉝ ≪注釋民法㉓・親族⑷≫，前揭一三三頁。

㉞ *Münchener Kommentar, Bürgerliches Gesetzbuch, Familienrecht,* München, 1978, S. 1448.

2.德國法爲保護未成年子女財產起見，由監護法院採取極嚴格之監督。父母違反財產管理之義務或因自己陷於無財產致危害子女之財產者，監護法院應爲必要之處置，以除去其危害（德民一六六七條一項）。有此情形者，監護法院得命父母提出財產目錄及財產管理之計算書。父母所作成之財產目錄應具備正確完整之證件（德民一六六七條二項）。監護法院認爲令父母提出財產目錄所爲之處置尙嫌不足者，得令危害財產之父母提供擔保（德民一六六八條一項）。如父母不遵守上述規定者，監護法院得剝奪父母財產之管理權（德民一六六九條）。

3.親權人爲監護子女人身或財產所支出之費用，依其情事認爲必需者，得請求子女償還之（德民一六四八條）。至於子女財產之收益除充通常管理財產費用外，應作子女扶養費；子女財產之收益不敷支出時，得使用子女因其勞動或父母允許獨立營業所得財產之收益（德民一六四九條一項）。子女財產之收益除充通常管理財產費用及子女之扶養費外，父母得爲自己及該子女之未成年又未結婚之兄弟姊妹之扶養而使用之；但以斟酌當事人之財產及營業狀況，認爲合於公平者爲限（德民一六四九條）。

4.德國法爲保護未成年子女之財產，直接對子女財產之管理或處分加以限制：

(1)財產管理之限制：子女由於死因行爲所取得或由於生前行爲無償取得之財產，如被繼承人以終意處分或贈與人於贈與時，聲明父母不得管理該財產者，父母對該財產無管理權（德民一六三八條一項）。子女基於前項財產所屬之權利，或基於前項財產所屬之物因滅失、毀損或侵奪而生之補償，或因基於該項財產有關之法律行爲而有所取得者，其父母亦不得管理（德民一六三八條二項）。

⑵依照第三人指示之管理：子女由於死因行爲或由於生前行爲無償取得之財產，如於終意處分或贈與時就其管理有所指示者，父母應依其指示管理之；父母不依其指示而管理時，監護法院得爲必要之處置（德民一六三九條）。

⑶贈與：父母不得代其子女爲贈與，但贈與本於道德上之義務或相當於禮節顧慮所必要者，不在此限（德民一六四一條）。

⑷金錢之投資：父母應將其所管理子女之金錢，依德國民法第一八〇七條及一八〇八條關於受監護人金錢投資之規定，投資生息，但爲準備支出所需者，不在此限。監護法院得許可父母爲其他方法之投資（德民一六四二條）。

⑸以財產交與子女：對於應經監護法院許可始得讓與之財產，父母未經法院之許可，不得將此項財產交與子女，以供其爲履行契約或自由處分之用（德民一六四四條）。

⑹新營業：父母未經監護法院之許可，不得以子女之名義開始新營業（德民一六四五條）。

⑺以子女財產更取得財產之歸屬：父母以子女之資財而取得動產者，其所有權於取得時移轉於子女，但父母無意爲子女之計算而取得者，不在此限（德民一六四六條）。

可見德國法對子女之財產極盡保護之能事，尤其監護法院負起積極之監督責任，此立法值得吾人重視。

(三)瑞士法

1.依瑞士法，父母於其享有親權期間內對子女財產有管理之權利與義務（瑞民三一八條一項）。親權僅於在於父母一方時，該行使親權之一方應向監督機關提出有關子女財產之目錄（瑞民三一八條二項）。監護機關認爲所提出之財產目錄確係依據子女財產之種類和數量及父母子女個人關係而製定者，得命其提出定期計算書及報告書（瑞民三一八條三項）。

2.瑞士法爲保護子女之財產，由公權力機構爲適當預防上之監督。有鑑於此，父母妥善之管理尙不足以保障子女之財產者，監護機關應採取適當之措施以保護之。監護機關得爲管理上之指示，於定期之計算及報告，有不足者，尙得指定提存或提供擔保（瑞民三二四條一項、二項）。子女財產之危害不能以其他方法避免者，監護機關應將管理權移交保佐人；就子女財產之收益或其爲消費可動用或得自由處分之金額，有不依法律規定使用之虞者，監護機關亦得將管理權移轉給保佐人（瑞民三二五條一項、三項）。

3.父母得以子女財產之收益爲子女之扶養、教育及進修費用；有合於公平原則者，亦能充作家計需要之用（瑞民三一九條一項）。子女財產之收益有剩餘者，仍應屬於子女之財產（瑞民三一九條二項）。

4.父母就子女因補償、損害賠償及其他給付之所得，視子女經常撫養之需要，得使用其相當的部分；又能證明支出之費用爲子女扶養、教育及進修所必要者，監護機關亦得准許父母使用子女其他一定數額之財產（瑞民三二〇條）。

5.瑞士民法爲保護子女之財產，特設子女之自由財產（Freies Kindesvermögen），以排除父母之管理或收益。

(1)父母移轉之財產經特別聲明者　父母移轉財產給子女而明示有不使用收益之義務或經指定爲生息之用或爲其儲蓄金者，父母對該財產之收益不得使用（瑞民三二一條一項）；父母對前項財產有管理權，但在移轉財產時明示排除其管理之意思者，不在此限（瑞民三二一條二項）。

⑵子女之特留分　子女之特留分（瑞民四七一條至四七六條）得因死因處分（瑞民四九八條、五二一條）而排除父母之管理權（瑞民三二二條一項）。被繼承人將財產管理移轉於第三人者，監護機關得要求其按期提出計算書及報告書（瑞民三二二條二項）。

⑶子女勞力所得與職業及營業財產　子女因自己之勞力所得，及其因從事自己職業或營業之目的，由父母取得之財產，由子女自行管理及收益之（瑞民三二三條一項）。子女與父母爲共同家庭生活者，父母得要求子女爲其生活費用提供相當之金額（瑞民三二三條二項）。

可見瑞士民法一如德國法，不但嚴格限制父母對於未成年子女財產之管理與收益之支出，而且由公權力積極負起監督責任，期能保障未成年子女之財產。

四、婚姻中父母對未成年子女財產上權限行使之原則

(一)日本法

1.共同行使：依日本法，父母對於未成年子女財產上之權限乃親權之一部分，故應遵循父母親權行使之原則。未成年子女均應服從父母之親權，養子女則服從養父母之親權（日民八一八條一項、二項）。在婚姻存續中，親權須由父母共同行使（日民八一八條三項前段）。此表示上述未成年子女之財產管理、子女財產行爲之代表（代理）及子女財產行爲之同意權均應由父母共同之意思決定或由一方父或母徵求他方同意或受他方委託而以共同名義行使親權。父母之意見不一致時，日本現行民法無明文可據；但依其註釋，祇要一方父母反對者，他方不得行使。換言之，法律推定反對行使一方之意思符合子女之利

益而阻止他方之法律行爲或意思表示發生效力[35]。日本舊民法原規定父母意見不一致時，由父決定，一如我國現行法第一〇八九條之規定。其後認爲該規定違反男女平等精神，故有如此之修正[36]。

2.單獨行使：婚姻存續中，父母之一方無法行使親權者，由他方行使（日民八一八條三項後段）。此處所稱無法行使係指長期旅行、生死不明或行踪不明、重病、心神喪失、受刑或親權被剝奪等。

3.一方以共同名義行使（表見共同代理）：父母以共同行使其親權爲原則，但父或母一方未得他方同意或未受委任而以共同名義代子女行爲或代行使子女行爲之同意權時，其行爲之效力，即使違反他方之意思，爲子女之利益及交易之安全，不受影響；但行爲之相對人須善意始可（日民八二五條）。如相對人爲惡意，則該行爲將無效[37]。此條之立法意旨與日本民法第一一〇條之表見代理相同，均在於保護交易之安全所設，以免第三人遭受不測之損害。

(二)德國法

1.共同行使：依德國法，父母對子女財產上之權限乃亦親權之一部分（德民一六二六條二項），而子女未成年者應服從父母之親權（德民一六二六條一項），故父母爲子女之利益，應以自己之責任及意思一致行使親權，父母意思不一致時，應力求協調（德民一六二七條）。

2.由父一方行使：母因死亡、長期失蹤、精神喪失、重病等而不能行使親權者，由父一方行使。

又父母俱存而行使親權不一致時，原規定由父單獨決定，但應斟酌母之意見（德民一六二八條一項）。爲配合該親權由父單獨決定之

[35] ≪注釋民法(23)·親族(4)≫，前揭二四頁。
[36] ≪注釋民法(23)·親族(4)≫，前揭二四頁。
[37] ≪注釋民法(23)·親族(4)≫，前揭一一二頁、一一三頁。

規定，父對子女之法定代理權亦得單獨行使，勿庸以父母共同之名義爲之（德民一六二九條）。惟此二原則違反男女平等之精神，於公元一九五九年被德國聯邦憲法法院判決違憲而刪除。故婚姻中，父母須共同行使親權，法定代理權亦同。父母之一方有反對之意思者，不得再行使。

3.由母一方行使：父因死亡、長期失蹤、精神喪失、重病等而不能行使親權者，由母之一方行使。

又父母意思不一致者，原規定由父決定，但就重要事件，父之措施，有違子女之福利，或爲子女財產之通常管理有必要時，監護法院得依聲請，就個別事件或特定種類之事件之決定權委諸其母（德民一六二八條二項）。其次，父母之意思不一致時，父原應力求協調，並斟酌母之意見，而其堅不履行此項義務者，監護法院得依聲請，將關於子女之人身或財產事件之決定權委諸其母，但以適於子女之福利時爲限（德民一六二八條三項）。母單獨行使親權或由法院將決定權歸母時，由母單獨代理子女之行爲（德民一六二九條後段）。該二條規定因違反男女平等之精神，於公元一九五九年被德國憲法法院以違憲而判決無效。

（三）瑞士法

1.依瑞士舊法，婚姻關係存續中，父母共同行使親權爲原則（瑞舊民二七四條一項）。依該規定，母原則上與父立於平等地位，父行使親權時必須考慮母之意見㊳。惟父母之意見不一致時，爲避免由監護機關一一裁定，故由父一人決定（瑞舊民二七四條二項）。

2.鑑於父一人之決定有違男女平等之精神，尤其德國法類似的規定被判決違憲而無效，故於公元一九七六年之修正法將親子關係之效

㊳ P. Tuor, *Das Schweizerische Zivilgesetzbuch*, Zürich, 1968, S. 223f.

果重新檢討而將舊法修正爲：婚姻關係存續中，父母共同行使親權（瑞民二九七條一項）。該規定已與日本法、德國法採相同的原則。

五、離婚時父母對未成年子女財產上權限行使之原則

(一)日本法

日本法就離婚時父母對未成年子女之親權行使規定頗爲詳細，有親權之父或母對子女財產行使權限，惟有必要時，依協議或法院決定監護人，期以限制親權人之權限。

1.日本民法第八一九條第一項規定：「父母爲兩願離婚之時，須依其協議決定由其中一方爲親權人」。其第二項：「於裁判上離婚，由法院決定父母之一方爲親權人」。其第三項：「於子女出生前父母離婚者，親權由母行使之。但於子女出生後，得經父母之協議，決定父爲親權人」。其第四項：「對於經父認領之子女之親權，以經父母協議，決定父爲親權者爲限，始由父行使之」。其第五項：「第一項、第三項、第四項之協議未成時，或不能協議時，家庭裁判所得因父母之請求，爲代替協議之審判」。其第六項：「家庭裁判所爲子女之利益，認爲有必要時，得因子女親屬之請求，變更他方爲親權人」。可見離婚後，無法由父母共同行使親權，祇由其中一方行使。未成年子女之財產上之權限亦由有親權之一方行使之。

2.惟日本法爲愼重計，於特殊必要之情形，除有一方行使親權外，尙得協議或決定子女之監護人，而於監護人所監護之事項有停止親權之效力：父母兩願離婚時，關於任子女監護之人及其他監護上必要事項，以協議定之。協議不成或無法協議時，則由法院決定之（日民七六六條）。依此規定，監護人可能爲父母之任何一方，也可能爲父母以外之第三人。監護人如爲父母一方時，可能爲日本民法第八一九條

所稱之親權人（理論上），但多半爲該條所稱親權人之他方（非親權人)。親權人與監護人如屬同一人時，日本民法第七六六條必無適用之餘地，而直接適用第八一九條卽可。但親權由父母一方行使，而監護人由他方或第三人擔任時，則適用第七六六條的特別規定。可見日本民法上，於離婚時，如有親權與監護權同時併存者，乃全部與部分的關係而存在，卽親權爲全面的權利，而監護權爲其中之一部。因此父母之一方爲監護人時，在其監護之權限內，能停止他方親權行使之效果㊴。監護人有監護未成年子女之財產權限者，親權人就該權限受停止。

(二)德國法

德國法就父母離婚後之親權，一如日本法，規定頗爲詳細。

1.依德國民法第一六七一條第一項規定：「父母離婚時，監護法院應決定對其共同子女之親權應屬於父或母」。其第二項：「監護法院得爲與父母共同聲請不同之決定，但以爲子女之福利有必要時爲限」。其第三項：「父母於離婚判決確定後二個月內不爲聲請，或其聲請經駁回者，監護法院應斟酌一切情形，採用最適於子女福利之措施；父母之一方經宣告應單獨負離婚責任，又無重大理由必須付與親權者，監護法院應將親權委諸無責任之一方」。可見德國法亦認爲於離婚後由父母一方行使親權，故由有親權之一方行使未成年子女財產上之權限。

2.依德國民法第一七六一條第四項規定：「親權原則上應僅由父母一方行使之，但爲子女福利有必要時，得由父母一方負擔子女人身之監護，而由他方負擔子女財產之監護」。其第五項：「監護法院爲避免子女精神上或身體上之不利，或其財產上之危害，認爲有必要時，

㊴ ≪注釋民法(21)·親族(2)≫，島津一郎編集，有斐閣，一五二頁以下，尤其一五九頁。

得將子女之人身及財產之監護委諸監護人或監理人」。可見德國之規定與日本民法無多大差異，祇是日本民法上親權與監護權視為全部與部分的關係；反之，德國將親權於必要時二分為財產上與人身上之監護，而分別由父母行使。

(三)瑞士法

瑞士法亦規定父母分居或離婚時，由其中一方行使親權：婚姻關係存續中，父母共同行使親權，但夫妻之共同生活已廢止或已分居者，法院決定由夫妻之一方單獨行使親權（瑞民二九七條一項、二項）。惟夫妻之一方死亡者，由生存之他方行使親權；離婚者，由受託監護子女之夫妻一方行使親權（瑞民二九七條三項）。又關於親權之行使及父母對於子女個人之關係，法院在宣告離婚或別居時，於聽取父母，必要時於聽取監護機關之意見後，應為必要之處置（瑞民一五六條一項）。父母對於非服從其親權或未受其監護之未成年子女，祇能請求適當之個人交往（瑞民二七三條）。

第五章　對民法修正之管見

從以上日、德、瑞立法之比較，可知為保護未成年子女之財產，外國法就父母對其子女財產之權限受到監護機關或監護法院嚴格的監督；反觀我國民法上之規定，父母對子女財產之權限過於強大，又無確切之監督方法，故子女之財產易受父母之侵害。有鑑於此，筆者擬在此提出個人修正淺見，期能對保護未成年子女財產有所裨益。

一、未成年子女因繼承、贈與或其他無償取得之財產不宜稱為「特有財產」

筆者以爲我國現行民法第一〇八七條與第一〇八八條所稱「特有財產」，名不符其實，不宜再使用該稱謂。通常財產上稱「特有」之用語，不僅特有人保有財產上之所有權，而且其管理、使用收益及處分權亦排除他人干涉，而由特有人自己行使。此觀我國第一次民律草案第四編第十四條子女之特有財產或現行民法夫妻財產制之特有財產（民一〇一三條、一〇一四條）之規定自明。外國立法所稱 Sondergut「特有財產」亦有排除他人干涉之特性。反之，民法第一〇八七條所稱子女之特有財產，自己不能管理、使用收益及處分，卻由父母行使該權限，此規定顯有未妥。有鑑於此，民法第一〇八七條宜刪除，第一〇八八條第一項依據法務部之修正草案再修正爲：「子女因繼承、贈與或其他無償取得之財產由父母共同管理。」其第二項修正爲：「父母對子女之前項財產有使用收益之權，但非爲子女之利益不得處分之」。

二、子女因勞力或其他有償取得之財產，宜明文規定由何人行使權限

我現行民法祇規定子女因繼承、贈與或其他無償取得之財產之權限由父母行使，但因勞力或其他有償取得之財產，並無明文。因此由何人行使該權限，在實務上易生爭執。胡長清與羅鼎先生主張子女因勞力或其他有償取得之財產應歸父母所有，故其管理、使用收益及處分權亦由父母行使㊵。筆者對此見解不表贊同，因爲子女無償取得之財產，尚且能保有所有權，則依論理解釋，子女有償取得之財產，更應保有所有權。至於該財產之其他權限，由子女自己行使較爲合理。惟該子女與父母共同生活，且其生活費由父母負擔時，爲公平起見，父母得要求子女就該財產爲相當生活費之分擔。有鑑於此，擬於民法

㊵ 胡長清前揭二八四頁，羅鼎前揭二一三頁。

第一〇八八條增加第三項規定：「子女因勞力或其他有償取得之財產，由子女自己管理、使用、收益及處分，但父母以前項財產之收益不足負擔子女之生活費者，得要求子女以其勞力或其他有償取得之財產分擔相當之生活費」。

三、父母對未成年子女無償取得財產之處分權宜加限制

外國立法例均規定父母不得處分子女之財產爲原則，如允許處分，則其處分之用途嚴加限制，並受監護機關或監護法院之監督，期能保護未成年子女之財產。此觀瑞士民法第三二〇條、德國民法第一六四一條以下之規定自明。我國現行民法僅規定爲子女之利益，父母卽能處分子女無償取得之財產。但何謂子女之利益，法無明文，故解釋上頗爲困難，實務上更易引起爭執，尤其對子女是否有利，並無國家機關爲客觀之監督，故極易爲父母濫用該權限，而對子女財產造成損害。有鑑於此，依筆者之見，民法第一〇八八條第二項但書宜分爲動產與不動產分別規定處分之權限：「但非爲子女生活之負擔，不得處分動產，處分不動產並應經法院之許可」。

四、宜禁止父母受讓未成年子女之財產

我國現行民法第一一〇二條規定監護人不得受讓受監護人之財產，該條立法意旨在於受監護人思慮未周，其意思容易受到監護人之左右，故監護人禁止受讓受監護人之財產。此關係亦能發生於親權人與未成年子女間。基於同一理由，日本民法第八二六條規定：「親權人與子女利益相反之行爲，親權人須對家庭裁判所爲其子女選任特別代理人」。又瑞士民法第三〇六條第二項規定：「父母就其所處理之事務與子女有利害衝突者，準用保佐代理之規定(瑞民三九二條第二款)」。有

鑑於此，我民國法擬增加規定：「父母不得受讓未成年子女之財產」。

五、宜規定父母對子女財產管理之責任

外國立法例均規定父母管理子女財產之責任。日本民法第八二七條規定親權人之注意義務，德國民法第一六六四條規定父母行使親權之責任，瑞士民法第三二四條規定子女財產保護之預防措施。我國現行民法於第一一一〇條後段祇規定監護人管理受監護人之財產，應與處理自己事務同一注意，卻在父母對未成年子女財產之管理毫無規定。爲保護未成年子女財產起見，實宜規定父母管理子女財產之責任：「父母管理未成年子女之財產，應與處理自己事務同一注意」。

六、婚姻中宜由父母共同行使未成年子女財產之權限

外國立法例本規定：父母共同行使親權，於不一致時，由父一人決定。此規定與我國現行民法第一〇八九條之親權行使原則及第一〇八八條財產管理之原則相同。其後，外國立法例均認爲該規定違反夫妻平等精神，故祇規定親權由父母共同行使，不再由父一人決定。這次法務部之修正草案之重點亦置於男女平等精神之貫徹，而民法第一〇八八條第一項及一〇八九條中段規定均牴觸該精神，故第一〇八八條第一項修正爲：子女之特有財產，由父母共同管理。第一〇八九條修正將父母意見不一致時之規定加以刪除，祇保留親權由父母共同行使之規定。此修正值得稱許。或許有人以爲父母意見不一致時，行使親權必遭癱瘓，子女受到不利。惟筆者以爲現行法由父一人決定之規定，將使母在家庭生活無發言權，對婚姻生活或家庭生活感覺自卑、失望，甚至廻避，從而家庭生活失去重心。如母之意見受到重視，母對家庭生活更積極的參與，更關心子女之教養，而使家庭成員和睦。

因此權衡此二者，以修正案為優。

七、離婚時宜由獲有監護權之一方父或母行使未成年子女財產之權限

有如上述，外國立法例均規定父母離婚後，祇由父或母行使親權，他方祇能保留探視權或停止親權。而子女財產之管理及其他權限亦由行使親權之一方行使。於必要時，始將親權分為人身監護與財產監護而分由父母行使。有鑑於此，我國民法第一〇八八條宜增加第四項規定：「父母離婚時，應由有監護權之一方行使前三項之財產權限」。期能杜實務上之爭議。

臺大《法學論叢》，第十卷第一期，民國六十九年十二月。

拾伍、論中國家制的現代化

要　目

第一章 前 言

㈠中國政治體制與法律思想，一面以儒家的學說爲其主流。儒家以天道思想說明人類社會的秩序，即將君臣、父子、夫妻的關係稱爲三綱，而比喻爲天地。因此人類社會組織是上下支配的關係：君支配臣民，父支配子女，夫支配妻妾。儒家更認爲國家之形成係家族擴大的形態。依儒家，國家的形成乃層次性的：由個人而家族，由家族而國家。在此發展過程中，以家之機能爲核心。《大學》說：「所謂治國必先齊其家者，其家不可敎而能敎人者，無之，故君子不出家而成敎於國」❶。

㈡維持家族的生活秩序，與其說是以威嚇及強制爲其基礎，毋寧說是以情誼與感化爲其根基，即遵循尊長卑幼之秩序，以孝順友愛之義理促進家族相互間的和睦與團結。蓋儒家深信人性本善及自然結合之特性。家庭生活秩序有父慈、子孝、兄友、弟恭等倫常禮敎，而此倫常禮敎推展而適用於國家，則成爲社會遵守的行爲規範。《大學》說：「孝者所以事君也， 弟者所以事長也， 慈者所以使衆也」❷。又說：「一家仁，一國興仁；一家讓，一國興讓」❸。

㈢可見中國固有社會係家與國平行存在，而各自對社會擔任不同的機能。家有一位權威的家長，維持家屬之倫常秩序，國有一位權威的天子，維護全國和平秩序。《孔子家語》說：「天無二日，國無二君，家無二尊」。家長基於「子以父爲天」之思想吸收家屬之人格，

❶ 《大學》第九章。
❷ 《大學》第九章
❸ 《大學》第九章。

父子關係比擬爲君臣，故臣以君爲天，而有絕對服從之義務。

㈣有鑑於此，本文擬以法制史的方法，探討中國家制的現代化，期能瞭解家在中國社會的機能及由此所表現之中華民族的特性。

第二章　中國家制的演變

一、固有社會的家制

中國固有社會是大家族制度。區分大家族制與小家族制，應從家族之構造及社會之機能觀察。大家族制之成員應包括三代以上；小家族制之成員祇有兩代。在社會機能上，大家族制之家團體，成單一體而有獨立的機能；反之，小家族制之家團體沒有獨立之機能，由各家成員個別活動❹。

舊制下，家或爲五代同堂，或爲包括祖孫，叔姪三代同居之大家族。以家內最尊長爲家長，其餘爲家屬。家長對外代表一家，負公法上之義務與刑事責任；在內統率家屬，總攝家政，而使家在國家與社會上具有獨立的機能。家長基於家長權而有家產之管理與使用、收益權。又基於尊長權而對卑幼行使懲戒與教令權。卑幼家屬之人格，常爲家長所吸收，卑幼旣無行爲能力，又無財產能力，個人僅爲團體之家而生存，而不爲個人目的而存在。故舊制下之家，表現同居共財之共同生活體。

同居共財的生活，使家屬全體成爲單一體。卽共同生產，共同消費和共同蓄產。在生產上，同心協力，共同耕作。至於個人勤惰必須

---

❹ 參閱戴炎輝著《中國親屬法》，民國五九年，三四二頁。

互忍或根本不予計較。衆人勞動的成果，成爲共同收穫，而由全體家屬享有，各人或各房所經營之副業收入，仍歸家屬團體。卽使有人暫時出外謀生，經營事業，也應將其所得寄回家鄉而不能獨佔。在消費上，同居家屬須全面的共同消費。消費全視各人需要而異其標準，惟日常膳食應力求公平，同居又稱同爨，於是「同桌吃飯」是我國家族生活之本質要素❺。如全盤收入與支出相抵而有剩餘時，則成爲全家屬的共同財產。最妥當而安全的蓄財方法是購置土地，因爲農村社會以土地的經濟價值最大。將來分家時，不依各人所得，乃依身分之房數分析家產。

總之，同居共財的生活形態爲我國傳統家族生活的本質，由此同居共財的生活單一體，發生自給自足的經濟生活。

二、過渡時期的家制

清末民初近代歐陸法個人主義思想傳入我國，但我國家庭制度爲數千年社會組織之基礎，一旦欲根本推翻，恐窒礙難行或影響社會太甚，故清末至民國初年之歷次民律草案❻不敢冒然予以改變，仍然採用大家族主義。惟舊社會之大家族制，家團體在祭祀上自有獨立的機能。第一次民律草案鑑於宗法與家制建立於不同之基礎。宗者，指系統上之關係；家者，實際上之生活組織。承繼宗祧者爲嫡長，統攝家政者爲家長。故有關家之規定，乃從實際組織之家長家屬之關係上入

---

❺ 參閱滋賀秀三著《中國家族法の原理》，創文社，昭和五一年，七三頁。

❻ 清政府受歐陸近代法律思想的影響於清宣統三年擬定純粹民法典，而稱爲第一次民律草案（以下簡稱第一民草），繼而民國政府以第一民草爲基礎，又於民國四年、十四年、十五年及十七年草擬親屬編，但均未公佈實施。其中對大院理的解釋及判決最有影響力者乃第一次民律草案、其次爲民國四年之第二次民律草案（以下簡稱第二民草）。

手，其系統上之關係沒有滲入於家之中。其次，民律草案時代，家之概念以形式上之戶籍爲標準。同一戶籍之人爲一家，家長對之有扶養義務；反之，其異籍者，卽非一家，家長對之無扶養義務。此概念與舊律時代以同居有服爲家屬之要件有所不同。

民律草案時期接受歐陸近代法律思想，而萌芽獨立人格之觀念。以往卑幼家屬雖以自己勞力取得財產，仍屬於公同共有之家產，由家長管理、使用、收益，甚至處分。卑幼如私自處分，將以私輒用財受處罰❼。民律草案時期則認爲家屬以自己名義取得之財產爲卑幼之特有財產❽，卑幼得自己管理、使用、收益與處分，不受家長之干涉。至於身分上，以往卑幼聽從尊長之敎令。尊長權自形成層次性，祖父母存在時，父母對子女行使敎令時，應聽從祖父母的指揮。民律草案祇規定父母對於未成年子女行使親權，尤其親權之行使，不受第三人之干涉，昔日的尊長權不再出現於法條上。

三、現行法上的家制

現行民法立法之方針，欲根本革除宗法之遺制，旣不採取祭祀或身分之繼承（宗祧），又不用宗主權及家長權之制度，而以個人權利與義務的親屬關係爲骨幹❾。但家族主義多少與個人獨立人格之精神相牴觸，故家制應否列入民法之體系，曾引起立法與學說上激烈之爭論❿。嗣後親屬法審查意見書⓫第八點有政策性的決定：「我國家庭

❼ 參閱清律戶律戶役門卑幼私擅用財條。

❽ 參閱第一次民草第四編第五四條以下。

❾ 中國國民黨中央政黨會議第二三六次會議議決，於民國十九年七月二十三日送交立法院有關繼承先決各點審查意見書。

❿ 參閱趙鳳喈《民法親屬論》，會文堂新記，民國三五年，四頁。

⓫ 該審查意見書係中國國民黨中央政治會議第二三六次會議議決，於民國十九年七月二十三日送交立法院。

制度爲數千年社會組織之基礎，一旦欲根本推翻之，恐窒礙難行，或影響社會太甚，在事實上，似以保留此種制度爲宜。在法律上自應承認家制之存在，並應設專章詳定之」。

民法親屬編依此原則，將家制列爲專章以規定其內容。惟該家制爲配合時代之潮流，與昔日之家族制度比較，表現三點特色。其一、現行法以個人主義爲出發點，將傳統的家組織分化爲家長家屬、夫妻、父母子女之關係，而分別規定彼此權利與義務。其二，在家長與家屬中，昔日以家長之支配權爲核心，家長權吸收卑幼之人格而有身體之支配權，家長並爲家產之管理、使用及收益權人，卑幼無財產能力。反之，現行法以家長之義務爲出發點，家長之任務僅爲維持家秩序，其對家屬並無懲戒權；又家無全體家屬公同共有的家產，家屬有其自己之財產，而家長對家屬個人財產無管理、使用或收益權⓬。其三，現行法基於男女平等，家長不受性別的拘束。女性祇要受家屬之推舉，即能當家長⓭，反之，舊社會以男性最尊長當家長，而顯示男性尊長之權威。

第三章　家長家屬

一、家之意義

(一)舊社會

⓬ 父母祇對未成年子女之特有財產，始有管理、使用、收益之權，爲子女之利益，亦得處分（民一〇八八條）。

⓭ 親屬法審查意見書第九點說：「我國習慣注重家長之權利，而漠視其義務。又惟男子有爲家長之資格，而女子則無之，殊與現在情形不合，故於維持家制之中，置重於家長之義務，並明定家長不論性別，庶幾社會心理及世界趨勢兩能兼顧」。

我國古來所稱之家與羅馬法上的規定有類似之處。羅馬法上家(familia)的概念，依 Ulpian 的見解，具有人和物的要素。人的要素乃一家構成員須服從同一家父長之權力。至於物的要素，當家父長死亡時，凡能繼承其財產之最近親屬爲一家之構成員⓮。中國舊社會之家亦有人和物的要素。人的要素係指現在同居一處而有服制的團體。物的要素爲家屬公同共有的家產。

惟羅馬法以個人主義爲出發點，認爲家產係家父長個人所有，即家屬之勞力或工作所得，也歸家父長所有；反之，中國則從團體主義的立場，認爲家產非家長所獨有，而是同居家屬的共有，故在刑律上同居親屬間不成立竊盜罪，卑幼若不得尊長之許可而消費家財時，處以「私擅用財」之罪⓯。又在用語上，家之財產稱爲「本家財物」或「當家財物」，而不謂「父之財物」或「尊長之財物」。有鑑於此，羅馬法發生財產之繼承，而我國舊法發生家產之分析。

我國舊社會大家族制係以父子、祖孫、兄弟或叔姪及其妻妾爲中心的生活協同體。至於累世同居之家，則以伯叔或兄弟爲中心，各成一房。自己所屬之房，稱爲本房，旁系親之房，稱爲別房⓰。≪吏學指南≫說：「本家謂一家之內不分本房、別房，但同居者皆是，異姓皆非」⓱。可見同居共財之家內，尙有夫妻及其子女自成一單位之房。房表示男子已成婚，卽≪左傳≫所謂「男有室」⓲。男子成婚後雖在

⓮ 參閱*Heumanns Handlexikon zu den Quellen des römischen Rechts*: “Familia”.

⓯ 清律戶律戶役門卑幼私擅用財條。

⓰ 元代徐元瑞於≪吏學指南≫說：「本房謂一家之內，伯叔、兄弟數房同居，除己身父母、妻、子孫及婦爲本房外，其伯叔之類皆非也」。

⓱ 元代徐元瑞著≪吏學指南≫。

⓲ ≪左傳・桓公十八年≫。

家內有其獨立而不可侵的居室，但仍然與其他各房家屬共財，並同桌吃飯。將來分析家產而獨立其家計時，則由「房」而成「家」。

總之，中國舊制家屬之要素應以同居有服爲主。惟習慣上同居之無服內親及有服外親，亦得爲家屬⑲。至於奴婢、部曲、隨身等人，如其長久同居於一家之內，亦可解釋爲家屬，因爲這些人於刑律上，有時在家口之內⑳。可見舊制所謂家，其同居關係似比親屬關係爲重，故一家的共同生活稱爲同煙、同爨，而「同桌吃飯」爲家屬之本質特性㉑。

(二)過渡時期

民律草案認定家屬，不採實質的同居，而以形式的是否同其戶籍爲準；不以同宗有服，而以親屬關係爲要素㉒，故異姓之外親及妻親亦包括在內。又所謂親屬不以家長之親屬爲限，卽與家長之家屬有親屬關係者，亦得爲親屬。可見隸屬於同一戶而無親屬關係者，或有親屬關係而不隸屬於同一戶者，均不能認爲家屬。簡言之，親屬不以家屬爲限，而家屬則以親屬爲限。

異居之親屬欲入戶籍者，須得家長之同意㉓，因爲家長對於家屬有扶養之義務㉔。又孤兒無家可隸、私生子不得入父家或母家或出籍之人，均得改隸他家戶籍而成立新家屬㉕。至於奴婢實際上永久住於家長之家，且無本家可歸，故奴婢雖非眞家屬，應作擬制家屬，方不

⑲ 戴炎輝著《中國法制史》，三民書局，民國五八年，二一二頁。

⑳ 戴炎輝著《中國法制史》，二一二頁。

㉑ 滋賀秀三著前揭七三頁。

㉒ 第二次民草第四編第九條：「凡隸屬於一戶籍者爲一家」。又第一次民草第四編第一二條，「與家長同一戶籍之親屬爲家屬」。

㉓ 第一次民草第四編第一三條。

㉔ 第一次民草第四編第一五條。

㉕ 第二次民草第四編第一〇條。

致使奴婢於一家中無位置㉖。

大理院之判例認定家屬比較重視同居之事實，不重視形式之入籍，故妾之身分凡以永續同居為其家屬一員之意思，與其家長發生夫婦類同之關係者，均可成立家屬關係。法律上並未限制其須具備何種方式㉗。

(三)現行法

現行民法則不採戶籍之形式要素，卻以永久共同生活為目的而同居之親屬為家屬。民法第一一二二條規定：「稱家者，謂以永久共同生活為目的而同居之親屬團體」。依此規定，有如瑞士民法，係採實質的家概念，而不以形式的編入同一戶籍者為家，即親屬同居，且須以永久共同生活為目的，始構成一家。惟所謂永久，祇須永久同居之意思，並有同居之事實（即心素與體素），即可構成一家。至於登記戶籍上之家屬，僅為民法上家屬證明之一種方法。

其次，民法上之家，雖一如固有社會上之家，以家長與家屬共同生活而同居之團體，但共財非家之要素。蓋我國自繼受歐陸法律思想後，家長與家屬確立獨立人格觀念，而各得為權利能力人，並獨立為法律行為，無須以共財為成家的要素。反之，固有法上之家，家長對外負公法上之義務，在內統率家屬，總攝家政。家屬之人格全為家長所吸收，而無法律行為能力。家產屬於家屬全體公同共有，而由尊長地位之家長統籌管理，家屬不得過問。可見同居共財為固有法上家之特色，而與民法上之家有所不同。

二、家長的產生

㉖ 第一次民草第四編第一二條之立法說明。

㉗ 大理院判例五年上字一五三四號（判例全書二〇九頁）。

一家之中，以家長爲首，一切家政攝於家長，尤其以往之家，以團體主義爲出發點，而使家長之地位益形重要。

(一)舊社會

中國家長，一如羅馬法之家父長，爲家團體的首腦，其資格受祖先崇拜和倫常秩序的影響很大。依律例輯註及習慣，爲家長的順位以男性優先於女性，尊長優先於卑幼。有時以經驗和才幹爲承繼家長的原因。唐令說：「諸戶主，皆以家長爲之」[28]。家長對外代表全家而負公法上的義務，故家長應有行爲能力。惟固有社會的婦女受「三從」的限制[29]，對外無行爲能力，家長因而男性優先於女性。庶男優先於嫡妻之長女當家長[30]。卽使婦女爲最尊長，只要家屬有適當男尊長時，她仍不得爲家長，亡故家長遺有長子三十歲、次子十五歲、長女十七歲、次女十六歲，其當家長順序如下：長子、次子、長女、次女[31]，但須全家無男性尊長時，女性尊長始能當家長，直至有適當的男性堪任家長時爲止。唐律（戶婚律、脫戶條）：「諸脫戶者，家長徒三年……女戶又減三等」之規定，知女尊長亦能當家長。尤其疏議說：「若戶內並無男夫，直以女人爲戶」。淸律戶律雖不若唐律「女戶又減三等」之規定，但此不意味婦女不得當家長[32]。依淸律(戶律、戶役門，立嫡子違法條）之附例：「婦女夫亡，無子守志者，合承夫分，須憑族長擇昭穆相當之人繼嗣」來觀察，寡妻在全家無男性時，能承繼夫

---

[28] 參閱仁井田陞著《唐令拾遺》，東方文化學院東京研究所，昭和八年，二二三頁。

[29] 《儀禮・喪服傳》說：「婦女有三從之義，無專用之道。故未嫁從父，既嫁從夫，夫死從子」。

[30] 《中國農村慣行調查》（中國農村慣行調查刊行會編，共分六卷）四卷，七七頁上段（以下簡稱《慣行調查》）。

[31] 《慣行調查》四卷，七八頁上段。

[32] 《臺灣私法》(臨時臺灣舊慣調查會、明治四四年)二卷下册，一九〇頁。

之財產，繼續維持生活，而不成爲廢絕之原因㉝。

其次，家長之順位採尊長主義，家長以家屬的最尊長爲最優先。清律（刑律、鬥毆門、奴婢毆家長條）輯註說：「不言家長之父母、祖父母者，蓋家長統於一尊，祖在則祖爲家長，父在則父爲家長」。依慣行調查，「當家長是爲了管理祖先的遺產或爲了承受祖先的祭祀」？答：「是爲了長輩之故而當家長」㉞。

家長之順位由於不採直系主義，旁系之伯叔或姪兒皆能當家長，於是兄長死亡時，雖有嫡長子或嫡長孫，家長卻由弟擔任，此俗稱「弟承兄職」㉟。即使該弟較兄之子年幼，因輩分高之緣故，優先於兄之子當家長。家長以高輩分年長爲原則，故當家長之資格不分嫡庶之區別，祇要庶子年長於嫡子，則庶子優先於嫡子當家長㊱。

至於家長之資格，依習慣，必須兼具家屬和親屬身分始可。換言之，有親屬身分而無家屬關係，或有家屬關係而無親屬身分者，通常無家長資格。故不同居之伯叔父或同居之長工、奴婢，固無家長之資格；出養之親生子，亦不能承繼家長之地位。至於招婿，因有同居和姻親的關係，仍有當家長的資格㊲。

固有法上無現行民法上的行爲能力制度，家長的年齡無嚴格限制，未成丁之人亦得承繼家長㊳。依唐田令：「黃、小、中、丁及老男、篤疾、廢疾、寡妻妾，當戶者各永業田廿畝，口分田三十畝」。此乃家長不受年齡限制之明證㊴。祇是家長過於年幼時，因缺乏辨別能力或

㉝ ≪臺灣私法≫二卷，下册，一九頁。
㉞ ≪慣行調查≫四卷，一〇七頁上段。
㉟ ≪慣行調查≫三卷，七三頁上段。
㊱ ≪慣行調查≫四卷，七八頁上段。
㊲ ≪慣行調查≫四卷，七七頁上段。
㊳ ≪慣行調查≫四卷，七七頁中段。
㊴ 參閱戴炎輝著≪中國法制史≫，二九四頁。

生活經驗，故需要有人加以輔佐，其監護人通常由母親或不同居之伯叔父擔任㊵。家長如年邁力衰，或犯罪坐牢時，亦無庸辭退，而可委請年青力壯的家屬，以當家的資格實際負責管理家務。

(二)過渡時期

民律草案規定家長之資格，仍遵循傳統之尊長主義，最尊長優先當家長：「家長以一家中之最尊長者為之」㊶。最尊長者不能或不願時，始由次尊長當家長：「最尊長者於不能或不願管家政時，由次尊長者代理之」㊷。惟尊長尚未成年時，缺乏辦事能力，故由成年之卑輩代理：「一家中尊輩尚未成年時，由成年人卑輩代理之」㊸。可見民律草案不若舊律讓未成年之家長執行家長之職務。

其次，民律草案時期之家制，宗法鬆弛，家之團體機能衰退，婦女地位提高，女性祇要為一家中之最尊長，自可當家長。因此，祖父母與父母同居者，應以祖父母為最高尊長，其家長之順序為祖父、祖母、父、母；不若舊制，以父先於祖母當家長㊹。

(三)現行法

固有法與現行法在家組織最不同者，在於家長之產生。依現行民法第一一二四條規定，家長之產生方法有三，一為推定，二為法定，三為指定。所謂推定者，由同居一家之親屬團體推舉，此不問尊卑之差，亦不論長幼之序，均有被推舉為家長之資格。可見此方法頗為民主。所謂法定家長，乃於未推定時，以家中之最尊長輩者當擔。輩分相同者，則以年長者任之。所謂指定家長者，乃最尊或最長者不能或

㊵ 《慣行調查》一卷，二四三頁中段。
㊶ 第一次民草第四編八二條。
㊷ 第一次民草第四編九條。
㊸ 第一次民草第四編第一〇條。
㊹ 第一次民草第四編第八條立法說明。

不願管理家務時，由其指定家屬一人代理之謂。

由此可知，現行民法與固有法就家長的產生有三點不同:

1.現行民法基於男女平等的思想，女性不受歧視而能擔任家長；反之，固有法受宗法與宗祧繼承之影響，婦女在極例外之情形下，始能當擔家長。

2.現行民法先用推定，無推定時，始用法定之方法產生家長。反之，固有法通常以法定方法產生家長，少數地方則以推擧之方法，選幹練之家屬當家長。固有法上之家長，對外代表全家，遵行公法上之義務，在內統率家屬而總攝家政。其家長權有如羅馬法上之家父權(Pater Potestas)或日耳曼法上的監護權(Munt)，係支配與服從關係，甚至人格權之吸收。故不依推擧之方法，卻依法定之方法，由家屬中最尊長者擔任家長。蓋家屬內部關係受倫常禮教之尊卑名分所規律，最尊長者基於尊長權而最具權威，故由他當家長最能勝任。反之，現行民法受歐陸法繼受之影響，確立個人獨立人格之觀念，家長已失去支配家屬人格之權力，尤其家長之內容與其說是權利，毋寧說是義務，卽家長權僅在注意家屬全體利益之範圍，管理家務而已。因此以民主之方式，推擧熱心服務之家屬當家長而管理家務或許較爲允當。

3.現行民法的指定家長不同於固有法的當家。固有法上之家長基於其最尊長之地位而有無上的權威。家長職位終身不變，家長如年邁或坐牢而不能執行家務時，不必辭退。但可委任幹練之家屬代理職務㊺。此代理人俗稱當家。當家管理家務時，須秉承家長之命或由家長授權始可，自己不能擅斷。

依現行民法，親屬團體無推定家長，而法定家長不能或不願管理家務時，由家長指定家屬一人代理。依指定而執行家長職務，宜解爲

㊺ ≪農村慣行調查≫四卷，七九頁中段。

非依家長個人之授權而處理家務，乃家屬以「代理家長」之名義，而行使或負擔家長之權利義務。就實際來說，家長既不能或不願管理家務，不必留下空名。就理論來說，現行民法上之家長，不若固有法上有權威地位，其爲家長之資格，亦無重要之限制。換言之，現行民法之家長名爲實質的共同生活團體首長，究其實，僅爲家屬全體利益之範圍，管理家務。何況任何家屬，以推舉之方法，均能當家長。因此實居家長職位之人，不妨直接以該人爲家長，並且家團體之代表，不應以代理之法理規律。故指定家長，非奉法定家長之名義而行使家長權；其不受法定家長之約束指揮，不因法定家長之死亡，而喪失其爲指定家長之權限㊻。

三、家長權

(一)舊社會

在同居共財的生活團體，我們需要專人主持一切家務，以便對外代表全家，從事附籍、完糧、保甲、地方上之義務等，對國家負其責任。在內統率家屬，總攝家政。他不但管理家產，而且行使敎令權，以便維持一家之秩序。俗語說：「家有千口，主事一人」，此人所代表之權利義務稱爲家長權。又我國舊社會之家長以最尊長擔任，以男性爲先，女性爲後。故家長權必伴隨尊長權而得同時行使。尊長權之產生係基於親屬關係，以便規律家屬內部的身分關係㊼。此身分關係乃遵循尊卑長幼之序，以孝順友愛之義理，促進家屬相互的和睦與團結。因此尊長乃屬於禮敎範圍，即其內容道德規範多於法律的規定。

從以上之分析，舊社會家長權頗爲強大，通常可分爲公法上之責

㊻ 戴炎輝著《中國親屬法》，民國六七年，三五八頁。

㊼ 參閱《臺灣私法》二卷，下册，二七九頁。

任、一般家政、尊長之敎令權及對家產之權限。家長對於家產之權限留待下面說明。玆先述公法上之責任、一般家政及尊長之敎令權。

1.公法上之責任：在公法上，家長以戶長之資格代表全家員申報戶口，輸納租課、不使田疇荒蕪。有違背時，由家長獨負刑責。

(1)戶口申報之義務：唐代戶籍係租稅、兵役、公課以及授田所依據之公文書。唐代計帳係依據戶主每年所申報戶口而作成，在其上記載戶口的總數、各口的年狀（各口之年齡及丁、中、小及篤疾、廢疾等）㊽。

唐律、宋刑統（戶婚律）說：「諸脫戶者，家長徒三年，無課役者減二等，女戶又減三等（本注：謂一戶俱不附貫。若不由家長，罪其所由。卽見在役任者，雖脫戶及計口多者，從漏口法）。脫口及增減年狀（本注：謂疾、老中小之類)。以免課役者，一口徒一年，二口加一等，罪止徒三年。其增減非免課役者及漏無課役口者，四口爲一口，罪止徒一年半。卽不滿四口，杖六十（本注：部曲、奴婢亦同）」。清律亦有類似的規定㊾。

據此規定，戶主有申報戶口的義務；如不申報而有虛僞，隱蔽情事者（脫戶、脫口、漏口及增減年狀等），戶主須受處罰。尤其不申報有課役之戶（不論口數），處罰較無課役或女戶主之戶爲重。

(2)輸納租課之義務：唐戶婚律規定：「諸部內輸課稅之物，違期不充者，以十分論」。其疏議說：「輸課稅之物謂租、調及庸、地租、雜稅之類」。依唐賦役令，租者，每丁租粟二

㊽ 唐代成丁始徵課役，老(六〇歲)，中(十六歲至二〇歲)，小(十五歲以下)不徵課役。

㊾ 清戶律戶役門脫漏戶口條。

石，調者，隨鄉土所出，綾、絹、絁各二杖，棉三兩或布二丈五尺、麻三斤。庸者乃丁歲役二十日，閏年加二日。若不役者，收庸每日絁絹各三尺或布三尺七寸五分。唐戶婚律又規定：「戶主不充者，笞四十」。其疏議說：「百姓當戶，應輸納課稅，依期不充，即笞四十」。淸戶律（戶役門、隱蔽差役條）規定：「凡豪民（本注：有力之家不資工食）令子孫弟姪，跟隨官員隱蔽差役者，家長杖一百」。其輯註說：「脫戶當差，獨坐家長」。

⑶不使田疇荒蕪之義務：我國一向以農立國，國家財稅，以土地的生產爲主。如任土地荒廢，不僅個人損失，國家亦遭受損失，故國家對戶主課以不使田疇荒蕪的義務。唐戶婚律規定：「部內田疇荒蕪，戶主犯者，亦計所荒蕪，五分論，一分笞三十，一分加一等」㊿。其疏議說：「計戶內所受之田，假有受田五十畝，十畝荒蕪，戶主笞三十，故云一分笞三十。一分加一等，即二十畝笞四十……。其受田多者，各準此法爲準」。淸戶律規定：「……人戶亦計荒蕪田地及不種桑麻之類，（就本戶出地）以五分爲率，一分笞二十，每一分加一等，追徵合納稅糧還官」51。

⑷家人共犯與家長獨坐：舊律共犯罪之處罰，原則上，「造意爲首，隨從減一等」52。唐、淸律規定家人共犯罪，如其屬於行政或民事性質，即侵害國家或社會法益者，止坐尊長，卑幼無罪。例如唐名例律共犯罪造意爲首條：「……若家人共犯，止坐尊長」。其疏議說：「家人共犯者，謂祖、父、

㊿ 唐戶婚律荒蕪田地條。

51 淸戶律田宅門荒蕪田地條。

52 唐名例律共犯罪造意爲首條。

伯叔、子孫、弟姪共犯，惟同居尊長獨坐，卑幼無罪」。此所謂尊長係指當家長之最尊長而言[53]。止坐尊長之法理係根據尊長在公法上爲一家之代表及尊長在家內有教令卑幼之權。此處所稱之尊長，應限於男性。至於婦女爲最尊長時，以男性次尊長受處罰。

2.一般家政權限：家既爲家屬之共同生活團體，家內生產、消費及日常生活，自應聽從家長之指揮。家屬應受其統制，其主要者爲分職授事，男性家屬從事耕田或其他家業，女性家屬則任炊事、紡織、洗衣等。家內有紛爭，則由家長裁決。爲此家長制定家規，以爲家屬全體實踐的規範[54]。依慣行調查，每家幾乎均有家規，老人家很重視其內容[55]。家規的具體內容可歸納爲：⑴不得浪費金錢；⑵對長輩、年長者要和顏悅色；⑶兒子出外謀生，必告家長其工作地點和職業；⑷女兒、媳婦不得隨意出遊；⑸出外須奉命始可；⑹她們嚴禁與外人私通；⑺家屬之收入一律呈交家長保管[56]。家屬違反家規時，家長可送官究辦，亦可自行懲戒[57]。

3.尊長權之內容：

⑴教令權：教令權爲尊長權最主要的內容。此教令權依尊長與卑幼間之身分關係如何，大致可分爲直系尊長對其子孫，旁系尊長對其弟姪及夫對妻妾。這些教令權有強弱之分。直系尊長的教令權比旁系尊長較強有力，而夫對妻之教令權則介

---

[53] 戴炎輝著≪中國法制史≫，七六頁。

[54] 中國歷代有名的家規有北齊之≪顏氏家訓≫，宋代司馬氏之≪居家雜儀≫及元代之≪鄭氏家範≫等。

[55] ≪慣行調查≫五卷，六一頁上段。

[56] 參閱≪慣行調查≫五卷，六一頁上段。

[57] 參閱唐鬪訟律子孫違反教令條、清刑律子孫違反教令條。

在直系尊長與旁系尊長之間，故妻妾對夫有時比擬爲卑屬對尊屬，有時比擬爲弟幼對兄長。

敎令權乃一抽象概念，其具體內容具有彈性。唐、鬭訟律規定：「違反敎令，謂有所敎令，不限事之大小，可從而故違者」(58)。惟我國尊長權並非羅馬法上家父長權，具有生殺予奪之權。故唐、鬭訟律說：「祖父母，父母有所敎令，於事合宜，卽須奉以周旋，子孫不得違犯。……若敎令違法，行卽有愆。如此之類，不合有罪，皆須祖父母、父母告者，乃坐」。此表示我國尊長的敎令權雖然很大，但並非沒有限制。

敎令權與身體之懲戒權關係密切，須相互爲用，方能奏效。因此唐、鬭訟律規定：「若子孫違反敎令，而祖父母、父母毆殺者，徒一年半；以刄殺者，徒二年。故殺者各加一等。過失殺者，各勿論」(59)。由此觀之，父祖之懲戒權頗大。父祖爲敎令，卽使懲戒至重傷，亦不負刑責，而過失至死，亦不處罰。祇有在毆殺，刄殺及故殺，始負徒刑之責，淸律有關父祖之懲戒權，尤較唐律爲大：「其子孫違反敎令，而祖父母、父母（本注：不依法決罰而橫加毆打）非理毆殺者杖一百，故殺者（本注：無違犯敎令之罪爲故殺。）杖六十，徒一年。……若違犯敎令，而依法決罰邂逅至死，及過失殺者，各勿論」(60)。此表示父母、祖父母對子孫違反敎令之行爲，決罰而至折傷或未至篤疾時，不負刑責。祇有非理毆殺

---

(58) 毆詈祖父母、父母條之疏議。

(59) 毆詈祖父母、父母條。

(60) 淸律刑律鬪毆門毆祖父母、父母條。

者，始負刑責。

國人一向顧惜面子，不願打官司。故子孫縱違反教令，家長甚少送官究辦，而寧願自行懲戒。在懲戒中有革出家門之例。依慣行調查，所謂轟出去係子有惡行時，由父趕出家門[61]。家子被革出時，應設法公示，有時稟官立案，稱為「埋底案」。革出後，家子完全斷絕家屬及親屬關係。唯家子如痛改前非，則父母撤銷革出，而回復父子關係；父母如亡故，兄弟有時思念手足之情，而回復其對家產之權利[62]。

(2)卑幼婚姻之主婚權：我國舊社會父母、祖父母之家長對於家屬卑幼之婚姻有絕對支配權，該卑幼唯命是從。唐戶婚律說：「諸嫁娶違律，祖父母、父母主婚者，獨坐主婚」[63]。其疏議說：「嫁娶違律，謂於此篇內，不許為婚，祖父母、父母主婚者，為奉尊者教令，故獨坐主婚，嫁娶者無罪」。唐戶婚律又說：「若期親尊長主婚者，主婚為首，男女為從。餘親主婚者，事由主婚，主婚為首，男女為從；事由男女，男女為首，主婚為從」[64]。可見尊長之主婚權視其與卑幼親疏遠近而有不同。

清戶律附例內說：「嫁娶皆由祖父母、父母主婚；祖父母、父母俱無者，從餘親主婚，其夫亡攜女適人者，其女從母主婚」[65]。清律尊長之主婚權與唐律同，祖父母、父母、期親尊長有絕對支配權，餘親則否。清戶律：「若卑幼或仕

---

[61] 《慣行調查》一卷，二八三頁中段。

[62] 《臺灣私法》二卷下册，二二〇頁。

[63] 嫁娶違律條。

[64] 嫁娶違律條。

[65] 婚姻門男女婚姻條附例。

宦，或買賣在外，其祖父母、父母及伯叔父母、姑、兄姊，（自卑幼出外之後）爲定婚，而卑幼（不知）自娶妻，已成婚者，仍舊爲婚，（尊長所定之女，聽其別嫁）。未成婚者，從尊長所定，（自定者，從其別嫁）。違者，杖八十（仍改正）」。清律爲配合尊長之主婚權，有違律時，特定其刑責：「凡嫁娶違律，若由（男女之）祖父母、父母、伯叔父母、姑、兄姊及外祖父母主婚者，（違律之罪）獨坐主婚，（男女不坐）餘親主婚者，（餘親，謂期親卑幼，及大功以下尊長卑幼主婚者）事由主婚，主婚爲首，男女爲從，事由男女，男女爲首，主婚爲從」66。

(3)卑幼出養之決定權：卑幼家屬出嗣或被乞養，通常係未成年，故由其父母、祖父母或伯叔父母，兄長等尊長爲立約人。若收養人已死（死後立嗣），則由其妻、父母、兄弟等爲立約人67。收養有時變質而淪爲買賣性質，此爲律所禁止68。惟依清律該條輯註：「然世情變態日滋，或遇災荒之歲，而赤貧之民，若限以禁律、轉恐難保其生全，故例聽其賣而不論。然既聽其賣，則略賣者，亦所勿論」。其子女之典雇，法律亦予禁止69。惟清律該條輯註說：「今之貧民，將妻女典雇與人服役甚多，不在此限」。

（二）過渡時期

清末民初過渡時期，我國家制雖經維持家族主義，但因時勢之變遷，隨個人主義的影響，家團體的獨立機能衰退，家屬從以往強有力

66 戶律婚姻門、男女婚姻嫁娶違律主婚媒人罪條。

67 ≪臺灣私法≫二卷下册，四一七頁。

68 清刑律賊盜門略賣人條。

69 清戶律婚姻門典雇妻女條。

的家長權求得解脫。過渡時期家長權的轉變有三點:

1.昔日之家長權除總攝家政外，尚須負公法上之義務，如有違反，尚須負刑法上之責任。反之，過渡時期之家長權，祇有一般家政之統攝。第一次民律草案第四編第十一條規定:「家政統於家長」。所謂家政其含義不確定。依習慣，凡日常家務之處理及共同財產之管理應在家政之範圍內。家長對家屬言行有妨害家內和平秩序時，可以斥責制止。大理院判例說:「家政應有所統屬，凡家屬關於家事之行為，均應受家長之監督」(70)。

2.昔日之家長權必伴隨尊長權，因而對卑幼有甚大的身體支配權。反之，過渡時期祇允許父母對未成年子女行使親權，親權的內容與尊長權比較，有相當大之不同，尤其在懲戒權上。依第一次民律草案，行親權之父母，於必要之範圍內，可親自懲戒其子或呈請審判衙門送入懲戒。可見親權之懲戒權以必要之範圍為限，如超出該範圍時，須受刑罰。

3.舊社會尊長之主婚權甚為強大，男女當事人幾乎無同意權。反之，過渡時期尊長之主婚權大為削弱。主婚人不能違反男女本人之本意，專斷行使其主婚。第一次民律草案第四編第二二條規定:「結婚須由父母允許。繼母或嫡母故意不允許者，子得經親屬會之同意而結婚」。大理院判例說:「婚姻之當事人本為男女兩造，若有主婚權之人許婚，已在男女本人成年之後，得其同意者，此後該婚約自不得反於本人之意思，由主婚權人任意解除」(71)。又說:「子女苟與主婚權人一面有嫌怨或其他情勢，事實上難得其同意者，則該子女如已成年，亦應許其自行定婚，該主婚權人不得以未經同意為理由，而就其已成

---

(70) 大理院判例六年上字第八五二號(≪判例全書≫，二一〇頁)。
(71) 大理院判例七年上字第九七二號(≪判例全書≫，二二一頁)。

立之婚姻主張撤銷」[72]。

4.舊社會通常由父立約出養子女，父死亡時，則由生母，生母不在時，則由其他尊長立約，嗣子不能表示意見。反之，民律草案基於人格之獨立，嗣子年滿十五歲時，其意思將受考慮。男子出爲嗣子者，須經父母同意，無父母者，須經直系尊屬同意。年在十五歲以下出爲嗣子者，得由其父母代爲允許。至於嫡母、繼母非得親屬會同意不得爲庶子或繼子出嗣之同意[73]。大理院判例亦承認：「爲人子者，出繼他人爲嗣，其父母如尙生存，必得其同意而後可」[74]。

(三)現行法

現行民法雖保留家制，但以個人主義爲骨幹，所以一家中，以父母對未成年子女之親權爲核心，而家長與家屬關係之家長權，反不受重視，尤其昔日尊長權不再受承認。

1.現行民法上之家長雖管理家務[75]，但此管理與其說是權利，毋寧說是義務，故民法第一一二六條規定：「家長管理家務，應注意於家屬全體之利益」。

家既爲家屬共同生活之團體組織，則爲維持家之秩序，不可無家規。家規或由家長單獨制定或會同家屬共同制定[76]。違反家規之家屬，家長可以制裁；惟制裁的方法，如家長不兼具親權人的身分時，對於其家屬並無身體上的懲戒權，至多令已成年或未成年而已結婚之家屬由家分離[77]。

2.現行民法上之家屬無論有無親屬關係，均以永久同居爲目的之

---

[72] 大理院判例十五年上字九六二號（≪判例全書≫，二二九頁）。
[73] 第一次民草第四編第七八條。
[74] 大理院判例四年上字第四七一號（≪判例全書≫，二六五頁）。
[75] 民法第一一二六條。
[76] 參閱瑞士民法第三三二條。
[77] 民法第一一二八條。

共同生活體，故家長與家屬應互負扶養義務(78)。惟此扶養義務宜由家團之立場去理解，而不應如現行法，將其規定於個人親屬關係之扶養義務內。家庭生活費用首由家長負擔，但其他家屬亦應按其資力補充負擔家庭費用。

3.家長如兼具父或母之身分時，對於其未成年子女行使親權。親權的內容除財產上之權限於後說明外，有三點值得一提：

(1)保護及教養之權利義務：現行法規定父母對於未成年子女有保護及教養之義務（民一〇八四條）。此爲親子關係本質之效力。所謂保護，在於排除危害，使子女生命不受威脅，生活不憂慮。所謂教養，在培植子女之學識品德而成爲有用之人才。

(2)懲戒權：在舊社會雖不許尊長非理殺傷卑幼，但如爲教令之目的而毆打卑幼，即使成傷，仍爲尊長懲戒之範圍，自不受處罰。現行民法爲使父母達到保護教養之目的，亦賦予父母懲戒子女之權，但不得逾越必要之範圍（民一〇八五條）。蓋恐父母濫用其懲戒權，而有妨害子女身心之發育，倘超出此範圍，則爲親權之濫用（民一〇九〇條），在刑法上有時構成傷害罪或不法拘禁。然如何懲戒始未超出必要範圍，須視具體情形而定。

(3)同意權之行使：我們舊社會之家屬卑幼無意思能力，結婚由主婚人主持，出嗣由父母或祖父母立約。我國現行法已確立獨立之人格觀念，同時確立了意思自治之原則。所以父母對於未成年子女之結婚或出養，應尊重其意思，而祇有同意權。至於成年子女之結婚或出養，父母或法定代理人不能表示意見。

---

(78) 民法第一一一四條四款。

第四章 家 產

一、舊社會

(一)同居共財與公同共有

我國古來家屬生活爲同居共財，而家產則爲家屬之公同共有。同居共財與公同共有似乎爲同一概念，究其實有不同之處。如甲與乙爲兄弟，甲有男子三人，乙祇有獨子。此六人營同居共財之生活。在家長甲之統率下，結成單一體，共同生產，共同消費，如有剩餘，則爲全體之家產。惟一旦分割家產時，不是按人數六分，卻是依房數甲乙均分，而與子之多寡無關。詳言之，諸子雖爲同居共財之一分子，對家產之添置亦有貢獻，但不爲家產之有份人。其次，甲房四口與乙房二口營同居共財之生活，但分析家產時，甲房不爲三分之二，乙房三分之一的比例分配，卻是兩房均分。故同居共財係指家屬之全體成員，而公同共有係指各房之應份額。要之，同居共財之概念注重社會經濟機能之共同關係；公同共有乃爲法律上財產歸屬之共同關係[79]，兩者並不同。

中國家產的公同共有，不是兄弟或叔姪共同繼承時，始成立家屬共財，乃於父子、祖孫之間已成立家屬共財。《儀禮・喪服傳》說：「父子一體也，夫婦一體也，昆弟一體也。……而同財，有餘則歸之宗，不足則資之宗」。唐律以來，所謂「同居共財」係表示直系或旁系尊卑屬間的共財[80]。

---

[79] 參閱滋賀秀三著前揭七五頁以下。

[80] 戴炎輝著《中國法制史》，二一四頁。

（二）家產的管理權

固有法上，家長對內統率家屬，總攝家政。所謂統攝係管理家務之意。爲管理家務，法律與習慣承認家長有管理家產之權限。清律（戶役、卑幼私擅用財條）輯註說：「卑幼與尊長同居共財，共財總攝於尊長，而卑幼不得自專也」。依慣行調查，祖業應由家長管理[81]。妻對夫之地位，亦列入卑幼，故妻對家產之管理，須由家長之夫授意，不得違背夫意而擅行。《禮記・內則》說：「子婦無私貨，無私蓄，無私器，不敢私假，不敢私與，（注）家事統於尊也」。由此可知，家務由尊長統籌辦理。此處所謂家務，其範圍頗廣。祖業農地的使用，收益和家屬個人副業的收入，均列入家產，而由家長保管。

家長爲管理家務所負的債務，家長在世時，固由家長從家產中償付；如家長死亡時，即使無家產，仍由子償還。反之，子孫私自擧債，家長得予否認而拒絕清償。故法諺說：「父債子還，子債父不知」[82]。

家長握有家產的管理權，並不限於父祖，即旁系尊長爲家長時，亦有家產之統攝權。司馬氏《書儀・居家雜儀》說：「凡諸卑幼，事毋大小，毋得專行，以咨於家長，（注）雖非父母，當時爲家長者，亦當咨稟而行之。則號令出於一人，家政始可得而治矣」。如卑幼不遵從家長之意見，而擅自私用家產時，依唐、明、清律「卑幼私輒用財」條加以處罰。例如清律（戶役，卑幼私擅用財條）：「凡同居卑幼，不由尊長，私擅用本家財物者，十兩笞二十，每十兩加一等，罪止杖一百」。

（三）家長的處分權

家產的處分權，視家長爲直系尊長與旁系尊長而不同。直系尊長

[81] 《慣行調查》三卷，八五頁下段。

[82] 參閱《民商事習慣調查報告錄》四編，十章，十二節。

對其子孫，握有身分上的支配權，致他如何管理家產，卑屬亦不得過問。故他不僅對動產，而且對不動產亦有處分權。反之，家長如為旁系尊長，因其教令權受到相當的限制，至少對不動產無處分權；家長如因處分家產而侵害卑幼之利益時，卑幼亦得告官而加以糾正。

從法律之觀點說，直系尊長之父祖以自己名義，將家中土地賣給第三人時，不論其行為是否卑幼全體同意，仍為無瑕疵的法律行為。換言之，父將該土地擅自賣與第三人時，不同意的兒子，沒有權利對第三人或父親提出異議。雖然歷代法條和文獻，均無父祖得自由處分家產，但未有父祖因變賣土地而與子孫涉訟的實例。反之，歷代的立法與習慣，兄弟中有人擅自變賣土地時，其他兄弟，則得撤銷其買賣。此表示：旁系兄弟之家長不得自由處分家產，但似乎不反對父祖之家長對家產之處分權。尤其我國固有社會受「子以父為天」思想所支配，子之人格完全為父所吸收，通常子孫不得告言父祖，如有違反，無論告實或告虛，均列入十惡之不孝[83]，同時唐律處罰絞刑，清律告實處杖一百徒三年，誣告處絞[84]。基於此觀點，父祖以家長之地位得自由處分家產，乃理所當然，無庸以明文規定[85]，其因此而涉訟實不可能[86]。因此臺灣私法承認父祖對家產有自由處分權[87]。T. R. Jamieson 亦說：「父於有生之年，對所有家產有支配權，並能隨意加以花用」[88]。

---

[83] 參閱唐、明、清律名例律十惡條。

[84] 唐鬪訟律子孫告父母、祖父母條，清律亦同。

[85] 父祖之處分家產有兩種不同之學說，戴炎輝以為家產既為父祖子孫公同共有，自應徵得全體之同意；但因父祖有強力的教令權，且子孫不得告言父祖，致子孫不得告爭。惟滋賀秀三以為父祖在，家產係父祖個人財產。

[86] 滋賀秀三前揭一六〇頁以下。

[87] 《臺灣私法》二卷下册，五五〇頁。

[88] T. R. Jamieson, *Chinese Family and Commercial Law*, Schanghai, 1921, p. 95.

父母死後，兄弟、叔姪繼續同居共財者，家產爲兄弟、叔姪之公同共有。此時長兄爲家長，諸弟不能擅自處分，違者以卑幼私輒用財處罰，唐、明、清律均同。惟禁止諸弟處分家產，並不意味其爲家長之兄長享有家產之處分權，蓋兄弟係平等關係，不若父子的上下支配關係，兄長的敎令權受相當大的限制。依南宋《清明集・違法交易》：「兄弟未分析，則合令兄弟共同成契。如兄弟五人，則五人須同時畫押」。因此在處分財產時，須得全體兄弟一致同意，始能發生效力。如未得全體同意而予處分，其他兄弟即可對家長爭告，而將該處分行爲撤銷。南宋《清明集・爭業》說：「諸祖父母、父母已亡，而典賣衆分田宅，私輒費用者，準分法追還，令元典賣人還債」。

(四)家產的分割權

我國通常稱「家產分割」爲「分居」、「分財」、「析居」及「分家」等語。所謂分割財產，含有兩方面的法律行爲。一爲家中財物，無論大小，加以分割；一爲家屬從此終止收入和消費的共同家計關係。家是由人與物兩要素所組成，故所謂分家乃指人和物同時分開的行爲。即使家中無可分的資產，而家屬間斷絕共同收入與消費關係時，也達到分家之效果。家產留給父母養老，而子女出外獨立謀生時，也稱爲分家。至於家產分割與家父或家長之死亡，並無直接關係。有的家在父母生前即令諸子分割財產。有的則在家父一死亡，諸兄弟即行分割家產。有的則仍繼續維持公同共有。

唐、明、清歷代立法在祖父母、父母生存或居父母之喪，以刑罰禁止子孫的別籍異財。例如唐律戶婚律：「……若祖父母、父母令別籍者，徒二年，子孫不坐」[89]。家產之分析如奉祖父母、父母之命，則歷代立法並不禁止。唐律明白承認直系尊長有權分割財產[90]。清律

[89] 唐戶婚律子孫別籍異財條。
[90] 唐戶婚律子孫別籍異財條。

附例規定：「祖父母在，子孫不許分財異居，其父母許令分析者，聽」[91]。可見父子同居之家，必須從父母之意，始能分財。諸子如請求分財，父親可以拒絕。

惟父母一旦死亡，旁系同居之家，由於兄弟係平等之故，每位兄弟都可以隨時請求分割財產，家長並無拒絕之權利，兄弟分割財產，其應份額以兄弟平均爲我國自古以來之原則，尤其自漢代以降爲然[92]。唐戶令（應分條）：「諸應分田宅及財物者，兄弟均分。……兄弟亡者，子承父分。兄弟俱亡，則諸子均分……」。因此旁系家長分析家產時，應依法令所定的應份額，而不得擅專；若違背法令而侵害應分人的利益，則家屬得告官而予以糾正。分析家產不平的告爭，亦不乏其例。要之，中國人的法意識淵源於平等的天道理論，兄弟均分在實定法加以確認而已。

父祖在生前自己分析家產時，是否仍受兄弟均分之原則所拘束？此可從兩方面觀察：其一，父爲諸子分析家產時，其相互間之應份額應否均等？其二，諸子受分時，父是否以一人之分，參與諸子共同均分財產？

通說認爲直系尊親屬對卑幼有教令權，即使不依法定應份額分析家產，卑屬亦不得告官；故直系尊屬得自由指定卑幼之應份額。《臺灣私法》說：「家祖爲承受人分析財產時，可任意決定其應份額」[93]。在清律（戶役、卑幼私擅用財條），家產分割不均之禁止，祇適用於家祖死亡後，由其他尊長分析之情形，於父祖之分析不能適用。惟依民間習慣，父祖之分析家產，多少仍受道義的限制，尤其不願於其死亡

[91] 清律戶律戶役門別籍異財條附例。

[92] 戴炎輝著<近世支那及び臺灣の家族共產制>，《法學協會雜誌》五二卷一一號，一〇七頁。

[93] 《臺灣私法》二卷下册，五五頁。

後，因分析之不公而引起諸子之反目，故他仍尊守均分之原則。

其次父母通常不與諸子共同均分家產。家產分析時，自古有父母的「養老分」或「養贍」之財產。如留下特定土地時，則稱爲「養老地」或「養老田」。養老分之比例，要由父母自定，法律不加干涉。

二、過渡時期

(一)家屬之特有財產

清末民初之過渡時期，受到個人主義之影響，家屬共財之關係稍見放鬆。尤其採絕對家產制，而毫不承認私財時，則家屬視家爲牢獄，而產生離家獨立之心理，或自暴自棄，養成得過且過之心理。因此民律草案與大理院判例承認家屬之特有財產，以迎合時代潮流，順應人性。第一次民律草案第四編第一四條規定:「家屬以自己之名義所得之財產爲其特有財產」。大理院判例:「特有財產之制，本爲法律所不禁，凡家屬以自已名義所得之財產，卽爲特有財產，除經當事人同意外，不得歸入公產一併均分」[94]。又說:「爲人妾者現行法例上，既認爲家屬之一人，則其得有私產，自毋容疑。此項私產與公產有別，不能倂入」[95]。所謂特有財產，如家屬由職業、工作而得之財產及其他因贈與或遺贈家屬所得之財產。過渡時期正視思想之變遷，而承認家屬之私產，不得不謂觀念上之進步。

(二)家產之管理與處分

另一方面，過渡時期仍然遵行家族主義，中國大家族制度，在短短的時期，不易卒然改變，昔日家父長的權威，仍然盛行。所以本家財產仍由家長管理與處分，卑幼不得過問:「本家財產本非卑幼所有，

---

[94] 大理院判例五年上字四七五號（≪判例全書≫，二〇九頁）。

[95] 大理院判例四年上字二〇五二號（≪判例全書≫，二〇九頁）。

若不得尊長同意私擅處分，其處分行為乃無權行為，依法非經尊長之追認，不生效力」[96]。又說：「現行律載：凡同居卑幼不由尊長，私擅用本家財物者，處罰等語。是卑幼私擅用本家財物，固為法所不許；惟細繹律意，此項規定本所以維持家庭共同生活之關係，故其所禁止者，本係指卑幼與外人處分行為足使家產外溢而言。若家屬中之一人，以自己私有之財產讓與他人者，其所處分既非家財，卽不在應禁之列。又或一家之中，遺產共同繼承人就應受分配之財物，互相讓與其受分權利者，雖經處分而財不外溢，亦與卑幼私用本家財物有別，除別有法律上原因外，不得卽指為無效」[97]。

至於家長之處分財產權，一如往昔，亦分直系尊屬與旁系尊屬而異。旁系尊屬當家長時，僅有管理權而無處分權：「同居卑幼固不得私擅用財，而旁系尊親屬要無擅為卑幼處分其財產之權[98]。惟直系尊屬當家長者，仍能以其優越之地位，自由處分家產：「……由此推論，除祖若父就所有家財可自由處分外，其餘尊長有所偏向，則卑幼據以請求分析，卽不得謂為違法」[99]。又說：「父在，子雖不得私擅用財，惟父以管理家務委諸其子者，則子以代父管理家務之資格，卽當然有處分家財之權」[100]。

三、現行法

現行法確立獨立人格及權利主體之觀念後，家屬之財產已各自獨立，尤其共財非現行法家構成之要素。所以原則上，一家並無公同共

---

[96] 大理院判例八年上字一四八號（≪判例全書≫，二一一頁）。
[97] 大理院判例四年上字一四五九號（≪判例全書≫，二〇八頁）。
[98] 大理院判例八年上字二九號（≪判例全書≫，二一一頁）。
[99] 大理院判例三年上字六一六號（≪判例全書≫，二〇七頁）。
[100] 大理院判例六年上字一一二五號（≪判例全書≫，二一〇頁）。

有之家產存在，家長對家屬個人財產已無任何權利，惟家屬相互間基於身分，發生財產上之關係。此關係可分爲夫妻財產關係及父母對於未成年子女之財產關係。

(一)夫妻財產制

我國於清末民初繼受近代歐陸法思想後，受男女平等與個人人格獨立之影響，已在大理院判例承認妻得私有財產。其後，民法親屬編參酌各國立法例，規定夫妻財產制[101]。我國夫妻財產制之種類有四，即統一財產制、共同財產制、分別財產制及聯合財產制[102]。其中以聯合財產制爲普通法定財產制，其他三種爲約定財產制。約定財產制爲當事人依契約選擇其一爲財產制；如無約定選擇時，始適用法定財產制。在四種財產制中，以適用法定財產制之夫妻最多，因而也最爲重要。

1.聯合財產制：在聯合財產制，夫妻之所有權自始分離（Gütergetrenntheit）；惟以妻之原有財產（Eingebrachtes Gut）與夫之財產共同組成聯合財產[103]，以其對外爲婚姻生活的經濟活動。所謂財產分離的原則，即夫妻不但各保有其結婚時之財產所有權，而且在婚姻存續中所取得之財產，亦各自分離。惟妻之財產分爲原有財產與特有財產[104]。特有財產由妻個人管理使用、收益及處分，不受夫之干涉。惟妻之原有財產與夫之一切財產組成聯合財產，而由夫管理、使用、收益，且於管理上必要時，得加以處分。

2.分別財產制：依現行民法，夫妻得以契約採用分別財產制。分

---

[101] 民法第一〇〇四條以下。
[102] 民法第一〇四二條、第一〇三一條、第一〇四四條及第一〇一六條。
[103] 瑞士民法第一九四條稱爲婚姻財產。
[104] 原有財產爲妻於結婚時所有之財產，及婚姻關係存續中，因繼承或其他無償取得之財產（民一〇一七條一項）。特有財產爲民法第一〇一三條所定之內容。

別財產制乃夫妻財產權自始分離，故夫妻各保有其財產之所有權，管理權及使用收益權（民一〇四四條），但妻得以委任之方法，將其財產之管理權付與夫，此時法律推定夫有以該財產之收益，供家庭生活費用之權。惟妻得隨時取回其管理權（民一〇四五條）。

3.共同財產制：依現行民法，夫妻亦得以契約採用共同財產制（民一〇三一條）。共同財產制乃夫妻原有財產及婚姻存續中所得之財產，除特有財產外，合併爲共同財產，而屬於夫妻公同共有（民一〇三一條一項）。依此規定，在共同財產制之下，夫妻之財產分爲三種：夫妻之共同財產（Gemeinschaftgut），夫妻各自之特有財產（Eigengut）。此特有財產，不但指法定特有財產，而且約定特有財產在內（民一〇一三條，民一〇一四條）。夫妻各自特有財產由夫、妻各自管理、使用、收益及處分。至於共同財產屬於夫妻公同共有，但其管理權屬於夫（民一〇三二條）。又共同財產之處分權爲行使共同財產權利中最重要的事項，故夫妻之一方欲就共同財產爲處分時，應得他方之同意，否則應爲無效；但夫爲管理上必要的處分，則不受此限制（民一〇三三條）。

4.統一財產制：依現行法，夫妻亦得以契約採用統一財產制（民一〇〇四條）。所謂統一財產制，乃基於財產合併之理論，妻之全部財產於結婚之後，不但經濟上，而且法律上均移轉於夫。換言之，夫對於妻之財產，除妻之特有財產外，不但成爲管理人，而且成爲單獨所有權人。惟在婚姻解消之際，夫或其繼承人返還妻移轉於夫之財產估價額（民一〇四二條）。

可見即使最能保護妻財產之分別財產制，亦能消極的保護妻原有財產與妻以其能力所得之財產。在聯合財產制、分別財產制及統一財產制中，夫於婚姻關係存續中所取得之財產，妻不能獲得分配，此充分表現夫妻之不平等。惟平心而論，由於生理之因素，家之組織常是夫主外，妻主內，尤其育幼更是爲母之天職。在舊社會，妻爲無行爲能力人，故妻唯管理家務一途，而不敢論其工作之對價，或許情有可原。但在現代經濟社會，妻之就業能力，因教育之普及而提高，且實際就業者頗多。如今，妻因結婚而放棄職業，專管家務，並育幼兒。婚姻一旦解消時，法律不予妻相當財產之補償，則似有鼓勵婦女就業，而置家務於不顧之嫌。德、瑞民法爲補救此弊，基於男女平等，分別採用淨益共同制（Zugewinngemeinschaft）與所得分配制（Errungenschaftsbeteiligung）爲法定共同財產制。此兩制之特色在於夫妻雙方於婚姻存續中所獲得之淨益，於離婚之際，由配偶財產淨益較少之一方，對較多之他方請求淨益差額之一半。我國現行法亦應如此修正，始公平合理。

(二)父母對於未成年子女之財產關係

父母對於未成年子女關係可分爲二

1.財產法上的法定代理權與同意權：視未成年子女之年齡，父母對子女財產有法定代理權與同意權。

(1)法定代理權：未滿七歲之子女爲無行爲能力人。故應由法定代理人代爲意思表示或受意思表示（民七條），而子女之法定代理人爲父母（民一〇八六條），父母代理子女之行爲，原則上限於財產上之行爲，而不及於身分行爲[105]。

(2)財產上之同意權：未成年子女滿七歲者爲限制行爲能力人。限制行爲能力人原則上不能單獨爲意思表示，亦不能單獨受意思表示，而應得法定代理人之允許(民七七至七九條)。父母親爲限制行爲能力人之法定代理人，故限制行爲能力所爲

[105] 身分行爲得由父母代理之情形爲收養行爲。

財產法上之法律行爲，除純獲法律上利益或依其年齡、身分，在日常生活所必需外，應得父母親共同之同意。父母親之意見如不一致時，以父親之意見爲意見（民一〇八九條）。

2.對子女特有財產之權限：

(1)特有財產與非特有財產：我國現行民法將子女財產分爲特有財產與非特有財產。父母對於子女財產有權限者，僅限於特有財產；反之，對於非特有財產無任何權限，但仍享有上面所述財產法上代理權及同意權。

所謂特有財產，現行民法明文規定子女因繼承，贈與或其他無償取得之財產（民一〇八七條）。此處所稱贈與包括父母對自己子女之贈與。其他無償取得之財產，例如遺贈、因時效取得之財物、埋藏物之發現等。

至於非特有財產，法無明文。依學說之見解，似指子女因自己勞力取得之財產或因職業、營業之收入而言。此財產子女可排除父母之管理、使用及收益，甚至處分亦在排除。

(2)特有財產之管理權：子女之特有財產由父管理，父不能管理時，由母管理(民一〇八八條)。關於親權行使由父母共同行使爲原則，但子女特有財產，父先於母管理，因爲家庭生活費用原則上由父單獨負擔，父無支付能力時，始由母負擔(民一〇二六條）。父母管理子女特有財產應以處理自己事務相同的注意爲之。如違反此義務而致子女財產遭受損害時，父母須負損害賠償之責。

(3)特有財產之使用收益權：父母對於子女特有財產有使用、收益權（民一〇八八條二項），父母既有保護及教養子女之權利及義務，故應對其特有財產有使用、收益權，以補償父母爲子女敎養之支出。惟父母對子女特有財產使用、收益是否受限制？我民法無明文，通說認爲不必受限制。此種解釋對子女之保護，似嫌不足。

⑷特有財產之處分權：父母因對特有財產有管理權，在管理上有必要時，得處分該特有財產。其他之處分，我民法規定非爲子女之利益，不得爲之（民一〇八八條二項但書）。何謂子女之利益，因無一定客觀之標準，在實務上易引起爭議，此不若外國立法例有明文規定，以杜爭議。

3.外國最新立法例之規定：外國最新立法例之親子關係，無不揭櫫子女財產之保護爲其最高之指導。從而父母對於未成年子女之財產關係，不再是其權利，卻是其義務。

茲以瑞士最新立法例爲例，比較其與我國現行民法不同之規定。

⑴瑞士新法不分子女之財產係無償取得（贈與或繼承）或有償取得（勞力之報酬或營業之收入）；反之，我國民法將二者加以分開，而適用不同之法律規定。

⑵瑞士民法明定父母對於子女財產關係爲權利與義務並重（瑞民三一八條一項）；反之，我國民法就此並無強調其爲義務性。

⑶依瑞士民法，祇有父母一方有親權時，該行使親權之父母，應提出有關子女財產之目錄（瑞民三一八條二項），期能就子女財產之收益計算有所憑據；反之，我國民法對此並無規定。

⑷依瑞士民法，父母對於子女財產雖有使用、收益權，但應以其收益，支出子女之撫養、教育及進修之用。如有剩餘，應歸屬於子女（瑞民三一九條）；反之，依我國民法規定，父

母對子女特有財產，有無限的使用、收益之權限。

(5)依瑞士民法，父母處分子女之財產，須爲子女之生活、教育之費用，並得經監護法院之許可始能爲之(瑞民三〇二條)；反之，我國民法祇要爲子女之利益，其父母得處分子女之特有財產，不需受法院之監督。

可見我國現行民法對子女財產之保護，仍嫌不足。瑞士民法之新規定，對我國將來親子關係之立法，頗多參考之處。

第五章　結　論

傳統的大家族主義在過去的農業社會，有其存在的價值。同居共財的共同生活體，共同生產，共同消費，勞力集中，節約開支，即有互助之益，又享天倫之樂。尤其在家長的領導下，全家形成單一體，充分發揮社會的機能。

反之，個人主義的生活在現代高度工商資本社會，亦有其存在之理由。分工之資本利益社會，個人不得不因職業的不同而分居，如維持過去同居共財之生活，反而成爲負擔。其次，資本社會貴在交易之迅速安全，個人之法律行爲處處要遷就團體之意志，對於法的安定性不易維持。因此，現代資本社會需要確立個人獨立人格與契約自由之原則。

現行民法親屬編制定之際，我國雖開始步入工商業的資本社會，但農民仍占很大之比率，故家族主義的生活形態，仍有其優點，尤其家族主義爲我國傳統精神所在，以尊卑名分規律家屬身分關係。個人主義之思想，雖在民法上發生決定性的影響，但家族主義之家制仍有保留之價值，此所以民法親屬編仍設專章予以規定。

我國如發展爲高度工商業的資本社會時，家制或許併入「夫妻關係」及「父母子女」各章內，而不必再設專章。尤其爲保護未成年子女之教養，父母對子女之關係，宜更強調其義務性。

《中央研究院國際漢學會議論文集》，民國七十年十月。

拾陸、孩子，你的父母是誰？

——論人工生殖之子女，尤其試管嬰兒在法律上之身分——

要　目

第一章　問題之發生

㈠公元一九七八年七月二十五日，在英國倫敦西北方一九〇哩之Oldham General Hospital 誕生了人類有史以來之第一位試管嬰兒Louise Brown。此劃時代的創舉，不但令舉世傳播媒體極爲熱鬧，而且更激起世界各地之醫師與科學家競相研究。在短短的七年中，先後已有數千多個試管嬰兒呱呱墜地❶。如將人工授精所生出之嬰兒包括在內時，其數更爲驚人❷。

我國科技一向水準不甚落後，於是在榮總醫師群埋頭努力下，民國七十四年四月十六日終於「國產」之試管嬰兒張小弟誕生了。在中國社會誕生試管嬰兒較其他國家更具震撼性，因爲我國傳統極重視後代或子嗣之問題，而人工生殖技術，尤其試管嬰兒對不孕之夫妻，正可解決「無後爲大」的煩惱。人工生殖技術有如此社會價值性，我國之報章雜誌，甚至追踪報導張小弟的動態，使這一群勞苦功高的榮總醫師風光一陣。其他臺大、三總、長庚、中山等大醫院的醫師們，看在眼裏，酸在心頭，也一再強調不甘落後，躍躍一試。如此研究下去，試管嬰兒的大量出生，可以說大勢所趨，無法阻擋。果然不出所料，張小弟剛慶祝週歲生日不久，在這一年中，報章上頻頻出現國內試管嬰兒，甚至有雙胞胎與三胞胎的試管嬰兒也出現❸。

---

❶ 武光東著＜賀國產試管嬰兒誕生＞，載於鄒濟勳編≪試管嬰兒≫，黎明書局，民國七五年，一〇五頁。

❷ 人工射精係以男性精子，以人工方法射入女性體內受胎。

❸ 依據一九八六年九月二十三日歐洲日報有關臺灣試管嬰兒之報導，迄目前已有二九名「試管嬰兒」的具體成果。其中計二四胎次，包括一對雙胞胎及兩對三胞胎。

㈡人工生殖之成功，無疑是生物科學上，尤其是生物遺傳學上之一大突破，此突破乃科學家爲瞭解「生命」慾望必然之趨勢，值得欽佩。傳宗接代，綿延種族乃人類生存於宇宙神聖之使命，否則將遭遇有如恐龍滅種的惡運。依醫學統計學的紀錄，已婚夫婦，每七對中有一對面臨不能生育之命運❹。

爲避免不孕夫妻之失望、焦慮而影響家庭幸福，人工生殖技術之成功，給他們帶來無限之希望。他們不必再到龍山寺或行天宮，求神賜子，卻能以科學方法，早生貴子。

㈢惟人工生殖一旦流行，隨生物科學，尤其遺傳學的發展，人工生殖之子女，尤其是試管嬰兒將是依據父母期待的優生理想而加工分娩：要金髮藍眼的，就出現金髮藍眼或要愛廸生型的，就生出聰明天才型，卻不是俗語所說「龍生龍，鳳生鳳，老鼠生的孩子會打洞」。如此一來，人工生殖之副作用，不僅止於生理之層面，更牽涉倫理、道德、婚姻、血統、法律等等問題。例如精、卵供應之慈善性質，淪爲商業上買賣；精、卵、胚胎篩檢不嚴及技術草率，造成不良之後代，多次供精、供卵可能造成未來亂倫之隱憂；再者，從事此項高度精密科技工作，如不能從人員資格及機構設備上予以嚴審，不從技術細節上加以嚴密督導管制，其所可能衍生之社會問題，將遠超過一般醫療行爲❺。

爲確保人工生殖技術正確使用，以免造成社會與法律秩序之混亂，立法管理乃屬必要的措施。此所以各國政府無不處心積慮於如何規範該問題。例如西德於一九八六年九月在西柏林召開之法學年會（Juristentag）係以人工生殖爲其中心議題之一。

---

❹ 武光東著前揭，見≪試管嬰兒≫，一〇六頁以下。

❺ 參閱內政部衞生署於七五年七月公布之≪人工生殖技術倫理指導綱領・壹・前言≫。

我國政府亦有感於人工生殖必須為立法監督，故邀請專家學者討論立法之可能性，而於民國七五年七月公佈「人工生殖技術倫理指導綱領」。該指導綱領共分四大原則，其所涉及婚姻及身分問題甚多，尤其原則四。有鑑於此，本文擬從指導綱領所提出之原則，檢討人工生殖所生之子女，在身分上所可能遭遇之法律問題。本文擬分五大點論述：壹、問題之提出；貳、人工生殖之概念；參、民法上認定人工生殖所生子女身分之方法；肆、人工生殖技術倫理指導綱領上認定子女身分之原則。伍、問題之解決。

第二章　人工生殖之概念

一、一般正常之夫妻，因性交而使男性精子在女性之體內受精，然後該受精卵分裂成胚胎，在女性之子宮著床，發育而成分娩。惟已婚女性無法作自然的方法使其卵與精子受精或在其子宮著床；或已婚男性依自然方法無法使其精子與女性體內之卵受精時，借重醫師之力量，以人工技術方法，使該不孕之夫妻獲得子女。此種過程稱為人工生殖。已婚夫妻不能依自然方法在體內受精或在子宮著床的因素甚多；有的歸責於雙方，有的歸責於夫方或妻方❻。女性原因最常見的是輸卵管阻塞❼，其次是重度子宮內膜異位症❽。男性原因有陽萎而無法

---

❻ 有關夫妻不孕症之因素，參閱吳香達著＜認識試管嬰兒＞：見≪試管嬰兒≫六頁。

❼ 榮民總醫院於一九八四年四月至一九八五年三月一年內不孕症婦女一四二位中，輸卵管不通情形占70%（見吳香達著前揭六頁）。

❽ 子宮膜生長至子宮直腸之陷凹，而影響子宮和輸卵管的游動力，此稱為重度子宮內膜異位症，約占不孕婦女之15%。

射精或所射出之精子含量過少。又卽使夫妻均無不孕的原因，也有始終無法懷孕之情形。

二、人工生殖技術的方法，通常可分爲人工體內受精與人工體外受精兩種。

(一)人工體內受精 (Insemination)

人工體內受精係不孕之原因，通常祇存在於夫之一方，或因夫無法射精或因精子過少，無法依自然方法，使正常之妻所排出之卵受精，故以人工之方法，將夫之精子或第三人之精子注入妻之體內受精。

1.如以夫之精子注入體內受精，稱爲同質人工受精 (Homologe Insemination)。

2.如以第三人之精子注入妻之體內受精，稱爲異質人工受精 (Heterologe Insemination; Samenspende)。

3.在少數情形，如妻既不排卵，其子宮又不能著床，以夫之精子注入願意代理妻子懷孕之第三女人之體內受精，將來分娩時由妻以母之身分扶養。此種情形稱代理性質之孕母行爲 (Ersatzmutterschaft) ❾。

(二)人工體外受精 (künstliche Fortilisation)

所謂人工體外受精與上述人工體內受精均爲依人工方法使女性懷孕。但二者受精之場所不同。前者在女性體內；後者利用培養皿在體外受精❿。

---

❾ 參照≪人工生殖技術倫理指導綱領・原則四・6・(3)≫。Manfred Harder, *Wer sind Vatter und Muter? –Familienrechtliche Probleme der Fortpflanzungsmedizin* (in: Juristische Schulung, Juli, 1986, Heft 7, S. 511)

❿ 有關人工體外受精，參閱歐陽杏如、曾啓瑞、劉國鈞合著＜精子與體外受精＞，前揭≪試管嬰兒≫，三七頁以下。Heribert Ostendorf, *Experimente mit dem "Retortenbaby" auf dem rechtlichen Prüfstand*, in: *Genforschung und Genmanipulation*, München, 1985, S. 98f.

人工體外受精乃夫妻不能依自然方法生育子女時，以妻或第三人之卵子供夫或第三人之精子在培養皿（vitrum）中受精，然後將受精卵分裂之胚胎（Embroy）移入妻之子宮內著床，發育而分娩。依此過程而生育之子女俗稱「試管嬰兒」（Retortenbaby）⓫。

由此可知，所謂試管嬰兒，並非在試管或其他器具內發育長大，卻是與一般正常胎兒相同，需在母體之子宮著床與發育，祇是受精場所與方法不同而已。試管嬰兒之分娩過程雖然神奇，但其方法已相當普遍。為增加認識試管嬰兒法律上之身分問題，有必要將其分娩之過程扼要說明：

1.試管嬰兒在體外受精前，先從母體之卵巢，以手術方法取出卵子。該手術須做超音波，並全身麻醉，故取卵之程序不但危險，而且費用亦高。

2.從母體取出之卵子，不一定都成熟，成熟卵子宜在培養箱放置四小時至六小時；未成熟卵子須放置二十四小時。

3.卵子與精子之結合稱為受精。卵子準備受精前二小時，從男人生殖器以手淫方法收集精液。該精液先經液化再洗釋。其目的在於一方面篩檢，期以留下活動良好的精子；另一方面也可以除去精液中之抗體。

4.將洗滌好的精子放入培養好卵子之培養皿，再放入培養箱，約經過十五小時受精完成。

5.受精後即成原核（Pronuleus）。原核經二十四至三十小時後，開始第一次分裂成兩個胚胎。其後約每十至十二小時分裂一次。約四十八小時分裂成八胚胎。

6.醫師通常將原核分裂成二至八個胚胎期間內，利用器具注入母

⓫ 吳香達前揭五頁；Heribert Ostendorf 前揭九六頁。

體之子宮腔，如胚胎在子宮著床，意味受孕，亦卽懷孕。

根據報導⑫，移入的胚胎越多，受孕率越高：一胚胎之懷孕率是七%，二胚胎是二〇%，四胚胎是三〇%。通常最多移入四胚胎。超過該數，不會增加受孕率，同時易造成多胞胎之機會。

(7)由於試管嬰兒之生育，須以手術方法從母體卵巢取卵，不但花費過昂，而且有危險性，尤其人工著床之流產率高達三〇%⑬。故醫師爲增加受孕機會，將多餘之胚胎，以冷凍方法儲存，以便於第一次移植未受孕或受孕而流產時，可以再移入母體著床，而不必重新取卵。

第三章　民法上認定人工生殖所生子女身分之方法

一、概　說

依民法第六條之規定，人之權利能力始於出生，尤其第七條規定，卽使未分娩之胎兒，在保護其利益之範圍內，如將來非死產時，應視爲出生。詳言之，法律保護自然人之權利能力，自胎兒開始，而不待出生。

有如前述，人工生殖所分娩之子女極爲複雜，其法律上身分之認定也因而困難。惟子女身分之確定爲最核心之法律關係。身分一確定，始發生扶養、繼承及其他權利。有鑑於此，先說明民法如何認定正常子女之身分，然後論述民法如何認定人工生殖所生子女之身分。

---

⑫ 吳香達著前揭一〇頁。

⑬ 曾啓瑞著＜受精卵的培養及胚胎的移植＞，見前揭≪試管嬰兒≫，五九頁。

二、民法上認定正常子女之身分

子女通常分為婚生子女與非婚生子女。

(一)婚生子女

認定子女是否為婚生子女，不在於子女出生時生父與生母有無婚姻關係，卻是子女受胎時，生父與生母有無婚姻關係；有婚姻關係時為婚生子女；無婚姻關係時為非婚生子女。惟值得注意者，所謂非婚生子女僅僅指生父與子女之關係而言。至於生母與子女，因有母體分娩之事實，母子關係因出身而確定身分，不因生母有無婚姻關係而有所不同。蓋依傳統自然生育方法，妻之卵與子宮恆不分離，母子關係有分娩事實而容易確定。由此可知，婚生子女與非婚生子女係專指子女與生父之關係。妻之卵係由夫之精子受胎而出生者，則為婚生子女；反之，如因第三人之精蟲受胎而出生者，則不一定為婚生子女⓮。

1.婚生之推定：婚生子女須在其受胎時，生父與生母有婚姻關係。男性之精子與女性卵子在母體內受精，屬於生理上之變化，不易從外觀上準確判斷受胎日期。故自古羅馬法以來，以古老之方法判定何時受胎。該方法是累積胎兒生育的經驗，胎兒在母體內至少發育六個月，始有活胎之可能。如少於該期間，胎兒必夭折不能生存；至於胎兒留在母體內最長期間為十個月。基於此生育經驗，我國民法第一〇六二條第一項規定，從子女出生日回溯第一八一日起至三〇二日止為受胎期間。又第一〇六三條第一項規定，妻之受胎係在婚姻關係存續中者，推定所生子女為婚生子女；換言之，子女一出生後，回溯出生日起第一八一日至第三〇二日止之一二二日期間內，祇要有一日生父

⓮ 在此情形，先依民法第一〇六二條第一項及第一〇六三條第一項推定為婚生子女，但夫或妻得於子女出生後一年內提出否認之訴，推翻該推定。

與生母有婚姻關係者，該子女爲婚生子女；否則可能使其成爲非婚生子女。法律用「推定」之用語，此表示該子女暫時爲婚生子女⑮。

2.子女婚生之否認：夫或妻對婚姻存續中受胎之子女，認爲非夫之血統時，可於子女出生後一年之期間內，提出婚生否認之訴（民一〇六三條第二項）。如被駁回或敗訴時，該子女確定爲夫之婚生子女；如勝訴時，該子女爲非婚生子女⑯。

(二)非婚生子女

非婚生子女有二種情形，其一，子女之受胎期間，生父與生母無婚姻關係；其二，子女之受胎期間，生父與生母雖有婚姻關係，但夫或妻於子女出生後一年內提出否認之訴而勝訴。

1.非婚生子女之認領：非婚生子女經生父認領，則創設父子關係而成爲婚生子女。認領有任意認領與強制認領。前者係生父願認領非婚生子女，而以意思表示爲之或有扶養之事實（民一〇六五條第一項）；後者係生父不願任意認領子女，而由生母或子女提起訴訟，請求生父認領（民一〇六七條）⑰。

2.非婚生子女之準正：非婚生子女之生父與生母，不論於該子女出生前或出生後有結婚之事實時，該子女亦成爲婚生子女（民一〇六四條）。

(三)子女之收養

無血統連繫之人，依法得爲收養之法律行爲而確立父母子女之關係。此爲擬制的法定血親，收養人爲養父母，被收養人爲養子女（民一〇七二條）。養子女與養父母之關係，與婚生子女完全相同（民一

---

⑮ 戴炎輝、戴東雄合著≪中國親屬法≫，民國七五年，二九四頁以下。

⑯ 戴炎輝、戴東雄合著前揭二九八頁以下。

⑰ 生母或子女對於生父之任意認領，得隨時提出否認之訴，而加以推翻父子關係（民一〇六六條），參閱戴炎輝、戴東雄合著前揭三〇一頁以下。

○七七條）。

三、人工生殖子女之類型⑱

(一)人工體內受精（Künstliche Besamung;Insemination)

1.同質人工體內受精（Homologe Insemination):

(1)實例：夫甲與妻乙以自然方法無法生育子女，故借重醫師生殖之技術，以夫甲之精子注入妻乙之體內，使甲之精子與乙之卵子受精，並在乙之子宮著床、發育至分娩。

(2)檢討：依我國民法第一〇六二條第一項之規定，從子女出生日回溯第一八一日起至三〇二日止之一二二日期間爲受胎期間。又依一〇六三條第一項規定，妻之受胎係在婚姻關係存續中者，推定其所生子女爲婚生子女。依實例，乙女人工受精所懷胎之子女爲夫甲之血統，此與自然受胎之血統關係同．故該父母與子女關係，依民法第九六七條第一項規定爲直系血親，其相互間有扶養之權利與義務（民一一一四條一款）。

依自然生育，夫或妻對於所生子女，非其夫之血統時，得於該子女出生後一年內，以證明妻非自夫受胎者，提出婚生否認之訴，以推翻法律推定之婚生性(民一〇六三條第二項)。但在同質人工受精上，因該精子求自夫身，故夫或妻即使提出婚生否認之訴，無法成功。如該人工受精係夫妻未結婚前所爲者，可依準正之法理，認定該子女爲婚生子女（參照民一〇六四條）。

---

⑱ 人工生殖之分類參閱 Dagmar Coester-Waltjen, *Befruchtungs-und Gentechnologie bei Menschen-rechtliche Probleme von Morgen?* in: *Genforschung und Genmanipulation*, S. 82.

惟由於醫師之疏忽或其他特殊原因，將第三人之精子誤爲夫之精子，而注入妻之體內受精時，得經夫或妻於該子女出生後一年內舉證提出婚生否認之訴。如勝訴時，該子女確定爲非婚生子女⑲。

2.異質體內人工受精（Heterologe Insemination; Samenspende）：

(1)實例：夫甲與妻乙以自然方法，無法生育子女，故借重醫師生殖之技術，而以第三人丙男之精子，注入妻乙之體內，使丙之精子與乙之卵子受精，並在乙之子宮著床、發育至分娩。

(2)檢討：此又可分爲得夫之同意與未得夫同意之情形。

①妻得夫之同意：異質人工受精以前，夫甲同意妻乙以丙男之精子使與妻卵受精時，因該受胎期間在甲與乙婚姻關係存續中，故依民法第一〇六三條第一項規定，該子女應受甲婚生子女之推定。

問題關鍵在於夫甲可否於該子女出生後一年內，以證明妻非自夫受胎，而提出婚生否認之訴？甲夫對乙妻在實施人工受精前，因已有事前之同意，無論依誠信原則或保護子女利益觀點，不宜提出否認之訴。惟西德聯邦法院判決對此採取不同之見解，允許夫提出否認之訴權⑳並確定捐精之人爲其父㉑。西柏林大學 Dieter Giessen 教授認爲該判決乃法律政策與法律適用上之一大錯誤，蓋自然生育之子女，其非婚生子女尙得依認領，尤其依強制認領之方法而創設父子關係；反之，在異質

⑲ M. Harder 前揭五〇六頁指出：依德國民法第一五九三條，夫能證明其人工受精所生之子女非其血統時，得提出婚生否認之訴。

⑳ BGH v. 7. 4. 1983 (Fam RZ 1983, S. 686; NJW 1983, S. 2070).

㉑ BGH v. 7. 4. 1983 (Fam RZ 1983, S. 686; NJW 1983, S. 2070).

人工受精，一旦夫提出否認之訴，因捐精人匿名或其他因素不易查出姓名，即使查出姓名，是否能盡爲父之責任，亦值得懷疑。故該見解對子女非常不利[22]。

其次，夫因受詐欺、脅迫或錯誤而行使該同意權時，夫是否可撤銷該同意之意思表示。準此以解，夫甲是否對妻乙異質人工受精所生子女，行使婚生否認之訴？依法理，宜予以肯定。蓋夫之同意非其本意。該同意權經撤銷後，妻乙之異質人工受精與未得夫同意之情形同。有鑑於此，夫同意權之行使，不但以書面，而且以公證方式爲之，期盡可能杜絕同意權有瑕疵，而免子女成爲非婚生子女。至於妻就夫同意之異質人工受精所生子女，可否提出婚生否認之訴，推翻法律推定之父子關係（民一〇六三條第二項）？此又與上述見解相同，爲保護子女之利益及誠信原則，不宜提出。

②妻未得夫之同意：妻乙隱瞞夫甲擅自實施異質人工受精，或夫甲對於妻乙之該人工受精不予同意而實施時，其因而所生子女，夫或妻得類推民法第一〇六三條第二項之解釋，提出婚生否認之訴時，如勝訴時，妻乙可否類推民法第一〇六七條第一項之解釋，請求捐精之丙強制認領？爲保護子女之利益，宜肯定爲是[23]。

⑶總之，爲避免實施人工體內受精可能造成之後遺症，宜祇准已婚之女性實施，未婚女性及寡妻應加以禁止。

在人工體內受精，無論同質或異質，夫妻雙方均事前以書面同意

[22] Dieter Giesen, *Die Künstliche Insemination als ethisches und rechtliches problem,* 1962, S. 186f.

[23] Manfred Harder 前揭 S. 506f.

始可。如欠缺該同意或有其他違反法律之規定而實施時，在異質人工受精，可能遭受夫或妻提出婚生否認之訴，而推翻子女之婚生性，而使該子女淪爲非婚生子女。如有此情形，宜使該非婚生子女或生母對捐精之人提出強制認領㉔，而建立父子關係。

(二)人工體外受精（試管嬰兒）(künstliche Befruchtung, extrakorponale Fertilisation mit Embryo-Implation)

人工體外受精，有如上述，俗稱試管嬰兒，此又因體外受精或移植情形之不同而分爲以下幾種型態：

1.妻卵之人工體外受精（künstliche Befruchtung von Eizellen der Ehefrau Implation)：此又因爲精子之來源而分爲同質與異質之體外受精。

(1)同質體外受精（Homologe Befruchtung）

①實例：由於妻乙之輸卵管發生障礙，乙無法依自然生育方法，與夫甲之精子受精，故借重醫師生殖技術，將妻卵與夫之精子在體外之培養皿受精，並將分裂之胚胎移植入妻乙體內着床、發育至分娩。

②檢討：此係以夫之精子與妻之卵子在體外受精，在移入妻體內着床、發育至分娩。同質體外人工受精與同質體內人工受精，除受精之場所，一爲體內，一爲體外不同之外，其餘情形相同。因此二者所發生之法律問題，亦相類似。在同質體外受精之情形，依我民法之規定，在受胎期間，生父與生母不以同居事實爲要件，祇要有婚姻關係爲已足。因此與上述同質人工受精相同，其由妻

㉔ 保護人工生殖之子女爲最優先，故 M. Harder 認爲捐精之人應爲該子女之法律上之父（M. Harder 前揭五〇七頁）。

體分娩之子女，受夫婚生之指定。我國第一位試管嬰兒張小弟屬於此種情形，其婚生性應受推定，毫無疑問。

由於體外受精不經由醫師之協助，以夫之精子與妻之卵子受精，證據確足，故無論夫或妻卽使依民法第一〇六三條第二項對該所生子女提出婚生否認之訴，很難勝訴；除非妻或夫能證明該精子因醫師之疏忽，非爲夫之精子，而爲第三人之精子。

⑵異質體外受精（Heterologe Befruchtung）

①實例：由於夫甲無法排精，或其他原因不能使妻依自然生育方法受精懷胎，故藉醫師之協助，以第三人丙之精子與妻乙之卵子在體外人工受精；然後將該受精卵分裂之胚胎，移入妻乙之子宮內着床，發育至分娩。

②檢討：異質體外受精俗稱捐精試管嬰兒，係以第三男人之精子與妻之卵子在體外受精，然後移入妻體內着床而分娩之子女。在此情形，與上述異質體內人工受精相同，妻乙受胎時，與夫甲有婚姻關係，故所生子女依民法第一〇六三條第一項之規定，應先受婚生的推定。惟夫甲非爲該子女血統上之父，故在未得夫甲同意或其同意受詐欺或脅迫而妻乙實施異質體外受精時，夫甲自得提出婚生否認之訴，而推翻該子女之婚生性（民一〇六三條第二項）。此時得由丙男依任意認領（民一〇六五條）或由妻乙或非婚生子女自己請求丙男強制認領（民一〇六七條），而使該非婚生子女與丙男創設父子關係，並由丙男負擔扶養義務（民一一一四條、一一一五條）。

惟異質體外受精，如得夫甲與妻乙同意時，有如在異質體內人工受精所述，依據誠實信用原則及保護子女之利益，夫或妻均不宜提出否認之訴。

(3)以妻卵之人工體外受精情形，爲避免其實施後之後遺症，宜祇准已婚之女性爲之，未婚女性或寡妻均不得實施，期以保護所生子女之利益。又顧慮夫未同意，或其同意受詐欺或脅迫而撤銷該同意，使子女之婚生性有被推翻之可能，該同意之表示宜愼重，不但以書面爲之，而且公證更好。又在異質體外受精，宜使捐精之人同意於在子女之婚生性被推翻時，由其認領而成爲該子女之父，有如上述。

2.以第三人卵之人工體外受精（Eispende 捐卵）：在人工體外受精，如該卵係由第三女性捐出，卻非妻卵時，則子女分娩後，其法律關係，尤其婚生性將發生疑問，此値得加以討論。此又因精子之來源而分爲同質與異質之體外受精。

(1)同質體外受精（Homologe Befruchtung）

①實例：由於乙妻患不孕症（無法排卵），甲夫與乙妻無法依自然生育方法分娩子女。因此醫師利用培養皿以丙女之卵子與夫之精子受精，等胚胎分裂後，將其移植入妻乙之子宮着床，發育至分娩。

②檢討：此情形乃第三人卵子與夫之精子受精後，移入妻之子宮內懷胎而分娩。此種試管嬰兒涉及母子身分之最關鍵問題。詳言之，自羅馬法以來，提出母子原則：即「誰分娩子女，誰爲該子女之母親」（Mater semper certa ist）㉕。此原則在此無法適用，因傳統之身分法，母體之卵與子宮有一體性或不可分離性，分娩之母體，

㉕ *Der Edikts kommenter des Paulus*, Dig. 2. 4. 5.

必須提供卵子之母體。此所以繼受歐陸之我國民法，僅有父親之推定，卻無母親之推定，母子關係恆依分娩之事實而確定。

但現在醫學技術及遺傳科學的發達，將母體之卵與子宮之一體性加以推翻，分娩子女之母體，不一定爲提供卵子之母體。從而在此同質受精之情形，究竟捐卵之丙女，抑或以子宮懷胎之妻乙爲其分娩子女之法律上母親？就其人工生殖之目的及依法理而言，懷胎分娩之妻乙優先於提供卵子之丙女宜成爲該子女之母親㉖。此見解不能直接適用我國民法第一〇六二條第一項受胎之推定，因爲該條所稱之「受胎」，不能包括將他人之卵子與夫之精子在體外人工受精後，移植入妻之子宮內㉗。又依我國現行民法之規定，僅有父之推定（民一〇六三條第一項），但母之推定缺乏法律之依據。

有鑑於此困難，在此同質體外受精，宜類推民法第一〇六二條第一項受胎推定之方法，擴大解釋，以懷胎之事實爲受胎之推定，使妻乙優先於丙女爲該子女法律上之母親㉘。因爲在異質人工受精之情形，妻乙所分娩之子女，雖非爲其夫之血統，但仍受其夫之婚生子女之推定（民一〇六三條第一項）；又此種解釋亦符合丙女之意願，因爲丙女自始無意爲該子女之母親，卻僅願意

㉖ D. Coester-Waltjen 前揭 S. 82; Helmut Kollhosser, *Rechtsprobleme bei medizinischen Zeugungshilfen*, JA 1985, Heft 11, S. 555.

㉗ 參閱 Werner Lauff-Matthias Arnold, *Der Gesetzgeber und das "Retortenbaby" 2RP*, 1984, Heft 10, S. 282.

㉘ M. Harder 前揭五〇八頁; W. Lauff-M. Arnold 前揭二八二頁。

捐出卵子而已。

在此情形，夫甲對該子女之婚生否認之訴，將被排除，他對該子女因有血統之連繫而不得否認該子女非其所生。他或許可主張該子女與其妻乙無血統連繫而非妻乙之子女。惟夫甲於實施同質體外受精前有同意時，如提出上述主張，不得不認爲權利之濫用及違反誠信原則而遭敗訴㉙。

關鍵之問題在於妻乙可否因該子女非其血統而類推民法第一〇六三條第二項之規定提出婚生否認之訴？在實施此人工生殖行爲時，通常妻乙無不於事前表示同意，故如允許其提出婚生否認之訴，將違反誠信原則及構成權利之濫用㉚。

惟妻乙如受詐欺或脅迫而實施此同質體外受精時，無異使妻違反其本意而與非其血統之子女發生母子關係，故准於類推民法第一〇六三條第二項提出婚生否認之訴較妥。

⑵異質體外受精（Heterologe Befruchtung; Embro-Spende）

①實例：甲夫因無法排精與乙妻無法排卵而自然生育，他們同意由丙男之精子與丁女之卵子在體外之培養皿受精後，將該受精卵分裂之胚胎移植入妻乙之子宮着床、發育至其分娩。

②檢討：此種情形與上述同質體外受精不同之處在於：妻

㉙ M. Harder 前揭五〇九頁。

㉚ H. Kollhosser 前揭五五五頁以下。

乙所分娩之子女，在血統上與夫甲與妻乙均無連繫。

決定此種子女之身分關係，顯較上述各種情形更為複雜，在西德學說上亦引起爭論。依西德學者之見解，有人以為該子女從妻乙之身體所分娩，且在夫甲與妻乙婚姻存續中所生，故依德國民法第一五九三條之規定，宜認為夫甲與妻乙之婚生子女㉛。惟多數學者對該見解表示懷疑，蓋不論直接適用或間接類推解釋德國民法第一五九一條以下之規定，其要件顯然不符，即妻乙既無排卵，又無與夫同居性交之事實，因此很難認為該子女為夫甲與妻乙之婚生子女㉜。準此以解，將使婚姻關係存續中所分娩之子女，淪為非婚生子女；換言之，該子女既不是夫甲，又不是妻乙之血統。此種矛盾之結果，令人無法接受。因此西德多數學者認為此種人工生殖方法，徒增身分與血統之混亂，而主張宜以立法加以禁止。在無血統連繫之情形，宜以收養之方法建立親子關係，因為西德收養法係以子女之利益為最高之指導原則，子女可因而多受保護㉝。

依筆者之見，西德多數學者之顧慮頗為周到。惟我

㉛ 參閱 *Staudinger-Cöppinger Kommenter* § 1591, Rdnr. 48; Erwin Deutsch, *Artifizille Wege Menschlicher Reproduktion: Rechtsgrundsätze Konservierung von Sperme, Eiern und Embryonen; künstliche Insemination und ausserkörperliche Fertilisation;* Embryotransfer, in: M D R, 1985, Heft 3, S, 182.

㉜ W. Lauff-M. Arnold 前揭二八二頁；參閱 Horst Krautkrämen, *Baby mit Zwei Mutter* 前揭 *Genforschung und Genmanipulation,* S. 61f.

㉝ M. Harder 前揭五〇九頁；E. Deutsch 前揭一八二頁亦同見解，惟在德國社會收養子女不易，因為收養之夫妻遠超過出養之子女。

國民情習俗究竟與西德有異，尤其傳宗接代之觀念，仍根深蒂固，不孕之夫妻必想盡方法而獲得後代，他們或許認爲與其抱養別人已生之子女，不如以此種人工生殖之方法，將他人之胚胎，由妻來懷胎與分娩，更能滿足爲父母之心情。因此在一定要件下，似可承認此種人工生殖行爲。

(3)總之，以第三人卵之人工異質體外受精，其情況特殊，故宜令夫妻在無法依自然生育及無法依其他人工生殖方法生育子女之要件下採用之。又爲解決子女身分上認定之困境，將來立法時，擬借重收養之理論，建立親子關係，而放棄婚生推定之理論。又該收養理論非自子女出生時收養，卻提前自胚胎着床於母體時收養，期以保護胎兒之利益。

其次，此種胚胎移植並非無缺點，將來所生子女如生理或精神有障礙時，養父母是否還會一如初衷，對該子女愛護？是否因該子女無血統關係而會加以歧視？爲保護子女之利益，並增加父母之扶養責任，以此方法收養子女，宜杜絕收養之撤銷或終止。

(三)胚胎移植（**Embro-Transplatation,Embryo-Transfer**）

所謂胚胎移植係人工體內受精與體外移植混和之型態，其人工生殖之方法較上述兩種型態更爲複雜，但基本上仍屬於試管嬰兒之一種。此又分捐卵之同質受精與捐卵之異質受精二種型態。

1.捐卵之同質受精：

(1)實例：夫甲與妻乙不能自然生育，因此將夫之精子以人工注入丙女之體內，與丙女之卵受精，然後將其受精卵之胚胎取出，移植入妻乙之子宮着床、發育至分娩。

(2)檢討：此與上述捐卵之體外受精不同。後者乃將夫甲之精子與第三人之卵子在體外之培養皿受精，然後移入妻之子宮內着床；前者係將夫之精子注入第三女性之體內與其體內之卵受精，然後將受精卵之胚胎取出體外，再移入妻之子宮內着床。

由於此種情形，夫甲與該分娩之子女有血統上之連繫，身分上之問題與上述捐卵體外受精之情形相同，可推定為夫甲之婚生子女；妻乙雖對該子女無血統連繫，但實施人工生殖前，因有同意表示為母之意思，且由其分娩，故亦宜受為母之推定，從而妻乙不得提出婚生否認之訴[34]。至於捐卵之丙女原則上不得與妻乙分娩之子女建立母子關係。除非妻乙人工生殖之同意係受詐欺或脅迫而撤銷其同意，且類推民法之解釋提出婚生否認之訴，推翻妻乙對該子女之婚生性。此時丙女得依認領之方法與該子女建立母子關係，期以保護子女之利益。

2.捐卵之異質受精（Embryonerspende）：

(1)實例：夫甲與妻乙不能自然生育，因此將丙男之精子以人工注入丁女之體內受精，然後將胚胎從丁女體內取出，並移植入妻乙子宮內着床，發育至分娩。

(2)檢討：此與上述捐卵之體外受精不同。後者乃將第三人之精子與第三人之卵子在體外培養皿受精，然後移入妻之子宮內着床。反之，前者係將第三人之精子先注入第三女人之體內受精，然後將該受精卵之胚胎取出體外，再移植入妻之子宮內着床分娩。

此種情形與捐卵之異質體外受精情形發生同樣之法律問題[35]。這種人工生殖的方法因該子女既不與夫甲，又不與妻乙發生血統上之連

---

[34] 參閱本文第三章・三・(二)・1妻卵之人工同質體外受精。

[35] 參閱本文第三章・三・(二)・2妻卵之人工異質體外受精。

繫，僅能於自然生育及其他人工生殖方法均無法生育之情形下始能實施。尤其以此種方法生育時，擬改採特別收養之方法，收養所分娩之子女，有如前述㊱。

(四)人工生殖之孕母 (Leihmutter;Ammenmutter)

如妻因子宮有障礙而無法使受精卵在其子宮着床而自然生育時，勢必非借重第三人之子宮使受精卵懷胎而分娩子女不可，此種「出借」子宮，代他人懷孕生子之女性，或許可稱爲人工生殖之孕母。此又因卵子來源之不同，而分爲「借腹孕母」與「候補孕母」。

1.借腹孕母之行爲 (Leihmutterschaft):

⑴實例：妻乙因子宮之障礙而有不孕症，故以妻乙之卵與夫甲之精子，在妻體內人工受精，或以人工培養皿之體外受精，然後將該受精之胚胎移入丙女（孕母）之子宮內着床、發育至分娩。分娩後，丙女同意該子女由妻乙扶養。

⑵檢討：有如前述，捐卵之同質體外受精，血統上之母親與分娩之母親不一致。分娩之丙女僅爲代理性質之孕母行爲。如依傳統民法，「誰分娩誰爲母親」之原則，丙女須在戶籍上登記爲母親。丙女如未婚，該子女爲夫甲之非婚生子女；丙女已婚，則須推定爲丙女與其夫之婚生子女。此結果顯然與人工生殖之目的不一致㊲。

如欲使人工生殖之目的相一致，在法律上之解釋頗爲不易，其解釋方法可能有三種：

①子女婚生性之否認及認領或收養：丙女未婚時，其於子女分娩後，由其先類推民法第一〇六三條第二項婚生之

㊱ 參閱本文第三章・三・㈡・2妻卵之人工異質體外受精。

㊲ H. Kollhosser 前揭五五五頁以下；M. Harder五一〇頁以下。

否認，推翻丙女與子女之婚生性，然後由夫甲與妻乙，依下述認領之方法，與該有血統關係之子女，建立親子關係。

丙女已婚時，其法律關係更爲複雜。此需先由丙女之夫與丙女各自提出婚生否認之訴（民一〇六三條第二項之適用與類推解釋），推翻該子女與自己之婚生性，然後由夫甲與妻乙依下述認領之方法，與該有血統關係之子女建立親子關係。

此種解決方法，其優點在於利用現行民法之規定，亦能解釋與人工生殖目的相一致，且子女之法律身分亦甚明確。

惟此解決方法，並非無缺點。丙女或其夫如不願於子女出生後提出婚生否認之訴時，夫甲與妻乙無法認領該子女，以建立親子關係，此對人工生殖之夫妻不利。

其次，孕母尙未分娩子女，而人工生殖之夫甲或妻乙死亡時，該胎兒因尙未被認領，故對其無繼承權；又胎兒出生後，孕母及其夫推翻對該子女之婚生性，而人工生殖之夫甲或妻乙死亡或離婚，不願認領或無法認領時，該子女將成爲非婚生子女，此對子女頗爲不利㊳。

②直接認領胎兒：現行民法雖未有認領胎兒之規定，但依民法第七條保護胎兒之立法意旨，認領胎兒應爲法理所允許㊴。準此以解，胎兒一旦於丙女子宮內着床時，宜

㊳ M. Harder 前揭五一一頁指出：代理孕母之行爲有多方面之缺陷，故在醫師法上宜嚴格禁止。

㊴ 參閱戴炎輝、戴東雄合著前揭三〇四頁；日本民法第七八三條第一項明文規定胎兒之認領。

以立法之方法，增加得由夫甲與妻乙直接認領該胎兒之規定，並排除現行民法有關受胎與婚生推定之適用。蓋丙女自始無意成爲該胎兒之母親，且實際上該胎兒來自夫甲與妻乙之血統。

此方法雖甚理想，但亦有缺點。卽夫甲與妻乙所認領之胎兒在丙女之體內發育，胎兒生理上之保護需仰賴他人。萬一胎兒有三長二短，其糾紛不易解決。尤其丙女已婚時，丙女與其夫之婚姻生活必受不利之影響。

③直接收養胎兒：爲避免胎兒未出生前夫甲與妻乙死亡或離婚，而影響將來子女之親子關係，宜以立法之方法，增加夫甲與妻乙直接收養胎兒之規定。

此種解決方法，在法律解釋上，不必排除現行民法之受胎與婚生推定之規定，但對自己有血統關係之子女，以收養方法，不如以認領方法建立親子關係。

⑶結論：總之，此種人工生殖之孕母代理行爲，子女身分問題頗爲複雜，尤其孕母已婚時，更影響孕母與其夫之婚姻生活，因此最好宜以法律加以禁止。如因政策上之需要在其他人工生殖均無法生育之情況下允許實施時，宜採直接認領之方法解決子女之法律身分較妥。

2.候補孕母之行爲（Ersatzmutterschaft）：

⑴實例：妻乙無法排卵，且子宮有障礙，無法懷孕，因而經其夫甲同意，將夫甲之精子，以人工注入丙女之體內，與丙之卵受精，並由丙女分娩該子女。分娩後由夫甲與妻乙爲該子女之父母。

⑵檢討：候補孕母與借腹孕母均爲代理孕母之行爲，但二者有

不同之處。前者；僅夫甲與該分娩之女有血統連繫，妻乙則無；換言之，孕母丙兼提供卵子與懷孕之子宮。後者，夫甲與妻乙均與該分娩之子女有血統連繫，孕母丙僅提供懷孕之子宮。

候補孕母類似於異質人工受精之情形，即孕母丙有如異質人工受精之妻乙，對子女之血統與分娩同爲一人；但前者無意成爲該分娩子女之母親，而不願負扶養義務；後者則成爲母親，而願負扶養之義務[40]。儘管有如此不同，依現行民法之解釋，候補孕母宜先認爲子女法律上之母親[41]。候補孕母如未婚，該分娩子女爲夫甲之非婚生子女，須經其認領，始能確立彼此之親子關係（民一〇六五、一〇六七條）。候補孕母已婚時，依民法第一〇六二條第一項與第一〇六三條第一項先推定爲丙女與其夫之婚生子女。惟丙女與其夫均無意成爲該子女之父母，故丙女或其夫依民法第一〇六三條第二項婚生否認之規定，將丙女之夫與該子女之親子關係斷絕，而由有血統連繫之夫甲，依民法第一〇六五條或一〇六七條加以認領。至於丙女與該子女之親子關係，因有血統之連繫，不論丙女是否已婚，妻乙祇能經丙女之同意而收養該子女[42]。

爲達到人工生殖夫甲與妻乙能直接成爲子女之父母，於

---

[40] 此爲民法第一一一四條與第一一一六條直系尊親屬對直系卑親屬之扶養義務。

[41] H. Kollhosser 在前揭五五八頁與 M. Harder 在前揭五一一頁均指出依德國法親屬編之解釋，侯補孕母優先於人工生殖之妻爲該分娩子女法律上之母親。

[42] 參閱 M. Harder 前揭五一一頁。

丙女未婚時，宜設法增加規定，自丙女懷胎之日起，由夫甲認領，由妻乙經丙女之同意收養該胎兒。如丙女已婚時，涉及丙女之夫，法律關係甚爲複雜，故在此情形，恐須等待胎兒分娩後，由丙女之夫提出婚生否認之訴而推翻其婚生性後，始能由夫甲認領該子女；妻乙經丙女之同意收養該子女㊸。

(3)結論：由以上之分析，候補孕母之人工生殖行爲，對子女身分之確定較借腹孕母之情形更爲複雜。已婚之候補孕母又比其未婚者更爲複雜。在已婚之候補孕母之情形，子女之身分、孕母本身及孕母之夫須付出相當大的代價；又子女出生後，孕母丙之夫不願提出婚生否認之訴時，夫甲不能達其爲父之所願。有鑑於此，候補孕母之人工生殖方法，宜加以禁止。如基於婚姻政策上之考慮需要開放時，要嚴其要件；即不但限於依自然方法及其他人工生殖之方法均無法達到生育之目的，而且由成年未婚或離婚之孕母來實施。

第四章　人工生殖技術倫理指導綱領上認定子女身分之原則

一、概說

鑑於我國人工生殖技術已有相當規模之發展，不僅公立醫院如榮民總醫院、三軍總醫院、臺大醫院等已全力進行，而且私立醫院如長

㊸ M. Harder 在前揭五一一頁指出：候補孕母之人工生殖牴觸西德現行收養法，且對子女之保護遜於收養法而不宜承認此種人工生殖行爲的。

庚醫院、馬偕醫院、中山醫院也在跟進。為避免人工生殖被浮濫引用，造成社會問題，衞生署於民國七十五年七月公布「人工生殖技術倫理指導綱領」，期能使醫事人員有所遵守，社會大衆有所共識，進而及時引導人工生殖之正途。

二、人工生殖技術倫理指導綱領原則

該指導綱領共分四大原則，有的原則又列舉諸重點，期能規範人工生殖實施之情形。玆就四大原則中，有關涉及子女法律或身分之問題，提出來加以探討。先說明內容大要，其次提出檢討。

(一)第一原則

本原則認為人工生殖技術乃不得已情況下所實施的必要性醫療行為。為說明該原則之內涵，又提出五點，以資遵守。其中與子女身分有關之法律問題為第一、第四及第五點。

1.第一點:

(1)內容：得實施人工生殖之對象須具備兩要件：其一，限於有配偶之人，卽已婚之夫妻；因而未婚男女、離婚男女或寡妻、鰥夫自始均受排除。其二，限於罹患不孕症經治療無效之夫妻或罹患先天性或遺傳性疾病不適生育之夫妻。此二者欠缺其一，均不得實施人工生殖。

(2)檢討：第一點之內容值得檢討之處有三:

①單身之男女，無論其為未婚、離婚或鰥寡，均不能實施人工生殖分娩子女。

按未婚婦女或無夫之婦女實施人工生殖時，其所生子女勢必成為無父之非婚生子女。在自然生育之非婚生子女，尙得依任意認領（民一〇六五條第一項）、強制認領（民一〇六七條）或準正（民一〇六四條）而成為婚生子女。但人工生殖之非婚生子女自始確定為非婚生子女。無機會成為有父之婚生子女，既對子女有莫大之不利，難怪西德學者 H. Kollhosser㊹與 Giessen㊺，以違反人性尊嚴為由，不贊成單身女性實施人工生殖分娩子女，此見解值得贊許。

或許有人會提出：在收養法上，不禁止單身女性收養子女，卻在人工生殖上禁止，是否妥當？依筆者之見，收養自然生育之子女，不違反人性之尊嚴，且收養法之最高指導原則乃為養子女之利益，單身女性收養子女時對養子女是否有利，由國家機構加以判斷而認可；如因其無父而收養對子女不利益時，法院自可拒絕收養（民一〇七三條之一）。因此二者仍不能同一看待。誠如西德 Benda Komission 所提出之見解：「子女有權要求出生時有父母雙方，卻非單方」㊻。

同理單身男性，無論未婚、離婚或鰥居，均不得實施人工生殖而成為子女之父。單身男性實施時，不但違反人性尊嚴，而且須依賴上述代理孕母行為，始能分娩無母之子女。如孕母有夫時，更發生父性之衝突，對人工生殖之子女造成極大的傷害，故宜嚴加禁止㊼。

㊹ H. Kollhosser 前揭五五五頁。

㊺ D. Giessen 前揭一七五頁。

㊻ Ernst Benda, *Humangenetik und Recht-eine Zwischenbilanz*, NJW, 1985, Heft 30, S. 1730.

㊼ 參閱 M. Harder 前揭五一一頁：未婚或已離婚之女性如實施人工生殖而分娩子女時，該子女勢必為非婚生子女，且其請求強制認領不易，故宜禁止。

②依本原則，罹患不孕症經治療無效之夫妻，均能實施人工生殖而分娩子女。此表示夫妻必須依自然方法無法生育，經醫師治療而仍無效時，始能依其情況實施人工生殖。因此實施人工生殖之夫妻，必須具備醫院醫師無法自然生育經治療無效之證明始可。

其次，人工生殖之方法，有如上述，分爲人工體內受精、人工體外受精、胚胎移植及孕母之代理行爲。依筆者之見，孕母代理行爲之後遺症甚大，尤其孕母有夫之情形爲然，此易引起子女身分之法律糾紛，故宜加以限制爲是。如婚姻政策上需要時，孕母限於單純之借腹方法，而避免候補孕母之方法，尤其不可有夫之孕母㊽。

③患先天性或遺傳性疾病不適生育之夫妻，與不孕症之夫妻相同，須有醫師之證明始能實施人工生殖分娩子女，但宜避免孕母之代理行爲，而改以民法上收養方法確立親子關係。如婚姻政策上需要時，亦限於借腹之孕母行爲而避免候補孕母行爲，尤其孕母無夫爲是㊾。

2.第四點：

⑴內容：精、卵或胚胎之供應者，以捐獻一處爲限；又精、卵或胚胎之使用，以成功受孕一次爲限。

⑵檢討：本內容係從倫常名分，尤其優生學之觀點，限制人工生殖上，卵、精或胚胎之捐獻與使用，僅以一次爲限，期以避免近親結婚之危險。二者如不加以限制，不同家庭之人工生殖分娩之子女相互間，可能爲同父異母或同母異父或其他

㊽ 參閱本文第三章・三・㈣人工生殖之孕母。

㊾ 參閱本文第三章・三・㈣・2候補孕母之行爲。

民法第九八三條禁婚親之範圍。如彼此結婚，必牴觸民法禁婚親之規定，故本內容限制捐贈與使用精卵或胚胎之次數，甚爲得當。爲加強此立法意旨，在該指導綱領之第四原則上，明文禁止使用直系血親、旁系血親八親等以內或旁系姻親五親等以內捐贈者之精、卵或胚胎實施人工生殖行爲。

3.第五點:

⑴內容: 冷凍精、卵或胚胎之保存期限，以二十年爲限；又供給人死亡，其所捐贈之精、卵或胚胎原則上應予毀棄。

⑵檢討: 此乃基於尊輩失序與子女利益所規定，期以避免近親結婚之危險及子女成爲非婚生子女之不利。

科學與技術之進步，精、卵或胚胎得以冷凍之方法長期保存，如其期限無限制，可以在人工生殖上，使用五十年，甚至百年之精、卵或胚胎。如使用人爲供給人之子孫或親屬時，其人工分娩之子女，尊輩失序。又供給人死亡而以其精、卵或胚胎分娩子女時，一旦該分娩子女之婚生性被否認時，該子女將喪失父或母[50]，故在內容之限制，亦甚妥當。

(二)第二原則

1.內容: 本原則認爲人工生殖技術乃非商業行爲。依該原則，人工生殖係慈善性質之醫療行爲，不得以任何方式買賣精、卵或胚胎。

2.檢討: 人工生殖技術卽認定爲慈善行爲，則提供卵、精、胚胎或代理孕母之行爲，均爲捐贈或義務性，而不得有商業上之買賣行爲。爲達到此目的，人工生殖技術之實施宜由國家機構負責媒介，並嚴格

[50] 妻未得夫之同意或夫受詐欺、脅迫而同意妻實施異質體內人工受精或異質體外受精，甚至妻實施同質人工體外受精而因醫師之疏忽其妻所分娩之子女非夫之血統之情形，於夫提出婚生否認之訴時，子女將受無父之不利影響。

監督。該方法宜將人工生殖技術之實施不認爲私法上當事人間之契約行爲，卻認爲國家公權力之裁定許可行爲（Dekretsystem）。詳言之，宜由國家組成特別機構掌管人工生殖技術之實施。凡具人工生殖實施要件之夫妻，甚至捐精、卵、胚胎之人或代理孕母向該特別機構提出申請，如符合所需要件時，該特別機構基於公權力，而予以許可之裁定，有如現行西德收養法認可收養之行爲（德民一七四四條）。

人工生殖技術之實施如認爲私法上之契約行爲，則一旦有商業上買賣行爲時，該契約可能違反公序良俗而無效（民七二條），從而人工生殖所分娩之子女陷入無父或無母之困境[51]。

其次，實施人工生殖技術通常需要夫、妻及提供精、卵之人或孕母之同意。如認爲私法上之契約行爲，則該同意因錯誤、受詐欺或脅迫而撤銷時，人工生殖所分娩之子女，有被提出婚生否認訴訟之可能，而使其身分陷入困境。

(三)第三原則

1.內容：人工生殖技術乃具任意性及和平性之協同行爲，爲達此目的，精、卵或胚胎之捐贈者須具行爲能力，如有配偶，應經配偶之同意；又接受施行人工生殖技術之夫妻雙方應於事前達成書面同意，並於手術前書立手術同意書。

2.檢討：實施人工生殖技術通常有提供精、卵、胚胎或孕母代理之人。實施人工生殖行爲對子女之身分頗爲重要，如有不慎，易引起複雜之糾紛，對提供人、分娩子女以及社會秩序將造成影響，提供人宜有充分的判斷法律效果之能力，故須具備行爲能力始可。提供之人如有配偶，更需得配偶之同意，以免妨害其婚姻生活，甚而引起人工

---

[51] 參閱 H. Kollhosser, *Zur Sittenwidrigkeit des "Leihmutter-Vertrages"*, JZ, 1986, Heft 9, S. 441.

生殖分娩子女身分之糾紛。該同意行爲宜向國家機構表示，卻非向人工生殖之夫妻爲之。

其次，接受人工生殖之夫妻應於事前以書面表示同意，並於手術前立手術同意書；而該同意亦宜向國家機構表示，期以盡量避免受詐欺、脅迫之可能，且宜類推民法第一〇七〇條認領不得撤銷之法理，排除該同意之撤銷[52]。

(四)第四原則

本原則明定人工生殖技術乃反自然的擬制行爲。依據反自然的擬制行爲，提出六點內容加以規律。本原則與子女身分問題最具關鍵，玆分別說明。

1.第一點:

⑴內容：精、卵或胚胎之捐贈者、受贈者與所生子女間之關係，不適用現行民法親屬編關於父母子女之規定，從而ⓐ經由人工生殖技術所生之子女，應視同婚生子女；ⓑ精、卵或胚胎之捐贈者，不得主張經由人工生殖技術所生之子女爲其婚生子女。

⑵檢討：本內容將人工生殖所生子女不受民法親屬編有關父母子女之規定，即經由人工生殖所生之子女爲不孕夫妻之婚生子女，而提供之人不得主張該子女爲其婚生子女。

本內容有補充說明之必要:

①現行民法保護子女之利益非自其出生開始，卻自其受胎開始(民七條)，尤其胎兒有繼承權，且由其母代理（民

---

[52] 依民法第一〇七〇條規定，生父認領非婚生子女後，不得撤銷其認領。此表示生父一旦有自己血統非婚生子女，雖有民法受詐欺或脅迫之法定原因，亦不得撤銷。此立法意旨在於保護非婚生子女之利益。換言之，確定子女身分之法益優先於生父意思表示瑕疵之保護。

一一六六條）。因此實施人工生殖之夫妻對不涉及第三人之同質人工體內受精與妻卵之同質人工體外受精所分娩子女爲其婚生子女。至於涉及第三人之異質人工體內受精，妻卵之異質體外受精，第三人卵之同質與異質體外受精以及捐卵之同質、異質之胚胎移植所分娩之子女，實施人工生殖之夫妻宜自子女受胎時期起爲其父母；而提供精、卵或胚胎之人，自胎兒時起不爲父或母。

至於以代理性質之孕母而實施人工生殖，其後遺症甚大，容後檢討。

②實施人工生殖之夫妻爲該分娩子女自受胎時起之父母，不問其有無血統上之連繫，均認爲婚生子女。依筆者之見，此處所稱婚生子女，宜依婚生推定之法理加以解釋較妥。

民法上稱婚生子女，在於與非婚生子女及養子女有所區別。所謂婚生子女必須具備二要件，一爲子女與生父及生母有血統上之連繫；一爲子女需在生父與生母婚姻關係存續中受胎（民一〇六一條）。如生父僅有第一要件，而欠缺第二要件時，則因認領（民一〇六五條第一項、一〇六七條）或準正（一〇六四條）而建立親子關係。如生父僅有第二要件，而欠缺第一要件時，則該子女雖與血統上之連繫，仍受婚生之推定（民一〇六三條第一項）。

依現行民法，如夫或妻能證明妻非自夫受胎者，得於知悉子女出生之日起一年內，提出婚生否認之訴，以推翻子女之婚生性（民一〇六三條第二項）。至於生母因卵子與分娩子宮之一體性，而以分娩之事實與子女建立親子關係（民一〇六五條第二項）。

人工生殖所生子女異於現行民法所規律之情形。在實施人工生殖時夫妻必在婚姻存續中，其妻之受胎，卽使非夫之血統，依民法第一〇六三條第一項，仍受婚生之推定，且因事前有夫、妻及提供人之同意，宜增加規定夫或妻不得對子女婚生之推定（父子關係）提出否認之訴。又人工生殖技術上，妻之卵子與子宮之一體性不一定成立，妻所懷之胎兒可能非其血統，但因由妻分娩之故，亦宜增加規定其推定爲妻之婚生子女，並排除妻提出否認之訴。

③人工生殖之夫妻未具備實施要件而分娩子女時，如因醫師之錯誤，將妻卵之同質體外受精誤成爲妻卵之異質體外受精，或如妻未得夫之同意而實施妻卵之異質體外受精，夫得提出婚生否認之訴。又如妻受騙而實施捐卵之胚胎移植而分娩子女時，妻得提出婚生否認之訴。

④由以上檢討，民法親屬編有關父母子女之規定，不一定全部排除而不適用。祇是人工生殖有異於自然生育之法律關係，故宜增加規定，以配合人工生殖技術之目的。如父母子女之規定完全不適用，將使婚生子女與非婚生子女之概念混淆，且人工生殖子女發生身分糾紛時，無法律解釋之依據[53]。

2.第二點:

(1)內容: 精、卵或胚胎之所有權及使用權，除事先書面協議者

---

[53] M. Harder 前揭五〇五頁; H. Kollhosser, *Rechtsprobleme bei medizinischen Zeugngshilfen*, 五五三頁均認爲人工生殖之子女宜以民法親屬編之規定解釋其身分關係。

外，歸屬於負責保存之機構。

(2)檢討：人工生殖技術乃違反自然之行爲，一子女出生後，其身分及權利義務所產生之社會性極爲複雜，故國家不對其嚴加監督，易造成後代不良、身分不明，甚而人性尊嚴喪失之可能。因此本內容明定精、卵或胚胎所有權及使用權歸屬於國家機構，統籌運用，頗爲妥當[54]。

3.第三點：

(1)內容：施行人工生殖技術之醫療紀錄應保存完整，所有資料應予保密。

(2)檢討：施行人工生殖技術，依此內容應兼顧可查性與保密性。保存醫療紀錄之完整在於排除捐精、卵、胚胎人之匿名性(Anomität)，以便於子女身分或其他法律問題引起糾紛時，於保護子女利益之範圍內，可查出提供人，而由其負起養育之責任[55]。例如人工生殖子女因故被提出婚生否認之訴而成非婚生子女時，得向捐精之人請求強制認領，由其負起養育之責任。

另一方面，爲顧及人工生殖子女心理及人格正常的發展，未發生糾紛之子女，其身分應加以保密。

4.第四點：

(1)內容：人工生殖技術乃對抗自然之醫療特例，是故主持人工生殖技術之醫師對手術夫妻及其子女應負醫療責任。

(2)檢討：本內容在說明醫師職業上之責任。人工生殖技術須經

---

[54] 本內容在於避免人工生殖之夫妻以優生之目的，任意選擇捐精、卵或胚胎之提供人。如此一來，提供人之保密性無法維持，其後遺症甚大。

[55] M. Harder 前揭五〇八頁指出捐精之人如匿名，禁婚親之適用、非婚生子女之強制認領等法律問題無法解決。

手術始能完成生育過程，母體及子女在進行中容易受傷害，醫師之責任不僅在協助母體分娩子女，而且須照顧母子之健康。

5.第五點：

(1)內容：人工生殖技術之諮詢及其審議機構之設立乃屬必要。

(2)檢討：人工生殖技術之實施所涉及之問題頗爲複雜，爲使實施之夫妻充分瞭解該後果，並預爲心理上之準備，人工生殖技術之諮詢機構有設立之必要。該機構宜由醫學、法律、心理、社會等專家組成，以便收其實際效果。其次，人工生殖技術乃違反自然的行爲，且分娩子女所造成之後遺症亦甚大，故宜設立一權威之審議機構，負責人工生殖技術之推行，以免流於浮濫引用，造成社會問題。

6.第六點：

(1)內容：下列人工生殖技術之施行應予以禁止：

①出於營利動機之媒介與供給。

②純以優生爲動機之人工生殖，但有罹患先天或遺傳性疾病不適生育情況者不在此限。

③代理性質之孕母行爲，但經醫師證明無法正常生育者不在此限。

④跨越種族之精、卵或胚胎使用行爲。

⑤使用體外受精後培育超過十四天以上之胚胎。

⑥使用供實驗研究用途之精卵或胚胎。

⑦使用直系親屬、旁系血親八親等以內或旁系姻親五親等以內捐贈之精、卵或胚胎。

(2)檢討：人工生殖技術乃違反自然生育行爲，其涉及之範圍甚廣，故以第四原則之第六點提出一連串之禁止行爲，以爲立法管理之措施。惟從法律觀點來說，該禁止行爲一旦違反，人工生殖行爲之效力如何？究竟該禁止行爲僅爲訓示之注意規定，抑或無效，抑或可得撤銷？此問題宜有更詳細規定之必要，尤其人工生殖之子女一旦着床，即有生命而爲權利能力之主體，絕不能因其違反禁止行爲，而以墮胎或置之不顧來解決違反之效果。

①人工生殖技術行爲在原則二已認定非商業行爲，而不能以任何方式買賣精、卵或胚胎。本內容爲配合該原則，人工生殖技術對於出於營利動機之媒介與供給，無異爲商業買賣行爲，故應予以禁止。惟人工生殖行爲涉及子女之出生，故宜將該行爲由國家基於公權力予以裁定，而私人有其他金錢之約定時，該約定違反公序良俗而無效[56]。

②人工生殖技術之實施，在原則一已認定其係不得已之情況下所施行的必要性醫療行爲，因而不能純以優生爲動機之人工生殖，否則人性尊嚴受損，社會秩序也因而大受影響。惟傳宗接代乃每對夫婦所期望，其患有先天性或遺傳性之疾病，而令其後代繼續有此疾病時，對本人或社會均有不良之後果，故設例外允許之規定。

③不能以代理孕母性質之行爲對不孕症治療無效之夫妻，實施人工生殖技術，但經醫師證明無法正常生育不在此限。本內容之但書宜從嚴解釋，係指妻子之子宮受障礙，無法着床而言；從而夫之無法排精，妻之無法排卵之情

---

[56] 參閱 O L G Hamm, 2. 12. 1985-11 W 18125 判決 (JZ, 1986, Heft 9, S. 441).

形，不包括於但書之範圍。換言之，不孕症之夫妻須設法先以體內人工射精，妻卵或第三人卵之同質或異質體外受精或胚胎移植之人工生殖方法，以妻之子宮着床，此方法均無法達到生育時，始考慮以孕母之代理行為。

依筆者之見，代理之孕母行為，對子女身分之確定、對胎兒之照顧、對孕母及其夫之婚姻生活均有不利之影響，且此種人工生殖生育極易成為金錢上之交易，後遺症甚大[57]，故不宜承認較妥。此種不孕夫妻宜改以收養之方法為之。

④禁止跨越種族之精、卵或胚胎使用行為，在於避免人工生殖所生子女與父或母之血統不同，如該人工分娩之子女予以婚生推定，顯與遺傳因子有所牴觸，因此本內容有規定之實益。惟「種族」如何下定義，必有一番爭議。究竟以膚色為標準或尚顧慮其國籍？混血之人是以其百分比認定或另有標準？又歸化為中國籍之白種人如何解釋？可見此規定在執行上有困難。其次，依我國法，結婚與收養之相對人並無國籍或種族之限制，卻在人工生殖技術上，以明文加以禁止，是否妥當？依筆者之見，宜將人工生殖技術之實施視為國家公權力之裁定行為；由當事人提出申請，且人工生殖技術對捐精、卵、胚胎之人宜保密，故不能由當事人任意選擇提供人。又人工生殖行為不得純以優生為動機，因而藉此在醫師法或其他職業法上間接禁止跨種族之人工生殖行為。

⑤禁止使用體外受精後培育超過十四天以上之胚胎，其理

---

[57] 本文第四章人工生殖技術倫理指導綱領第二原則之檢討。

由或許在醫學上認定卵子受精十四日後，卽有生命[58]。如以有生命之胚胎移入母體子宮內，而未着床時，豈不剝奪該胚胎之生命？惟在法律上，須受精卵着床於母體，始能稱爲胎兒。

⑥禁止使用供應實驗研究用途之精、卵或胚胎，此禁止理由乃出於人性尊嚴。供實驗用之精、卵或胚胎着重於遺傳學或優生學或其他科學之目的。人工生殖一旦着床後，卽爲有人格權之權利主體，而於分娩後須生存於人類社會。如此人工生殖不加以禁止，將來所生子女有突變或其他無法預期之效果，而不能適應正常之社會生活時，應如何處置？有鑑於此，宜對此人工生殖之生育加以禁止。

⑦禁止使用直系親屬、旁系血親八親等以內或旁系姻親五親等以內捐贈者之精、卵或胚胎。本內容乃依據民法第九八三條禁婚親屬之規定，因爲使用該禁婚親屬之精、卵或胚胎爲人工生殖技術分娩子女，無異於違反該規定而生亂倫之子女，故宜加以禁止[59]。

禁婚親之範圍包括自然血親與旁系血親，而本內容是否作同一解釋？人工生殖所生子女涉及倫常名分較少，涉及遺傳優生較多。因此解釋本內容是否包括因收養而成立之親屬在內，值得檢討。

在禁婚親屬之八親等旁系血親上，有例外的規定，

---

[58] 陳國慈著<再談試管嬰兒>，前揭≪試管嬰兒≫，六七頁。

[59] D. Coester-Waltjen 前揭八〇頁指出：實施人工生殖行爲宜顧慮婚姻法上之禁婚親。

即六親等與八親等之表兄弟姐妹仍可結婚；又在禁婚親屬之五親等姻親上，亦有例外，即五親等以內之旁系姻親，如輩分相同時仍可結婚；反之，在人工生殖之捐精、卵或胚胎之禁止，不排除以上兩種例外，致使二種範圍不同，其不同之立法理由何在，不易說明。

從本內容之規定，顯然捐精、卵或胚胎之人不得匿名，而須提出親屬系統表始能爲之。惟我國戶籍法上，尤其戶籍謄本記載親屬關係簡單，不易藉此查出八親等之旁系血親或五親等之旁系姻親。因此如無其他權威性之血統證明方法，在執行上恐有困難。

第五章　問題之解決

一、人工生殖技術之成功，乃是生物科學與醫學技術之一大進步，尤其帶給無法傳宗接代之夫妻無限之希望。惟人工生殖技術涉及遺傳生物學，如不加以規範上之限制，則種瓜不得瓜，種豆不得豆。每對夫妻以優生之觀點期待「高品質」之後代，影響所及，會不會走上世界人均爲「同一類」的後果：面貌酷似、智商一八〇、個性雷同？如此之社會，人性之尊嚴將受損害。有鑑於此，各國政府均認爲人工生殖技術必須盡早爲立法上之規範，期能避免過多的社會問題。

我國亦不落後，衞生署公布了「人工生殖技術倫理指導綱領」，提出人工生殖技術應行遵守之四大基本原則。惟有如上述，我國之該綱領僅爲原則性之規定，檢討以後，仍有待更具體之規定，因爲人工生殖技術之種類甚爲複雜，有同質與異質之人工體內受精、妻卵之同質與異質體外受精、第三人卵之同質與異質體外受精以及胚胎移植等，其間所發生親子之身分關係極爲複雜，加上其涉及之層面不僅醫學技術而已，還需要顧慮法律、宗教、道德倫理、心理等其他因素。因此人工生殖技術之立法尙需由政府機構積極領導，由各方面之學者專家聚集一堂，交換意見，期能相互溝通，而制定一較完整之規範。

二、從以上之分析，人工生殖技術有關子女身分宜注意以下立法原則：

㈠人工生殖技術乃違反自然之行爲，故宜由國家嚴格監督，監督之方法宜由國家特設一特別機構負責審核人工生殖之實施。欲實施人工生殖之夫妻於具備一定要件後，向該特別機構提出書面申請。當事人間就實施人工生殖有金錢約定之商業行爲時，其約定無效。

㈡人工生殖技術行爲祇能由夫妻於無法以自然方法生育經醫師證明下實施。未婚男女、寡妻及鰥夫均不得爲之。

㈢提供精、卵或胚胎之人須有行爲能力，期能瞭解捐出之效果；如有配偶，應得配偶之書面同意。

㈣實施人工生殖之夫妻應向國家審核機構提出書面之同意書。

㈤因同質體內人工受精及妻卵之同質體外受精人而所生子女，仍適用民法受胎推定及婚生之推定。民法第一〇六三條婚生否認之訴排除適用，但證明醫師之錯誤而非其血統時，不在此限。

㈥因捐精之異質人工體內受精、妻卵之異質人工體外受精及捐卵之同質受精之胚胎移植而所生之子女宜受夫妻雙方之婚生推定，提供之人因自願捐出，不得提出婚生否認之訴[60]。

㈦因以捐卵異質受精而生之子女，因夫妻雙方均無血統上之連繫，宜以收養行爲建立親子關係，且其收養之時期宜排除民法之自出

---

[60] D. Coester-Waltjen 前揭八〇頁。

生以後，卻自受胎之時期開始。

(八)孕母之代理行爲，無論其爲借腹孕母或候補孕母，均宜禁止。如婚姻政策之考慮而核准時，宜加特別限制：(1)實施之夫妻須其他人工生殖之方法均無法分娩子女或以其他人工生殖分娩子女對子女有不利之影響。(2)孕母不宜有夫。(3)夫妻於受精卵着床於母之子宮起，即宜建立親子關係：①在借腹孕母行爲，夫與妻以認領爲之；②在候補孕母行爲，夫以認領，妻以收養爲之。

(九)違反法律之規定而所生之人工生殖子女，宜依據民法父母子女之規定解釋其身分。

《法學叢刊》，第一二五期，民國七十六年一月。

拾柒、我國婦女在現代生活中的法律保障

要　目

第一章 前言

（一）「我國婦女在國家發展中扮演的角色」之學術研討，係以科際整合之方式，從不同的角度，提出一系列我國婦女在現代社會生活之地位，並檢討該地位如何改善。談到此關鍵的問題，讓人直覺感受的是：現代的中國女性不再單純扮演相夫敎子、三從四德的角色；却是在兼顧家庭之下，從事兼差，貼補家計，甚至完全走出厨房的職業婦女，隨科技發展的開放社會，有逐漸增加的趨勢❶。

（二）家庭組織與社會結構產生如此重大變遷，宜歸功於政府遷臺以來，全國上下共同努力的成果：1.由於工商業發展得體，工廠林立，產品急速向外拓展，使我國經濟有驚人的成長。影響所及，工商業需要大量的勞工及技術人員。在供不應求之下，不但吸收農村過剩的人力，而且女性也大量投入生產的行列❷。又工商業高度發展後，職務專業化。政府各部門及民間各企業大量提供適合於女性工作之職位，例如秘書、速記、會計、資訊等，使學有專長的女性，易於貢獻所學，就業服務。2.由於我國現階段社會發展，已從開發中的國家逐漸步入已開發國家。國民收入增加，生活品質提高，一般家庭充分享受家電用具之便利，使家庭主婦家務時間縮短。又近十年來，政府推行家庭計劃運動，不遺餘力，期以減少人口壓力。因此一般家庭，尤其知識階層，能配合人口政策，遵守「兩個子女恰恰好，生男生女一

❶ 有關家庭組織與社會結構變遷的因素，參閱戴瑞婷著≪臺北市古亭區、松山區已婚婦女就業者之研究≫，臺大社會研究所碩士論文，民國六七年六月，四頁。

❷ 婦女勞動力之增加，從≪中華民國勞工統計月報≫，民國七三年十一月，所載勞動力調查統計表之表1-1可以證明：

樣好」，使主婦在育幼的精力與期間也節省不少。影響所及，使家庭主婦有相當的餘力出外兼差或謀職。3.爲早日完成國家現代化，政府推行教育普及，亦不遺餘力；尤其國民教育從六年延長至九年後，全國教育程度，不分男女性別，普遍提高。國民升高中、升大學，甚至上研究所之比例亦逐年增加，尤其女性受高等教育之成長遠比男性迅速。在人文社會學科上，女性受高等教育可能與男性平分秋色，說不定已達陰盛陽衰。影響所及，受高等教育之女性，在婚前固然會把握就業機會，即使婚後，也儘量不放棄原來工作，或暫時休息育幼，將來再謀職就業。

（三）有鑑於在現代國家發展中，女性已大量投入國家建設與社會發展的行列，其所扮演的角色也愈來愈重要。傳統社會的「女主內男主外」的觀念，因而不得不受檢討與修正。於是在平等觀念的前提下，如何保障婦女生活與工作，不但受社會大衆的重視，而且也成爲立法者深思遠慮的課題，尤其在立法上如何兼顧女性生理及心理上的

單位：千人

年月別 Year & month	總人口 Total population	15歲以上人口 Persons 15 years & over			勞動力 合計 Total		
		計 Total	男 Male	女 Female	計 Total	男 Male	女 Female
六十七年平均 Ave., 1978	16976	10777	5445	5331	6333	4245	2088
六十八年平均 Ave., 1979	17306	11034	5581	5503	6507	4349	2158
六十九年平均 Ave., 1980	17641	11378	5714	5664	6629	4406	2223
七十年平均 Ave., 1981	17974	11698	5864	5833	6764	4503	2261
七十一年平均 Ave., 1982	18293	12013	6022	5990	6959	4605	2354
七十二年平均 Ave., 1983	18603	12263	6137	6126	7266	4686	2580

特殊性，乃成刻不容緩之事❸。

本文擬從法律之觀點，並以法制史的方法，探討我國婦女的地位及法制上的保障，期使我國婦女在更平等更合理的生活與工作環境下，對國家建設與社會發展做進一步的貢獻。

第二章　我國婦女在傳統社會上的法律地位

一、概　說

探討我國婦女在現代生活中的法律保障，如以傳統社會的婦女地位加以比較，必顯示問題的嚴重性，而會以嚴肅認眞的態度，謀求問題的解決與改善。

中華民族是以農立國的民族，農民必須靠天吃飯。於是人民普遍相信，在地面生物之上，尚有冥冥的自然力量在維持宇宙的秩序❹。自然力量爲人類提供大地耕作，並促進農作物生長、成熟及收穫，期以保護地上人類的生命。由此產生農民祭祀天神的天道思想❺。我國主流的儒家思想將天絕對支配地之理論，用之於人類社會關係，而提出三綱：君爲臣之綱，父爲子之綱，夫爲妻之綱。夫爲妻綱在表示妻以夫爲天❻，也就是妻之人格爲夫所吸收，妻依附夫生活。因此在我

---

❸ 立法院於最近審議的民法修正草案，以男女平等的貫徹爲修正的重點，又近期通過的優生保健法、勞動基準法無不顧慮男女平等而制定。

❹ 參閱 J. Escarra, *Le Droit Chinois*, Paris, 1939, （谷口知平譯，昭和十八年，有斐閣），十七頁。

❺ 梁啓超著≪先秦政治思想史≫，商務印書館，民國十七年，頁三三以下。

❻ 參閱≪儀禮·喪服傳≫：「女子適人者，爲其父母、昆弟之爲父後者，傳曰：爲父者何以期也，婦人不貳斬也。……故父者子之天也，夫者妻之天也」。

國習俗上或法制上均表現重男輕女或重夫輕妻之不平等。影響所及，婦女終身受監護，即未嫁從父，既嫁從夫，夫死從子❼。於是「女子無才便是德」成為傳統社會對婦女從事社會活動的總評。

二、宗祧繼承與家產分析

(一)宗祧繼承

我國傳統社會重視宗祧繼承，因而人民過着宗族生活。所謂宗族是同宗共姓的男系血族團體，而母及妻依附於父宗及夫宗。基於宗族生活，舊社會將親屬概念分為內親與外親。內親係指同姓男系血親；反之，外親係指母族、女系血族及妻親❽。禮制與舊律重視內親而輕視外親，此觀服制上的差異，即可明白。例如祖父母服期親，而外祖父母為小功服；又如堂兄妹為大功服，而表兄妹為緦麻服。男系與女系相差二等服制。

我國舊社會結婚的目的為傳宗接代，光宗耀祖；却非謀求婚姻當事人的幸福生活。孟子說：「不孝有三，無後為大」❾，祭祀祖先與傳香火成為傳統社會宗族生活的核心。為達該目的，須立嫡以為宗祧繼承人。立嫡的原則有三，即男系主義、直系主義及嫡長主義。立嫡之男系主義乃排他性的原則，女子及其子孫自始被排除其外。因此生男在傳統社會格外受重視，而育女非子。此所以韓非說：「產男相賀，產女相殺」❿，《白虎通》又說：「陰卑不得自尊，就陽而成之」⓫。

---

❼ <儀禮・喪服傳>：「婦女有三從之義，無專用之道，故未嫁從父，即嫁從夫，夫死從子」。
❽ 參閱戴炎輝著<中國法制史>，三民書局，民國五八年，二〇〇頁。
❾ <孟子・離婁上篇>。
❿ <韓非子・備內篇>。
⓫ <白虎通・嫁娶篇>。

(二)家產分析

我國傳統社會在財產上祇有全體家屬公同共有的家產，却無個人所有的私產。家產既然屬於家屬之公同共有，則不發生遺產繼承，却祇有家產的分析。家屬對於家產的應份額，分爲基本有份人與酌給有份人。基本有份人祇限於男系子孫，他們承受家產，同時繼承宗祧或傳香煙。男性子孫不分嫡子或庶子，依人數均分爲原則⓬，有時嫡子多於庶子⓭。女性子孫僅能與義子同地位，而爲酌給有份人，卽依家長之意思酌給稍許家產。依民間習慣，女子祇承「衣箱」或「吃飯」而已⓮，又女子出嫁時，家長有時酌給嫁粧，使女兒帶入夫家。

於家長分析家產而夫無子先死亡時，寡妻得承夫分，惟須爲亡夫立昭穆相當的嗣子，期使該嗣子承繼亡夫之宗祧，並承受寡妻所得之家產⓯。如寡妻改嫁時，夫家財產及原有嫁粧，任由夫家之家長作主，妻不得據爲己有⓰。

總之，傳統社會無論在宗祧繼承或家產分析上，女性子孫均被排除其外，由此不難推測女性受歧視之程度。

三、行爲能力與財產能力

(一)行爲能力

我國傳統社會係建立於家族主義的基礎之上，儒家所主張的齊家、

⓬ 參閱唐戶令（應分條）規定：「諸應分田宅、財物者，兄弟均分」。

⓭ 金、元時代嫡庶異額，姦生子及婢生子亦給與幾分財產。參閱戴炎輝著≪中國法制史≫，二五二頁以下。

⓮ 參閱戴炎輝著≪中國法制史≫，二七一頁。

⓯ 明戶令及清律戶律立嫡子違法條附例：「凡婦人夫亡，無子守志者，合承夫分，須憑族長，擇昭穆相當之人繼嗣」。

⓰ 明戶令及清律戶律立嫡子違法條附例：「其（寡妻）改嫁者，夫家財產及原有嫁粧，並聽前夫之家作主」。

治國、平天下的理論[17]，深深影響中國人的社會生活和國家秩序。在家族主義之下，人民生活表現團體的義務性，而缺少個人獨立的人格觀念[18]。因此固有法沒有近代權利能力與行爲能力的制度。我國傳統社會是營同居共財的家庭組織，並以尊長一人充當家長，其餘爲家屬卑幼。家長對外代表全家，履行公法上的義務，在內則統率家屬，總攝家政。家長基於該地位，對家產有管理、使用與收益之權，其他家屬卑幼無此權利[19]。家長如具有直系尊親屬的身分時，基於其強大的尊長權[20]，甚至得處分家產，不受卑幼的告言[21]。此表示一家之內，祇有家長始有行爲能力，其他家屬不分男女性別，也不分年齡大小，均無該能力。於是家屬卑幼擅自出賣或處分家產時，家長得主張無效；反之，家長所負的債務，家屬有償還的義務。此所以法諺說：「父債子還，子債父不管」。

至於何人有家長的資格，此爲關鍵的所在。母或妻可否當家長？傳統社會的家長資格和順序，舊律沒有明文，但在清律輯註上說：「家政統於尊長」[22]。由此可知，家長受倫常名分的影響，採尊長主義。何人爲一家之尊長？清律輯註又說：「父輩曰尊，而祖輩同，子輩曰

[17] 《大學》第一章說：「古之欲明明德於天下者，先治其國，欲治其國者，先齊其家……」。

[18] 參閱王伯琦著《近代法律思想與中國固有文化》，司法行政部，民國四五年，三六頁以下。

[19] 清律戶律（戶役門）卑幼私擅用財條輯註說：「卑幼與尊長同居共財，其財總攝于尊長，而卑幼不得自專也」。

[20] 所謂尊長權係家長基於倫常名分，對家屬的教令權、身體懲戒權。此尊長權受法律相當的保護。參閱戴東雄著〈論中國固有法上家長權與尊長權的關係(下)〉，臺大《法學論叢》，第二卷第二期，民國六二年四月，五五頁以下。

[21] 卑幼家屬有指責直系親屬行爲的不是，甚至告言父母、祖父母時，卑幼將觸犯十惡的不孝。

[22] 清戶律（戶役門）卑幼私擅用財條之輯註。

卑，而孫卑同。兄輩曰長，弟卑曰幼」㉓。一家之中，從最卑幼來說，有時尊長不祇一人。尊長之上或許再有尊長；換言之，一家之中，尊長可能有數人，而家長祇許一人。因此在一家中的數尊長，究竟何人當家長？清律輯註說：「不言家長之父母、祖父母者，蓋家長統一於一尊，祖在則祖爲家長，父在則父爲家長」㉔。由此可知，家長通常由一家中最尊長的男性擔任家長。至於女性尊長，以不能擔任家長爲原則，因爲女性不得祭祀祖先與承繼宗祧，加以受三從限制之故。婦女僅在極例外之情形下，得暫時充當家長。唐律說：「諸脫戶者，家長徒三年……女戶又減三等」㉕。該律的疏議說：「若戶內並無男夫，直以女人爲戶而脫者，又減三等，合杖一百」。此表示全家無男性尊長時，女性尊長得暫時充任家長，直至有適當的男性家屬堪能接任家長時爲止。此規定與禮俗上的「夫死從子」相配合。因爲「夫死從子」在說明：寡母與已成年男兒的關係。在家內的倫常理念上，子雖成年，仍聽從母親的敎令，但對外經濟活動上，以成年男子爲行爲能力人，母親應尊重該子的意思表示㉖。

總之，我國家制上，僅家長一人有行爲能力，而家長地位有排他性，並且祇有男性最尊長始能充任，女性卽使爲最尊長，仍難擔任，故女性的行爲能力大受限制。

(二)財產能力

在傳統社會，我國婦女原則上無財產能力。女子未嫁前，屬於家屬卑幼，其生活雖受家長的扶養，但對於公同共有的家產，非基本有份人。因此女性卑幼對家產不但無管理權，而且沒有應份額，≪禮

㉓ 清戶律戶役門卑幼私擅用財條之輯註。
㉔ 清刑律人命門奴婢毆家長條輯註。
㉕ 唐戶婚律脫戶條。
㉖ 戴炎輝著≪中國法制史≫，二六六頁。

記・曲禮≫因而說:「父母存……不有私財」。

女兒出嫁而入夫家後, 沒有像現行法上的夫妻財產制可以適用㉗。妻對夫家財產毫無權利可言。≪禮記・內則≫說:「子婦無私貨、無私畜、無私器, 不敢私假, 不敢私與」㉘。至於妻的嫁粧, 除其專用的服飾、器具外, 金錢、田土、房屋等重要財產也歸入夫家, 而成爲夫家公同共有的家產㉙。家長於分析家產時, 粧奩係妻家財物, 可由家產中剔除, 惟該財物於夫健在或夫亡而子已成年時, 妻不得任意處分, 却應得夫或子的同意㉚。夫無故棄妻時, 應將妻家財物返還, 但因七出或其他正當理由而離妻時, 則不必歸還。又夫死亡後, 妻的本生家不得追回重要的粧奩, 改嫁時亦同㉛。

總之, 在傳統社會, 婦女之財產能力受相當的限制, 此與男性比較, 不可同日而語。

四、結婚

(一)夫妻地位

結婚涉及宗祧繼承, 因而分爲兩種型態。一爲嫁娶婚, 以夫家生活爲中心的夫妻關係; 另一爲招贅婚, 以妻家生活爲中心的夫妻關係。我國傳統婚姻以前者爲常態, 後者祇於生女兒家, 有時採用㉜。

㉗ 我國現行民法上的夫妻財產制乃清末民初繼受歐陸法所制定。

㉘ 陳顧遠著≪中國婚姻史≫, 臺灣商務印書館, 民國五五年, 一九三頁指出:「……亦本於家事統於一尊, 財產爲家所有之觀念, 婦無財產所有權也。倘必有之, 則構成七出中之『竊盜』罪名, 行旣『反義』, 例可出焉」。

㉙ 戴炎輝著≪中國法制史≫, 二三四頁。

㉚ 戴炎輝著≪中國法制史≫, 二三五頁。

㉛ 戴炎輝著≪中國法制史≫, 二三五頁。

㉜ 招贅婚爲我國獨特的婚姻形態。此招贅婚在習俗上稱爲「還孫招婿」, 其目的乃藉贅婿達到傳宗接代的目的, 令贅夫所生子女從妻姓。惟此贅婚極爲婚姻當事人, 尤其贅夫所反對。蓋「贅」字在習俗上解爲「贅瘤」, 引伸爲不中用, 或解爲「質押」, 引伸爲夫家貧窮, 無力納聘金娶媳, 故祇好以子質押, 以工代聘金來完婚。

我國傳統社會就夫妻關係採齊體主義，即夫妻胖合，此非平等主義，却是妻之人格爲夫所吸收，妻唯夫的馬首是瞻㉝。有鑑於此，夫妻生活表現不平等，夫爲尊長，妻爲卑幼，夫對妻有教令及懲戒權，而稱爲夫權。夫懲戒妻如不踰越適當範圍時，夫不受刑罰，即使踰越適當範圍，致妻受傷或殺害，均較普通人犯罪減輕刑罰；反之，妻祇要詈罵夫時，即加以處罰。如致夫受傷或殺死，均較普通人犯罪加重刑罰㉞。

(二)同居義務

在夫妻同居義務上，依唐律規定，妻妾擅自離家出走或改嫁時，應受二年刑罰；反之，夫擅自離家逃亡，不受處罰㉟。依清律規定，妻背夫逃亡，應杖一百；反之，夫背妻逃亡，不受處罰㊱。又夫逃亡三年不歸，妻方能告官，另行改嫁；反之，夫不受此限制，祇要妻一逃亡，夫不必告官，另行再娶㊲。

(三)貞操義務

在夫妻貞操義務上，舊律亦課以妻較夫爲重。夫不但娶妻，而且尙得納妾，尤其納妾的人數並不受限制；反之，妻不得有相同之權利。又夫的通姦係侵害相姦人的夫權，故男子與有夫之婦通姦，始構成法律上之通姦而受處罰；反之，妻與夫以外之任何男人通姦，均構成法律上的通姦，並且加重處罰㊳。

㉝ ≪說文≫記載：「婦，服也」。≪爾雅・釋親≫又說：「婦之言服也，服事於夫也」。≪禮記・郊特牲≫說：「共牢而食，同尊卑也，故婦人無爵，從夫之爵，坐以夫齒」。

㉞ 戴炎輝著≪中國法制史≫，二三五頁。

㉟ 唐戶婚律義絕離之條。

㊱ 清戶律婚姻門出妻條。

㊲ 清戶律婚姻門出妻條附例。

㊳ 清刑律犯姦門犯姦條。

五、離 婚

離婚在固有法大致分爲棄妻、義絕與和離，惟不問何種離婚，均表現夫妻的不平等。

(一)棄妻（七出三不去）

棄妻係夫片面離妻之行爲。傳統社會遵循男尊女卑的觀念，女子終身受監護。女子一出嫁，即脫離父權的監護而改服從夫權。又妻出嫁時，娘家收授一筆可觀的聘財，而使結婚帶有買賣的色彩，以致發生夫任意棄妻的情形。≪詩經≫詠女子被夫擅自遺棄的情形不少[39]。該無因棄妻顯示強者欺凌弱者的社會秩序，故禮教特設七出三不去，期以保護妻的地位。換言之，妻須有七出的事由，夫始能片面離妻，但有三不去的事由時，夫更不得片面棄妻。

1.七出:

⑴無子：無子與「上事宗廟，下繼後世」的結婚目的相違背，故成爲夫棄妻的事由。此處所稱「無子」，僅指男性而言，至於女性非子。我國古代妻因無法生育男兒，而被離棄的實例甚多[40]。唐律爲保護妻起見，妻的不能生育在年齡上加以限制，即妻須滿五十歲無子，始得被離[41]。

⑵淫泆：妻犯姦淫，恐因懷孕生子而亂宗族，故成爲夫休妻的事由。他人的血統，不能成爲祭祀祖先的主體，因神不歆非類，而不能爲夫家所容。此處所稱淫泆係指妻與夫的五服以外親屬相姦而言。如妻與夫的緦麻以上親屬相姦，應屬於義絕。

---

[39] 參閱陳東原著≪中國婦女生活史≫，商務印書館，民國十七年，三六頁。

[40] 例如漢魏時代梁叔魚三十無子，欲出妻（≪左傳・孔子家語≫）；牧子娶妻五年而無子，父兄將爲之改娶（晉≪崔豹古今注卷中・音樂第三≫）。

[41] 參閱唐戶婚律妻無七出條之問答。

⑶不事舅姑：傳統社會娶媳主要目的之一是奉承父母，故妻如不順從舅姑（公婆）就成爲七出的事由[42]。我國文獻所記載蒸藜不熟，姑前叱狗[43]，而妻被休，因妻違犯不事舅姑。此處所稱「不事」，係指不奉養孝順而言，故「不事」的標準毫無客觀可言，完全以舅姑主觀的態度，決定媳婦的去留，其不公平莫此爲甚[44]。

⑷口舌（多言）：傳統社會以大家庭組織爲基礎。口舌將破壞家屬的和睦和團結，故成爲七出的事由。家屬的配偶來自於不同之家，彼此之間本無感情，因而易引起口舌的紛爭。爲避免此弊，搬弄是非之妻妾，不得不被離去。鄭濂之家所以能累世同居，自稱因不聽婦人之言[45]。惟口舌的標準不易確定，以此爲夫棄妻的事由，顯然不公平。

⑸盜竊：傳統社會認爲盜竊是最不恥的行爲，妻如犯竊盜，嚴重破壞夫家名聲，故成爲七出的事由。王吉之妻取鄰家棗以啖吉，吉知悉後，棄其妻[46]。

⑹嫉妒：大家庭的家屬成員衆多，維持彼此間的團結和睦不易。如妯娌之間有嫉妒心，則有如口舌，將使兄弟失和，故嫉妒成爲七出的事由。≪魏書≫說：「妒忌之心生，則妻妾之禮廢。妻妾之禮廢，則姦淫之兆興」[47]。惟嫉妒涉及內心感情，其標準不易確定，以此爲夫棄妻的事由，顯有不公平之處。

---

[42] ＜禮記·內則＞說：「子婦孝者敬者，父母舅姑之命，勿逆勿怠」。

[43] 參閱＜左傳・孔子家語＞；＜後漢書五九·鮑永傳＞。

[44] ＜禮記·內則＞說：「子甚宜其妻，父母不悅，出」。

[45] 都穆＜都公談纂＞（陸采編，原名＜談纂＞，硯雲甲乙編本）。

[46] ＜漢書·王吉傳＞。

[47] ＜魏書·太五武王列傳＞。

⑺惡疾：「上以事宗廟」本爲傳統社會婚姻神聖之目的。妻如健康而與夫共祭夫家祖先，尙無不可；但妻身有惡疾，鬼神必敬而遠之，故惡疾成爲七出的事由。依律令集解，惡疾是遍身爛灼，體上無毛，毛髮凋零，指甲自解，觸類繁多，總云惡疾，唐稱病癩者，是惡疾的別名，今通稱痲瘋㊽。

總之，七出是夫片面棄妻的七種事由；反之，夫雖有惡行，不受妻之棄夫，因爲傳統社會將夫妻關係比喩天地，而地無去天之理㊾。夫妻之不公平又得明證。

2.三不去：

⑴經持舅姑之喪：傳統社會娶媳主要目的之一是爲舅姑盡孝，而媳爲舅姑服斬衰三年，可謂爲夫家盡了最大的孝道，故妻雖有七出的事由，夫家也不應無義將妻離棄。

⑵娶時賤後貴：夫娶妻時家道貧賤，結婚後竟飛黃騰達。此時如允許夫家以七出棄妻，不是背德，就是忘恩，爲倫常所不容。故自漢代以來，俗諺說：「糟糠之妻不下堂」。

⑶有所受無所歸：夫家娶媳時，娘家有主婚人，此爲「有所受」之意義；離妻時，妻無家可歸，此爲「無所歸」的解釋。傳統社會婦女無行爲能力，不能自食其力。如被離婚後而無家可歸時，爲生活不得不改嫁。惟改嫁爲傳統禮敎所不恥，俗諺說：「烈女不事二夫」。有鑑於此，有所受無所歸成爲限制夫七出的事由㊿。

㊽ ≪日本律令集解·卷九·戶令·目盲條≫。

㊾ ≪白虎通≫說：「夫有惡行，妻不得去者，地無去天之義也」。

㊿ 依舊律例規定，所謂無家可歸，係指無大功親以上親屬而言，卽大功親包括祖父母以下，從父兄弟以上之親屬。

總之，三不去是從禮教的觀點，限制夫以七出的理由棄妻，期以保護妻的婚姻生活。

(二)義絕

傳統社會所稱義絕是夫妻的情意乖離，其義已絕，法律上必須強制離婚；換言之，夫妻之間發生義絕事由，經衙門判決應離婚而未離時，觸犯律禁，應受刑事處罰，夫妻身分關係也因而消滅。舊律上義絕事由，唐宋法與明清法不盡一致。

1.唐宋法：依唐戶令（宋令相同）規定，夫妻義絕事由有下列各項：

(1)夫犯：①夫毆妻的祖父母、父母。②夫殺妻之外祖父母、伯叔父母、兄弟、姑、姊妹。③夫與妻母相姦。

(2)妻犯：①妻毆、罵夫的祖父母、父母。②妻殺、傷夫的外祖父母、伯叔父母、兄弟、姑、姊妹。③妻與夫的緦麻以上親屬相姦。④妻欲害夫。

(3)夫妻親屬間相犯：夫妻的祖父母、父母、外祖父母、伯叔父母、兄弟、姑、姊妹自相殺。

總之，唐宋法的義絕事由，課以妻的義務較夫爲重，即妻侵犯夫方親屬的程度，較夫犯妻方親屬容易造成義絕。例如妻與夫緦麻以上親屬通姦，即構成義絕；反之，夫僅與妻母通姦，始構成義絕。此又表現夫妻的不平等。

2.明清法：明清時代，西方男女平等的觀念逐漸傳入我國。在我國離婚法中，以七出最違背夫妻平等；另一方面，我國當時仍爲家天下的政體，不能違背「地不得去天」的理論，而不允許妻棄夫的離婚法。爲解決該矛盾，明清法以條例、附例，就夫對妻個人的惡行冒犯，由妻的父母以義絕的名義，向衙門控訴離婚。明清法規定：「若女婿與妻父母，果有義絕之狀，許相告言，各依常人論」51。在該條的夾注上解釋妻受夫侵害的事由有五種：⑴女婿毆妻至折傷；⑵夫抑妻通姦；⑶夫有妻詐稱無妻，欺妄更娶妻；⑷以妻爲妾；⑸夫受財將妻典雇或妄作姊妹嫁人。

總之，明清法擴大唐宋法的義絕事由，將夫對妻個人的惡行，納入義絕範圍，允許妻的父母，以兩家情義乖離爲由，告官請求強制離婚，期以避免妻棄夫的法理。由此可知，在離婚法上，明清法就保護妻的規定較唐宋法爲優，但距離夫妻的完全平等尙有一大截。

(三)和離

和離又稱兩願離，唐律（戶婚律）義絕離之條規定：「若夫妻不相和諧而和離者，不坐」52。舊律上的和離須夫妻當事人合意始可。此看似夫妻平等，但事實並非如此。固有社會的婚姻目的在謀求家或宗的利益，夫妻的婚姻生活不受重視。子娶妻後，在「子以父爲天」的理論下，子的人格爲父所吸收，故其應否離婚一切聽命於家長的教令。另一方面，妻嫁入夫家後，妻不但服從家長的尊長權，而且聽令於夫權，至於妻之父母甚少過問女兒的婚姻生活。因此妻的離婚意願不能獨立，妻之同意離婚往往爲夫家所逼迫，因爲夫家藉此可避免棄妻的惡名。由此可知和離也顯示對妻的不公平。

第三章　我國婦女在現代社會發展上的法律保護

51 清刑律訴訟門干名犯義條。

52 清戶律婚姻門出妻條亦規定：「若夫妻不相和諧而兩願離者，不坐」。

一、概 說

自 國父孫中山先生推翻滿清帝政，建立共和政體後，我國邁入民主憲政的法治時代。昔日「臣以君爲天」的帝政思想已不存在，從而「妻以夫爲天」的觀念及其所產生的夫妻不平等也改善不少。又民國成立以來，爭取女權平等的運動日益高張。爲此在我國憲法上，不但揭櫫人格獨立，保障國民的自由權利[53]，而且人民平等權利也特予保障，期以糾正傳統社會不平等的待遇：「中華民國人民無分男女、宗教、種族、階級、黨派，在法律上一律平等」[54]。有鑑於該基本原則的規定，夫妻平等的保障，無論在民法上或其他特別法上，盡可能予以考慮。雖然有的規定未盡理想，但比起昔日社會的婦女地位，不可同日而語。

二、民法上的規定

民法是僅次於憲法上的基本法規。民法上的內容，尤其在權利義務上，最能顯示男女在法律上是否平等。

(一)財產繼承

基於憲法上獨立人格與平等的觀念，民法確立私有財產的制度，故昔日公同共有的家產分析，一變爲個人財產的繼承。又因政府明令廢除宗祧繼承，故在財產繼承上不再歧視女性，而在男女平等的基礎上，規定繼承人的順序與應繼分。

1.繼承人的順序：依民法規定，夫妻地位相等，相互有繼承權；其次，血親繼承人之順序，以直系血親爲第一，以父母爲第二，以兄

---

[53] 參閱中華民國憲法第八條至第十八條。

[54] 中華民國憲法第七條。

弟姊妹爲第三，以祖父母爲第四55。由此可知，現行民法上繼承人之順序，不分男女性別，完全相等，故第一順序的子與女，尤其不問女兒有無出嫁；第二順序的父與母，尤其不問母有無改嫁；第三順序的兄弟與姊妹，尤其不問姊妹有無結婚；第四順序的祖父與祖母，此包括外祖父母在內，在繼承上的地位均完全平等。

2.應繼分：現行繼承法上配偶的應繼分頗爲優厚，與直系血親卑親屬共同繼承時，按人數平均繼承；如與第二順序之父母與第三順序之兄弟姊妹共同繼承時，獨得被繼承人遺產的二分之一；如與第四順序之祖父母共同繼承時，獨得三分之二56。可見妻於夫先死亡時，遺產之繼承相當受保障。至於血親繼承人同一順序共同繼承時，也不分男女性別，依人數平均繼承，充分顯示男女與夫妻的平等。

(二)行爲能力與財產能力

1.行爲能力：現行民法在確立獨立人格的觀念下，創立行爲能力制度57。凡年滿二十歲的人，不分男女性別，取得完全行爲能力。該行爲能力人得在法律上獨立行使權利，並負擔義務。滿七歲而未滿二十歲之未成年人，稱爲限制行爲能力人，亦不分男女性別，得其法定代理人的同意，亦得有效的法律行爲58。

2.財產能力：現行民法因承認人格獨立，凡是自然人，不分男女性別，即有權利能力，甚至未出生之胎兒，爲保護其利益，於將來未死產時，也有權利能力59。又有權利能力之人，不分男女性別，均有

55 參閱民法第一一三八條。

56 民法第一一四四條。

57 參閱民法第七五條至第八五條。

58 民法第七七條。限制行爲能力人如純獲法律上利益或依其年齡及身分，日常生活所必需者，或法定代理人允許處分特定財產之範圍內，得單獨爲法律行爲。

59 民法第七條。

財產能力。至於妻於結婚後，不再依附於夫，而享有財產能力，因此夫妻應適用夫妻財產制，而規律夫妻間的財產關係[60]。

(三)結婚

1.夫妻地位：我國現行民法上男女因結婚所創設的夫妻身分關係，一改昔日夫妻一體主義，而改採夫妻別體主義。所謂夫妻別體主義乃法律上承認夫妻各有獨立人格，夫妻之間僅因權利義務相互受拘束，但妻有財產能力，也有行為能力。依民法規定，妻以其本姓冠以夫姓，贅夫以其本姓冠以妻姓；又強調夫妻於日常家務互為代理人[61]。此二條是否達到男女實質上的平等，雖不無疑問，但其立法意旨在於強調夫妻地位的平等，用以糾正以往夫權至上的錯誤觀念。

2.同居義務：男女結婚後，創設夫妻身分上的效力，在於同居的義務，故民法規定夫妻互負同居之義務（民一〇〇一條）。現行法上的夫妻同居義務是平等的，妻負有與夫同居之義務，而夫亦負有使妻能與其同居之義務。至於居住所指定權在嫁娶婚屬於夫，在招贅婚屬於妻（民一〇〇二條）。配偶一方不履行同居義務時，他方得請求法院履行其同居。惟同居義務不能成為強制執行之客體，却祇能成為惡意遺棄之對象，一方不履行同居義務時，他方因而取得裁判離婚之請求權（民一〇五二條五款）。

3.貞操義務：夫妻互負貞操的義務，在民法上雖無直接明文，但配偶之一方如發生重婚或通姦時，均構成裁判離婚的事由（民一〇五二條第一、第二款）。由此可知，夫妻在間接上仍互負貞操義務，且該貞操義務夫妻完全平等，不若傳統社會夫能娶妻納妾，却不許妻與

---

[60] 民法第一〇〇四條以下。

[61] 戴炎輝著≪中國親屬法≫，民國六七年，一一五、一一九頁指出該民法規定內容不合情理之處。

夫以外之男人發生性交。爲強調夫妻間的貞操義務，在刑法上，就夫妻任何一方有重婚或通姦行爲，均加以處罰[62]。

(四)夫妻財產制

1.兼採約定財產制與法定財產制：我國於清末民初繼受近代歐陸法律思想之後，受男女平等與個人人格獨立影響，在大理院判例承認妻得享有自己財產[63]。於民國十八年制定民法親屬編時，參酌各國立法例，規定夫妻財產制。夫妻財產制是夫妻相互間自結婚時起至離婚或死亡爲止，一切財產關係的準則。該內容不獨於夫妻相互間發生效力，而且也對夫妻一方或雙方與第三人間，尤其對債權人有拘束力。有鑑於此，夫妻財產制的規律是否妥當公平，對夫妻生活的和諧與交易安全的保護頗爲重要。

我國民法上的夫妻財產制的種類有四，卽統一財產制、共同財產制、分別財產制及聯合財產制。前三種是約定財產制，後一種是法定財產制。我國是兼採約定財產制與法定財產制的國家。詳言之，夫妻於結婚時或結婚後，得以契約選擇一種約定財產制爲其夫妻財產制（民一〇〇四條），但未約定時，強制以法定財產制爲其所適用的夫妻財產制（民一〇〇五條）。法定財產制的聯合財產制雖爲約定財產制的補充規定，但其重要性，凌駕於約定財產制。蓋一般人民缺乏法律常識，不瞭解何謂夫妻財產制或夫妻財產制對其婚姻生活有何影響。卽使當事人瞭解夫妻財產制的意義，但尚未經歷實際的婚姻生活，故選擇那一種較好，其利害關係如何，毫無把握。於是多數夫妻不敢冒然採用約定財產制，而適用法定財產制。

現從夫妻平等的觀點，檢討我國聯合財產制的內容及其利弊。

---

[62] 參閱刑法第二三七條、第二三九條。

[63] 大理院判例二年上字第三三號。

2.聯合財產制的財產所有權：在聯合財產制上，夫和妻的所有財產自始分離（Gütertrenntheit），但妻的所有財產嚴格區分爲原有財產與特有財產。前者乃指妻於結婚時所有的財產及婚姻存續中，因繼承或其他無償取得之財產（民一〇一七條一項）；後者乃指民法第一〇一三條所規定的財產，尤其指妻因勞力所取得的報酬[64]。

聯合財產制的最大特色是以夫的所有財產與妻的原有財產組成聯合財產。因此立法者認爲在聯合財產中不屬於妻原有財產的部分，推定爲夫所有（民一〇一七條二項）。此規定顯有袒護夫抑壓妻之嫌，而違反夫妻平等精神。

3.聯合財產的權限：在聯合財產制上，夫爲聯合財產的唯一管理人。基於該管理權，夫對聯合財產有使用與收益權（民一〇一九條），甚至爲管理上必要，夫得不經妻的同意，處分妻原有財產（民一〇二〇條一項）。反之，妻不但對聯合財產無管理、使用、收益及處分權，而且對自己的原有財產亦無管理、使用、收益及處分權。換言之，妻在聯合財產制上，僅對其特有財產有權利管理、使用、收益及處分，對其原有財產或聯合財產僅在日常家務之代理權限內，始有處分權。法律如此規定，似承認夫仍爲一家之主，又爲婚姻首長，而將夫與妻的財產結合爲一體，而由夫一人享有權限。此思想乃淵源於古代日耳曼民族薩克遜法典（Sachsenspiegel）所稱「夫妻生活中無對立的財產」。此思想又與我國≪禮記≫所稱「旣嫁從夫」的精神相通，而使夫取得財產上的監護人或婚姻保護人的地位。此種內容牴觸夫妻平等的精神顯而易見。

4.聯合財產的清算：聯合財產制消滅時，不論基於離婚、改用其他

[64] 其他特有財產尙有專供妻個人使用之物、職業上必需之物、妻所受贈物，經贈與人聲明爲其特有財產。

財產制或夫妻一方先死亡，就聯合財產的分割，妻或其繼承人顯然較夫或其繼承人不利。此時妻或其繼承人祇能從聯合財產中取回妻的原有財產[65]。至於婚姻關係存續中，夫所增加的財產或原有財產的孳息，妻均不能有所請求。反之，爲我國所仿效的瑞士舊民法，頗重視夫妻的平等，故其所採用的聯合財產制（Güterverbindung），於該財產制消滅時，妻或其繼承人得請求夫在婚姻存續中所增加財產的三分之一，用以補償妻家務管理與育幼的辛勞[66]。

由於生理的因素，家從社會的機能來說，爲婚姻生活的美滿，夫妻應該是分工合作，而常表現夫主外妻主內，尤其育幼更是爲母的天職。在傳統社會，妻爲無行爲能力人，祇有管理家務一途，以致不敢爭較家務與育幼的代價，或許尚能諒解；但是在人格平等的現代經濟社會，妻的就業能力，也因教育的普及而提高，且實際就業人數愈來愈多。如今妻因結婚被迫放棄就業，專管家務與育兒；但是婚姻一旦解消，法律對此不予妻相當財產的補償，則似認定家務管理與育幼爲義務勞動，而鼓勵婦女競相就業，置家務於不顧之嫌。蓋有夫之婦女就業所得之財產屬於其特有財產，自己可以完全支配。

總之，現行法上聯合財產分割的內容，對於家庭主婦極爲不利。家庭主婦對於婚姻生活美滿的貢獻絕不遜於職業婦女，甚而猶有過之。有鑑於此，立法者對於家庭主婦更爲保障，纔是正途。

5.婚姻中以妻名義登記不動產所有權之歸屬：法院爲保護夫的債權人，竟然在判例及民刑庭總會的決議上認爲[67]：凡在婚姻存續中，

---

[65] 參閱民法第一〇二八條、一〇二九條、一〇三〇條及一〇五八條。

[66] 瑞士舊民法第二一四條第一項規定：「夫之財產與妻之財產經劃分後，尙有盈餘者，盈餘之三分之一，歸屬於妻或其直系血親卑親屬，其餘歸屬於夫或其繼承人」。

[67] 參閱五五年臺抗字第一六一號；六三年臺上字第五二二號。

以妻名義登記的不動產，於妻未證明其特有財產或原有財產以前，其所有權仍歸夫所有(68)。

此惡例一開，夫妻財產制上不動產所有權歸屬的依據與物權法第七五八條設權登記及土地法第四三條登記公信力相違背。該判例影響所及，於婚姻存續中，以妻名義登記的不動產，妻欲轉讓或抵押行爲，非得夫的同意或連帶保證不可。又夫先於妻死亡時，凡登記妻名義的不動產，被推定爲夫所有，而爲課遺產稅的對象。此形成活人課遺產稅的怪現象。如此的結論，豈不讓女人誤認寧爲人妾，而不爲人妻？蓋夫以情婦之名義登記的不動產時，立即成立贈與行爲，而情婦取得該所有權；反之，夫以妻名義登記該不動產時，因適用夫妻財產制的規定，贈與無法立即成立，妻無法取得該所有權。

總括我國現行夫妻財產制的規定，夫妻不平等的情形仍相當嚴重，宜加以改善。

(五)離婚

現行法上的離婚不再承認夫單方的離婚權，却採相互主義的離婚權。詳言之，夫妻基於平等地位，一方得向他方請求離婚。

1.兩願離婚：現行民法承認兩願離婚（民一〇四九條）。其立法意旨乃基於人格獨立，並貫徹意思自治原則，以期夫妻合意離婚。此離婚尤其用於夫妻性情不合之情形，以免夫妻抱恨終生，而渡同床異夢的生活。

在兩願離婚上，有關子女的監護，仍表現夫妻不平等之處。依民法規定，兩願離婚後，有關子女監護，由夫任之；但另有約定時，從其

---

(68) 依該判例的見解，民法第一〇一三條特有財產及第一〇一七條第二項原有財產之規定爲民法第七五八條的特別規定，故應先由妻就婚姻存續中以妻名義登記之不動產證明爲其特有財產或原有財產；在未證明以前，應屬於夫所有。

約定(民一〇五一條)。可見子女的監護原則上由父擔任,母要監護時,非得父的同意不可。從反面解釋,父不同意母監護時,母無法監護子女。至於贍養費在兩離願婚無特別規定,故夫妻未在離婚書上特別約定生活費的內容時,妻不得另行起訴要求損害賠償或贍養費。從另一角度解釋,在兩願離婚,夫不允許另付贍養費時,妻離婚後的生活費不得不落空。因有如此對妻不利的後果,故妻常不願以兩願達成離婚。

2.裁判離婚:夫妻之一方因他方有法定離婚事由請求離婚,而法院認爲有理由時,以判決消滅婚姻關係,此稱裁判離婚。我國現行民法上的裁判離婚事由,採嚴格的列舉主義,故夫妻的裁判離婚頗爲不易。依民法的規定,裁判離婚的事由限於十種,卽重婚、通姦、夫妻間的虐待、妻與舅姑間的虐待、惡意遺棄、殺害意圖、不治惡疾、重大不治的精神病、生死不明達三年及處刑(民一〇五二條)。基於夫妻平等的觀點,裁判離婚的事由採相互主義,祇要夫妻一方有該離婚事由之一時,他方得向法院請求離婚,一改昔日七出或義絕袒夫抑妻的離婚。

裁判離婚的子女監護,與兩願離婚相同,原則上由父擔任;但法院得爲子女的利益,裁定由母或第三人監護(民一〇五五條)。此規定在夫妻平等上較兩願離婚公平。

現行裁判離婚承認損害賠償。依民法規定,夫妻之一方因判決離婚而受有損害者,得向有過失的他方請求賠償;又受害人無過失時,尙得請求精神上所受痛苦的慰藉金(民一〇五六條)。可見我國現行法在判決離婚後,爲求公平起見,有過失之夫妻一方對他方應負離婚所受的損害賠償,如他方無過失時,應再支付精神上的慰藉金。至於過失的認定,應依據離婚事由的發生是否須負責而定;於認定時,不因夫或妻而有所不同。

至於妻的嫁粧及妻婚後所取得的財產,無論爲特有財產或原有財產，於離婚後，妻仍保有所有權。

現行裁判離婚尙承認贍養費的請求。傳統社會採夫妻一體主義，而夫對七出或義絕之妻不必照顧其生活；反之，現行法採夫妻平等主義，於裁判離婚時，爲除去離婚後配偶的生活困難，得請求贍養費。依民法規定，夫妻無過失之一方，因判決離婚而陷於生活困難時，他方縱然無過失，亦應給與相當的贍養費（民一〇五七條）。惟此條規定過於抽象簡略，以致實務上酌給贍養費的數額，距離實際需要相當大，而不能完全照顧離婚後妻的生活[69]。

西德於一九七七年修正之親屬法對於離婚後的贍養費有大幅度的修正，共有24條文。其內容頗能保護離婚後妻的生活[70]，值得借鏡。

（六）其他的規定

現行民法上夫妻不平等的規定，除上面較嚴重以外，尙有重婚與子女的稱姓，值得一提。

1.重婚：依現行民法的規定，有配偶者，不得重婚（民九八五條）。違反此規定而重婚的人，在刑法上雖成立重婚罪而受處罰（刑二三七條），但民法上並非無效，却僅爲撤銷而已（民九九二條）。在未撤銷前，仍爲正式的夫妻。至於有撤銷權人爲重婚有利害關係的人。依法院判例，前婚無責配偶、重婚人或後婚配偶均爲利害關係人[71]。因此在重婚上，祇要利害關係人不行使撤銷權，一夫多妻或一妻多夫仍可成立。惟夫常爲經濟上的強者，故社會出現一夫多妻遠超出一妻多夫，此無異於傳統社會納妾的遺風，對妻顯然不利。

2·子女的稱姓：現行民法有關子女的稱姓，男女並不完全相等。

---

[69] 我國法院實務的酌給贍養費，參閱陳美伶著≪離婚效果中贍養費給付制度之硏究≫，民國七三年六月，臺大法律硏究所碩士論文，一七八頁以下。

[70] Günter Beitzke, *Familienrecht*, 19. Aufl. München, S. 131 f.

[71] 判例二七年上字第一三一六號、二八年上字第二二八一號、三二年上字第三九〇二號。

依民法的規定，嫁娶婚的子女一律從父姓；招贅婚的子女從母姓爲原則，但另可約定從父姓(民一〇五九條)。我國民法將招贅婚與嫁娶婚並列，以示男女的平等。此種理論並非妥當。蓋招贅婚一向爲社會卑視的結婚，故絕大多數的男人以嫁娶婚成婚。在嫁娶婚上，一般家庭唯恐無後，必生能傳香火的男子始罷休；否則其女兒將來非招贅不可。

有鑑於此，不生育之妻固然心理備受壓力，卽使祇生女兒之妻，因望子心切，心理也不平衡；甚至育多胎女兒後喜獲男兒之妻，雖有皇天不負苦心人的安慰，但因子女衆多，其育幼期間因而延長，育幼費用因而增加。總之，子女一律從父姓的嫁娶婚，帶給婦女另一角度的不公平，值得重視。

三、民法修正草案上的改進

(一)修正的立法意旨

於民國十八年所制定的我國現行民法親屬編是新舊思想相激相盪而形成的。該內容一方受近代歐陸人格獨立觀念的影響；他方仍墨守傳統夫權至上的思想。致在男女平等上，比起舊律、舊習雖有顯著的改善，但距離眞正的男女平等，尤其與外國先進的立法例相比較，仍有待努力之處甚多。

自民國十八年以來迄今，我國將近五十年的經濟成長，尤其政府遷臺以後種種的勵精圖治，無論家庭組織或社會結構均發生很大的變遷。在此變數中，女性受教育的普及最值得一提，蓋女性因受教育而走出家庭投入政府各部門及民間各行各業的人數急速增加[72]。有鑑於此，女性在法律上的地位是否公平公正受到社會普遍的重視，尤其立法院對此關懷備至。於是行政院法務部於民國六十三年七月組成一民法修改委員會全面修正民法各編。目前民法總則的修正草案已由立法院審查通過，並於民國七十二年元月正式公佈實施。親屬編的修正草案已由立法院法制、司法聯席會議審查第一讀會通過，可望下一期院會能完成三讀程序。

這一次親屬法的修正意旨，以貫徹男女平等的觀念爲核心，尤其夫妻財產制的公平合理更受到重視。

(二)夫妻財產制的改進

我國現行夫妻財產制表現夫妻不平等之處最爲嚴重。這次親屬編的修正草案針對此弊有大幅度的修改，期使妻的地位提高。例如約定財產制的統一財產制，因嚴重違反夫妻平等的精神，而加以刪除[73]。

在夫妻財產制上，以法定財產制的聯合財產制最爲重要，有如前述。現以聯合財產制爲主，檢討修正的主要內容。

1.聯合財產制財產的所有權：依現行民法，聯合財產中，夫之原有財產及不屬於妻的原有財產部分爲夫所有（民一〇一七條二項）。此種規定，妻必須負擧證責任，證明爲其原有財產，始能從聯合財產

---

[72] ≪聯合報≫民國七四年一月二十八日第二版報導：「根據人事單位統計，近年來高普考試及二職等考試女性錄取人數顯著增加，每十個普考錄取人當中，大約就有七個女性；人事單位估計，依此趨勢，不久將來，五職等以下職位將可能全被女性佔有。以民國六〇年和七一年高普考試錄取情形作一比較，六〇年高考錄取461人，女性僅佔14.4%；普考錄取2108人，女性佔23.9%。但到了七一年，高考錄取777人，女性比率已佔35.7%；普考則更爲明顯，在864個錄取人當中，女性高達68.5%」。

[73] 統一財產制是妻之財產，除特有財產外，估定價額移轉其所有權於夫而取得該估定價額之返還請求權。此制度妻雖對夫取得其所移轉財產之估價總額的返還請求權，然此請求權在婚姻存續中不得行使，而祇能在婚姻解消之際，始能發生。結婚時妻財產之估價額，因時間之久遷，通貨之膨脹，與婚姻解消時該財產之價額相去甚遠，如祇允許妻請求結婚時之估價額，對妻顯然有欠公允。尤其婚姻解消之際，夫如陷於無支付能力時，妻之該返還請求權更無從實現，其違背夫妻平等，莫此爲甚。有鑒於此，立法院的修正案將統一財產制刪除。

中取回。如證明不出，則歸夫所有。羅馬法諺說：「誰舉證，誰訴訟失敗」，說明舉證的困難。爲改善妻不利的地位，經修正爲：聯合財產中不能證明爲夫或妻的所有財產，推定爲夫妻共有的原有財產（民修一〇一七條二項）。如此修正較符合夫妻平等的精神。

2.聯合財產的權限：以現行民法的規定，聯合財產的管理、使用、收益權專屬於夫行使或享有，而處分權亦有利於夫，有如前述。妻對於其歸入聯合財產的原有財產，除所有權得保留外，其他權限完全喪失。爲改善此弊病，經修正爲：聯合財產得約定由妻管理（民修一〇一八條一項但書）；妻管理時，妻對聯合財產有使用、收益權（民修一〇一八條二項）；又依修正內容，聯合財產的處分，妻較夫有利。如夫妻未約定時，仍與現行法規定相同。此修正規定，妻的地位較現行法略有改進。

3.聯合財產的清算：聯合財產制消滅而清算聯合財產時，依現行法，無論配偶一方死亡、離婚或改用其他夫妻財產制，妻或其繼承人祇能取回其原有財產。至於婚姻存續中夫所增加的財產，妻無法參與分配。此規定如適用於夫妻雙雙就業的婚姻生活，其不公平尙不顯著。如適用於妻專管家務與育幼的婚姻生活，對妻不公平顯而易見。蓋妻的管家與育幼毫無代價可言，而無異於義務勞動。

西德、瑞士新的立法例，視婚姻生活爲夫妻全面的合夥關係。傳統上「夫主外妻主內」的關係，絕非天生註定，却是夫妻依其特長所約定的。婚姻生活的目的在謀求夫妻共同生活的美滿。爲達到該目的，各盡所長，分工合作，即夫擅長於出外工作，由他擔任外勤，賺取財產；妻善於掌理家務，由她負責內勤，並兼育幼。如此夫妻各發揮所長，爲婚姻生活美滿而盡力。但夫妻爲此收穫而得的財產利益，應由夫妻平分。

這一次親屬編的修正草案充分注意該立法趨勢，而對家庭主婦的家務與育幼工作應予以代價，故新增盈餘的分配請求權：聯合財產關係消滅時，夫或妻於婚姻關係存續中所取得而現存的原有財產，扣除婚姻關係存續中所負債務後，如有剩餘，其雙方剩餘財產的差額，應平均分配；但因繼承或無償取得的財產，不予以分配（民修一〇三一條之一、二項）。該條但書的立法意旨在於繼承或無償取得的財產，並不與婚姻共同生活關係有關，故應由夫或妻個人所單獨保有所有權。此種規定頗符合夫妻實質上的平等。

4.婚姻中以妻名義登記不動產所有權之歸屬：有如前述，法院以判例認定婚姻存續中以妻名義登記的不動產所有權仍歸夫所有。該判例使妻遭受很大的不利。法院所以如此下判決，乃依據現行民法第一〇一七條第一項與第二項規定。⑴第一項：「聯合財產中，妻於結婚時所有之財產，及婚姻關係存續中因繼承或其他無償取得之財產，爲妻之原有財產，保有其所有權」；⑵第二項：「聯合財產中，夫之原有財產及不屬於妻之原有財產之部分，爲夫所有」。因有該二項的規定，使法院認爲該二項爲財產法上，尤其物權法上的特別規定，妻主張聯合財產中爲其原有財產，必須證明結婚時已爲其原有財產或婚姻中因繼承或無償取得的財產，如未證明以前，自推定屬夫所有的財產。

立法院的修正草案爲解決此弊，修正第一項與第二項。⑴第一項：聯合財產中，夫或妻於結婚時所有之財產及婚姻關係存續中取得之財產，爲夫或妻之原有財產，各保有所有權；⑵第二項：聯合財產中，不能證明爲夫或妻所有之財產，推定爲夫妻共有之原有財產。

如此一來，凡是結婚時與婚姻存續中，妻所取得之財產，均爲妻所有。至於「取得」，因親屬編再無特別規定，自應依物權編的規定，即動產所有權的取得依交付（民七六一條）；不動產所有權的取得依登記（民七五八條）。經此修正，凡是婚姻存續中，以妻名義登記的不動產，由妻取得所有權，而不再推定爲夫所有。

（三）重婚

依現行民法，重婚非無效，却爲可得撤銷，如利害關係人不行使撤銷權，該重婚仍可有效成立，而與刑法上有無判刑無關。

立法院修正草案針對此弊，經修正爲重婚無效，期以貫徹一夫一妻的文明制度（民修九八八條二項)。此可革除傳統社會遺下的納妾陋習，並維持善良風俗。

（四）子女稱姓

在嫁娶婚上，爲避免子女衆多或避免女兒招贅，而達到傳香火之目的，立法院修正草案將子女的稱姓作重大的修正：子女從父姓，贅夫之女從母姓，但父母可另外約定（民修一〇五九條）。詳言之，無論嫁娶婚或招贅婚，子女的稱姓得由父母自由約定。如此修正，對於人口壓力的減輕及縮短母親育幼期間有很大的幫助。

四、特別法上的規定

我國近十年來，在工商業高度發展，經濟迅速成長之下，社會結構趨向多元化，人際關係趨向複雜化。爲因應此環境的需要，立法機構不得不以各種不同的內容規律各層面的社會秩序，此所以近年來產生頗多的特別法規。

另一方面，由於女性教育普及，就業率提高，在社會上的經濟活動也增加，故婦女在現代社會發展，已有相當的地位。

有鑑於女權的日益提高，女性對社會、國家貢獻日益增加，在立法上，一涉及男女性別的問題，女性的保護與保障，特別受到重視。近年來，立法院制定了不少特別法規，其中對保護婦女來說，以優生保健法最值得一提，其次爲勞動基準法。

(一)優生保健法

立法院近期通過的優生保健法，爲近十年來保護婦女極爲重要的立法，該法對提高人口素質，保護母子健康，進而增加家庭幸福有很大的貢獻。

1.墮胎罪的威脅：減輕人口壓力，提高人口素質是政府旣定的政策。家庭計劃協會推行該意旨不遺餘力，該政策也獲得多數民衆的支持。

惟現行刑法對人工流產規定甚嚴，無論實施人工流產的醫師或受人工流產的婦女，均受墮胎罪的威脅。因此使懷胎的婦女常陷入進退兩難的痛苦與不利。

凡懷胎婦女服藥或以他法墮胎時，得處六月以下徒刑；祇有疾病或其他防止生命上危險必要時，始能免除刑罰(刑二八八條)。又醫師受懷胎婦女的囑託或得其承諾而實施墮胎時，醫師被處二年以下徒刑(刑二八九條)。如收費圖利時，可處六月以上五年以下徒刑；如因而致婦女死亡時，尙要加重刑罰（刑二九〇條）。

有鑑於此，一般合法的醫師對人工流產敬而遠之，不敢以身試法。影響所及，懷胎婦女欲實施人工流產，將走投無路，祇好尋求密醫解決。如此一來，婦女受到三重的不利。其一，婦女自願墮胎，受徒刑的威脅；其二，密醫甘冒違法，收取手術費高昂；其三，密醫技術不良，婦女的生命受威脅。總之，在優生保健法未制定前，婦女的人工流產受到各種的威脅。

2.人工流產要件的放寬：自優生保健法公佈實施後，不但實施人工流產的要件放寬，而且受人工流產之婦女受良好醫師的照顧。依該法規定，人工流產係指經醫學上認定胎兒在母體外不能自然保持其生命的期間內，以醫學技術，使胎兒及其附屬物排除於母體外之方法（優健法四條）。至於婦女實施人工流產的要件放寬其尺度：(1)本人或其配偶患有碍優生的遺傳性、傳染性疾病或精神病；(2)本人或其配偶的四親等以內的血親患有碍優生的遺傳性疾病；(3)有醫學上理由，足以認定懷孕或分娩有招致生命危險或危害身體或健康；(4)有醫學上理由，足以認定胎兒有畸型發育之顧慮；(5)因被強姦、誘姦或依法不得結婚的人相姦而懷孕；(6)因懷孕或生產，將影響其心理健康或家庭生活（優健法九條）。此規定與上述刑法第二八八條免於處罰的規定相比，人工流產的尺度放寬不少，尤其第六款的內容幾近概括，頗能彈性解釋。

3.婦女健康的保護：爲積極維護婦女健康，主管機關應定期對婦女爲生育的調節指導，又對婦女孕前、產前、產期、產後的衞生保健也要服務；至於親職教育也不能有所疏忽（優健法七條）。

其次，爲避免人工流產的婦女身體受到傷害或被剝奪生命，實施人工流產的醫師應限於主管機關指定的合格醫師始可（優健法五條）。如未取得合格醫師資格人擅自實施人工流產時，可處一年以上三年以下徒刑；如因而致婦女傷害或死亡時，加重其刑二分之一，並得請求損害賠償（優健法一三條）。非主管機關指定的合格醫師亦不得爲婦女實施人工流產，如有違反，可處一萬元以上三萬元以下之罰鍰。

由優生保健法的規定，婦女不論在生育保健或人工流產方面，將比以前獲得相當大的保護。此對婦女的婚姻生活的美滿，給予很大的鼓勵。

(二)勞動基準法

近年來我國產品在國際商譽上蒸蒸日上，國際市場的競爭力也愈來愈強，此完全歸功於我國勞雇雙方的同心協力，尤其勞工的辛勤努力所致。

惟我國勞工的工作條件、工作環境，甚至工作待遇，與先進國家相比，尚有相當距離，尤其女工受生理與心理的特殊性，常受資方差別待遇，甚至種種歧視性的措施。立法院有鑑於此弊，爲保障多數勞工權益，並善改勞雇關係，於民國七十三年七月制定勞動基準法，期以勞雇雙方更理性的合作下，使我國產品的品質更上一層樓。

從男女平等的觀點，檢討勞動基準法對勞工保護時，可分一般勞工的保護及女工特別保護兩方面。

1.一般勞工的保護：勞動基準法最大的貢獻是勞雇雙方的權利義務頗爲明確，雙方有一定的標準可以遵循，可減少雙方的摩擦，尤其強調勞工方面的保護，使勞工的工作環境得以改善。

⑴概括性的保護：爲保障勞工從事勞動的自由，雇主不得以強暴、脅迫、拘禁或其他非法的方法，強制勞工從事工作（勞基法五條），又任何人不得介入他人的勞動契約，抽取不法利益（勞基法六條）。

⑵勞動契約的保護：勞工是經濟上的弱者，雇主是經濟上的強者，故契約自由的原則，應受限制：雇主不得無故預告終止勞動契約(勞基法十一條)；預告終止勞動契約，應以法定所列擧的事由爲限(勞基法十二條)。因法定所列擧的事由而終止勞動契約時，雇主應依據勞工服務的年資長短，而爲一定期間的預告終止，否則應支付預告期間的工資(勞基法十六條)。

⑶工資的保護：爲保障勞工的生活，規定勞工最低工資及加班費用的標準（勞基法二一、二四條）。雇主不得預扣勞工工資作爲違約金或賠償金；又如雇主不按期給付工資時，主管機關得限期令其給付（勞基法二六、二七條）。

⑷工作時間的保護：規定每日、每週工作最長時間，又規定休假、休息的標準，以保障勞工不致於過勞而妨害身體健康（勞基法三〇，三六，三七，三八條）。

⑸退休的保護：規定自願退休與強制退休的年齡（勞基法五三條）。又勞工退休給與退休金的標準，以保障勞工退休生活（勞基法五五條）。

⑹職業災害的補償：規定因遭遇職業災害而致死亡的撫卹金、喪葬費的給付標準及勞工殘廢、傷害、疾病的損害賠償標準（勞基法五九條）。

從以上規定，不難看出該法對勞工的保護有相當的改善，尤其該保護也適用於女性勞工。

2.女性勞工的保護：勞動基準法對於婦女勞工的保護亦不遺餘力。基於人道立場，對女性心理及生理的差異性，特予以兼顧，而有保護措施，期以安定女性勞工的工作環境。

⑴工資上的特別保護：禁止雇主對勞工因性別而作差別待遇，對工作相同，效率相等的勞工，不分男女性別，應給付同等的工資（勞基法二五條）。

⑵工作時間上的特別保護：女工原則上禁止於午後十時至翌晨六時的時間內工作，除非該工作爲法定所列舉（例如擔任管理技術的主管職務、衞生福利及公用事業不需從事體力勞動的工作），而經本人或工會同意，並實施晝夜三班輪流制及良好的衞生、安全設備予以保護始可。簡言之，令女工於午後十時至翌晨六時工作之要件極爲嚴格，期能充分保護其安全與健康（勞基法四九條）。

⑶懷孕婦女的特別保護：女工在分娩前後應停止工作，給予產

假八週；妊娠三個月以上流產的人，應停止工作，給予產假四個月，不問女工是否結婚；上述情形，女工受雇六個月以上時，停止工作期間的工資有權請求，未滿六個月時，減半請求工資(勞基法五〇條)。女工在妊娠期間，得申請改調較輕易工作，雇主不得拒絕，也不得減少其工資(勞基法五一條)。

(4)產婦的特別保護：爲使產婦不必間斷其工作，有未滿一歲子女的女工須親自哺乳時，在法定休息時間外，雇主應每日另給哺乳時間二次，每次三十分鐘，而該哺乳時間視爲工作時間（勞基法五二條）。

本法對於女工的保護相當週延，惟如保護過於週到，雇主的負擔增加，則有雇主自始不雇用女工之顧慮。

第四章 結 論

㈠傳統社會的婦女受三從的限制，不但無財產能力，而且無行爲能力，無法在社會從事經濟活動，擔任公職更是不可能。她們祇能侷限於家庭生活的活動，甚少出外抛頭露面，蓋女人受纏足的束縛，大門不出，二門不邁，以致識見狹隘，形成極嚴重的男女不平等。

㈡自清末民初我國繼受歐陸近代法律思想後，確立獨立人格的觀念，使婦女不但有權利能力，而且有行爲能力，故她們基於平等地位與男性從事於經濟活動，甚至擔任公職。

又經五十年來發展的現代社會，由於婦女的奮發自強，她們不但在家庭生活有擧足輕重的地位，而且社會發展的貢獻也逐漸增加。

有鑑於此，立法院最近修正的夫妻財產制，對妻方財產的保護提高不少。優生保健法的制定是一突破性的立法，對婦女身心健康的維護有很大的貢獻。勞動基準法的制定，使女工受到人道性的保護，也是值得稱讚。

惟徒法不足以自行，有好的立法，如不好好的執行，勢必事倍功半。因此執法的公務員，無論司法官或行政官，應體認男女兩性實質上平等的尊嚴，妥爲適用或執行法律。

㈢我國婦女在國家現代化發展中，憑其謹愼、負責、合作及智慧的優點，已逐漸贏得社會大衆的信任與重視。最近臺南市第四信用合作社，擬就供職於該社已婚的女性職員裁員，此立即引起社會輿論普遍的關心及交相指責其不是。該社知難而退，收回成命。此可顯示我們社會已體認男女實質平等的尊嚴，而不可輕易的侵犯。

㈣總之，人類是合群的動物而組成一社會，而社會的組成有賴兩性的充分合作。保族的家庭生活固然如此，經濟的社會生活也無不如此，蓋二者相輔相成，有密切關係。

「男主外女主內」的原則，隨社會結構的變遷，家庭組織的改變，而不得不受修正。我們應兼顧家庭生活與社會生活兩性的平等，唯有如此，婚姻生活始能幸福，社會生活始能更和諧。

《「婦女在國家發展過程中的角色」研討會論文集》，
民國七十四年七月。

三民大專用書書目——政治・外交

政治學	薩孟武 著	前臺灣大學
政治學	鄒文海 著	前政治大學
政治學	曹伯森 著	陸軍官校
政治學	呂亞力 著	臺灣大學
政治學概論	張金鑑 著	前政治大學
政治學概要	張金鑑 著	前政治大學
政治學概要	呂亞力 著	臺灣大學
政治學方法論	呂亞力 著	臺灣大學
政治理論與研究方法	易君博 著	政治大學
公共政策	朱志宏 著	臺灣大學
公共政策	曹俊漢 著	臺灣大學
公共關係	王德馨、俞成業 著	交通大學等
兼顧經濟發展的環境保護政策	李慶中 著	環保署
中國社會政治史(一)～(四)	薩孟武 著	前臺灣大學
中國政治思想史	薩孟武 著	前臺灣大學
中國政治思想史（上）（中）（下）	張金鑑 著	前政治大學
西洋政治思想史	張金鑑 著	前政治大學
西洋政治思想史	薩孟武 著	前臺灣大學
佛洛姆(Erich Fromm)的政治思想	陳秀容 著	政治大學
中國政治制度史	張金鑑 著	前政治大學
比較主義	張亞澐 著	政治大學
比較監察制度	陶百川 著	國策顧問
歐洲各國政府	張金鑑 著	政治大學
美國政府	張金鑑 著	前政治大學
地方自治概要	管歐 著	東吳大學
中國吏治制度史概要	張金鑑 著	前政治大學
國際關係——理論與實踐	朱張碧珠 著	臺灣大學
中國外交史	劉彥 著	
中美早期外交史	李定一 著	政治大學
現代西洋外交史	楊逢泰 著	政治大學
中國大陸研究	段家鋒、張煥卿、周玉山主編	政治大學等

三民大專用書書目——法律

書名	作者	服務單位
中國憲法新論（修訂版）	薩孟武　著	前臺灣大學
中國憲法論（修訂版）	傅肅良　著	中興大學
中華民國憲法論（最新版）	管　歐　著	東吳大學
中華民國憲法概要	曾繁康　著	前臺灣大學
中華民國憲法逐條釋義(一)～(四)	林紀東　著	前臺灣大學
比較憲法	鄒文海　著	前政治大學
比較憲法	曾繁康　著	前臺灣大學
美國憲法與憲政	荊知仁　著	前政治大學
國家賠償法	劉春堂　著	輔仁大學
民法總整理（增訂版）	曾榮振　著	律師
民法概要	鄭玉波　著	前臺灣大學
民法概要	劉宗榮　著	臺灣大學
民法概要	何孝元著、李志鵬修訂	司法院大法官
民法概要	董世芳　著	實踐學院
民法總則	鄭玉波　著	前臺灣大學
民法總則	何孝元著、李志鵬修訂	
判解民法總則	劉春堂　著	輔仁大學
民法債編總論	戴修瓚　著	
民法債編總論	鄭玉波　著	前臺灣大學
民法債編總論	何孝元　著	
民法債編各論	戴修瓚　著	
判解民法債篇通則	劉春堂　著	輔仁大學
民法物權	鄭玉波　著	前臺灣大學
判解民法物權	劉春堂　著	輔仁大學
民法親屬新論	陳棋炎、黃宗樂、郭振恭著	臺灣大學
民法繼承	陳棋炎　著	臺灣大學
民法繼承論	羅　鼎　著	
民法繼承新論	黃宗樂、陳棋炎、郭振恭著	臺灣大學等
商事法新論	王立中　著	中興大學
商事法		

商事法論（緒論、商業登記法、公司法、票據法）（修訂版）	張國鍵　著	前臺灣大學
商事法論（保險法）	張國鍵　著	前臺灣大學
商事法要論	梁宇賢　著	中興大學
商事法概要	張國鍵著、梁宇賢修訂	臺灣大學等
商事法概要（修訂版）	蔡蔭恩著、梁宇賢修訂	中興大學
公司法	鄭玉波　著	前臺灣大學
公司法論（增訂版）	柯芳枝　著	臺灣大學
公司法論	梁宇賢　著	中興大學
票據法	鄭玉波　著	前臺灣大學
海商法	鄭玉波　著	前臺灣大學
海商法論	梁宇賢　著	中興大學
保險法論（增訂版）	鄭玉波　著	前臺灣大學
保險法規（增訂版）	陳俊郎　著	成功大學
合作社法論	李錫勛　著	前政治大學
民事訴訟法概要	莊柏林　著	律師
民事訴訟法釋義	石志泉原著、楊建華修訂	司法院大法官
破產法	陳榮宗　著	臺灣大學
破產法	陳計男　著	行政法院
刑法總整理	曾榮振　著	律師
刑法總論	蔡墩銘　著	臺灣大學
刑法各論	蔡墩銘　著	臺灣大學
刑法特論（上）（下）	林山田　著	政治大學
刑法概要	周冶平　著	前臺灣大學
刑法概要	蔡墩銘　著	臺灣大學
刑法之理論與實際	陶龍生　著	律師
刑事政策	張甘妹　著	臺灣大學
刑事訴訟法論	黃東熊　著	中興大學
刑事訴訟法論	胡開誠　著	臺灣大學
刑事訴訟法概要	蔡墩銘　著	臺灣大學
行政法	林紀東　著	前臺灣大學
行政法	張家洋　著	政治大學
行政法概要	管歐　著	東吳大學
行政法概要	左潞生　著	前中興大學
行政法之基礎理論	城仲模　著	中興大學
少年事件處理法（修訂版）	劉作揖　著	臺南縣教育局

書名	作者	單位
犯罪學	林山田、林東茂著	政治大學等
監獄學	林紀東　著	前臺灣大學
交通法規概要	管　歐　著	東吳大學
郵政法原理	劉承漢　著	成功大學
土地法釋論	焦祖涵　著	東吳大學
土地登記之理論與實務	焦祖涵　著	東吳大學
引渡之理論與實踐	陳榮傑　著	海基會
國際私法	劉甲一　著	前臺灣大學
國際私法新論	梅仲協　著	前臺灣大學
國際私法論叢	劉鐵錚　著	司法院大法官
現代國際法	丘宏達等著	馬利蘭大學等
現代國際法基本文件	丘宏達　編	馬利蘭大學
國際法概要	彭明敏　著	
平時國際法	蘇義雄　著	中興大學
中國法制史概要	陳顧遠　著	
中國法制史	戴炎輝　著	臺灣大學
法學緒論	鄭玉波　著	前臺灣大學
法學緒論	孫致中編著	各大專院校
法律實務問題彙編	周叔厚、段紹禋編	司法院
誠實信用原則與衡平法	何孝元　著	
工業所有權之研究	何孝元　著	
強制執行法	陳榮宗　著	臺灣大學
法院組織法論	管　歐　著	東吳大學
國際海洋法——衡平劃界論	傅崐成　著	臺灣大學
最新綜合六法 要旨增編 全書	陶百川　編	國策顧問
最新綜合六法 判解指引 全書	王澤鑑　編	臺灣大學
最新綜合六法 法令援引 全書	劉宗榮　編	臺灣大學
最新綜合六法 事項引得 全書	葛克昌　編	臺灣大學
最新六法全書	陶百川　編	國策顧問
基本六法		
憲法、民法、刑法（最新增修版）		
行政法總論	黃　異　著	海洋大學